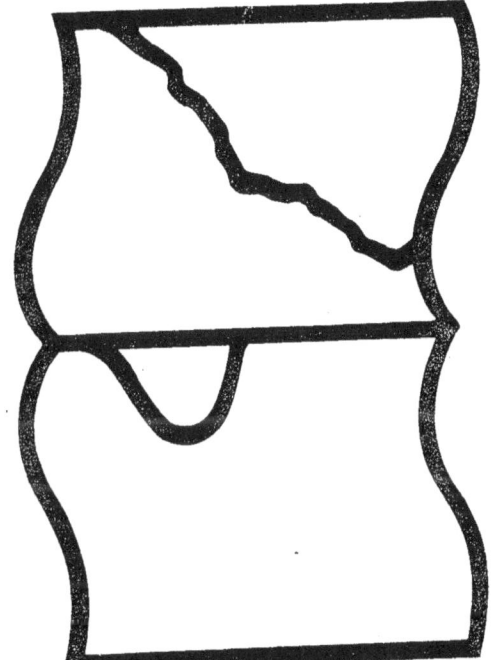

Texte détérioré — reliure défectueuse

NF Z 43-120-11

BIBLIOTHÈQUE DES ÉCOLES FRANÇAISES D'ATHÈNES ET DE ROME

LA SCULPTURE ATTIQUE

AVANT PHIDIAS

BIBLIOTHÈQUE

DES

ÉCOLES FRANÇAISES D'ATHÈNES ET DE ROME

FASCICULE QUATRE-VINGT-DOUZE

LA SCULPTURE ATTIQUE AVANT PHIDIAS

Par Henri Lechat

TOURS. — IMPRIMERIE DESLIS FRÈRES, 6, RUE GAMBETTA.

A LA MÉMOIRE

DE

MON PÈRE

ET DE

MA MÈRE

LA
SCULPTURE ATTIQUE

AVANT PHIDIAS

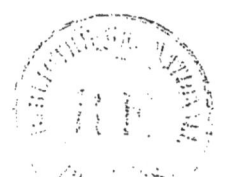

PAR

Henri LECHAT

ANCIEN MEMBRE DE L'ÉCOLE D'ATHÈNES,
CHARGÉ DE COURS A L'UNIVERSITÉ DE LYON.

Ouvrage contenant quarante-huit figures dans le texte.

 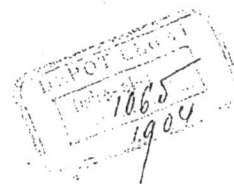

PARIS

ALBERT FONTEMOING, ÉDITEUR

Libraire des Écoles Françaises d'Athènes et de Rome, du Collège de France
et de l'École Normale Supérieure

4, RUE LE GOFF, 4

1904

PRÉFACE

*La sculpture attique antérieure à l'époque de Périclès
a été l'objet, depuis vingt ans, d'études partielles très
nombreuses, provoquées presque toutes par les découvertes faites sur l'Acropole. Telle était l'abondance des
documents nouveaux et beaucoup d'entre eux étaient si
inattendus, qu'un long travail s'imposait d'abord pour les
reconnaître un à un, les reconstituer, les classer, les
dater; et, après vingt ans, c'est à peine si le plus gros
de ce travail est terminé. J'en ai pris ma petite part,
comme en témoigne le volume intitulé :* Au musée de
l'Acropole d'Athènes[1]. *Mais j'ai toujours pensé que les
études que je réunissais là ne devaient être qu'une préparation à un ouvrage conçu sous forme historique,
embrassant tout le développement de la sculpture athénienne, depuis ses origines jusqu'à la fin de l'archaïsme.
Voici aujourd'hui ce livre, où mon dessein a été de montrer qu'il a existé une école attique, suivant le sens strict
que les historiens de l'art donnent au mot « école »; que
cette école a eu de bonne heure sa physionomie distincte,
sa personnalité définie; qu'elle a progressé d'une marche*

---

1. Henri Lechat, *Au musée de l'Acropole d'Athènes : Études sur la sculpture
en Attique avant la ruine de l'Acropole lors de l'invasion de Xerxès*, in-8°,
468 p., 47 fig. dans le texte et 3 pl. hors texte (Lyon, Rey; Paris, Fontemoing; 1902).

*continue, non pas rigide et rectiligne, passablement souple
au contraire, élargissant son domaine sans en compro-
mettre l'unité ; et que le génie individuel des plus grands
artistes a eu peut-être une moindre action dans le magnifique épanouissement de l'époque de Périclès que n'en eut
secrètement ce qu'on pourrait appeler le génie collectif
de l'école.*

*Il ne suffit pas d'un atelier ou d'un groupe d'ateliers,
même très florissants, pour faire une « école ». Le mot
implique une discipline traditionnelle, une manière spéciale de voir et rendre la nature, une préférence pour
certains types ou pour un certain aspect de ces types, un
tour d'esprit particulier, à quoi se joignent d'habitude
des procédés particuliers de technique, bref un ensemble
de traits communs que seuls possèdent les ressortissants
de l'école et qu'ils tiennent par conséquent de leur origine
artistique commune. D'un autre côté, le mot change un
peu de signification selon les moments divers de l'histoire
de la sculpture. Un artiste créateur, s'il a des disciples
qui prolongent plus ou moins les échos de son style, est
dit chef d'école, et l'on parle couramment de l'école de
Praxitèle ou de Lysippe. Mais de tels artistes et leurs
écoles ne peuvent venir que dans la période adulte de
l'art. Tant que celui-ci n'a pas encore atteint un degré
déjà élevé de sa croissance, il ne suscite généralement
pas d'artistes se distinguant par un style personnel ; il
croît lentement grâce au travail de tous ensemble, génération après génération, sans qu'aucun talent se détache
en fort relief sur le fond commun. Ce qui détermine alors
la physionomie de l'école, c'est l'influence du milieu où
elle se développe, les mœurs et inclinations de la société
aux désirs de qui elle doit satisfaire ; elle existe en vertu
d'une réunion de caractères, qui ne sont pas dus à l'in-*

*vention d'un homme déterminé, mais qui semblent nés
spontanément dans l'obscurité des origines, et qui vont
se fixant et se cristallisant par l'effet d'un enseignement
transmis sans interruption. Aussi est-il juste qu'on la
désigne du nom de la ville, de la région où elle a pris
naissance, et d'où elle tire effectivement sa manière d'être
et sa sève : on dit l'école attique, l'école d'Argos, comme,
pour les siècles modernes et pour d'autres arts, on dit
l'école de Cologne, l'école d'Auvergne.*

*L'état physique et politique de l'ancien monde grec
rendait inévitable l'éclosion d'assez nombreuses écoles
d'art. Cela est certain a priori, sans qu'on en doive conclure, bien entendu, que chaque cité fût destinée à avoir
son art à elle, ni que les cités les plus fameuses dussent
être nécessairement favorisées sous ce rapport. Il faut
aussi ne pas perdre de vue que ces écoles diverses n'ont
jamais été l'une pour l'autre un monde fermé, qu'il y a
eu entre elles de fréquentes répercussions d'influence,
qu'elles ont eu des destinées inégales, que certaines ont
pu ne briller qu'un instant, puis s'éteindre, que d'autres
ont pu être éclipsées avant d'avoir vraiment brillé ;...
mais du moins leur diversité initiale ne saurait être mise
en doute, et l'espoir, peut-être chimérique, de l'historien
doit être qu'on puisse un jour parvenir à les discerner
toutes et à préciser leurs relations réciproques. Chaque
progrès en ce sens, si faible soit-il, constitue un précieux
accroissement de la vérité scientifique. Or, c'est un progrès énorme qui a été réalisé en ce qui concerne l'école
attique, une des plus importantes de la sculpture grecque,
et celle qui a le plus de prestige à nos yeux. Pour la
première fois, nous pouvons suivre de près son développement pendant la majeure partie de la période archaïque ;
et, à ce que nous apprenons ainsi de sa propre histoire,*

s'ajoute ce que cet exemple nous apprend quant au rôle
capital des traditions d'atelier, bien plus considérable
que celui des individus [1] : car nous y voyons que la diversité infinie des modèles offerts par la nature est ramenée
à un petit nombre de formules, lesquelles ne changent
guère, ne se modifient que par degrés, sans secousses, et
conservent d'âge en âge l'esprit particulier de l'école qui
les a d'instinct adoptées dès le début de sa carrière. En
outre, malgré la pauvreté relative de nos informations
pour la période postérieure à l'an 480 av. J.-C., il est
possible maintenant de rattacher les productions de
l'époque de Périclès à celles de l'archaïsme; si les maillons de la chaîne n'apparaissent pas tous, la chaîne
existe cependant; et ce n'est pas un médiocre résultat,
que de pouvoir assister à la formation et croissance de ce
qui sera bientôt l'art de Phidias et l'art de Callimaque,
le génie n'intervenant à la fin, semble-t-il, que pour
donner le couronnement suprême à l'œuvre lente et
laborieuse du temps.

Cet enchaînement aura d'autant plus de solidité que la
place faite aux attributions hypothétiques aura été plus
réduite. C'est pourquoi j'ai borné sévèrement mon étude
aux sculptures découvertes dans l'Attique même, ou dont
la provenance attique, quoique non certaine, est plus que
probable. La discussion gagne ainsi en rigueur ce que,
par endroits, elle a pu perdre en largeur; le témoignage
toujours présent de monuments dont l'origine est sûre
constitue un jalonnement de la route, propre à éviter
mainte erreur. — Mais ces monuments nous sont arrivés
presque tous sans nulle indication de date. Le classement
chronologique qu'on leur impose est donc fort instable,

1. Cf. S. Reinach, *Recueil de têtes antiques*, Préface, p. VI.

et je ne me flatte pas de l'avoir rendu fixe. Aussi bien, je crois que l'essentiel réside dans les grandes divisions du sujet, lesquelles correspondent aux phases principales de l'évolution de l'école. Préciser quand a commencé chacune de ces phases et lui rapporter exactement tout ce qui dépend d'elle, cela importe beaucoup; le reste est secondaire. J'ai énuméré toutes les sculptures en pierre tendre avant de passer au marbre, et cette séparation systématique ne doit pas concorder entièrement avec la réalité; mais il demeure vrai que la pierre tendre a précédé le marbre, et qu'il est indispensable, pour éclaircir certains traits des premières œuvres en marbre, de connaître déjà l'ensemble des œuvres en pierre tendre. Il est possible encore que telle sculpture, que j'ai classée dans la période antérieure à l'an 500, ait été, en réalité, exécutée après 500: on en fera peut-être la preuve demain. Cela ne changera rien au fond, s'il demeure vrai que cette sculpture, par tous ses caractères, méritait d'être mise en compagnie de celles qui distinguent spécialement la seconde moitié du VI° siècle. Dans l'histoire d'un art qui est en voie de progrès et de transformation, il y a un continuel chevauchement les unes sur les autres des diverses périodes de ce développement, parce que les générations humaines ne se juxtaposent pas bout à bout, mais s'enchevêtrent, de sorte qu'un novateur de vingt-cinq ans peut avoir près de lui des artistes plus âgés dont « le siège est fait » et qui, pendant un quart ou un tiers de siècle, continueront de travailler selon le style ancien. Souvenons-nous des exemples que fournit, à ce sujet, la peinture italienne de la Renaissance. Fra Angelico tient encore son pinceau longtemps après que la mort a enlevé le sien à Masaccio: pourtant, même les dernières œuvres de Fra Angelico ne ressortissent-elles point à une période de l'art antérieure à celle qui s'ouvre avec les fresques de Masaccio? Et, malgré que nous sachions fort bien que Carpaccio survécut à Giorgione, un historien de la peinture vénitienne hésitera-t-il jamais à appeler toutes les œuvres de Carpaccio, avant de se tourner vers Giorgione?

Je n'ai peut-être pas assez craint d'être long. J'ai compté tous les arbres du bois, et souvent dénombré toutes leurs branches. Je voudrais me persuader que je n'ai pas eu tout à fait tort, en me répétant ces paroles d'un maître : « Dans l'étude des procédés archaïques, rien n'est à négliger. Les moindres détails de l'exécution deviennent des indications utiles pour reconnaître les habitudes propres à chaque atelier et pour suivre les traditions des écoles[1]. » Or, il y a tellement de petites choses, dans ces œuvres de novices, où l'ensemble domine si rarement le détail! Les sculpteurs archaïques laissent voir souvent cette crainte naïve des commençants, de n'en mettre jamais assez[2]. Mais, par là même, ils méritent sympathie, et il semble que nous leur devons, pour récompense, d'égaler notre patience dans l'étude à leur patience dans le travail. La modeste et touchante devise de Jean van Eyck : Als ik kan, est celle de tous les meilleurs entre les Primitifs. Ils font comme ils peuvent, tout ce qu'ils peuvent, de leur mieux. C'est chez eux qu'on trouve le plus d'efforts, de sincérité, de candide labeur. N'est-ce pas la bonne manière de les aimer et le plus sûr moyen de les comprendre, que de faire aussi ce

1. Cf. *Bull. corr. hell.*, VIII, 1884, p. 335 (Heuzey).
2. Cf. *Journal de Delacroix*, III, p. 217 : « Ce qu'il faut sacrifier. Grand art que ne connaissent pas les novices ; ils veulent tout montrer. »

que nous pouvons, afin que rien ne nous échappe de ce qu'ils ont voulu et de ce qu'ils ont pu? Enfin, ma dernière excuse est que notre connaissance de l'ancien art attique n'est pas consolidée encore au point qu'il soit sûrement inutile de réexplorer le terrain déjà parcouru, et je l'ai donc réexploré avec attention, au risque de m'attarder. D'autres, après moi, passeront plus vite. Quand on aura redressé mes erreurs, quand des découvertes nouvelles auront comblé certaines lacunes ou fortifié certains points faibles, quand on saura mieux ce que fut Calamis, et qu'on sera plus familier avec les commencements de la carrière de Phidias, alors il y aura lieu d'écrire sur le même sujet un livre alerte de 200 pages, qui remplacera avantageusement celui-ci. Mais j'espère que j'aurai pourtant rendu sa tâche plus aisée à mon successeur.

Le volume Au musée de l'Acropole reste, dans ma pensée, étroitement uni au présent ouvrage; j'y renvoie souvent en note, souvent aussi dans le corps du texte, pour les figures. Aux cinquante images qui y étaient déjà réunies, il s'en ajoute ici quarante-huit autres. J'ai tâché que cette illustration fût utile plutôt que brillante; elle contient un certain nombre de morceaux inédits, ou presque inconnus encore; elle ne contient pas ce qui a été reproduit à satiété, et qu'on trouvera sans peine ailleurs. Pour les sculptures en pierre tendre notamment, il m'a paru que le mieux était de s'en tenir à la publication très complète et très soignée de M. Wiegand[1].

Le livre, en russe, de M. Pavlowski sur la Sculpture en Attique jusqu'aux Guerres médiques (Saint-Pétersbourg, 1896) ne m'était pas accessible; je ne le connais

---

1. Dans le grand ouvrage intitulé : *Die archaische Poros-Architektur der Akropolis zu Athen* (1904).

*un peu que par le résumé qu'en a donné M. Kœpp (Arch.
Anzeiger, 1896, p. 103 sqq., ou Berlin. philol. Wochenschrift, 1896, p. 958 sqq.) et par le compte rendu qu'en
a fait M. Malmberg (Berl. phil. Woch., 1897,
p. 505 sqq.). J'ai cru devoir le citer à cause des figures,
exceptionnellement nombreuses, qu'il renferme, quoique
la plupart de celles-ci soient d'une médiocrité désolante.*

*On rencontrera d'assez fréquents renvois aux Μνημεῖα
τῆς Ἑλλάδος. Cet album, depuis longtemps annoncé,
finira bien par voir le jour. M. Cavvadias m'en ayant
remis les trois premières feuilles imprimées et un exem-
plaire des quinze ou seize planches, pour lesquelles je lui
ai fourni des notices en 1902, j'ai cité ces feuilles et ces
planches, à l'occasion, dans mes notes bibliographiques.*

H. L.

15 septembre 1904.

LA SCULPTURE ATTIQUE
AVANT PHIDIAS

PREMIÈRE PÉRIODE

[Jusque vers 550 av. J.-C.]

Nous ne devons pas faire commencer l'histoire de la sculpture grecque à l'époque seulement où nous voyons cette sculpture matériellement émerger de l'ombre des origines. Lorsqu'elle apparaît ainsi à la lumière, elle a déjà un long passé ; elle a vécu, pendant un temps indéterminé, d'une lente vie obscure, qu'il est possible de deviner en gros, sinon de suivre de près, et qu'en tout cas il n'est point permis de négliger tout à fait. En Attique, les plus anciennes œuvres de sculpture qui aient subsisté remontent à peine au delà de l'an 600 avant Jésus-Christ. Elles sont d'un art encore primitif ; mais elles ne sont pas, tant s'en faut, les premières œuvres de l'art attique, et elles en supposent nécessairement d'autres antérieures à elles. Elles sont taillées dans la pierre tendre ; mais la façon même dont elles sont taillées témoigne qu'elles ont été précédées par des œuvres en bois ; et ces très vieilles figures en bois, dont aucune ne nous est parvenue, nous en trouvons en effet la mention çà et là dans les écrivains de l'antiquité.

Ce n'est pas à dire que les premiers sculpteurs aient travaillé exclusivement le bois, et soient demeurés insoucieux ou ignorants du parti qu'ils pouvaient tirer de la pierre. Si la statuaire de la Grèce hellénique[1] a eu pour origine et pour stimulant principal à ses débuts l'esprit anthropomorphique de la religion grecque, et si la statue est née de la progressive

---

1. Que l'on doit distinguer aujourd'hui de la Grèce préhellénique ou « mycénienne ».

1

transformation des anciens symboles divins aniconiques, du moment que ces symboles existaient en pierre aussi bien qu'en bois[1], les imagiers devaient être *a priori* inclinés autant vers la pierre que vers le bois; même, ils pouvaient quelquefois n'avoir point le choix et être obligés de s'en tenir à telle matière qu'on supposait avoir été expressément élue par le dieu. Mais il n'est pas douteux que l'appréhension des difficultés d'ordre matériel et technique leur fit en général préférer le bois, plus aisé à tailler et sur lequel il n'y a pas à redouter les suites désastreuses d'un coup porté trop fort ou à faux. Du reste, les témoignages sur ce point concordent avec exactitude : c'est en bois qu'étaient ces vieilles statues divines, en qui résidait l'âme de la cité, et qu'on emportait précieusement quand le malheur des temps obligeait à l'abandon, momentané ou définitif, du sol natal; c'est en bois qu'étaient les plus anciennes statues d'athlètes conservées à Olympie[2]; et l'on sait que le nom de *xoanon*, attribué en propre à ces primitives images, soit divines ou humaines, ne désignait habituellement, dans l'antiquité, que des images en bois[3].

1. Cf. le résumé de la question dans Collignon, *Hist. sculpt. gr.*, I, p. 101 sqq.
2. Pausanias, VI, 18, 7.
3. M. E. Gardner, qui a chicané un peu sur le sens du mot xoanon (cf. *Journ. hell. stud.*, XI, 1890, p. 133-134), a dû reconnaître cependant qu'il désignait généralement une statue en bois, et qu'il a toujours ce sens dans Pausanias (cf. Gardner, *Handbook greek sculpt.*, I, p. 16, note 2). Par exception seulement, le mot a pu être appliqué à des figures de pierre ou de métal. Il y a dans ce fait une preuve certaine que la période primitive de la statuaire grecque a été, par excellence, la période du bois.

CHAPITRE PREMIER

LA STATUAIRE EN BOIS. — DÆDALE
AUTOCHTONIE DE LA SCULPTURE ATTIQUE

La période des xoana a pu durer un temps considérable. Les premiers pas, dans un métier où tout est à découvrir, sont nécessairement fort lents, et certaines causes extérieures les retardaient encore : l'obstacle principal fut, sans doute, que la piété des anciens Grecs se plaisait à surcharger ces xoana, images de divinités, d'un amoncellement d'étoffes précieuses, de bijoux et de couronnes[1], si bien que les parures seules étaient visibles, et que la grossièreté du simulacre qui en était recouvert demeurait ignorée. Le moment vint pourtant où, de ces colonnes arrondies, de ces poutres équarries[2], la statue qui y était virtuellement contenue s'échappa ; la gaine rigide se brisa ; les jambes collées l'une à l'autre se séparèrent ; les yeux s'ouvrirent[3] ; la face s'anima. C'est de ce progrès que

---

1. Il en était encore ainsi, pour la plupart des images du culte, aux siècles les plus brillants de la Grèce ; et c'est là, d'ailleurs, un effet naturel de la dévotion populaire.

2. Τετράγωνος ἐργασία, κίων, δόκανον, σανίς : ces mots servaient à désigner certains xoana, d'après leurs formes différentes. La graduelle transformation du xoanon en statue a été suivie et analysée avec précision, notamment par M. Homolle, *De antiquiss. Dianæ simulacris*, p. 75 sqq.

3. Ces yeux clos ou absents des figures primitives (ἀνδριάντες ἀόμματοι, ἀγάλματα τοῖς ὄμμασι μεμυκότα) ont paru peu vraisemblables à quelques commentateurs, qui se sont engagés dans des explications étranges : cf. O. Müller, *Manuel*, 1, § 68, note 3. Mais il ne faut pas craindre d'attribuer trop de barbarie aux premiers essais de la sculpture grecque : on ne leur en attribuera jamais assez. Les premiers sculpteurs, en présence de difficultés qui semblent aujourd'hui insignifiantes, se sont sentis plus gauches et plus embarrassés qu'on ne saurait dire. Qu'on se rappelle, par exemple, le grand masque d'or de Mycènes (Perrot, *Hist. de l'art*, VI, p. 798, fig. 373), où l'artiste, par une maladresse à peine concevable, réelle pourtant, a représenté les yeux à la fois ouverts et clos ; et, néanmoins, pour tout le reste, ce masque est le produit d'un art déjà développé.

date véritablement l'éveil du sentiment artistique. Les Athéniens en faisaient honneur à Dædale.

Dædale serait donc le plus ancien des artistes de l'Attique, et, d'une façon générale, des artistes grecs, — s'il avait existé[1]. Mais tout ce qu'on nous raconte de sa vie et de ses travaux ressemble plus à un conte qu'à une histoire vraie. La plus juste façon de parler de lui est celle dont M. Carl Robert a donné l'exemple : *Il y avait une fois un homme qui s'appelait Dædalos, comme qui dirait « le fin ouvrier »; son père s'appelait Eupalamos, c'est à dire « l'ouvrier habile de ses mains », et son grand-père s'appelait Métión, ou « l'ingénieux »; etc.*[2]. Il faut noter, en effet, que le mot δαίδαλος ne fut d'abord qu'un qualificatif des ouvrages « bien taillés » dans le bois[3]. Δαίδαλα est un synonyme de ξόανα : et de cette synonymie, Pausanias[4] conclut que, à son avis, le mot δαίδαλα devait exister antérieurement au sculpteur fils d'Eupalamos, mais que celui-ci, quel que fût son nom véritable, reçut plus tard le surnom de Dædale, à cause de son habileté dans l'art qu'il exerçait.

Ce passage curieux où Pausanias, contre son habitude, fait preuve de quelque critique, contient tout le résidu de la légende de Dædale. Du mot δαίδαλος, simple épithète appliquée soit aux sculptures en bois ou à leurs auteurs, l'imagination populaire, à un moment, fit un nom propre. En créant ce nom, elle créait du même coup une personnalité dans laquelle vinrent se confondre tous ces lointains sculpteurs des anciens âges, à qui tour à tour avait été décernée l'épithète δαίδαλος. Aucun d'eux ne méritait de survivre et n'avait survécu; mais, de leur foule anonyme, se levait à la longue une grande personnalité légen-

---

1. On a beaucoup écrit sur Dædale. Il suffit de citer : H. Brunn, *Gesch. gr. Künstler*, I, p. 14; Homolle, *De antiquiss. Dianæ simulacris*, p. 68; C. Robert, *Arch. Mærchen*, p. 1 sqq.; *Dictionn. des antiq.*, art. *Dædalus* (E. Pottier).

2. Certains détails relatifs à Dædale ont cette absurdité inconsciente et charmante, qui est propre aux récits fabuleux. Ainsi Pausanias, qui ne douta jamais une seconde de l'existence réelle de Dædale, écrit bonnement : « Dædale était sculpteur à Athènes du temps qu'Œdipe était roi à Thèbes. » C'est comme si Perrault avait dit : « Le Petit Poucet vivait du temps de la Belle au bois dormant. » Indication précieuse, mais insuffisante pour fixer l'époque où ils ont vécu, et surtout pour prouver qu'ils aient, l'un et l'autre, vécu.

3. Cf. G. Curtius, *Grundzüge griech. Etymologie*[5], p. 232.

4. IX, 3, 2.

daire qui devait les représenter tous ensemble devant les
siècles futurs; les souvenirs très confus que la postérité avait
gardés d'eux se précisaient en un nom unique qui devait conserver à jamais, à défaut de leurs noms individuels, l'épithète
professionnelle qui leur était commune à tous. Ces humbles
ouvriers qui se transmettaient, de génération en génération, les
procédés de l'art naissant, avaient su, à force de temps, y
réaliser quelques progrès : on attribua ces progrès en bloc à
Dædale. Ils avaient inventé l'un après l'autre ou perfectionné
les outils de leur métier, hachette, scie, vrille, etc. : on mit ces
inventions au compte du seul Dædale[1]. Ce qui avait été acquis,
en réalité, par l'effort continu d'un grand nombre d'hommes
pendant un grand nombre d'années, se trouva, dans la légende,
être dû au génie d'un seul homme, capable de faire sortir du
jour au lendemain l'art du néant. A la lente marche naturelle
des choses fut substituée une création miraculeuse, le miracle
étant toujours aux yeux du peuple la plus simple et la plus
satisfaisante des explications. D'après cela, Dædale appartient
à la classe des héros. Le *héros* étant le personnage représenta-
tif en qui se résument les vertus propres à un groupe d'individus, Dædale est le héros de la statuaire primitive. En sa
carrière se résume la période des commencements de l'art; en
son nom — nom collectif comme ceux de Musée[2], d'Homère,
de Thésée — se confondent tous les δαίδαλοι, tous les auteurs
de δαίδαλα. De même qu'en Thésée, héros guerrier et législateur,
destructeur de monstres et organisateur d'États, Héraclès
athénien et Solon préhistorique, s'étaient accumulées et condensées sous une forme de légende les vagues traditions relatives aux plus anciens faits d'ordre politique et social, de
même le nom de Dædale, inscrit au seuil de l'histoire de la
sculpture, en résumait les confuses origines, et autour de ce

---

1. On remarquera que l'invention de la scie est attribuée quelquefois à un
certain Talos, non pas à Dædale (Apollodore, III, 15, 9); mais on avait fait de
Talos le neveu de Dædale : autrement dit, la légende de Talos s'était confon-
due avec celle de Dædale, mais n'avait pas été absorbée entièrement. La
variété même des noms de Talos ou Kalos ou Perdix est significative; nous
apercevons ici, en train de s'accomplir, une simplification mythique qui,
ailleurs, a été poussée jusqu'au bout et n'a pas laissé de traces : à savoir de
petites légendes particulières se réduisant à l'unité, pour ensuite s'incorporer
à la grande légende dædalienne.

2. Le mot μουσαῖος n'est d'abord qu'une épithète des chanteurs « inspirés
des Muses ». Devenu un nom propre, il représente moins une personnalité
réelle et définie que la collectivité des μουσαῖοι de l'époque préhomérique.

nom étaient venus se cristalliser tous les souvenirs et les idées
qui flottaient dans l'esprit des Athéniens quant à la naissance
et à l'enfance de l'art[1].

Mais cette légende est-elle purement athénienne ? L'épar-
pillement par toute la Grèce des œuvres supposées de Dædale
et ses prétendus voyages en Crète, en Sicile, en Italie, en
Égypte, autorisent là dessus certains doutes. Brunn[2], en le
comparant à Ulysse, tant à cause de sa vie errante qu'à cause
de son génie industrieux et inventif, a oublié qu'un des traits
essentiels du caractère d'Ulysse est son amour de la patrie, son
désir tenace du retour au foyer. Rien de semblable chez
Dædale, qui paraît ne tenir pas davantage à l'Attique qu'à la
Crète. Cependant il n'y a point de raisons assez fortes pour
croire que le fond même de sa légende se soit constitué ailleurs
qu'en Attique. Il faut seulement ajouter que plusieurs pays
grecs devaient avoir, sur ce sujet commun des origines de
l'art, des légendes analogues, quoique indépendantes les unes
des autres. Et plus tard ces légendes, de provenances diverses,
ont été reprises à Athènes, rebrassées et amalgamées en une
seule[3]. Les Athéniens, qui « poussèrent l'amour de la gloire jusqu'au mensonge »[4], ont plus d'une fois, par un travail d'imagination plus ou moins conscient, procédé à des remaniements
et arrangements de cette sorte et incorporé les fables étrangères aux fables nationales[5]. Dans le cas présent, on voit ce

1. Beulé, *Hist. de l'art gr. av. Périclès*, p. 333 : « Dédale était pour l'antiquité
ce qu'est saint Luc pour l'Église chrétienne d'Orient. L'esprit humain a besoin
de tout simplifier ; on attribuait à Dédale autant d'œuvres qu'on attribuait à
Hercule de travaux impossibles. L'un, dans l'art, l'autre, dans la légende anté-
historique, servaient à introduire l'unité dans la confusion : on se sauvait de
l'ignorance en se rattachant à un nom fabuleux. » — Dædale a été aussi, pour
l'antiquité, ce qu'a été Salomon pour l'Orient et pour l'Europe du moyen
âge : le type de l'inventeur merveilleux et de l'ouvrier supérieurement habile.
On disait au moyen âge : *œuvre de Salomon*, presque dans le même sens que
les anciens Grecs disaient parfois : *œuvre de Dædale*. Cf. Courajod, *Leçons*,
I, p. 40, note 1 ; Longpérier, *Œuvres*, I, p. 445 sqq.
2. *Gesch. gr. Künstler*, I, p. 22.
3. Overbeck (*Griech. Plastik*[4], I, p. 36-37 et 85), qui n'admet pas l'existence
réelle du Dædale athénien, croit à celle d'un Dædale crétois qui aurait vécu
au VIIᵉ siècle, et qu'on aurait confondu dans la suite avec le Dædale de la
légende attique. M. C. Waldstein (*Rev. arch.*, 1881, II, p. 321-330) avait déjà
exprimé la même hypothèse. Puis elle a été développée par M. Kuhnert, *Dai-
dalos* (Fleckeisen's *Jahrbücher für klassische Philologie*, XV Supplementband,
1887, p. 185-223), et c'est du travail de ce dernier que s'est inspiré Overbeck.
4. Beulé, *Phidias, drame antique*, p. 19 de l'Introduction.
5. L'histoire du grand héros athénien, Thésée, est fort curieuse à étudier
de ce point de vue ; beaucoup des traits de cette histoire ne sont que des traits

que leur vanité avait à y gagner; l'Athénien Dædale, au lieu
de n'être que le père de la sculpture attique simplement,
devenait le père de la sculpture grecque en général. Soit lui-
même en personne, ou par ses élèves — on pourrait quasi dire
ses apôtres, — il avait répandu, de l'Asie Mineure à la Sicile,
les inventions dont Athènes avait eu la primeur. Athènes
devenait ainsi la métropole de l'art, la cité élue d'où était sorti
le Messie chargé de révéler à toute la Grèce le langage, nouveau pour elle, de la beauté plastique[1].

La période dædalienne de la sculpture grecque est terminée au viie siècle, avant l'an 600. On peut l'espacer en
arrière sur toute la longueur du viiie siècle et peut-être du
ixe. — Ce qu'était Athènes alors, les Athéniens des âges suivants ne le savaient pas bien eux-mêmes. Un vague souvenir
s'était conservé de quelques révolutions intérieures, de certaines institutions nouvelles succédant à d'autres plus anciennes, d'un lent et laborieux progrès politique et social;
mais aucun événement ne s'était produit qui donnât à l'Attique
l'occasion de jouer quelque rôle considérable dans le monde
grec. Elle croissait obscurément, pauvre et sans commerce
encore, sans marine sérieuse[2], bien moins puissante et de
bien moindre renom qu'Ægine ou Corinthe. — Ce qu'était alors
l'industrie athénienne, nous l'entrevoyons par les objets divers
et surtout les vases de terre cuite trouvés dans les tombeaux
du Dipylon : elle est, d'une façon générale, peu avancée, et,
quand l'ouvrier s'avise de quitter les modèles consacrés par
un long usage, abandonne la pure ornementation géométrique
et essaie d'imiter librement la nature vivante, son ambition,
toute généreuse et méritoire qu'elle soit, ne lui réussit guère;
ces parties du décor de son œuvre sont d'une enfantine gaucherie. — Faut-il se représenter les ouvrages des premiers

---

démarqués de celle d'Héraclès : cf. le joli mémoire de M. Pottier : *Pourquoi
Thésée fut l'ami d'Hercule* (lecture faite à la séance publique annuelle des
cinq Académies, 25 octobre 1900). — C'est vers la fin du vie siècle que la légende
de Thésée a pris tout son développement ; ce doit être en même temps qu'on
mit la dernière main à celle de Dædale. Il est à noter que les deux légendes
se touchent en certains points et que les deux héros sont apparentés l'un à
l'autre.

1. M. C. Robert (*Arch. Mærchen*, p. 4 et 5) a très clairement exposé comment,
dans la fable de Dædale, tout avait été combiné pour la plus grande satisfaction de la vanité athénienne.

2. Thucydide, 1, 14.

sculpteurs attiques d'après les risibles silhouettes qu'ont tracées, sur la panse des vases, les potiers leurs contemporains?... Ce ne serait là, en tout cas, qu'une très rapide et
sommaire vision, et très incertaine; car les témoignages matériels manqueront sans doute toujours pour la confirmer. Ce
qui est sûr seulement, c'est que, au viiiᵉ siècle, l'Attique ne
faisait à peine que de naître à l'art, comme aux industries
qui procèdent de l'art, comme à la vie politique elle-même;
ou du moins, elle n'en était encore qu'aux tout premiers degrés
de son développement.

Si obscure que soit cette période, et si peu vérifiables les
hypothèses qu'on serait tenté d'émettre, une question cependant sollicite l'esprit, et l'on ne saurait songer à l'éluder. La
primitive sculpture attique, au temps lointain où elle n'est
encore qu'une très faible plante végétant humblement, est-elle
une plante indigène, sortie naturellement du sol où elle devait
grandir, ou bien y a-t-elle été apportée d'un autre pays?
Même si elle est indigène, n'a-t-elle pas été, lors de sa première croissance, taillée et dirigée par des mains étrangères?
A tout le moins, n'a-t-elle pas pu être inclinée de tel ou tel
côté par des souffles et des influences du dehors?
    La question est difficile à résoudre, et il importe d'en bien
poser les termes. Il ne s'agit ici ni de Chypre, ni de Rhodes, ces
îles à moitié grecques, à moitié orientales, ni de la Crète, ni
de la Grèce d'Asie, mais seulement de l'Attique, c'est à dire
d'un des pays grecs les moins voisins des empires égyptien
et assyrien, d'un des moins commerçants à l'origine, d'un de
ceux dont la prospérité et la civilisation ont mis le plus de
temps à mûrir. S'il y a eu rayonnement des arts de l'Orient
sur la Grèce, il ne s'ensuit pas que les effets de ce rayonnement aient été, par toute la Grèce, d'une égale intensité; les
contrées les plus éloignées du foyer lumineux ont dû sentir
d'autant moins la chaleur et l'éclat de ses rayons; puis cette
lumière et cette chaleur, venant de loin et traversant des
couches d'air nombreuses et différentes, ont dû peu à peu se
décomposer et se transformer. Les arguments qu'on allègue
avec justesse pour telle ou telle région de cette Grèce antique,
si divisée et si diverse, ne valent pas nécessairement pour
toutes les autres.
    Si l'on doit avec soin distinguer entre les régions, l'on

doit prendre plus de soin encore de distinguer entre les époques.
Il ne s'agit ici ni du VIᵉ siècle, où Ahmas II (Amasis) ouvre
l'Égypte aux Grecs, ni du VIIᵉ, où Psamitik Iᵉʳ commence à
l'entr'ouvrir[1]. Il est vrai que, dès le VIIᵉ siècle, les merce-
naires grecs et sans doute, après eux, les marchands grecs se
glissent le long du Nil et vers l'Euphrate ; on voit, aux environs de l'année 600, deux frères de Lesbos passer quelque
temps de leur vie, l'un, le poète Alcée, en Égypte[2], et l'autre,
Antiménidas, en Mésopotamie, guerroyant pour le compte
d'un roi de Babylone[3] ; enfin, nous n'ignorons pas non plus
que c'est avant la fin du VIIᵉ siècle que s'installe dans le Delta
le comptoir grec de Naucratis[4]. Mais nous parlons ici d'une
époque plus ancienne, IXᵉ ou VIIIᵉ siècle, où les plus aventureux
et les plus navigateurs d'entre les Grecs (les Athéniens ne
comptaient pas alors parmi ceux-là) ne devaient entrevoir que
très vaguement encore la lointaine Assyrie et ne connaissaient
encore de l'Égypte que ses portes, qui leur restaient fermées.
Que, dès ces temps reculés, un marchand plus qu'à demi pirate,
un coureur de mer ou de grands chemins, du type d'Ulysse ou
d'Antiménidas, ait réussi à pénétrer dans l'intérieur de l'un
ou l'autre de ces empires, et soit revenu ensuite émerveiller
de ses récits ses compatriotes, cela est fort probable, mais n'a
pas grande importance : comme une hirondelle ne fait pas le
printemps, ce n'est pas non plus les courses et les aventures
d'un marchand ou d'un soldat de fortune qui suffisent à faire
les relations entre deux pays très différents et que tout
sépare.

Si l'on s'avise, enfin, qu'à défaut de relations directes il a
pu exister entre ces pays des relations indirectes, grâce à ces
courtiers de commerce et de civilisation que furent les Phéniciens, ou grâce à d'autres intermédiaires, et si l'on songe que
des objets d'échange, passant de mains en mains, pénètrent

---

1. Sur le rôle artistique de l'Égypte vis-à-vis de la Grèce au VIIᵉ et au VIᵉ siècle,
cf. Perrot, *Hist. de l'art*, VII, p. 705 sqq. J'y reviendrai plus tard.
2. Strabon, I, 37 (Bergk, *Poetæ lyr. gr.*³, III, p. 958, fr. 105).
3. Cf. Bergk, *op. l.*, p. 940 : Alcée, fr. 33.
4. Cf. P. Gardner, *New Chapters in greek History*, p. 191 sqq. — Le vers de
Solon, conservé par Plutarque (*Solon*, 26) : Νείλου ἐπὶ προχοῇσι Κανωβίδος
ἐγγύθεν ἀκτῆς, peut fort bien s'appliquer à Naucratis, et le séjour que fit Solon
à cet endroit semble indiquer qu'il y avait là, avant Amasis (569-526), des
comptoirs grecs. Amasis n'aurait fait que donner la consécration légale à ces
établissements grecs, qui dataient déjà de quelque temps et n'avaient été
jusqu'alors que tolérés.

fort loin, là où ne pénètrent pas ceux mêmes qui les ont fabriqués, et ainsi peuvent apporter à un art naissant les modèles d'un art plus avancé, il n'en faut mettre que plus d'attention à déterminer quels furent ces objets introduits en Attique par le commerce et quelle en put être l'influence sur l'art et l'industrie du pays. Or, en Attique comme dans le reste de la Grèce en général, les produits de l'Égypte et de l'Orient importés à cette époque lointaine ont au moins un caractère commun, c'est d'être des objets de commerce; les importateurs, quels qu'ils fussent, n'avaient point pour but d'enseigner les arts à des peuplades ignorantes : ils ne voulaient que vendre et acheter. D'un autre côté, les difficultés des longs transports, soit par terre ou par mer, influaient forcément sur le choix des objets qui devaient composer la pacotille; il fallait que les marchandises ne fussent ni trop lourdes ni trop encombrantes. Bref, objets de vente facile et de petites dimensions, « armes, cuirasses, plaques de métal travaillées, ivoires, tentures brodées, vases de métal et peut-être terres cuites »[1]. Que ces produits des industries égyptienne et asiatique aient exercé une action sur les industries similaires, naissantes ou à naître, de la Grèce, cela va de soi, et l'on ne peut discuter que le plus ou moins d'intensité et de durée de cette action. Que même, considérés indépendamment de la matière et de la technique, ils aient fourni aux ouvriers grecs des motifs d'ornementation, des sujets tout préparés et, si je puis dire, tout un « cahier d'expressions », cela aussi est fort naturel, et l'on admettra, suivant la formule proposée par Albert Dumont[2], que les origines de l'industrie, d'abord, et, plus largement, de la décoration en Grèce s'expliquent en grande partie par l'influence asiatique.

Mais la sculpture? En quoi des objets, tels que ceux qui viennent d'être énumérés, pouvaient-ils aider ses débuts? Les produits des industries d'Orient répandus en Grèce ont pu suggérer au premier apprenti sculpteur l'idée de certains sujets : c'est là autre chose, à quoi nous aurons l'occasion de revenir ; mais tous réunis ne pouvaient lui apprendre l'*a b c* de la technique de son art. A-t-il eu sous les yeux, pour lui servir de modèles, des statues étrangères? Voilà le premier point à

---

1. Dumont, *Céram. de la Grèce propre*, I, p.131.
2. *Op. l.*, p. 142. Cf. Pottier, *Catal. des vases du Louvre*, I, p. 141-142.

examiner. Or, pour les raisons exposées tout à l'heure, il n'est pas vraisemblable et à peine est-il possible que des statues aient été importées des pays lointains, en Attique notamment[1].

On a répondu à l'une des objections présentées ci-dessus que toute œuvre de sculpture n'est pas nécessairement un bloc lourd et mal maniable, et que des statues en bois, telles que l'Égypte en fabriqua en grand nombre, étaient peu pesantes et d'un transport aisé[2]. Il est vrai ; mais il faut considérer, après les facilités du transport, celles de la vente. Pourquoi aurait-on transporté au loin des statues qui n'étaient pas des objets de vente? Les premières statues que les Grecs aient eues furent celles de leurs dieux, et même la statuaire chez eux, comme nous le rappelions au début de ces pages, est née du besoin qu'ils sentaient de se mettre devant les yeux leurs divinités[3]. Ce n'est donc pas à des artistes d'une autre race et d'une autre religion que les Grecs auraient demandé les images des dieux grecs, alors surtout que ceux-ci se présentaient déjà à l'esprit avec une forme nette, une physionomie individuelle, des attributs spéciaux, et que, de plus en plus, dans les chants des poètes, se précisaient leurs traits. L'hypothèse de l'introduction en Grèce, et particulièrement en Attique, de statues égyptiennes en bois, au ixe et au viiie siècle avant notre ère, n'est guère acceptable à première vue, et les rares passages de Pausanias sur lesquels on l'appuie perdent beaucoup de valeur, si l'on se rappelle le vague des dates fournies par Pausanias, et ses erreurs nombreuses, et la pauvreté de sa critique, et sa complaisance bonasse pour toutes les légendes et toutes les invraisemblances[4].

1. Les raisons que je tâche de donner de l'indépendance originelle de la sculpture attique ont été déjà indiquées par M. Homolle, *De antiquiss. Dianæ simulacris*, p. 85-100. Seulement M. Homolle les étendait à toute la sculpture grecque en bloc; par là il prêtait un peu à la critique, et il dut lui-même apporter à sa thèse quelques atténuations. Il est très difficile, en effet, dès qu'on passe à la Grèce d'Asie, de reconnaître où finit la Grèce ; en tout cas, là où elle finit, elle est en contact avec des peuples orientaux, et les influences artistiques comme les échanges d'idées deviennent alors quasi inévitables. En me limitant à l'Attique, je crois être sur un terrain plus aisé à défendre ; et je puis maintenir ici des affirmations qui deviendraient tout de suite plus hasardeuses s'il s'agissait de Rhodes, par exemple, ou de Samos ou de l'Ionie.

2. Cf. *Journ. des Sav.*, 1887, p. 235 (Perrot).

3. Énergique et juste expression de Curtius (*Arch. Zeitg.*, 1880, p. 27) : « *Die hellenische Kunst wurzelt im Gottesdienst.* »

4. Les passages en question sont les suivants : 1, 42, 5. Dans un temple de Mégare, trois statues d'*Apollon*, l'une de style « æginétique », les deux autres

Admettons néanmoins (en prévision de quelque découverte, toujours possible, si improbable qu'elle soit) l'existence en Attique de statues étrangères qui eussent pu servir de modèles aux premiers sculpteurs. D'abord les eussent-ils prises pour modèles, ces représentations où ils n'auraient retrouvé ni les

« très semblables aux xoana égyptiens ». Pausanias ne dit pas que les deux dernières statues fussent d'origine égyptienne, mais seulement qu'elles rappelaient des œuvres égyptiennes. Toutes les trois étaient en ébène, et cette identité de la matière est un détail considérable, l'une des trois figures étant donnée comme grecque et les deux autres n'étant nullement données comme non grecques; on doit se souvenir, en effet, que des statues en ébène étaient attribuées à Dipoinos et Skyllis, les patrons de la vieille école de sculpture péloponnésienne (Pausanias, II, 22, 5). En outre, selon M. Furtwængler (*Meisterw. griech. Plastik*, p. 721), les expressions « type æginétique » et « type égyptien » seraient une indication abrégée de certaines attitudes très simples des statues primitives, mais ne correspondraient pas du tout à une désignation de provenance. Il se peut que ce soit moins encore, une comparaison faite à la légère et suggérée par l'aspect extérieur des statues : Overbeck (*Gesch. gr. Plastik*[4], I, p. 38) a rappelé fort à propos que Strabon, lui aussi (XVII, 1, 28), voulant donner à ses lecteurs une idée des bas-reliefs de Thèbes en Égypte, les rapproche des sculptures étrusques et des œuvres de l'archaïsme grec; or, nous pouvons vérifier nous-mêmes cette comparaison et apprécier combien elle est superficielle et inexacte. — II, 19, 3. Temple et statue d'*Apollon*, à Argos, rapportés l'un et l'autre à Danaos. Il s'agit d'un xoanon qui n'existait plus, offrande d'un personnage légendaire, consacrée à l'occasion d'un événement fabuleux : c'est de l'origine égyptienne de Danaos que Pausanias conclut à la provenance égyptienne du xoanon qu'on lui attribuait autrefois. Quant à la réflexion qui suit sur les xoana en général, elle est personnelle à Pausanias, et ce n'est pas une constatation de fait. — IV, 32, 1. Dans le gymnase de Messène, trois statues données comme « œuvres d'artistes égyptiens ». Messène, rasée par les Lacédémoniens au VIIIe siècle, fut rebâtie seulement au IVe; il n'est pas vraisemblable que les statues du gymnase aient été plus anciennes que le gymnase même et que la ville. Le fait que l'une d'elles représentait *Thésée* est aussi une preuve de leur peu d'ancienneté; car la légende du héros athénien est une des plus récentes de l'histoire héroïque de la Grèce, et à Athènes même sa popularité fut tardive. Si donc les statues ne dataient que de l'époque hellénistique, elles pouvaient fort bien être l'œuvre d'artistes « égyptiens », c'est à dire alexandrins. Il n'est pas besoin, en ce cas, de supposer une faute de texte (cf. Pausanias, éd. Hitzig-Blümner, t. II, p. 83, note de la ligne 14). — VII, 5, 5. Temple et statue d'*Héraclès* à Érythrées; statue « proprement égyptienne ». M. Perrot (*Journ. des Sav.*, 1887, p. 236) suppose qu'il s'agit d'une statue de style égyptisant apportée par les Phéniciens; cela est probable, bien que M. Furtwængler (*l. l.*); pour les raisons données ci-dessus, affirme que le qualificatif « égyptien » ne doit pas être pris à la lettre. Mais remarquons que Pausanias ne précise pas l'âge de cette statue; elle pourrait n'être que du VIe siècle, et cela ferait encore une belle antiquité par rapport à Pausanias. Aussi, tout en admettant l'origine phénicienne ou égyptienne de cet *Héraclès*, on peut encore douter que cette figure soit arrivée assez tôt pour servir de modèle aux premiers sculpteurs ioniens. Et enfin (considération essentielle) les influences de l'Orient sur l'art grec naissant n'ont pas agi de la même façon ni avec la même force en Ionie et dans la Grèce propre, à Érythrées ou Rhodes et à Athènes.

allures ni les traits ni le costume familiers, et où l'homme leur
aurait apparu tout autre qu'ils ne le voyaient autour d'eux ?
On a remarqué, sur les vieux vases du Dipylon, un contraste
frappant entre l'habileté des dessins linéaires et l'extrême imperfection des figures humaines, et l'on a vu dans cette imperfection même un signe d'originalité. Tant qu'il ne s'agit que de
combinaisons de lignes et de dessins d'ornement, les potiers
attiques empruntent volontiers à de plus savants qu'eux ; ils
ouvrent leur « cahier d'expressions », et en tirent celles
qu'il leur faut. Mais, dès qu'ils veulent reproduire la vie et le
mouvement, c'est à la réalité ambiante qu'ils s'adressent, ils
n'imitent plus ; leur procédé peut être convention, mais cette
convention même est née de l'observation ; et, si leur tentative ne réussit guère, du moins ont-ils fait preuve de cet
esprit personnel et ambitieux qui est le ressort du progrès
artistique[1]. Pourquoi jugerait-on les premiers sculpteurs incapables d'une égale initiative ?

Aussi bien, la chose n'est pas de si grande conséquence. Un
enfant qui apprend à dessiner se tirera mieux d'affaire devant
un buste en plâtre que devant une figure vivante, cela est
vrai ; pourtant ce n'est pas le buste en plâtre qui lui aura appris
le dessin : c'est le professeur qui, après lui avoir mis en mains
les moyens matériels d'exécution, aura guidé son ignorance et
corrigé ses fautes. Pareillement, supposons que les premiers
sculpteurs attiques aient trouvé des modèles en quelques statues étrangères, égarées dans leur pays. Ces modèles, en tout
cas, ne suffisaient point, par leur seule présence, à procurer à
l'ouvrier les outils nécessaires, à lui en apprendre l'usage, à
lui donner les notions même les plus élémentaires du métier.
Or, pour se rendre compte des débuts d'un art tel que la
sculpture, où la matière garde toujours une importance capitale, c'est aux questions de technique qu'il faut s'attacher. Phé-
niciennes ou égyptiennes, ces statues n'auraient point constitué d'elles-mêmes un enseignement ; sans les artistes qui
les avaient faites et qui étaient en mesure de montrer à des

---

1. Cf. Dumont, *Céramiques*, I, p. 99-101 ; II, p. 147. — M. Pottier (*Catal. des
vases du Louvre*, I, p. 228) avait exprimé une opinion toute différente sur les
caractères du tracé des figures dans les vases du Dipylon ; mais, depuis, les
réflexions où l'a conduit son heureuse découverte sur le « dessin par ombre
portée » l'ont ramené dans l'autre sens : cf. *Rev. ét. gr.*, XI, 1898, p. 370-372,
et note 1 de la page 372.

novices « comment il faut s'y prendre », elles devaient demeurer pour ces novices lettre close ; elles auraient pu intéresser
la curiosité, en tant que produits d'une civilisation étrangère,
mais non pas influer gravement, en tant qu'œuvres d'art, sur
un art encore à naître [1].

Nous sommes ainsi ramenés à la question, posée quelques
pages plus haut, des rapports directs entre l'Attique et les
pays d'Orient. Aux ixe et viiie siècles, voire au viie siècle, ces
rapports n'avaient pas commencé encore. Que des artistes
égyptiens ou assyriens ou phéniciens soient venus, à cette
époque, s'établir dans la Grèce propre, personne, je crois, ne
l'a prétendu. Que des Grecs, à cette époque, soient allés en
Égypte, en Assyrie ou en Phénicie, et en soient revenus
experts dans l'art de la sculpture, cette supposition serait aussi
peu vraisemblable et peu fondée que la précédente [2]. Il semble
donc qu'on ne doive pas rattacher les origines de la sculpture,
au moins en Attique, et même dans la Grèce d'Europe, à des
influences orientales.

Cette conclusion me paraît confirmée, en outre, par les faits
suivants. Il est certain que la mémoire populaire en Attique
n'avait pas oublié les longs tâtonnements, les humbles et
laborieux débuts des premiers artistes; si indistinct que fût ce

1. Ce qu'elles pouvaient offrir de plus utile, c'était des indications d'attitudes.

2. On pourrait être tenté d'alléguer les voyages de Dædale en Crète, en
Égypte (?). Mais, du moment que l'on considérerait la légende de Dædale
comme n'étant qu'une transcription mythique de certains faits historiques,
on s'engagerait par là même à en respecter les lignes principales. Or, dans la
légende, Dædale ne vient pas de Crète ou d'Égypte en Attique; il se rend
d'Attique en Crète, en Italie et peut-être en Égypte, et il porte partout avec
lui cet art et ce génie dont Athènes a eu la primeur. Nous avons dit plus haut
comment ces parties de la légende, qui semblaient en être les plus récentes,
étaient dues sans doute à un calcul plus ou moins conscient de la vanité
athénienne; quoi qu'il en soit, on ne saurait y découvrir la preuve d'une
influence de la sculpture égyptienne ou crétoise sur la sculpture primitive
attique, car elles disent juste le contraire. — Diodore (I, 97) nous a transmis
en gros les histoires que racontaient les prêtres égyptiens sur le prétendu
séjour en Égypte du prétendu Dædale. Il est possible qu'il y ait là un souvenir confus de la venue en Égypte de certains artistes archaïques, comme
Rhœcos et Théodoros de Samos, lesquels étaient, en effet, fort novices au
regard des sculpteurs égyptiens. Mais, en tout cas, les histoires des prêtres
égyptiens ne sauraient en aucune façon être prises à la lettre. Que les Égyptiens et certains Grecs d'après eux, en pensant aux *vieux* artistes du vi[e] siècle,
aient parlé d'une influence égyptienne sur le *commencement* de l'art grec,
cela se comprend; mais nous entendons ici le mot « commencement » en un
sens moins vague, et nous sommes encore loin du vi[e] siècle.

souvenir, il s'était maintenu, et, malgré la forme raccourcie
et conventionnelle de la légende, on le reconnaît sans peine.
Un autre souvenir avait subsisté, celui de l'invention des
divers outils nécessaires au sculpteur sur bois ; et cela prouve
quelle avait été l'importance, en leur temps, de ces modestes
découvertes et combien elles avaient frappé les esprits ; mais
cela nous prouve du même coup que l'art dut conquérir un à
un ses outils, et l'on s'étonnera moins, dès lors, de la lenteur
de ses premiers progrès. Ce deuxième souvenir n'était, en
somme, qu'un complément du précédent. Enfin, l'on a signalé
plusieurs fois l'écart considérable qui sépare le plein développement de la poésie en Grèce du plein développement
de la sculpture [1]. Et cependant l'une est intimement liée
à l'autre. Homère a été pour les Grecs le foyer commun,
non seulement de toute poésie, mais de tout art. Beaucoup de
ses descriptions, comparaisons, épithètes, sont d'une saisis-
sante valeur plastique, et l'on y constate les qualités foncières
qui seront plus tard celles mêmes de la sculpture grecque.
Pourquoi donc, alors que la poésie « resplendissait déjà dans
sa plus belle fleur » [2], l'art n'existait-il pas encore, et pourquoi
ne lui a-t-il pas fallu moins de trois ou quatre siècles avant qu'il
fleurit et s'épanouit à son tour ? La réponse vient toute seule, et
elle n'a échappé à aucun de ceux qui se sont posé la question :
c'est que le poète, lui, n'avait sa libre marche gênée d'aucun
obstacle ; les matériaux de son art n'étaient que la parole
même jaillissant de son esprit, et les règles qui empêchaient
sa parole de s'épandre à l'aventure étaient trop simples pour
devenir jamais une entrave ; les difficultés du métier ne comptaient pas pour lui : de métier, il y en avait si peu. Au contraire, ces difficultés furent le grand obstacle opposé à l'artiste ;
il lui fallut chercher et trouver les instruments de son art, chercher et trouver la matière appropriée, enfin lutter longuement
contre cette matière et la dompter. Moins favorisé que le poète,
le sculpteur dut gagner à la sueur de son front et au prix
d'efforts séculaires le moyen d'exprimer exactement les images
qu'il voyait en son esprit ; et c'est pourquoi Phidias n'est venu
que trois ou quatre cents ans après les chanteurs anonymes de
l'*Iliade* et de l'*Odyssée*.

1. Cf. Dumont, *Céramiques*, I, p. 157-158 ; *Journ. des Sav.*, 1887, p. 231-
232 (Perrot).
2. Beulé, *Hist. de l'art gr. av. Périclès*, p. 329.

Le plus grand service que les sculptures plus anciennes de l'Égypte et de la Phénicie[1] eussent pu rendre à la sculpture grecque naissante, eût été de lui fournir les outils et les procédés, de lui épargner le long apprentissage, de lui enseigner le métier; car, le métier su, elle n'eût pas mis des siècles à atteindre la beauté qui devait lui être propre. Ce service ne lui fut pas rendu. Nous pouvons l'affirmer en raison du temps si long de l'apprentissage : les Grecs durent trouver eux-mêmes les procédés techniques, et inventer non seulement l'art, mais, avant l'art, le métier.

Cependant, lorsque nous parlons, pour le VIIIe ou le IXe siècle avant Jésus-Christ, d'un commencement de l'art, nous n'ignorons plus aujourd'hui que, à une époque bien plus reculée dans le passé, la presqu'île de l'Attique, ainsi que toutes les îles de la mer Ægée et toute la frange continentale baignée par cette mer, avait connu une civilisation brillante et un art déjà très développé. Cette civilisation, qui eut en Crète son premier foyer et ses grandes capitales, compta dans la Grèce d'Europe un certain nombre de petits centres provinciaux en tête desquels se plaçait l'opulente Mycènes. Pour l'Attique seulement, nous avons retrouvé plusieurs de ces sous-préfectures de la civilisation dite « mycénienne » : Spata, Thoricos, Ménidi, l'Acropole d'Athènes, etc.[2] Or, si la sculpture qui nous paraît naître en Attique vers le VIIIe siècle avant Jésus-Christ devait être reliée à celle qui y florissait déjà entre le XVe et le XIIe siècle, si ce que nous appelons une naissance n'était qu'une renaissance, et si l'art « mycénien » était déjà l'art grec, l'originalité de la sculpture attique, je veux dire son isolement par rapport aux diverses plastiques plus anciennes de l'Orient, cesserait d'exister. Car les influences orientales ne sont sans doute pas tout le fonds de la civilisation dite « mycénienne », mais elles en forment pourtant un des plus notables éléments; et, en Attique, ces influences ne sont pas moins visibles qu'ailleurs : on a même dit qu'à Spata elles l'étaient davantage[3].

M. Perrot, au cours de ses études sur la civilisation « my-

---

1. C'est à celles-là seules qu'on peut songer; on n'aperçoit pas la moindre trace d'une influence quelconque de la sculpture assyrienne des IXe et VIIIe siècles sur l'art grec : cf. Perrot, *Hist. de l'art*, VIII, p. 719-720.
2. Cf. la liste complète dans l'Εφημ. αρχ., 1895, p. 193-194.
3. Cf. Dumont, *Céramiques*, I, p. 64.

cénienne », a affirmé que « l'artisan de Mycènes est le prédécesseur et l'ancêtre direct des grands artistes du siècle de
Périclès et de celui d'Alexandre »; que les œuvres de la plastique mycénienne sont « les premiers anneaux de la chaîne, à
l'autre bout de laquelle il y a les statues de Phidias et de
Lysippe »; et qu'ainsi « l'art mycénien est le premier chapitre
ou plutôt la préface de l'art grec classique »[1]. Malgré l'autorité et la science de M. Perrot, je crois que de telles affirmations ne sauraient être acceptées sans de graves réserves[2].
La Grèce antérieure à l'invasion dorienne me semble être bien
différente de la Grèce postérieure, de la Grèce accrue de l'élément dorien d'abord, puis repétrie, transformée dans ses anciens
éléments et inspirée d'un nouvel esprit par l'influence des derniers arrivés[3]. La Grèce préhellénique semble être presque
un autre pays, du moins elle n'est pas habitée par le même
peuple exactement que la Grèce hellénique. Et cette différence
entre l'une et l'autre se marque nettement dans leur art à
chacune. Mais, du reste, la civilisation « mycénienne » fut
étouffée par les envahisseurs doriens, et elle disparut peu à
peu, ne laissant d'autres traces apparentes que des murailles
de villes et quelques grandes constructions funéraires émer-
geant au dessus du sol; et il a fallu, de nos jours, la vaillance
et la passion de Schliemann, poussant ses fouilles au plus
profond des remblais de Mycènes, puis la méthodique divina-
tion de M. Arthur Evans, pénétrant au cœur même de ce grand
secret d'histoire ancienne, pour rendre à la lumière les monuments d'un art qui, au temps d'Homère déjà, était fort obscurci
dans la mémoire des hommes.

Reconnaissons néanmoins qu'une ruine de ce genre ne saurait être absolument complète; d'un naufrage si vaste, il sur-
nage toujours quelques épaves[4]. Il est presque inévitable que,

---

1. Cf. Perrot, *Hist. de l'art*, VI, p. 13 et 1009.
2. J'ai indiqué ces réserves avec quelque détail, dès la publication du volume
de M. Perrot : cf. *l'Art*, 1er août 1894, p. 107 sqq.
3. La réalité de ce grand mouvement de population appelé « invasion
dorienne », qui est le fait capital des débuts de l'histoire proprement hellénique, a été mise en doute par M. Beloch (*Griech. Geschichte*, I, p. 146 sqq.).
Ce n'est pas le lieu et je n'aurais pas la hardiesse de traiter d'une telle question. Je me contente de noter que cette hypothèse inattendue, qui contredit
les traditions des anciens Grecs eux-mêmes, a trouvé peu d'approbateurs :
cf. Busolt, *Griech. Geschichte*[2], I, p. 201, note 1 ; E. Meyer, *Gesch. d. Alterthums*, II, § 46-47.
4. Cf. Pottier, *Catal. des vases du Louvre*, I, p. 218, 223 ; II, p. 488.

dans les industries les plus nécessaires à l'homme, des procédés
se soient transmis d'une période à l'autre; il est possible
que, dans l'art décoratif, des traditions aient sourdement
persisté, par quoi s'expliquent plus tard la réapparition fortuite de certaine forme matérielle ou la manifestation isolée de
certaine tendance d'esprit. Ainsi (pour nous en tenir à l'Attique),
on peut bien, avec M. Belger, reconnaître une survivance
« mycénienne » dans cette colonne à cannelures torses, en
pierre calcaire, qui se dressait sur l'Acropole d'Athènes au
vi[e] siècle[1]; et une autre survivance, plus intéressante, parce
qu'on y retrouve non pas seulement une forme, mais l'esprit
même de l'art « mycénien », se laisse discerner dans cette
décoration de fleurs et d'oiseaux qui encadrait les frontons
du vieux temple appelé *Hécatompédon*[2]. Mais il s'agirait de
beaucoup plus que d'une survivance, si l'on devait accepter le
jugement de M. Belger sur le grand groupe *Lions et taureau*
du musée de l'Acropole, puisque ce groupe, selon M. Belger[3],
marquerait le plein épanouissement de l'art « mycénien » et
que cet art aurait ainsi atteint son apogée en Attique, au
vi[e] siècle. Or, ce groupe n'étant pas isolé, mais étant accompagné de trois ou quatre pareils[4], et tous ces groupes se
trouvant rattachés de la façon la plus étroite, par leur technique, aux diverses sculptures en pierre tendre contemporaines, et même aux sculptures en marbre qui leur ont
immédiatement succédé, autant dire que l'art attique du vi[e] siècle
devrait être considéré comme la suite directe de l'art
« mycénien ».

Mais un tel jugement paraît reposer sur une confusion entre
ce qui est seulement la donnée du sujet à traiter et ce qui concerne l'exécution dudit sujet. Qu'on admette, si on veut, que
ce banal motif du taureau terrassé et dévoré par des lions n'a
pu venir que des « Mycéniens », on n'en doit pas conclure que
l'auteur du grand groupe de l'Acropole soit un simple continuateur de l'art « mycénien »; il a pu avoir sous les yeux telle

1. Cf. *Arch. Anzeiger*, 1895, p. 15-16 (Belger); Wiegand, *Poros-Architektur*, p. 172, fig. 171.
2. Cf. Wiegand, *op. l.*, p. 64 sqq. et 107, pl. II-III. Je décrirai cette décoration plus loin, quand je parlerai des frontons de l'*Hécatompédon*.
3. Cf. *Berlin. phil. Wochenschrift*, 1895, p. 59-60; 1896, p. 1087.
4. Ces groupes d'animaux seront tous ensemble étudiés dans un des chapitres suivants.

petite plaque d'ivoire, comme celles de Spata[1], et tirer de là
l'*idée* d'un sujet, mais l'idée simplement, et non pas les moyens
de l'exécuter. Des objets de cet ordre, échappés du naufrage
de la civilisation mycénienne, pouvaient rendre aux Hellènes
du viie siècle le même genre de services que les divers objets
de provenance orientale, desquels nous parlions tout à l'heure[2];
mais ils n'en pouvaient rendre davantage; et tous les ivoires
de Spata ne sauraient amoindrir la trop réelle solution de continuité qui sépare deux époques très éloignées l'une de l'autre.
À l'époque « mycénienne », la plastique en pierre est déjà fort
avancée : les lions de la porte de Mycènes et la tête de lionne
de Cnossos en témoignent assez haut. Et, quelques siècles plus
tard, on en est... aux xoana; la plastique en pierre a peut-
être survécu, il est possible; mais tout ce qu'elle arrive à produire, vers la fin du viie siècle, c'est des figures telles que la
Nicandra de Délos. Il est donc certain que, après la période
préhellénique et avant la période hellénique, la Grèce traversa
des siècles de nuit, une sorte de « moyen âge »[3]; et, quand elle
en sortit, ce fut moins un réveil qu'un premier éveil, moins
une Renaissance, c'est à dire un retour au passé retrouvé, qu'un
recommencement de tout. Pour la sculpture particulièrement,
il n'est pas douteux que, postérieurement à l'invasion dorienne,
tout recommence : les ouvriers sculpteurs en sont revenus au
bois comme matière, aux instruments les plus imparfaits, aux
premiers balbutiements de l'art; et, à la fin du viie siècle,
leurs productions ne seront pas encore remontées au niveau
de celles des pré-Hellènes, outre qu'elles seront visiblement
inspirées d'un esprit très différent. C'est donc que, dans l'intervalle, l'art s'était perdu, et le métier même, cependant que
s'était formé un nouvel esprit national. — En conséquence, ce
n'est point par l'intermédiaire de l'art préhellénique que la
sculpture grecque naissante, celle du viiie et du viie siècle,
aurait subi les influences orientales, qui, nous l'avons vu, n'ont
pu davantage arriver à elle directement.

Au moment de clore ce chapitre préliminaire, j'en rappellerai les points principaux.

1. Cf. *Bull. corr. hell.*, II, 1878, pl. XVI, 4 et 5. — C'est des ivoires de Spata
que M. Belger semble tirer argument.
2. Cf. ci-dessus, p. 10.
3. Le mot est de M. S. Reinach (*Gazette des Beaux-Arts*, 1890, II, p. 432).

Les commencements et le premier âge de la sculpture attique
ne nous sont connus que par la légende de Dædale ; mais, à
travers le merveilleux de la légende, apparaît clairement le
souvenir des longues ignorances et des pénibles efforts d'une
enfance privée d'appuis et sans guides. Appuis et guides
eussent pu être fournis par les civilisations plus anciennes de
l'Égypte et de l'Asie. Rien ne prouve qu'il en ait été ainsi ; et
l'observation rigoureuse des faits, des lieux et des époques
conduit à croire le contraire. Cela n'empêche ni les échanges
industriels ni les transmissions d'idées, dont on peut élargir la
part autant qu'on voudra, sans que le domaine propre de la sculpture soit seulement entamé. Il est bien entendu aussi qu'il
faudrait atténuer dans de certaines limites la rigueur de cet
isolement, si l'on parlait, au lieu de la sculpture attique, de
celle de la Grèce d'Asie ; en raison même de la géographie du
monde grec, il y a une géographie des influences orientales
sur la Grèce, dont on n'a pas toujours tenu compte suffisamment.

Mais quant à la sculpture attique, elle n'a dû qu'à elle-même
sa première croissance ; elle est totalement coupée, dans l'espace, des sculptures égyptienne ou assyrienne, totalement
coupée, dans le temps, de l'art des pré-Hellènes. Elle nous
apparaît, prise à ses débuts, comme *autochtone*[1]. Cette
conclusion, à laquelle l'éloignement des siècles dont il s'agit et
le manque trop sensible d'informations précises communiquent
forcément quelque fragilité, va se trouver fortifiée et, j'espère,
établie sur base solide aux chapitres suivants.

1. Cf. Perrot, *Hist. de l'art*, VIII, p. 531.

CHAPITRE II

LES FRONTONS EN PIERRE TENDRE

Les découvertes qui ont été faites sur l'Acropole de 1882 à 1890 ont eu, entre autres résultats, celui de nous restituer une période entière, jusque là ignorée, de l'histoire de la sculpture attique; notre connaissance de cette sculpture s'est trouvée d'un coup reportée à près d'un siècle en arrière, cent années pour lesquelles pas une ligne des écrivains anciens ne pouvait nous faire seulement soupçonner les étonnants secrets que le sol de l'Acropole détenait et que les fouilles ont révélés. Avant ces découvertes, il fallait sauter du légendaire Dædale à Endoios, à Anténor : la lacune était immense; elle est en grande partie comblée aujourd'hui. Il fallait passer sans transition de la statuaire en bois à la statuaire en marbre, des xoana primitifs (et d'ailleurs inconnus) au *Moschophore*, à la stèle d'*Aristion* : nous possédons aujourd'hui la transition qui manquait.

Entre le bois et le marbre on doit maintenant faire place au calcaire commun. L'emploi de la pierre tendre[1] a permis aux artistes d'aller du plus facile au plus difficile et de franchir insensiblement la distance considérable qui sépare, au point de vue technique, le travail du bois du travail du marbre. Les œuvres en calcaire retrouvées sur l'Acropole s'échelonnent à souhait pour nous faire comprendre et voir la marche progressive de l'art dans cette période : les plus anciennes avoisinent les sculptures en bois qui avaient précédé, tandis que les plus récentes vont rejoindre les sculptures en marbre qui ont suivi. Rien de plus satisfaisant pour l'historien que cet enchaînement rigoureux. Certes, beaucoup de points demeurent obscurs de cette période qui, hier encore, était totalement

---

1. Cette pierre provenait, en général, des carrières de la presqu'île du Pirée, que les anciens nommaient Ἀκτή, d'où le nom ἀκτίτης λίθος : cf. Lepsius, *Griech. Marmorstudien*, p. 56 et 76, n° 98.

plongée dans l'ombre : ainsi, le nom d'aucun de ces vieux maîtres qui ont travaillé la pierre tendre ne nous est connu ; leurs compositions, tristement mutilées, ne sont pas aisées quelquefois à restaurer en pensée ; on ne sait pas toujours quels édifices elles servaient à décorer, ni même, en certains cas, de quelle sorte de décoration il s'agit au juste ; mais enfin, nous avons l'essentiel : les œuvres.

Elles sont peu nombreuses, mais elles ont une importance capitale. Nous pouvons les regarder comme des œuvres-types, et fonder sur elles notre connaissance générale de la plus ancienne sculpture attique. Car, d'abord, elles proviennent des sanctuaires de l'Acropole, c'est à dire des principaux édifices qu'Athènes, dans la première moitié du vi⁰ siècle, pût compter déjà ; et, en second lieu, la plupart d'entre elles sont des frontons ou des restes de frontons : on ne voit pas quelles sculptures plus considérables par leur destination et par leurs dimensions, de plus haute valeur artistique par leur genre même, eussent pu être exécutées en ces temps-là. Et elles furent demandées, évidemment, aux artistes qui étaient le plus en renom. Il est certain, autant qu'il peut y avoir certitude en telle affaire, que nous possédons là les principales productions des premiers artistes de l'époque [1]. Cela ne suffirait pas, il est vrai, à faire de ces œuvres les spécimens représentatifs par excellence de la plastique en pierre tendre, si elles ne témoignaient uniquement que du talent personnel des auteurs. Mais si, au contraire, elles présentent toutes les mêmes signes distinctifs plus ou moins développés, et si, rapprochées l'une de l'autre, elles

---

1. En dehors de l'Acropole, il n'a été trouvé en Attique, à ma connaissance, qu'une seule sculpture archaïque en pierre tendre ; c'est un bas-relief représentant des *Satyres* : cf. *Athen. Mittheil.*, XI, 1886, pl. II, 2, p. 78 sqq. (Studniczka). Ce relief, découvert aux environs du théâtre, provient d'un fronton qui devait décorer un vieux temple de Dionysos. Il est d'ailleurs dans un tel état de mutilation qu'on n'en peut tirer parti pour l'étude du développement de l'art. — Les textes anciens signalent seulement, pour l'Attique, deux sculptures en pierre tendre : 1⁰ un *Silène* (cf. *Vies des Dix Orateurs*, 835 B) ; 2⁰ un *Dionysos* Μόρυχος (en φελλάτας, nom d'une certaine espèce de calcaire), par Simmias, fils d'Eupalamos (cf. Overbeck, *Schriftq.*, 346-347). Ce Simmias, sur qui on ne sait absolument rien, est le seul sculpteur qui soit cité pour la première période de l'art attique ; on remarquera que le nom de son père, Eupalamos, est aussi le nom du père de Dædale. Il ne faut pas s'étonner que les écrivains de l'antiquité n'aient pas connu beaucoup d'œuvres de ce genre pour l'Attique : elles avaient été détruites, à fort peu d'exceptions près, par les Perses dans la double invasion de 480 et 479 : cf. *Au mus. de l'Acrop.*, p. 422, notes 2 et 4 ; p. 423, note 1.

démontrent un progrès régulier de l'art, il faudra bien admettre que ces œuvres particulières ont en réalité une signification générale, et que les observations d'ordre esthétique auxquelles elles donnent lieu les dépassent, pour ainsi dire, et concernent au même titre tous les monuments congénères et contemporains.

Ces œuvres-là sont encore très proches de ce que nous appelons brièvement la période du bois ; et, sachant déjà que ladite période a duré longtemps, nous ne serons pas surpris que la technique propre au bois ait laissé sa marque, même dans les sculptures en pierre tendre. Il est plus notable que, par l'intermédiaire de celles-ci, certains traits de cette technique se soient prolongés jusque dans les premières sculptures en marbre. De tels traits constituent des *survivances*, analogues à celles que l'on constate dans l'architecture en pierre, par rapport à ses prototypes en bois ; seulement, ce ne sont ici que des survivances passagères, non destinées à se perpétuer, que le progrès de l'art effacera l'une après l'autre. Ces survivances ont l'inestimable avantage, à nos yeux, de relier entre elles indissolublement les époques successives, caractérisées par l'emploi de matières différentes ; elles nous aident à suivre d'une façon plus concrète et plus précise la marche de la plastique ; et elles attestent avec une force singulière le développement autonome de la sculpture à Athènes[1]. — M. Wiegand a récemment contesté qu'il y eût tant à apprendre devant les vieux frontons de l'Acropole : car ils seraient, à peu de chose près, contemporains les uns des autres, et ne formeraient donc pas une série espacée dans le temps, une suite d'étapes ; d'autre part, ils seraient tous ensemble très éloignés du début de la plastique en pierre tendre, et ne sauraient donc nous révéler rien sur les circonstances et caractères de ce début[2]. Je

1. C'est à ce point de vue que je me suis placé dans l'étude générale que j'ai consacrée à ces vieilles sculptures : cf. *Au mus. de l'Acrop.*, p. 3-116. J'y ai longuement insisté sur tout ce qui concerne la matière employée et les outils de l'ouvrier et sur les conséquences résultant de l'usage de ces outils et de cette matière. J'ai pu tomber, à ce propos, dans quelque excès et présenter les choses d'une manière trop théorique et systématique ; mais, pour le fond, je ne crois pas m'être trompé, et je reprendrai ici, avec de moins longs détails et certains adoucissements, la même démonstration.

2. Cf. Wiegand, *Poros-Architektur*, p. 231-232. — Dans cet ouvrage, consacré exclusivement aux anciens édifices en pierre tendre de l'Acropole d'Athènes, M. Wiegand ne s'occupe pas du tout du style des sculptures attribuées ou attribuables à ces édifices, et dit à peine quelques mots de leur date possible.

tâcherai de montrer, au contraire, dans les pages suivantes,
que plusieurs de ces frontons se différencient l'un de l'autre
par des traits qui prouvent justement qu'ils ne sont pas et ne
peuvent pas être contemporains; et, sans nous flatter d'atteindre par eux les origines mêmes de la plastique en pierre
tendre, du moins les plus anciens nous en rapprochent-ils assez
pour que nous soyons en état de pénétrer l'obscurité de ces
origines : c'est là tout ce qu'il était raisonnablement permis
d'espérer.

I. — FRONTON DE L'HYDRE

Malgré ses trous, ses défauts, son peu d'attrait, c'est avec
une sorte de respect qu'il convient d'examiner le fronton *de
l'Hydre* [1]. L'œuvre n'est pas belle, mais elle doit être pour nous
vénérable; car c'est la première en date de celles qui ont
subsisté de l'école attique, et il est peu probable que l'on en

---

c'est dans les pages 231-232 qu'il s'est expliqué le plus, à propos de deux masques
humains très grossiers, jadis publiés par moi (cf. *Rev. arch.*, 1891, pl. X). Mais
il s'est mépris sur l'importance que je donne à ces masques. Je croyais pourtant n'avoir négligé aucune précaution pour qu'on évitât cette erreur. M. Wiegand dit que ces masques sont de simples amusements d'ouvriers quelconques : j'avais dit (cf. *Rev. arch.*, 1891, I, p. 314; *Au mus. de l'Acrop.*,
p. 13-14) qu'ils étaient « de la main du premier venu, d'un enfant, si l'on
veut »; qu'ils n'étaient, « à aucun degré, des œuvres d'art »; que la barbarie
de l'exécution ne suffisait pas à prouver qu'ils fussent très anciens, et qu'ils
pouvaient « fort bien avoir été exécutés alors que la sculpture en pierre était
déjà très développée ». Je les avais pris seulement comme des « pièces de
démonstration », c'est à dire des exemples concrets, susceptibles d'éclairer
mes explications théoriques. Qu'on supprime ces exemples, les explications
subsistent toujours, et M. Wiegand reconnaît qu'elles ont leur raison d'être.
Il n'est donc pas exact de dire que toute ma construction s'écroule, parce qu'elle
était fondée sur ces deux masques, mal interprétés : d'abord je les ai interprétés à leur juste valeur, tout comme M. Wiegand; et secondement, je ne les
ai jamais crus nécessaires pour le reste de ma construction théorique, puisque
j'ai dit, au contraire, qu'ils « ne seraient pour cette théorie qu'un très faible
soutien, s'il n'y en avait aucun autre, et que l'on aurait à peine le droit de
tirer d'eux un semblant de preuve » (cf. *Rev. arch.*, 1891, I, p. 316; *Au mus.
de l'Acrop.*, p. 16).

1. Découvert dans les fouilles de 1882 (cf. Ἐφημ. ἀρχ., 1883, p. 39-40); publié
pour la première fois par M. Purgold (*Ibid.*, 1884, p. 150 sqq., pl. VII, 1-3;
1885, p. 233 sqq.). — Cf., en outre, *Athen. Mittheil.*, X, 1885, p. 237 sqq.,
322 sqq. (Meier); *Arch. Jahrbuch*, 1, 1886 (Studniczka); *Au mus. de
l'Acrop.*, p. 26 sqq.; Μνημεῖα τῆς Ἑλλάδος, p. 15 sqq. (bibliographie), pl. IV, 4
(Wolters); Perrot, *Hist. de l'art*, VIII, p. 533, fig. 273; Wiegand, *Poros-
Architektur*, p. 192 sqq. (bibliographie), pl. VIII, 4 (en couleur); Brunn-
Bruckmann's *Denkmæler*, 16.

exhume jamais de plus anciennes. Elle décorait un des édifices inconnus de l'Acropole du vi^e siècle, un temple peut-être ou une sorte de « trésor », en tout cas un pauvre petit édifice humble et bas, dont la façade ne dépassait guère 6 mètres de largeur [1]. L'artiste chargé d'en sculpter le fronton avait choisi pour sujet l'un des épisodes les plus célèbres de la légende d'Héraclès ; c'était un de ces sujets courants de décoration artistique qui, au vi^e siècle déjà, touchaient presque à la banalité et que l'on retrouvait aussi bien sur la panse d'un vase peint [2], ou sur les parois incrustées d'un coffret [3], que sur le fronton d'un temple [4]. De plus, ce sujet avait l'avantage de s'adapter mieux que beaucoup d'autres aux formes si incommodes d'un tympan de fronton : le corps de serpent de l'Hydre pouvait s'enrouler et se dérouler à la volonté de l'artiste, et la moitié de la difficulté se trouvait du coup supprimée.

L'*Hydre* occupe, en effet, toute la moitié droite du tympan, et le reste des acteurs du drame se pressent dans la moitié gauche. En face du monstre, dont quelques-unes des neuf têtes se lèvent encore, sifflantes et menaçantes, gueules ouvertes, tandis que les autres retombent mortes ou mourantes, *Héraclès* debout, cuirassé, brandit sa massue. Derrière lui *Iolaos*, son cocher, regarde le combat, un pied posé sur le *char*, comme prêt à y monter [5]. Puis, juste devant le nez des deux *chevaux* attelés au char, dans le coin du tympan, apparaît le *Crabe*, cet allié de l'Hydre, qui, selon la légende, vint pincer Héraclès au talon.

La gêne qu'a causée à l'artiste le cadre étroit et triangulaire dont il disposait est visible au premier coup d'œil ; à

---

1. Le fronton même mesurait 5^m,80 ; il avait 0^m,79 de hauteur au centre : cf. Wiegand, *op. l.*, p. 192.

2. Deux vases, trouvés l'un à Ægine, l'autre à Argos : cf. Dumont, *Céramiques*, I, p. 236, n°s 7 et 8. Cf. aussi Millin (réédition S. Reinach), *Peintures de vases antiques*, II, pl. 75.

3. Coffre de Kypsélos : Pausanias, V, 17, 11.

4. Je crois, comme M. Purgold ('Εφημ. ἀρχ., 1885, p. 254-255) et M. Meier (*Athen. Mittheil.*, X, 1885, p. 326), qu'il ne faut pas prétendre toujours deviner, d'après la décoration d'un temple, à quel dieu ou héros appartenait ce temple. Conclure, de ce que notre fronton représente un exploit d'Héraclès, que le temple d'où provient le fronton était consacré à Héraclès, serait une conclusion bien peu fondée, puisqu'on ne peut pas même affirmer qu'il s'agisse d'un temple.

5. Cf. Hésiode, *Bouclier d'Héraclès*, 323-324 :

... τῷ δ'ἡνίοχος κρατερὸς Ἰόλαος
δίφρου ἐπεμβεβαὼς ἰθύνετο καμπύλον ἅρμα.

peine est-il besoin de la signaler. La taille et l'attitude des
acteurs ont été déterminées par là : *Héraclès*, placé au centre,
est d'une taille acceptable ; mais *Iolaos* est beaucoup plus
petit ; et ce n'est pas, comme on pourrait le croire, parce
qu'il est un héros de moindre importance, mais simplement
parce que la place où il est ne permettait point de le grandir
davantage. C'est pour la même cause que les chevaux semblent
être de si petite race, et pour la même cause encore qu'ils
sont représentés broutant ; car leur tête, s'ils la redressaient,
déborderait le tympan [1]. Enfin, si le Crabe est tellement éloigné du talon d'Héraclès, c'est qu'il y avait, à l'extrémité du
fronton, un trou à boucher, et que la forme de la bête la
désignait pour boucher ce trou. — Le sculpteur s'est donc
préoccupé avant tout de remplir exactement l'espace qu'il
avait à remplir, fût-ce aux dépens de ses personnages. Quant
à composer son sujet, à lui donner cette unité dans l'ensemble
et cette symétrie dans les parties qu'exige la décoration d'un
fronton, il n'y a seulement point songé. Les acteurs de la
scène s'alignent à la file comme sur une frise, sans être véritablement rassemblés en un groupe [2] : *Iolaos*, le char, le Crabe
tiennent près de la moitié de l'espace total, et pourtant on voit
que ce ne sont que des accessoires et des figurants qu'on
pourrait supprimer ou dont, au contraire, on pourrait augmen-
ter le nombre, indifféremment. Ajoutons qu'*Iolaos*, son char et
ses chevaux sont tournés dans le sens opposé au centre, en sorte
que la composition fuit d'un côté, au lieu d'être rassemblée vers
le milieu. Bref, du fronton il n'y a guère ici que le cadre
architectural ; mais les règles essentielles de la décoration
sculpturale y sont méconnues, ou plutôt les sculpteurs de ce
temps ne les soupçonnaient pas encore.

L'intérêt principal de l'œuvre est dans ce qu'elle nous
apprend sur le travail de l'ouvrier, la nature et le maniement
de ses outils, ses rapports, si on peut dire, avec la matière employée, en un mot sur toute la technique de son art. Pour en
bien juger, il faut reporter notre pensée jusqu'aux œuvres en

---

1. D'après M. Studniczka (*Arch. Jahrbuch*, I, 1886, p. 88), les chevaux seraient représentés flairant le Crabe. L'artifice ne laisserait pas d'être ingénieux ;
mais en est-il bien ainsi ? En tout cas, quelque prétexte qu'il se soit donné à
lui-même, si l'artiste a abaissé la tête des chevaux, c'est, en réalité, parce
qu'il ne pouvait pas, faute de place, la redresser.
2. Cf. *Athen. Mittheil.*, X, 1885, p. 251-252 (Meier).

bois de l'époque antérieure. Pendant la période du bois, les procédés de l'art se transmirent de génération en génération avec une fidélité d'autant plus machinale que l'art tenait encore exclusivement dans le métier; les ouvriers statuaires ne se distinguaient pas du commun des ouvriers : ils apprenaient de leurs maitres, qui souvent étaient leurs propres pères, les recettes à appliquer; ils les appliquaient, et à leur tour ils les enseignaient à de nouveaux élèves, qui souvent étaient leurs propres fils[1]. Ainsi se forma une technique routinière, très solidement implantée, parce que la routine datait de loin.

Représentons-nous donc ce qui se passa dans l'un de ces anciens ateliers, le jour où, pour la première fois[2], un bloc de pierre y entra, destiné à en sortir bas-relief ou statue. La pierre appelle, théoriquement, un autre travail que le bois; les outils à employer ne sont plus les mêmes, et la façon de les employer est différente. Si, au moment que nous supposons, un étranger expert en l'art de tailler la pierre fût survenu en Attique au milieu des imagiers voués jusqu'alors au bois, et qu'il eût communiqué ses outils et ses procédés, c'eût été une brusque révolution dans les ateliers indigènes, et un progrès considérable eût été accompli d'un seul coup. Mais l'étranger ne survint pas; ces ateliers restèrent livrés à eux-mêmes, agités à une certaine époque d'un obscur désir de mieux. Voyons à quelles conditions ils le réalisèrent. Ç'aurait été, de la part d'un sculpteur d'alors, une prétention folle, si, voulant s'attaquer à la pierre, il se fût attaqué à n'importe quelle pierre, sans discernement. Les outils qu'il avait à son service lui faisaient une nécessité de choisir une pierre tendre; la plus tendre devait être pour lui la meilleure, de quelques défauts qu'elle payât, du reste, cette qualité indispensable. Car ses outils (point essentiel à noter) demeuraient provisoirement les mêmes. Comment aurait-il pu en inventer d'autres, du jour au lendemain, et se créer sur l'heure une nouvelle technique? Il était esclave des habitudes traditionnelles de son atelier, deve-

---

1. Il est tout naturel que, dans les sociétés primitives, les « secrets » de l'art passent de père en fils, comme les « secrets » des autres métiers. Les témoignages anciens nous avertissent en effet qu'il en a été ainsi.

2. Je rappelle ce que j'ai dit plus haut (p. 1-2), à savoir qu'on a pu et dû tailler la pierre de bonne heure, concurremment au bois, mais que les xoana en pierre ne furent que de rares exceptions; et ainsi la plupart des ateliers devaient être voués exclusivement au travail du bois.

nues ses habitudes propres. Non seulement il gardait les
mêmes outils, mais aussi la même manière de s'en servir,
parce que, comme il eût pu dire en son langage d'ouvrier, « la
main ne se refait pas ». Et sa main était faite à travailler le
bois. Du reste, tout en se risquant à employer la pierre pour
certaines œuvres, il continuait sans nul doute à en exécuter
d'autres en bois[1]. Il devait donc traiter la matière nouvelle,
dans les commencements, de la même façon que l'ancienne.
Le résultat de son premier effort dut être une œuvre découpée
dans la pierre tout comme elle l'eût été dans le bois, mais plus
médiocrement peut-être, à cause des difficultés nouvelles
qu'opposait le calcaire, si tendre qu'il fût. L'œuvre pouvait
paraître un peu inférieure aux sculptures en bois qui l'avaient
précédée; seulement, elle était en pierre : en cela consistait le
progrès.

La courte et simple déduction qui précède eût peut-être
semblé hasardeuse il y a une trentaine d'années, lorsqu'on ne
connaissait de la sculpture attique, avant les quelques monuments en marbre du VIe siècle, que les xoana mentionnés par
Pausanias. Cette découverte, par le calcul, d'une période ignorée
de l'art et cette supputation de ses caractères essentiels, si
quelqu'un s'en était avisé, eussent couru le risque d'être
traitées comme des hypothèses en l'air; personne, d'ailleurs,
ne s'en avisa ou du moins ne s'exprima là dessus en termes
formels. Aujourd'hui, ce raisonnement s'impose à quiconque
examine de près les plus anciennes sculptures en calcaire, et,
entre toutes, le fronton *de l'Hydre*. Non pas qu'on puisse
affirmer que ce fronton soit le premier absolument des monuments en pierre tendre; rien n'autoriserait une affirmation
aussi précise; mais, qu'il en soit un des premiers, on n'en saurait douter[2]. Il en témoigne lui-même hautement par la nature
de la matière employée et de la mise en œuvre.

La matière est un calcaire très tendre, très friable, percé
de trous, semé de coquilles. Si l'artiste a fermé les yeux à

1. J'aurai à revenir plus tard sur ce fait.
2. Qu'il soit le *premier fronton* exécuté en cette matière, dans l'Attique,
cela aussi est presque certain. Car des édifices à frontons ne se construisaient
pas tous les jours; si le fronton *de l'Hydre* n'était pas le premier, il faudrait
donc admettre que la sculpture en pierre tendre comptait déjà un temps assez
long d'existence au moment où il fut exécuté; mais alors l'exécution n'en
serait pas si rudimentaire, et la qualité de la pierre serait meilleure.

ses défauts et s'en est accommodé, c'est donc qu'il mettait à bien haut prix l'avantage de la sentir docile et douce à sa main, aisée à couper comme du bois; c'est donc enfin qu'il n'était point capable encore d'en travailler une plus dure. Les raisons de cette incapacité sont que le métier qu'il avait appris de ses prédécesseurs et qu'il avait lui-même exercé jusqu'alors était celui d'imagier en bois, et que les instruments dont il savait l'usage étaient ceux de la sculpture en bois. Nous les reconnaissons bien, en effet, au travail qu'ils ont accompli. C'étaient des instruments coupants, qui, au lieu de faire éclater la matière, la tranchaient sous la pression de la main ou sous les coups du maillet. C'est avec la scie que l'artiste a commencé à dégrossir ses plaques de calcaire; c'est avec le ciseau des menuisiers et l'herminette qu'il a détaché les silhouettes de ses personnages et donné à son bas-relief l'épaisseur convenable[1]; c'est avec la gouge qu'il a repris la plupart des détails intérieurs, creusé les sillons légers qui, dans le corps d'Héraclès, par exemple, indiquent la structure du thorax, délimitent les muscles de la jambe, contournent la cheville ou la rotule, marquent la saillie des tendons; c'est avec une pointe aiguisée qu'il a buriné les spirales du corps de l'Hydre et la langue bifide que darde chacune des gueules ouvertes, séparé les pattes du Crabe, achevé les détails les plus fins de la tête d'Iolaos ou du harnais des chevaux. Peu importe, d'ailleurs, la forme exacte de ces instruments et les variétés qui pouvaient en exister; l'essentiel est d'avoir constaté qu'ils *coupaient* la pierre, comme ils eussent coupé le bois.

Que résulte-t-il de là quant à la qualité de l'exécution? Une lame coupante, qu'elle soit rectiligne, comme celle du ciseau, ou concave, comme celle de la gouge, produit d'elle-même, si elle est poussée dans la matière tendre, une surface tout unie; et, moins la matière oppose de résistance, plus cette surface unie s'allonge sous l'effort de la main, surtout quand celle-ci est novice encore et ne sait pas se régler. Les œuvres en bois des imagiers primitifs furent inévitablement taillées à grands plans rigides, à angles brusques, sans modelé, un tel genre de travail étant la négation même du modelage[2]. Dès

---

1. L'épaisseur est de 0m,03 à peu près partout.
2. A défaut des xoana grecs, certaines statues de bois, vieilles de quelques siècles, que nous rencontrons dans nos églises, peuvent nous instruire sur ce

lors, les premières œuvres exécutées en pierre tendre ont dû présenter le même caractère, puisque rien n'était changé pour le moment dans la façon de travailler, et que la pierre avait été choisie aussi tendre et docile qu'il fallait justement pour que rien n'y fût changé. Et en effet, le fronton *de l'Hydre* est tout en surfaces plates, sans presque aucune intention de modelé : la partie centrale du corps de l'Hydre est aplanie, et c'est à peine si les spirales qui y sont tracées à la pointe peuvent donner à l'œil une fugitive impression de rondeur ; le corps des chevaux, plus exactement le corps du cheval de gauche, le seul visible, est également aplani et comme raboté. Le dessin du ventre de ce cheval est des plus significatifs et mérite d'être étudié de près : au lieu d'une courbe douce venant rejoindre le champ de la plaque, c'est une ligne brisée en cinq tronçons, une succession de cinq plans se heurtant à arêtes vives et demeurés tels que les a produits le ciseau, poussé droit à coups de maillet. Rien de plus aisé que de reconstituer le labeur de l'ouvrier sur ce morceau : il avait « inscrit » le corps de son cheval dans une petite plaque découpée carrément sur la grande plaque du fond ; ayant abattu au ciseau l'angle inférieur de cette plaque, il avait intercalé par là même un nouveau plan entre les deux premiers, et substitué à l'unique angle droit deux autres angles plus écartés ; ces deux-là ayant ensuite été abattus, cela fit cinq plans de plus en plus étroits et quatre angles de plus en plus doux ; mais, en somme, il n'avait jamais obtenu qu'une pure forme géométrique, et non l'imitation d'un ventre de cheval. Supposons même qu'il eût poussé plus loin son travail, et qu'à force d'amortir les angles il eût fini par les supprimer et substituer à la ligne brisée une courbe, qui ne sent combien la rondeur atteinte de la sorte eût été trompeuse, et combien éloignée de la rondeur vivante du modèle ! — Aussi, lorsque, à côté de ces formes anguleuses et rudimentaires, nous en remarquons d'autres qui semblent plus finies (corps d'*Héraclès* et d'*Iolaos*), il faut, tout en constatant l'effort tenté par l'artiste, ne pas nous presser trop de croire au succès de cet effort. Il a tracé avec la gouge de légers sillons aux contours doux, mais il ne manœuvrait pas la gouge avec plus de sûreté ni de délicatesse que le

---

point ; il y en a desquelles nous disons qu'elles semblent « taillées à coups de serpe ». Je crois bien que tel serait à peu près notre jugement sur les sculptures attiques en bois, du VIIIᵉ ou VIIᵉ siècle avant Jésus-Christ.

ciseau. Quelque partie de son œuvre que nous examinions, le défaut le moins grave en est toujours « l'à peu près ». Il était loin de vraiment connaître le corps de l'homme ou les corps des animaux qu'il prétendait reproduire : je n'en donne pour preuve que l'attitude qu'il a imposée à la tête d'Iolaos, juste à l'inverse du torse et des jambes, d'où il faut conclure que cette tête avait la faculté de tourner entre les deux épaules comme une girouette sur son pivot. Une si grossière faute d'orthographe indiquerait, à elle seule, la mesure du savoir de l'artiste[1].

Et pourtant le fronton *de l'Hydre* n'est sûrement pas, nous l'avons dit, l'œuvre d'un débutant : on n'a jamais confié à un apprenti l'exécution d'un fronton. D'autre part, il est aisé de vérifier que, dans cette sculpture taillée en bas-relief très plat, les conditions propres à ce genre difficile ont été observées en général avec une certaine justesse : ce qui prouve sans doute que les premiers essais dudit genre étaient beaucoup plus anciens, et que les imagiers de la période du bois s'y étaient souvent déjà exercés. Mais le long passé et les œuvres nombreuses que nous devinons derrière ce fronton, comme la supériorité (relative) que nous sommes obligés d'attribuer à son auteur, rendent d'autant plus frappantes les fautes et les insuffisances signalées plus haut. C'est que la connaissance approfondie, raisonnée, anatomique du modèle est longue à acquérir ; il y faut, aux débuts d'un art, plusieurs générations d'artistes se transmettant l'une à l'autre leur expérience sans cesse accrue ; et l'on comprend combien les progrès de cette étude doivent être lents, lorsque les artistes ne peuvent s'y donner tout entiers, le meilleur de leur attention et de leurs peines étant pris par les difficultés de la technique même. Plus tard, quand ils n'en seront plus à craindre une matière rebelle, ni à compter avec l'imperfection de leurs instruments, quand ils seront devenus maîtres de leur métier, c'est alors qu'ils compléteront leur connaissance de la figure humaine ; leur instruction de praticiens terminée, ils achèveront leur éducation d'artistes. — L'auteur du fronton *de l'Hydre* était encore loin du but à atteindre ; avec les instruments coupants dont il disposait, la

---

[1]. Même faute dans les sculptures d'Assos, pour deux des *Néréides* que met en fuite le combat d'Héraclès et Triton : cf. Collignon, *Hist. sculpt. gr.*, I, p. 185, fig. 86, A ; Perrot, *Hist. de l'art*, VIII, p. 259, fig. 104.

pierre spongieuse et molle qu'il avait dû choisir, sa main déjà peu savante ne pouvait produire et n'a produit, en effet, qu'une œuvre d'un faible mérite artistique.

Mais cette œuvre, si médiocre en soi, est précieuse par la place qu'elle occupe dans l'art attique, par ce qu'elle nous révèle du passé de cet art et nous annonce de son avenir. Elle est à la limite de deux périodes : elle ferme la période du bois, elle ouvre celle de la pierre, et elle appartient aux deux à la fois, à l'une par la technique, à l'autre par la matière. Grâce à elle, nous apercevons jusqu'à quel point s'était déjà avancée la sculpture en bois, lorsqu'une circonstance que nous dirons plus loin obligea les artistes à se tourner définitivement vers la pierre. Et nous prévoyons aussi la succession des progrès futurs : du moment que les artistes ont à travailler la pierre, ils ne voudront pas s'en tenir à des espèces de pierre dont les défauts sont pires que ceux du bois; leur ambition légitime sera de dompter les pierres les plus belles, fussent-elles aussi les plus dures, et le dernier terme de leur marche ne peut être que le marbre. Une telle ambition n'étant point réalisable avec leurs outils actuels, ils seront amenés par la force des choses à les perfectionner ou à les changer. Et de ces deux éléments réunis, outils nouveaux et matière nouvelle, naîtra nécessairement une technique nouvelle. — Nous allons suivre ces progrès sur les œuvres mêmes.

II. — FRONTON ROUGE

(PETIT GROUPE D'HÉRACLÈS ET TRITON)

Le fronton *de l'Hydre*, tout mutilé qu'il est en bien des endroits, peut être restauré avec une absolue certitude. Il n'en est pas tout à fait ainsi du fronton que je propose d'appeler, à cause de son coloriage particulier, le *fronton rouge*, duquel provient le premier et le plus petit des deux groupes représentant *Héraclès et Triton*[1]. La moitié gauche a péri en partie

---

1. Ce qui subsiste du groupe d'*Héraclès et Triton* a été retrouvé en plusieurs fois, notamment en 1882 et 1886; aussi les reproductions qui en ont été successivement données sont toujours allées en se complétant : comparer Ἐφημ. ἀρχ., 1883, dessin à la p. 39; *Ibid.*, 1884, pl. VII, 5; *Athen. Mittheil.*, XI, 1886, pl. 11; Wiegand, *Poros-Architektur*, p. 195, fig. 213. — Cf. Ἐφημ. ἀρχ.,

et ne se restitue que par conjecture. Quant à la moitié droite, elle n'est pas non plus complète; mais, du moins, il ne peut y avoir doute sur ce qui manque. Le héros et le monstre marin, enlacés et luttant, suffisaient à la remplir, en raison de la conformation du corps inférieur de Triton, dont les souples replis, se gonflant et s'abaissant tour à tour comme ceux de la houle marine, se laissent encadrer docilement dans un fronton.

Ce combat avait des témoins; c'est vers eux, pour leur demander secours, que *Triton* tend l'une de ses mains. Quels étaient ces spectateurs? et comment les distribuer dans la partie gauche du triangle? On a été longtemps sans en rien savoir, et on a eu recours à des hypothèses diverses[1]. Mais, parmi les fragments en pierre tendre retrouvés à l'Acropole, que l'on n'avait pas réussi d'abord à identifier, il y en a deux que leurs dimensions, leur coloriage, la qualité de la pierre et l'épaisseur du relief désignent comme ayant appartenu au même ensemble que le groupe principal[2]. Ce sont les restes de deux person-

---

1885, p. 242 sqq. (Purgold) ; *Athen. Mittheil.*, X, 1885, p. 327 sqq. (Meier); *Ibid.*, XI, 1886, p. 61 sqq. (Studniczka) ; Escher, *Triton und seine Bekæmpfung durch Herakles*, p. 125 sqq. ; *Au mus. de l'Acrop.*, p. 36 sqq. ; Wiegand, *op. l.*, p. 195 sqq.

1. La frise d'Assos et les nombreuses peintures de vases inspirées de ce même sujet fournissaient, naturellement, des indications utiles. D'après cela, M. Purgold ('Εφημ. ἀρχ., 1885, p. 246-247) avait présenté deux suppositions : 1° le maître de la mer, Poséidon, assis en face de Triton; derrière lui, quelques Néréides ; 2° un spectateur unique, un monstre marin analogue à Triton, remplissant à lui seul, de son torse humain redressé et des ondulations de son corps de poisson, toute la moitié gauche du tympan. — M. Studniczka (*Athen. Mittheil.*, XI, 1886, p. 72) était d'avis qu'il fallait placer derrière Poséidon, assis sur son trône, une Néréide courant (selon la manière de courir des figures archaïques, c'est à dire presque agenouillée) et, dans le coin, à là place qu'occupe le Crabe dans le fronton *de l'Hydre*, un dauphin.

2. Cf. Wiegand, *Poros-Architektur*, p. 195, n° 2 et 3, pl. XV. Voici les notes que j'ai prises devant ces fragments, en février 1902 : *Catalogue*, 48. Hauteur maximum, 0m,35. Figure très mutilée, sans tête. Le corps forme une masse presque sans détails. Le bras droit, replié sur la poitrine, sous la draperie, fait une saillie très faible ; la main gauche, avec une partie peut-être de l'avant-bras, émergeait juste au dessous de la main droite. Le vêtement est bordé en haut, sur le cou, d'une broderie indiquée par d'étroites bandes en relief, dont les intervalles sont peints alternativement en bleu et en rouge ; les bandes en relief ont gardé la teinte naturelle de la pierre. Tout le reste du vêtement est uniformément rouge, d'un rouge très effacé aujourd'hui. — *Catalogue*, 54. Hauteur maximum, 0m,20. Partie supérieure d'une figure pareille, cassée en bas, juste sous le coude droit. Le cou est conservé, la tête est à moitié brisée et informe. Même geste : bras droit replié, main droite ramenée sur le sein gauche, le tout enveloppé et caché par la draperie. La main gauche, avec une petite partie peut-être de l'avant-bras, émergeait du vêtement au dessous de la main droite. La broderie sur le cou est restée très

3

nages drapés, debout, se présentant de profil tournés à gauche,
par conséquent vers le centre du fronton : il faut y reconnaître,
sans doute, deux divinités de la mer. On doit donc admettre,
en gros, que la moitié gauche du fronton était occupée par
quelques figures, de taille décroissante, auxquelles on peut
adjoindre encore un dauphin, qui aura la double utilité de remplir le coin du tympan et de symboliser la mer, sur le rivage
de laquelle s'est engagé le fabuleux combat[1].

Ainsi, l'auteur du *fronton rouge* a procédé, malgré la différence des sujets, comme l'auteur du fronton *de l'Hydre*[2]. C'est
encore la même grave erreur de composition ; car l'intérêt, au
lieu d'être concentré dans le milieu du cadre, pour ensuite
rayonner vers les deux extrémités, se trouvait ramassé dans
un des côtés seulement, à l'exclusion de l'autre qu'occupaient
de simples comparses. A ce point de vue, on n'aperçoit pas
que le moindre progrès ait été accompli dans l'intervalle des
deux œuvres. Les différences qui les séparent sont ailleurs.
Elles sont dans la matière même, dans la nature du relief,
dans la qualité du travail, dans tout ce qui relève de la pratique.

La pierre employée ici n'est plus cette pâte de coquilles et
de sable, mal pétrie, peu consistante, que l'auteur du fronton
de l'Hydre trouvait si douce à son ciseau ; c'est une pierre sans
coquilles, d'un grain plus serré, je ne dis pas dur, mais déjà
moins tendre ; matière médiocre assurément, mais non plus
détestable ; débarrassée des plus graves défauts de l'autre,

nette : elle se compose d'une bande bleue entre deux bandes rouges, les trois
bandes peintes étant séparées l'une de l'autre par une étroite bande en relief
qui gardait le ton naturel de la pierre. Le rouge qui recouvrait uniformément
le reste de la draperie est aujourd'hui effacé.

1. L'opinion que j'adopte ici, et que je crois juste, a été exprimée en premier lieu par M. Wolters (cf. Μνημεῖα τῆς Ἑλλάδος, p. 21-22) ; elle
a été combattue par M. Wiegand (*Poros-Architektur*, p. 208). Mais il me
semble que, si M. Wolters avait fait une petite erreur dans un sens, M. Wiegand en a fait une plus grave dans le sens inverse. M. Wolters avait eu tort
de réunir aux deux figures que nous restituons au *fronton rouge* une troisième
figure (cf. Μνημεῖα, fig. à la p. 24), qui est d'un art plus avancé et appartient à une autre composition. M. Wiegand, de son côté, a eu le tort, en
rassemblant les *disjecta membra* de cette autre composition, de vouloir y
faire rentrer aussi les deux figures du *fronton rouge*. En résumé, si nous nous
reportons à la planche XV de l'ouvrage de M. Wiegand, nous trouvons que
les numéros 2 et 3 de cette planche doivent être rendus au *fronton rouge*, et
les numéros 4-7 à un deuxième fronton, tout différent, dont il sera parlé plus
loin.

2. J'admets provisoirement que les deux œuvres ne sont pas du même
auteur ; c'est une question à laquelle je reviendrai tout à l'heure.

mais, en revanche, un peu moins aisée à tailler. Nous voici donc sensiblement plus éloignés du temps de la statuaire en bois. Car, s'il est naturel que les sculpteurs aient cherché le plus vite possible à employer des pierres de bonne qualité, il ne faut pas oublier que ce n'est pas du premier coup qu'ils ont pu s'en rendre maîtres. Une pierre plus belle et plus dure était pour eux comme un domaine nouveau à conquérir; et chacune de ces conquêtes devait être précédée d'améliorations dans l'outillage et d'un progrès dans le savoir technique de l'ouvrier. Améliorations et progrès logiques, attendus, mais qui ne pouvaient venir que l'un après l'autre et en leur temps. Ainsi, rien que la différence des sortes de calcaire mises en œuvre inviterait déjà à placer le fronton *de l'Hydre* et le *fronton rouge* à deux moments différents de l'histoire de l'art; mais, du reste, cette première différence, d'ordre matériel, n'est que le prélude de plusieurs autres.

La pierre étant plus résistante, l'artiste a le pouvoir de donner plus de saillie à ses figures, de les détacher davantage des plaques du fond. Le relief du fronton *de l'Hydre* dépasse rarement 3 centimètres; celui du *fronton rouge* atteint jusqu'à 21 centimètres. Il ne faut pas croire, cependant, que nous ayons déjà affaire à un haut-relief proprement dit : ce n'est toujours que du bas-relief; le modelé n'existe que sur la face antérieure et *ne tourne pas*. Mais ce relief, au lieu de rester, comme dans le fronton *de l'Hydre*, accolé au fond du tympan, est en quelque sorte projeté en avant, au bout d'un bloc faisant saillie. C'est un acheminement graduel et prudent vers le haut-relief, que nous allons rencontrer bientôt[1].

À d'autres indices encore, on constate que le talent des

---

1. M. Studniczka (*Athen. Mittheil.*, XI, 1886, p. 64) raisonne ainsi, pour expliquer la plus forte saillie du relief : si le relief est plus fort que dans le fronton *de l'Hydre*, c'est d'abord que les personnages représentés sont plus grands, et qu'il fallait rétablir les proportions ; c'est ensuite qu'il était bon de séparer nettement les deux lutteurs enlacés. Ces raisons ne sont que spécieuses : le corps de l'Hydre, qui remplit à lui seul la moitié du fronton, ne vaut-il pas celui de Triton, et n'eût-il pas dû être plus arrondi et plus en saillie? D'autre part, n'eût-il pas été bon de séparer nettement les deux chevaux d'Iolaos, lesquels rentrent positivement l'un dans l'autre ? M. Studniczka a mis, je crois, la question sens dessus dessous : ayant décidé d'abord que les deux frontons devaient appartenir au même monument et être du même temps, il a bien été obligé de réduire ou de nier les différences qui existent entre eux. Il est plus sûr de procéder à l'inverse : constater d'abord les différences visibles, puis laisser de là dériver les conclusions, quelles qu'elles soient.

artistes s'affermit et grandit. Se sentant gênée de moins en
moins par les résistances de la matière, leur main devenait
apte de plus en plus à rendre avec justesse les formes que leur
œil avait étudiées ou que leur esprit désirait exprimer. Il me
semble que ce progrès, le plus important, en somme, et même
le seul qui véritablement importe, est très visible dans le petit
groupe d'*Héraclès et Triton*. L'auteur avait à représenter une
lutte à bras le corps : il l'a représentée avec une simplicité et
une franchise par où l'on voit bien que le sujet lui était familier, sans doute parce qu'il avait su profiter de ce précieux
enseignement quotidien qu'offraient aux artistes grecs les
exercices des gymnases et du stade[1] ; il en avait appris, au
moins en gros, l'agencement et les mouvements de la machine
humaine, et l'on doit croire qu'il n'eût donné à aucune de ses
figures une tête articulée en girouette, comme est celle d'Iolaos.
Mais, de plus, le corps à corps d'Héraclès et de Triton avait
quelque chose de particulier, en raison de ce qu'a lui-même de
particulier le corps d'un des lutteurs; de là certaines nuances
d'expression, qui sont rendues non sans finesse. Au héros de la
Force, fermement établi sur ses pieds et ses genoux, s'oppose
heureusement la souplesse rampante et glissante de Triton; on
sent, à les voir tous deux enlacés, qu'il ne faut pas moins que
la tenaille invincible des bras d'Héraclès pour retenir et immo-
biliser le puissant monstre marin, au corps fuyant et coulant
comme la vague. Le groupe est donc bien composé : Héraclès,
ramassé sur lui-même, présente des formes carrées, massives,
d'une assiette immuable, tandis que, derrière lui, se développe
la croupe longuement onduleuse, toute en courbes, de son
adversaire. Le geste même du bras droit de Triton, étendu
pour demander secours, est d'une heureuse invention; il sert
d'abord à relier autant que possible les combattants aux spectateurs du combat, et, de plus, considéré seulement au point
de vue sculptural, il prolonge et achève la ligne serpentine de
ce corps qui voudrait fuir l'étreinte du vainqueur. Bref, c'est
une justice à rendre au sculpteur : il a parfaitement compris la
physionomie originale qu'un tel groupe devait avoir, et, dans

---

1. Cette fine remarque a été faite par M. Studniczka (*Athen. Mittheil.*, XI,
1886, p. 75), relativement aux peintures de vases où le même sujet se retrouve,
mais avec des variantes. On peut l'appliquer au groupe qui est en question
ici.

l'exécution comme dans la conception, il a témoigné d'un sens artistique très méritoire. Il était assez maître de lui pour suivre sa pensée avec exactitude et en exprimer même de délicates nuances. Son talent personnel était visiblement en progrès sur celui de son prédécesseur, et ce progrès est en rapport direct avec les améliorations réalisées dans la qualité de la pierre et dans les moyens matériels d'exécution.

On trouvera peut-être que c'est beaucoup vanter un morceau fort mutilé, d'aspect peu engageant, et où les défauts, au surplus, ne manquent point. Mais, notre principal souci étant de marquer la succession des œuvres et d'étudier le développement de l'art, nos éloges du petit groupe d'*Héraclès et Triton* nous semblent mérités relativement au fronton *de l'Hydre*; et du reste, nous ne fermons pas les yeux à ses défauts. Il est certain que la pierre employée, sans être aussi médiocre qu'elle eût pu l'être, n'est pas non plus excellente. Il est certain que les outils du sculpteur, même modifiés, ne sont pas encore essentiellement autres que les outils coupants des imagiers plus anciens : on reconnaît sans peine l'usage de la scie, de la gouge, du ciseau tranchant. Les procédés techniques n'ont point changé encore. Aussi, malgré que nous soyons assez éloignés déjà de la période du bois, les caractères bien connus de la facture des œuvres en bois se retrouvent ici, comme auparavant dans le fronton *de l'Hydre*. Les bras et le torse de *Triton*, dont les muscles devraient saillir dans l'effort de la lutte, ne nous offrent que des plans tout unis, horizontaux ou doucement arrondis, sans modelé véritable. Les jambes d'*Héraclès* paraissent avoir été travaillées avec plus de soin ; mais c'est là simplement l'effet de la gouge et des légers sillons qu'elle a creusés autour du mollet, des chevilles, etc. : nous avons déjà mis en garde contre ces apparences de modelé, qui ne sont réellement que des apparences. Il manque à l'artiste d'avoir étudié la figure humaine, de l'avoir étudiée longuement, avec application, avec conviction, en écolier soumis et consciencieux. Son travail, tout en surface, n'aboutit qu'à donner aux personnages leur forme élémentaire, mais ne va pas au delà ; les silhouettes sont assez justes, les grandes lignes assez habilement arrêtées, et nous avons plus haut rendu à ces qualités l'hommage qu'elles méritent. Mais quant à ce travail des vrais artistes, ce travail à fond qui semble vouloir animer la pierre, la pénétrer plus loin que l'épiderme et porter la vie jusqu'à l'intérieur du bloc, il est absent de ce relief, comme il l'est du fronton *de l'Hydre*, et comme il l'était assurément de toutes les images antérieures, découpées dans le bois. Le moment n'en était point venu. Les sculpteurs de ce temps avaient assez à faire de se débattre contre les difficultés de pur métier et de les vaincre les unes après les autres. Il est intéressant et instructif de compter leurs victoires successives, leurs conquêtes, qui feraient sourire de pitié un praticien d'aujourd'hui, et qui étaient, pour eux, de si grande importance. Le fronton *de l'Hydre* marquait une de ces victoires ; le fronton d'où provient le petit groupe d'*Héraclès et Triton* en marque une autre, puisque, de cette œuvre nouvelle, les fautes les plus grosses de la première ont disparu ; que nous y constatons plus de décision et d'aisance dans la facture : que nous y trouvons, enfin, un ouvrier plus en possession de ses moyens, plus maître d'une matière pourtant moins docile.

Nous sommes en mesure, à présent, de répondre à une question qui s'est posée au sujet de ces deux frontons, à savoir si tous les deux ont appartenu au même édifice et doivent être rapportés, sinon au même sculpteur, du moins à la même époque. Notre réponse est déjà contenue dans les observations faites ci dessus. Il est, à notre avis, difficile de voir en ces frontons deux produits simultanés de l'école attique, et, pour ainsi dire, deux frères jumeaux. Aussi bien, nous allons examiner ce que valent les raisons invoquées à l'appui de l'opinion contraire.

Il y en a trois. On a dit d'abord que les deux frontons avaient les mêmes dimensions[1], mais on l'a dit sans le prouver. Car il est impossible, dans l'état de ruine où est aujourd'hui le petit groupe d'*Héraclès et Triton*, de mesurer avec exactitude l'écartement de l'angle où ce groupe était logé. De plus, cet angle connu, il manquerait toujours un élément essentiel. c'est à dire la hauteur du milieu : un fronton peut être, en effet, plus ou moins allongé, sans que l'écartement des angles extrêmes en soit modifié[2]. Or, il n'y a aucun moyen de con-

---

1. Cf. Ἐφημ. ἀρχ., 1885, p. 243 (Purgold); *Athen. Mittheil.*, XI, 1886, p. 61 (Studniczka).
2. M. Studniczka a fait lui-même remarquer (cf. *Athen. Mittheil.*, XI, 1886, p. 79) combien, à cette époque ancienne, les proportions des frontons étaient variables.

naître cette hauteur centrale, attendu qu'on ignore si la tête
de Triton occupait le point culminant de la composition, ou de
combien elle en était éloignée. Le premier argument, et le plus
sérieux, qu'aient fait valoir MM. Purgold et Studniczka en
faveur de leur thèse, n'a donc, en aucun cas, l'importance
qu'on eût pu croire [1].

Quant aux deux autres, ils méritent à peine la discussion.
Alléguer que les deux œuvres ont été retrouvées en même
temps et au même endroit, cela ne prouve rien [2]; car les
ouvriers qui, plus ou moins longtemps après 479, débarrassèrent
l'Acropole de ses ruines, ne se soucièrent point d'enfouir celles-
ci en bon ordre ; et comment l'eussent-ils fait, dans ce pêle-
mêle où tous les débris étaient confondus [3]? Prétendre, enfin,
que les deux frontons devaient se faire pendant, parce qu'ils
sont tous deux consacrés à la gloire du même héros, c'est
une raison qui pouvait faire impression au moment où MM. Purgold et Studniczka l'ont énoncée, mais qui a perdu beaucoup de
son poids depuis que les découvertes ultérieures nous ont révélé
l'importance singulière de la légende d'Héraclès dans la sculpture décorative de l'ancienne Attique.

Ainsi, les efforts qu'on a tentés pour unir les deux frontons
et les rapporter au même édifice me paraissent n'avoir pas
abouti. Le premier coup d'œil, qui ne découvre entre eux que
des différences, ne trompe pas ; et ces différences, loin de s'atténuer ou de se dissiper à la réflexion, ne font, au contraire,
que se creuser davantage. Les voici, en résumé, telles que
nous les avons analysées plus haut : dans le *fronton rouge*,

---

1. M. Wolters (Μνημεῖα τῆς Ἑλλάδος, p. 25-26) est d'avis que le *fronton rouge*
était plus grand que le fronton *de l'Hydre*. Mais les conclusions de M. Wolters
peuvent être viciées par une erreur commise dans l'essai de restauration du
fronton : cf. ci dessus, p. 31, note 1. — M. Wiegand (*Poros-Architektur*, p. 179)
constate l'impossibilité où on est de comparer exactement les mesures du
fronton rouge et celles du fronton *de l'Hydre*, puisqu'on ne connaît même pas
avec certitude les dimensions de ce dernier.

2. Et cela, d'ailleurs, a cessé d'être exact peu après la publication des
articles de M. Purgold et de M. Studniczka : un des fragments les plus considérables du groupe d'*Héraclès et Triton* a été retrouvé en 1886, à un autre
endroit que les premiers, découverts en 1882.

3. Cf. les observations de M. Dœrpfeld (*Athen. Mittheil.*, XI, 1886, p. 168),
dont mes remarques personnelles me permettent d'affirmer la justesse. Il
faut comprendre, du reste, que, dans un terrain aussi rigoureusement limité
que celui de l'Acropole et parmi un tel amoncellement de débris, certaines
juxtapositions comme celles dont on a voulu tirer argument étaient inévitables ; mais le hasard seul en fut cause.

par comparaison avec le fronton *de l'Hydre*, la pierre est plus
dure, d'une qualité meilleure, moins impropre à la statuaire [1] ;
l'épaisseur du relief est plus grande, l'exécution est moins
gauche, moins incorrecte [2], sans que les procédés aient changé,
mais parce que la main de l'ouvrier et ses outils sont
plus habitués à la pierre ; l'artiste s'est senti plus à l'aise,
moins intimidé devant les difficultés matérielles et, par suite,
a su mieux mettre au jour sa pensée propre. Je ne saurais
donc attribuer au même auteur ces deux œuvres, que tout
sépare [3]. Pourrait-on, du moins, les attribuer à la même époque
en les donnant à deux auteurs distincts? Je ne le crois pas
non plus. Nous devons admettre plutôt qu'elles couronnaient
deux édifices de l'Acropole, voisins, mais non contemporains [4].
Et si, cependant, le contraire venait à être démontré, il faudrait supposer dans la construction ou la décoration de cet édifice unique une assez longue interruption, laisser le fronton *de
l'Hydre* en deçà et reporter au delà le *fronton rouge*. Le chemin qui conduisit les sculpteurs attiques du premier de ces
reliefs au second n'était guère moins long à parcourir que
celui qu'il leur restait à faire jusqu'aux grandes sculptures
en ronde bosse, à l'étude desquelles nous touchons à présent.

1. M. Purgold et M. Studniczka ont senti que cette différence dans la qualité de la pierre n'était point négligeable; aussi ont-ils essayé de l'atténuer de
leur mieux, en disant que le calcaire n'est jamais très homogène, que parfois
les diverses parties d'une même plaque ne se ressemblent point... Soit; mais
par quel singulier hasard *toutes* les plaques du fronton *de l'Hydre* sont-elles
si médiocres, si molles, semées de tant de coquilles, tandis que toutes celles
de l'autre fronton (toutes celles, du moins, qu'on a retrouvées) sont relativement fermes et sans coquilles?

2. M. Wolters a exprimé la même opinion : cf. Μνημεῖα τῆς Ἑλλάδος, p. 21.

3. Une autre dissemblance à mentionner est dans le coloriage des deux
œuvres ; j'en parlerai plus loin. — Remarquer aussi qu'Héraclès est nu dans
le deuxième fronton, vêtu dans le premier, ce qui est un indice nouveau de
l'antériorité probable du premier (cf. J. Lange, *Darstellung d. Menschen*, p. 23).

4. M. Meier (*Athen. Mittheil.*, X, 1885, p. 327), qui a le premier affirmé, mais
sans y insister, la nécessité de séparer les deux frontons, compare ces petits
édifices en calcaire de l'Acropole aux *Trésors* d'Olympie, décorés seulement
par devant. Cette comparaison me paraît très juste, en dépit des objections
qu'y a faites M. Studniczka (*Athen. Mittheil.*, XI, 1886, p. 61). A ces petits
temples ou trésors, à chambre unique, qui n'avaient partant qu'une seule
entrée, et qui pouvaient fort bien être adossés au mur d'enceinte ou à quelque
autre édifice plus considérable, un seul fronton sculpté, au dessus de leur
porte unique, suffisait parfaitement. — M. Wiegand (*Poros-Architektur*,
p. 233) n'a pas discuté cette question; mais il a raisonné comme si tous les
anciens édifices de l'Acropole, même les plus petits, devaient naturellement
avoir leurs deux frontons sculptés : cela n'est pas du tout nécessaire.

III. — LES DEUX FRONTONS DE L'HÉCATOMPÉDON

Dans la première moitié du VIe siècle, s'éleva sur l'Acropole le temple le plus grand qu'on y eût encore bâti, celui qui, à cause de sa longueur même, fut appelé le « temple de cent pieds », *Hécatompédon*[1]. Les fouilles de 1885 en ont mis à jour les fondations, encore visibles aujourd'hui, le long du côté sud de l'Érechtheion; et M. Wiegand, récemment, en a retrouvé et rapproché tous les membres, et en a fourni une restauration complète[2]. L'*Hécatompédon*, de style dorique, comme tous les édifices archaïques de l'Acropole[3], était un temple *in antis* double, c'est à dire que la disposition *in antis*, avec deux colonnes entre les antes, se reproduisait également sur l'une et l'autre façade; il avait six et dix-huit métopes sur les petits et les longs côtés. Construit en calcaire (à l'exception des métopes des façades[4], des cymaises, acrotères et antéfixes, qui étaient en marbre), il était orné, dans l'entablement, d'une riche polychromie, et les parties de calcaire que ne recouvrait pas la couleur étaient revêtues d'un fin stuc blanc. Les métopes étaient lisses, mais les deux frontons étaient sculptés; et, la largeur de ces frontons mesurant à peu près 10 mètres, et leur hauteur, au centre, étant de 1^m,30 à 1^m,40, on voit qu'il s'agit de deux compositions importantes. Disons tout de suite que, dans le fronton occidental, était représenté le combat d'*Héraclès et Triton*, devant un spectateur, d'une forme monstrueuse, qu'on a appelé *Typhon;* et, dans le fronton oriental, un groupe de *trois divinités* assises, flanqué, à droite et à gauche, d'un gigantesque *serpent*. Mais il faut signaler, avant d'en venir aux sculptures elles-mêmes, certaine décora-

---

1. *Hécatompédon* (ἱερὸν ἑκατόμπεδον) ou *Hécatompédos* (νεὼς ἑκατόμπεδος). Le chiffre de 100 pieds (= 32^m,80) correspond à une longueur théorique, mesurée sur la ligne des triglyphes, d'axe en axe, une moitié de triglyphe à chaque extrémité étant en surplus et ne comptant pas. Les mesures prises sur les murs de fondations, extérieurement, donnent 34^m,70 pour la longueur et 13^m,43 pour la largeur : cf. Wiegand, *Poros-Architektur*, p. 53-54.

2. Cf. Wiegand, *op. l.*, p. 1 sqq., pl. I sqq.

3. Il n'y a pas trace d'une construction ionique sur l'Acropole avant le Ve siècle.

4. Au moins de la façade principale.

tion peinte, d'une originalité singulière, qui les accompagnait, les encadrait, les complétait.

Un assez grand nombre de fragments, recueillis au musée de l'Acropole, laissent voir des restes de dessin et de couleur représentant des fleurs de lotus ou des ailes et des corps d'oiseaux[1]; l'origine de ces morceaux était longtemps demeurée énigmatique. M. Wiegand a démontré qu'ils appartenaient aux rampants des frontons de l'*Hécatompédon*. La partie des rampants qui formait plafond au dessus des sculptures, au lieu de rester nue ou d'être recouverte d'une couleur unie, était décorée par une alternance régulière de ces deux motifs : fleurs et oiseaux. Les fleurs stylisées, tout égyptiennes d'aspect, sont de deux modèles différents ; le plus riche et le plus grand des deux doit être naturellement attribué au fronton de la façade principale, et l'autre au fronton occidental. Les oiseaux, représentés en plein vol, les ailes éployées, sont aussi de deux espèces : il y a des aigles pêcheurs, emportant une proie dans leur bec ou dans leurs serres, et des cigognes[2]; et M. Wiegand propose subtilement de les répartir, les aigles (θεῖοι τῶν ὀρνέων) dans le fronton oriental où siégeaient les dieux, et les cigognes dans le fronton occidental, au dessus de Triton, demi-dieu et habitant des humides rivages. Ainsi, la composition décorative ne s'arrêtait pas aux limites de son cadre, elle débordait sur le cadre même, ou plutôt l'ornementation du cadre se rattachait directement au reste du tableau, et les motifs en avaient été choisis et variés par rapport avec le sujet sculpté qui se développait au dessous. Cette décoration des rampants, qui, par l'origine du motif floral qu'on y rencontre, fait penser à l'Égypte, et qui, par l'alternance des deux éléments, empruntés l'un au règne végétal, et l'autre au règne animal, rappelle une série de produits de l'ancienne industrie grecque, comme, par exemple, les vases « rhodiens », doit enfin nous remettre aussi en mémoire les usages de l'art « mycénien », par l'heureuse union de la nature et de l'homme, par le souci d'un décor emprunté à la flore et à la faune, d'un fond de paysage, mi-artificiel, mi-réaliste, qui évoque, autour de l'épisode pure-

---

1. Cf. Wiegand, *op. l.*, pl. II-III (en couleur), p. 25 sqq., fig. 27-54. On compte en tout 65 de ces fragments : 40 avec fleurs, 25 avec oiseaux.

2. M. Wiegand indique un rapprochement possible entre le nom de πελαργός (cigogne) et le mot πελαργικόν, qui désignait la plus ancienne enceinte de l'Acropole.

ment humain, la terre nourricière des fleurs et le ciel, domaine des oiseaux. Nous trouvons donc là, dans Athènes, au vi° siècle, une dernière survivance de cet art « mycénien »,' dont la carrière s'était depuis longtemps déjà arrêtée et dont les œuvres étaient depuis longtemps anéanties ou tombées à l'oubli[1].

Sous ces plafonds ingénieusement peints, se développaient les sculptures coloriées des deux frontons. Le hasard de la ruine les a traitées d'inégale façon : tandis que le fronton occidental est conservé presque en entier, le fronton oriental a péri aux trois quarts. Nous commencerons notre examen par le fronton occidental, le plus complet.

Fronton occidental

(FRONTON DE TYPHON)

Le grand groupe d'*Héraclès et Triton*, exposé aujourd'hui dans la deuxième salle du musée de l'Acropole, remplissait à lui seul presque toute l'aile gauche ; et le monstre à trois corps, dit *Typhon*, exposé dans la même salle en face du précédent, occupait quasi toute l'aile droite ; entre les deux, au milieu du tableau, se dressait un tronc d'arbre branchu, où étaient accrochés l'arc, le carquois et la draperie d'Héraclès[2]. Par conséquent le centre du fronton, qui devait en constituer plus tard la partie principale, avait été laissé ici comme vide et inutilisé ; le sujet proprement dit était rejeté dans la moitié gauche, qu'il ne remplissait même pas tout à fait ; et un spectateur unique, de dimensions peu communes, il est vrai, accaparait l'autre moitié[3]. Du fronton *de l'Hydre* à celui-ci, la sculpture a fait un grand progrès, cela se voit dès l'abord. Mais il est évident aussi que l'art de composer un fronton n'a point avancé d'un pas. Les sculpteurs attiques avaient, dès le début, versé dans une ornière et y étaient restés : ils avaient trop bien compris quelle facilité leur offraient, pour remplir l'espace du tympan, si rigoureusement limité et d'une façon si gênante,

---

1. Cf. ci-dessus, p. 18-19.
2. Les hypothèses de M. Brückner (*Athen. Mittheil.*, XIV, 1889, p. 67 sqq. ; XV, 1890, p. 84 sqq.) sur l'attribution de ces deux grandes sculptures à deux frontons différents sont maintenant condamnées : cf. *Au mus. de l'Acrop.*, p. 117 sqq. ; Wiegand, *Poros-Architektur*, p. 72 sqq., 88 sqq.
3. Cf. une esquisse de l'ensemble du fronton dans Wiegand, *op. l.*, p. 106, fig. 110.

ces corps de monstres se ployant, s'enroulant, se développant
en longueur et en hauteur à la volonté de ceux qui en usaient[1].
L'habitude, une fois prise, leur parut douce et bonne à garder :
de là ces emplois réitérés des Triton, des Hydre, des Typhon.
Pendant ce temps, l'esprit logique et sévère des artistes
doriens se rendait compte qu'une composition destinée à
rentrer dans le cadre si raidement géométrique d'un triangle
doit elle-même s'arranger suivant des lois géométriques; et ce
principe était appliqué au vieux fronton en calcaire du *Trésor
des Mégariens* à Olympie. Les Attiques devaient tarder beaucoup plus à se mettre dans la bonne voie.

Ainsi, nous pouvons, à la rigueur, considérer ces deux
groupes (*Héraclès et Triton; Typhon*) comme s'ils étaient
isolés; ce qui importe le plus, ici encore, c'est la matière employée et la façon dont elle a été travaillée. La pierre est
lourde, suffisamment serrée de grain, on peut dire même dure,
si on la compare aux précédentes; sans les grandes veines
creuses qui la traversent çà et là[2], ce serait une matière déjà
très convenable. Pour qu'elle ait été mise en usage, il a fallu
que la main des sculpteurs se fût, depuis le fronton *de l'Hydre*,
grandement affermie, que leur confiance en leurs ressources et
en leur habileté se fût accrue, que leur outillage eût reçu les
perfectionnements nécessaires. Aussi les voyons-nous, après
avoir passé déjà d'un relief très plat à un relief beaucoup plus
épais, passer maintenant au haut-relief et à la ronde bosse;
ils laissent bien encore la plus grande partie de leurs figures
adhérer à la plaque du fond, mais ce n'est plus par nécessité,
puisqu'ils ne craignent pas, dans les mêmes figures, de détacher
les bras du corps, de porter les têtes en avant, d'évider par
dessous les longues barbes pointues. Enfin — car tous ces
progrès se tiennent, aussi fortement attachés que les anneaux
d'une chaine — les qualités d'exécution se sont développées,
le talent commence à s'épanouir.

Héraclès et Triton[3]. — Justement nous retrouvons ici un

---

1. Cf. *Bull. corr. hell.*, XIII, 1889, p. 133 (H. Lechat); Michaelis, *Altattische
Kunst* (1893), p. 11 sqq.; Wiegand, *op. l.*, p. 107.
2. Elles devaient, d'ailleurs, être bouchées avec un mastic.
3. Cf. *Au mus. de l'Acrop.*, p. 51 sqq.; Wiegand, *op. l.*, p. 82 sqq.,
fig. 90-93, pl. IV, 2 (en couleur); Brunn-Bruckmann's *Denkmæler*, 472, *B*;
Collignon, *Hist. sculpt. gr.*, I, p. 207, fig. 98; Perrot, *Hist. de l'art*, VIII,
p. 537, fig. 274.

sujet que nous avons vu déjà traité par un artiste antérieur. Le second groupe d'*Héraclès et Triton* est une répétition du premier, en plus grand[1], et disposée à l'inverse : mais ce ne sont point là les seules différences qui les séparent. Il me semble que le second est d'une composition plus étudiée et plus savante, et qu'il rend avec plus de vérité le caractère de cette lutte héroïque. J'ai loué tout à l'heure le premier artiste pour la précision et la franchise avec lesquelles il a montré le souple et fuyant Triton tenaillé par la force Héracléenne. Mais, si l'on veut bien y faire attention, ce qu'il a représenté, c'est la phase dernière du combat : Triton est à bout de résistance, puisqu'il implore du secours ; son torse redressé cède à l'étreinte d'Héraclès ; celui-ci même, dans son agenouillement immobile, inébranlable, fait comprendre que la période violente et agitée de la lutte est passée. Aussi l'attitude des deux lutteurs est-elle relativement calme ; ils sont près d'entrer dans le repos qui suit la défaite comme la victoire.

Le second sculpteur athénien a été plus hardi ; il n'a pas craint de montrer Héraclès et Triton en plein combat, ainsi qu'avait fait, de son côté, le vieil imagier ionien, auteur de la frise du temple d'Assos. Mais le sculpteur d'Assos a fort mal réussi : il n'a su qu'allonger l'un contre l'autre les deux adversaires, sans nous donner la sensation d'un sérieux corps à corps ; ses héros luttent mollement, d'une façon peu convaincue, qui ne justifie guère l'effroi naïf des Néréides, spectatrices de la scène. L'œuvre du second sculpteur athénien est incomparablement plus vigoureuse. Malgré l'absence des deux têtes et la mutilation presque complète du torse de Triton, on n'a pas de peine à se figurer l'aspect du groupe complet, et on le voit tel que l'artiste l'a voulu : monstrueusement puissant. Sous les énormes replis du corps écailleux de Triton semble passer un flot de vigueur sauvage, qui va gonfler son torse humain ; Héraclès, un genou à terre, les deux pieds crispés sur le sol, serre autour de son antagoniste le nœud de ses deux bras, jusqu'à l'écraser. Mais ce n'est pas seulement, comme plus haut, dans l'action de ses bras qu'il a mis tout son effort ; son corps entier est agissant ; et, tandis que sa jambe droite, bien appuyée, assure son équilibre, sa jambe gauche, repliée sur

---

1. Le groupe complet devait avoir une longueur d'au moins 4^m,25 : cf. Wiegand, *op. l.*, p. 82.

elle-même, semble le pousser d'un élan terrible contre l'obstacle à renverser. Nous sommes donc au moment décisif de la lutte, non pas au début, ni à la fin, mais au milieu. On remarquera encore que l'artiste n'a pas cherché à éluder une des plus sérieuses difficultés de son sujet : il n'a pas redressé plus qu'il ne convenait le torse de Triton, afin de pouvoir donner aussi à celui d'Héraclès l'attitude verticale ; il a laissé au monstre amphibie sa nature d'être rampant, la poitrine près de terre, et il a très franchement allongé Héraclès dans une direction quasi horizontale. Le sculpteur d'Assos a fait de même, il est vrai, mais avec quelle mollesse !

En somme, le second groupe d'*Héraclès et Triton*, trouvé sur l'Acropole d'Athènes, s'il rappelle le premier par la vigueur de la facture, et s'il rappelle le groupe d'Assos par la silhouette et la disposition générale des personnages, est supérieur à tous les deux incontestablement.

Typhon[1]. — L'autre groupe (*fig.* 1), qu'on a pris l'habitude, peut-être à tort, de désigner sous le nom de *Typhon*[2], n'a pas une valeur moindre. Je n'insisterai pas sur l'étrangeté de cet être fabuleux, qu'on croirait plutôt hindou que grec. Je ferai

---

1. Cf. *Rev. arch.*, 1891, pl. XIII-XIV; *Au mus. de l'Acrop.*, p. 55 sqq.; Wiegand, *op. l.*, p. 73 sqq., pl. IV, 1 (en couleur); Brunn-Bruckmann's *Denkmæler*, 456. A : Collignon, *Hist. sculpt. gr.*, I, p. 209, fig. 99; Springer-Michaelis, *Handbuch*[7], pl. V, 1 (en couleur); Μνημεῖα τῆς Ἑλλάδος, pl. II, p. 4 sqq. (Wolters). — Reproductions de la tête « *Barbe-bleue* » seulement : cf. *Antike Denkmæler*, I, pl. 30 (en couleur), p. 16 (Wolters); Collignon, *Hist. sculpt. gr.*, I, pl. II (en couleur); Perrot, *Hist. de l'art*, VIII, p. 539, fig. 275 ; Μνημεῖα τῆς Ἑλλάδος, pl. III, p. 8 sqq. (Wolters).
2. Le véritable Typhon, personnification des forces déréglées de la nature, est le dernier des Géants, ennemis des dieux ; il est foudroyé par Zeus. On s'explique mal sa présence comme spectateur du combat d'Héraclès et Triton. Ce combat a pour témoins habituels des divinités de la mer ; mais nous ne pouvons reconnaître une de ces divinités dans un monstre *ailé*, à corps de *serpent*. — Cependant M. Wiegand (*op. l.*, p. 90) n'élève pas un doute quant à l'appellation de Typhon, et voici comment il explique le sujet : « A peine Héraclès a-t-il saisi Triton et s'en est-il rendu maître, que voici venir contre lui, à travers les airs, un autre adversaire encore plus redoutable... » Typhon ne serait donc pas un simple spectateur ; il serait près, lui-même, d'entrer en lice. Il est vrai qu'Euripide (*Héraclès furieux*, 1271-1273), remémorant les exploits d'Héraclès, cite « les triples Typhons » qu'il a combattus : mais n'est-il pas étrange que cet exploit, mémorable entre tous, ne soit connu que par cet unique témoignage, et que la légende d'Héraclès ait gardé si bien le souvenir du triple Géryon et si mal celui du triple Typhon? Il me semble que, malgré Euripide, il y a là un petit mystère, et que le nom de Typhon ne doit être maintenu qu'avec des réserves, jusqu'à démonstration décisive.

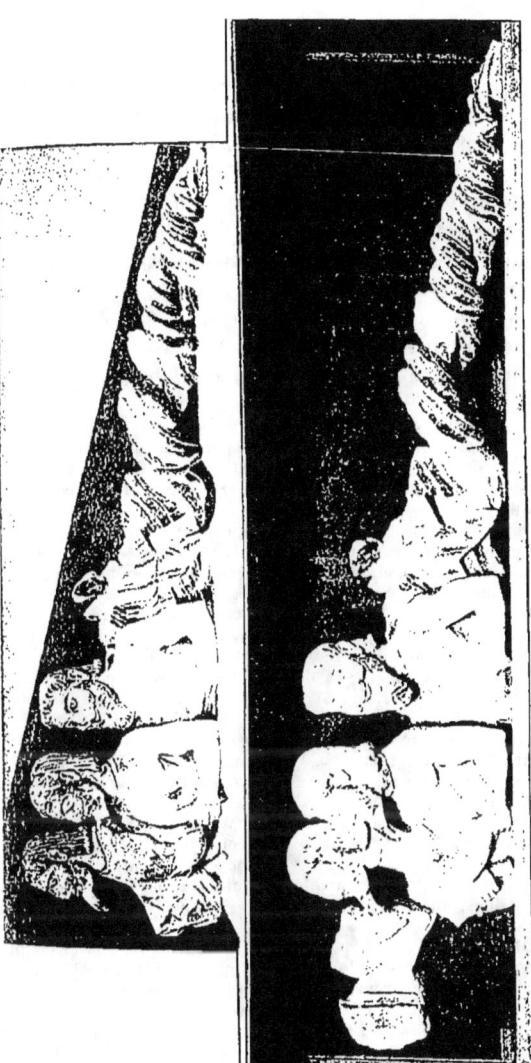

Fig. 1. — Le triple *Typhon*
(Acropole.)

seulement observer qu'avec son triple torse, ses six bras, ses
trois têtes, ses serpents aux épaules[1], ses attributs bizarres
dans chaque main[2], ses paires d'ailes[3] et les entortillements de
boas qu'il traîne derrière lui, ce monstre avait de quoi effrayer
et repousser un sculpteur grec; le goût hellénique n'a point
tardé, en effet, à l'éliminer du domaine de l'art. Même sur les
vases peints, son image, atténuée pourtant, est une rareté[4]; et,
dans la sculpture, le *Typhon* de l'Acropole est, jusqu'à présent
du moins, un ἅπαξ[5]. S'il s'est rencontré cependant un sculpteur
attique pour dresser au front d'un temple cet assemblage
compliqué de formes hétérogènes, la cause en est peut-être
quelque fait historique ou quelque croyance religieuse, que
nous ne connaissons pas; mais c'est bien plutôt, je pense, la

1. Aux épaules et sur les bras sont encore fixés des goujons de plomb, les
quels servaient à retenir de petits serpents, aux têtes menaçantes. Plusieurs
fragments de ces serpents ont été retrouvés cf. Wiegand, *op. l.*, p. 74-75,
fig. 82, *a-f* ; l'un d'eux (*Ibid.*, fig. 82, *a*), qui a gardé son coloris très vif, est
fort joli.
2. Dans la main gauche du premier torse (en partant du fond) et dans la
main gauche du deuxième, est un attribut mal discernable. M. Collignon
(*Hist. sculpt. gr.*, I, p. 208) y avait reconnu cependant « une sorte de foudre,
allusion naïve aux torrents de flammes que déchaîne Typhon »; M. Wiegand
(*op. l.*, p. 76-77, fig. 84) cite deux peintures de vases, où existe un attribut
pareil, accompagné une fois de la secourable inscription : Πυρός, et con
clut qu'il s'agit donc d'un tison embrasé ou d'une torche, bref d'une représentation de la flamme. — La main droite du premier torse ne portait rien (cf.
Wiegand, *op. l.*, p. 73, fig. 81) ; la main droite du deuxième devait porter un
oiseau (cf. *Au mus. de l'Acrop.*, p. 133; Wiegand, *op. l.*, p. 77-78, fig. 86 ;
quant au troisième torse, la main droite en était invisible, et la main gauche
portait aussi un oiseau (cf. Wiegand, *op. l.*, p. 77-78, fig. 85 et 87). — En
résumé, quatre des six mains étaient occupées à porter des attributs, lesquels
étaient deux brandons et deux oiseaux, ceux-ci tournés vers Typhon. Sur le
sens symbolique de ces attributs, cf. Wiegand, *op. l.*, p. 78-79.
3. Une seule aile est bien en vue, celle qui est attachée à l'omoplate gauche
du troisième torse; il y en avait une seconde, attachée à l'omoplate droite
du premier torse. Les quatre autres ailes étaient censées, sans doute, n'être
pas visibles, ou bien elles n'étaient indiquées qu'en couleur sur le fond du
tympan.
4. M. Wiegand (*op. l.*, p. 76, fig. 84, *a-b*) n'a trouvé à citer qu'un seul vase
(Florence, Museo archeologico) avec représentation de Typhon à triple torse
humain; même les représentations du monstre avec torse ailé unique sont
extrêmement rares : cf. Gerhard, *Auserl. Vasenb.*, III, 237 (= S. Reinach,
Répert. vases peints, II, 120, 1). Cf. aussi une des bandelettes de bronze travaillées au repoussé que M. Holleaux a découvertes au Ptoïon : *Bull. corr.
hell.*, XVI, 1892, pl. X, *D*.
5. On aimerait retrouver une réminiscence du *Typhon* de l'Acropole
dans quelques vers des *Perses* d'Eschyle (v. 81-83), où Xerxès est représenté
comme réunissant en sa personne son armée entière : monstre à peine ima-
ginable. Mais, dans cette figure grandiose et confuse, il y a du moins quelques
traits précis : δράκων, πολύχειρ. Eschyle s'est laissé entraîner par son imagina-

raison de commodité personnelle que j'ai déjà indiquée[1], attendu
que ces trois torses humains, puis ces enroulements de serpents, susceptibles d'être prolongés plus ou moins, suffisaient
à meubler entièrement, d'un seul coup, toute une moitié de
fronton[2].

Mais, si *Typhon* n'était pas moins meublant que *Triton*, il
était beaucoup moins facile à loger. Car ses trois torses,
se dressant en éventail hors de son ventre de reptile, lui
donnaient une largeur extraordinaire. Normalement, les deux
torses les plus rapprochés du spectateur eussent dû pendre
en dehors du fronton, ce qui eût été inadmissible et d'ailleurs
irréalisable. Il fallait donc les placer l'un derrière l'autre, sans
pourtant rompre leur intime unité et sans que leur attitude
parût invraisemblable. Là était, à ce qu'il me semble, la difficulté principale que le sculpteur avait à résoudre.

Il l'a fort bien résolue. Usant tour à tour du haut-relief et
de la ronde bosse, appliquant les procédés du raccourci, cal-
culant les effets de l'éloignement et de la hauteur, graduant
avec art la saillie des épaules et le mouvement des têtes vers
le dehors, il nous découvre largement les trois torses que nous
ne devrions qu'apercevoir en profil perdu ; il les fait sortir du
fond avec vigueur, bien que pourtant le maximum du relief ne
dépasse pas 0[m],42 ; et enfin, il n'y a rien, dans ces attitudes
prudemment mesurées, dont notre œil se sente choqué. *Typhon*
nous est montré comme si, venant de passer devant nous, il se
retournait vers nous, ses trois torses ayant déjà dessiné, sans
brusquerie, avec lenteur, leur mouvement tournant qui ne s'est
pas encore communiqué à son arrière-train. Tel est le problème de composition auquel le sculpteur a employé ici la

tion ; mais en commençant il ne songeait, semble-t-il, qu'à comparer Xerxès
avec un des monstres redoutables, épouvantables de la mythologie, un
monstre à corps de serpent, à bras nombreux : c'est notre *Typhon* même.
Et il n'est pas impossible que le souvenir du groupe en pierre de l'Acropole
soit revenu à l'esprit du poète : car, même si ce groupe a été enfoui en terre
avant 480, voire avant 500 (cf. Wiegand, *op. l.*, p. 114), Eschyle jeune homme
ou adolescent a dû encore le voir.

1. Cf. ci-dessus, p. 43-44.
2. Le groupe mesure aujourd'hui 3[m],40 de long, sans tenir compte du fragment avec main droite du premier torse de Typhon et partie de la draperie
d'Héraclès ; ce fragment ne se rajuste pas exactement au reste. A la longueur
de 3[m],40, il faut donc ajouter celle de ce fragment (du moins celle de la main
attachée à ce fragment), plus celle du petit intervalle subsistant : cf. Wiegand, *op. l.*, p. 73-74.

4

science qu'il avait dépensée, dans le groupe d'*Héraclès et
Triton*, à exprimer la fureur d'une lutte héroïque. Et je ne
sais laquelle, de ces deux œuvres si différentes, lui fait le plus
honneur ; peut-être était-il plus difficile de présenter d'une
manière satisfaisante ce monstre unique et triple sur l'étroite
corniche d'un fronton que d'y enlacer les corps allongés de
deux lutteurs. — Sans doute, il n'y a pas de quoi se récrier
d'admiration ; je ne prétends point reconnaître là l'indice
d'une science supérieure ; mais il y fallait pourtant une certaine
science et d'habiles calculs. Afin d'en juger équitablement, on
doit se reporter aux œuvres plus anciennes, se remémorer, par
exemple, avec quelle pitoyable gaucherie l'auteur du fronton
de l'Hydre a figuré les deux chevaux du char d'Iolaos : il n'a
pas su se ménager un second plan, ni donner au cheval de
gauche une attitude telle qu'il ne masquât pas tout à fait un
compagnon : pour abréger sa besogne, il n'en a montré qu'un
seul des deux, et il faut des yeux d'archéologue pour découvrir
derrière celui-là quelques vestiges du deuxième. Il y a loin
d'une exécution aussi enfantine à la composition du groupe
compliqué de *Typhon*.

A un autre point de vue encore, afin d'apprécier tout le
mieux réalisé, que l'on se rappelle l'anatomie si défectueuse
et la tête de girouette d'Iolaos, dans ce même fronton *de
l'Hydre*. Les torses vigoureux de *Typhon*, le geste simple de
ses bras, ses trois têtes tournant avec aisance ; puis surtout,
dans l'autre groupe, la solide structure du corps d'*Héraclès*,
la ferme assiette de sa jambe droite, qui n'ôte rien cependant
à la liberté de ses mouvements, prouvent que l'artiste était
arrivé à une connaissance déjà estimable du modèle vivant et
savait traiter ses figures d'une main ferme et souple. Les progrès déjà acquis dans le petit groupe d'*Héraclès et Triton*
(*fronton rouge*) se sont donc, non seulement maintenus, mais
continûment accrus.

Cela dit, il importe de renouveler les réserves déjà faites
sur la science anatomique de ces vieux tailleurs de pierre tendre.
Cette science, même chez les plus avancés d'entre eux, est
encore sommaire et superficielle. La construction de leurs
figures est exacte en gros, les silhouettes en sont à peu près
justes, les divisions principales bien marquées, les détails
essentiels suffisamment indiqués. Mais, en y regardant de près,

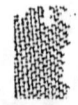

on constate bien des ignorances et bien des fautes[1]. Un praticien d'aujourd'hui jugerait dédaigneusement que ce qu'ils savent du corps vivant, c'est ce que le premier venu en peut savoir; ils ont observé la forme extérieure, le jeu apparent de la machine, mais ils ne se sont pas rendu compte des ressorts intérieurs qui la font jouer. Ils ne connaissent que l'enveloppe; les muscles ne sont pour eux que d'immobiles renflements de la peau, les os ne sont que des saillies dures; ils ne semblent pas soupçonner les correspondances délicates qui unissent ces multiples rouages et dont l'ensemble constitue la vie même du corps. Bref, il leur reste encore beaucoup à apprendre: ils auraient besoin, comme on dit, de retourner à l'école. — Mais n'oublions pas non plus que, pour eux, il n'y avait pas d'école et que leur science anatomique, c'est eux-mêmes qui se la donnaient au fur et à mesure, comme leur art, leur métier, c'est eux-mêmes qui l'inventaient. Dès lors, la route qu'ils suivent n'est-elle pas la plus naturelle, la seule qu'ils puissent suivre? Ils vont du dehors au dedans, du plus aisé au plus malaisé; ils commencent par noter et rectifier leurs fautes les plus grossières, par mieux assurer le dessin extérieur de leurs personnages: ils tâchent à faire moins mal, en attendant qu'ils arrivent à faire bien. A ceux qui leur reprocheraient trop vivement leurs ignorances, ils pourraient répondre avec le poète Xénophane[2]: « Les dieux n'ont pas tout montré aux hommes dès le commencement; mais, avec le temps, en cherchant, on trouve le mieux. » Et l'intérêt capital de ces vieilles sculptures est justement le spectacle qu'elles nous offrent de la lente et laborieuse éclosion de l'œuvre d'art.

Les tailleurs de pierre tendre ont une autre excuse à leur infériorité, qui est leur technique même. Avant de leur demander d'être des artistes accomplis, on doit attendre au moins qu'ils aient conquis la matière définitive de leur art et se soient mis en possession des outils nécessaires au travail de cette matière. Or, sur ces deux points, les plus récents d'entre eux ne sont

---

1. Pour le corps d'Héraclès, par exemple, dans le grand groupe d'*Héraclès et Triton*, cf. les observations de M. Brückner: *Athen. Mittheil.*, XV, 1890, p. 94-95.
2. *Fragm. phil. graec.*, éd. Didot, I (fr. 16 de Xénophane); Bergk-Hiller. *Anthologia lyrica*[4], p. 56 (fr. 28); Diels, *Fragm. der Vorsokratiker*, p. 51 (18):

Οὔτοι ἀπ'ἀρχῆς πάντα θεοὶ θνητοῖσ'ὑπέδειξαν,
ἀλλὰ χρόνῳ ζητοῦντες ἐφευρίσκουσιν ἄμεινον.

pas encore parvenus, nous le savons, au terme de leurs progrès. La matière qu'ils emploient, pour valoir mieux que celle de leurs prédécesseurs, n'en est pas moins toujours le calcaire commun. Leurs outils, s'ils sont mieux trempés, plus résistants, si même ils ont reçu certaines modifications, n'en restent pas moins essentiellement des outils *coupants*, scies, gouges, lames tranchantes et aiguisées, ciseaux à manche. L'ancienne technique du bois n'a donc pas cessé de s'imposer à la sculpture. C'est là un fait très important sur lequel ne doit planer aucun doute; et le doute n'est point possible, attendu que les outils dont je viens de parler ont laissé çà et là des traces indéniables de leur emploi. Prenons seulement une des trois têtes de *Typhon*, la fameuse tête « *Barbe-bleue* »[1]. La barbe et la moustache y sont indiquées par une masse plate, de quelques millimètres de relief, dont les contours secs ont été visiblement taillés par un ciseau coupant. C'est avec le même outil qu'ont été découpés les bords des paupières. L'emploi d'un instrument à pointe aiguisée et tranchante se reconnaît fort bien sur la bordure de la barbe, près de l'oreille gauche[2]. Les sillons qui font la barbe ondulée et ceux qui contournent la lèvre inférieure ou qui arrondissent par en dessous les sourcils sont l'ouvrage des gouges, petites ou grandes. L'usage de la scie se reconnaît dans les minces lignes creuses qui séparent les mèches de cheveux sur le front[3]. L'oreille,

1. Cette tête ne ressemblant pas tout à fait aux deux autres, lesquelles se ressemblent de tout point et sont évidemment sœurs, on a pu douter qu'elle appartînt à *Typhon* : cf. *Bull. corr. hell.*, XIII, 1889, p. 138 (H. Lechat); *Antike Denkmæler*, I, p. 16 (Wolters). Mais, après les raisons qu'a développées M. Brückner (*Athen. Mittheil.*, XIV, 1889, p. 84) et surtout M. Wiegand (*op. l.*, p. 79 sqq.), il est devenu certain que la tête « *Barbe-bleue* » est bien à sa place sur le troisième torse de *Typhon*. J'ai tâché ailleurs (cf. *Au mus. de l'Acrop.*, p. 85 sqq.) d'expliquer les différences qu'il y a entre elle et les deux autres. — Il faut noter que cette tête, telle qu'elle avait été replacée d'abord et telle qu'elle est restée jusqu'en 1903, avait été un peu trop tournée vers le dehors. M. Gilliéron avait de lui-même rectifié ce léger défaut dans une grande aquarelle exécutée par lui et exposée au musée juste au dessus de la sculpture originale : cf. notre *fig.* 4, qui montre ensemble la sculpture, avec la tête « *Barbe-bleue* » trop tournée en dehors, et l'aquarelle Gilliéron, avec cette même tête plus exactement posée. Notre *fig.* 4 réunit, en les donnant plus complètes, les fig. 88 et 89 publiées par M. Wiegand, *op. l.*, p. 80-81. Je dois cette photographie à la complaisance de M. G. Toudouze.

2. L'emploi de ce même outil ne se reconnaît pas moins dans les sillons ondulés des attributs tenus par la main gauche du premier et du deuxième torse.

3. Cf. l'observation faite par M. Wolters : *Antike Denkmæler*, I, p. 16 (notice de la pl. 30).

...fin, en raison de la manière dont elle a été travaillée, a vraiment l'air d'être en bois : le bord extérieur, coupé à la scie,
est une surface plane terminée à vives arêtes ; le lobule est
plat, raide et sec ; l'intérieur, réduit à quelques courbes sommaires, a été creusé avec la gouge, dont les sillons, se recoupant l'un l'autre, ont déterminé chaque fois des arêtes vives.
Ne trouverait-on pas plus naturel, cette tête étant ainsi,
qu'elle fût en bois, non en pierre ?

On constate, dans le groupe d'*Héraclès et Triton*, un exemple
non moins significatif de ce genre de technique. Voici comment ont été obtenues les écailles de *Triton*, pareilles à des
alvéoles allongés, que cerne une étroite bande en relief : la
partie du bloc destinée à devenir le corps inférieur de *Triton*
ayant été uniformément arrondie, toutes les petites bandes
courbées en fer à cheval ont été réservées sur cette surface
lisse ; elles ont été soigneusement délimitées sur les deux bords
à l'aide d'un compas[1], et elles sont ce qui est demeuré intact
de la surface primitive. Puis, chacun des alvéoles circons-
crits par ces courbes a été creusé de quelques millimètres à
l'aide d'un outil tranchant. N'est-ce pas là encore une pratique bonne pour le bois, puisque c'est le procédé même du
menuisier qui, avec son ciseau et son maillet, creuse une mor-
taise dans une pièce de bois ?

Il serait superflu, je crois, d'insister davantage sur les caractères particuliers de la facture de ces deux groupes ; aucun
observateur attentif n'aura la pensée de les contester, ni seulement d'en diminuer l'importance. Il faut donc conclure que
c'est sans quitter le terrain de la technique du bois que les
vieux maîtres qui employaient la pierre tendre ont progressé
dans leur art ; par suite, ils ne pouvaient réaliser que les progrès compatibles avec cette technique, — et je ne prétends
pas qu'ils aient réalisé entièrement même ceux-là.

Fronton oriental

(FRONTON DES DEUX SERPENTS)

Le fronton qui décorait la façade principale de l'*Hécatompédon* était composé de la façon suivante : au milieu, *Athéna*

---

[1]. L'observation est de M. Brückner : *Athen. Mittheil.*, XV, 1890, p. 106.

assise de face : à sa droite, *Zeus* assis de profil ; à sa gauche,
un autre dieu (*Poseidon?*) ou un héros attique (*Erechtheus?*),
puis, de chaque côté de ce groupe de trois personnages assis,
un *serpent* déroulant son corps écailleux jusqu'à l'extrémité
du tympan. De la figure d'*Athéna*, il subsiste seulement la
moitié supérieure du torse avec le cou, sans la tête (*Au musée
de l'Acrop.*, p. 23, fig. 2) ; de la figure de *Zeus*, on a retrouvé
tout le torse avec la tête (*Ibid.*, p. 91, fig. 4), plus le pied
droit et la main gauche ; le troisième personnage assis est
perdu entièrement ; enfin, de chacun des deux grands *serpents*,
il manque environ les deux tiers[1].

Nous devons remarquer, d'abord, qu'un progrès significatif a
été réalisé dans la composition, par rapport aux œuvres précédemment étudiées. La figure principale a enfin pris sa vraie
place, juste au milieu, et partage le reste du sujet en deux
moitiés, dans lesquelles les autres figures ne peuvent plus
s'ordonner qu'avec symétrie ; un lien secret rattache celles-ci
les unes aux autres par l'intermédiaire de cette figure centrale, qui les domine toutes ensemble : la composition a donc
désormais un centre, le fronton a son unité. Mais il faut bien
noter aussi que l'artiste, ayant fait l'effort de composer son
groupe du milieu (selon les principes les plus simples, d'ailleurs, et dans une forme élémentaire), a eu recours une fois
de plus, pour remplir les deux angles, à ces secourables serpents au corps véritablement élastique, qu'on peut allonger,
hausser, enrouler, avec une entière liberté[2]. Car, s'il est vrai
que certaine tradition, invoquée par M. Wiegand[3], mention-
nait que la ciste d'Érechtheus (ou Érichthonios) nouveau-né
avait été gardée par *deux* serpents, lesquels, après avoir été
les gardiens temporaires du jeune héros, étaient demeurés les

1. Cf. une esquisse de l'ensemble du fronton, état actuel, dans Wiegand,
op. l., p. 106, fig. 109. — Torse d'*Athéna* : cf. *Rev. arch.*, 1891, pl. XII ; *Au
mus. de l'Acrop.*, p. 21 sqq.; Pawlowski, *La sculpt. attique*, p. 74, fig. 15 ;
Wiegand, *op. l.*, p. 100 sqq., fig. 100 et 102, pl. VIII, 3 (en couleur). —
Torse et autres fragments de *Zeus* : cf. *Rev. arch.*, 1891, pl. XV (torse sans la
tête) ; Ἐφημ. ἀρχ., 1891, pl. XIII, à gauche (*id.*) ; *Au mus. de l'Acrop.*,
p. 89 sqq.; Pawlowski, *op. l.*, p. 74, fig. 16 ; Perrot, *Hist. de l'art*, VIII,
p. 541, fig. 276 ; Μνημεῖα τῆς Ἑλλάδος, pl. IV, 2 (tête seule), p. 14 sqq.
(Wolters) ; Wiegand, *op. l.*, p. 97 sqq., fig. 98-99, 101-102, 108, pl. VIII, 1-2
(en couleur). — Fragments des deux *serpents* : cf. Wiegand, *op. l.*, p. 90 sqq.,
fig. 94-95, pl. V (en couleur).
2. Cf. ci dessus, p. 43-44 et 49.
3. *Op. l.*, p. 95-96.

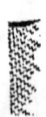

gardiens perpétuels de l'Acropole même, il est sûr, d'autre
part, que la croyance commune n'admettait qu'un seul serpent
et que l'art n'en a presque toujours représenté qu'un seul.
Aussi me semble-t-il, dans le cas présent, que l'artiste a dû
être déterminé dans son choix, non pas tant par un respect
scrupuleux d'une antique version de la légende que simplement par sa commodité personnelle.

Les divers morceaux retrouvés de ce fronton offrent un intérêt inégal pour nous, au point où nous en sommes arrivés de
notre étude; je veux dire qu'ils ajoutent inégalement, les uns
peu, les autres davantage, à ce que nous savons déjà des procédés et des qualités de l'exécution dans les œuvres en pierre
tendre. — Les corps de *serpents*, qui sont pour la plus grande
partie en ronde bosse, se renflent et se tordent avec la même
vigueur que nous avons constatée tout à l'heure dans les parties animales du corps de *Triton* ou de *Typhon*. Le dessin des écailles est, chez l'un, en forme de losanges se suivant
sur longues bandes juxtaposées; chez l'autre, en forme de
demi-cercles se recoupant plus ou moins. Mais, quelle que soit
la forme, le procédé employé ne varie pas, et c'est celui que
nous avons décrit pour les écailles de *Triton*[1]; chaque com-
partiment, losange ou demi-cercle, est fermé par un ruban en
relief qui a été obtenu en grattant et creusant l'intérieur.
Même là où ce dessin s'éloigne le moins de l'aspect véritable
du modèle vivant, il reste toujours, essentiellement, un dessin
convenu, géométrique, répété avec la même uniformité que les
dessins d'alvéoles, de méandres, de chevrons, sur l'entablement des édifices[2]. Peu importe alors que les écailles soient
figurées ici par des demi-cercles et là par des losanges, et
ailleurs par des dessins encore plus abstraits et moins vivants:
il ne s'agit point de rendre avec fidélité un détail réel, patiemment observé; il s'agit d'un décor, dont le détail réel est
l'occasion[3].

1. Cf. ci-dessus, p. 53.
2. Dans les débris qu'on possède des parties hautes des anciens édifices en
pierre tendre, on peut constater, en effet, que les ornements sont exécutés de
la même manière que les écailles des serpents ou des monstres marins dans
les sculptures des frontons : bandes en relief délimitant des champs creux que
remplissait la couleur, alternativement rouge et bleue. Cf. A. Choisy, *Hist. de
l'archit.*, I, p. 294 : « Par une tradition qui remonte aux temps où l'outillage
ne permettait pas d'entamer profondément la pierre, la sculpture architecturale des premières époques n'est presque qu'une *gravure champlevée...* »
3. Quelques fragments d'ailes d'oiseaux (aigles et cigognes), qui proviennent

Ce qui reste de la figure d'*Athéna* est fort médiocre; et cette médiocrité me paraît tenir surtout à ce que la figure est vêtue. Les artistes novices semblent, en effet, considérer le vêtement comme une heureuse chance qui les dispense du plus difficile de leur tâche[1] : ils se croient autorisés à supprimer quasi toute indication des formes, parce que celles-ci sont cachées sous la draperie, et, d'autre part, ils font cette draperie lisse et presque sans un pli, parce qu'ils la supposent étroitement collée au corps. Sous la carapace du péplos, les seins ne se devinent même pas, et les deux bras, sous l'himation, semblent ridiculement courts et menus ; les vêtements sont tout en grandes surfaces unies, en plans raides, sans modelé. C'est seulement dans le délicat découpage des broderies au col du péplos et sur les bords verticaux de l'himation que l'artiste a dépensé quelque peine, et aussi dans la taille des boucles de cheveux en cordons de perles décroissantes.

Bien plus remarquable est la figure de *Zeus;* et elle est, heureusement, beaucoup moins mutilée. *Zeus,* que désigne la couronne royale dont sa tête est ceinte, est assis sur un trône à dossier et à accoudoirs. La partie pleine du dossier du trône, vue par derrière, offre un grand carré creux, décoré d'un fin dessin en losanges ; le bord du siège proprement dit est coquettement orné par derrière de deux rosaces à huit compartiments, qu'encadrent à chaque extrémité deux bandes de longs chevrons aigus. Sur le siège est posé un coussin, et l'accoudoir de droite disparaît sous une draperie jetée en travers[2]. Le costume est composé de deux vêtements : chitôn à manches courtes et himation. Le chitôn est décoré sur le col et les manches par un petit ruban de fins alvéoles ciselés en relief; et l'himation porte, à son bord supérieur, une large grecque pareillement ciselée. Ces deux vêtements ne collent pas moins au corps que ceux d'*Athéna*, et il en résulte un

---

des rampants des frontons (cf. ci-dessus, p. 42 ; Wiegand, *op. l.*, p. 31 sqq., fig. 38-42, pl. III, 1, 3, 5), montrent un pareil genre d'exécution géométrique : demi-cercles en relief circonscrivant des champs creux, coloriés en rouge et en bleu.

1. Se rappeler, par exemple, les statues des Branchides, la statue de femme assise du Dipylon (*Mus. nat. d'Athènes*, 7), la statue péloponnésienne dite *Agémô* (*Ibid.*, 6), la statue de l'Acropole dite *Femme à la grenade* (*Au mus. de l'Acrop.*, p. 187, fig. 49), dont nous aurons à parler bientôt.

2. Cf. la juste explication donnée de cette draperie par M. Wiegand, *op. l.*, p. 106-107, fig. 111.

épaississement général des formes. Mais l'ensemble a bon air; le bras droit est d'un dessin juste, même dans la partie que recouvre la manche du chitón, et la partie nue est exécutée non sans délicatesse; vu de face, le torse présente une ampleur de construction, une vigueur de toute l'attitude, qui rappellent les torses du triple *Typhon*. Cependant on aperçoit une qualité d'un autre genre, plus nouvelle, et qui, par là, nous intéresse davantage : c'est ce goût d'élégance, dont témoigne déjà la fine et agréable décoration du trône. On le constate aussi, sous un aspect différent, dans l'exécution de telle ou telle partie de la figure humaine. Ainsi le pied droit de *Zeus*, heureusement retrouvé, est d'un joli travail, ferme et délicat, plaisant à l'œil; il ne révèle pas encore une scrupuleuse étude anatomique, mais il manifeste un penchant à l'élégance et à la finesse que nous n'avions pas eu motif de signaler dans les sculptures précédentes. Le même penchant se laisse reconnaître avec plus de clarté dans divers détails de la tête : les cheveux et la barbe y sont très différents de ce que nous avons vu jusqu'ici. Les cheveux sont divisés au milieu du front en deux bandeaux ondulés, sur l'épaisseur desquels l'artiste a creusé avec un soin minutieux de minces stries serrées, comme pour y faire sentir le passage des dents du peigne; et la barbe, exécutée avec plus de minutie encore, semble un amas savamment ordonné de petits chapelets pendants, dont les grains minuscules vont diminuant de grosseur jusqu'au dernier, qui s'effile en pointe.

Cette tête de *Zeus*, pourtant, par la coupe de sa barbe, par le caractère de sa physionomie et ses gros yeux bien ouverts, est toute voisine des têtes du triple *Typhon*. Ce sont œuvres de même origine et de même époque. Mais, dans l'exécution plus élégante et plus fine du *Zeus*, apparaît une tendance nouvelle, qu'il faut remarquer d'autant plus que nous allons en rencontrer bientôt une autre manifestation encore. Rien de tel ne se montre dans l'*Athéna*, et on croirait, si peu vraisemblable que cela soit, que les deux morceaux, quoique juxtaposés et en partie accolés l'un à l'autre, ne sont pas de la même main. L'état de mutilation du fronton nous oblige, d'ailleurs, à être fort réservés dans notre jugement. Constatons seulement cette tendance, encore superficielle, à modifier un type, dont les traits principaux restent néanmoins inaltérés; nos observations ultérieures nous feront voir que c'est là le premier

indice d'un grand changement, qui n'est plus désormais très
éloigné.

IV. — FRONTON D'IRIS

Je l'appelle ainsi du nom d'un des personnages qui le compo-
saient : ce n'en est pas le principal, mais c'en est un du moins
qui ne se retrouve sur aucun des autres frontons, et qui est
donc propre à éviter toute confusion. Ce fronton, auquel on doit
attribuer des dimensions à peine plus grandes que celles du
fronton rouge et du fronton *de l'Hydre*, a été deviné, plutôt
que reconstitué, par M. Wiegand, tant les morceaux en sont
épars et incomplets ; et M. Schrader a suggéré quel en était
vraisemblablement le sujet : *Iris* introduisant *Héraclès* au
séjour des Olympiens. Dans l'aile gauche (par rapport au spectateur), se tenaient debout, tournés vers le centre, un certain
nombre de *dieux*, attendant et accueillant le héros divinisé ;
dans l'aile droite, face aux dieux, s'avançait *Héraclès*, conduit par *Iris*, escorté aussi d'*Hermès*, cet autre messager de
l'Olympe, et accompagné sans doute de quelques personnages
encore. L'arrangement d'ensemble paraît avoir consisté en la
simple opposition de ces deux files de figures, se faisant face
de chaque côté de la ligne médiane. Toute notre étude doit, par
conséquent, être bornée à l'examen, un à un, des principaux
fragments qui subsistent[1].

La figure d'*Héraclès*, réduite aujourd'hui à un fragment
mutilé, de 0ᵐ.30 de hauteur (*Au musée de l'Acrop.*, p. 125,
fig. 7), risque de n'être pas appréciée à sa juste valeur. Le

---

1. Cf. Wiegand, *op. l.*, p. 204 sqq., fig. 222-229, pl. XV (en couleur) ; mais on
doit, de cette planche XV, supprimer les morceaux 2 et 3, que M. Wiegand a
eu tort, je crois, d'attribuer au fronton *d'Iris*, tandis qu'ils doivent plutôt,
comme je l'ai dit plus haut (p. 34, note 1), en adoptant une opinion de
M. Wolters, être rendus au *fronton rouge*. — Torse d'*Héraclès* : cf. Pawlowski,
op. l., p. 67, fig. 12 : *Au mus. de l'Acrop.*, p. 124 sqq., fig. 7 ; Μνημεῖα
τῆς Ἑλλάδος, pl. IV, 3, p. 15 (Wolters) ; Wiegand, *op. l.*, p. 208
sqq., fig. 226. — Figure d'*Iris* : cf. Ἐφημ. ἀρχ., 1891, pl. XIII, à droite ;
Pawlowski, *op. l.*, p. 53, fig. 5 ; *Au mus. de l'Acrop.*, p. 94-95 ; Wiegand, *op. l.*, p. 210-211, fig. 227. — Fragment de la figure d'*Hermès* : cf.
Wiegand, *op. l.*, p. 211-212, fig. 228-229. — Figure presque complète d'un des
dieux de l'aile gauche : cf. Μνημεῖα τῆς Ἑλλάδος, p. 23-24 (Wolters) ;
Wiegand, *op. l.*, p. 205-206, fig. 222, pl. XV, 6 ; Ἐφημ. ἀρχ., 1891, pl. XII,
à droite (le corps sans la tête) ; pl. XIV, à droite (la tête seulement) ;

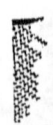

héros, vêtu de la peau de lion, coiffé du mufle de l'animal en guise de casque à garde-joues, était représenté en haut-relief, avec la tête détachée en ronde bosse; mais la partie droite de la tête, qui était hors de la vue du spectateur, n'était pas entièrement travaillée[1]. Plusieurs détails de l'exécution méritent d'être examinés de près. La masse des cheveux est creusée de larges sillons doux, qui se terminent sur le front en gracieux festons; la masse de la barbe est découpée, par de minces raies parallèles très serrées, en rubans étroits dont le bas est légèrement arrondi. Le col du vêtement est décoré d'un ornement en dents de scie, comprises entre deux minces bandes en relief. Malgré qu'il reste bien peu des pattes du lion nouées sur la poitrine, on voit encore qu'elles étaient nouées avec une élégance charmante. Très fin aussi, le dessin des mèches de la crinière léonine, qui se recouvrent partiellement l'une l'autre. Mais surtout il y a un coin vraiment joli, et d'une agréable délicatesse de travail, qui comprend l'oreille gauche, le haut de la joue et l'extrémité de la tempe : par dessus les ondulations festonnées des cheveux, vient la mâchoire du lion, avec les dents et gencives finement ciselées, et plus haut encore, formant un troisième étage de relief, le bord du mufle lui-même; un effet analogue se retrouve sur la joue, contre la barbe; et enfin, dans le fond, s'aperçoit à moitié l'oreille, habilement et finement dessinée, d'autant plus soignée, semble-t-il, qu'elle se découvre moins. Ces divers détails témoignent d'un remarquable souci d'élégance. — Néanmoins, pour cette œuvre-là comme pour toutes les autres, on notera la déformation de certains traits dans le sens d'une stylisation géométrique plus ou moins conventionnelle. Elle est particulièrement visible dans le rendu des poils qui forment une bordure verticale au reste de la crinière; puis dans l'oreille du lion, avec son cornet entouré d'un petit anneau de poils bien alignés qui semblent avoir été posés un à un; et aussi dans les froncements du mufle de chaque

---

Rev. arch., 1891, pl. XVI (la tête seulement) : *Au mus. de l'Acrop.*, p. 95 sqq., fig. 5 (*id.*); Collignon, *Hist. sculpt. gr.*, I, p. 126 (*id.*); Pawlowski, *op. l.*, p. 55, fig. 6 (*id.*). — Tête mutilée d'un autre *dieu* de l'aile gauche (*Apollon?*) : cf. Ἐφημ. ἀρχ., 1891, pl. XIV, à gauche; *Au mus. de l'Acrop.*, p. 96, note 4; Wiegand, *op. l.*, p. 205-206, fig. 223, pl. XV, 7. — Autres fragments des *dieux* de l'aile gauche : cf. *Au mus. de l'Acrop.*, p. 97, 2ᵉ ½ de la note; Wiegand, *op. l.*, p. 204-205, nᵒˢ 1, 4, 5.

1. Il n'était d'ailleurs pas possible de la finir, à cause du voisinage trop immédiat du mur de fond.

côté du nez, lesquels sont d'une telle régularité de dessin qu'on croirait voir plutôt les folioles d'une palmette. Enfin, on peut observer que le vêtement sur le cou est bordé d'une sorte de petit ourlet en relief, et que le même ourlet exactement borde la peau des pattes du lion et l'ouverture du mufle autour du visage d'*Héraclès* : c'est là une convention caractéristique, que nous retrouverons jusque dans les premières œuvres en marbre.

La figure d'*Iris* est privée de la tête et des deux bras, et les jambes en sont cassées aux genoux. Elle porte deux vêtements superposés : un chitôn court et collant, sans manches, qui se termine en bas par une large bordure festonnée, et, par dessus, une peau de bête singulièrement découpée, dont la partie la plus large forme ceinture autour des reins. Elle était représentée dans un mouvement de marche rapide, selon le type archaïque de *Niké*, le bras droit jeté en avant, la main gauche appuyée à la hanche. L'artiste n'a pas détaché la figure de la plaque de fond, et il semble avoir été pourtant bien près de le faire : car il a ôté le plus possible de la pierre et n'en a gardé qu'un simple tenon, ici plus épais et là plus mince, selon que la figure elle-même est plus ou moins large. Le modelé *tourne* par derrière, et peu s'en faut que le haut-relief ne soit devenu statuette en ronde bosse. Je ne doute pas que la tête, comme celle d'*Héraclès*, ne fût entièrement détachée. L'exécution du corps est souple et franche, et montre combien l'ouvrier était à l'aise avec ses outils et avec la matière à tailler. On constate la légèreté de sa main dans les petits enjolivements du costume : dans ces bandes en fin relief qui bordent le chitôn en bas et la peau de bête, et dans ces autres bandes minces, limitées de deux ourlets, qui courent sur le col, sur les épaules et autour des emmanchures du chitôn ; détails délicats, minutieux et en partie conventionnels, analogues à ceux que nous avons notés tout à l'heure dans le torse d'*Héraclès*.

Le seul des personnages du fronton qui soit resté presque complet est un des *dieux* de l'aile gauche. Il est drapé tout entier dans un ample himation, dont un pan est rejeté sur l'épaule gauche et retombe par derrière ; le bras droit, sous le manteau, est plié et relevé vers la poitrine. Or, l'artiste a su faire sentir les lignes du corps sous l'épaisse enveloppe de la draperie, et il a très justement observé et rendu les plis obliques que détermine le mouvement du bras droit relevé : qu'on se rappelle, pour juger du progrès, les deux personnages drapés

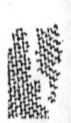

de même, mais si lourdement et sommairement exécutés, qui
paraissent provenir du *fronton rouge*[1], et aussi l'*Athéna* du
fronton oriental de l'*Hécatompédon*[2]. En haut et en bas, l'himation est décoré d'une large broderie, faite d'une grecque en
relief plat; et ici encore, il est instructif de comparer la
richesse nouvelle de ce dessin avec celui, beaucoup plus simple,
des deux figures du *fronton rouge*, que je viens de rappeler.

La tête du personnage (*Au musée de l'Acrop.*, p. 99, fig. 5),
faite d'un morceau rapporté, offre un intérêt spécial. Tandis
que le corps, tout le long du côté gauche, restait adhérent à
la plaque de fond, cette tête est en ronde bosse et entièrement
finie; et cependant elle était destinée à être posée de profil.
La raison de ce fait, dont les autres personnages du fronton
ne nous offrent pas l'équivalent, me paraît être justement que
la tête avait été exécutée à part; ainsi l'artiste, que ne gênait
pas, dans le maniement de ses outils, le voisinage trop proche
du mur de fond, a poussé son travail jusqu'au bout, comme
pour sa propre satisfaction. Et cette petite tête est, en effet,
soignée, déjà presque fine, et d'une exécution très sûre; elle
dénote chez son auteur une expérience du métier et, pour
ainsi dire, une accoutumance de la pierre, qui nous font mesurer tout le chemin parcouru depuis le fronton *de l'Hydre*. Certes
les cheveux, en chapelets de petites boules grossièrement
taillées, ne sont pas d'une légèreté et d'une élégance surpre-
nantes; la barbe, pareille à celle de l'*Héraclès*, est travaillée
d'une façon plus rapide; il est évident aussi que le modelé du
visage est sommaire et s'en tient à l'à peu près. Néanmoins
on reconnaît ici, mieux encore que dans les autres morceaux,
que l'auteur du fronton *d'Iris* était un artiste maître de son
métier, capable d'expédier une figure humaine d'un faire leste,
avec facilité et souplesse.

Mais remarquons bien que cette main, devenue plus habile
que celle des prédécesseurs, garde toujours cependant les
mêmes traditions techniques. Un examen minutieux en fournirait assez de preuves, entre lesquelles j'en retiens une seulement : si on observe l'effilement de l'angle externe de l'œil et
la mince saillie qui semble le prolonger vers le dehors, on
s'aperçoit qu'il n'y a là qu'un effet des instruments *tranchants*,

1. Cf. ci-dessus, p. 33, note 2, et 34, note 1; Wiegand, *op. l.*, pl. XV, 2-3.
2. Cf. ci-dessus, p. 56.

propres à la technique du bois, dont avaient hérité les imagiers en pierre tendre. Une pointe aiguë, une pointe de couteau avait arrêté sur le globe de' l'œil la ligne fine et sèche des paupières, tandis que la gouge traçait par dessous et par dessus un large sillon doux ; or, l'effilement du coin externe s'est produit de lui-même par la rencontre en ce coin des deux lignes burinées à la pointe ; et la mince saillie qui vient ensuite s'est également produite toute seule, si je puis dire, au croisement des deux sillons tracés par la gouge, à l'endroit précis où la lame concave est venue, d'en haut et d'en bas, en se redressant progressivement, achever sa course[1]. Ces détails ne correspondent pas à des détails réels, pris sur le modèle : mais ils sont là comme les témoins d'une certaine technique et de l'emploi de certains outils, comme les signes révélateurs de certaines habitudes de métier; habitudes si tenaces que nous les constaterons encore dans les premières œuvres en marbre[2].

En somme, par les procédés généraux de la technique, le fronton d'*Iris* se rattache sans conteste aux œuvres antérieures, qui, elles-mêmes, sont étroitement liées l'une à l'autre ; mais il fait voir une aisance et une liberté croissantes de l'exécution. Et, de plus, certains détails déterminés, qui abondent en particulier dans le personnage d'*Héraclès*, manifestent clairement ce penchant nouveau à l'élégance, aux minuties délicates et raffinées, que nous avions noté déjà dans le *Zeus* du fronton oriental de l'*Hécatompédon*. Encore une fois, ces nouveautés n'altèrent pas le fond, mais elles modifient sensiblement l'aspect de la surface : elles semblent dues aux premiers souffles d'une influence étrangère, de laquelle nous aurons bientôt à préciser la nature et l'origine.

V. — FRONTON DE L'OLIVIER

Ayant placé les précédents frontons suivant l'ordre chronologique où je crois qu'ils se sont succédé réellement, je dois dire tout de suite qu'en mettant le dernier le fronton *de l'oli-*

---

1. Ce dessin caractéristique du coin de l'œil est mieux marqué encore dans la tête mutilée d'*Apollon* (?), provenant de la même aile du fronton : cf. Ἐφημ. ἀρχ., 1891, pl. XIV, à gauche.
2. Cf. *Athen. Mittheil.*, XIII, 1888, p. 117-118 (Winter).

vier, je n'ai pas l'intention de le présenter comme le plus récent
de tous. Celui-là reste hors cadre, parce qu'il est tellement
mutilé, réduit à un si petit nombre de fragments, surtout en
ce qui concerne les personnages humains[1], qu'on ne se trouve
pas posséder les moyens d'un jugement assuré. Le nom même
que je lui donne est emprunté à un accessoire, et le sujet véritable nous échappe.

Ce sujet avait un curieux caractère pittoresque : car le motif
central en était fourni par un édifice dorique figuré en fort
relief, avec sa corniche à mutules décorés de gouttes, et son
toit où alternent les tuiles plates et les files de couvre-joints :
dans l'aile gauche (par rapport au spectateur) s'allongeait un
mur bas, qui devait partir de l'édifice même, comme le mur
d'un enclos contigu à un temple ; et au dessus de ce mur se
dressent à l'arrière-plan les rameaux feuillus d'un olivier,
figurés non pas en relief, mais par une gravure en creux sur
le fond même du tympan. Contre le mur de l'édifice est représentée de profil une femme debout, vêtue du péplos et de l'himation : la tête manque et le bas des jambes a également disparu.
Contre le mur d'enclos était représenté un homme debout, de
profil aussi et dans la même direction : il n'en subsiste plus
qu'une jambe nue, fort mutilée[2]. — L'identification de l'édifice
nous aiderait grandement à découvrir le sujet du fronton entier :
M. Wiegand pense à la fois à un temple et à une fontaine
monumentale, comme les peintures de vases nous en montrent
quelques exemples. Si c'était une fontaine, la pensée se por-
terait le plus naturellement vers l'épisode célèbre de Polyxène,
Troïlos et Achille ; si c'était un temple, ce serait probablement l'ancien Érechtheion, dont l'enclos voisin, appelé Pandro-
séion, renfermait l'olivier sacré d'Athéna. Cette dernière
hypothèse n'est pas seulement séduisante ; elle s'adapte mieux
que l'autre aux indications matérielles qui résultent des rares
fragments conservés[3]. En ce cas, le reste du sujet aurait été
vraisemblablement constitué par une procession religieuse :
hommes et femmes en deux files, l'une à droite, l'autre à
gauche, se dirigeant vers l'entrée du sanctuaire ; et le geste

1. Cf. Wiegand, *op. l.*, p. 197 sqq., fig. 214-221, pl. XIV (en couleur).
2. Tous les fragments proviennent de l'aile gauche du fronton ; on n'a rien
retrouvé de l'aile droite.
3. C'est à celle-là qu'incline ouvertement M. Wiegand.

de l'unique figure féminine, dont le bras droit levé semble
avoir soutenu quelque objet porté sur la tête, ne contredit pas
cette supposition.

C'est au fronton *de l'olivier* que M. Wiegand attribue la
statuette féminine en pierre tendre[1], connue sous le nom
d'*Hydrophore* (*Au musée de l'Acrop.*, p. 19, fig. 1). Vêtue du
péplos et de l'himation, le bras droit ramené contre le ventre,
le bras gauche levé pour maintenir en équilibre l'hydrie posée
sur la tête, cette figure, selon M. Wiegand, se présentait
comme sortant de l'édifice (temple ou fontaine); exécutée en
ronde bosse et s'offrant de face au spectateur dans le milieu
du tableau, alors que les autres étaient de profil, en relief plus
ou moins fort, elle aurait été, en somme, la figure principale
du fronton. Mais elle ne me paraît pas digne d'avoir joué le
premier rôle dans une composition, dont les ruines mêmes
révèlent encore un soin si délicat des moindres détails : car elle
est d'une lourdeur, d'une grossièreté, voire d'une barbarie
d'exécution, qui dépasse celle des pires endroits du fronton
de l'Hydre. Ce n'est qu'un petit bloc fort gauchement taillé,
une des œuvres qui rappellent avec le plus d'évidence la
technique du bois : le corps est arrondi de façon sommaire, le
bras droit est quadrangulaire, et les différentes parties du
visage portent la trace, tout de suite reconnaissable, des outils
coupants qui s'y sont appliqués[2]. Or, il s'en faut de beaucoup
que les deux débris de figures, qui proviennent sûrement du
fronton *de l'olivier*, étalent cette naïve rudesse de l'ancienne
pratique. La figure féminine, attachée en relief au mur de
l'édifice, porte le même costume, il est vrai, que la statuette
d'*Hydrophore*, et elle *paraît* avoir fait le même geste du bras
gauche. Ce dernier détail, s'il était établi avec certitude[3],
fournirait seul un argument à l'appui de l'hypothèse de M. Wiegand; mais le costume en fournit plutôt de contraires. La
nature et l'aspect général des vêtements ne prouvent rien : ce

1. Cf. *Rev. arch.*, 1891, pl. XI; *Au mus. de l'Acrop.*, p. 16 sqq.; Pawlowski.
op. l., p. 72, fig. 14; Μνημεῖα τῆς Ἑλλάδος, pl. IV, 1, p. 11 sqq. (Wolters);
Wiegand, *op. l.*, p. 202-203, fig. 221, pl. XIV, 5 (en couleur).

2. J'ai analysé la statuette avec grand détail à ce point de vue : cf. *Au mus.
de l'Acrop.*, p. 17 sqq.

3. Il ne l'est pas et ne peut l'être. On voit bien que le bras gauche de la
figure en relief était levé; mais il y a plusieurs explications possibles de ce
geste, et on ne saurait certainement pas affirmer que la figure représentât une
Hydrophore.

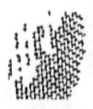

costume est celui que porte l'*Athéna* du fronton oriental de
l'*Hécatompédon*, et que nous retrouverons plus tard chez

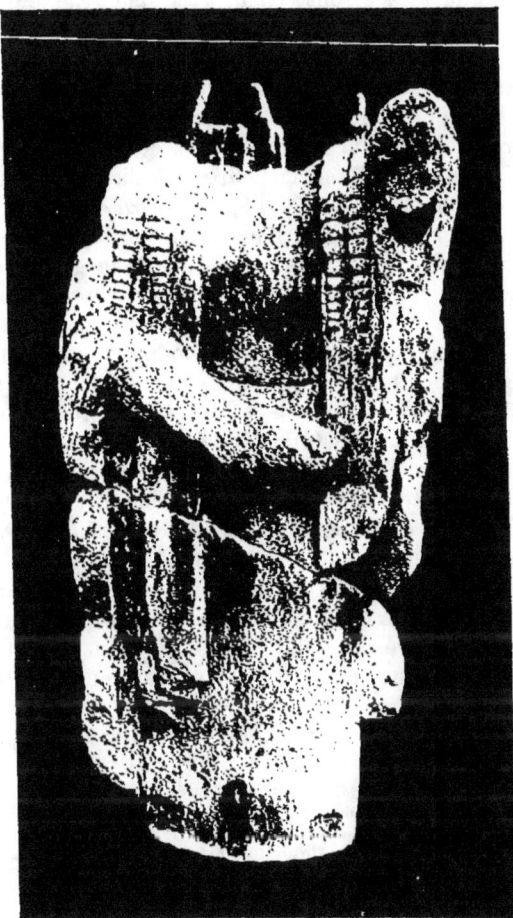

Fig. 2. — Statuette d'*Hydrophore*
(Acropole).

diverses statues en marbre; c'est le costume ordinaire des
femmes attiques dans la première moitié du vi° siècle. Mais la
comparaison de ce même costume chez les deux personnages

5

fait ressortir maintes différences. Dans la figure en relief, les détails du péplos sont rendus avec une grande exactitude : on distingue parfaitement l'*apoptygma* retombant sur la poitrine, puis, au dessous, le léger bourrelet d'étoffe produit par la pression de la ceinture, et enfin cette ceinture[1]; dans la statuette, on ne voit là qu'une simple ligne creusée, dont on ne saurait dire si elle marque le bas de l'*apoptygma* ou le haut de la ceinture. Dans la figure en relief, le col du péplos est garni d'un ornement, et l'himation est bordé d'une riche broderie ciselée en relief; dans la statuette, on ne découvre pas trace, nulle part, d'une décoration de ce genre, et cette inélégance des vêtements est en juste accord avec la rustique grossièreté de l'œuvre entière[2].

L'auteur de l'*Hydrophore* a donné de son peu d'habileté et d'expérience une autre preuve, qu'il convient de signaler d'autant plus qu'elle a cessé maintenant d'être apparente. La manière dont il a rajusté la tête de sa statuette, à grand renfort de tiges de plomb (*fig.* 2), ce luxe de précautions, qui tournaient d'ailleurs à l'encontre de leur but[3], sont l'indice d'un embarras presque enfantin et témoignent d'une véritable ignorance des qualités de la matière. Il me parait malaisé de reconnaitre dans ce travail barbare la même main qui a découpé, avec autant de sûreté que de légèreté, les parties saillantes de l'édifice représenté au second plan du fronton. On ne peut guère expliquer non plus une si grande différence d'exécution, en supposant que l'*Hydrophore* serait le résultat d'une restauration faite postérieurement au reste[4]; car alors elle devrait,

1. Ces divers détails ne sont pas moins nets ici qu'on ne les voit dans certaines figures de marbre : cf. *Au mus. de l'Acrop.*, p. 184, fig. 17; p. 185, fig. 18; p. 325, fig. 31 (*statue xoanisante*); et, dans un des chapitres suivants, notre *fig.* 5, d'après une statuette d'Éleusis (*Mus. nat. d'Athènes*, 5).
2. Le rapport entre les deux figures féminines que je viens de comparer est du même genre et à peu près le même que celui entre le personnage drapé du fronton *d'Iris* et les personnages drapés du *fronton rouge* (cf. ci-dessus, p. 33, note 2, et 34, note 1, et p. 60-61).
3. Il est aisé de comprendre que le cou, ainsi percé de trous en travers et de bas en haut, était beaucoup plus fragile que s'il eût été porté par une tige unique. — La photographie reproduite dans notre *fig.* 2 a été prise avant qu'on eût retrouvé la tête de l'*Hydrophore*; j'ai cru bon de ne pas laisser perdre cette image, qu'on ne pourrait plus refaire aujourd'hui, et qui fournit un renseignement intéressant. Pour la disposition intérieure des trous et des tiges, cf. Μνημεῖα τῆς Ἑλλάδος, p. 12 (Wolters).
4. M. Wolters (*l. l.*, p. 11-12) déclare non douteux que le rajustage de la tête n'a pas eu lieu par suite d'un accident survenu après la statuette terminée, mais a été fait au cours du travail. Seulement il croit qu'il y a bien

au contraire, être d'un art plus avancé que le reste, à moins qu'on n'admette, contre toute vraisemblance, qu'on aurait chargé de cette restauration un ouvrier plutôt qu'un artiste, et le moins capable de la bien faire. En résumé, je crois que l'*Hydrophore* doit être disjointe du fronton *de l'olivier ;* il faut la prendre telle qu'elle se présente d'abord, à savoir comme une petite figure isolée, sans valeur artistique, qui offre seulement l'intérêt de nous renseigner assez bien sur les premiers procédés de la plastique en pierre tendre, soit que son auteur ait été réellement un des plus anciens artistes qui aient employé cette matière, ou qu'il n'ait été qu'un médiocre attardé au milieu de ses contemporains beaucoup plus habiles que lui.

Les six frontons que nous avons successivement étudiés dans ce chapitre comprennent la presque totalité des représentations de figures humaines, en pierre tendre, qui aient été retrouvées sur l'Acropole d'Athènes. Il ne reste en dehors — outre la statuette d'*Hydrophore* — que de rares fragments sans importance[1] ; les deux plus notables sont deux têtes de femme, qui peuvent elles-mêmes avoir appartenu à l'un ou l'autre des frontons, particulièrement la plus petite au fronton d'*Iris*[2], mais sans qu'il soit permis de rien affirmer de précis quant à leur provenance. Il n'y a donc plus à examiner que les groupes d'animaux.

en accident, et que l'intention première de l'auteur n'était pas d'exécuter à part le corps et la tête. Ce dernier point me paraît contestable. Il faut remarquer qu'il y a d'autres raccords dans la figure : en bas, à hauteur des genoux où elle est brisée, il y a une tige de plomb, d'où se détachent deux pinces qui saisissent la statuette devant et derrière; et il y a une autre tige encore dans la cassure du bras gauche. Il me semble deviner, d'après cela, que la figure entière a été faite en trois morceaux distincts : 1° la partie inférieure des jambes avec la base où les pieds adhéraient ; 2° la masse du corps depuis les genoux jusqu'au cou; 3° la tête surmontée de l'hydrie, et le haut du bras gauche qui devait être accolé contre l'hydrie.

1. Cf. Wiegand, *op. l.*, p. 228 sqq.
2. Elles ont été toutes deux reproduites par M. Wiegand, *op. l.*, p. 229, fig. 243-244.

CHAPITRE III

LES GROUPES D'ANIMAUX

Ces groupes étant de grande, parfois très grande dimension, on s'attendrait à ce que d'abondants débris en eussent subsisté. Au contraire, ils sont réduits presque à rien ; et je crois que c'est leurs dimensions mêmes qui furent cause que la ruine en a été plus complète : beaucoup de morceaux, en effet, après la destruction première, ne demandaient qu'une taille nouvelle pour faire de gros moellons excellents, et ont dû être réemployés comme tels. Le reste, exhumé par les fouilles, formait un chaos de fragments dépareillés, au point qu'on ne pouvait pas discerner s'ils provenaient d'œuvres différentes, et de combien d'œuvres. Les patientes recherches de M. Watzinger ont démontré qu'il y en avait eu quatre[1].

I. — C'est d'abord[2] un grand *lion*, duquel il s'est retrouvé si peu de fragments qu'on ne saurait même pas tenter une reconstitution approximative. M. Watzinger[3] incline à croire que l'animal était représenté seul, baissé sur les pattes de devant, et prêt à bondir. Il me parait plus probable, puisque, partout ailleurs, nous avons affaire à des groupes, que le lion était groupé avec une autre bête ; et il n'est pas trop surprenant que, de celle-ci, tout ait disparu, puisque, du lion également, on n'a sauvé quasi rien. Les autres œuvres ont, par bonheur, subi une moindre disgrâce.

1. C. Watzinger, *Die archaischen Tiergruppen :* chapitre inséré dans l'ouvrage de M. Wiegand, *Poros-Architektur,* p. 214-227.
2. Le classement qui suit est fondé sur le degré de ruine de ces quatre œuvres, en allant des plus malaisément reconnaissables à celles qui, moins ruinées, peuvent être appréciées d'une façon plus complète. Mais le classement ainsi fait se trouve aussi être conforme, semble-t-il, à la succession chronologique, pour les numéros II, III, IV ; le numéro I pourrait bien, au contraire, être le plus récent de tous.
3. *Op. l.*, p. 217-218, fig. 232.

II. — Un second groupe, très grand, dont les dimensions devaient atteindre environ 2^m,50 de longueur et 1^m,50 de hauteur, représentait un *taureau* terrassé et dévoré par un *lion*[1]. La composition était de telle sorte que les deux animaux se trouvaient, partie l'un sur l'autre, partie l'un contre l'autre, en sens inverse l'un de l'autre, la tête du lion sur l'extrémité de la croupe du taureau. Il ne subsiste plus rien du taureau, sauf un fragment adhérent aux griffes de la patte gauche antérieure du lion. Les débris du lion sont plus nombreux, quoiqu'en trop petit nombre encore; le plus notable est celui qui nous a conservé la moitié droite de la tête, avec l'œil droit et l'attache de la crinière[2].

III. — Voici, en troisième lieu, un fragment plus considérable et bien mieux conservé qu'aucun de ceux qui précèdent (*fig.* 3) : c'est le cou et la tête d'un *taureau*, abattu les naseaux contre terre, la jambe gauche antérieure allongée sur le sol; l'animal a été terrassé par une *lionne*, dont la patte gauche postérieure et une partie du ventre sont restées adhérentes au cou de la victime. M. Watzinger[3] croit avoir retrouvé un autre fragment du même groupe, qui proviendrait d'une *seconde* lionne plus grande, et il reconstitue l'ensemble du sujet de la manière suivante : un taureau a été atteint et terrassé par une lionne; il est étendu à plat, de tout son long, sur le sol, et la lionne le maintient par la pression puissante d'une de ses pattes postérieures, en même temps qu'elle dresse en l'air, au dessus de sa victime, tout le devant de son corps, sa tête et ses deux pattes antérieures, faisant face à une seconde lionne, une rivale qui arrive à droite (par rapport au spectateur) et qui va disputer à la première la proie que celle-ci a abattue. Une telle composition s'inscrit fort bien dans un triangle de fronton, le corps allongé de la seconde lionne correspondant au corps

1. Cf. Watzinger, *l. l.*, p. 217 sqq., fig. 233-238 ; la figure 238 donne une esquisse restaurée du groupe, avec les divers fragments remis à leur place véritable.

2. Cette tête a été retrouvée en 1886, à l'est du Parthénon : cf. Πρακτικά pour 1886, p. 49.

3. Cf. *l. l.*, p. 222-223, fig. 239-240. — Le fragment principal, reproduit dans notre *fig.* 3 (= Watzinger, fig. 239), a été déjà publié par M. Perrot (*Hist. de l'art*, VIII, p. 539, fig. 282); mais, sans doute par suite d'une confusion dans ses notes, M. Perrot a cru que le morceau était en marbre; et, de plus, il ne l'a pas présenté suivant la position juste.

abattu du taureau, et le haut du corps de la première lionne, avec sa tête et ses pattes dressées, remplissant le milieu. C'est pourquoi M. Watzinger est d'avis que ce groupe, exécuté en haut-relief, a pu décorer un petit fronton, d'une longueur d'environ 6 mètres.

La seule objection que j'adresserais à cette ingénieuse hypothèse est que le sujet, ainsi compris, constitue un petit drame, d'un genre inaccoutumé dans les représentations d'animaux à l'époque archaïque. Ces animaux, sur l'architrave d'Assos comme sur tant de vases peints, nous les voyons toujours, soit isolés, ou marchant à la file, ou affrontés deux à deux, ou combattant un contre un et quelquefois deux contre un : très monotones répétitions d'un immuable répertoire décoratif. Mais la scène qu'imagine M. Watzinger, d'un fauve surpris, au moment même qu'il vient de saisir sa proie, par la venue d'un autre fauve affamé qui va lui disputer et peut-être lui enlever le fruit de sa ruse et de sa force, une telle scène, justement par son caractère dramatique et ce qu'elle comporte d'observation réelle de la vie et des mœurs des animaux, semble étrangère à l'esprit de l'ancien art grec. Elle serait pour nous une curieuse et intéressante nouveauté; mais nous ne sommes pas assez sûrs qu'elle ait existé[1].

Le fragment principal[2] vaut surtout par ceci, qu'il nous a conservé la tête du taureau; et nous y trouvons des indications précises pour la technique et la date de l'œuvre entière. Elle me paraît être à peu près contemporaine du *fronton rouge* (premier groupe d'*Héraclès et Triton*). Les rainures nettes qui délimitent la région du mufle et des naseaux, la triple courbe qui cerne l'œil, puis surtout les petites spirales creusées qui tiennent lieu des enroulements de poils à la naissance de la corne, semblent vraiment avoir été découpées dans du bois, et aucun des détails du grand groupe n° IV ne garde si visible-

1. L'hypothèse de M. Watzinger est fondée sur un fragment unique qu'il attribue à la *seconde* lionne ; mais il n'est pas tout à fait certain que ce fragment provienne du même groupe que le fragment reproduit dans notre *fig.* 3. D'autre part, M. Watzinger admet que le taureau était étendu à plat de tout son long, sur le sol, et c'est là une condition essentielle pour la possibilité de l'explication qui suit : or, d'après la position du cou et de la tête, comparaison faite avec le grand taureau du groupe IV, il me semble que l'arrière-train de l'animal devait être plus ou moins redressé.

2. Il mesure, dans sa plus grande hauteur, 0ᵐ,65. Il a été trouvé à l'est du Parthénon, en 1886 : cf. Πρακτικά pour 1886, p. 49.

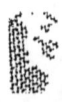

ment le souvenir de l'ancienne technique. Aussi bien par la valeur de l'expression que par les traits de la facture, ce fragment témoigne d'un art moins habile que le morceau correspondant du groupe suivant; et il appartient, sans nul doute, à une époque un peu plus ancienne.

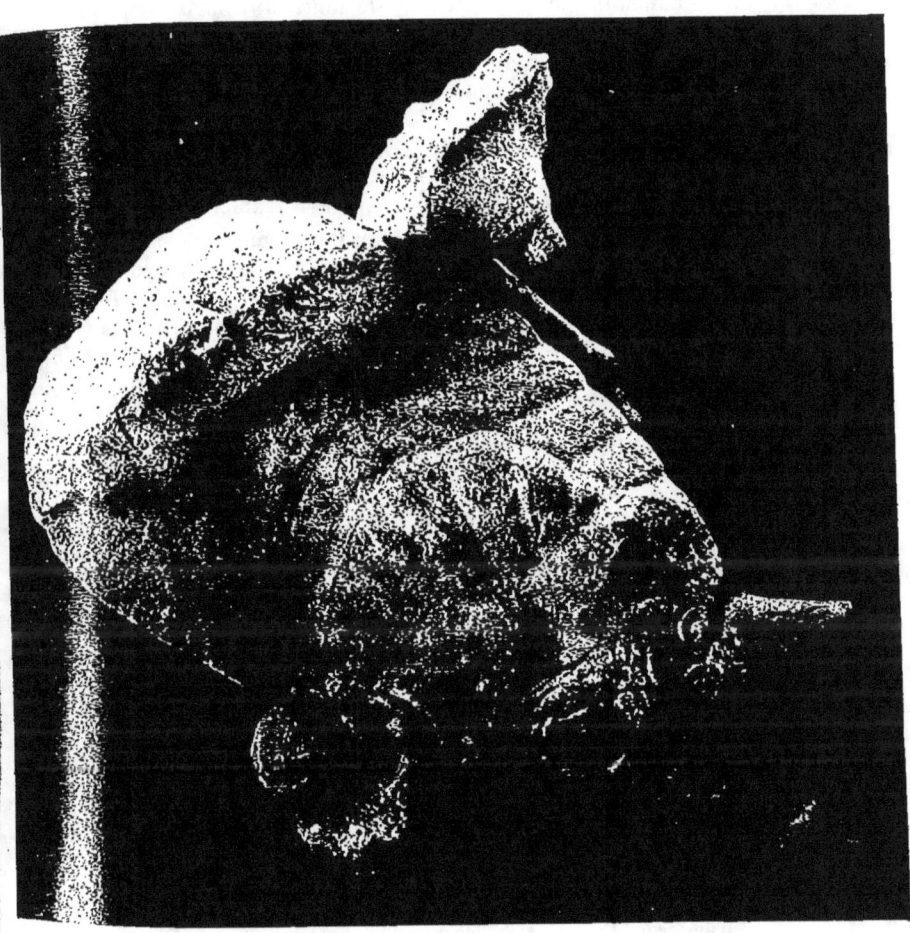

Fig. 3. — Fragment d'un groupe : *Taureau et lionne*
(Acropole).

IV. — Ce dernier groupe, exécuté partie en haut-relief, partie en ronde bosse, est le plus grand que nous connaissions dans la sculpture en pierre tendre, non seulement parmi les représentations d'animaux, mais en quelque genre que ce soit ; car sa longueur était d'environ 6 mètres et sa hauteur devait atteindre 1^m,50[1]. Il est fort mutilé ; mais du moins l'un des trois animaux qui le composent, le taureau, a laissé des restes assez nombreux pour qu'on pût, avec quelques adjonctions de plâtre, le restituer en entier (*Au musée de l'Acrop.*, p. 69, fig. 3) ; et il y a plusieurs fragments notables des deux lions[2].

Car c'est encore de *lions* et *taureau* qu'il s'agit[3], cet éternel sujet, le plus commun peut-être de l'ancienne imagerie gréco-orientale, avec le lion, toujours vainqueur, acharné sur le taureau, toujours victime[4]. Mais d'ordinaire (à Assos et dans la plupart des peintures de vases) il n'y a qu'un lion, et le taureau est représenté tombé en avant sur un genou, parfois sur les deux genoux, et l'arrière-train debout. Ici, le taureau est terrassé par deux lions à la fois[5], plus exactement par un lion et une lionne[6], qui l'ont attaqué, la lionne par devant, le lion par derrière, et qui le déchirent de leurs griffes et commencent à le dévorer[7] ; la bête vaincue a fléchi de toutes parts sous le poids des fauves : deux de ses jambes, celles du côté droit,

1. Cf. *Rev. arch.*, 1891, pl. XIV *bis ; Au mus. de l'Acrop.*, p. 68 sqq., fig. 3 ; Collignon, *Hist. sculpt. gr.*, I, p. 210, fig. 100, et pl. III (en couleur ; tête du taureau seulement, mais présentée sens dessus dessous) ; Springer-Michaelis, *Handbuch*[7], pl. V, 2 (en couleur ; reproduction réduite de la planche ci-dessus citée de Collignon) ; Brunn-Bruckmann's *Denkmæler*, 456, *B* ; Perrot, *Hist. de l'art*, VIII, p. 541 sqq., fig. 278 ; Μνημεῖα τῆς Ἑλλάδος, pl. IV, 5, p. 26, avec bibliographie (Wolters) ; Wiegand, *op. l.*, p. 214 sqq., fig. 230-231 (Watzinger).

2. Comparer dans Wiegand, *op. l.*, p. 215, fig. 230 *a*—230 *b*, l'esquisse restaurée de l'ensemble avec la restauration partielle exécutée au musée de l'Acropole.

3. M. Belger (*Berl. phil. Wochenschrift*, 1896, p. 1087) avait supposé à tort qu'on devait voir là des *griffons* plutôt que des lions.

4. C'est dans l'ancien art grec surtout que les lions méritent bien l'épithète de *tauroctones* : ταυροκτόνων λεόντων (Sophocle, *Philoctète*, 400).

5. M. E. Gardner (*Handbook greek sculpt.*, I, p. 161, note 1) supposait à tort qu'il pouvait bien y avoir *quatre* lions : c'est qu'il attribuait à ce groupe des fragments d'un autre.

6. Cf. Watzinger, *l. l.*, p. 216. L'existence d'une lionne, à droite, au lieu d'un second lion, n'est d'ailleurs qu'une hypothèse, mais fort vraisemblable.

7. Le motif du taureau dévoré par *deux* lions se rencontre pourtant aussi quelquefois dans les peintures de vases : cf. Pottier, *Atlas des vases du Louvre*, II, pl. 54, E 734.

sont ployées sous elle ; les deux autres, celles de gauche, sont allongées sur le sol ; sa tête, du mufle aux cornes, s'enfonce dans la poussière, et les lions maintiennent sous la pression de leurs pattes formidables leur proie écrasée.

Ainsi, le dos du taureau s'étend suivant une ligne horizontale, exactement parallèle au bord inférieur du cadre. Vers le milieu de cette ligne[1], se rapprochaient l'une de l'autre les têtes des deux lions, tournées vers le dehors ; et leurs corps devaient être disposés d'une façon symétrique, leur avant-train abattu sur la proie, et leur train de derrière redressé ; en sorte que la ligne de leurs dos devait être, elle aussi, à peu près horizontale et parallèle au bord supérieur du cadre. Ce n'est donc pas dans un triangle qu'on pourrait inscrire le groupe, mais dans un carré long ; et dès lors on ne peut pas l'attribuer à un fronton ; on pense plutôt à un fragment d'une gigantesque frise. Je croirais volontiers que cette sculpture décorait le mur de façade d'un édifice, au dessus de la porte ; de son côté, M. Watzinger[2] suppose qu'elle était indépendante de toute construction, et que c'était simplement une offrande, de taille colossale.

Le grand groupe *Lions et taureau* paraît être du même temps et il est sorti peut-être du même atelier que le fronton *de Typhon* : il ne marque donc pas une nouvelle étape de la sculpture attique. Il n'y a rien à dire que nous ne sachions déjà sur la matière mise en œuvre et sur la technique de l'artiste. Ce qui est nouveau, par rapport aux sculptures des frontons de l'*Hécatompédon*, c'est d'abord le sujet, composé de représentations d'animaux, puis le cadre où ces représentations sont groupées. Nous allons montrer que, malgré les différences de sujet et de cadre, certaines des remarques que nous avons faites précédemment demeurent vraies cette fois encore.

Admettons qu'il s'agisse d'une décoration d'édifice, dont le choix était laissé à la volonté de l'artiste. Dans ce carré, d'environ 6 mètres sur 1ᵐ,50, il y avait place pour une grande composition où se fussent mélangés des personnages divers. Mais ces personnages, il fallait d'abord les trouver, puis les grouper, et les sculpteurs attiques de cette époque n'étaient

---

1. Non pas au milieu même : le corps de la lionne étant plus petit que celui du lion, le tableau ne se divise pas en deux moitiés égales : cf. Watzinger, *l. l.*, p. 216.

2. *L. l.*, p. 217.

guère avancés dans l'art de composer un sujet : les frontons
taillés par eux nous l'ont bien démontré. Nous avons vu avec
quel empressement, pour simplifier leur tâche, ils allaient chercher, dans l'arsenal mythologique, des monstres à corps de
reptile ou de poisson, capables de remplir d'un coup la moitié
du cadre[1] ; s'ils en avaient rencontré un qui eût pu le remplir
tout entier à lui seul, probablement ils ne se fussent pas fait
scrupule de l'employer. L'auteur du nouveau groupe ne s'est
mis en frais d'imagination, ni pour inventer un sujet ni pour le
composer. Parmi les motifs de décoration animale qui étaient
d'usage courant, il a choisi le combat du lion et du taureau,
avec l'espoir que ce serait assez de celui-là pour remplir tout
son carré. Et, en effet, il a su, comme on dit, « faire l'assez »,
en grandissant le taureau dans la mesure du possible, et surtout en lui allongeant corps et membres sur le sol le plus possible ; il l'a disloqué, lui a imposé en avant et en arrière un
« grand écart » extraordinaire, si bien que le taureau, à lui
seul, occupe presque toute la moitié inférieure du rectangle.
Puis, pour occuper la seconde moitié, un seul lion ne suffisant
plus selon l'usage ordinaire, il en a mis deux, l'un sur les
épaules, l'autre sur la croupe de la victime. — Que s'il
s'agit plutôt, suivant l'hypothèse de M. Watzinger, d'une
offrande isolée, dont le sujet a été indiqué à l'artiste, celui-
ci reste toujours responsable au moins de la manière dont
il a traité ce sujet, des dimensions et de l'aspect donnés
aux formes d'animaux, de l'adaptation du sujet au cadre et de
l'esprit même de l'œuvre. On peut donc conclure que le choix
de la représentation, peut-être, et, en tout cas, les arrangements particuliers qu'elle offre ici s'expliquent ensemble par
une sorte de paresse d'imagination conseillant à l'artiste d'en
finir avec sa tâche d'un seul coup, grâce à un motif unique, et
de faire subir au sujet, sans en rien modifier, les nécessités du
cadre, plutôt que de se laisser stimuler par ces nécessités
pour découvrir une idée nouvelle. C'est bien le même esprit
que dans les plus anciens frontons, et spécialement le fronton
de Typhon.

Les corps d'animaux qui composent ce groupe sont-ils d'une
exécution meilleure, comme on l'a parfois prétendu, que les
corps d'hommes du fronton de Typhon ? On est frappé, il est

1. Cf. ci dessus, p. 3-44.

vrai, dès le premier coup d'œil, de la vigueur extraordinaire de ces corps gigantesques ; la tête du taureau, écrasée sur le sol, le mufle râlant [1], l'œil distendu par l'angoisse, est traitée avec une largeur et une énergie remarquables ; l'écartèlement même des membres de l'animal, son allongement démesuré, son aplatissement invraisemblable ajoutent à l'effet de sauvage brutalité de cette scène sanglante. Mais, dès qu'on analyse les parties de cet ensemble saisissant et qu'on prend détail après détail, on ne trouve plus tellement à louer. La dislocation qu'ont dû subir les membres du taureau, afin de s'écarter de la sorte, n'est au fond qu'une grossière faute d'anatomie, qui prouverait le mépris de l'artiste pour la vérité de la nature, si elle ne prouvait plutôt son ignorance. Une autre faute, quoique moins grave, est d'avoir laissé sur le haut du cou ces plis mous et ondulés de la peau, alors que la nuque est si violemment courbée et que la peau devrait être, par dessus, si fortement tendue. Le modelé des cuisses et des jambes, quand on y regarde avec attention, est fort peu étudié et les débris subsistants du corps des deux lions ne valent pas davantage. Bref, le groupe ne gagne pas à être examiné de près ; chaque remarque de détail atténue la force de l'impression première. L'auteur a eu le mérite de bien sentir le caractère particulier d'un tel combat d'animaux, le furieux déploiement de vigueur des bêtes de proie, l'écrasement terrifiant de la victime, et c'est cela seul que nous percevons au premier moment ; mais nous ne tardons pas, ensuite, à nous convaincre qu'il lui manquait, pour que l'exécution répondit à la conception, de connaître *ses* animaux à fond et d'avoir une pratique suffisante de son métier. Or, nous avons fait déjà une observation analogue sur le dernier groupe d'*Héraclès et Triton* [2]. Malgré la diversité des sujets, ces œuvres ont mêmes qualités et mêmes défauts. Si le corps du taureau parait meilleur que celui d'*Héraclès*, il ne faut pas oublier que la difficulté était plus grande à vouloir exprimer l'activité des muscles d'un homme agenouillé et luttant, qu'à dessiner le ballonnement régulier du ventre d'un taureau et à tailler les larges plans de ses membres immobilisés et passifs. Et si la tête de ce taureau mérite assurément des éloges, il ne faut pas

---

1. *Iliade*, XVI, 489 :

ὤλετό τε στενάχων ὑπὸ γαμφηλῇσι λέοντος.

2. Cf. ci-dessus, p. 50-51.

oublier non plus que le « grand écart » des membres postérieurs n'en mérite guère.

Tout pesé, je ne trouve pas que l'auteur de ce groupe
d'animaux ait été, en quoi que ce fût, en avance sur son contemporain, l'auteur du fronton *de Typhon ;* et, si le tout
ensemble est du même artiste, je ne vois pas que cet artiste
ait mieux connu et mieux rendu le corps des animaux que le
corps humain[1]. Par rapport aux œuvres plus anciennes, ce
groupe témoigne exactement des mêmes progrès que les deux
grands frontons : entre les pauvres chevaux d'Iolaos, superposés à plat, découpés à angles droits, et ce colossal taureau,
il y a tout juste la même distance qu'entre le corps médiocre et
mal venu d'*Iolaos* lui-même et les torses vigoureux de *Typhon*
ou du plus récent *Héraclès*. Ainsi, en dépit des apparences
premières, l'inégalité dans la valeur de l'exécution des trois
plus grandes sculptures en calcaire n'est pas réelle ; un
examen attentif fait découvrir bientôt que ces œuvres, différentes par le sujet et par le cadre, ne diffèrent point par le
travail et représentent le même moment, à peu près, du
développement de l'art attique. Les progrès qu'on y trouve
réalisés relativement aux productions antérieures y sont les
mêmes, et les progrès nouveaux qu'il reste à accomplir sont
aussi, de part et d'autre, les mêmes.

---

1. J'ai cru m'apercevoir que des personnes qui trouvaient à ces formes
d'animaux un mérite supérieur à celui des formes humaines fondaient leur
opinion, non pas sur un examen comparé des sculptures, mais sur un principe
a priori, à savoir que l'art des peuples primitifs réussit plus vite et mieux à
reproduire les animaux que l'homme. Mais il faut prendre garde à l'emploi
de ce mot « primitifs », dont le sens varie selon les occasions où on l'emploie. Ici, quand nous parlons de « l'art grec primitif» et des « artistes primitifs grecs », il est évident que nous restons toujours dans les limites
chronologiques de l'histoire de la Grèce, et que nous songeons seulement
à opposer l'art grec des premiers temps à l'art grec développé des
siècles suivants ; mais il ne s'agit pas d'assimiler, en quoi que ce soit, les
Grecs du viie ou vie siècle à ce qu'un sociologue appelle les peuples *primitifs*.
On a constaté que ceux-ci, populations de l'âge préhistorique et tribus
encore sauvages d'aujourd'hui (cf. Grosse, *Les débuts de l'art*, trad. Dirr,
p. 130-131, 143-144), dans leurs dessins ou sculptures, rendent plus habilement
et avec un sentiment beaucoup plus juste les figures d'animaux que celle de
l'homme. En admettant qu'une telle règle se vérifie toujours au début de tout
art, il reste à déterminer combien de temps dure cette sorte d'avance des représentations d'animaux sur la représentation humaine, dans l'art des peuples
civilisés. En Grèce, du moins, elle n'a pu durer longtemps, puisque la représentation de l'homme devint très vite, pour l'art grec, le but principal et
presque exclusif.

Nous avons fini de passer en revue les œuvres que l'on a retrouvées, jusqu'à ce jour, de la sculpture attique, en sa période la plus reculée[1]. Nous n'en avons laissé de côté aucune, même parmi les plus mutilées; car aucune ne saurait être négligée. La majorité sont des frontons, et les autres s'imposent à l'attention, ne fût-ce que par leur grandeur matérielle : elles

[1]. Le fronton occidental du temple de Delphes, qui était en pierre calcaire, doit-il être attribué à un artiste attique? Les rares débris qui en subsistent (cf. *Bull. corr. hell.*, XXV, 1901, pl. XVIII-XIX, p. 499 sqq. (Homolle); Perrot, *Hist. de l'art*, VIII, p. 571-572, fig. 285-286 : sous ces deux figures, lire « pierre tendre » au lieu de « marbre ») ne permettent guère d'avoir à ce sujet une opinion solide. Les plus notables de ces débris sont : une figure de femme, très mutilée, qui doit être *Athéna*; une figure d'homme nu, qui peut être désignée du nom d'*Enkélados*; et une partie d'une figure d'homme drapé debout. *Enkélados* rappelle immédiatement, par son attitude, le grand *Héraclès* combattant *Triton*, bien que ses formes moins épaisses décèlent une époque plus récente; c'est à cause de ce morceau qu'on pourrait être tenté de reconnaître ici une œuvre attique. Mais l'*Athéna*, représentée dans un mouvement fougueux et emporté, n'a point d'analogue dans la sculpture athénienne archaïque. Quant au fragment d'homme drapé, ce qu'il me paraît offrir de plus remarquable est que, non seulement le revers de la statue n'était pas travaillé, mais il a été « coupé suivant un plan vertical, et la figure est d'une épaisseur si réduite qu'elle paraîtrait avoir été *sciée en deux* » (Homolle, *Bull. corr. hell.*, *l. l.*, p. 508). Un tel procédé, qui fut employé abondamment par les auteurs des grands frontons d'Olympie, est l'opposé de ce que nous constatons sur toutes les sculptures analogues de l'Acropole : celles-ci, quand elles cessent d'être de simples reliefs, ont toute leur épaisseur et sont même travaillées par derrière. Il y a donc lieu d'hésiter sérieusement, avant de ranger ce fronton parmi les œuvres de l'école attique. Aussi bien, il est ruiné à ce point qu'il ne saurait nous apprendre grand'chose. — Quant à l'époque où il fut exécuté, M. Homolle (*l. l.*, p. 513 sqq.) le date de la fin du vɪᵉ siècle, et le croit contemporain du fronton oriental, en marbre, duquel je parlerai plus loin. La date me semble un peu trop basse pour tous les deux, mais plus encore pour le premier. La substitution du marbre au simple calcaire dans le fronton principal, non prévue par le plan primitif, doit avoir été discutée au dernier moment, et elle entraîna nécessairement un retard pour l'achèvement de la façade : car la décision ne dut pas être prise du jour au lendemain, puis il fallut le temps de commander les marbres en carrière, de les faire transporter à pied-d'œuvre et de les tailler. Rien n'empêchait cependant de pousser les travaux de la façade occidentale, pour laquelle il n'y avait nul changement; et son fronton dut certainement être terminé avant l'autre, peut-être assez longtemps avant. Mais il reste toujours, néanmoins, que ce fronton en pierre tendre est de la seconde moitié, voire du dernier quart du vɪᵉ siècle, c'est à dire d'une époque où le marbre était devenu la matière courante et commençait à s'imposer, pour la décoration sculptée des temples, même aux pays à qui leur sol n'en fournissait pas et qui devaient continuer à construire leurs édifices en simple calcaire. Aussi ce fronton de Delphes, en pierre tendre, n'appartient-il plus à la période que nous venons d'étudier ici, et n'y trouverait-on plus les traits de facture caractéristiques qu'on relève dans les vieux frontons de l'Acropole. Si nous avions l'assurance qu'il est bien d'origine attique, c'est, en tout cas, dans la période suivante, avec le fronton en marbre du même temple, que nous devrions lui faire une place.

sont toutes, par conséquent, des œuvres de premier rang, dont nous ne devons pas craindre d'avoir exagéré l'importance ; personne ne jugera qu'elles soient insuffisantes pour nous révéler les caractères essentiels de la plastique en pierre tendre et la suite régulière de son développement. Aussi bien, la confiance que nous mettons en elles, si je puis dire, sera bientôt justifiée par le témoignage des premières œuvres en marbre.

Mais, avant de poursuivre notre route, il nous reste à examiner deux questions d'ordre général, qui portent sur l'ensemble de ces sculptures : l'une concerne le coloris dont elles étaient toutes revêtues, et l'autre, les origines du genre même dont elles sont issues.

CHAPITRE IV

LA POLYCHROMIE DES SCULPTURES
EN PIERRE TENDRE

Lorsqu'une de ces sculptures en calcaire avait reçu le dernier coup de la râpe et que la gouge y avait fait la dernière retouche, elle n'était pas terminée encore. Complète pour nous, les Grecs du vi[e] siècle la jugeaient incomplète, parce qu'elle était nue et sans couleur. Si donc le coloris n'existait plus, nous aurions de cet art primitif une idée forcément inexacte. Par bonheur, il s'est conservé presque partout; le jour de la découverte, il a reparu, en plus d'un endroit, presque aussi frais qu'il y a vingt-cinq siècles, et tout de suite il a réclamé impérieusement sa part dans le jugement des historiens. Il a éclaté à nos yeux surpris, il les a blessés même : on ne peut certes pas le traiter comme une quantité négligeable.

Les éléments de ce coloris ne sont pas nombreux. Quelques sculptures mêmes n'ont été peintes qu'avec une seule couleur : deux têtes ou, plus exactement, deux masques, que j'ai mentionnés en passant[1], étaient recouverts d'une couche rouge uniforme, qui rappelle fort bien le barbouillage vineux que subissait chaque année, à Athènes, une image en pierre tendre de Dionysos, œuvre de Simmias[2]. Il est vrai que ces deux masques ne sont que des ébauches grossières, et peut-être le *Dionysos* de Simmias ne valait-il pas beaucoup mieux. Mais voici ce même rouge employé seul encore, ou presque seul, dans une œuvre importante et déjà estimable, à savoir le fronton d'où provient le premier groupe d'*Héraclès et Triton*. Cette *monochromie* en teinte plate de tout un groupe a paru quelquefois ne pouvoir être admise, et on en a proposé des explica-

---

1. Cf. ci-dessus, p. 23, note 2.
2. Cf. ci-dessus, p. 22, note 1.

tions peu raisonnables[1]. Il faut cependant bien l'admettre telle quelle et n'y voir qu'une survivance exceptionnelle du barbouillage sans art auquel étaient soumis les xoana de l'époque primitive : survivance déjà atténuée, d'ailleurs, par l'emploi de deux tons différents de rouge, à ce que je crois, et d'un peu de bleu dans le reste du fronton[2].

Aussi bien, est-ce là vraiment une exception. Car, dans toutes les autres œuvres que nous avons étudiées, on observe deux couleurs au moins, qui se font équilibre : le rouge et le bleu; et à ces deux-là, les plus importantes, viennent d'ordinaire s'ajouter un peu de noir, du brun, parfois du vert, du jaune, du blanc[3].

Dans le fronton *de l'Hydre*[4], les parties nues du corps d'*Héraclès* étaient rouges; rouge aussi sa cuirasse[5], sur laquelle le carquois avec sa courroie se détachait en brun; le peu qui reste de la barbe est noir[6]. Les parties nues du corps d'*Iolaos* étaient rouges, et son vêtement bleu; ses cheveux et sa barbe, ainsi que les sourcils, le bord des paupières et le milieu de l'œil, sont noirs; la sclérotique est

1. J'ai noté ailleurs (*Au mus. de l'Acrop.*, p. 38, note 1) les deux tentatives d'explication où s'est engagé M. Studniczka, l'inexactitude de l'une et l'invraisemblance de l'autre. — Il n'est pas moins malaisé d'admettre l'opinion, récemment exprimée par M. Wiegand (*Poros-Architektur*, p. 196), à savoir que le rouge qui recouvre uniformément tout le groupe serait dû à un contact accidentel dudit groupe, enfoui dans la terre, avec d'autres sculptures peintes qui auraient déteint sur lui.

2. Je fais cette restriction à cause des deux petits personnages attribués à l'aile gauche de ce fronton (cf. ci-dessus, p. 33, note 2, et p. 34, note 1); leur draperie rouge était bordée en haut d'une broderie rouge et *bleue*.

3. Dans l'examen détaillé que je vais faire de ces couleurs, je ne tiendrai pas compte des altérations de diverse nature qu'elles ont subies. On sait qu'elles ont plus ou moins perdu, depuis qu'elles ont été réexposées à la lumière. Le bleu, par exemple, s'est en beaucoup d'endroits très vite changé en une sorte de vert *vert-de-gris*. D'autres fois, la transformation s'était produite dans le sol même; mais, au moment de la découverte, certains indices laissaient reconnaître avec une entière certitude le bleu primitif. Il résulte de cela que le vert, qui aujourd'hui semble être partout, originellement n'était quasi nulle part. On comprendra que je ne puisse entrer dans le détail de ce genre d'observations, détail peu utile, d'ailleurs : j'étudie la polychromie des sculptures, non pas altérée, effacée, comme elle est à présent, mais telle qu'elle était au vi[e] siècle avant Jésus-Christ, dans toute sa fraîcheur et tout son éclat.

4. L'examen le plus minutieux des couleurs de ce fronton a été fait par M. Wolters (Μνημεῖα τῆς Ἑλλάδος, p. 16 sqq.). Sur quelques détails seulement, il y a doute et matière à discussion. J'indique ici ce que j'ai vu moi-même ou cru voir.

5. M. Wolters (*l. l.*, p. 16) croit que la cuirasse n'était pas peinte.

6. M. Wiegand (*Poros-Architektur*, p. 195) affirme que la barbe était bleue.

blanche (et c'est ici la seule fois que nous aurons à mentionner le blanc). Le Crabe est rouge. Les chevaux étaient bleus, avec la crinière rouge. La caisse et le timon du char étaient peints en rouge brun, et aussi les rênes des chevaux et leur harnais. Quelques-uns des corps de l'*Hydre* semblent avoir été peints en jaune foncé[1], d'autres en brun et les autres en bleu ; l'intérieur des gueules ouvertes était rouge, et les langues noires. Le fond du tympan gardait la teinte naturelle de la pierre[2].

Dans le fronton occidental de l'*Hécatompédon*, le corps nu d'*Héraclès* était rouge, du col aux talons. Le torse et les bras de *Triton* étaient revêtus du même rouge ; quant à la partie rampante et écailleuse de son corps, les écailles y sont disposées par bandes alternativement rouges et bleues, et chaque écaille est délimitée par un mince ruban en relief, qui a gardé la couleur naturelle de la pierre. Nous aurions sûrement d'autres couleurs encore à énumérer pour ce groupe important, si les têtes des deux lutteurs n'avaient disparu ; car il n'est guère douteux que ces têtes ne fussent analogues à celles du triple *Typhon*. Celui-ci a les bras et les torses rouges, avec un cercle brun autour des mamelons[3]. Le visage, partout où la peau est visible, est rouge ; la barbe et les cheveux sont bleus[4] ; les sourcils et les paupières sont noirs ; l'iris de l'œil, dans la mieux conservée des trois têtes (celle dite « *Barbe-bleue* »), est vert, la sclérotique jaunâtre, la pupille noire. Les ailes sont rouges et bleues. Les corps de serpent, qui s'entrelacent et se tordent par derrière, sont décorés d'une bande rouge entre deux bandes bleues, et, de chaque côté de ces dernières, dans une partie à laquelle on avait laissé le ton de la pierre, sont tracées, à intervalles réguliers, des courbes noires. Enfin les serpents plus petits, que *Typhon* projetait en avant de ses épaules, avaient leurs écailles rouges et bleues : sur la tête de l'un

---

1. M. Wolters (*l. l.*, p. 17) croit que les parties qui m'ont paru être jaunes étaient restées sans couleur.

2. Cf. *Athen. Mittheil.*, X, 1885, p. 240 (Meier) ; Μνημεῖα τῆς Ἑλλάδος, p. 19 (Wolters) ; Wiegand, *Poros-Architektur*, p. 195.

3. Comparer la rondelle de cuivre rouge incrustée à la même place dans certaines statues archaïques en bronze, par exemple dans l'*Apollon de Piombino*.

4. Exception faite pour les cheveux de la tête du milieu, qui n'avait reçu aucune couleur, bien que la barbe de cette même tête fût bleue, comme la barbe et les cheveux des deux autres têtes : cf. *Athen. Mittheil.*, XIV, 1889, p. 85-86 (Brückner).

d'eux, tête fort jolie, dont la coloration avait gardé une rare
fraîcheur, se combinent le rouge, le bleu, le vert et le noir.

Dans le fronton oriental de l'*Hécatompédon*, *Athéna* porte
un péplos bleu, avec bordure rouge sur le col, et un himation
rouge avec broderies rouges et bleues sur les côtés. Le bleu et
le rouge sont juxtaposés d'une façon analogue sur les vêtements
de *Zeus*. A ces deux couleurs, dans l'une et l'autre figure, s'ad-
joint, comme un troisième élément de coloris, la teinte naturelle de la pierre : pour les broderies particulièrement, les
dessins en relief restent d'ordinaire sans couleur, et celle-ci
remplit tous les champs creux. Les deux grands *serpents* qui
complétaient ce fronton avaient été, à dessein, peinturés de
façon très différente : celui de gauche (par rapport au spectateur), dont les écailles sont en forme de losanges, offre de
longues bandes bleues, séparées l'une de l'autre par un fin
ruban rouge, et les reliefs ménagés régulièrement à l'intérieur
de ces bandes ont gardé la teinte de la pierre ; l'autre, dont
les écailles ont la forme semi-circulaire, est tout bleu et vert,
le champ creux des écailles étant colorié en bleu, et le relief
courbe qui délimite ce champ étant teinté en vert.

Dans le fronton *d'Iris*, la figure d'*Iris* même porte un chitôn
bleu avec les festons rouges et les coutures relevées de rouge ;
la peau de bête, nouée par dessus, est tachetée de rouge [1]. Le
dieu debout, dans l'aile gauche de ce fronton, a son himation
garni, en haut et en bas, d'une broderie rouge et bleue ; une
bandelette rouge ceint ses cheveux ; sa barbe est coupée de
traits noirs ; les sourcils, le bord des paupières et l'iris des
yeux sont également noirs. — L'unique figure féminine qui
subsiste du fronton *de l'olivier* porte un péplos rouge et un
himation bleu, dont les bords sont garnis d'une broderie aujourd'hui décolorée. La statuette d'*Hydrophore* porte aussi
péplos rouge et himation bleu.

Les mêmes couleurs rouge et bleue règnent presque exclusivement dans le grand groupe *Lions et taureau*. Le corps des
lions était peint en rouge pâle, et leur crinière en rouge brun ;
les poils autour des griffes sont figurés par des traits noirs. Le
corps du taureau était bleu, et sa queue était striée de bandes
rouges et bleues ; sur le corps bleu, le sang des blessures cou-

1. On distingue fort bien ces taches dans l'image publiée par M. Wiegand,
op. l., p. 240, fig. 227.

lait en ruisseaux rouges. Le mufle est troué de petits ronds
noirs sur le fond jaunâtre de la pierre. L'intérieur de l'oreille
et des naseaux, le dedans de la bouche et la langue sont rouges.
Les dents sont teintées de brun. L'iris de l'œil est noir, au
milieu de la sclérotique jaunâtre. — Le fragment du groupe
Lionne et taureau, reproduit dans notre *fig.* 3, est entièrement décoloré, sauf l'œil du taureau, qui montre une pupille
noire, au milieu de l'iris rouge. Même coloration de l'œil dans
le fragment de tête de lion provenant du groupe n° II[1].

Il reste à dire que, dans les frontons, et, d'une façon plus
générale, dans toutes ces sculptures qui sont en relief contre
un fond, le fond gardait la teinte de la pierre. Cependant, sur
un des fragments qui paraissent provenir du fronton *d'Iris*, un
endroit du fond apparaît colorié en bleu ; mais il est notable[2]
que ce coloriage reste limité à un petit espace, entre les deux
jambes d'un personnage, et ne se continue pas plus loin[3].
D'autre part, M. Watzinger affirme que le relief du groupe
Lionne et taureau, qu'il croit provenir d'un fronton, se détachait aussi sur fond bleu[4].

On a dû s'apercevoir que cette revue, abrégée cependant,
tombait vite dans la monotonie ; il n'en peut être autrement,
en raison du peu de variété des couleurs. — Le blanc compte
à peine : nous ne l'avons rencontré qu'une fois, sur le globe des
yeux *d'Iolaos*. Nous avons cru découvrir du jaune, une fois
aussi, sur certains des corps de l'*Hydre*. Nous n'avons rencontré le vert que rarement : sur les yeux d'une des têtes de
Typhon, sur une petite tête de serpent, et sur le bord des

---

1. Cf. ci-dessus, p. 69. — Pour ce groupe n° II, M. Watzinger (dans Wiegand,
op. l., p. 222) suppose l'existence autrefois d'une polychromie, qui m'inspire
les doutes les plus persistants : « Lion blanc avec crinière blanche, bleue et
rouge, sur le dos d'un taureau noir ; l'effet décoratif devait être extraordinaire. » Extraordinaire, en effet ; mais peu vraisemblable, d'après tous les
autres échantillons connus. D'abord, il est bon de faire observer que le mot
« blanc » ne désigne pas une couleur proprement dite, mais la teinte même
de la pierre, teinte jaunâtre plutôt que blanche. Quant au « noir » du taureau,
sans que j'aie pu voir l'unique petit fragment qui subsiste, je considère comme
infiniment probable que ce prétendu noir n'est que du bleu altéré. Ces rectifi-
cations faites, nous aurions donc un taureau bleu et un lion peint en rouge
et bleu, avec des parties réservées sur la pierre : et l'effet d'ensemble redevient
conforme à ce que nous voyons ailleurs.
2. J'ajoute que cela est malaisément explicable.
3. Cf. Wiegand, *op. l.*, p. 204, pl. XV, 1 (en couleur).
4. Cf. Wiegand, *op. l.*, p. 223.

écailles d'un des deux grands serpents[1]. Le noir n'est pas non plus très fréquent : il sert à marquer les sourcils, le bord des paupières (c'est à dire les cils), la pupille ; ou bien il remplit de minces rainures ou de petits trous pour figurer la barbe de l'homme ou les poils en certaines parties du corps des animaux. La teinte naturelle de la pierre, si on la compte comme un nouvel élément de coloris, a déjà un rôle plus important quelquefois : dans un corps humain, elle n'apparaîtra que sur le globe de l'œil ou sur une chevelure (*Typhon*) ; dans un taureau, seulement sur le mufle et sur l'œil ; dans un lion, seulement sur quelques mèches de la crinière ; mais, dans les broderies des vêtements, dans les écailles d'un corps de serpent ou de poisson, dans les ornements d'un trône (*Zeus*), bref, dans tout ce qui prend un aspect de décoration pure, elle est grandement utile pour séparer et diversifier les couleurs, et par là elle sert directement la polychromie. Cependant, ce n'est jamais que par échappées que s'aperçoit le ton naturel de la pierre ; il disparaît presque tout entier sous le bleu ou le rouge. Ce sont là les deux couleurs essentielles et dominantes ; les autres n'ont qu'un rôle accessoire.

On doit distinguer deux sortes de rouge : un rouge vermillon et un rouge brun. Dans *Typhon*, par exemple, les torses nus, les bras, les visages sont peints en vermillon ; mais c'est le rouge brun qui a été employé pour les corps de serpent et les ailes. Dans le groupe *Lions et taureau*, le corps des lions était peint en vermillon, et leurs crinières en rouge brun[2]. Dans le fronton *de l'Hydre*, le char est rouge brun, et la jambe nue d'*Iolaos*, déjà posée sur le char, est rouge vermillon. Dans le grand groupe d'*Héraclès et Triton*, le corps nu d'*Héraclès* avait reçu une couche de vermillon, mais les écailles rouges de *Triton* sont en rouge brun. — Il n'y a pas lieu de faire une semblable distinction pour le bleu ; celui-ci avait partout le même ton très intense, qui ne peut guère être reproduit que par un mélange d'outremer et d'indigo[3].

1. Partout ailleurs, le vert que l'on voit aujourd'hui n'est que du bleu altéré.

2. On peut faire un rapprochement, non sans intérêt, avec un des célèbres poignards de Mycènes, celui qui représente des lions courant parmi des rochers : le corps des lions y est figuré en or jaune et leur crinière en or rouge : cf. Perrot, *Hist. de l'art*, VI, pl. XIX, 6, p. 781.

3. Cf., sur la nature des couleurs employées, Ἀρχ. Δελτίον, 1888, p. 232.

Les éléments du coloris ayant été reconnus, voyons à présent par quels principes l'emploi en était réglé. D'abord, les couleurs ne sont jamais mélangées, l'artiste ne sentant pas le besoin d'ajouter à ses tons élémentaires des tons mixtes. Jamais elles ne sont dégradées, ni nuancées. Elles sont toujours appliquées pures et étendues en teinte plate ; elles sont juxtaposées et viennent se heurter, sans jamais se fondre l'une dans l'autre, et sans qu'aucune précaution soit prise pour adoucir le heurt. Ce n'est pas une peinture, ce n'est qu'un badigeonnage. Ce badigeon est réparti suivant les divisions qu'offre la sculpture même : l'artiste n'avait garde de jeter ses couleurs sans se préoccuper des formes à colorier ; il n'eût abouti ainsi qu'à revêtir son œuvre d'un tapis multicolore, et les yeux du spectateur auraient eu peine à retrouver, sous le travail du pinceau, celui du ciseau. La couleur devait, au contraire, aider à mieux discerner les parties multiples d'une composition et souligner dans chaque objet les divisions principales ; quelquefois même, on s'en rapportait à elle seule du soin d'indiquer certains détails. Donc, s'il s'agit, par exemple, du groupe d'un taureau et d'un lion, le lion sera rouge, mais sa crinière, pour qu'on la distingue mieux, sera d'un rouge plus foncé ; et le taureau sera bleu, mais, pour qu'on puisse apercevoir sa queue collée contre une des jambes, la queue sera en partie rouge. *Iolaos* a les jambes nues et le corps couvert d'une tunique : les parties nues seront rouges, et la tunique bleue. Si un personnage porte deux vêtements, péplos et himation, le péplos sera tout rouge et l'himation tout bleu, ou inversement ; mais toujours la couleur, non moins que la forme, les distinguera l'un de l'autre. Et si les vêtements sont garnis de broderies, celles-ci ne sauraient, sous peine de ne plus représenter des broderies, être noyées dans le même flot de couleur : le ciseau en ayant tracé en relief tout le dessin compliqué, il est nécessaire que ces complications soient rendues discernables par l'emploi simultané du rouge et du bleu. Bref, le coloris précise et achève l'œuvre sculptée, celle-ci lui offrant des cadres tout préparés qu'il vient remplir exactement de ses tons crus.

Notre goût est fort dérouté en présence d'un usage si étranger aux habitudes de l'art moderne ; nous nous sentons gênés, presque offensés de ce badigeonnage de barbares, constaté dans la Grèce antique, à Athènes, sur l'Acropole ! Je ne ferai qu'exprimer familièrement la secrète pensée de beaucoup, en disant que nous n'aurions pas attendu cela des Grecs. Mais avions-nous prévu davantage des sculptures attiques telles que la petite *Hydrophore* ou le *Typhon?* L'effort qu'il faut demander à notre esprit consiste à admettre ceci simplement : que l'art le plus achevé a passé par l'enfance avant d'arriver à l'adolescence, puis à l'âge adulte, et qu'il a commencé par bégayer avant de savoir parler. La chose est vraiment trop naturelle; aussi, une fois surmontée la surprise du premier moment devant ces œuvres-là, nous ne devons plus nous étonner tellement de la médiocrité de la sculpture, non plus que de la grossièreté du coloris.

Il s'agit seulement d'expliquer le fait même de la polychromie[1]. L'explication n'en doit pas être cherchée dans certaines circonstances purement locales. Car ce fait n'est point spécial à la Grèce, puisqu'on le constate également dans l'art des diverses civilisations antiques ; il n'est point spécial à l'antiquité, puisqu'il n'a pas été moins général au moyen âge ; il n'est point spécial aux pays d'éclatante lumière, puisque les cathédrales du Nord, jusque dans leurs sculptures[2], n'ont pas été enluminées de façon moins brillante que les temples grecs ou égyptiens. Il n'est donc pas juste de faire remonter jusqu'au soleil la responsabilité du coloris dans l'architecture comme dans la statuaire des Grecs ; ce serait là ne point tenir compte de l'universalité d'un fait, que le soleil ne suffit point partout à expliquer. J'accorde que, du jour où les artistes ont *raisonné* leur polychromie, ils ont eu souci de l'adapter le plus justement et le plus harmonieusement possible au milieu lumineux, et qu'ils ont su escompter les effets de la lumière qui devait envelopper leur œuvre, une fois mise en place ; mais cela revient à dire qu'ils

---

1. Cf. Collignon, *La polychromie dans la sculpture grecque*, p. 5 sqq.
2. « L'étude sincère et rigoureuse des monuments prouve que le principe de la polychromie de la sculpture fut une des lois les plus impérieuses de l'art pendant tout le moyen âge et le premier quart du xvie siècle. » (Courajod, *La polychromie dans la statuaire du moyen âge et de la Renaissance*, p. 1.) — « L'architecture de l'époque romane et de l'époque gothique... fut exclusivement polychrome. Le fait n'est pas discuté... Et la statuaire du moyen âge, par sa destination elle-même, devait être nécessairement et fatalement polychrome. » (*Ibid.*, p. 9-10.) — M. Treu (*Sollen wir unsere Statuen bemalen?*, p. 18) rappelle au sujet de la polychromie des édifices du moyen âge, une parole très jolie et fort juste de Gotfried Semper : « Les maîtres gothiques coloriaient jusqu'au rayon de lumière pénétrant dans l'église, puisqu'ils ne l'y laissaient pénétrer qu'à travers l'écran colorié des vitraux. »

ont usé de la polychromie avec art au lieu d'en user sans art : cela ne nous apprend point pourquoi, avant eux, la polychromie existait déjà.

Il ne faut point non plus invoquer comme raison première le manque de poli de la matière et la nécessité de la recouvrir d'un enduit[1]. La peinture avait sur les œuvres sculptées, il est vrai, la même utilité que le stuc sur les colonnes et les entablements des édifices[2] : elle dissimulait les défauts de la pierre, qui étaient parfois trop visibles pour qu'on ne fût pas obligé d'y remédier; elle lui donnait un épiderme plus uni, elle en voilait la laide nudité. Il est vrai encore que le bois, qui fut, avant le calcaire, la matière employée par les imagiers primitifs, appelle la couleur pour des raisons analogues; il est plus court de le peinturer que de l'amener à un beau poli, et, de plus, la couleur lui est une protection et une garantie de durée. Mais cette raison matérielle et, en quelque sorte, utilitaire me paraît insuffisante; du reste, si elle explique le coloriage en tant qu'*enduit*, elle ne l'explique pas du tout en tant que *couleur*. L'usage de la polychromie étant établi, les artistes en ont tiré parti de toutes façons, et ils lui ont demandé le service quelquefois de les aider à cacher les petites tares de leurs matériaux ; mais on aurait tort de voir en ces services accidentels et détournés, où la question du coloris n'entre pour rien, la cause primordiale de l'usage même de la polychromie[3].

Cette cause est plus haute et plus générale, indépendante du bois, de la pierre et du soleil. Elle tient à la nature de l'esprit humain, à l'attrait irrésistible qu'exercent, en tout pays, les couleurs sur les yeux de l'homme; attrait d'autant plus vif que l'homme, s'il s'agit d'un individu, est plus près de l'enfance, et, s'il s'agit d'un peuple, plus près des débuts de la civilisation. Le goût instinctif que montrent les enfants et les hommes peu civilisés pour les couleurs vives nous avertit de la vraie origine de la polychromie chez les Grecs. Joignons à

---

1. Cf. Collignon, *op. l.*, p. 10 sqq.
2. Les anciens édifices en pierre tendre, sur l'Acropole, étaient revêtus de stuc blanc dans celles de leurs parties que la couleur ne devait pas recouvrir : pour l'*Hécatompédon*, par exemple, cf. Wiegand, *op. l.*, p. 57-59.
3. Les édifices, ici encore, fournissent une comparaison utile : s'il ne s'était agi que de remédier aux défauts du calcaire et d'en unir la surface, le stuc y eût suffi partout : pourquoi donc, dans les parties hautes, ne se bornait-on pas à stuquer, et faisait-on appel au coloriage?

ce goût une ardeur naïve à contenter une divinité que l'on sait
présente, que l'on aime et que l'on craint, un grand et sincère désir de plaire au dieu, de « réjouir son cœur » par le bel
aspect de ses demeures terrestres, et nous verrons surgir devant nous, sans trop de surprise, ces vieux temples bariolés de
rouge et de bleu, désagréables pour nos yeux, splendides pour
ceux des dévots de ce temps-là. L'édifice lui-même, en effet,
n'était pas moins colorié, ni colorié autrement que les sculptures qui en décoraient les murailles. Que l'on parcoure, au
musée de l'Acropole, les nombreux débris qui proviennent des
parties hautes des anciennes constructions en pierre tendre [1].
On peut faire sur ces fragments d'architecture les mêmes
observations que nous avons faites sur les œuvres sculptées :
ils sont toujours peints, et on n'y a guère employé que deux
couleurs. Le vert n'y paraît pour ainsi dire pas ; le brun n'y est
pas fréquent ; le noir ne sert qu'à remplir des lignes creusées en
chevrons ou en zigzags sur un fond qui gardait la teinte de la
pierre. C'est le rouge et le bleu qui se partagent, presque à
l'exclusion des autres couleurs, toutes les moulures en relief,
toutes les surfaces plates des frises et des corniches. Et ce
bleu, ce rouge sont bien le même rouge, le même bleu qui
s'étalent sur les œuvres de la statuaire. Il y avait harmonie
entre toutes les parties de l'édifice, celles qui relevaient du
sculpteur et celles qui appartenaient à l'architecte. — Ainsi
parés, les entablements des temples et leurs sculptures étaient
jugés plus capables de « réjouir le cœur » des dieux ; et, en
attendant, ils enchantaient les regards de leurs adorateurs.
Sur ceux-ci, l'idole grossière de pierre ou de bois, une fois
peinte, produisait une impression plus vive ; elle s'animait
après l'enluminure, elle en devenait plus vivante et plus belle.
Et l'édifice tout entier resplendissait également ; la matière
commune dont il était bâti était rendue magnifique, précieuse,
plus digne de la divinité !

C'est en partant du même principe que l'on s'expliquera,
outre le fait de la polychromie, celui de la prédominance des
deux couleurs que nous avons dites : le rouge et le bleu. Ces
deux couleurs sont celles, entre toutes, dont l'éclat solide et

---

1. Cf. Wiegand, *op. l.*, pl. 1 (entablement de l'*Hécatompédon*) ; pl. XII (entablement d'un petit édifice dorique inconnu) ; pl. VII et IX (détails divers) :
toutes ces planches en couleur.

profond plaît le plus à des yeux qui ne sont encore susceptibles que d'impressions simples et fortes ; ce sont celles qui
ont le plus d'action sur la rétine peu sensible de l'homme primitif et qui sont le plus promptes à lui mettre la joie au cœur.
Les fabricants des images d'Épinal prouvaient autrefois une
juste connaissance des goûts de leur clientèle enfantine, en
prodiguant dans leurs images le rouge et le bleu; ces tons
éclatants et heurtés amusent et dilatent le regard de l'enfant : c'est, proprement, un régal pour ses yeux. Tel était
le régal qu'offraient aux yeux d'un peuple jeune, de qui l'éducation artistique était encore à faire, les antiques sculptures de
l'Acropole: ce sont, si je puis dire, des sculptures « d'Épinal » [1].

La prédominance du rouge et du bleu donne au coloris un
caractère tout à fait conventionnel. On ne saurait admettre un
instant que l'artiste ait voulu faire illusion en coloriant ses
hommes et ses animaux de pierre suivant l'aspect des vrais
animaux et des vrais hommes de chair et d'os. Car sans doute
il n'avait jamais vu d'hommes à cheveux bleus et à barbe bleue
(*Typhon*), ni de chevaux bleus (fronton *de l'Hydre*), ni de
lions rouges, ni de taureaux bleus. Le Crabe qui arrive au
secours de l'Hydre était d'un beau rouge foncé : il n'était

---

1. Cf. *Gazette des Beaux-Arts*, 1892, II, p. 107 (H. Lechat). — Je note à ce
propos que, dans quelques-unes des plus anciennes sépultures de la Grèce,
on a trouvé des matières colorantes, de la présence desquelles on a conclu
que les Grecs primitifs se fardaient le visage ou même se teignaient le corps,
mais qui prouvent en tout cas leur habitude et amour du coloris. Or ces
couleurs sont presque toujours un *bleu intense* et un *rouge sombre* (cf. Perrot,
Hist. de l'art, VI, p. 743). — Mais, je le répète, ce n'est pas seulement en Grèce
et dans l'antiquité que ces deux couleurs sont généralement le plus préférées.
Il convient de rappeler ici le curieux et instructif plébiscite populaire qui fut
institué à l'Exposition de Chicago, en 1893, par M. Jastrow. Il s'agissait de
savoir si, dans une masse humaine prise au hasard, il y a préférence pour
telle ou telle couleur et pour telle ou telle juxtaposition de deux couleurs
différentes. Les résultats de l'enquête, basés sur les réponses de plusieurs
milliers de votants, furent que les nuances foncées sont préférées aux nuances
claires, la couleur abondante et intense à la couleur rare; que le bleu et le
rouge sont les couleurs préférées entre toutes ; et que, parmi les nombreuses
juxtapositions possibles de deux couleurs différentes, la plus recherchée est
celle du bleu et du rouge. J'ajoute que la grosse majorité obtenue par le bleu
et le rouge (isolés) et par le bleu et rouge (associés) eût été certainement plus
forte encore, si les votants, au lieu d'être des personnes de toute classe et de
tout âge, prises au hasard, s'étaient trouvés être seulement des hommes de
la classe populaire ou des enfants. (M. H. de Varigny a donné un clair et substantiel résumé de l'expérience faite par M. Jastrow et des conditions de son
plébiscite, dans un article intitulé *Esthétique et Physiologie*, publié par le
Journal des Débats, 13 mars 1897.)

pas encore cuit pourtant. Le rouge qui recouvre uniformément tout le premier groupe d'*Héraclès et Triton* n'est pas
plus vraisemblable. Ce n'est que dans quelques menus détails
que le souci de la réalité se fait jour : les cils et les sourcils
noirs, la pupille noire, les lèvres rouges sont évidemment
copiés sur nature ; le cercle brun autour des mamelons d'un
des torses de *Typhon* mérite d'être noté ; et aussi l'aspect
tacheté de la peau de bête que porte *Iris* par dessus son chiton [1]. Voilà à quoi se réduit la part, bien petite, du réalisme à
côté de la convention ; celle-ci n'en est guère diminuée, elle
règne en maîtresse presque absolue sur les hommes, les taureaux et les lions.

Cela nous étonne, mais il ne faut pas croire que les Athéniens du vi[e] siècle en aient été étonnés comme nous. Est-ce
que (pour reprendre la comparaison dont je me suis servi
tout à l'heure) l'enfant qui écarquille les yeux devant une
image d'Épinal se sent choqué par la distribution, peu justi-
fiable souvent, des bleus et des rouges ? Il se laisse prendre
naïvement à l'attrait de couleurs qui lui plaisent par elles-
mêmes, et il ne songe pas à en critiquer l'emploi. De même,
on ne demandait pas aux sculptures coloriées de procurer l'illusion de la réalité ; on ne leur demandait que d'enchanter les
yeux. La couleur porte en soi une beauté que l'on surajoutait,
afin de mieux contenter l'esprit, à l'intérêt propre des formes
architecturales et au charme propre des formes sculpturales.
Dès lors, il n'y a pas lieu d'être surpris que cette polychromie
n'ait pas été plus réaliste ; et le mot de convention lui-même
n'est pas d'une justesse absolue, car il pourrait faire supposer que les premiers imagiers avaient déterminé, de leur initiative personnelle, le parti à prendre dans le choix et l'emploi
des couleurs. Tout au contraire, la polychromie dans la sculpture grecque n'a été, à l'origine, qu'une satisfaction donnée
aux exigences d'un sens esthétique qui manquait encore de
culture ; elle n'est pas le résultat laborieux d'un calcul artistique, mais le fruit spontané d'un instinct : c'est à cet instinct
qu'elle doit son existence, et c'est par cet instinct qu'a été
déterminée sa façon d'être [2].

1. Je ne crois pas que le rouge vermillon, réservé aux parties nues du corps
humain dans le triple *Typhon* et dans le grand groupe d'*Héraclès et Triton*,
marque, comme on a été tenté de le croire, un essai d'imitation du ton de la chair.
2. Pourquoi, dans telles tribus libyennes dont parle Hérodote (IV, 191 et 194),

Ce sera affaire aux artistes, dans la suite des temps, de discipliner cet instinct, de former progressivement par leurs propres progrès le goût du public, d'amener peu à peu ce qui n'était d'abord qu'un vulgaire badigeonnage à devenir une peinture aux effets calculés. Car on aurait tort de croire que la polychromie n'a point connu le changement : nous verrons qu'avant la fin du vi° siècle elle se sera gravement modifiée ; et du temps d'Anténor à celui de Phidias et de Phidias à Praxitèle, elle a dû de nouveau se modifier, du moins dans les détails ; comme elle fait, peut-on dire, partie intégrante de la sculpture, elle marche avec la sculpture même [1]. C'est à ses premiers pas que les plus anciens reliefs de l'Acropole nous font assister. Si grossier encore que soit leur coloris, il témoigne pourtant, chez la plupart, d'un certain effort d'arrangement. Le barbouillage uniforme dont étaient recouverts les xoana en bois, et dont le premier groupe d'*Héraclès et Triton* nous a peut-être conservé un échantillon, ne participe de l'art à aucun degré ; mais la polychromie de *Typhon* ou du groupe *Lions et taureau* est moins primitive. L'emploi de plusieurs couleurs, au lieu d'une seule, et leur répartition à travers les surfaces sculptées obligeaient l'enlumineur à quelque réflexion. C'est déjà faire servir le coloris à une fin artistique que de s'en aider, ainsi que nous l'avons noté plus haut, pour mieux marquer les divisions d'un sujet ou les parties d'une figure. C'est rechercher une autre fin, d'un ordre plus élevé encore, que de prendre soin de le laisser en harmonie avec la couleur qui revêt les parties hautes de l'édifice, et partout, dans les frontons comme le long des entablements, d'associer les rouges et les bleus suivant les mêmes principes. Il semble que cela est peu ; mais tous

les hommes se teignaient-ils le corps en vermillon ? Pourquoi les femmes du peuple, dans l'ancienne Égypte, se teignaient-elles les cheveux en bleu (Maspero, *Lect. hist.*, p. 12) ? Pourquoi, en Orient, teint-on de *henné*, c'est à dire d'un ton d'ocre jaunâtre ou rougeâtre, la crinière et la queue des chevaux blancs ? N'est-ce point parce que ces couleurs (toujours le rouge et le bleu) sont considérées comme devant embellir jusques aux formes vivantes qui ont pourtant reçu de la nature une coloration propre ? Il n'y a donc rien de surprenant à ce que ces mêmes couleurs soient devenues la parure obligatoire des formes inanimées, immobiles, taillées dans des matières ternes et sans agrément pour les yeux. — Sur la prédilection particulière de toutes les peuplades primitives pour la couleur rouge, cf. Grosse, *Les débuts de l'art*, trad. Dirr, p. 45 sqq.

1. Il y a longtemps déjà que Beulé (*Hist. de l'art grec av. Périclès*, p. 256 sqq.) a dit très nettement qu'on devait compter avec les développements et les transformations de la polychromie suivant les époques.

les progrès futurs de la polychromie sont déjà contenus dans
ces commencements. Les règles essentielles y sont déjà posées
à savoir l'application de couleurs tranchées, juxtaposées sans
nuances et sans fondu ; le caractère généralement conventionnel du coloris ; enfin, lorsqu'il s'agit de sculptures incorporées
à un édifice, l'accord de la décoration peinte de ces sculptures
avec celle de l'édifice entier. Ce sont là quelques points fixes
autour desquels, suivant les époques et les tendances artistiques
et les matériaux employés, se produiront les variations de la
polychromie ; et c'est par où la peinture savante des marbres
de Praxitèle vient se rattacher, malgré toutes les apparences,
au naïf et bruyant badigeonnage des « incunables » de l'art
attique.

CHAPITRE V

LES ORIGINES DU RELIEF EN PIERRE
LE PROGRÈS DE LA DÉCORATION DES FRONTONS
EN ATTIQUE

· Le moment n'est pas venu encore de prononcer un jugement sur le caractère des sculptures en pierre tendre ; car, si elles remplissent presque entièrement la première période de l'art attique, elles ne la remplissent pourtant pas tout entière. A celle-ci appartiennent également, comme on le verra bientôt, quelques œuvres en marbre. C'est seulement après avoir étudié ces marbres, les plus anciens qu'aient produits les ateliers d'Athènes, que nous embrasserons cette première période dans son développement total, et que nous serons en mesure d'en fixer les dates, puis d'en marquer les traits essentiels.

Mais, dès maintenant, les sculptures en pierre tendre, considérées en elles-mêmes, donnent lieu à certaines remarques. Il est notable que, parmi elles, il n'y en ait pas une seule qui soit véritablement en ronde bosse : la plupart sont en relief plus ou moins fort ; quelques-unes ne tiennent plus au fond que par un mince tenon ; d'autres en sont déjà détachées en partie ; l'une même (la petite *Hydrophore*) en est détachée tout à fait, mais encore n'était-elle destinée à être vue que sur la face antérieure. Nous ne rencontrons pas une vraie statue ou statuette, susceptible d'être isolée, et autour de laquelle le spectateur pût tourner afin de la voir de tous les côtés successivement. Toutes les œuvres en calcaire, qu'elles fussent plus ou moins engagées dans la muraille ou y fussent simplement adossées, toujours avaient derrière elles un fond de muraille, et c'est avec ce fond au second plan que nous devons nous les représenter toutes. En un mot, elles ressortissent toutes au genre du *relief*. Est-ce là un pur hasard de la destruction ? Je ne le pense pas. Ou bien serait-ce que, à l'époque où remontent tous ces reliefs, la statue n'était encore, dans les ateliers des sculpteurs, qu'un « article » très rare et exceptionnel ? Je ne le crois pas non plus.

Voici une autre explication, plus naturelle, du fait qui nous occupe. Les sculpteurs attiques, du jour où ils commencèrent à travailler la pierre, ne cessèrent point pour cela de travailler le bois, et, en même temps qu'ils exécutaient ces reliefs en pierre tendre, ils continuaient, comme par le passé, à exécuter des statues et des statuettes en bois [1]. C'est par l'emploi simultané et, en quelque sorte, parallèle des deux matières qu'on s'explique le mieux que les sculptures en pierre, jusques aux plus récentes et aux moins imparfaites, gardent les traces encore si visibles de la technique du bois [2]. Ainsi il a dû y avoir des statues contemporaines de nos reliefs ; seulement, en grande majorité, elles étaient en bois, et c'est pourquoi elles n'ont pas subsisté jusqu'à nous. On aperçoit tout de suite une des raisons qui ont motivé cette attribution respective des deux matières aux deux genres de sculpture : la fragilité du calcaire tendre (car, au début surtout, on le choisissait aussi tendre que possible [3]) rendait singulièrement périlleuse à un ciseau encore novice l'exécution d'une statue en ronde bosse [4]. Mais il y a une autre cause plus profonde, qui tient aux conditions mêmes du développement de la plastique.

Dans le temple, maison terrestre de la divinité, qui a été, on peut le dire presque sans métaphore, le berceau de la sculpture grecque, deux choses sont à considérer : d'une part, l'image du dieu, et, d'autre part, l'édifice qui la renferme. L'image est le plus souvent en bois, l'édifice en pierre. De cette image rudimentaire, reproduite dans maints ex-voto, dans maintes images analogues, et prenant forme peu à peu, finira par sortir la statue digne de ce nom ; cette image a été le point de départ

---

1. M. Winter (*Athen. Mittheil.*, XIII, 1888, p. 119) a exprimé aussi l'opinion que le bois et la pierre tendre avaient été, pendant un certain temps, employés simultanément par les sculpteurs athéniens. Ce que je dis ici, d'une façon plus précise, c'est qu'on a fait, dans le même temps et dans les mêmes ateliers, des *statues* en bois et des *bas-reliefs* en pierre.

2. Cf. ci-dessus, p. 61-62.

3. Cf. ci-dessus, p. 27-28.

4. Se rappeler la petite *Hydrophore*, et l'embarras de son auteur pour faire tenir ensemble les morceaux dont elle est composée : cf. ci-dessus, p. 66, note 4.

de la statuaire en sa période primitive, c'est à dire de la statuaire en bois. Quant à l'art du bas-relief en pierre, il est né
sur les murailles du temple. La maison du dieu, l'enveloppe
extérieure de l'image divine ne pouvait rester nue et sans
ornement : on dut, en premier lieu, l'enduire consciencieuse-
ment de couleurs ; puis, on passa du simple badigeon à la peinture véritable. dans ces parties de l'édifice où le mode de
construction adopté avait pour effet de fournir des cadres tout
préparés, susceptibles de recevoir un tableau défini [1]. Mais, à
une certaine hauteur, les peintures ne ressortaient pas assez ;
d'ailleurs, cette décoration appliquée sur le temple ne faisait
pas suffisamment corps avec lui : on voulut donc travailler la
muraille elle-même avant de la peindre, faire en quelque sorte
pénétrer dans la pierre une beauté à laquelle la couleur devait
encore ajouter, changer la vulgaire bâtisse en un coffret précieusement ouvragé. Ainsi naquit le bas-relief sur les parois
de l'édifice qui abritait la statue.

Ces deux genres de sculpture ont eu, par conséquent, une
origine différente. On aurait également tort de croire que la
statue est sortie du bas-relief, n'est qu'un bas-relief peu à peu
arrondi et dégagé de son fond, ou bien que le bas-relief n'est
qu'une statue rentrée aux trois quarts dans la muraille. Il n'y
a aucun moyen de les confondre : la statue a été produite par
un progressif anthropomorphisme de la pierre brute, du
bétyle primitif, de la poutre de bois à peine équarrie ; et le
relief est issu d'un renouvellement des principes de l'art décoratif monumental, consistant à faire participer à la décoration
la muraille même et à donner pour soutien à la peinture, au
lieu d'une paroi lisse, des formes en saillie calquées sur les
formes peintes [2]. Il convient seulement de noter que le premier
bas-relief a dû être de beaucoup postérieur à la première statue ; car il fallait d'abord que le temple de pierre existât, je
veux dire le temple construit totalement en pierre, y compris
ses parties hautes ; et nous savons qu'un tel progrès dans

1. Précisément, on a retrouvé sur l'Acropole quelques débris d'un fronton,
qui était simplement peint, non sculpté ; on y reconnaît une lionne marchant,
et l'extrémité d'un élégant rinceau, qui garnissait l'angle de gauche ; les peintures étaient rouges sur fond bleu : cf. Wiegand, *op. l.*, p. 230, nᵒˢ 10-12,
pl. VI, 1-3 (en couleur).
2. Cf. Conze, *Ueber d. Relief bei den Griechen* (Berlin. *Sitzungsb.*, 1882, I,
p. 563 sqq., notamment p. 569 et 574) ; Friederichs-Wolters, *Gipsabgüsse*,
p. 17.

l'architecture ne vint qu'assez tard[1]. En sorte que l'art nouveau du relief, dérivant de la peinture et empruntant ses
moyens à la statuaire, profita dès ses débuts des progrès jusqu'alors réalisés par les deux autres arts. A le bien prendre,
cet art nouveau n'était qu'un genre nouveau de décoration,
genre mixte où participaient à doses presque égales la pierre
taillée et la couleur. Voilà ce que nous enseignent, avec toute
la clarté possible en de telles questions, les vieux frontons de
l'Acropole d'Athènes.

Une fois né, ce genre devait, par la force des choses, se
développer; et les monuments retrouvés nous permettent
encore de suivre la marche de ce développement organique.
Découpé dans la muraille même et intimement uni à elle au
commencement, le relief devait, comme sous l'effort d'une
poussée intérieure, tendre à s'en détacher de plus en plus et
donner naissance à un autre genre, le haut-relief, avec les trai-
tements variés qu'il comporte[2]. Ces changements dans l'épaisseur de la saillie attribuée aux sculptures murales ne s'opérèrent
que lentement; car la fragilité des premiers matériaux employés
agit comme un frein sur la main des sculpteurs et leur inter-
dit, si je puis ainsi parler, de brûler les étapes. Que l'on compare les minces figures du fronton *de l'Hydre*, le torse d'*Athéna*
dans le fronton *des deux serpents*, le buste de *Zeus*, son voisin,
ensuite la petite figure d'*Iris* courant, qui n'est plus rattachée
au fond que par un tenon soigneusement dissimulé, et l'on aura
une idée assez exacte de cette émancipation progressive de la
sculpture en relief. Un pas de plus, et le relief devient statue :
la série d'œuvres, dont le point de départ est la décoration peinte
des murs du temple, est près de rejoindre l'autre série, issue du

1. L'Héræon d'Olympie fut reconstruit, au début du vııe siècle, avec colon-
nade en bois et entablement en bois; et, tandis qu'au cours des siècles il
changeait une à une ses colonnes de bois contre des colonnes de pierre, il
paraît avoir gardé toujours son entablement de bois. C'est seulement vers la
fin du vııe siècle, semble-t-il, que le temple en pierre, complètement en
pierre, se généralise.

2. M. Kœpp (*Arch. Jahrbuch*, II, 1887, p. 118 sqq.) a soutenu que le bas-
relief et le haut-relief n'avaient entre eux aucun lien, que le haut-relief n'était
que de la ronde bosse plus ou moins rentrée dans un fond. Cette vue ne
semble pas juste. M. Kœpp invoque surtout les vieilles métopes de Sélinonte,
et il assure (p. 121), pour légitimer sa théorie, que l'ouverture des métopes,
laissée vide à l'origine, dut être remplie d'abord par des figures isolées, puis
le fut par des plaques sculptées en haut-relief. Mais cette explication n'est
guère vraisemblable, et je montrerai tout à l'heure comment les découvertes
de l'Acropole ont donné tort, si je ne me trompe, aux hypothèses de M. Kœpp.

symbole divin, ἀεργὸς λίθος, puis ξόανον, renfermé dans le temple. Pourtant, ainsi que nous l'avons noté plus haut, les très rares œuvres qui aient été tout à fait détachées du fond semblent y être presque toujours restées adossées, comme si elles ne pouvaient se décider à quitter cette muraille, de laquelle elles étaient sorties ; la jonction des deux séries ne sera complète qu'un peu plus tard, quand le marbre aura remplacé généralement la pierre poreuse, et que ces figures jusque là appuyées, avec ou sans leur fond de pierre, contre les parois du *naos*, se dresseront enfin isolées sur leur piédestal, disséminées dans le *téménos*.

Nous avons vu que presque tous les reliefs en pierre tendre qui ont subsisté sont des débris de frontons. La qualité de la facture, jointe à la dureté croissante de la matière mise en œuvre, nous a permis de classer les principaux de ces débris les uns par rapport aux autres dans un ordre qui paraît certain. Or, le plus ancien de ces frontons est en relief très plat ; le deuxième est en relief plus épais ; les frontons de l'*Hécatompédon* et le fronton *d'Iris* avaient une saillie plus prononcée encore, avec de nombreuses parties en ronde bosse. Cette progression constante est chose fort remarquable. Nous ne pouvons mesurer au juste l'intervalle de temps qui sépare ces cinq ou six frontons ; mais certainement ils ne se sont pas succédé sans interruption : on ne construisait pas des édifices sur l'Acropole sans discontinuer ; et, du reste, en les comparant entre eux au point de vue de la plastique, on sent la nécessité absolue de les espacer, du moins quelques-uns d'entre eux, assez loin les uns des autres. Ils nous apportent donc des témoignages irrécusables de la route qu'a suivie la décoration des frontons en Attique. Partie de la simple peinture murale posée à plat sur le tympan, cette décoration passe d'abord au bas-relief ; puis, le bas-relief va prenant toujours plus de saillie, plus de rondeur, se transformant à mesure pour gagner à pas réguliers la figure en ronde bosse ; entre le point de départ, qui est la fresque coloriée, et le point d'arrivée, qui est la figure taillée en ronde bosse, les sculpteurs en pierre tendre nous offrent trois étapes intermédiaires. Rien de plus naturel, de plus logique, que ce lent surgissement hors du tympan, que ce développement quasi organique de la pierre sculptée, qui fait penser à la croissance d'un être vivant.

7

Tel n'est pas l'avis qu'exprime M. Kœpp, au cours de l'étude
que j'ai citée plus haut[1]. Pour lui, la décoration du fronton a
été imitée de celle des métopes, et, comme cette dernière n'a
jamais consisté (d'après M. Kœpp) qu'en figures de ronde
bosse ou en hauts-reliefs, les frontons, de même, n'ont jamais
pu recevoir que des statues ou des hauts-reliefs. Quant au
fronton *de l'Hydre*, qui est en bas-relief, ce n'est qu'une exception dont il n'y a pas lieu de se préoccuper. L'erreur de
M. Kœpp me paraît aussi complète que possible; il a, proprement, posé la pyramide sur sa pointe. Il rapporte tout aux
vieilles métopes de Sélinonte, comme si elles étaient le
modèle unique et l'étalon de la sculpture décorative aux
temps archaïques. Mais je ferai remarquer, d'abord, que
l'importance du fronton, en raison de ses dimensions et de
sa place à la façade même du temple, est autrement considérable que celle des métopes, et qu'en conséquence,
dans la plupart des cas, on a dû s'ingénier à le décorer, bien
avant de penser à parer d'ornements quelconques les carrés
des métopes[2]. Ce n'est certainement pas le genre de décoration
adopté pour les métopes qui a ensuite été transporté aux frontons : le contraire serait plutôt vrai. D'autre part, le fronton
de l'Hydre donne le démenti le plus éclatant à la théorie de
M. Kœpp; il est vrai que M. Kœpp, avec quelque désinvolture,
se débarrasse de ce témoin gênant en ne lui permettant pas
de porter témoignage. Or, de quel droit dire que ce monument
constitue une exception et qu'il ne compte pas? Le fronton *de
l'Hydre* ne constitue pas une exception; il est unique (ce qui
est tout différent), et il n'en est que plus précieux[3]. Non seu-

1. Cf. ci-dessus, p. 96, note 2. Je vise surtout, en ce moment, les pages 122-
123 de l'article de M. Kœpp. Il est juste de dire qu'au moment où M. Kœpp
l'écrivait (1887), les grands frontons de l'*Hécatompédon* n'étaient pas encore
découverts. Mais l'élément principal de la discussion, à savoir le fronton *de
l'Hydre*, était déjà connu, et aussi le *fronton rouge*.
2. On en a, d'ailleurs, la preuve certaine pour les anciens édifices de l'Acropole. A côté des six, peut-être se; t frontons aujourd'hui connus, on ne voit
pas une seule métope sculptée. L'*Hécatompédon* avait ses deux frontons, en
calcaire commun, décorés de sculptures, tandis que toutes ses métopes étaient
nues; seulement, celles des deux façades (ou, au moins, de la façade principale) étaient en marbre, c'est à dire qu'elles tiraient leur beauté uniquement
de la matière dont elles étaient faites. Et il en fut de même encore quand le
temple fut reconstruit par les Pisistratides : les frontons furent décorés de
figures en marbre; mais les métopes, en marbre aussi, restèrent nues.
3. Cependant on peut lui joindre le fragment de fronton trouvé près du
théâtre et représentant des *Satyres* (cf. ci-dessus, p. 22, note 1). Les figures y
sont en bas-relief, et l'épaisseur n'en atteint pas 0[m],045.

lement son témoignage mérite d'être entendu tout autant que celui des sculptures de Sélinonte ou du *Trésor des Mégariens* à Olympie[1] ; mais il a sur ces monuments l'avantage de n'être pas isolé : il a sa place dans une série, et en tête de cette série. Loin qu'il soit en opposition avec les autres sculptures plus récentes, celles-ci le suivent, au contraire, très logiquement et même ne s'expliquent bien que par lui. N'oublions pas que le *fronton rouge*, malgré son épaisseur, est encore un bas-relief[2], et que, s'il annonce déjà les œuvres subséquentes par la saillie donnée aux figures, il reste cependant encore plus près du fronton *de l'Hydre* par la nature du relief. Donc, éliminer le fronton *de l'Hydre*, ce n'est pas seulement récuser, sans ombre de raison, le témoignage d'une œuvre importante, c'est encore fausser les renseignements qui résultent d'une série d'œuvres parfaitement liée, laquelle vaut davantage par cet enchaînement même que par chacun des éléments qui la constituent[3].

Sans doute, il est juste de tenir compte de certaines causes extérieures et accessoires qui ont pu influer, en certains cas, sur le développement logique de la décoration des frontons. Le plus ou moins d'élévation de l'édifice, la saillie plus ou moins forte des rampants, c'est à dire du cadre même du fronton, ont dû n'être pas sans effet quelquefois sur la saillie donnée aux figures qui remplissaient ce cadre[4]. Mais ce ne sont là que des accidents, dont il ne faut pas faire le principal. Il reste toujours que les sculptures du tympan ne sont, en somme, que des sculptures murales destinées à l'embellissement de l'édifice. Elles sont issues de la décoration peinte, elles ont pris naissance à fleur de la muraille, et elles ont passé par le bas-relief d'abord, puis par le haut-relief, avant d'atteindre, comme nous le verrons plus tard, la ronde bosse. Ce n'est,

1. Du reste, ni les métopes de Sélinonte, ni le fronton du *Trésor des Mégariens* ne contredisent la théorie exposée ici ; ces œuvres-là ont bien pu être précédées par d'autres, en relief plus plat.

2. Cf. ci-dessus, p. 35.

3. M. Meier (*Athen. Mittheil.*, X, 1885, p. 250 sqq., notamment p. 250, note 1) est le premier, je crois, qui ait vu et signalé l'importance du fronton *de l'Hydre* comme tête de série dans l'histoire de la décoration des frontons en pierre. L'article de M. Kœpp a été écrit précisément contre celui de M. Meier.

4. Je note expressément que ces observations ne sauraient s'appliquer au *fronton rouge*. Le fronton *de l'Hydre* et le *fronton rouge* étaient, en longueur et en hauteur, de dimensions sensiblement pareilles ; si la saillie du second est plus forte, ce n'est donc pas que les proportions plus grandes de l'édifice aient conseillé cet accroissement d'épaisseur.

jusqu'à présent, que sur l'Acropole d'Athènes que l'on trouve réunies au complet les preuves matérielles de l'existence de cette loi ; mais elle est trop conforme à la nature des choses pour qu'on n'y voie pas une des lois générales du développement de la plastique grecque tout entière[1].

1. M. Purgold (*Arch. Anzeiger*, 1889, p. 12-14) a supposé l'existence, à l'Héræon d'Olympie, d'antiques frontons composés de figures en bois. M. Kœpp (*art. cité*, p. 123) adopte sans hésiter cette hypothèse où il trouve un argument favorable à son opinion. Mais ce n'est là qu'une hypothèse sans preuve. Il est douteux que de pareils frontons aient jamais existé. Ils impliquent une science de la composition qui était, semble-t-il, au dessus des forces des vieux auteurs de xoana. Du reste, en admettant qu'une telle expérience ait été tentée à l'époque de la sculpture en bois, elle n'empêche pas que la décoration appliquée aux tympans de pierre, c'est à dire la véritable sculpture de frontons, n'ait suivi la marche que nous avons indiquée.

CHAPITRE VI

LES PREMIÈRES SCULPTURES EN MARBRE

Enfin le marbre vint. Il vint, comme le simple calcaire était venu après le bois ; comme, après les pierres très tendres, étaient venues les pierres plus dures. Sa venue marque un nouveau progrès de la plastique : progrès capital, car désormais la matière définitive était acquise.

Pourquoi les sculpteurs athéniens n'en avaient-ils pas usé plus tôt ? Ce n'est pas qu'il leur fit défaut : dans cette Grèce aux montagnes de marbre, aux îles de marbre, l'Attique est la région qui, sous ce rapport, se trouvait la mieux partagée [1]. Ce n'est pas non plus qu'ils en ignorassent l'usage : dès la fin du VIIe siècle, les ateliers de Chios, de Naxos, et peut-être du Péloponnèse, l'avaient mis en œuvre [2]; et leurs productions, qui se voyaient à Délos et dans d'autres sanctuaires, ne pouvaient être ignorées toutes des Athéniens. Puis, la beauté et la noblesse du marbre contrastaient trop vivement avec la vulgarité du calcaire poreux pour ne pas fixer tout de suite les préférences. Dans la première moitié du VIe siècle, on l'employait déjà dans les constructions athéniennes comme une matière de luxe [3]. Si donc les artistes de l'Attique s'en sont tenus pendant quelque temps à la pierre commune, alors que d'autres statuaires travaillaient déjà le marbre, c'est qu'ils ne se jugeaient point capables, eux, de le travailler d'une façon satisfaisante. Certes, les auteurs des grands frontons de l'*Hécatompédon* auraient su tirer d'un bloc de marbre une statue plus achevée que la *Nicandra* de Délos, par exemple ; mais auraient-ils pu en faire sortir le *Typhon* et le groupe d'*Héraclès et Tri-*

---

1. Cf. Lepsius, *Griech. Marmorst.*, p. 11.
2. Sculpteurs de Chios et du Péloponnèse : Pline, *N. H.*, XXXVI, 9, 11, 14. Sculpteurs de Naxos : ex-voto de Nicandra à Délos ; statue d'Iphicartidès (*Bull. corr. hell.*, XII, 1888, p. 463).
3. Métopes, cymaises et chéneaux de l'*Hécatompédon*.

ton ? Sûrement non ; voilà pourquoi ils se sont abstenus tant
que le travail du marbre leur a paru devoir dépasser leurs
forces. Dans cette abstention, d'ailleurs, il faut voir autre
chose encore que la crainte momentanée d'une matière rebelle
à l'outil ; j'y vois surtout l'effet d'une excellente discipline et
de ces fermes traditions d'école, qui ne sont pas un obstacle au
progrès (la marche de l'école attique a été incessante), mais
qui sont une garantie contre les aventures. Passer successivement des matériaux les plus tendres aux plus durs, du bois aux
diverses sortes de calcaire, puis au marbre : c'était là, sans
nul doute, une marche logique et naturelle. Engagés dans
cette voie par la force même des choses, les artistes attiques
l'ont suivie avec constance, sans s'arrêter nulle part plus que
de raison, mais aussi sans précipiter le pas ; bien que sollicités
peut-être par certains exemples du dehors, ils n'ont point
couru au but, ils ont continué à s'y acheminer d'une allure
méthodique, tâtant le terrain avant d'y poser le pied, tenant
toujours fortement la chaine solide de leurs traditions ; et
ainsi, quand ils ont attaqué le marbre, ils étaient vraiment
mûrs pour la besogne plus difficile qui s'imposait à eux. Je ne
sais s'il y a, dans toute l'histoire de l'art, une manifestation
plus frappante de cette continuité calculée de l'effort, de cette
prudence dans la recherche tenace du mieux, qui fut un des
principes les plus salutaires du développement du génie
grec[1].

Le passage de la pierre commune au marbre, opéré de la
sorte, ne fut donc pas une de ces révolutions soudaines qui
bouleversent toutes les habitudes d'un atelier ; il ne fut que

1. Dira-t-on que, dans le temps que la sculpture *décorative* était exécutée
en pierre commune, aux frontons d'édifices construits eux mêmes avec cette
sorte de pierre, il pouvait déjà exister cependant une *statuaire* en marbre,
pour des statues isolées? Mais le fait est qu'en Attique on ne constate rien
de tel : il n'y a pas de statue de marbre, à Athènes, qu'on puisse reculer
jusqu'au temps du fronton *de l'Hydre*, du *fronton rouge*, voire des frontons
de l'*Hécatompédon*. Si on songe que, suivant le témoignage des anciens
eux-mêmes, la statuaire en marbre est venue tard, et que, dans les régions
de la Grèce où elle fut le plus précoce, elle ne faisait pourtant que commencer
vers 600 avant Jésus-Christ, on ne s'étonnera plus que, dans l'Attique,
elle ne se soit développée guère avant le milieu de vi[e] siècle. Je ne prétends
certes pas poser une cloison entre la période de la pierre tendre et celle
du marbre, et je ne néglige aucune occasion de préciser ma pensée sur
ce point ; mais il me parait vrai que le gros des figures en marbre dont nous
allons nous occuper est postérieur au gros des sculptures en pierre tendre,
et qu'elles marquent un progrès de l'art relativement à celles-ci.

le dernier terme d'une gradation dès longtemps commencée. Cependant, pour cette matière nouvelle, une nouvelle technique devenait nécessaire. Jusque là les procédés de travail n'avaient point changé essentiellement : on avait pu continuer à tailler les images en calcaire tendre avec les mêmes outils à peu près qui avaient servi auparavant à découper les xoana en bois ; mais le marbre ne se laissait pas entamer avec une pareille facilité. A la gouge, à la scie, au ciseau qui tranche par pression, bref à tous les outils coupants de l'imagier en bois, il fallait substituer les outils du marbrier, notamment le ciseau sur lequel on frappe avec la masse pour faire éclater la matière, non pour la trancher. Le seul changement des matériaux employés déterminait en conséquence un changement dans le métier.

Mais ici encore nous devons répéter ce que nous avons déjà dit pour le début de la période antérieure[1] : il y a quelque chose qu'on ne quitte pas aussi aisément que l'on quitte un outil : ce sont les habitudes de la main et de l'œil. Ces habitudes, quand elles sont profondément enracinées, ne se laissent extirper que peu à peu. L'emploi des outils coupants dans une matière comme le bois avait eu pour effet certains traits spéciaux dans la facture des œuvres les plus anciennes de la statuaire ; nous avons expliqué comment ces traits avaient subsisté dans les œuvres en calcaire poreux : les plus récentes de celles-ci gardent encore l'empreinte, très reconnaissable, de la technique du bois. Il y avait, si je puis dire, une physionomie particulière des images en bois ou en pierre tendre, à laquelle l'œil était habitué ; dans le détail surtout, il y avait des traits que la main de l'ouvrier était habituée à produire. Or, elle ne pouvait pas subitement cesser de les produire, ni l'œil cesser de les chercher là où il les trouvait d'ordinaire. Ce qui n'avait été primitivement, dans la période du bois, qu'un résultat involontaire et presque forcé des procédés de la technique, s'était maintenu, dans les œuvres suivantes, non plus par nécessité, mais comme par droit d'occupation antérieure, et devait durer quelque temps encore, même avec le marbre. Ce n'est qu'en pratiquant le marbre que les artistes devaient apprendre à le connaître et être conduits peu à peu à le travailler d'une manière plus conforme à sa vertu propre. D'ailleurs, il est certain

1. Cf. ci-dessus, p. 28.

que la pierre commune ne fut pas délaissée du jour au lendemain ; la fabrication des images en calcaire continua pendant
un plus ou moins long temps, parallèlement à celle des images
en marbre, comme, auparavant, les xoana en bois avaient
persisté à côté des sculptures en pierre ; et cet emploi simultané
des deux matières dans les mêmes ateliers devait prolonger
davantage le règne de l'ancienne technique. Il n'y a donc pas
lieu d'être surpris si les premières œuvres en marbre ne se
sont distinguées des œuvres en calcaire un peu antérieures ou
contemporaines que par la nature du bloc où elles étaient taillées, et si elles n'en ont pas du tout différé pour la façon
qu'avait l'auteur de voir les formes et de les rendre. Les caractères des premières œuvres en marbre ont été exactement ceux
des dernières œuvres en pierre tendre.

On ne saurait classer dans un ordre chronologique certain
les quelques marbres que je vais décrire. Tout ce qu'on en
peut affirmer, c'est qu'ils sont sensiblement du même temps.

Voici, d'abord, un petit fragment, qui nous a conservé la
moitié supérieure d'une figure d'*Hermès* (*Au musée de l'Acrop.*,
p. 111, fig. 6). C'est un haut-relief ; la figure est encore atte-
nante à la plaque, qui lui fait de chaque côté de la tête et des
épaules un fond débordant ; et en cela déjà, ce marbre se rapproche de la généralité des sculptures en pierre tendre[1]. Il
n'y a pas de doute que le personnage ici représenté soit Hermès : on le reconnaît au πῖλος conique dont il est coiffé[2] et à
la syrinx, une de ses inventions et un de ses attributs, qu'il
tient dans la main droite. Le bras droit était ramené sans effort
sur la poitrine ; mais le bras gauche, rejeté sur le côté et plié
à angle aigu, a une position singulièrement forcée ; la main
gauche élevait peut-être un attribut quelconque, ou bien faisait un de ces gestes vagues, sans signification réelle, dont
les figures archaïques des bas-reliefs et des vases peints sont

1. Cf. *Au mus. de l'Acrop.*, p. 109 sqq. — Marbre pentélique : cf. Lepsius,
op. l., p. 65, n° 74. — La figure, en l'état actuel, mesure 0m,22 de hauteur.
2. Cf., par exemple, l'*Hermès* du grand relief de Thasos. — M. Furtwængler
avait écrit jadis (*Coll. Sabouroff*, II, notice de pl. CXLVI, 1) que l'ancien art
attique n'avait jamais représenté Hermès autrement que barbu. Depuis lors,
les trouvailles de l'Acropole ont prouvé que cette règle, si c'en fut une, a souffert des exceptions ; car, outre la première exception que nous rencontrons
ici, il y en a une seconde, peut-être, dans le relief *Hermès et les Charites* (*Au
mus. de l'Acrop.*, p. 443, pl. III). D'autre part, le type d'Hermès imberbe était
familier à l'archaïsme béotien : cf. *Annali*, 1879, p. 143-146 (von Duhn).

coutumières. En l'état actuel, le torse est coupé à peu près à
la hauteur du nombril ; le bras droit est brisé depuis l'épaule
jusqu'au poignet ; un large éclat a enlevé en partie le coude
gauche, et la main gauche aussi a disparu. Mais la poitrine,
les épaules et la tête sont très suffisamment conservées.

Qu'on examine cette figure détail après détail, on n'en
trouvera pas un qui n'ait son pareil, on pourrait dire son
modèle dans l'une ou l'autre des sculptures antérieures. Le
chiton collant et la peau de bête nouée par dessus paraissent
copiés d'après le costume des figures d'*Iris* et d'*Hermès* lui-
même, dans le fronton *d'Iris*[1]. La rondeur lourde des épaules
et du bras gauche rappelle un caractère constaté dans le
Typhon, et aussi dans le torse de *Zeus* du fronton oriental
de l'*Hécatompédon*. La main, aux doigts en bois, tout ronds,
sans articulations véritables, est identique aux quelques mains
que l'on a recueillies, provenant de figures en pierre tendre[2].
Les oreilles larges, sèchement creusées, qui semblent en bois
elles aussi, reproduisent, ou peu s'en faut, celles de la petite
Hydrophore, et sont de la même façon repoussées en avant
par la masse retombante des cheveux. Puis, tout le travail du
visage, l'arc raide de la bouche aux lèvres uniformément arrondies, les joues sans modelé, les ailes du nez cernées d'une
petite entaille nette, la découpure des paupières, — tout cela
nous ramène aux sculptures en pierre tendre. On retrouve
même, à l'angle externe des paupières, cette arête saillante,
si caractéristique, qui s'expliquait dans les têtes en pierre tendre
par l'effet d'une lame *tranchant* la matière[3], mais qui, avec le
marbre, n'a plus de raison d'être et ne s'explique que par l'imitation irraisonnée des œuvres antérieures ou contemporaines, ou,
plus exactement, par la tyrannie inconsciente de l'habitude
prise. Si donc, par une transposition aisée à faire en esprit, on
imagine ce que serait en calcaire poreux cet *Hermès* de marbre,
on n'a besoin d'en modifier aucun détail pour le voir tout
semblable aux vraies sculptures de cette catégorie ; la matière

---

1. Cf. ci-dessus, p. 58 sqq. — Figure d'*Iris* : cf. 'Εφημ. άρχ., 1891, pl. XIII,
à droite ; Wiegand, *Poros-Architektur*, p. 210, fig. 227. — Fragment de la
figure d'*Hermès* : cf. Wiegand, *op. l.*, p. 212, fig. 228-229.

2. Cf. Wiegand, *op. l.*, p. 85-87, fig. 90-92 (deux mains provenant du fronton *de Typhon*); p. 105, fig. 108 (main gauche de *Zeus* dans le fronton *des
deux serpents*); p. 207, fig. 224 (main droite provenant peut-être du fronton
d'Iris).

3. Cf. ci-dessus, p. 61-62.

a été changée, les moyens de travail sont différents sans doute; mais le résultat final est demeuré le même.

L'œuvre-type de cette période, celle qui la représente avec le plus d'autorité et de la façon la plus instructive pour nous, est la statue bien connue du *Moschophore*[1].

Le nom du *Moschophore* a été révélé par l'inscription gravée sur sa base, quand celle-ci eut été découverte en 1887[2]. Il s'appelait Rhombos fils de Palès[3]. Un jour, non content des sacrifices éphémères qu'il offrait à la déesse de l'Acropole, il voulut lui marquer sa dévotion par un acte dont l'efficacité fût plus durable. Il fit tailler, dans un beau bloc de marbre de l'Hymette[4], l'image d'un homme qui s'en vient au temple, portant sur ses épaules la victime choisie, un veau aux cornes naissantes, parfait de formes, τέλειον, propre à réjouir le cœur de la divinité[5]. En inscrivant son nom et la formule dédica-

1. Cf. *Au mus. de l'Acrop.*, p. 106 sqq.
2. Cf. *Athen. Mittheil.*, XIII, 1888, p. 113 (Winter).
3. M. Winter, en publiant le premier cette inscription (*l. l.*, p. 114), avait proposé un K pour la première lettre du nom qui a été brisée. J'ai indiqué la restitution 'P]όνβος (*Bull. corr. hell.*, XIV, 1890, p. 582); et depuis lors M. Kirchhoff (*Inscr. att.*, I, *Suppl.*, 373²³⁵) s'est prononcé pour la même correction.
4. Cf. Lepsius, *op. l.*, p. 76, n° 95.
5. Comparer les statues iconiques de Chypre, où Fr. Lenormant (*Gaz. arch.*, 1878, p. 196 sqq.) avait vu à tort des portraits de prêtres. Elles ont été plus justement expliquées par Renan (*Rev. arch.*, 1879, I, p. 323) et par M. Perrot (*Hist. de l'art*, III, p. 254 sqq.), comme étant des effigies de dévots sans aucun caractère officiel. « Le personnage représenté dans ces statues, dit Renan, nous paraît être l'auteur d'un vœu ou d'un sacrifice fait à la divinité du temple ; c'est le *baal haz-zébakh*, « le maître du sacrifice », selon l'expression des tarifs de Marseille [*Corpus inscr. semit.*, 1, 165] et de Carthage. Le vœu, le sacrifice étaient choses bien transitoires ; on pouvait craindre que la divinité ne les oubliât vite. Une inscription était déjà un moyen de rendre plus durable le souvenir du vœu... Mais une statue était un mémento bien plus efficace encore. En se faisant représenter sous les yeux de la divinité dans l'acte même de l'accomplissement du vœu, on rappelait en quelque sorte sans cesse l'offrande qu'on lui avait faite et l'hommage qu'on lui avait rendu... Ces statues iconiques des temples de Chypre et de Phénicie... nous présentent donc l'image des hommes pieux qui vinrent successivement accomplir leur vœu devant la divinité et qui, pour que celle-ci ne l'oubliât, laissèrent devant elle leur image plus ou moins grande, plus ou moins soignée, en matière plus ou moins précieuse, selon que leurs moyens le leur permettaient. » — M. Maas (*Philologus*, LVIII, p. 155-156) explique le *Moschophore*, comme représentant un citharède qui apporte pour le sacrifier le veau qu'il a remporté en prix au concours musical des Panathénées. Mais cette désignation particulière n'en changerait pas, en tout cas, la signification générale; et d'ailleurs l'hypothèse de M. Maas est, pour plusieurs raisons, peu vraisemblable. — M. Perdrizet (*Bull. corr. hell.*, XXVII, 1903, p. 313, note 2) voudrait revenir à l'appellation d'*Hermès Moschophore*.

toire sous cette image sans individualité, il la fit sienne,
et dès lors, dressée dans le *téménos*, au voisinage de la
demeure divine, elle fut là pour rappeler éternellement à la
déesse d'abord, et aussi à tous les allants et venants, la piété
et les sacrifices de Rhombos fils de Palès. Nous verrons
plus loin que cette inscription a pour nous un autre intérêt
encore.

M. Winter a, le premier, montré[1] combien, dans l'exécution
du *Moschophore*, se retrouvent en abondance les souvenirs de
la vieille sculpture en bois et en pierre tendre. Les cheveux,
disposés sur le front et sur les côtés en chapelets de gros
grains, reportent la pensée à la petite *Hydrophore*, ou à
l'*Athéna* du fronton de l'*Hécatompédon*, ou à la tête du *dieu*
drapé dans le fronton *d'Iris* (*Au musée de l'Acrop.*, p. 99.
fig. 5). Cette espèce de mentonnière de marbre, aux bords
tranchés net, toute plate et unie, qui jadis, la couleur aidant,
figurait la barbe, nous la connaissons par cette même tête du
dieu drapé et par les têtes de *Typhon* (avec cette différence
qu'elle n'est pas ici recoupée de sillons transversaux), et
nous pouvons reculer ainsi jusqu'à l'*Iolaos* du fronton *de*
l'Hydre. La bouche, d'un coin à l'autre, fait un arc tendu,
sans aucune sinuosité, séparé du menton par un large sillon
régulier : c'est la même bouche que dans n'importe laquelle des
œuvres en calcaire. Les yeux — dont l'apparence, mais l'apparence seulement, est changée par le fait qu'ils ont été creusés pour recevoir une incrustation de cristal ou de métal —
semblent, à ce détail près, avoir été copiés sur ceux de *Typhon*
ou ceux de la tête du *dieu* drapé dans le fronton *d'Iris*. On
y retrouve aussi, comme dans l'*Hermès à la syrinx*, la légère
saillie à l'angle externe des paupières, qui est un des signes
les plus caractéristiques de l'ancienne technique. L'oreille —
qui paraît ne tenir guère à la tête et qu'on dirait rajustée
après coup, et posée plutôt sur les boucles de cheveux que sur
le crâne — est identique, avec un peu moins de maladresse, à
celle de l'*Hermès* et appelle les mêmes comparaisons. Enfin,
cette rainure nette qui circonscrit les narines, comme dans
l'*Hermès* encore, et cette petite rigole taillée en biseau qui
prolonge extérieurement les paupières du veau, font penser

---

1. Dans l'excellent article, déjà cité, des *Athen. Mittheil.*, XIII, 1888,
p. 113.

l'une et l'autre à une découpure enlevée sur un morceau de
bois avec la pointe d'un couteau, et par conséquent ramènent
notre esprit à une technique très différente de celle du marbre,
à l'ancienne technique du bois, que la technique du calcaire
poreux n'avait fait que continuer [1].

Outre ces ressemblances de détail, déjà fort intéressantes,
il existe entre le *Moschophore* et les sculptures en pierre
tendre une ressemblance générale non moins remarquable.
Elle est dans la construction simple, solide, à larges plans, de
ce corps d'homme, dans la vigueur un peu lourde que l'on y
sent partout répandue, dans les larges surfaces sommairement
étudiées et peu modelées, dans l'aspect même de ce vêtement
étroitement collé sur le corps, sans un pli, qui empâte les
contours et épaissit les formes [2] ; elle est aussi dans l'anatomie
défectueuse et le modelé par à peu près du corps du veau.
Donc, des œuvres, que les matières différentes dont elles sont
faites devraient éloigner l'une de l'autre, se rapprochent par
une identité presque complète de la facture et semblent avoir
été conçues suivant les mêmes principes ; il y a entre elles
une véritable ressemblance de famille. C'est en comparant les
têtes que l'on saisira le mieux cet air de parenté. Que l'on
supplée par la pensée aux mutilations dont a souffert le *Moschophore*, qu'on lui rende ce qui lui manque du menton et de
la barbe, que l'on remplisse les cavités vides de ses yeux, et
l'on retrouvera dans ses traits essentiels, à la matière et aux
couleurs près, l'une des têtes de *Typhon* (celle dite « *Barbe-
bleue* »), ou mieux la tête du *Zeus* assis, dans le fronton
oriental de l'*Hécatompédon* [3].

Cette ressemblance serait plus frappante encore, si les couleurs avaient subsisté. Car il est probable que la polychromie
des premières œuvres en marbre n'a pas différé beaucoup de
celle des sculptures en pierre tendre. Seulement la couleur,
mordant moins sur l'épiderme lisse du marbre que dans la
surface grenue du calcaire, s'est effacée presque partout ;

---

1. Le travail du bois et celui du calcaire tendre sont englobés très justement
par M. Winter (*l. l.*, p. 118) dans une désignation unique, intraduisible en
français : *die Technik des Schneidens*.
2. Comparer les torses d'*Athéna* et de *Zeus*, du fronton oriental de l'*Hécatompédon* (*Au mus. de l'Acrop.*, p. 23, fig. 2 ; p. 91, fig. 4).
3. M. Wolters (*Athen. Mittheil.*, XIII, 1888, p. 437) a signalé aussi cette ressemblance, et M. Wiegand (*Poros-Architektur*, p. 99) la confirme.

quelques vestiges en subsistent cependant [1], et, à défaut même
de tout vestige, la préparation qu'à certains endroits le marbre
a subie, pour la recevoir comme un complément nécessaire,
suffirait à en prouver l'existence. La barbe de Rhombos devait
être peinte en bleu, comme les barbes de *Typhon*, ou en noir,
comme celle d'*Iolaos*; ses cheveux étaient rouges, et la bandelette qui serre les boucles un peu au dessus du front [2] était
sans doute décorée d'un dessin diversement colorié. Le
vêtement devait être peint en bleu, afin de se distinguer mieux
des parties nues des bras, des jambes et du corps. Le veau
enfin devait être, comme le taureau du grand groupe *Lions et
taureau*, bleu avec la queue rouge, les naseaux et le fond des
oreilles rouges, l'œil blanc et noir. On doit donc, à mon avis,
se figurer d'une façon générale le *Moschophore* (et aussi l'*Hermès à la syrinx*) sur le modèle des sculptures en pierre tendre,
avec cette différence, cependant, que la couleur n'y était
certainement plus appliquée en couche épaisse au point de
former enduit, et que, sur les chairs notamment, elle avait
peut-être déjà tout à fait disparu.

Mais, après les souvenirs nombreux de l'ancienne technique,
il faut noter avec soin les premiers résultats de la technique
nouvelle, conséquence de l'emploi du marbre. Or, il y a ici une
grande nouveauté : c'est l'existence d'un modelé véritable. Par
exemple, que l'on compare les bras du *Moschophore* avec ceux
de *Typhon* ou de *Triton* dans les grands groupes en calcaire [3] :
sur ces derniers, la musculature est indiquée, d'une façon à la
fois sommaire et inexacte, par de longs sillons que la gouge a
creusés en poussant droit devant elle ; sur les bras du *Moschophore*, on retrouve bien ces longs sillons droits, mais plus jus-

1. J'ai observé une tache bleue entre les cuisses du veau, sous la queue. —
L'*Hermès à la syrinx*, à qui ces observations s'appliquent aussi bien qu'au
Moschophore, a gardé de nombreuses traces de bleu : cf. Cavvadias, Ἀρχ.
Δελτίον, 1888, p. 12, γ'.

2. Overbeck (*Gesch. griech. Plast.*[4], I, p. 188) croyait que la tête était
recouverte d'une calotte de bronze (κυνῆ), et que le goujon de plomb enfoncé
au sommet du crâne marquait le point d'attache de cette calotte. C'est là une
erreur qu'Overbeck aurait dû effacer de la dernière édition de son ouvrage :
le crâne lisse se rencontre dans un certain nombre de statues féminines
archaïques (par exemple, dans la grande statue d'Anténor), et cela prouve
simplement que le sculpteur comptait sur la peinture pour compléter ce que
le travail avait d'inachevé. Quant au trou qui est au sommet du crâne, il servait à enfoncer la tige du μηνίσκος (cf. *Au mus. de l'Acrop.*, p. 215 sqq.).

3. Fragment du bras gauche de *Triton* : cf. Wiegand, *Poros-Architektur*,
p. 87, fig. 93.

tement tracés, et à côté d'eux on voit d'autres creusements et
des renflements qui correspondent mieux à la nature ; la saillie
osseuse du poignet n'a pas été oubliée ; on sent l'effort pour
atteindre un rendu des formes vivant et vrai, au lieu de répéter paresseusement la pratique conventionnelle. Ce même
effort, on le constate encore, malgré l'épaisseur du vêtement
collant, sur les épaules, le haut des bras et le haut de la poitrine : si on examine les parties correspondantes du *Zeus* assis,
vêtu lui aussi d'un chiton collant, et les torses de *Typhon*,
qui sont pourtant nus ceux-là, on reconnaîtra combien l'exécution dans le *Moschophore* est d'une qualité supérieure. Puis
surtout, on observera que les clavicules, le bord inférieur des
pectoraux, le contour de la cage thoracique, les divisions du
muscle droit antérieur de l'abdomen sont marqués ici avec
conscience et avec une justesse souvent satisfaisante, et que
rien de pareil ne se rencontre auparavant. Voilà le commencement d'un lent et délicat travail qui va se poursuivre désormais sans arrêt, à savoir la reprise, détail à détail, des formes
du corps vivant, avec le souci d'en pénétrer exactement la
structure et d'en rendre fidèlement les aspects extérieurs. Et
certes il y avait beaucoup à faire : on en peut juger, sans quitter le *Moschophore* lui-même, par les fautes et médiocrités qui
abondent dans le corps du veau et par cette dislocation de ses
pattes antérieures, digne du « grand écart » que fait le taureau
du grand groupe *Lions et taureau*.

Je prie qu'on remarque, pour finir, que la base sur laquelle
le *Moschophore* était dressé n'est pas en marbre, comme c'est
le cas pour les autres figures archaïques en marbre de l'Acropole. Elle consiste en un gros bloc de calcaire ; on peut dire,
sans métaphore, que la statue a encore les pieds engagés dans la
matière qui avait été celle de la période antérieure. Et ce détail
me semble tout à fait propre à caractériser l'époque de transition
où nous sommes arrivés : on dirait que le sculpteur a voulu
rappeler par un signe visible que le marbre est dans son atelier
une nouveauté, et que le temps est encore tout proche où la
pierre commune y était seule employée. Ce n'est là, sans doute,
qu'un détail fortuit, mais qui s'accorde exactement avec
tout ce que nous avons dit de l'exécution et du style de cette
figure.

Une statue, du type des « *Apollons archaïques* », trouvée à

Kératéa (ancien dème de Képhalé) en Attique[1], paraît être contemporaine du *Moschophore*. Malheureusement, l'œuvre, mutilée par accident ou à dessein, a perdu aujourd'hui presque toute valeur ; le visage notamment a été gratté et retravaillé d'une main maladroite et barbare, le nez a été recoupé, les yeux retouchés. Quelques parties cependant sont demeurées intactes : on retrouve encore, par exemple, la petite arête saillante, si caractéristique, prolongeant l'angle externe de l'œil. La chevelure, divisée sur le crâne et par derrière en chapelets de grosses boules aplaties et comme émoussées, rappelle exactement celle du *Moschophore* et de plusieurs œuvres en pierre tendre de l'époque précédente. Enfin, par l'aspect général du corps, épaules larges et fortes, membres vigoureux et un peu massifs, et surtout par l'air franc et ouvert de la physionomie (autant qu'on en peut juger à présent), par le dessin des yeux posés horizontalement, qui regardent droit, sans qu'un sourire affecté les tire et les relève, la statue de *Kératéa* appartient certainement à la catégorie des premières sculptures attiques en marbre, continuatrices immédiates des sculptures en calcaire commun.

Il en faut dire autant de deux torses d'homme, l'un trouvé près du Céramique et provenant sans doute d'une statue funéraire[2], l'autre provenant d'une statue de cavalier qui se dressait sur l'Acropole[3]. L'un et l'autre sont des œuvres fort médiocres. Dans le premier surtout, l'embarras qu'éprouvait l'artiste à rendre le détail des formes qu'il n'avait pas encore étudiées de près s'étale ingénument : le bas de la cage thoracique dessine un angle aigu, du sommet duquel descend un raide petit sillon qui indique la ligne médiane de l'abdomen ; et la triple division du muscle droit antérieur est marquée sim-

---

1. *Mus. nat. d'Athènes*, 1904. Cf. 'Εφημ. ἀρχ., 1895, pl. VI, p. 75 sqq. (Léonardos). La figure était un peu plus grande que nature. Elle est en marbre pentélique.
2. *Mus. nat. d'Athènes*, 71. Cf. 'Εφημ. ἀρχ., pl. I, p. 35 sqq. (Sophoulis). Marbre des Iles. Sur la date reculée de ce torse, ainsi que du suivant, cf. Furtwængler, *Meisterw. gr. Plastik*, p. 715, note 6.
3. N° 590. Cf. *Musées d'Athènes*, pl. XII, 1 ; *American journ. arch.*, II, 1886, p. 62, n° 5 (W. Miller) ; 'Εφημ. ἀρχ., 1887, pl. II, 1-2, p. 40 sqq. (Sophoulis) ; *Arch. Jahrbuch*, VIII, 1893, p. 137-138 et 147-148 (Winter) ; Pawlowski, *op. l.*, p. 89, fig. 18 ; Perrot, *Hist. de l'art*, VIII, p. 635, fig. 325. — Marbre de Paros.

plement par trois petits traits parallèles très rapprochés au
dessus du nombril, qui font tout juste l'effet d'une sorte de division métrique. — Le torse de l'Acropole est d'un auteur moins
novice, mais dont la science n'est pourtant pas bien avancée.
Les divisions de l'abdomen sont indiquées avec un plus grand
souci de vérité; mais l'espèce d'ovale qui les cerne et qui réunit,
à droite et à gauche, dans une seule et même courbe, à la fois
le bord de la cage thoracique et le bord du muscle grand
oblique, est entièrement fautif en son artificielle régularité.
Les autres détails de la forme, comme les pectoraux, les clavicules, les omoplates, les flancs, décèlent un ciseau timide, qui
ose à peine effleurer le marbre : c'est une exécution sans pro-
fondeur : je veux dire, où l'on ne sent pas la connaissance des
parties profondes du corps, du jeu véritable des muscles et des
os. Elle est sensiblement inférieure à celle même du *Moschophore*.

Une autre statue d'homme, encore de cette période, était
celle dont le Louvre a recueilli quelques débris : la tête (*fig.* 4),
une main, un fragment de jambe[1]. La tête présente une très
grande ressemblance avec celle du *Moschophore* : c'est le même
crâne laissé lisse et la même bandelette serrant les cheveux[2],
les mêmes tresses de cheveux en cordons de perles retombant
de chaque côté sur les épaules. D'autre part, quelques détails,
comme les gaufrures des cheveux sur le front, le dessin des
yeux, au globe saillant enfermé entre une paupière supérieure
très arquée et une paupière inférieure presque horizontale,
rappellent immédiatement l'*Hermès à la syrinx*. Puis, tous les
traits caractéristiques que nous avons relevés dans les deux
œuvres précédentes se retrouvent encore ici : l'oreille sèche,
« en bois », la rainure nette qui circonscrit les narines, l'arrêt
brusque des coins de la bouche, le large sillon régulier autour

---

1. Cf. *Gaz. arch.*, 1887, pl. XI, p. 88 sqq. (Collignon). — Marbre pentélique.

2. Cf. Collignon, *l. l.*, p. 90 : dessin représentant le nœud de la bandelette par derrière. Il n'y a rien de pareil dans le *Moschophore*, parce que le
corps du veau cache la nuque du porteur. Mais une des statues *samiennes* de
l'Acropole (*Au mus. de l'Acrop.*, p. 375, fig. 44) porte un ruban noué exactement de la même façon. Cf. aussi la figure égyptienne reproduite dans Perrot.
Hist. de l'art, 1, p. 662, fig. 451-452. Je ne prétends d'ailleurs tirer de ces analogies aucune conséquence : il n'y a pas beaucoup de manières de nouer un
ruban.

de l'œil, et surtout la petite saillie à l'angle externe des paupières.

Je ne vois aucune utilité à en dire plus long sur cette tête ; je ne ferais que répéter ce qui a été dit aux pages précédentes.

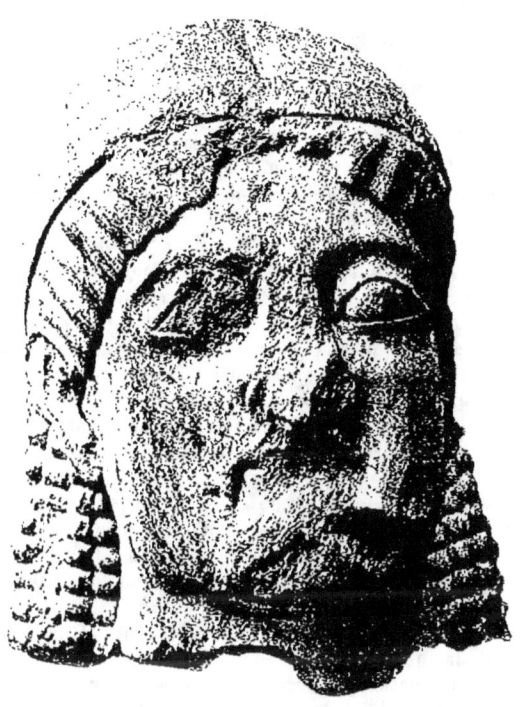

Fig. 4. — Tête d'une statue d'homme
(Paris, Louvre).

Le lecteur, maintenant qu'il est averti, n'a qu'à rapprocher les gravures où sont reproduits le *Moschophore*, l'*Hermès à la syrinx* et la tête du Louvre, pour se convaincre que ces trois marbres sont du même temps, qu'on y sent les mêmes habitudes de main, et que ces habitudes sont celles qu'avait produites la longue pratique de la pierre tendre et du bois.

8

Les figures du type féminin démontrent, aussi clairement que celles du type masculin, dans quelles conditions s'est opéré le passage des matériaux tendres au marbre.

Je rappellerai en premier lieu une statuette (*Au musée de l'Acrop.*, p. 184, fig. 17), une de celles qu'on remarque le moins ; et il semble, en effet, qu'elle ne mérite pas un regard. Avec son cou trop large et trop haut, ses bras ridiculement courts et maigres, son corps trop épais, arrondi, et quasi sans forme, avec tous ces défauts accrus par les dommages qu'a subis le marbre, c'est une œuvre des plus grossières, sans valeur artistique. Mais le travail, si médiocre qu'il soit, en est intéressant ; car il reproduit exactement dans le marbre le travail des figures féminines en pierre tendre. En la comparant surtout à la petite *Hydrophore*, on ne peut qu'être frappé d'une ressemblance si complète. C'est, dans les deux, le même costume : un péplos serré par une ceinture et un grand himation jeté sur le dos comme un châle ; c'est, sur les épaules, le même arrangement des boucles de cheveux, pareilles à des chapelets de gros grains ; c'est le même abus des grandes surfaces raides, régulières, sans détail, sans modelé. Enfermé dans le péplos comme dans une gaine, le corps est aussi large aux pieds qu'aux épaules, aussi épais aux genoux qu'à la poitrine ; les seins ne sont pas même marqués ; toute la partie antérieure, depuis le col jusqu'aux pieds, ne fait guère qu'un plan unique, à peu près vertical : il en est exactement ainsi dans la statuette de calcaire. Si maintenant on examine les détails de la facture, par exemple les sillons égaux que font les plis de l'himation par derrière [1], ses pans largement creusés par devant, la sèche découpure de ses bords [2], on trouvera que tout cela semble avoir été copié fidèlement sur les détails correspondants de la petite *Hydrophore*. En somme, on peut dire que le premier des reproches auxquels s'est exposé l'auteur de cette statuette en marbre, c'est précisément de l'avoir faite en marbre ; car la façon dont il l'a travaillée paraît annoncer qu'elle est faite d'une matière tendre, se laissant *couper* sans peine ; et dès lors qu'il l'exécutait en marbre, avec des outils qui n'étaient plus la gouge et le ciseau coupant, elle eût dû prendre, jusque dans les détails de l'exécution, une physionomie différente.

1. Cf. la planche publiée par l'Ἐφημ. ἀρχ., 1891, pl. XII, à gauche.
2. Cf. même planche.

A la même période appartient aussi une statuette (*fig.* 5), trouvée à Éleusis en 1882[1]. Petite, grossièrement travaillée, privée de la tête, des pieds et des avant-bras, banale quant à l'attitude représentée, elle n'attire les regards guère plus que la précédente : mais elle mérite autant que celle-ci, et pour les mêmes raisons, que nous lui fassions place dans notre étude. On pourrait s'étonner cependant que nous ne nous contentions pas, après avoir noté l'intérêt général de cette sorte de sculptures, de les énumérer sans plus de détails, puisque, du reste, leur valeur artistique est des plus minces. Mais, outre que les transitions qu'il s'agit de faire voir n'apparaîtront jamais plus clairement qu'après une analyse détaillée, chacune de ces figures féminines que j'étudie ici constitue un des maillons d'une chaîne solide et sans lacune, qu'il importe de suivre jusqu'au bout, parce qu'il doit en ressortir des conclusions du plus sérieux intérêt.

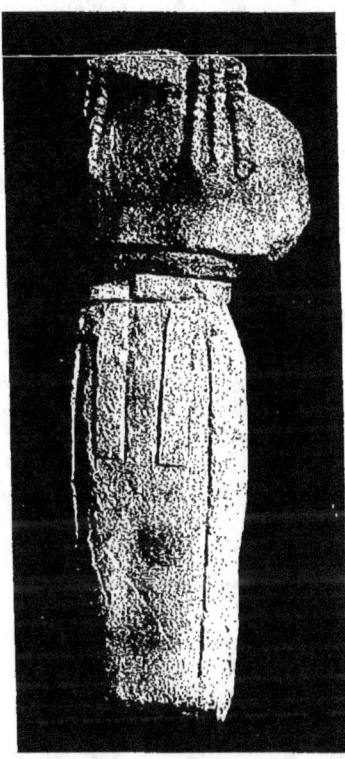

Fig. 5. — Statuette de *coré* (Athènes, Musée national).

Le costume de la statuette d'Éleusis paraît, à première vue, s'éloigner beaucoup de celui de la statuette en marbre de l'Acropole et de l'*Hydrophore*. En y regardant de plus près, on s'aper-

---

1. *Mus. nat. d'Athènes*, 5. Cf. Ἐφημ. ἀρχ., 1884, pl. VIII, 1-1ᵃ, p. 179-182 (Philios). — Marbre pentélique : cf. Lepsius, *op. l.*, p. 82, nᵒ 162.

çoit que c'est le même, sans l'himation. Il se réduit au péplos serré à la taille par une ceinture dont les deux bouts retombent par devant; l'étoffe, justement parce qu'elle est serrée, fait de chaque côté un gros pli qui descend tout le long des jambes, puis elle se renfle au dessus de la ceinture en formant bourrelet[1]; la partie supérieure est rabattue (*apoptygma*) de façon à recouvrir en double le haut du corps. Les diverses parties du vêtement et la ceinture se distinguaient primitivement mieux qu'aujourd'hui, grâce à la couleur qui avertissait et guidait l'œil du spectateur. Mais aujourd'hui encore, malgré l'anéantissement du coloris[2], la nature exacte du costume est parfaitement reconnaissable à tout regard attentif. Or, si l'on se reporte à la statuette de l'Acropole, on y retrouvera le même péplos à *apoptygma*, avec la même ceinture, sauf que les bouts retombants de celle-ci ne sont pas visibles. Je souligne l'existence de l'*apoptygma*, car les mutilations du marbre et la disparition de la couleur le rendent quasi invisible; mais c'est assez, pour le reconnaître, de ce reste de bordure qui a subsisté à gauche, au dessus de la ceinture et du bourrelet (*colpos*), et la comparaison avec la statuette d'Éleusis achève de fixer notre conviction. Et maintenant, il suffit d'un coup d'œil en arrière sur la petite *Hydrophore*, sur le personnage féminin du fronton *de l'olivier*[3], sur l'*Athéna* de l'*Hécatompédon*, pour constater que ces cinq figures, les trois en calcaire et les deux en marbre, portent essentiellement le même costume, puisqu'elles portent toutes le péplos à *apoptygma*, avec ceinture; seulement, la dernière, la statuette d'Éleusis, n'y a pas ajouté l'himation, qu'on voit sur les épaules des quatre autres.

Joignons à cette ressemblance dans le costume celle qu'on observe dans l'arrangement et le découpage des cheveux, par devant comme par derrière, et surtout dans le travail de ces grandes surfaces lisses et uniformes, dans les lignes nettes et sèches qui limitent les parties en relief et semblent avoir été tracées avec un tranchet plutôt qu'avec un ciseau. Il nous paraît superflu d'insister sur des caractères qui sont, par eux-

1. Ce bourrelet est l'origine même de ce qu'on appelle le *colpos*, dans le costume féminin du vᵉ siècle.
2. Il n'en subsiste plus qu'un peu de rouge sur la chevelure et quelques traces peu distinctes sur la bordure brodée de l'*apoptygma*.
3. Cf. ci-dessus, p. 64 sqq.

mêmes, si clairs et si parlants : la statuette d'Éleusis est apparentée d'aussi près que possible à la statuette en marbre de l'Acropole; et toutes les deux se rattachent étroitement aux sculptures en pierre tendre.

Nous arrivons enfin[1] à une autre œuvre, de la même époque et du même genre, mais d'une bien plus grande importance; car elle est, dans la série des figures féminines, presque l'équivalent de ce qu'est le *Moschophore* pour les figures de type masculin. C'est une statue de grandeur naturelle, à peu de chose près, découverte dans les fouilles de 1887 (*Au musée de l'Acrop.*, p. 187, fig. 19)[2]. Elle a perdu les pieds et la tête, mais, pour tout le reste du corps, est dans un excellent état de conservation. On lui a souvent appliqué la qualification de prêtresse, et il est vrai que l'ampleur et la gravité de son costume, puis surtout cette ceinture dont les deux bouts ornés retombent symétriquement comme ceux d'une étole, lui donnent au premier moment un certain air sacerdotal. Mais il ne faut pas se laisser prendre à cette apparence. Ce même costume et cette même ceinture, nous venons de les voir, portés par plusieurs statuettes en lesquelles on ne songe pas à reconnaître des prêtresses, et ce n'est pas le plus ou moins d'habileté et de soin que l'artiste a mis à travailler ces parties-là, qui peut en changer la signification réelle. La femme que nous voyons ici sous ce costume, tenant dans une main une couronne et dans l'autre une grenade[3], n'est pas une dignitaire du temple, mais une femme quelconque, pieuse envers les dieux, se pré-

---

1. Je ne fais que mentionner en passant deux fragments, du musée de l'Acropole, qui proviennent d'œuvres du même temps et de la même espèce, mais dont l'intérêt est minime (*Au mus. de l'Acrop.*, p. 185, fig. 18, et p. 190, n° 7). — Je mentionne seulement aussi un fragment de torse féminin (tête absente, bras cassés au dessus du coude), de grandes dimensions, au Musée national d'Athènes (n° 73 ; cf. Furtwængler, dans *Athen. Mittheil.*, VI, 1881, p. 180 ; *Au mus. de l'Acrop.*, p. 160, note 1). C'est une des plus anciennes œuvres en marbre, retrouvées en Attique; on peut remarquer que les boucles de cheveux, retombant sur les épaules par devant, ont la même forme en chapelets de gros grains que celles de l'*Hydrophore* en pierre tendre et de l'*Athéna* de l'*Hécatompédon.*

2. Pour la bibliographie, cf. *Au mus. de l'Acrop.*, p. 186, note 2 ; y ajouter : Lepsius, *op. l.*, p. 74, n° 57 (marbre pentélique); Perrot, *Hist. de l'art*, p. 575, fig. 288.

3. La manière dont cet objet est tenu m'avait fait croire jadis (*Bull. corr. hell.*, XIV, 1890, p. 581) qu'il devait être un petit vase à parfums, de forme très effilée par en bas. Il est plus probable que c'est une grenade ; seulement le sculpteur maladroit l'a posée *sur* la main au lieu de la placer *dans* la main, entre les doigts serrés.

sentant au sanctuaire avec deux de ces offrandes qui étaient la
menue monnaie de la dévotion. La couronne et la grenade
qu'elle a dans ses mains étaient pour elle (*si parva magnis...*)
ce qu'est pour Rhombos fils de Palès le veau qu'il apporte
sur ses épaules. Et les deux statues, malgré toutes les différences qui les séparent, ont au fond même sens : elles devaient
perpétuer le souvenir de la piété et des offrandes d'un individu,
ou plutôt elles équivalaient, pour l'individu qui les avait consacrées, à un acte de piété permanent et indéfini.

Le costume de cette figure n'a rien de nouveau pour nous;
c'est celui-là même que nous avons étudié à propos des statuettes précédentes. Les moindres détails que nous y avons
signalés se retrouvent ici : par exemple, le bourrelet que fait
l'étoffe du péplos entre la ceinture et l'*apoptygma*. La nature
de l'himation se laisse reconnaître mieux qu'ailleurs : c'est une
grande pièce d'étoffe, pliée en deux et posée symétriquement
sur les épaules à la façon d'un châle [1] : les quatre coins, qui se
recouvrent presque deux par deux, sont munis de petits glands,
lesquels existent déjà dans des figures plus anciennes, et se
voient également aux coins de la tunique du *Moschophore* [2].
Les boucles de la chevelure ne sont plus travaillées, comme
dans les œuvres précédentes, en forme de lourds chapelets;
elles ressemblent plutôt à de grosses lanières découpées carrément et légèrement gaufrées sur la face antérieure. En revanche,
ces deux appendices allongés, des pendants d'oreille peut-
être [3], qui descendent de chaque côté du cou en avant des
boucles, correspondent à un détail tout pareil de l'*Athéna* en
haut-relief provenant du fronton oriental de l'*Hécatompédon* [4].

Tout ce que nous avons dit des caractères de l'exécution dans
les deux statuettes de l'Acropole et d'Éleusis, nous pourrions

---

1. Cf., pour le détail de cet himation, *Au mus. de l'Acrop.*, p. 188, note 1.
2. Je reviendrai plus loin sur ce petit détail, qui me paraît tout à fait digne
d'être noté. M. Heuzey, en publiant (*Bull. corr. hell.*, XV, 1891, p. 611,
pl. XVII) une très curieuse statue espagnole de style gréco-phénicien, disait
que les glands qui terminent les quatre coins de son manteau rappellent certaines modes orientales ou barbares plutôt que grecques. Les exemples que
je viens de citer, empruntés à la sculpture purement attique, paraissent prouver que ç'a été là aussi une mode grecque.
3. Comparer les pendants d'oreille, en forme de grappe de raisin, de
l'*Athéna Parthénos* dans la gemme d'Aspasios.
4. M. Wiegand (*op. l.*, p. 101) explique ce détail, dans l'*Athéna*, comme
étant « une quatrième boucle de cheveux » ; mais ne serait-ce pas plutôt
des pendants d'oreille ?

le répéter ici, mais en faisant remarquer qu'il s'agit cette fois
d'une grande statue ; qu'on ne saurait du tout alléguer de
prétendues négligences de l'artiste, devant une œuvre aussi
évidemment soignée que l'a été celle-ci ; et que, par conséquent, ces caractères doivent nous paraître plus que jamais
importants et pleins de sens. Dans la *Femme à la grenade*,
non moins et même plus que dans le *Moschophore*, les souvenirs de la technique du bois dominent encore, à son insu, la
main et les yeux de l'ouvrier. Ce corps de marbre, arrondi de
toutes parts, tout en grands plans unis, en grandes lignes
droites, est identique à celui de l'*Hydrophore* et de l'*Athéna*
en pierre tendre. Les formes de la poitrine, des épaules et des
bras, sous l'épaisse carapace des vêtements, rappellent les
lourdes formes maintes fois signalées dans les œuvres antérieures. Le dessin de la main et des doigts est le même que
dans l'*Hermès à la syrinx ;* et le commun modèle de ces mains
en marbre, nous le rencontrons dans les mains du *Typhon* en
calcaire. D'autres parties, en raison même du soin particulier
dont elles ont été l'objet, sont plus significatives encore : pour
mieux orner la ceinture, par exemple, l'artiste l'a tout du
long creusée d'une sorte de cannelure que limitent deux petits
listels ; or, un tel fignolage ne correspond en rien à la forme
réelle d'une bande d'étoffe souple et mince, mais, au contraire,
fait penser au travail d'un menuisier creusant à la gouge un
large sillon dans une planchette de bois.

Du coloris qui la recouvrait, la statue n'a conservé aujour-
d'hui que quelques vestiges, insuffisants à notre gré. La grenade, les glands du manteau sont demeurés d'un rouge vif ;
sur le devant du péplos s'alignent verticalement une suite de
petits ornements en forme de croix gammée ou d'étoile ; les
bords de l'himation offrent le dessin, très visible encore, d'une
grecque allongée. Il est certain que la figure n'était pas peinte
tout entière ; les nus et la majeure partie du vêtement gardaient le ton du marbre : on peut l'affirmer ici avec plus de
certitude que pour le *Moschophore*.

Par un hasard fâcheux, les trois figures féminines dont il
vient d'être parlé sont toutes brisées de la même manière, et
aucune d'elles n'a conservé sa tête. Il n'est pas difficile pourtant d'imaginer ce que devaient être ces têtes. D'abord, en
tenant compte des degrés différents dans l'habileté de l'artiste

et dans le fini de son travail, il est toujours certain qu'elles devaient être foncièrement pareilles entre elles; et, en second lieu, il est non moins sûr que toutes les trois devaient se rattacher à celle de l'*Hydrophore* en pierre tendre, comme à une sorte de prototype. Les ressemblances si étroites que

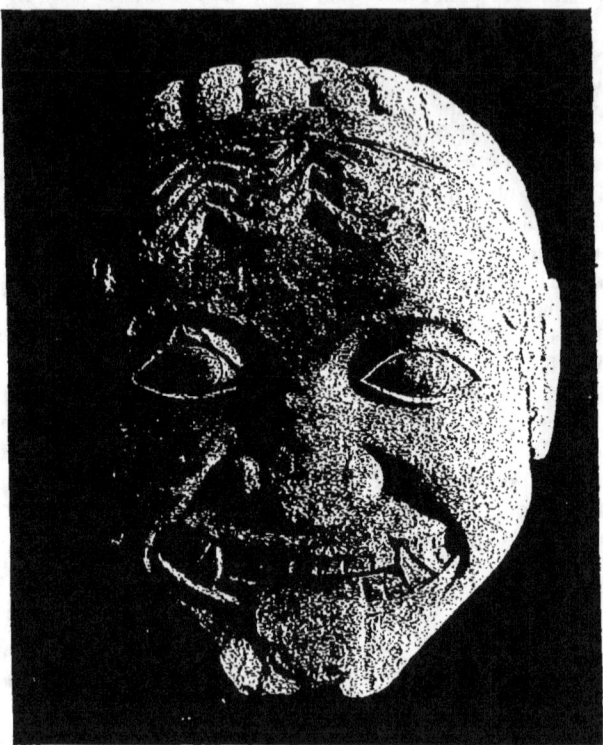

Fig. 6. — Tête de *Méduse*
(Acropole).

nous avons notées entre cette figure en calcaire et les trois figures de marbre, depuis les pieds jusqu'au col, ne peuvent pas s'être arrêtées au col, et on ne concevrait pas que la tête eût été exécutée suivant d'autres principes techniques que le reste du corps.

Faute de têtes féminines ordinaires, j'introduirai ici une tête de *Méduse* (*fig.* 6), débris intéressant dont la facture n'offre pas seulement tous les caractères spéciaux à la période qui nous occupe, mais pousse ces caractères à l'exagération. Cette tête, travaillée en relief, d'une assez forte saillie, est sortie du sol de l'Acropole en 1888[1]. Elle offre le type archaïque de Méduse dans toute son horreur : nez bossué et écrasé, langue pendante, bouche endentée comme une gueule de sanglier et contractée par un rictus affreux. Sans doute, le grossissement caricatural de ces traits repoussants a incité l'ouvrier à accentuer davantage encore la raideur et la dureté de son travail ; toujours est-il que, dans aucune autre œuvre en marbre, la sécheresse anguleuse propre à la vieille technique du bois et de la pierre tendre ne s'est étalée plus ouvertement que dans ce masque hideux[2]. L'oreille plate et collée au crâne, le large contour du nez et de la bouche, les étroites incisions qui séparent l'une de l'autre les dents découpées en carré, les yeux surtout, avec leurs paupières si sèchement arrêtées et l'angle vif qui en prolonge l'angle externe, sont des échantillons choisis de ce genre de technique. Si l'on n'était averti que la matière employée est bien du marbre, on jurerait que cette *Méduse* a été taillée dans un billot de bois avec un couteau.

Les deux *Sphinx* trouvés respectivement à Spata (*fig.* 7) et au Pirée (*fig.* 8), et conservés au Musée national d'Athènes[3], sont de notables sculptures, dont la place est ici. Le *Sphinx de Spata*, surtout, témoigne, par maints détails significatifs, de l'inconsciente persistance des habitudes anciennes nées de l'emploi prolongé du bois, puis de la pierre tendre. La bouche en arc régulier, arrêté net aux deux extrémités, la rainure sèche qui limite les ailes du nez, la petite ligne sail-

---

1. Cf. Collignon, *Hist. sculpt. gr.*, I, p. 218, fig. 103 ; Perrot, *Hist. de l'art*, VIII, p. 624, fig. 317 ; Lepsius, *op. l.*, p. 74, n° 64 : marbre pentélique. — Hauteur de la tête, 0m,25.
2. Cela n'a pas échappé à M. Wolters, quand il a signalé la découverte de ce morceau : cf. *Athen. Mittheil.*, XIII, 1888, p. 440.
3. *Sphinx de Spata*, n° 28 du *Catalogue* : cf. Brunn-Bruckmann's *Denkmæler*, 66, A; *Athen. Mittheil.*, IV, 1879, pl. V, p. 45 (Milchhœfer) ; Friederichs-Wolters, *Gipsabgüsse*, 103 ; Collignon, *Hist. sculpt. gr.*, I, p. 383, fig. 199 ; Pawlowski, *op. l.*, p. 267, fig. 94 ; Perrot, *Hist. de l'art*, VIII, p. 659, fig. 337 ; Lepsius, *op. l.*, p. 81, n° 150 : marbre pentélique. — *Sphinx du Pirée*, n° 76 du *Catalogue* : cf. Pawlowski, *op. l.*, p. 269, fig. 95; *Athen. Mittheil.*, XV, 1890, p. 8 (Græf). Marbre pentélique.

lante qui prolonge l'angle externe de l'œil, puis les sourcils

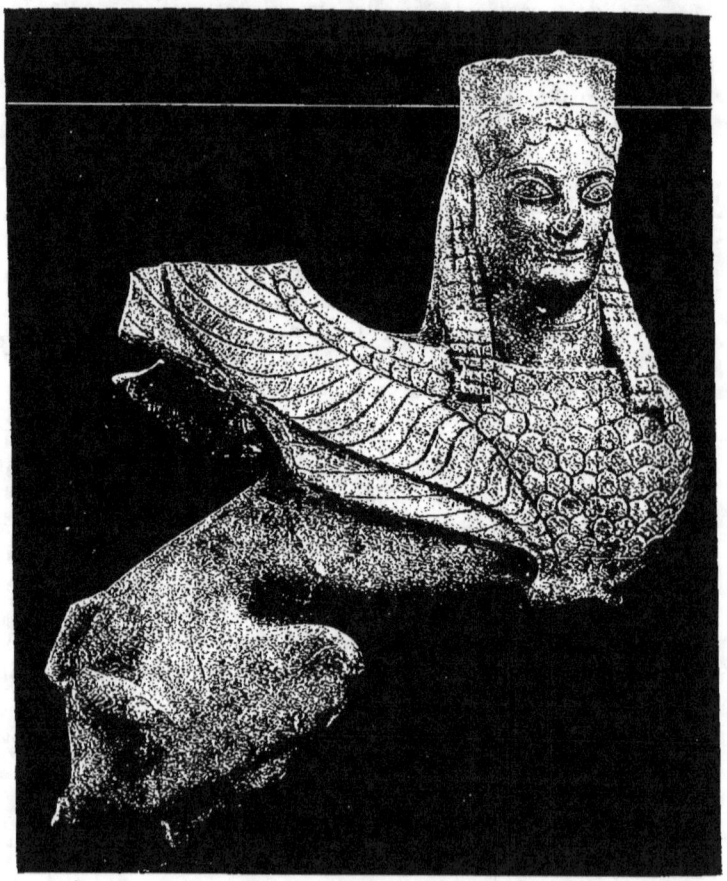

Fig. 7. — *Sphinx de Spata*
(Athènes, Musée national).

indiqués *en creux* par une courbe taillée en biseau, sont de
ces détails qui rappellent au premier regard les effets natu-

rels des outils coupants, dans une matière propre à être cou-

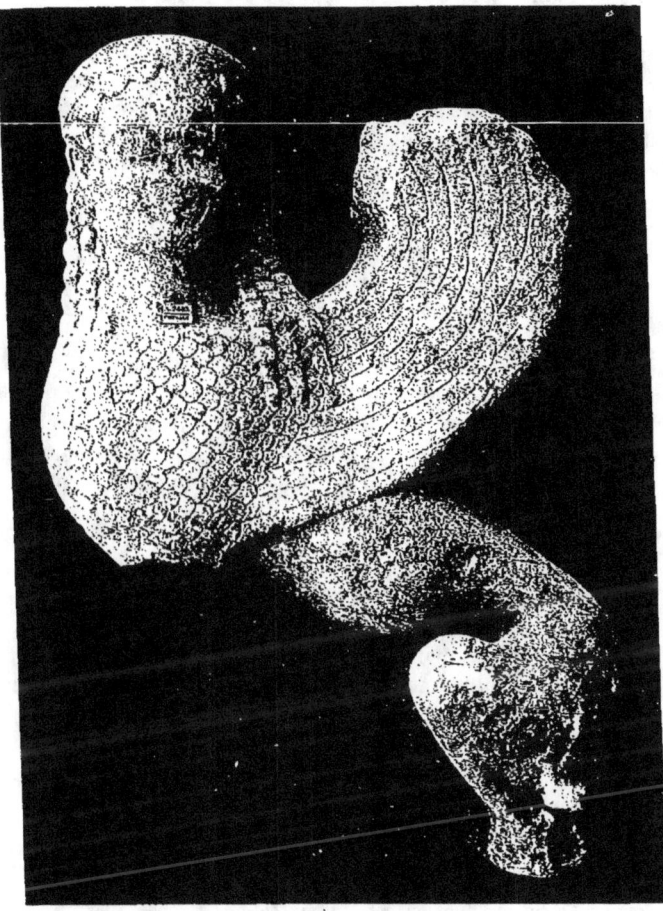

Fig. 8. — *Sphinx du Pirée*
(Athènes, Musée national).

pée. D'autre part, la masse festonnée de la chevelure sur le

front, les boucles de cheveux retombant de chaque côté du
cou en cordons de grosses perles, les grands yeux bien ouverts,
posés horizontalement, le sourire léger, limité à la bouche
seulement et éclairant le visage sans en modifier les contours, le menton carré et la ferme structure de la tête entière,
tous ces traits soit de technique ou de style se trouvent également réunis dans le *Moschophore* et caractérisent le type
attique de la première période. Quant au corps, les formes en
sont indiquées avec justesse, mais arrondies sommairement,
sans modelé véritable. — Tel est aussi l'aspect du *Sphinx du
Pirée.* Un peu plus récent peut-être que son congénère de Spata,
il a dans la facture quelque chose de moins raide et moins
sec, et quelques parties mieux venues, comme les oreilles par
exemple. Mais, d'ailleurs, c'est la même conformation du corps,
le même dessin des cheveux sur le front ou des boucles sur
les épaules; et les mutilations du visage ne sont pas telles
qu'on ne puisse, dans le tracé de la bouche et des yeux, dans
les larges sillons doux qui circonscrivent l'œil par dessus et
par dessous, et dans la petite arête saillante qui en prolonge
l'angle externe, enfin dans la construction solide du menton
et des joues, et dans l'air franc et épanoui de la face, sans
affectation de sourire, discerner encore suffisamment ce genre
particulier d'exécution, à propos duquel on ne cessera pas de
citer le *Moschophore*, puisque c'en est le modèle le plus complet et le plus considérable.

Le œuvres décrites ci-dessus [1] suffisent amplement, il me
semble, à donner une idée exacte de ce que fut la première
époque de la sculpture en marbre. Elles confirment par des
exemples variés, mais unanimement concordants, la vérité du
principe posé plus haut (p. 102-104), à savoir que la technique
du bois se prolongea, comme en vertu de la force acquise,
jusque dans les premières œuvres en marbre, et que celles-ci

---

1. A la même catégorie appartiennent aussi — mais il n'y a pas lieu de s'y
attarder — des têtes et poitrails de chevaux, fragments d'un quadrige taillé
en relief, vu de face, dans le genre d'une des vieilles métopes de Sélinonte
(cf. Benndorf, *Metopen von Selinunt*, pl. III). Ce devait être un petit monument isolé, plutôt qu'une sculpture décorative faisant partie d'un édifice. Les
fragments en question portent, au musée de l'Acropole, les n°s 575-576 et
578-580 : cf. *Arch. Jahrbuch*, VIII, 1893, p. 136 et 147 (Winter); Pawlowski,
op. l., p. 253-254, fig. 88-89 ; *Bull. corr. hell.*, XXV, 1901, p. 476-477, fig. 2-4
(Homolle).

n'ont différé des sculptures en pierre commune que par la matière, mais non par l'aspect extérieur et par les qualités d'exécution. De ces premières figures en marbre on doit dire qu'elles appartiennent encore, par l'esprit, à la période antérieure.

Elles sont, comme on le voit, assez nombreuses. Cependant les artistes, en demeurant fidèles à leurs vieilles habitudes de pratique, bien que toutes les conditions du travail (matière et outils) fussent changées, en répétant les œuvres de leurs devanciers jusque dans certains défauts que l'emploi de la pierre tendre ou du bois excusait, mais qui devenaient inadmissibles après l'emploi du marbre, commettaient un véritable contre-sens esthétique. Et ils ne pouvaient pas rester bien longtemps sans s'en apercevoir. Car, en travaillant le marbre, ils en découvraient les qualités et la vertu propres. « Les matériaux ont leur humeur », a dit excellemment un maître en l'art d'animer la matière[1] ; et cette humeur ne se laisse pas ignorer : on peut bien lui faire violence un temps, on a vite reconnu qu'il est plus simple et plus profitable de lui céder. La nature fibreuse du bois, la surface rugueuse du calcaire poreux se prêtaient mal aux délicatesses du modelé ; le marbre, au contraire, par la finesse de son grain, la fermeté douce de son épiderme, invitait l'artiste à rechercher ces délicatesses et à donner à son travail tout le fini possible. La technique du calcaire ou du bois avait l'inconvénient, nous l'avons dit, de porter l'ouvrier à un travail superficiel, à une facture sommaire et par à peu près ; le marbre, au contraire, en le contraignant à un labeur long et pénible, devait retenir son attention sur chaque détail, l'amener à une incessante comparaison avec le modèle et, par suite, à la rectification progressive d'une foule de petites fautes jusqu'alors inaperçues. C'était la matière même, par sa résistance, qui allait obliger l'ouvrier à reviser les habitudes de sa main et de son œil, à en reconnaître les défauts, et à s'en créer de nouvelles plus conformes aux conditions nouvelles de l'art. Le jour où il aura fait cette découverte, que ses habitudes d'autrefois n'ont plus maintenant de raison d'être, le sculpteur attique, si éloigné qu'il soit encore du but, sera entré pourtant, d'une façon définitive, dans la bonne voie. Il a trouvé enfin la matière la plus belle

1. M. Eugène Guillaume.

et la plus noble ; il ne lui reste plus qu'à se convaincre, à l'épreuve, que cette matière ne doit pas être traitée comme jadis le bloc de pierre commune ou le tronc d'arbre, mais qu'il faut travailler le marbre comme il convient au marbre.

Sur ce point, les Attiques recevront du dehors une aide efficace, qui aura pour effet d'accélérer leur éducation technique, et de ce moment datera, naturellement, une autre période de leur art. Avant d'y entrer, nous devons clore la précédente, en nous efforçant, d'abord, d'en marquer les limites dans le temps, puis d'en résumer avec précision les caractères essentiels.

CHAPITRE VII

DE LA DATE DES PREMIÈRES SCULPTURES EN MARBRE
ET DES SCULPTURES EN PIERRE TENDRE

Depuis le fronton *de l'Hydre* jusqu'au *Moschophore*, pas une des œuvres examinées ne porte avec soi sa date. Nous avons dû les présenter l'une après l'autre (non pas au hasard, il est vrai), comme des épaves muettes sur leur propre passé. Il en est résulté, sans doute, quelque gêne secrète dans l'esprit du lecteur. Cependant il fallait bien se contenter jusqu'à présent d'établir entre les œuvres un classement relatif, en attendant qu'un indice certain permit de passer du classement relatif au classement absolu. Cet indice, ainsi qu'on le verra tout à l'heure, nous est fourni par une des précédentes statues en marbre. Mais, avant d'en venir là, je vais rappeler et préciser les résultats du classement relatif, établi par les seuls moyens de la méthode archéologique :

1° Les sculptures en marbre, ci-dessus décrites, sont à très peu près contemporaines. L'identité entre elles toutes des caractères si particuliers de la facture prouve sans conteste qu'elles ont été produites dans les mêmes conditions et sous les mêmes influences. De plus, elles sont presque toutes en marbre du Pentélique ou de l'Hymette, c'est à dire en marbre attique[1]. Enfin, j'ai relevé avec soin, chemin faisant, et je

---

1. On ne doit pas, je crois, donner une bien grande importance aux considérations sur la nature du marbre. Y voir le premier et le plus sûr critérium qui nous permette de déterminer l'origine des œuvres archaïques, c'est se vouer d'avance à de grosses erreurs, ainsi que M. Sauer l'a fait voir, par son propre exemple, dans son étude sur l'ancien art de Naxos (*Athen. Mittheil.*, XVII, 1892, p. 37 sqq.; cf., sur ce travail, les justes critiques de M. Furtwængler, *Meisterw. gr. Plastik*, p. 715, note 6). Mais, dans le cas présent, je fais cette simple remarque, que les sculpteurs attiques, quand ils ont délaissé pour le marbre la pierre commune, ont dû naturellement employer d'abord le marbre indigène, et ce n'est qu'après l'avoir éprouvé qu'ils ont eu des raisons de lui préférer le marbre des îles. Il est donc vraisemblable *a priori* que

rappellerai encore plus loin, dans une note spéciale, de nombreux menus détails qui mettent nécessairement un lien entre les œuvres différentes où leur présence est constatée. Ces sculptures en marbre forment donc un groupe bien uni, dont le représentant le plus désigné est le *Moschophore ;* dans la suite de ces pages, quand nous citerons le *Moschophore,* c'est le groupe entier dont il est le centre que nous aurons en vue.

2° Les sculptures en pierre tendre doivent être, à peu d'exceptions près, antérieures au *Moschophore ;* non pas seulement parce qu'elles sont en pierre tendre, car nous avons dit qu'il y eut sans doute, pendant un plus ou moins long temps, emploi simultané de la pierre commune et du marbre dans les ateliers des sculpteurs ; mais, en ne considérant que les qualités d'exécution, sans se préoccuper de la matière mise en œuvre, il est incontestable que le *Moschophore* l'emporte sur celles même des sculptures en pierre commune qui représentent à nos yeux le plus grand effort de la plastique à cette époque.

3° Enfin les sculptures en calcaire semblent correspondre à plusieurs étapes différentes de l'art. J'ai dit tout au long, en leur lieu, les motifs qui obligent en théorie à placer celle-ci avant ou après celle-là ; et, en conséquence, voici dans quel ordre je crois qu'on doit échelonner les principales d'entre elles :

a) Fronton *de l'Hydre ;*
b) *Fronton rouge* (premier groupe d'*Héraclès et Triton*) ;
c) Frontons de l'*Hécatompédon ;* grand groupe *Lions et taureau.*

Ce classement relatif comporte déjà quelques renseignements sur la marche qu'a suivie l'art attique. Cependant il ne nous apprend point par quel intervalle sont séparées les principales étapes de cette marche, ni à quel moment de l'histoire nous sommes. Mais, s'il nous était possible de dater l'une

les premières œuvres en marbre des ateliers attiques ont dû être presque exclusivement en marbre attique. C'est ce que nous constatons, en effet, dans des œuvres en lesquelles, pour d'autres motifs plus sérieux, nous avons reconnu les plus anciennes productions en marbre de l'école attique. — J'aurai à revenir plus loin sur cette question de l'origine du marbre.

quelconque de ces œuvres, les autres se trouveraient datées
par rapport à elle d'une façon approximative, et la série
entière, au lieu de flotter sans attache nulle part, serait dès
lors comme amarrée à un point fixe. — Or, l'inscription de la
base du *Moschophore* équivaut presque à une date : la dimension et la forme des lettres [1], les trois points verticaux qui
séparent les mots, la direction de l'écriture de droite à gauche,
dans un texte qui ne compte qu'une seule et unique ligne [2],
sont des signes certains que l'inscription appartient à la première moitié du vi[e] siècle. Comme, de plus, les fouilles de
l'Acropole ont fait connaître un grand nombre d'inscriptions
attiques qui se succèdent dans la seconde moitié du vi[e] siècle,
surtout de 540 à 500 [3], et que l'inscription du *Moschophore*,
comparée à celles-là, paraît sensiblement plus archaïque, il
faut donc la reporter à une certaine distance en arrière [4];
elle est sûrement antérieure à 550 [5]; et la série entière des
premiers marbres peut ainsi être placée *avant* 550. Dès lors,
celles des sculptures en calcaire qui sont plus anciennes que
le *Moschophore* seront rejetées plus loin, vers 575 et vers
600, voire au delà. Mais ne serait-il pas possible de préciser
davantage ?

Le temple, dit *Hécatompédon*, d'où proviennent les deux
grands frontons, n'était pas le premier, ni en date ni en impor-

1. M. Winter a publié, le premier, l'inscription et en a donné un fac-similé
(*Athen. Mittheil.*, XII, 1888, p. 114). Les lettres ont 0[m],045 de hauteur ; les
plus remarquables sont l'O avec point central et l'H fermé.

2. Sur l'interponction et la direction de droite à gauche, considérées comme
signes d'antiquité, cf. *Bull. corr. hell.*, XII, 1888, p. 477-478 (Homolle).

3. Pour la date exacte de quelques-unes de ces inscriptions, cf. *Athen.
Mittheil.*, XXIII, 1898, p. 466 sqq. (Wilhelm).

4. Voici, à ce sujet, un nouvel indice peut-être. Une des moins mutilées
parmi les quelques inscriptions sur bases en pierre tendre qui ont été retrouvées à l'Acropole, est une dédicace de deux vainqueurs au pentathle ; l'un des
deux noms est *Alcméonidès* (cf. Lolling, *Catal. inscr. Acrop.*, p. 37, n° 13,
ajouté par M. Wolters). Il était vraisemblable *a priori* qu'un tel nom n'avait
pu être porté que par un membre de la famille des Alcméonides ou au moins
par un homme ayant quelque alliance avec cette famille (cf. Tœpffer, art.
Alkmaionidai, dans Pauly-Wissowa, I, 1562) ; mais, d'ailleurs, une dédicace
découverte au Ptoïon en 1903 fournit la preuve que cet Alcméonidès était un
propre fils d'Alcméon. Les Alcméonides ayant été bannis après l'usurpation
définitive de Pisistrate, vers 540, l'inscription de l'Acropole est nécessairement
antérieure à cette date ; et on n'hésitera guère à la reculer jusque vers 550 au,
moins. Or, tout en rappelant par maints détails l'inscription du *Moschophore*,
elle a pourtant un aspect plus jeune.

5. C'est aussi l'opinion de M Perrot, *Hist. de l'art*, VIII, p. 629.

9

tance religieuse, des temples de l'Acropole[1]. Il avait été élevé à côté du vieux temple d'Athéna Polias, non pour le remplacer, mais pour rendre un second hommage à la divine patronne de la cité, ainsi qu'il arriva plus tard du Parthénon relativement à ce même vieux temple de la Polias. Les dimensions notables du temple nouveau[2], les sculptures dont il fut décoré, ses métopes, cymaises, chéneaux et acrotères de marbre, tout cela témoigne qu'il dut être édifié dans un moment où la cité athénienne était largement prospère, dans une des rares périodes heureuses qu'elle put connaître avant le gouvernement des Pisistratides. Et le nom de Solon vient naturellement à l'esprit[3]. Car, si obscures que soient pour nous la vie et l'œuvre de Solon, le souvenir persistant qu'on avait gardé de sa « législation » et des guerres heureuses dont il avait eu l'initiative, oblige en tout cas à voir en lui un vrai chef d'État, dont l'action énergique et bienfaisante vivifia Athènes durant les vingt premières années du VIe siècle. Que, pendant cette période, à l'occasion soit des succès de la politique extérieure ou de l'apaisement des longues discordes civiles, un temple nouveau ait été consacré à la déesse protectrice d'Athènes, cela n'offre rien, *a priori*, que de très naturel. Et puisque nous avons déjà été conduits à présumer que les sculptures de l'*Hécatompédon* ne pouvaient guère être postérieures à 575, c'est donc à Solon lui-même que serait due l'existence de cet édifice. Certains textes anciens vont, d'ailleurs, nous fournir un léger indice positif en faveur de cette hypothèse, en même temps que le point de départ d'une autre hypothèse encore.

Lors de l'attentat de Kylon, au cours de la seconde moitié du VIIe siècle[4], l'Acropole avait été le théâtre de scènes sacrilèges ; près des autels on avait égorgé, après leur avoir promis la vie sauve, des hommes qui s'étaient fiés à la protection divine ; Athéna et les Euménides avaient été également outragées[5]. Ceux qui étaient ou qu'on jugeait le plus directement responsables d'un tel forfait, les Alcméonides, bien qu'ils

1. Cf. la démonstration faite par M. Michaelis : *Arch. Jahrbuch*, XVII, 1902, p. 2 sqq.
2. Dimensions qui valurent au temple son nom, ou du moins son surnom : cf. ci-dessus, p. 41, note 1.
3. Plutarque, *Solon*, 22. — Cf. *Rev. arch.*, 1904, I, p. 47-48 (Pottier).
4. Entre 640 et 600 ; il est impossible de préciser plus : cf. Curtius, *Hist. grecque*, trad. Bouché-Leclercq, I, p. 389, note 1.
5. Thucydide, I, 126. — Cf. Busolt, *Griech. Gesch.*², II, p. 207.

fussent, par leur nombre, leur rang et leur influence, les premiers peut-être de la noblesse athénienne, se trouvèrent en
conséquence sous la menace d'une sorte d'excommunication ;
leur crime avait causé à la cité une sorte d'horreur, une
crainte aussi, que les partis adverses durent s'appliquer à
entretenir, afin de pouvoir l'exploiter contre eux. Les Alcméonides étaient assez forts pour résister, et leur résistance dura,
semble-t-il, plusieurs années; mais une peste serait survenue[1],
qui, en réveillant le remords secret, acheva de tourner contre
eux l'esprit populaire. Les sacrilèges devinrent des victimes
expiatoires ; ils furent exilés, eux et leur race ; et l'oracle de
Delphes ordonna une solennelle purification de la ville que leur
crime avait souillée. On fit venir le grand sage et prophète
crétois Épiménide, pour rétablir la rectitude des rapports entre
les Athéniens et leurs dieux : des sacrifices furent accomplis,
de nouveaux autels furent élevés, en même temps que les
anciens furent purifiés[2]. — Nul doute qu'en cette affaire la
religion ait été surtout un prétexte pour dissimuler d'âpres
rivalités politiques ; mais, avec plus d'hypocrisie chez les uns,
avec plus de sincérité chez les autres, elle n'en était pas moins
placée au premier plan. Dès lors, il n'est pas vraisemblable
qu'on se contenta de dresser quelques autels de plus. Et en
effet, on attribuait formellement à Épiménide la *fondation* du
temple des Euménides à Athènes, et plus généralement on lui
attribuait la *fondation* de certains temples[3]. Disons simplement qu'il y avait ou qu'il y avait eu à Athènes des temples,
dont on rapportait la fondation à l'époque de la venue d'Épiménide.

A quelle date Épiménide est-il donc venu en Attique ?
D'après Diogène et Plutarque, ce serait au temps même de
Solon; mais Aristote[4] semble placer ce voyage avant 600, à
un moment indéterminé entre l'attentat de Kylon et le gouvernement de Solon[5]. Il résulte de là cette alternative : ou

---

1. Diogène de Laërte, *Vies des philosophes*, I, 10 : *Épiménide*.
2. Cf. Curtius, *Hist. grecque*, trad. Bouché-Leclercq, I, p. 397-398.
3. Diogène de Laërte, I, 10, § 112; Plutarque, *Solon*, XII, 7. — Le mot
ἱδρύσεσι, employé par Plutarque, doit être rapproché des mots de Diogène : καὶ ἱερὰ ἱδρύσασθαι. Il est possible, d'ailleurs, que tous deux aient
emprunté ici à la même source : Hermippe. Cf. Demoulin, *Épiménide de
Crète* (*Biblioth. de l'Univ. de Liège*, XII), p. 12 sqq.
4. Ἀθην. Πολ., 1.
5. C'est la date la plus reculée (vers 625) que préfère M. Demoulin (*op. l.*,

bien c'est la première tradition qui est juste, et en ce cas la
grave crise religieuse, qui aurait été la cause de l'intervention
d'Épiménide, est un motif de plus pour admettre, comme très
vraisemblable, la fondation par Solon d'un temple nouveau
dédié à Athéna sur l'Acropole ; ou bien cette crise et le remède
qu'y apporta Épiménide sont antérieurs à Solon, et en ce cas
on peut se demander si l'une des causes qui favorisèrent la
confusion de dates qu'auraient commise Plutarque et Diogène
ne serait pas que l'on rapportait des fondations de temples
également à Épiménide et à Solon, temples qui n'existaient
plus, qu'on ne connaissait que par de vagues souvenirs, et dont
on a pu croire, un jour, que c'était en réalité les mêmes et qu'ils
constituaient ainsi un véritable synchronisme pour la vie des
deux sages athénien et crétois. Selon cette hypothèse, il
faudrait séparer ce qui a été confondu, et distinguer entre les
fondations de l'époque d'Épiménide et celles de l'époque de
Solon. A la première époque pourrait appartenir l'édifice
inconnu d'où provient le vieux fronton *de l'Hydre*.

Je ne me fais pas d'illusion sur la valeur probante de ce
raisonnement ; c'est un effort condamné d'avance à un insuccès
quasi total, que de vouloir tirer quelque lueur d'obscurités si
profondes [1]. Cependant il ne me paraît pas qu'il soit par trop

---

p. 64 et 136). — Platon (*Lois*, 1, 642 D) indique pour Épiménide une époque
très différente : le Crétois serait venu à Athènes dix ans avant la bataille de
Marathon, c'est à dire vers 500. Cette date est sûrement erronée ; mais l'erreur
de Platon est, je crois, très explicable. Après l'expulsion des Pisistratides,
Athènes traversa une période de crise, entre 510 et 500 ; au milieu des troubles
politiques, on fit revivre contre les Alcméonides le vieux grief religieux qui
pesait sur leur famille, et on les exila de nouveau (Thucydide, 1, 126) ;
vers la même époque, la peste fit des victimes à Athènes (cf. une inscription
attique : *Inscr. attic.*, 1, 475). Troubles politiques, inquiétudes religieuses
vraies ou feintes, maladie épidémique : la situation se trouvait donc exactement la même qu'un siècle auparavant. Il n'est pas surprenant que, dans ces
circonstances, on ait rappelé les souvenirs du passé, la venue à Athènes du
sage Épiménide, les prescriptions dont il avait eu l'idée ; et ainsi, quelques
années plus tard, a pu se produire dans certains esprits une confusion entre
deux séries d'événements identiques, mais qu'un siècle entier séparait, et a
pu se former la tradition nouvelle dont Platon s'est fait l'écho. En réalité, ce
n'était qu'un regreffage d'une antique tradition sur des événements récents.
— Cf., pour la date de la venue d'Épiménide, Busolt, *Griech. Geschichte*[2], II,
p. 211, note 1.
1. D'abord on peut douter de la réalité de la mission accomplie à Athènes
par un personnage aussi légendaire qu'Épiménide. Mais, du moins, l'invention
d'une telle légende reposerait sur un *substratum* certain, à savoir la crise
religieuse que traversa Athènes à un moment donné, par suite de faits dont
on avait gardé le souvenir. Avec ou sans Épiménide, cette crise et ses consé-

téméraire d'attacher désormais le nom de Solon à l'*Hécatompédon*, puisque les sculptures provenant de ce temple doivent
avoir précédé d'un certain nombre d'années la statue du *Moschophore*, qui, elle-même, est antérieure à 550[1]. D'ailleurs, il
ne faut pas oublier que la construction d'un édifice un peu considérable sur l'Acropole demandait nécessairement beaucoup
de temps et que les ressources pécuniaires de la cité pouvaient
quelquefois tarir[2] : un temple fondé par Solon, commencé par
lui, a pu n'avoir ses frontons sculptés que dix ou quinze ans
après. Quant à des sculptures comme le *fronton rouge* et le
fronton *de l'Hydre*, qui offrent tous les caractères d'un art
beaucoup moins avancé, on doit logiquement les reculer vers
l'année 600 ou plus loin ; et il n'est pas impossible que l'un ou
l'autre de ces deux frontons ait appartenu à quelque petit

quences subsistent toujours. — On a douté aussi que les Alcméonides aient
été exilés au moment de cette crise, c'est à dire aux environs de l'an 600.
Mais il n'est pas douteux, en tout cas, qu'ils furent exilés à la fin du vi⁰ siècle,
et que la raison ou le prétexte de leur exil fut le sacrilège autrefois commis
par leur race ; et il est notable combien cette exploitation politique du crime
religieux des Alcméonides dura longtemps, puisque les Lacédémoniens es-
sayèrent de refourbir cette arme ancienne pour en user contre Périclès lui-
même (Thucydide, I, 126-127). Que les Alcméonides aient été bannis une
fois de plus ou de moins, qu'ils l'aient été ou non pour la première fois dans
les vingt ou trente années qui suivirent leur forfait, ce forfait même et l'émoi
religieux qu'il causa subsistent néanmoins. Or, c'est là tout l'essentiel, au
point de vue où je me place ici ; car il est bien légitime de croire qu'une
époque, où la dévotion envers les dieux a été surexcitée, a vu se fonder de
nouveaux temples dans Athènes, spécialement sur l'Acropole, puisque la
déesse de l'Acropole avait été la première outragée.
   1. M. Brückner (*Berl. phil. Wochenschrift*, 1889, p. 1288) avait supposé que
les frontons, aujourd'hui reconnus comme ceux de l'*Hécatompédon*, pouvaient
provenir d'un temple d'Héraclès fondé par Crésus. C'était leur donner une
date trop basse. — Overbeck (*Gesch. gr. Plastik⁴*, I, p. 188) plaçait le *Moschophore* aux environs de 520 : date trop basse aussi, manifestement contredite
par l'aspect de certaines lettres de l'inscription. — M. Michaelis (*Arch. Jahrbuch*, XVII, 1902, p. 5) croit que les sculptures de l'*Hécatompédon* ne seraient
pas beaucoup antérieures à 560 : date très voisine de celle que je propose,
mais qui me paraît encore un peu trop récente. M. Wiegand (*op. l.*, p. 106)
semble approuver tout à fait l'opinion de M. Michaelis ; pourtant M. Wiegand,
dans la même page, indique un juste rapprochement entre certains détails du
fronton oriental de l'*Hécatompédon* et des détails analogues du *vase François*,
et il attribue celui-ci, selon l'opinion générale, au « temps de Solon ».
   2. Le transport des matériaux sur ce rocher à pente si raide était lent et
difficile ; on ne pouvait les entrer, littéralement, qu'un à un. De plus, l'espace
libre pour les chantiers était étroitement mesuré. Nous savons le temps qu'ont
pris la construction du Parthénon et celle des Propylées, à une époque où
Athènes disposait d'énormes ressources. Nous savons aussi, par l'exemple de
l'Érechthéion, comment l'achèvement d'un édifice, pourtant très petit, pouvait être retardé longtemps, à cause des dépenses nécessitées par une guerre.

édifice, consacré sur l'Acropole à l'époque présumée du voyage
d'Épiménide, ou, plus exactement, à la suite des sacrilèges
commis lors de l'attentat de Kylon.

Je proposerai donc les cadres chronologiques suivants pour
les œuvres principales qui nous sont restées de la première
période de la sculpture attique [1] :

Fin du VIIe siècle : le fronton *de l'Hydre ;*

Commencement du VIe siècle : le *fronton rouge ;*

Premier quart du VIe siècle, époque de Solon : les deux

---

1. Les dates que je vais indiquer contredisent en partie (pour le fronton
de l'Hydre et le *fronton rouge*) l'opinion exprimée par M. Wiegand sur les
époques respectives des édifices en pierre tendre de l'Acropole. D'après
M. Wiegand (*op. l.*, p. 148 sqq. et p. 232-233), le plus ancien de ces édifices
serait l'*Hécatompédon*, et les cinq autres plus petits, dont on a les ruines,
seraient tous postérieurs à l'*Hécatompédon*. Il résulte de là que les quatre
petits frontons seraient tous postérieurs aux deux grands. Car, quoiqu'on ne
puisse pas répartir exactement ces quatre frontons entre ces cinq édifices, il
est nécessaire d'admettre que c'est bien de ces édifices que proviennent ces
frontons. M. Wiegand, il est vrai, avertit (p. 233) que nous pouvons ne pas
connaître toutes les constructions de l'ancienne Acropole. Mais il n'est pas
permis de supposer sans preuves un jeu tel du hasard, que nous aurions,
d'une part, les frontons d'édifices dont tout le reste aurait péri, et, d'autre
part, de nombreux membres architectoniques d'édifices dont les frontons
auraient disparu jusqu'au dernier débris. Du moment que M. Wiegand croit
que les petits édifices retrouvés par lui sont postérieurs à l'*Hécatompédon*, il
lui faut considérer comme étant postérieurs aux frontons de ce grand temple
le *fronton rouge* et même ce fronton *de l'Hydre* dont il n'a pu s'empêcher de
dire (p. 232) qu'il avait pourtant « l'air d'être plus ancien que les autres ». Or,
à quelque point de vue qu'on examine le fronton *de l'Hydre*, soit pour la
nature du relief ou la qualité de la technique ou la composition du sujet ou
le degré de correction dans le rendu des formes, il se révèle nettement antérieur au grand groupe d'*Héraclès et Triton* et au *Typhon*. D'après cela, il y
aurait donc contradiction entre les caractères de l'architecture et ceux de la
sculpture. Mais ces caractères de l'architecture, sur lesquels se fonde M. Wiegand, à savoir tel profil de moulure, tel nombre de gouttes dans les mutules,
telle forme de scellement, constituent-ils un critérium suffisant pour juger de
l'âge d'un édifice, à trente ans près? et faut-il ne compter pour rien, en face
de ces témoignages, celui des sculptures qui complétaient et décoraient l'édifice ? Je crois, d'autre part, qu'on peut considérer comme certain que, tant que
dura la reconstruction de l'*Hécatompédon* par les Pisistratides, on n'éleva pas
d'autres édifices dans l'Acropole (cf. p. 133, note 2) ; et il me paraît aussi fort
probable que, du jour où il y eut sur l'Acropole des frontons en marbre, on
n'y exécuta plus des frontons en pierre tendre : en sorte que les cinq petits
édifices retrouvés par M. Wiegand devraient s'entasser dans le laps de temps
relativement court entre la fin des travaux de l'*Hécatompédon* et le commencement de ceux du temple des Pisistratides. On jugera plus vraisemblable
que quelques-uns d'entre eux aient été, au contraire, antérieurs à l'*Hécatompédon*, comme sont antérieurs aux sculptures de ce grand temple le *fronton
rouge* et le fronton *de l'Hydre*.

frontons de l'*Hécatompédon* et le grand groupe *Lions et tau-reau;*

Deuxième quart du vi⁰ siècle : le *Moschophore* et les diverses figures en marbre qui ont été réunies autour de lui.

Le fronton *d'Iris*, qui semble bien être la plus récente des œuvres en pierre tendre, pourrait être attribué aux environs de 550. Le fronton *de l'olivier* est trop ruiné pour qu'on puisse le dater.

CHAPITRE VIII

LES CARACTÈRES DE LA SCULPTURE ATTIQUE
PENDANT LA PREMIÈRE PÉRIODE

Ces œuvres constituent, dans toute la force du terme, une série : non seulement elles se suivent les unes les autres sans solution de continuité, mais elles sortent logiquement les unes des autres; et les premières d'entre elles sortent d'œuvres plus anciennes dont l'existence ne saurait être mise en doute. Du bois à la pierre tendre et de la pierre tendre au marbre, du bas-relief au haut-relief, puis à la ronde bosse, des antiques xoana à la figure du *Moschophore*, la chaine se déroule sans lacune. A travers les matières différentes, les caractères essentiels des plus vieilles sculptures ont passé insensiblement aux œuvres les plus récentes, en sorte que la technique du bois se reconnait jusque dans les statues de marbre. Mais la tradition ici n'est pas la routine; la stabilité de certains caractères n'empêche pas le progrès dans tout le reste, un progrès lent et mesuré, sans arrêts ni soubresauts, qui semble l'épanouissement régulier d'une force latente. Faire comme le maitre [1], un peu mieux s'il est possible, mais sans jamais s'éloigner de lui ; se modifier par nuances, sans secousses, à mesure qu'on sent son habileté croître ; chercher le mieux dans la voie tracée par les prédécesseurs, plutôt que la nouveauté en dehors d'eux et contre eux : voilà ce que se proposait chaque élève, docile continuateur de l'enseignement traditionnel. Ces vieux artistes n'eussent pas hésité à dire d'eux-mêmes comme Eutélidas et Chrysothémis d'Argos [2] : τέχνην εἰδότες ἐκ προτέρων, — marquant par là, non seulement qu'ils avaient des devanciers et des maitres et ne les reniaient point, mais qu'au contraire ils

---

1. J'emprunte ici quelques mots à Beulé, *Hist. de l'art grec av. Périclès*, p. 329.
2. Pausanias, VI, 10, 5.

se réclamaient d'eux, tenaient expressément à n'être pas isolés, à être regardés, chacun en son temps, comme un des maillons de la grande chaîne de l'art indigène.

Nulle part cette chaîne se saurait nous apparaître mieux suivie et plus solide qu'en Attique[1]. Si, depuis les xoana primitifs jusqu'au *Moschophore*, le progrès a été incessant, ce progrès n'a été dû qu'à un développement tout intérieur, sans intervention du dehors, sauf en quelques points secondaires, qui ne modifient nullement l'impression d'ensemble. A quel endroit, en effet, s'aviserait-on de soutenir que la série s'interrompt, que le sillon tracé si droit dévie tout à coup? Toutes ces œuvres font un bloc; toutes sont attiques ou aucune ne l'est. Et, comme elles sont nées sur le sol attique, qu'elles ont été taillées dans la pierre ou le marbre du pays, qu'elles s'espacent sur une durée assez longue, et, en outre, ont derrière elles la foule obscure des images de bois d'où elles dérivent sans conteste, quel moyen de voir en elles des étrangères?

On dit d'elles, parfois, qu'elles ont « quelque chose d'oriental ». En effet, leur coloris brutal et leur physionomie ont quelque chose de barbare, et par conséquent d'oriental. De plus, certaines d'entre elles rappellent directement les bas-reliefs d'Assos, et le *Moschophore* fait penser aux statues chypriotes. Mais de ces analogies, on a tiré des conséquences fort exagérées[2]; et voici le moment, je crois, de revenir à la question que nous avons déjà étudiée dans notre premier chapitre, à savoir les influences qui ont pu s'exercer de l'Orient sur l'art attique naissant.

Il me paraît évident que, si l'Orient a fourni aux premiers imagiers de l'Attique quelques sujets, des motifs tout prêts, des attitudes, il ne leur a point fourni, en tout cas, les moyens techniques de réaliser ces sujets; dès lors son rôle se réduit à peu de chose. A qui se préoccupe, non pas de la propagation des idées

---

1. La sculpture insulaire, par exemple, n'a pas dû passer par les trois mêmes phases — bois, calcaire poreux, marbre — que la sculpture attique. Elle a dû sauter du bois au marbre, car nous savons que le marbre a été travaillé dans les îles de très bonne heure. La raison principale de ce fait est sans doute que le marbre des îles, qui est de très gros grain, se travaille avec une facilité bien plus grande que le marbre à grain très fin et très serré du Pentélique ou de l'Hymette. D'ailleurs, le calcaire tendre a pu être aussi employé dans les îles, mais exceptionnellement : le seul exemple qu'on en puisse citer jusqu'à présent est une petite tête d'homme, trouvée à Samos (cf. *Athen. Mittheil.*, XXV, 1900, p. 151-152).

2. Cf. Ἀρχ. Δελτίον, 1888, p. 203-204 (Cavvadias).

et des mythes, mais uniquement, comme nous le faisons ici, du
développement de l'art, il n'importe pas beaucoup vraiment que le
prototype du duel d'Héraclès et Triton soit asiatique [1] et que les
combats d'animaux aient été un lieu commun de l'ancien art
oriental. De tels sujets ont pu se transmettre par les pierres
gravées, vases de métal, etc., que le commerce répandait au
loin; il ont au passage frappé les yeux des artistes grecs, dont
l'imagination était pauvre encore, et ceux-ci les ont adoptés.
Mais ce qu'ils ont adopté, c'est le contour seulement et non l'esprit
intime de ces sujets; ils en ont copié à peu près la silhouette,
mais non le style; il les ont pris comme des moules vides, qu'ils
ont ensuite remplis par leurs procédés à eux, et l'exécution de
ces soi-disant copies est purement grecque [2]. Or, quand il
s'agit d'un art aussi dépendant de la matière, en principe,
qu'est la sculpture, et lorsque cet art n'a pas encore franchi
cette période de son progrès où la matière fait sentir le plus
tyranniquement ses exigences, c'est les efforts de l'artiste pour
venir à bout de telles exigences, c'est les qualités et le caractère particulier de la facture, qui méritent plus que tout le reste
notre attention. Aussi bien ne doit-on pas oublier que les sujets
prétendus asiatiques, traités par les premiers sculpteurs,
s'étaient déjà, quelle que fût leur origine, depuis longtemps
grécisés [3] sous la main des peintres, des céramistes, des fabricants de plaques en bronze estampé. Je ne crois cependant pas
qu'il faille ramener la discussion de ce côté. Pour les raisons
que nous avons dites, il n'importe guère que les vieux imagiers
attiques aient exercé sur tel ou tel sujet leur science lentement
croissante : ce qui nous importe ici, c'est leur science même

---

1. Cf. Milchhœfer, *Anfænge d. gr. Kunst*, p. 84 sqq.; Roscher's *Lexicon*,
art. *Herakles*, p. 2192 (Furtwængler); J. Escher, *Triton und seine Bekæmpfung durch Herakles*, p. 115.

2. On connaît l'ingénieuse et juste comparaison de Brunn (*Griech. Kunstge-
schichte*, I, p. 73) : « Les Grecs ont emprunté l'alphabet aux Phéniciens; mais
ce qu'ils ont écrit avec, ce n'est pas le phénicien, c'est leur propre langue.
De même, s'ils ont emprunté à d'autres l'alphabet de l'art, il reste toujours
que, en art comme en littérature, c'est leur propre langage qu'ils ont parlé. »

3. Sur cette « transposition » grecque des sujets d'origine orientale, cf.
Athen. Mittheil., IV, 1879, p. 57-62 (Milchhœfer). — M. Watzinger (dans Wiegand, *op. l.*, p. 225-227) a montré combien certains motifs d'origine orientale,
tels que le combat du lion et du taureau, étaient répandus dans l'ancien art
de la Grèce d'Asie, c'est à dire du pays qui avait eu naturellement le plus de
rapports avec les civilisations orientales. Il va de soi que, si c'est bien d'Ionie
que ces motifs se sont répandus dans le reste de la Grèce, spécialement en
Attique, ainsi que le pense M. Watzinger, ils étaient déjà entièrement grécisés.

et ses progrès. Et l'analyse la plus minutieuse de leurs œuvres
ne saurait faire découvrir la moindre trace d'une influence
orientale quelconque, ni dans leurs procédés techniques, ni dans
le graduel développement de leur sens artistique.

Cette autochtonie de la primitive sculpture attique, nous
avions cru pouvoir l'affirmer dès la période du bois, à propos
des xoana et des reliques « dædaliennes »[1]. Malgré le manque
total des monuments pour cette époque, certains détails de la
légende de Dædale, l'importance accordée à certaines initiatives,
si humbles qu'elles en paraissent véritablement enfantines, le
souvenir persistant des longs débuts pénibles et des outils les
plus élémentaires inventés un à un, — tout cela nous avait
paru impliquer la preuve d'une croissance livrée à elle-même,
sans appuis étrangers. Si maintenant l'on se rappelle quel étroit
lien rattache les sculptures en pierre tendre aux sculptures plus
anciennes en bois, et que celles-là (nous l'avons amplement
montré) continuent celles-ci tout droit, en sont la suite logique
et nécessaire, notre conclusion première ne se trouve-t-elle
point par là vérifiée et confirmée? Non que j'exclue toute espèce
d'action exercée par l'Orient sur le monde grec. Je crois fermement que l'Orient a suscité *la première étincelle* de l'art en
Grèce, comme sans doute de la science et de la philosophie.
Seulement l'art se manifeste sous des formes très diverses, et,
pour chacune de ses variétés, la question d'influence étrangère
se pose à nouveau en termes plus précis. Je crois encore que
l'Orient a fait beaucoup pour les arts industriels, à cause du
grand nombre d'objets de transport facile que le commerce
avec l'Orient a répandus en Grèce. Mais les mêmes causes n'existaient point pour la sculpture, notamment en Attique. Abstraction faite de certains sujets tirés d'un répertoire banal, à la
constitution duquel l'Orient avait contribué, les sculpteurs
attiques du vii° siècle et du commencement du vi° siècle ne
doivent rien qu'aux traditions de leur école et à leurs propres
efforts. C'est plus tard, dans le cours du vi° siècle, que les
influences étrangères pourront agir avec efficacité sur la statuaire grecque, parce qu'alors des relations fréquentes existe-
ront entre la Grèce et les nations voisines et qu'on verra des
artistes grecs voyager jusqu'en Égypte, des artistes déjà
savants, sachant aussi qu'il leur reste à apprendre, capables de

1. Cf. ci-dessus, p. 20.

réfléchir sur l'art nouveau qui se révèle à leurs yeux et d'en tirer profit pour leurs œuvres à venir. Il nous faudra examiner, quand nous en serons là, en quelle mesure l'art attique a profité lui-même de ces leçons d'un art étranger.

D'un autre côté, j'ai déjà dit[1] qu'il ne me paraissait pas possible d'expliquer les premières productions de la sculpture attique par celles de la sculpture « mycénienne », selon l'hypothèse qu'a faite à ce sujet M. Belger[2]. Quoi qu'on pense des « mille liens et mille traditions »[3] qui rattachent l'époque hellénique à l'époque « mycénienne », on ne saurait oublier qu'entre l'une et l'autre s'interpose la longue et obscure période des xoana, laquelle témoigne d'un renouvellement quasi total de l'art en Grèce ; et c'est de cette plastique en bois que la plastique en pierre tendre est véritablement l'héritière et la continuatrice, non point de la plastique « mycénienne », défunte plusieurs siècles auparavant. Certes, l'époque hellénique et l'époque préhellénique en Grèce sont rattachées l'une à l'autre par bien des traditions et liens divers, mais elles ne se suivent pas d'une façon simple et régulière ; entre elles deux il y eut une éclipse, un « moyen âge », durant lequel maintes choses anciennes se sont éteintes et maintes choses nouvelles se sont lentement élaborées. Il serait inexact de prétendre qu'on ait fait alors table rase du passé ; mais, qu'il y ait eu recommencement, nouveau départ, cela est incontestable.

Dans le même temps que la sculpture commençait à se développer en Attique, elle se développait aussi en d'autres régions de la Grèce, et sa marche y était, au moins en certains endroits, plus rapide et plus allègre. La sculpture ionienne existait déjà, ainsi que la dorienne[4]. Ni l'une ni l'autre n'a pu

---

1. Cf. ci-dessus, p. 16 sqq.
2. M. Belger n'a d'ailleurs pas, à ma connaissance, développé ses idées là dessus.
3. « ... Le moyen âge hellénique, dont la brillante floraison du vi[e] siècle marque la fin, se rattache par mille liens et mille traditions à l'époque mycénienne ou héroïque qui le précède. » (S. Reinach, dans *Rev. arch.*, 1903, I. p. 199.) M. Reinach, par ces paroles, a corrigé ce qu'il y avait d'excessif dans une autre phrase de lui, écrite quelques années plus tôt (*La sculpt. en Europe avant les influences gréco-romaines*, p. 101) : « Quand la Grèce, après l'invasion dorienne, donna naissance à un art nouveau, sans liens avec celui de son passé... »
4. J'emploie ici, par commodité, ces désignations abrégées. Mais elles ont besoin d'être expliquées, et le seront quelques pages plus loin.

rester ignorée des sculpteurs attiques. Dès lors, ceux-ci ne se rattacheraient-ils pas soit à l'une ou à l'autre, ou aux deux à la fois ? Congénères des Ioniens et proches voisins des Doriens, les Attiques ont-ils eu dès le début un art propre et bien à eux ? Ce n'est pas assez, en effet, que les œuvres en calcaire de l'Acropole soient nées sur le sol athénien, par la main d'artistes indigènes : offrent-elles un caractère différent de celui des productions ioniennes et doriennes, et y voit-on poindre quelque chose de ce qui sera un jour l'esprit attique ? En un mot, peut-on dire qu'il y a déjà, à cette époque, une école attique ?

La réponse la plus directe et la plus précise à cette question résultera de la comparaison que nous allons faire entre les plus vieux reliefs de l'Acropole, d'une part, et, d'autre part, les sculptures de l'architrave d'Assos, puis les métopes du temple *C* de Sélinonte. Ces trois groupes d'œuvres sont contemporains, à quelques années près[1] ; et, si les deux derniers sont considérés respectivement comme des produits caractéristiques des anciennes écoles ionienne et dorienne, le premier a plus de titres encore à représenter les tendances des ateliers attiques aux environs de l'an 575.

La comparaison des sculptures d'Athènes avec celles d'Assos est d'autant plus aisée que nous retrouvons ici et là des sujets pareils : combats d'animaux, lutte d'Héraclès et Triton, et il n'est pas jusqu'au triple *Typhon* qu'on n'ait pu, avec raison[2], rapprocher des personnages banquetant d'Assos. — Sans parler de défauts ou plutôt d'ignorances qui sont le fait de l'archaïsme en général, l'exécution, à Assos, a pour caractère particulier d'être superficielle et très molle. Si les silhouettes

---

1. Je suis d'avis, avec Murray (*Hist. greek sculpt.*[2], p. 105), Friede-richs-Wolters (*Gipsabgüsse*, p. 8) et M. Perrot (*Hist. de l'art*, VIII, p. 268), que les sculptures d'Assos ne sont pas beaucoup postérieures à 600. Overbeck (*Gesch. gr. Plastik*[4], I, p. 109) et M. Collignon (*Hist. sculpt. gr.*, I, p. 184) les ont datées, au contraire, de 540 environ. — Pour les métopes du temple *C* de Sélinonte, Murray (*op. l.*, I, p. 98) et Friederichs-Wolters (*op. l.*, p. 83) les datent de la fin du VIIe siècle, ce qui s'accorde à peu près avec l'opinion depuis longtemps exprimée par M. Benndorf (*Metopen von Selinunt*, p. 69). Mais, d'après MM. Koldewey et Puchstein (*Die griech. Tempel in Unteritalien und Sicilien*, p. 231 et 233), le temple aurait été construit seulement dans le premier quart du VIe siècle, vers 580. Overbeck (*op. l.*, I, p. 131) et M. Collignon (*op. l.*, I, p. 247) attribuent ces métopes aux années 580-560. Je crois que, dans tous les cas, on ne doit pas les faire descendre beaucoup plus bas que 580.

2. Cf. 'Αρχ. Δελτίον, 1883, p. 203 (Cavvadias).

sont d'ordinaire fixées avec justesse, les détails intérieurs sont presque toujours négligés, et les corps d'animaux ou d'hommes n'ont pas assez d'accent. L'auteur[1] semble avoir cherché la souplesse et l'élégance au lieu de la vigueur; ou plutôt, il n'a rien cherché du tout, mais les formes grêles de ses Centaures et de ses lions, les lignes allongées et flottantes du corps de son *Héraclès* expriment son éloignement naturel des qualités de précision et de force et trahissent en lui un certain manque de ressort. Ses animaux combattant sont, à ce point de vue, significatifs : taureaux front contre front, biches terrassées et râlant, lions déchirant leur proie, tous paraissent non pas agir en réalité, mais seulement faire le simulacre de l'action représentée, *faire semblant* de se battre, d'être vainqueurs ou d'être vaincus; ils ont bien les attitudes prescrites par leur rôle, mais c'est d'une main trop lâche et quasi indifférente que le sculpteur les a posés, sans leur communiquer l'emportement de vie et de mouvement que réclamait le sujet. Quel contraste avec l'énergie et la brutalité, très incorrectes, il est vrai, mais saisissantes, que le sculpteur attique a su mettre dans son groupe *Lions et taureau!* Comme on sent là un esprit plus vigoureux, moins économe de son effort, plus attentif à rendre le vrai caractère de la scène! Et comme, à travers les inexpériences et les erreurs, éclate mieux la vitalité de cet art à ses débuts! L'opposition n'est pas moindre entre les groupes d'*Héraclès et Triton*, à Assos et à Athènes : si ce sont les mêmes lutteurs, l'aspect de la lutte, ainsi que nous l'avons déjà observé[2], est pourtant loin d'être le même. Il y a, d'un côté, je ne sais quelle indécision et quelle indolence qui exposent le spectateur à se méprendre sur le degré de sérieux du combat engagé; de l'autre, au contraire, un déploiement de force sauvage parfaitement adéquat à l'esprit du sujet. — En résumé, le trait le plus apparent, dans l'œuvre du sculpteur d'Assos, est bien la mollesse, ce défaut national de l'Ionie, qui, plus ou moins caché sous des dehors élégants

1. Il serait sans doute plus exact de dire : les auteurs. Car le travail a dû être partagé entre plusieurs artistes. Cependant on ne remarque pas de différences notables dans la facture des divers morceaux, et cela ne doit pas surprendre : nous savons (cf. ci-dessus, p. 136) que les artistes, dans la période de début d'un art, n'ont pour ainsi dire point de personnalité; et c'est pourquoi chacun d'eux représente d'ordinaire, aussi complètement que tous réunis, l'esprit de l'école à laquelle il appartient.

2. Cf. ci-dessus, p. 45.

et gracieux, est présent toujours, jusque dans les meilleures productions de l'art ionien. Tout autre se révèle la nature des sculpteurs attiques contemporains ; ils ont plus de sève et de virilité, plus de fermeté dans la main, une façon plus franche de marcher à leur but ; et même, leur visible préférence pour les constructions solides et les fortes charpentes, pour la robustesse plutôt que pour la finesse des formes, conduirait à croire qu'ils sont, malgré les affinités de race, moins rapprochés des Ioniens que des Doriens.

On a dit, en effet, que l'art attique et l'art dorien, dans la première période de leur développement, pouvaient être confondus ensemble pour être opposés tout d'un bloc à l'art ionien de la Grèce d'Asie[1]. Cela est exagéré, ou du moins cela n'est vrai que si l'on retient seulement des sculptures attique et dorienne leurs caractères *anti-ioniens*, en laissant volontairement de côté les autres. Mais tous ces autres caractères, qui ne concordent pas, sont loin d'être négligeables. Il ne faut qu'un coup d'œil sur les sculptures en calcaire de l'Acropole et sur les vieilles métopes de Sélinonte pour voir que les unes et les autres témoignent d'un esprit différent. A Sélinonte, l'exécution est d'une rudesse, d'une brutalité rares ; les personnages étalent lourdement la vigueur de leurs corps pesants ; ils ont des proportions courtes, les muscles débordants, la taille trapue et massive. L'*Héraclès*, le *Persée* surtout ont quelque chose d'assyrien, non point certes dans les traits de leur visage, ni dans le détail de leurs formes, mais bien à cause de ce même caractère de force lourde et écrasante, qui fait la farouche grandeur des figures assyriennes. A quoi s'ajoute une expression de physionomie particulièrement dure et sévère, voire maussade et morose ; la bouche est droite, non pas arquée ; les lèvres serrées se projettent un peu en avant, comme pour une moue de mauvaise humeur ; les yeux, très grands, regardent droit avec une fixité impérieuse. On voit, dans tous ces traits, se manifester au naturel l'énergie rude, la force tendue et concentrée du génie dorien. — Rapprochés des métopes de Sélinonte, les personnages des vieux frontons de l'Acropole, même les plus monstrueux, paraissent presque élégants ; du moins, la vigueur de leurs corps nus n'a pas cet excès de lourdeur et de raideur qui distingue leurs contemporains de Sicile.

1. Cf. *Athen. Mittheil.*, XIII, 1888, p. 130 (Winter).

Et quelle différence pour l'expression des physionomies ! Les visages du triple *Typhon* respirent l'aménité et tout ensemble la joie de vivre et un désir de plaire ; ils ont le regard clair et un léger sourire heureux ; ils sont fort éloignés de l'air d'inflexible sévérité qui durcit les yeux, comprime les lèvres et serre les mâchoires de l'*Héraclès* ou du *Persée*. Ce n'est pas le même aspect, ni le même esprit ; on a devant soi les représentants d'une autre famille[1]. Les anciennes sculptures de l'Attique ne sont donc guère moins différentes, en réalité, de celles de Sélinonte qu'elles ne le sont de celles d'Assos. Si, en certains points, elles se rapprochent tantôt des unes, tantôt des autres, elles demeurent en fin de compte presque à égale distance des unes et des autres.

J'ai pris pour termes de comparaison les reliefs d'Assos et les métopes du temple *C* de Sélinonte, parce que ces sculptures sont, comme je l'ai dit, à peu près contemporaines des plus anciens frontons de l'Acropole, qu'elles sont aussi taillées dans une matière sensiblement pareille, et surtout qu'elles appartiennent au même genre de décoration monumentale. Mais il importe de montrer que leurs caractères respectifs n'ont rien d'exceptionnel, qu'ils se retrouvent dans d'autres œuvres encore de diverses provenances et d'époques diverses, et qu'ainsi nous n'avions pas tort de les considérer comme étant la réelle et juste expression de deux penchants distincts du génie grec. — A Sélinonte déjà, la série des sculptures aujourd'hui connues, lesquelles se suivent jusqu'en plein ve siècle, témoigne d'une remarquable unité de style[2]. Les rudesses de la surface ont beau s'être atténuées par l'effet du savoir de plus en plus assuré des exécutants, et probablement aussi par l'effet de certaines influences : le fond n'a pas changé, ce fond de gravité un peu morne, de raideur un peu maussade, qui se marque spécialement à l'extérieur dans la bouche aux lèvres serrées, d'où le sourire paraît absent à jamais[3]. Cette bouche droite et raide, ces grands yeux fixes et sévères, nous les rencontrons dans la tête colossale d'*Héra*, en calcaire, provenant de

1. Cf. Benndorf, *Metopen von Selinunt*, p. 72.
2. Cf. Benndorf, *op. l.*, p. 71.
3. Cf. les têtes du ve siècle réunies par M. Benndorf (*op. l.*, pl. XI) ; la tête d'*Héra* dans la belle métope *Zeus et Héra* (*Ibid.*, pl. VIII ; ou Brunn-Bruckmann's *Denkmæler*, 290, *A*).

l'Héræon d'Olympie. La musculature « assyrienne » du *Persée*,
sa face lourde et ses gros yeux, nous les retrouvons dans ces
deux statues, exécutées pour Delphes, antérieurement à 550,
par Polymédès d'Argos[1], en lesquelles on pencherait à voir
de simples portefaix, si on ne craignait de faire injure peut-
être à Apollon lui-même. Et, après avoir comparé ses « portefaix » argiens au *Persée* et à l'*Héraclès* de Sélinonte pour les
formes courtes et ramassées, à l'*Héra* d'Olympie pour l'entaille
rectiligne de la bouche, aux *Dioscures* du *Trésor des Sicyoniens*[2]
pour l'aspect d'ensemble, M. Homolle les rapproche encore,
pour l'arrangement et les moindres détails de la coiffure, des
deux très anciennes statues de femme découvertes, l'une près
de Tégée, et l'autre à Éleuthernes en Crète[3]... Je bornerai là
cette énumération sommaire[4]; il suffit que nous ayons eu à
nommer déjà la Crète et l'Arcadie[5], Argos[6], Sicyone, Olympie
et la Sicile[7], et que des œuvres variées de ces provenances
différentes nous aient paru incontestablement unies par un
commun air de famille.

Une concordance non moins certaine rattache les unes aux
autres les sculptures du VIe siècle que nous connaissons dans la
Grèce orientale, depuis les reliefs d'Assos jusqu'à ceux de la

---

1. Cf. *Bull. corr. hell.*, XXIV, 1900, pl. XVIII-XXI, p. 445 sqq. (Homolle);
Perrot, *Hist. de l'art*, VIII, pl. IX-X, et p. 455, fig. 226; Homolle, *Fouilles de
Delphes*, IV, pl. I-II.

2. Cf. Perrot, *Hist. de l'art*, VIII, p. 457, fig. 227; Homolle, *Fouilles de
Delphes*, IV, pl. III, 2.

3. Statue de Tégée : *Mus. nat. d'Athènes*, 57. Cf. *Bull. corr. hell.*, XIV,
1890, pl. XI; Perrot, *Hist. de l'art*, VIII, p. 434-435, fig. 210-211. — Statue
d'Éleuthernes : musée d'Héracleion (Candie). Cf. *Rev. arch.*, 1893, I, pl. III-IV ;
Perrot, *op. l.*, p. 431 et 433, fig. 208-209. — Le rapprochement fait par
M. Homolle est très juste, et il est significatif : des ressemblances de ce
genre ne sont jamais des rencontres fortuites.

4. Je n'ai énuméré que des œuvres en *pierre*; je citerai, dans les notes qui
vont suivre, quelques petits *bronzes*.

5. Cf. aussi, pour l'Arcadie, les petits bronzes archaïques publiés par
M. Furtwængler (*München. Sitzungsb.*, 1899, II, p. 566 sqq.).

6. Cf. encore, pour l'Argolide, le petit *Zeus* en bronze, signé d'Hybristas,
dont la provenance serait Épidaure : autrefois dans la coll. Tyszkiewicz
(Frœhner, *Coll. Tyszkiewicz*, pl. XXI), passé ensuite dans la coll. Dutuit,
et maintenant conservé à Paris, au petit Palais des Champs-Elysées (cf. Collignon, dans *Gazette des Beaux-Arts*, 1903, II, p. 120). M. Furtwængler avait
déjà rapproché ce bronze de ceux de l'Arcadie (*l. l.*, p. 579).

7. Cf., pour la Sicile, la partie supérieure d'une petite *Aphrodite* en bronze,
qui doit dater de la première moitié du VIe siècle (Frœhner, *Coll. Tyszkiewicz*,
pl. XXIII, 1-3). Elle n'est pas sans analogie avec-le-type des statues de Tégée
et d'Éleuthernes.

grande tour funéraire de Xanthos. Mais, sur le caractère
essentiel de ces sculptures, on a propagé récemment, à la suite
de la découverte du *Trésor des Cnidiens*, une opinion que je
crois erronée. Devant les formes très charnues, très épaisses,
que présentent certains des personnages figurés dans la décoration de ce *Trésor*[1], on a rappelé avec complaisance les
formes analogues déjà observées dans les métopes de Sélinonte
et dans d'autres œuvres de la Grèce occidentale, et on en a
conclu que tous les sculpteurs du vi[e] siècle, en n'importe quelle
région, avaient travaillé suivant le même esprit et d'une façon
à peu près identique ; on a cru, en outre, pouvoir ajouter que
cette façon était due à l'initiative des artistes ioniens, dont la
supériorité s'était imposée à toute la Grèce : c'est la thèse du
« tout à l'ionisme »[2].

Elle ne me paraît pas juste. Voici les traits essentiels (pour
la question présente) que je constate dans les sculptures du
Trésor des Cnidiens. C'est, d'abord, un sentiment très vif de
l'élégance, une coquetterie fine et jolie, un peu cherchée parfois,
presque toujours heureuse, dans le détail des vêtements et
des coiffures, et aussi dans l'exécution de quelques parties du
corps, comme les pieds nus des personnages assis ou les
oreilles, le nez, les barbes minutieuses de tels combattants
casqués ; et c'est, en second lieu, dans le rendu général des
formes, une extrême mollesse du dessin, une épaisseur et une
lourdeur presque incroyables du modelé. Pour le premier de
ces deux caractères, à savoir cette élégance coquette du détail,
qui est surtout propre aux figures de femmes, mais qui a passé
aussi plus ou moins aux figures d'hommes, j'aurai bientôt
l'occasion d'y revenir ; je me contente ici d'observer qu'on ne

---

1. Cf. Perrot, *Hist. de l'art*, VIII, p. 365 sqq., fig. 160-177 ; Homolle, *Fouilles
de Delphes*, IV, pl. VII sqq.
2. Cf. Pottier, *Catal. des vases du Louvre*, II, p. 510, 586, et *Mélanges
Perrot*, p. 275. Cf. aussi un article de M. Homolle (*Bull. corr. hell.*, XXIV,
1900, p. 427 sqq.), auquel renvoie précisément M. Pottier ; on notera cependant
que certains passages de cet article (p. 461 et p. 462, note) tendent à modifier
et rectifier, très heureusement à mon sens, ce qu'auraient d'exagéré les
affirmations antérieures. — M. De Ridder est de ceux qui se sont montrés, à
ce sujet, le plus absolus. Il est revenu abondamment sur cette idée, qu'il n'y
a pas d'art dorien, pas d'école argienne avant le ve siècle (cf. *Catal.
bronzes Acrop.*, p. xviii sqq. ; *Bull. corr. hell.*, XXII, 1898, p. 451, note 3 ;
Mélanges Perrot, p. 301 ; *Rev. ét. gr.*, XV, 1902, p. 385). Mais M. Homolle lui-
même (*art. cité*, p. 449) s'est chargé de montrer en quelques mots combien
cette théorie radicale est peu vraisemblable, et qu'elle est d'ailleurs contredite par les faits.

rencontre assurément rien de pareil dans les sculptures les plus anciennes de la Grèce occidentale, ni même dans la majorité des plus récentes. Mais c'est le second caractère qui fait le point central du débat. Or, s'il est vrai que la plastique grecque au vɪᵉ siècle a, presque toujours et partout, doté le corps humain d'une musculature puissante et lourde[1], et si donc on avait tort jadis d'opposer le « style dorien », avec ses formes robustes et carrées, au « style ionien », avec ses formes prétendues plus fines et plus sveltes, il faut bien reconnaître cependant que ce commun trait d'épaisseur et de lourdeur prend un aspect différent selon les œuvres et selon les régions, et qu'il s'accompagne, ici et là, d'autres traits non négligeables, plus importants même, qui en modifient gravement le premier sens.

Avec les figures du *Trésor des Cnidiens*, considérons aussi les statues dites *des Branchides*, l'*Aphrodite* de Clazomènes[2], la stèle de Symi[3], l'*Héraclès* de Thasos[4], la *Gorgone* de Didymes[5], les reliefs du « *Monument des Harpyes* » et ceux du *Cortège funéraire* de Xanthos[6]. Dans ces œuvres, qui ne sont pas exactement du même temps et qui sont aussi d'un mérite inégal, mais qui sont des produits de la même région, s'ajoute toujours à l'épaisseur habituelle des formes ce caractère de mollesse et d'indécision que nous avons signalé déjà dans les reliefs d'Assos. Rayet, après avoir dénoncé ce caractère, même dans la meilleure partie du « *Monument des Harpyes* », ajoutait avec raison que, dans les autres parties moins bonnes, « les tendances de l'école se manifestent plus clairement par leur exagération

1. Ce caractère doit être dû, au moins en partie, à l'importance exceptionnelle que l'athlétisme eut toujours aux yeux des Grecs, en sorte que l'idéal qui s'imposa à l'art dès le début et pour un très long temps fut l'idéal athlétique (cf. J. Lange, *Darstellung d. Menschen*, trad. Mann, p. 23, 25, 37). — M. Pottier (*Journ. des Savants*, 1903, p. 195 ; *Rev. arch.*, 1904, I, p. 216) est disposé à reconnaître, dans la lourdeur des sculptures de la Grèce orientale, une influence de l'esthétique chaldéenne et assyrienne. Pour moi, je ne crois guère à cette influence, puisque le même caractère de lourdeur se rencontre aussi bien à l'extrémité occidentale du monde grec. Du reste, comme je tâche de le montrer ici, le trait principal n'est pas la lourdeur, mais la qualité particulière de cette lourdeur.

2. Cf. *Rev. arch.*, 1900, II, pl. XV ; Perrot, *Hist. de l'art*, VIII, p. 324, fig. 137.

3. Cf. *Bull. corr. hell.*, XVIII, 1894, pl. VIII ; Perrot, *op. l.*, p. 331, fig. 143

4. Cf. *Bull. corr. hell.*, XVIII, 1894, pl. XVI ; *Wien. Jahreshefte*, VI, 1903, p. 181, fig. 107.

5. Cf. Haussoullier-Pontremoli, *Didymes*, p. 190 sqq., pl. XX ; Perrot, *op. l.*, p. 283-285, fig. 116-117.

6. Au British Museum: *Catal. greek sculpt.*, I, 86.

même »[1] ; et il y notait l'affaissement des attitudes, l'extrême
mollesse des contours, l'incertitude du dessin, la rondeur de la
facture. Ces paroles-là s'appliquent également à tel cheval et à
tel personnage assis en char, dans le *Cortège funéraire* de
Xanthos[2]. Elles s'appliquent aussi bien aux statues de *Charès*
et compagnie ; et, de ces grandes statues comme de la petite
Aphrodite de Clazomènes, on peut dire ce que Rayet[3] disait encore de certaines figures drapées du « *Monument des Harpyes* »,
à savoir que les draperies y sont pour l'artiste un moyen de
tricher, et qu'elles ne reposent pas sur un contour exact et ne
font qu'empâter la forme qu'elles recouvrent. Or, toutes les
brillantes qualités de ce *Trésor des Cnidiens*, qui est pour nous
jusqu'à ce jour l'œuvre capitale de l'archaïsme ionien et qui
en est d'ailleurs l'une des plus récentes : l'adresse dans la
composition, la vie partout répandue, la charmante élégance et
la grâce de maints détails, ne doivent pas fermer nos yeux
au défaut national reparaissant çà et là avec une sorte de naïve
impudence ; voyez, par exemple, les jambes des guerriers dans
le morceau du *Combat pour le corps de Patrocle* (ou *Sarpédon ?*)[4],
le bras gauche et les jambes d'*Arès* dans la file des *Dieux assis*[5],
et, dans le morceau de l'*Apothéose d'Héraclès*[6], les formes des
chevaux ailés, les jambes d'*Héraclès* et surtout celles d'*Hermès*.
Ce n'est pas assez de dire que ces formes sont trop épaisses
et d'une lourdeur excessive ; il importe bien davantage de
remarquer combien cette épaisseur manque de solidité interne,
et que toute l'apparence de vigueur de ces muscles tient seulement aux renflements de leurs contours ; ces gros membres de
guerriers et de héros sont sans os ni nerfs, ils sont tout en chair,
et en chair bouffie.

Il me semble que tel n'est pas l'aspect des sculptures, tout
aussi lourdes et épaisses cependant, que nous rencontrons dans
la Grèce occidentale. Celles-là sont fermes et raides ; elles
sont construites par dessous ; leurs muscles débordent, oui, mais
dans cette épaisseur charnue il y a des nerfs et des os. Comme
on raconte de certains peintres des temps modernes, que,

1. Cf. *Monuments de l'art antique*, II, notice des pl. XIII-XVI, p. 10.
2. Cf. Collignon, *Hist. sculpt. gr.*, I, p. 267, fig. 133.
3. *Op. l.*, même notice, p. 11.
4. Cf. Perrot, *Hist. de l'art*, VIII, p. 371-372, fig. 168-169.
5. Cf. Perrot, *op. l.*, p. 374, fig. 171.
6. Cf. Perrot, *op. l.*, p. 368, fig. 164 ; Homolle, *Fouilles de Delphes*, IV,
pl. VII-VIII, 1.

pour mieux assurer la charpente de leurs figures, ils en dessi-
naient d'abord le squelette avant de l'habiller de chair, pareillement on dirait que les anciens sculpteurs du Péloponnèse et de
la Sicile édifiaient leurs robustes personnages, hommes ou
femmes, assis ou debout, autour d'une forte armature intérieure,
qui garantissait la solidité de l'ensemble. Que l'on compare
le buste carré, redressé, des statues de femme d'Éleuthernes et de Tégée et de la statue arcadienne d'*Agémô*[1] avec
ces gros paquets de chair molle et de vêtements que sont les
statues *des Branchides* et avec ces hommes assis du *Cortège
funéraire* de Xanthos et du « *Monument des Harpyes* », qui sont
affaissés, avalés sur leur siège, et comme incapables de se relever : on sentira qu'il n'est pas permis de confondre en un trou-
peau commun des œuvres si foncièrement différentes. Elles n'ont
pas même accent, elles ne témoignent pas de la même tournure
d'esprit chez les artistes qui les ont taillées les unes et les
autres. Joignons à cela que les physionomies ont un caractère
franchement opposé : d'un côté, des faces rondes, au front
fuyant, aux yeux relevés, toujours souriantes[2] ; de l'autre, des
faces aux traits nets et parfois anguleux, au front presque vertical, aux yeux droits, aux lèvres rectilignes, à l'expression souvent rude et presque toujours étrangère au sourire[3]. N'est-ce
donc rien que des dissemblances de cette nature et si tranchées ?
et quand on a constaté que telle façon d'être se trouve en
quelque sorte localisée dans la Grèce orientale, et telle autre
dans la Grèce occidentale[4], n'y aurait-il à tirer de là aucune
conclusion sérieuse ?

1. *Mus. nat. d'Athènes*, 6. Cf., sur cette statue, *München. Sitzungsb.*, 1884,
p. 526-527 (Brunn).
2. Cf. la tête de Hiéronda, au British Museum (Rayet, *Milet et le golfe Lat-
mique*, pl. XXVII ; Collignon, *Hist. sculpt. gr.*, I, p. 174, fig. 79 ; Perrot, *Hist.
de l'art*, VIII, p. 281, fig. 113) ; — la tête prétendue de Rodosto, mais probablement de Rhodes, au musée de Constantinople (*Bull. corr. hell.*, VIII, 1884,
pl. X ; Collignon, *op. l.*, p. 175, fig. 80 ; Perrot, *op. l.*, p. 282, fig. 114) ; — la
tête de femme provenant du premier Artémision d'Éphèse (Collignon, *op. l.*,
p. 179, fig. 82 ; Perrot, *op. l.*, p. 322, fig. 135) ; — les têtes des convives dans
la *scène de banquet* sur l'architrave du temple d'Assos.
3. Cf. la statue d'Éleuthernes ; — l'*Héra* colossale d'Olympie ; — une statuette de marbre à Olympie (*Olympia*, III, pl. V, 4-5 ; Perrot, *op. l.*, p. 438,
fig. 214) ; — toutes les têtes des vieilles métopes de Sélinonte. — Chez
les deux « portefaix » de Polymédès d'Argos, un sourire léger éclaire un peu
la physionomie ; mais la forme des yeux et de la bouche n'en est pas modifiée (cf. *Bull. corr. hell.*, XXIV, 1900, pl. XVIII-XIX).
4. Ces mots de Grèce « orientale » et « occidentale », que j'ai déjà employés

Les renseignements des anciens sur les origines et les premiers développements de la plastique sont de la plus misérable pauvreté ; ils nous livrent pourtant une indication précieuse qui est en plein accord avec le témoignage des monuments eux-mêmes. Que la sculpture ait été, dès l'origine, pratiquée dans beaucoup de villes à la fois, dans un grand nombre d'ateliers distincts qui pouvaient être chacun l'embryon d'une « école », cela résulte nécessairement, *à priori*, de l'extrême morcellement de la Grèce et de l'ardente émulation entre les cités. Les anciens ne se sont peut-être jamais souciés de recenser exactement tous ces petits foyers qui commençaient à brûler çà et là ; mais du moins les avaient-ils distingués en deux groupes[1] : l'étincelle sacrée, apportée de Crète, avait propagé sa flamme dans tout le Péloponnèse, dans les régions situées au nord du golfe de Corinthe et dans l'Italie du Sud[2], cependant que, dans le même temps, peut-être plus tôt encore, s'allumaient pour la Grèce asiatique divers autres foyers, entre lesquels celui de Chios devait un jour briller de l'éclat le plus vif. Nous avons vu à quel point l'étude directe des monuments fortifie cette indication sommaire, et nous oblige à ne pas traiter légèrement les vieilles traditions qui faisaient dériver de la Crète la sculpture primitive de la Grèce occidentale[3].

plusieurs fois et que j'emploierai encore souvent, doivent être entendus, naturellement, par rapport à l'Attique et d'une façon très large ; la Grèce *orientale*, c'est la Grèce d'Asie, les Cyclades et aussi les îles et cités du Nord, qui étaient pour la plupart des colonies ioniennes ; la Grèce *occidentale*, c'est le Péloponnèse, la Sicile, l'Italie du Sud, et encore les régions au nord et au nord-est du golfe de Corinthe, que l'on comprend d'ordinaire sous le nom de Grèce centrale.

1. Cela ressort du rapprochement de deux passages de Pline : *N. H.*, XXXVI, 9 et 11.

2. Cf. les textes réunis par Overbeck : *Schriftquellen*, 321 sqq.

3. M. Homolle (*Bull. corr. hell.*, XXIV, 1900, p. 461) a déjà souligné cette « coïncidence des textes et des monuments ». Le lien établi entre les deux statues argiennes de Polymédès, la statue de Tégée et la statue d' Eleuthernes ne peut pas être rompu. Il est bon de noter, à ce propos, que cette dernière statue n'est pas une œuvre isolée, même en Crète : M. Mariani a publié (*Monum. antichi*, VI, 1896, p. 186, fig. 22) une petite et grossière terre-cuite, d'origine crétoise, représentant une femme, où l'on retrouve le même type que dans la statue de pierre d'Eleuthernes. Je signale aussi un petit bronze de l'*Antiquarium* de Berlin (*Annali*, 1880, pl. S), qui provient de Crète, et qui, pour la facture générale et la physionomie, se rapproche beaucoup de certains bronzes archaïques du Péloponnèse. — M. Pottier également (*Rev. arch.*, 1904, I, p. 215) rattache à la Crète l'école de sculpture du Péloponnèse et de la Sicile ; mais il songe surtout à la Crète « mycénienne », à l'art crétois qu'ont

Il apparaît donc bien qu'il a existé, dans la première période de la sculpture grecque, deux grands et larges courants, distincts par leur origine, distincts aussi par le champ où ils se répandent. A ces deux courants on a appliqué respectivement les noms de « dorien » et d' « ionien », qui ne sont pas sans doute d'une justesse rigoureuse[1], mais que l'on peut conserver comme des étiquettes suffisamment exactes, et dont l'emploi se légitime par d'assez bonnes raisons. Car, s'il est vrai qu'Ioniens et Doriens (quels qu'aient été ces mystérieux Doriens) ne sont pas toute la Grèce, et que d'ailleurs ces deux « tribus » n'ont pas vécu séparées l'une de l'autre par une cloison étanche, cultivant leurs idées, leurs mœurs, leur art, chacune de son côté, dans des cités exclusivement ioniennes ou exclusivement doriennes, il est tout aussi vrai cependant que l'élément dorien prédominait de beaucoup dans les populations de la Grèce occidentale, et que, sur l'autre bord de la mer Ægée, c'était les cités de l'Ionie proprement dite qui représentaient le mieux la civilisation et l'art de la Grèce orientale[2]. Si on critique l'usage de ces noms, comme ne répondant pas à une réalité historique bien définie, il ne faut pas oublier pourtant que l'exemple nous en a été donné par les Grecs eux-mêmes. Lorsque les Grecs employaient précisément ces noms-là pour distinguer leurs deux grands genres d'architecture[3], ou pour

révélé les fouilles de Cnossos et Phæstos. J'estime que cet art-là n'a que peu de rapports avec la sculpture « dorienne », et que nous n'avons pas à remonter, dans la question présente, beaucoup au delà de l'an 600 avant Jésus-Christ. Les quelques œuvres d'origine crétoise rappelées ci-dessus montrent quel changement considérable avait eu lieu, en Crète même, du xve au viie siècle, et que, là aussi, s'était opéré un recommencement de la civilisation et de l'art.

1. C'est surtout l'épithète « dorien » qu'on est en droit de contester. Il est sûr qu'elle ne correspond pas à une réalité historique aussi nette et facile à percevoir que l'épithète « ionien »; celle-ci peut se passer de justification. Nous ne savons pas au juste ce que sont les Doriens. Il est remarquable que ce que nous appelons l'invasion dorienne, les anciens l'appelaient le *Retour des Héraclides*. Le mot *retour* donnerait à penser qu'il s'agit d'une reprise de possession de l'ancien sol par des populations qui auraient été refoulées vers le nord sous la pression d'envahisseurs venant de la mer; puis ces populations, redescendant vers le sud quelques siècles plus tard, auraient à leur tour poussé devant eux l'envahisseur et l'auraient rejeté à la mer. En tout cas, il reste certain que les populations dites « doriennes » n'étaient pas de la même branche grecque que les Ioniens. — Il m'arrivera souvent, dans la suite de ces pages, quand j'userai du mot *dorien*, de le placer entre guillemets, à seule fin de rappeler le sens un peu conventionnel que je lui donne par opposition au mot *ionien*.

2. Cf. Pottier, *Catal. des vases du Louvre*, II, p. 489.

3. Les termes « ordre dorique », « colonne ionique », peuvent ne se rencon-

opposer l'une à l'autre certaines modes générales de leur costume[1], personne ne croira qu'ils avaient pris ces désignations
au hasard, ni davantage qu'ils y attachaient le sens d'une
irréductible division de leur race en deux blocs séparés ; mais
ils reconnaissaient, d'une vue plus ou moins claire, à l'occasion
de tel ou tel fait, l'existence dans l'unité de leur race d'une
double tendance d'esprit, de deux formes et de deux directions
de pensée, de deux principaux courants enfin, qui devaient
leur origine au fond de nature et aux habitudes différentes de
vie des cités ioniennes massées surtout du côté de l'Orient,
et des populations qui étaient établies principalement dans « la
grande île dorienne de Pélops »[2].

On sait de reste qu'entre ces deux courants il y a eu des
communications fréquentes. Les sculpteurs grecs ont été la
plupart fort nomades. Les cités grecques ne paraissent point,
en général, avoir eu l'idée d'un protectionnisme local en faveur
de leurs artistes. Enfin, les grands sanctuaires disséminés partout, Olympie, Délos, Delphes, l'Héræon de Samos, etc., ont
de bonne heure constitué, par les sculptures décoratives de
leurs édifices et par les statues dressées à l'entour, autant de
musées comparés où les productions des ateliers les plus
éloignés se trouvaient rapprochées ; et ces musées, sans cesse
grossissants et de plus en plus variés, n'ont pas dû être la
cause la moins efficace d'une réciproque pénétration des diverses
méthodes et des divers styles. — Il ne faut pas aller jusqu'à
dire, cependant, que cette pénétration réciproque ait vite abouti
à l'unification de l'art, à l'établissement d' « une espèce de
κοινή artistique »[3]. Il existait, dans les deux courants opposés,
des caractères très difficilement conciliables ; la sculpture du
Péloponnèse, à côté de certains traits qu'elle a pu modifier
sans grande résistance, en a conservé d'autres avec une ténacité
qu'on ne doit pas méconnaître[4]. Puis, le jeu alternatif des

---

trer d'une façon courante que chez des écrivains de basse époque ; mais ils
étaient assurément beaucoup plus anciens : une expression comme « les triglyphes doriques », que l'on trouve dans Euripide (*Oreste*, 1372), suffit à le
montrer.

1. Hérodote, V, 87-89.
2. L'expression est de Sophocle : *Œdipe à Colone*, 695.
3. Cf. *Bull. corr. hell.*, XXIV, 1900, p. 444 (Homolle).
4. Un des traits les plus connus des têtes « polyclétéennes » est l'aplatissement du crâne à la partie supérieure. Ce trait existe déjà, on ne peut mieux
marqué, dans la tête de femme d'Éleuthernes et dans les statues d'homme
signées de l'Argien Polymédès (cf. la mieux conservée de ces deux statues,

influences a été passablement inégal, selon les époques; et il me semble qu'on a parfois confondu un peu les époques. Il y a eu, dans la seconde moitié du vi⁰ siècle, au moment de la plus belle floraison de l'archaïsme ionien, une forte poussée ionienne jusqu'en plein domaine dorien : nous en avons le témoignage direct par les textes qui attribuent à Théodoros de Samos et à Bathyclès de Magnésie l'exécution d'importants travaux à Sparte et Amyclées, et plus encore par les frappantes analogies qui se découvrent entre le grand travail de Bathyclès et le *Trésor des Cnidiens*[1]. Mais je ne vois nulle raison sérieuse de faire remonter jusque dans la première moitié du vi⁰ siècle, voire jusqu'au vii⁰ siècle, cette période d'influence, pour laquelle la seule date certaine est celle de 540-530[2]. A ce dessein, M. Furtwængler[3] a dû enfler d'une façon arbitraire le rôle d'un artiste sur le compte de qui nous ne savons presque rien; il a dû faire de Smilis une sorte de précurseur de Bathyclès, plus exactement faire de lui, pour la première époque de l'archaïsme, ce qu'est Bathyclès pour la seconde époque : une personnification

vue de profil : *Bull. corr. hell.*, XXIV, 1900, pl. XX ; Homolle, *Fouilles de Delphes*, IV, pl. II, 1); et on en appréciera la valeur en comparant ces têtes-là avec les têtes au crâne fuyant et très arrondi des figures produites par l'art de la Grèce orientale (même observation faite par M. De Ridder, *Bull. corr. hell.*, XVIII, 1894, p. 48, note 4). — Dans un assez grand nombre de têtes en bronze, qui sont de la première moitié du v⁰ siècle, on observe que les sourcils sont travaillés *en saillie*. M Arndt, ayant groupé ensemble les figures où ce détail se rencontre (cf. Brunn-Bruckmann's *Denkmæler*, notice de la pl. 506), estime qu'un tel trait doit avoir été propre à une école du Péloponnèse, et il donne les raisons pourquoi il y aurait lieu de situer celle-ci, provisoirement, à Corinthe ou Sicyone : il s'agit, en tout cas, d'une école « dorienne ». Or, ce même détail existe aussi dans la petite tête en marbre trouvée à Méligou (cf. Collignon, *Hist. sculpt. gr.*, 1, p. 249, fig. 120), et il existe déjà dans les deux statues de Polymédès (cf. Homolle, *Bull. corr. hell.*, XXIV, 1900, p. 459 et note 7). Voilà donc encore un notable trait de facture, que nous constatons dans des œuvres péloponnésiennes de la première moitié du vi⁰ siècle, et que nous retrouvons, soixante ou quatre-vingts ans plus tard, dans d'autres œuvres péloponnésiennes. — Aussi, lorsque M. De Ridder répète qu'il n'y a pas de style argien et, plus généralement, pas d'art dorien avant Polyclète (cf. ci-dessus, p. 146, note 2), c'est à dire qu'on ne distingue pas certains caractères qui aient appartenu aux seules sculptures doriennes à l'exclusion des sculptures ioniennes, et qui aient passé traditionnellement des plus anciens artistes jusqu'à ceux du v⁰ siècle, on peut craindre que M. De Ridder ne soit pas dans le vrai ; et on ne voit même pas comment concilier cette affirmation avec certaine observation très justement faite par lui et que je viens de rappeler ci-dessus.

1. Cf. *Bull. corr. hell.*, XXIV, 1900, p. 428 (Homolle).
2. Cf. Furtwængler, *Meisterw. gr. Plastik*, p. 718.
3. *Op. l.*, p. 720 sqq.

de l'envahissement artistique du Péloponnèse par l'Ionie. Or,
quand même Smilis serait un Ionien de Samos, au lieu d'être un
Dorien d'Ægine [1], l'existence de ses trois *Horés* à Olympie — dans
l'un de ces grands sanctuaires où s'amassaient des statues de
partout — ne suffit pas pour qu'on lui attribue une action si
considérable, dont les résultats, au surplus, n'apparaissent
nulle part. Il est juste d'admettre, cependant, que, dès la première moitié du vIᵉ siècle, des sculpteurs ioniens purent venir
quêter du travail dans le Péloponnèse, et que, par une voie
quelconque, l'influence ionienne commença d'agir, au moins
légèrement, sur l'art dorien. Le sourire indécis, qui éclaire un
peu la grosse face des « portefaix » de Polymédès, et le sourire
plus large, qui plisse le visage de l'homme assis dans la stèle
de Chrysapha [2], seraient parmi les premiers indices de cette
influence-là. Mais on remarquera combien elle est superficielle
encore et laisse intact le fond vigoureux et rude de l'art local [3].

En somme, dans la période de temps à laquelle appartiennent
la majeure partie des sculptures en pierre tendre de l'Acropole, la Grèce orientale et la Grèce occidentale ont chacune
leur art distinct, et ces deux arts, que nous nommons en bloc
l'art ionien et l'art dorien, offrent chacun certains caractères
fixes, permanents, qui leur constituent ce qu'on peut appeler
une personnalité définie et indépendante. Il reste à préciser ce
que nous n'avons fait qu'indiquer en quelques-unes des pages

1. Déjà avant M. Furtwaengler, M. Studniczka (*Rœm. Mittheil.*. II, 1887,
p. 109) avait mis en doute que Smilis fût un Æginète. Mais M. Lœschcke (*Athen.
Mittheil.*, XXII, 1897, p. 262) continue à tenir pour la tradition. On remarquera,
en effet, que c'est à deux reprises et en deux endroits différents (V, 17, 1 ;
VII, 4, 4) que Pausanias assigne Ægine pour patrie à Smilis ; il indique aussi
le nom de son père, et l'on sait par ailleurs qu'il avait emprunté ce renseignement à Olympichos. Mais où Olympichos lui-même avait-il pris ses informations ? Il se pourrait que ce fût simplement dans les inscriptions que
Smilis avait jointes à ses œuvres, et, par conséquent, que ce fût Smilis en
personne qui aurait fait connaître à la postérité le nom de sa patrie : son
témoignage mériterait quelque créance. D'ailleurs, il serait peut-être plus
urgent de préciser la date de Smilis que son pays d'origine ; je croirais
volontiers qu'on l'a trop reculé dans le passé et qu'il appartient à la seconde.
moitié du vIᵉ siècle. — Sur les travaux relatifs à Smilis, cf. Hitzig et Blümner,
éd. de Pausanias, II, p. 390-391.
2. Musée de Berlin : *Beschreibung ant. Skulpt.*, 731. Cf. Brunn-Bruckmann's
Denkmæler, 227, *A;* Collignon, *Hist. sculpt. gr.*, I, p. 233, fig. 111 ; Perrot,
Hist. de l'art, VIII, p. 439, fig. 215.
3. M. De Ridder (*Catal. bronzes Acrop.*, p. xIx-xx) est d'un autre avis; mais
je crois que l'analyse qu'il a faite de la stèle de Chrysapha n'est pas tout à
fait exacte. Ceux qui voudront se rendre compte du vrai caractère de ce
relief doivent le regarder *de profil*, soit sur l'original ou sur un moulage.

précédentes, à savoir quelle place occupe, à côté de l'art ionien et de l'art dorien, la sculpture attique, et par quels traits spéciaux elle accuse à son tour sa personnalité.

La sculpture de l'Attique, telle qu'elle nous apparaît dans ses œuvres les plus anciennes, a quelque chose de commun avec celle de la Grèce orientale, quelque chose de commun avec celle de la Grèce occidentale, et ne se confond pourtant ni avec l'une ni avec l'autre; elle se tient presque à égale distance de l'une et de l'autre, en penchant peut-être davantage du côté dorien. La rondeur et la mollesse qui gâtent si souvent les productions des Ioniens sont étrangères aux Attiques. Leurs figures, dans les attitudes passablement diverses où nous les voyons, sont posées fermement : drapées ou nues, le dessin y témoigne d'un goût remarquable de simplicité et de netteté[1]. Elles n'ont pas cependant la raideur tendue, la fixe et anguleuse armature des œuvres doriennes. Surtout elles n'ont pas de celles-ci l'air de visage austère et les lèvres rigidement serrées; leur bouche est assouplie et leurs yeux éclairés par un sourire. Mais ce sourire n'est pas non plus le gros sourire ionien qui relève les coins des lèvres et des yeux et arrondit lourdement sur les joues la chair des pommettes; il est bien plus discret, il arque à peine la bouche et laisse horizontal le grand axe des deux yeux. La structure de la tête mérite d'être considérée[2] : on n'y trouve pas la forme de crâne large et aplatie qui, dans l'art dorien, se perpétuera jusqu'aux types de Polyclète; on n'y trouve pas non plus le front fuyant, le sinciput remontant, très convexe et prolongé en arrière, qui sont de règle dans les têtes ioniennes; le crâne est modérément arrondi par dessus et par derrière, et très justement proportionné de façon qu'il n'y ait excès l'un sur l'autre ni du diamètre antéro-postérieur, ni du diamètre transverse; le front presque vertical, les plans simples des joues, le menton large et bien assis décèlent une ossature solide, que la chair couvre sans l'empâter, mais dont la solidité non plus ne s'étale pas. On remarquera encore que, l'épaisseur des formes étant, comme nous l'avons dit, un trait général de toute la sculpture grecque primitive, chez les Attiques cependant cette épaisseur est

1. Cf. Collignon, *Hist. sculpt. gr.*, I, p. 216.
2. Cf., par exemple, la tête du *dieu* drapé, provenant du fronton *d'Iris* : ci-dessus, p. 61 (*Au mus. de l'Acrop.*, p. 99, fig. 5).

moins prononcée qu'ailleurs, même dans des représentations telles que combats monstrueux et dans des personnages tels qu'Héraclès, où ce trait eût été le plus compréhensible et excusable. Bref, il semble que l'art attique soit dirigé, dès ses débuts, par un secret instinct de mesure qui le préserve des excès choquants et des étalages agressifs, et le conduit à occuper un juste milieu entre l'art de la Grèce orientale et celui de la Grèce occidentale.

Je voudrais ôter ici à l'expression « juste milieu » le sens peu favorable qu'on lui donne d'habitude. Elle n'implique pas nécessairement défaut d'originalité, émoussement des caractères personnels. De toute évidence, la sculpture attique de la première moitié du vi^e siècle n'est pas un produit factice, résultat d'une habile combinaison et d'un dosage calculé d'éléments pris, les uns à gauche, les autres à droite. Ce qu'elle est, elle l'est naturellement, spontanément ; elle n'est pas moins originale que les deux sculptures concurrentes. Mais la meilleure part de son originalité tient à ce que, possédant ensemble quelques-uns des caractères opposés de ces deux-là, elle sait, par une heureuse faculté qui lui est propre, les équilibrer et les concilier dans les premières ébauches de son idéal plastique ; et de là résulte une aptitude particulière, dont nous verrons bientôt les effets, à comprendre les productions de l'art ionien comme de l'art dorien, à les accueillir, et à bénéficier des meilleures acquisitions réalisées par chacun d'eux.

On ne saurait avoir la prétention de pénétrer et éclairer à fond la raison d'être des traits primordiaux de l'art attique. L'analyse est délicate de ce qui touche au plus intime de l'esprit d'un peuple, et l'on tenterait vainement de remonter jusqu'à la lointaine source cachée. Du moins est-il possible d'indiquer comment a été déterminée, et en tout cas fortifiée, par la situation même du pays attique et par certaines conditions de son histoire, cette tendance au « juste milieu », que nous constatons non pas seulement dans son art, mais aussi et pareillement dans son dialecte[1].

---

1. « [Le dialecte] ionien se distingue par sa *fluidité*, par la multiplicité des voyelles, par sa *douceur*... L'ionien est le grec d'Asie, légèrement *amolli*... [Quant au dorien,] la *gravité* était sa qualité propre. Il recherchait les sons *pleins*... avec une prédilection qui lui donnait une certaine *lourdeur*... Proche parent de l'ionien, le dialecte attique lui *ressemble* par l'atténuation des sons pleins, mais il *s'en distingue* par une *fermeté* que l'ionien a perdue de bonne

La petite contrée dont Athènes fut le centre est l'unique terre demeurée ionienne sur le continent d'Europe; elle s'allonge vers le sud-est, vers les iles et la côte d'Asie, où s'était répandu tout le reste de la population ionienne; au souvenir très vif de la communauté d'origine s'ajoutent des liens, soit politiques ou religieux, qui l'unissent à maintes cités de cette Grèce orientale. Mais, au nord et à l'ouest, l'ionienne Attique ne voit autour d'elle que des populations issues d'autres souches; la dorienne Mégare et la dorienne Ægine sont à quelques lieues d'Athènes; l'Attique est presque une enclave en pays non ionien; ses habitants se trouvent avoir des relations moins faciles et moins fréquentes avec leurs frères insulaires et asiatiques qu'avec leurs voisins continentaux, qui ne sont pour eux que des demi-frères [1]. Cependant, ils ne songent pas à dresser une barrière, ni matérielle, ni morale, contre l'intrusion des éléments étrangers et des influences étrangères dans leur cité. Ils proclament à la fois et leur *autochtonie* et leur *philoxénie* [2]. De bonne heure, ils ont eu à pratiquer leurs vertus hospitalières; des groupes d'émigrés ont afflué au moment de l'invasion dorienne; et c'est alors que certaines familles, destinées à compter parmi les plus grandes d'Athènes, s'y sont établies, venant d'Ægine, de Messénie et d'ailleurs. Ainsi l'Attique enrichissait son propre fonds, augmentait pour l'avenir son capital de forces actives et d'aptitudes intellectuelles [3]. Par les caractères natifs qui la rendaient, plus que toute autre cité grecque, accueillante aux étrangers, et par la faculté d'assimilation qui lui permettait de fondre dans l'unité

heure. Plus *serré* dans la contexture de ses mots, il a toute la *force* désirable avec une certaine rapidité *élégante* et *concise*. » (Croiset, *Hist. litt. gr.*, l, p. 37-39.)

1. Cf. Perrot, *Hist. de l'art*, VIII, p. 529-530.

2. Autochtonie : cf. Thucydide, I, 2 ; II, 36. Philoxénie : cf. Thucydide, II, 39 ; Strabon, X, 3, 18; Suidas, *Lexicon, s. v.* Πειραθοϊδαι. — Le mot *autochtonie* ne doit, bien entendu, être pris qu'en un sens relatif. Il n'y a pas lieu, en ce moment, de rechercher si les Ioniens de l'Attique n'étaient pas, eux aussi, arrivés du dehors et ne s'étaient pas mélangés à une autre population plus anciennement établie dans le pays. Quand les Athéniens du V° siècle affirmaient leur autochtonie, c'était par rapport au bouleversement général qui avait résulté de l'invasion dorienne; ils se bornaient à affirmer que, tandis qu'il y avait eu alors un changement et renouvellement de la population dans toute la Grèce, celle de l'Attique n'avait pas bougé. — Sur la *philoxénie* des Athéniens, cf. les réflexions de Dumont, *Éphébie attique*, 1, p. 95 et 109, et de M. Foucart, *Associations religieuses*, p. 131.

3. Cf. Curtius, *Hist. grecque*, trad. Bouché-Leclercq, 1, p. 369-371.

de son esprit national les éléments importés du dehors,
Athènes était préparée à devenir le creuset où se combine-
raient en un précieux alliage des qualités diverses, qu'on eût
pu croire malaisément conciliables, parce qu'on ne les avait
vues encore qu'isolées, presque opposées l'une à l'autre, et,
chacune à part, poussées jusqu'à l'intransigeance. Nous dirons
plus tard quel concours de circonstances heureuses favorisa
l'épanouissement suprême de l'art attique; mais la première
cause, la plus ancienne et la plus profonde, de sa grandeur
future a été ce génie large et souple, assez souple pour
passer aisément de l'idéal artistique de la Grèce orientale à
celui de la Grèce occidentale, assez large pour les comprendre
tous les deux ensemble et les dominer.

Le *Moschophore*, la *Femme à la grenade* et les divers
marbres de moindre importance qui se groupent autour de
ces deux statues nous ont montré à quel point en était arrivée
la sculpture attique, vers 550, dans son développement régulier, logique, et, si je puis dire, tranquillement rectiligne. Elle
a continué quelque temps encore de marcher ainsi : nous en
avons la preuve par la statue 679 de l'Acropole (*Au musée de
l'Acrop.*, p. 325, fig. 31), celle que j'ai proposé d'appeler, à
cause de la forme carrée et, en apparence, à peine dégrossie
de son corps, la *statue xoanisante*[1]. Je ne pense pas qu'on
puisse dater cette figure à vingt années près; mais il suffit
qu'on ne puisse mettre en doute qu'elle est notablement postérieure au *Moschophore* et qu'elle appartient à la seconde
moitié du vi° siècle. En effet, on ne trouve plus en elle aucun
vestige de cette technique du bois et de la pierre tendre, dont
l'influence marqua, durant quelque temps, même les œuvres
de marbre et dont les traces demeurent si visibles dans le
Moschophore. Puis, d'autre part, ce pseudo-xoanon aux contours trop géométriques laisse voir néanmoins une franchise,
une netteté d'exécution, et j'ajoute, malgré le semblant de contradiction de ces deux mots, une aisance dans la raideur, qui
témoignent d'un art déjà sûr et conscient des progrès réalisés.

Mais, si une étape nouvelle a été franchie, il n'y a là pour-

1. Cf. Μνημεῖα τῆς Ἑλλάδος, pl. XVI, 1 (bibliographie); y ajouter : C. Jœrgensen, *Kvindefigurer...*, p. 32, fig. 15; Bulle-Hirth, *Schœne Mensch : Altertum*, pl. 29, à gauche; *Athen. Mittheil.*, XVII, 1892, p. 48, D, et p. 64 sqq.
(Sauer); Perrot, *Hist. de l'art*, VIII, p. 603, fig. 303.

tant pas un trait qui ne nous soit déjà connu. La figure porte
l'ancien costume attique[1] : chitôn arrêté aux chevilles et
péplos à *apoptygma*, serré par une ceinture ; et ainsi elle appartient à une suite de représentations féminines que nous avons
vu commencer en pleine période de la pierre tendre, et se continuer dans des hauts-reliefs, statuettes et statues de marbre[2] ;
à l'himation près, qu'elle a rejeté, elle est encore toute semblable à la *Femme à la grenade*. Et le lien qui la rattache aux
productions du premier archaïsme attique se révèle pareillement dans la construction de la tête et les caractères généraux de la physionomie, s'il est vrai que le contour du crâne
au sinciput peu allongé, le dessin de la bouche au sourire
léger et des yeux larges, dont la pente oblique est presque
insensible, enfin la qualité de vie et la nuance morale qui
résultent de l'ensemble de ces traits, nous rappellent immédiatement la tête du *Moschophore*, et par delà, au milieu des
œuvres en pierre tendre, la tête du *Zeus* de l'*Hécatompédon*,
la tête du *dieu* drapé du fronton *d'Iris* (*Au musée de l'Acrop.*,
p. 99, fig. 5) et celles même du triple *Typhon*. Le type attique
nous apparaît ici, tel qu'il est venu spontanément et s'est fixé
sous la main des plus anciens sculpteurs d'Athènes[3] ; et l'on
en retrouvera certains traits persistants, cent ans plus tard,
malgré les modifications survenues, dans les têtes attribuées ou
attribuables à Phidias et à son école[4].

Une œuvre de ce genre a la plus grande importance historique. Avec son air de xoanon attardé, son aspect paradoxal de
pilier carré que surmonte une tête animée d'une vie si claire
et d'une expression si intelligente, avec son costume qui est
le premier costume féminin qu'ont eu à reproduire les sculpteurs
attiques, et qui cependant offre aussi la forme première de la
belle draperie du v° siècle, avec tout ce qui, en elle, ramène
la pensée aux œuvres antérieures et ce qui doit survivre d'elle

---

1. Cf. *Au mus. de l'Acrop.*, p. 186 sqq.
2. Cf. ci-dessus, p. 114 sqq.
3. M. Sauer (*Athen. Mittheil.*, XVII, 1892, p. 48 et 64 sqq.) a voulu faire de la
statue xoanisante une œuvre naxienne ; cette opinion, qui ne reposait pas sur
un fondement solide, n'a été, je crois, admise par personne. Cf. *Bull. corr.
hell.*, XVI, 1892, p. 527-528 (H. Lechat) ; Michaelis, *Attattische Kunst*, p. 22 ;
Furtwængler, *Meisterw. gr. Plastik*, p. 715, note 6.
4. La physionomie, le dessin des yeux et de la bouche auront changé ; mais
la forme du crâne sera restée sensiblement la même : trait important par
rapport aux têtes contemporaines, issues des ateliers du Péloponnèse.

jusque dans les sculptures du Parthénon, — elle a ce précieux avantage de nous faire apercevoir d'un seul coup un long développement d'art et de nous en attester la ferme unité ; elle nous renseigne à la façon d'une de ces bornes milliaires, plantées profond et heureusement retrouvées en place, qui permettent de ressaisir l'antique voie partiellement effacée et d'en marquer l'exacte direction. Devant elle plus que devant toute autre de ses compagnes de l'Acropole, les visiteurs s'arrêtent, parce qu'elle les surprend et les amuse ; les artistes la caressent d'un œil sympathique, parce qu'ils sentent bien, sous l'enveloppe rigide, la souple circulation d'une vie jeune et forte ; mais l'historien, au lieu d'isoler cette figure par dilettantisme et pour mettre en un relief plus net son originalité, se rend compte que l'originalité ici n'empêche pas que l'œuvre ne soit étroitement rattachée à une tradition, et il se convainc jusqu'à l'évidence que son auteur inconnu est un descendant direct des sculpteurs qui, une ou deux générations auparavant, avaient taillé les frontons de l'*Hécatompédon*.

Et c'est avec cette œuvre si pleinement significative que se trouve close aujourd'hui la première période de l'histoire de la sculpture en Attique.

Note. — L'étroite connexion entre toutes les sculptures de cette première période, et la fidèle transmission de certains traits de technique des œuvres en pierre tendre aux œuvres en marbre, constituant les deux faits indispensables pour affirmer l'existence d'un art local, d'une école attique commençante, il ne faut rien négliger afin de mettre ces faits hors de contestation. J'ai indiqué minutieusement, en leur lieu, tous les rapports de technique et de style ; c'est le principal. Mais j'ai signalé aussi, chemin faisant, des ressemblances de second ordre, dans tels détails du costume, de la coiffure, etc. Ces menues ressemblances, quand elles abondent, cessent d'être négligeables ; car elles sont une preuve certaine, ou bien que les œuvres plus anciennes ont servi de modèle aux plus récentes, ou bien que les unes et les autres ont eu pour commun modèle le même type de coiffure, de costume, etc., qui était en usage dans le pays : que ce soit l'un ou l'autre cas, elles contribuent à attester l'origine également indigène de toutes les œuvres de la série. C'est pourquoi je crois utile de rappeler ici, en une sorte de résumé méthodique, toutes les petites ressemblances de cette espèce ; on sera plus frappé de leur nombre et on comprendra mieux qu'elles doivent retenir l'attention.

La plupart des sculptures que je vais citer ont été étudiées dans les chapitres antérieurs; mais il y en a quelques autres que j'ai dû réserver pour les chapitres suivants, bien qu'elles appartiennent encore à la catégorie des premières œuvres en marbre et soient chronologiquement très rapprochées du *Moschophore* et de la *Femme à la grenade*. Sauf indication contraire, les œuvres citées sont au musée de l'Acropole.

A. — La barbe, figurée par une masse en légère saillie, offre toujours la même coupe; plate sur les joues, plus ou moins allongée au menton, rasée autour de la bouche; pas de moustaches. Exemples:

Sculptures en pierre tendre: *Iolaos* (fronton *de l'Hydre*), *Zeus* (fronton de l'*Hécatompédon*), *Héraclès* et *dieu* drapé (fronton *d'Iris*). Dans les têtes de *Typhon*, la coupe reste essentiellement la même; mais il y a en plus les moustaches, indication de la nature sauvage du monstre.

Sculptures en marbre: *Moschophore*.

B. — Les cheveux, sur le front, ont d'ordinaire l'aspect d'une masse ondulée, avec le contour inférieur régulièrement festonné. Exemples:

Sculptures en pierre tendre: *Hydrophore*, *Héraclès* (fronton *d'Iris*), petite tête féminine indéterminée n° 50 (cf. Wiegand, *Poros-Architektur*, p. 229, fig. 244), tête féminine très mutilée n° 38 (*Ibid.*, fig. 243). Dans la tête de *Zeus* (fronton de l'*Hécatompédon*), le premier travail est le même; mais il s'y ajoute de fins sillons ondulés, striant la masse des cheveux dans le sens longitudinal.

Sculptures en marbre: *Hermès à la syrinx*, tête du Louvre (*fig.* 4), *Méduse* (*fig.* 6; stries ondulées pareilles à celles du *Zeus*), *Sphinx de Spata* au Musée national d'Athènes (*fig.* 7; stries ondulées pareilles à celles du *Zeus* et de la *Méduse*), *Sphinx du Pirée* au Musée national d'Athènes (*fig.* 8), tête n° 617 (*fig.* 12; sera étudiée plus loin).

Quelquefois les cheveux, sur le front seulement ou sur le crâne, ressemblent à des chapelets de petites boules juxtaposées. Exemples:

Sculptures en pierre tendre: le *dieu* drapé (fronton *d'Iris*).

Sculptures en marbre: *Moschophore*, statue de *Kératéa* au Musée national d'Athènes, *Méduse* (*fig.* 6), *Sphinx* n° 630 (*Au mus. de l'Acrop.*, p. 387, fig. 42; sera étudié plus loin), *tête Rampin* au Louvre (sera étudiée plus loin).

Les boucles qui retombent par devant sur les épaules ont aussi cette forme de chapelet. Exemples:

Sculptures en pierre tendre: *Hydrophore*, *Athéna* (fronton de l'*Hécatompédon*).

Sculptures en marbre: *Moschophore*, statue de *Kératéa*, tête du Louvre (*fig.* 4), statuette d'*Éleusis* au Musée national d'Athènes (*fig.* 5), *Sphinx de Spata* et *du Pirée* (*fig.* 7-8), torse féminin n° 73 au Musée national d'Athènes (mentionné ci-dessus, p. 117, note 1).

Par derrière, la masse tombante des cheveux, quand elle a été travaillée (ce qui n'arrive pas toujours, la plupart des figures étant adossées à une paroi), est d'ordinaire coupée de sillons transversaux parallèles. Exemples:

Sculptures en pierre tendre: *Zeus* (fronton de l'*Hécatompédon*), tête féminine très mutilée n° 38 (cf. Wiegand, *op. l.*, p. 229, fig. 243).

11

Sculptures en marbre : statuette n° 589 (cf. 'Εφημ. ἀρχ., 1891, pl. XII, à gauche), statuette d'Éleusis (fig. 5), Sphinx du Pirée (fig. 8), tête n° 617 (fig. 12).

Enfin, les cheveux sont quelquefois ornés, au dessus du front, par une bandelette étroite ou un cercle très simple. Exemples :

Sculptures en pierre tendre : tête féminine très mutilée n° 38 (Wiegand, op. l., p. 229, fig. 244).

Sculptures en marbre : Moschophore, tête du Louvre (fig. 4), Méduse (fig. 6), Sphinx du Pirée (fig. 8), tête n° 617 (fig. 12).

C. — Pour le costume des femmes, nous avons vu qu'il est identique dans les deux séries. Un petit détail, à peine perceptible, mérite d'être signalé (cf. ci-dessus, p. 118, note 2). En regardant de près le pan droit de l'himation que porte l'Hydrophore, on discernera au coin de l'étoffe un gland minuscule, une sorte d'olive pendante, ce que les Grecs appelaient roïscos. Or, on retrouve ce roïscos aux deux coins de l'himation de la statuette n° 589 (Au mus. de l'Acrop., p. 184, fig. 17); on le retrouve, répété quatre fois et beaucoup mieux marqué, dans l'himation de la Femme à la grenade ; et il existe aussi, dans la statue xoanisante, aux deux coins de l'apoptygma du péplos, une fois exécuté en relief, et l'autre fois indiqué seulement en couleur. Il existe également aux coins du vêtement du Moschophore.

Dans les figures en pierre tendre, les broderies ou coutures des vêtements et même le simple bord de l'étoffe sont généralement ciselés en léger relief. La facilité avec laquelle la matière se laissait couper incitait à ce petit supplément de travail, qui servait surtout aux effets de polychromie et avait pour résultat de séparer plus nettement les bandes alternantes de bleu et de rouge. Un tel travail dans le marbre eût été fort long et médiocrement utile ; car il suffisait désormais, pour empêcher les couleurs de baver l'une dans l'autre, de rayer par de fines lignes au burin la surface lisse et ferme de la nouvelle matière (cf. Au mus. de l'Acrop., p. 232, note 1). Et cependant, on constate encore une survivance de l'ancienne pratique dans certaines des premières œuvres en marbre : la ceinture de la Femme à la grenade est creusée d'un long sillon droit qu'encadre un double listel ; les bords de l'himation dont est vêtu le Moschophore sont, avec un soin minutieux, indiqués en relief ; et pareillement, dans les têtes de chevaux n° 575, 578-580 (cf. ci-dessus, p. 124, note 1), tous les détails de la bride, pour lesquels un trait de couleur eût suffi, ont été délicatement ciselés en relief mince et plat.

D. — Pour les corps d'animaux, les sculpteurs en pierre tendre ont l'habitude de géométriser certains détails des formes, c'est à dire qu'ils adoptent un dessin conventionnel et stylisé et le répètent sans changement, par simple juxtaposition. Ainsi, pour les plumes des ailes (fragments divers n° 22 ; cf. Wiegand, op. l., p. 31 sqq., fig. 38-42, pl. III, 1, 3, 5), ils ont adopté un dessin en triangle curviligne ; pour les écailles de serpent, soit un dessin pareil (serpent n° 40, du fronton de l'Hécatompédon ; cf. Wiegand, op. l. pl. V, A) ou un dessin en losange (serpent n° 37, du même fronton ; cf. Wiegand, op. l., pl. V, B) ou un dessin en fer à cheval (corps de Triton, de l'autre fronton de l'Héca-

tompédon). Le contour de chaque plume et de chaque écaille est toujours en relief, et l'intérieur en creux : cela fait un travail délicat et long, quelque facilité qu'y donnât la matière. Avec l'emploi du marbre, de telles pratiques devaient naturellement disparaître ; mais on en retrouve pourtant le souvenir très proche dans le *Sphinx de Spata* (*fig.* 7) et encore, quoique déjà plus affaibli, dans le *Sphinx du Pirée* (*fig.* 8). — L'extrémité de la queue du taureau dans le grand groupe *Lions et taureau* est tordue régulièrement, à la façon d'un gros écheveau de laine ; et la même forme conventionnelle se retrouve dans la queue du veau du *Moschophore*, mais là, seulement indiquée par de légères lignes burinées en spirale. Une convention un peu différente, mais inspirée par le même esprit de *géométrisation*, se constate dans le *Sphinx de Spata*, où les touffes de poils du bout de la queue sont figurées par une suite de chevrons tracés en creux. — Le mufle de lion dont est coiffé l'*Héraclès* du fronton *d'Iris* se termine sur les bords par une sorte d'ourlet arrondi en relief ; c'est le même aspect que présente le bord de la bouche, dans la tête de cheval n° 578, et c'est par un ourlet semblable qu'est limité le bord de la crinière sur le cou des chevaux nᵒˢ 575 et 578 (cf. ci-dessus, p. 124, note 1).

Il ne serait pas impossible, peut-être, d'allonger encore la liste des comparaisons de cette nature ; mais j'espère que, telle quelle, on la trouvera suffisante. Nous aurons plus tard l'occasion d'observer que certains traits des sculptures en pierre tendre se retrouvent jusque dans des marbres de la fin du vıᵉ siècle. Pour l'instant, je m'en suis tenu exclusivement aux toutes premières œuvres en marbre : il s'agissait de dénombrer et faire voir la quantité de menus fils dont est tressée la solide attache qui relie ces premiers marbres aux œuvres antérieures en calcaire commun.

DEUXIÈME PÉRIODE

[Environ 550 à 500 av. J.-C.]

Vers le milieu du vi⁰ siècle, peu après 550, un changement
considérable se produit dans la sculpture attique. L'enchaînement des œuvres semble tout à coup s'interrompre ; la route
frayée si droit et par un lent labeur si méthodique apparait
comme subitement coupée, et elle ne recommence que plus
loin, mais tout autre d'aspect et autrement orientée. Le petit
musée de l'Acropole, par la disposition de ses salles, rend ce
brusque changement sensible aux yeux les plus distraits.
Après qu'on a passé, dans les premières salles, devant toute
la série des œuvres en pierre tendre, puis devant le *Moschophore* et les marbres de la même lignée, voici que, sans préparation, l'on est mis en présence d'une troupe nombreuse de
figures d'un caractère inattendu. Il y en a une vingtaine qui
sont à peu près complètes, et, en outre, bien des corps privés
de leurs têtes, et une quarantaine de têtes, petites et grandes,
privées de leurs corps. Tout y est différent de ce que l'on
vient de voir dans les salles précédentes : l'art et la technique,
les types représentés, le coloris, et le marbre même.

Le ton mat de ce marbre, là où il est poli, et son aspect de
gros sel, à l'endroit des cassures, le font reconnaître presque
toujours comme originaire de Naxos, de Paros, ou plus généralement des Iles, tandis que le *Moschophore* et les œuvres
contemporaines ont été, en général, taillés dans un marbre
attique, des carrières de l'Hymette ou du Pentélique.

Les principes de la décoration polychrome ne sont pas non
plus restés les mêmes. La couleur n'est plus appliquée comme
une couverte propre à cacher, au besoin, les défauts de la
matière ; elle a grand soin de respecter la beauté naturelle
du marbre lisse et se contente d'y ajouter un agrément de
plus ; elle semble être à la statue ce que sont au vêtement
les broderies : un brillant superflu.

Nouveaux aussi, les sujets représentés : plus de ces figures incomplètement dégagées du bloc, attachées à l'édifice, faisant corps avec lui ; mais, en grande majorité, des statues isolées les unes des autres et indépendantes de toute architecture, libres de leurs mouvements, animées d'une vie personnelle. Et, dans cette troupe, plus d'*Héraclès* musculeux, de *Typhons* gigantesques, de vigoureux gaillards nus et barbus ; mais presque uniquement des femmes. Et ces femmes ne sont plus, comme la petite *Hydrophore* et la *Femme à la grenade*, de bonnes créatures ignorantes du luxe élégant, empaquetées dans un péplos de laine et un gros châle qui épaississent et alourdissent les formes ; mais leurs vêtements légers, aux plis multipliés, chitôn de toile et himation porté en biais, prennent autour d'elles des arrangements d'une minutieuse et savante coquetterie ; les lignes de leurs corps transparaissent par dessous, de façon que l'heureux effet des draperies se combine avec l'attrait des formes nues ; les moindres boucles de leur chevelure, souvent, sont ciselées à l'égal de fins bijoux de marbre ; l'élégance précieuse de leurs gestes va jusqu'à la mignardise ; et leur sourire à toutes semble dire au spectateur : « N'est-ce pas que je suis belle?... Et cela me rend si contente!... »

Enfin, l'art et la technique de ces figures ont aussi quelque chose de joyeux, de facile et de brillant. Ce n'est plus la lourde et consciencieuse application des imagiers de l'âge antérieur, peinant sur leur outil, sentant toutes les difficultés du métier, les acceptant d'ailleurs avec courage. Ces nouveaux artistes sont plus habiles ; mais, en outre, on se les représente beaucoup plus satisfaits d'eux-mêmes et de leurs œuvres, travaillant dans la joie, gardant en eux un peu du contentement qui rayonne des lèvres et des yeux de leurs statues; on les voit tournant et retournant leur ciseau dans leurs doigts, en quête de quelque enjolivure non encore essayée, se délectant à ces menues trouvailles d'élégance et de coquetterie, amoureux non seulement de la beauté, mais peut-être davantage de la parure, — et déjà, avant d'avoir appris à fond leur métier, inclinés à d'inutiles raffinements de détail.

Telles sont les premières impressions, les constatations du premier coup d'œil en présence des statues nouvelles qui, dans l'aménagement du musée de l'Acropole comme dans la chronologie de l'art attique, succèdent au *Moschophore*. Ces remarques sommaires concourent toutes à nous convaincre qu'une sorte de révolution s'est opérée, à un certain moment du vi° siècle, dans l'école attique ; et le changement fut si profond que les œuvres d'en deçà et celles d'au delà semblent ne pouvoir être du même temps ni du même pays. Les sculptures en calcaire et en marbre que nous avons jusqu'ici étudiées forment une famille, et les statues de marbre que nous allons étudier à présent en forment une autre, laquelle ne parait avoir avec la première presque rien de commun. Il est vrai qu'en y regardant de plus près, on découvre quelques œuvres qui, par leur caractère complexe, tiennent des deux familles à la fois et établissent un lien entre l'une et l'autre. Et pourtant il ne serait pas tout à fait exact d'y voir proprement des œuvres de transition. Car elles ne témoignent pas d'un acheminement progressif, par plus ou moins d'intermédiaires, du premier type au deuxième ; mais, au contraire, elles offrent, juxtaposés et tant bien que mal associés, les traits principaux des deux types, c'est à dire que, pour les expliquer elles-mêmes, il est indispensable de connaitre le second type non moins que le premier.

Nous devons donc, d'abord, rendre compte de ces nouveautés surgies si brusquement, déterminer d'où elles viennent et les raisons de leur venue.

CHAPITRE PREMIER

LES SCULPTEURS IONIENS AU VIe SIÈCLE

Des sculptures d'un caractère pareil ont été découvertes à Éleusis [1], en Béotie [2], à Délos [3], à Éphèse [4], à Xanthos [5], à Corfou [6], etc., dans des régions nombreuses et très diverses, par conséquent. Et la liste en pourrait être allongée encore, si l'on considérait ici les figurines de terre cuite, cette petite monnaie du grand art. Rattacher toutes ces œuvres, tellement éparpillées, à un seul atelier, serait une tentative peu raisonnable ; aussi bien, certaines d'entre elles présentent, à côté des caractères communs, quelques signes particuliers qui sont la marque d'autant d'origines différentes. Mais, quelle que soit la diversité des origines, du moins est-il incontestable que toutes ces œuvres témoignent d'une seule et même influence. Elles ne se rattachent pas à un atelier unique ; mais les ateliers divers d'où elles sont sorties ont obéi, à un moment donné, à un même mot d'ordre. Par qui fut répandu ce mot d'ordre ? La question a déjà été posée et résolue au sujet du groupe des figures de Délos [7].

C'est hors d'Athènes qu'il faut chercher, puisque l'art nouveau, comme nous l'avons noté sommairement, est sur tant de points en opposition avec l'art attique primitif. C'est aussi hors de Délos, puisqu'il ne peut être question d'une école

---

1. *Mus. nat. d'Athènes*, 24-26 ('Εφημ. ἀρχ., 1884, pl. VIII; 1889, pl. III); 27 (*Ibid.*, 1883, pl. V); 59, 60 (*Ibid.*, 1889, pl. IV).
2. *Mus. nat. d'Athènes*, 17 (*Bull. corr. hell.*, XI, 1887, pl. VII).
3. Cf. Homolle, *De Dianæ simulacris*, pl. V-IX. — *Mus. nat. d'Athènes*, 21 (*Bull. corr. hell.*, III, 1879, pl. VI-VII) ; 22 (*Ibid.*, XIII, 1889, pl. VII).
4. Fragment de colonne sculptée de l'ancien temple d'Éphèse : cf. Collignon, *Hist. sculpt. gr.*, I, p. 179, fig. 82.
5. Le « *Monument des Harpyes* ».
6. Fragment décrit dans *Bull. corr. hell.*, XV, 1891, p. 7.
7. Cf. *München. Sitzungsb.*, 1884, p. 534 (Brunn); Homolle, *De Dianæ simulacris*, p. 85.

délienne de sculpture. Mais, à proximité de Délos et d'Athènes, existait, vers le milieu du VIᵉ siècle, une école célèbre, la plus brillante du temps. Elle était née et s'était formée à Chios, dans cette île opulente [1], active [2], portée à la fois au commerce qui l'enrichissait et aux arts qui embellissaient sa richesse, patrie d'Homère (elle le prétendait du moins) et, en tout cas, gardienne fidèle des poèmes homériques, pépinière de poètes et de rapsodes [3]. A côté de l'illustre école des Homérides, se constitua, au VIIᵉ siècle, et se développa, pendant le VIᵉ siècle, une école de sculpteurs qui ne devait pas être moins illustre. A sa tête se succédèrent de père en fils, pendant trois générations au moins [4], les membres d'une même famille ; et c'est

1. Hymne homérique à *Apollon*, 38 ; Thucydide, VIII, 45.
2. Cf. Fustel de Coulanges, *Questions historiques*, p. 259 (chap. IV du *Mémoire sur l'île de Chio*).
3. Strabon, XIV, 35. — Cf. Fustel de Coulanges, *op. l.*, p. 313-314.
4. Pline (*N. H.*, XXXVI, 11-13), sans doute d'après Carystios de Pergame, nous renseigne sur la vieille école de sculpture de Chios en quelques lignes qui sont passablement circonstanciées et précises. Il distingue quatre générations, représentées par Mélas, — Mikkiadès, — Archermos, — Boupalos et Athénis. Grâce à l'inscription délienne bien connue (*Mus. nat. d'Athènes*, 21 *bis*), ces renseignements ont été en partie confirmés de façon éclatante. De cette inscription, en effet, il résulte : 1° qu'il y avait bien à Délos, comme le dit Pline, des œuvres d'Archermos ; 2° que ce dernier était bien fils de Mikkiadès (il est vrai que les mots καὶ υἱός qui précèdent le nom d'Archermos ne sont qu'une restitution ; mais il n'y en a aucune plus vraisemblable et elle a été généralement acceptée) ; 3° que Mikkiadès était aussi un sculpteur, comme son fils ; 4° que les dates assignées par Pline à ces artistes — réserve faite pour l'erreur étourdie que Brunn a rectifiée (*Gesch. gr. Künstler*, I, p. 38) — sont en somme exactes ; car l'aspect de l'inscription et la forme de ses lettres obligent à la rapporter à la première moitié du VIᵉ siècle. Reste ce Mélas, de qui Pline fait l'ancêtre des sculpteurs chiotes, le fondateur de l'école, le premier tailleur de marbre. L'inscription délienne ne confirme pas positivement ces assertions. Rien n'y indique que Mélas fût un sculpteur ; les deux mots Μέλανος πατρώϊον ne prouvent même pas qu'il fût le père et le grand-père de Mikkiadès et d'Archermos. M. C. Robert (*Arch. Mærchen*, p. 117), reprenant une hypothèse de Schœll (*Hist. und phil. Aufs. E. Curtius gewid.*, p. 121), s'est appliqué à démontrer que le Mélas nommé dans l'inscription devait être simplement l'ancêtre mythique de la population chiote, un fils de Poseidon, duquel le poète Ion de Chios a fait mention (Pausanias, VII, 4, 8), et que c'est par erreur que Pline — ou l'auteur grec de qui Pline s'est inspiré — a pris ce héros, fils d'un dieu, pour un homme et pour un sculpteur. Les conclusions de M. Robert sont plausibles, mais rien de plus : l'inscription de Délos ne nous apprend rien, absolument rien, sur Mélas ; mais elle ne contredit en rien, absolument en rien, les affirmations de Pline. Depuis lors M. C. Robert (*Hermes*, 1890, p. 446) a poussé plus loin sa critique, et, après avoir rayé Mélas de la liste des sculpteurs chiotes, a voulu en éliminer Mikkiadès lui-même. Pour cela il a imaginé une restitution de l'inscription délienne, telle que Mikkiadès n'y est plus que le donateur d'une statue faite par son fils Archermos, mais par Archermos seul. Ainsi Mikkiadès

assurément au génie de cette famille privilégiée que l'école dut son rapide essor [1].

La première preuve que nous ayons du mérite de ces vieux maîtres, c'est précisément que leurs noms nous aient été conservés [2]. La seconde, c'est l'expansion de leurs œuvres hors de leur pays : Mikkiadès avait travaillé pour Paros [3], et aussi pour Délos, quand ce ne serait qu'une fois et en collaboration avec son fils Archermos [4] ; il y avait des sculptures d'Archermos à Lesbos et à Délos [5] ; Boupalos et Athénis, ses fils, avaient un certain nombre de leurs œuvres dans les îles voisines de Chios.

resterait le père d'Archermos, mais ne serait plus un artiste; ou du moins, pour lui non plus que pour Mélas, l'inscription délienne ne nous apprendrait rien sur ce point. Il n'y aurait donc plus que les quelques lignes de Pline : or M. Robert, « en y réfléchissant », considère comme « de plus en plus vraisemblable » (*l. l.*, p. 448) que c'est justement cette inscription qui est la source des renseignements de Pline; et par suite, tout ce qui, dans le texte de l'écrivain, dépasse et complète le texte de l'inscription ne serait qu'une addition arbitraire. Thèse ingénieuse assurément, mais d'une ingéniosité peut-être excessive. Elle repose sur deux postulats, à savoir que la restitution proposée pour l'inscription délienne est exacte ; et cette restitution a quelque chose de bien forcé qui la rend, au contraire, malaisément acceptable ; et, en second lieu, que le texte de Pline n'est réellement qu'une paraphrase erronée du texte de ladite inscription ; et cela n'est guère croyable. — Enfin cette thèse hasardeuse n'est-elle pas un peu ruinée par la découverte, faite à Paros, d'une signature de Mikkiadès (cf. ci-dessous, note 3)?

1. Il n'est pas indifférent de noter qu'il existait à Chios un marbre de qualité excellente, inférieur peut-être au paros et au pentélique, mais digne d'être nommé immédiatement après ces deux-là : Διωνομασμέναι λιθοτομίαι Παρίων τε καὶ Πεντελικῶν καὶ Χίων (Théophraste, Περὶ λίθων, 1, 6, éd. Didot). — Cf. *Athen. Mittheil.*, XIII, 1888, p. 121 (Winter, d'après Studniczka).

2. Remarquer, en effet, combien peu de noms des artistes archaïques nous ont été transmis. C'est que, aux commencements d'un art, la personnalité de l'artiste ne compte point. On a remarqué qu'Hérodote, quand il parle d'œuvres d'art consacrées dans les temples, en cite seulement le donateur, non pas l'auteur. A l'Acropole d'Athènes, pareillement, quantité de piédestaux, depuis celui du *Moschophore* jusqu'à celui de la charmante offrande d'Euthydicos, ne portent inscrit que le nom du donateur. L'anonymat de l'artiste est un trait des vieilles écoles d'art ; il n'en a pas été autrement en Italie ni en France. C'est pourquoi, lorsque les historiens de l'art dans l'antiquité commencèrent à s'intéresser aux « primitifs » — Carystios de Pergame semble être le premier qui se soit occupé, vers la fin du IIe siècle avant Jésus-Christ, des artistes de Chios (cf. Robert, *Arch. Mærchen*, p. 115-120) — ils ne purent faire émerger de l'oubli que très peu de noms; et, quant aux détails de la vie et de la carrière de ces artistes lointains, on ne devait pas les connaître beaucoup mieux alors que nous ne les connaissons aujourd'hui.

3. Inscription au nom de Mikkiadès, découverte à Paros en 1898 : *Inscr. gr.*, XII, *Insul. maris Ægæi*, V, 1, 147; *Athen. Mittheil.*, XXVII, 1902, p. 194 sqq. (Rubensohn).

4. Inscription de Délos : *Mus. nat. d'Athènes*, 21 bis.

5. Pline, *N. H.*, XXXVI, 13.

notamment à Délos[1] ; on en montrait une autre d'eux à Iasos[2]
en Carie (à moins que ce ne fût à Lasos en Crète); de Boupalos seul, il y avait plusieurs statues à Smyrne[3] et à Pergame[4]. Si, après cette énumération, qui ne comprend cependant pas tout l'œuvre de ces artistes[5], on jette un coup d'œil
sur une carte de la mer Ægée, on reconnaît que Chios, au
vi⁰ siècle[6], a été littéralement un *centre* de l'art statuaire, et
qu'il s'est produit un véritable rayonnement des ateliers de
Chios vers tous les pays voisins, vers les côtes de l'Asie
Mineure, vers les îles du Nord et vers les Cyclades. La gloire
de l'école commence avec Mikkiadès ; elle brille de plus en
plus avec Archermos, qui lance dans l'art un type nouveau destiné à la plus heureuse fortune, celui de la *Victoire ailée ;* et
elle est dans tout son éclat avec Boupalos[7] et son frère Athénis qui, pleinement conscients de leur valeur, se rendent justice eux-mêmes dans la fière épigramme, traduite ou résumée
par Pline[8] : — « Chios n'est pas seulement l'île des vins ; elle
est aussi, elle est surtout la terre natale des deux fils d'Archermos ! »

1. Pline, *N. H.*, XXXVI, 12.
2. *Id.*, XXXVI, 13. — Il semble qu'il vaut mieux lire *Iasii* que *Lasii*, ainsi
que l'a proposé Brunn (*Gesch. gr. Künstler*, I, p. 40).
3. Pausanias, IV, 30, 6; IX, 35, 6.
4. *Id.*, IX, 35, 6.
5. Ils avaient, naturellement, travaillé aussi pour Chios, leur patrie : Pline
en fait foi (*N. H.*, XXXVI, 13). Mais, jusqu'à ce jour, aucune sculpture
archaïque qu'on puisse rapporter au temps d'Archermos ou de ses fils n'a été
retrouvée dans l'île : cf. *Athen. Mittheil.*, XIII, 1888, p. 160 sqq. (Studniczka).
Il sera parlé plus loin de deux authentiques sculptures de Chios, mais elles
sont d'une date plus ancienne.
6. Les dates approximatives des sculpteurs de Chios sont fournies par un
synchronisme que Pline (*N. H.*, XXXVI, 11) a indiqué fort nettement : Boupalos et Athénis furent contemporains du poète Hipponax, de qui la date
moyenne était fixée à 540. Les calculs que Pline a basés sur ce synchronisme recèlent une grosse erreur, depuis longtemps signalée et rectifiée par
Brunn (*Gesch. gr. Künstler*, I, p. 38). C'est aux dates établies par ce dernier
que l'on doit se tenir. On peut les résumer comme il suit : période principale de la carrière de Mikkiadès : 1ᵉʳ quart du vi⁰ siècle; — d'Archermos :
2ᵉ quart du vi⁰ siècle; — de Boupalos et d'Athénis : 3ᵉ quart du vi⁰ siècle. Ces
dates, bien entendu, ne sont données que comme jalons pour suivre le progrès général de l'école. — Cf. encore, comme rectification de l'erreur de Pline,
l'ingénieuse hypothèse de M. Six (*Athen. Mittheil.*, XIII, 1888, p. 150); l'auteur
grec où Pline s'est renseigné aurait écrit : ἀπὸ τῆς Λ ὀλυμπιάδος, et Pline
aurait lu : ἀπὸ τῆς Λ ὀλυμπιάδος.
7. Noter que Boupalos aussi, comme son père, est l'inventeur d'un type
nouveau, celui de la *Tyché* coiffée du *polos* et tenant en main la corne
d'abondance (Pausanias, IV, 30, 6).
8. *N. H.*, XXXVI, 12.

Quels furent les caractères propres de cette école ? Il convient d'abord de la replacer dans l'ensemble dont elle n'est qu'une partie. Nous avons déjà marqué en gros[1] les caractères généraux de la sculpture archaïque de la Grèce orientale : mélange de lourdeur et de coquetterie, de mollesse et de finesse, de rondeur lâchée et d'élégance. Mais ce mélange a été essentiellement variable; les traits opposés, loin de se fixer peu à peu dans une proportion définie, apparaissent avec un relief fort inégal et prédominent plus ou moins les uns sur les autres, selon les œuvres où on les observe. Par exemple, les figures provenant de Milet, de Rhodes et de Samos sont massives, lourdes et rondes, et les petites terres-cuites des mêmes régions confirment que telle était la marque habituelle des statues exécutées en cette partie de la Grèce d'Asie[2]. Au contraire, pour les sculptures qu'on a retrouvées à Éphèse et qui, si elles ne sont pas l'ouvrage d'artistes Éphésiens, doivent être en tout cas d'artistes ioniens[3], les qualités d'élégance et de finesse passent au premier plan. Or, dans cette inégale répartition, il est certain *a priori* que les ateliers de Chios ont eu le mérite de savoir retenir la part la meilleure et la plus brillante : la preuve en est la renommée précoce qu'obtinrent ces ateliers, et la faveur que les productions de leurs chefs illustres trouvaient encore, des siècles plus tard, auprès des connaisseurs. Aussi bien nous pouvons, par une heureuse fortune, en juger nous-mêmes directement, en quelque mesure.

La plus ancienne sculpture de Chios qui nous soit parvenue (*fig.* 9-11) ne doit pas être postérieure de beaucoup au début du vi° siècle[4]. C'est le reste d'une statue de femme, un peu plus grande que nature, en marbre; la tête manque, mais le cou subsiste : le corps est cassé à hauteur du nombril ; les

---

1. Cf. ci-dessus, p. 146 sqq.
2. Terres cuites de Rhodes : cf. Heuzey, *Catal. des figur. antiq. du Louvre*, p. 222. — Terres cuites de Samos : cf. *Arch. Jahrbuch*, XIV, 1899, p. 73 sqq. (Winter).
3. Murray (*Journ. hell. stud.*, X, 1889, p. 9) les attribuerait volontiers à des sculpteurs de Chios ; M. Winter (*Arch. Jahrbuch*, XV, 1900, p. 88 sqq.) penche plutôt vers des Samiens. Cette seconde hypothèse me paraît moins bien fondée que la première.
4. Cf. *Athen. Mittheil.*, XXIII, 1898, p. 156 (Conze). Le petit croquis de M. Conze ne permettait pas un jugement exact. Les trois photographies que je reproduis ici seront donc, quoique insuffisantes encore, les bienvenues. Mais je ne suis pas autorisé à donner des renseignements sur l'origine de ces photographies.

deux bras, à peu près intacts, sont pliés au coude, de façon à ramener chaque main vers l'épaule, et la main est posée à plat au dessus du sein[1]. Les cheveux, selon l'usage, tombent à la fois sur le dos et devant chaque épaule[2]. Ce qui subsiste du

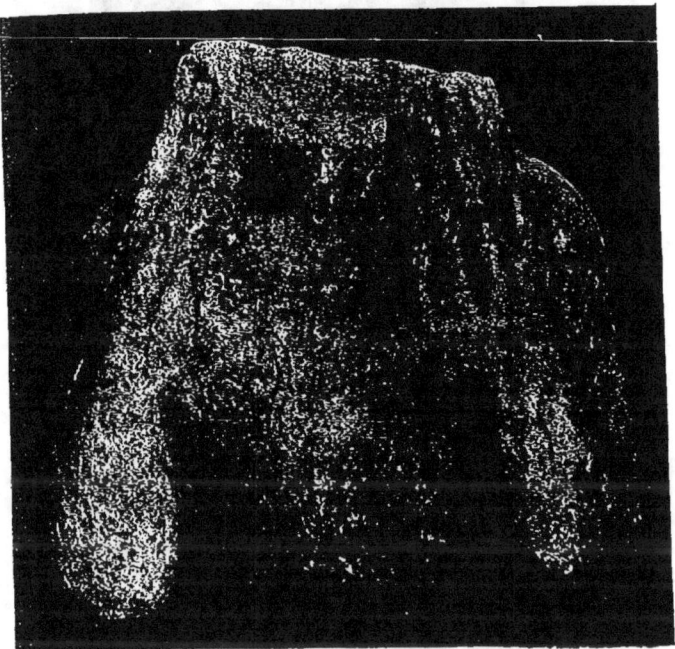

Fig. 9. — Torse d'une statue de femme
(trouvé à Chios).

corps et les deux bras jusqu'au coude sont recouverts par le

---

1. C'est là, sans doute, un geste de prière. d'adoration. Considéré seulement au point de vue plastique, abstraction faite de tout sens religieux, il est probable que ce type est venu de l'Asie Antérieure. Il rappelle de très près ces petites idoles de la Babylonie, représentant des femmes qui portent les deux mains à leur poitrine. Ces idoles montraient d'ordinaire la femme nue (cf. Heuzey, *Catal. des figur. du Louvre*. p. 32 sqq., 36 sqq.); mais elles la montraient aussi vêtue complètement (cf. *Ibid.*, p. 35).

2. Ils forment, par derrière, douze tresses distinctes, peu longues; il y en

chitôn de toile[1] : il n'y a pas d'autre vêtement. Ce chitôn adhère étroitement au corps, à tel point que son existence est révélée seulement par les lignes en creux qui courent à la surface et en indiquent les plis. Une telle convention est bien

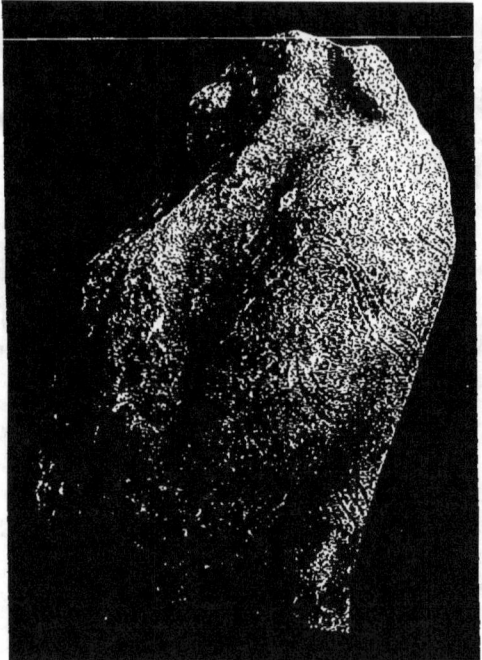

Fig. 10. — Torse d'une statue de femme
(trouvé à Chios).

connue, mais on la trouve ici sous son aspect le plus naïf et le plus élémentaire : les plis partent, trois par trois, de chacune

a quatre moins courtes, sur chaque épaule : celles-ci, autant que la photographie permet de le distinguer, recouvrent partiellement chacune des deux mains étendues à plat.
1. Cf. *Au mus. de l'Acrop.*, p. 150.

des agrafes ou épingles qui attachent le vêtement sur les bras
et les épaules ; ils prennent presque tout de suite un cours
parallèle, et s'en vont au hasard, en souples ondulations. Par
devant, ils serpentent assez régulièrement vers le bas ; mais,
sur le dos, les faisceaux opposés se coupent et s'interrompent

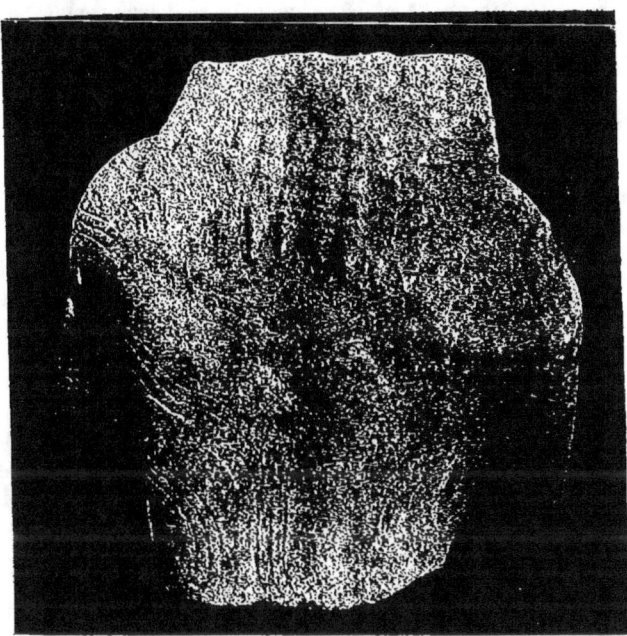

Fig. 11. — Torse d'une statue de femme
(trouvé à Chios).

brusquement, ou bien se rejoignent, se confondent, et se continuent l'un l'autre. Or, c'est dans ces lignes-là mêmes que réside,
à mon avis, le caractère le plus intéressant du morceau. Elles
auraient pu être droites et raides, et n'auraient pas été plus
éloignées, bien au contraire, de l'apparence réelle des plis d'un
vêtement de fine toile ; mais elles sont souples et molles, ondulées et capricieuses, elles ont quelque chose de *riant*, et décèlent

chez l'auteur une instinctive tendance à la fantaisie aimable et coquette plutôt qu'à la recherche austère du vrai.

Une seconde sculpture en marbre, provenant de Chios et tout aussi archaïque [1], offre exactement le même trait encore. C'est un torse de femme, un peu plus grand que nature, mutilé à peu près comme le premier ; la figure, vêtue du chitôn de toile, était debout, le bras droit tombant vertical le long du corps, le bras gauche replié sur la poitrine entre les deux seins, la main serrant un objet rapporté, qui a disparu, et qui devait être un oiseau ou un fruit [2]. Malgré la différence des gestes, cette figure et la précédente sont proprement sœurs : elles ont même aspect, même caractère, et nulle part ailleurs, à ma connaissance, on ne trouverait, pour l'indication des plis du chitôn, ce genre de lignes ondulées et légères, qui s'efforcent si peu vers une reproduction fidèle et semblent plutôt un jeu gracieux de la pointe promenée nonchalamment à la surface du marbre.

Cependant ces deux morceaux, si détériorés, et d'un archaïsme primitif, nous renseignent de façon bien insuffisante. La statue de *Niké* découverte à Délos [3] fournit à notre critique un plus solide point d'appui. Non pas que ce marbre soit, comme on a pu le croire durant quelques années, une œuvre authentique de Mikkiadès et d'Archermos : l'inscription délienne, où sont associés ces deux noms [4], concerne une autre sculpture [5], et la *Niké* demeure anonyme. Mais cela diminue à peine son importance réelle pour l'histoire de l'art. En effet, son style oblige, de toute manière, à la dater de l'époque même d'Archermos ; et, puisqu'Archermos a été l'inventeur de ce type en statuaire, on doit raisonnablement admettre que les statues de *Niké ailée* restèrent, au moins quelque temps, une spécialité de son atelier, et ensuite qu'elles furent imitées d'abord dans les autres ateliers qui pouvaient exister à Chios, avant de tomber dans le domaine commun de tous les sculpteurs grecs. Ainsi, la *Niké*

1. Cf. *Athen. Mittheil.*, XXIII, 1898, p. 155 (Conze). — Je ne sais si cette sculpture existe encore aujourd'hui ; je ne la connais que par le croquis publié par M. Conze.
2. Comparer les statues samiennes de l'Acropole d'Athènes et du Louvre (cf. *Au mus. de l'Acrop.*, p. 393 sqq.).
3. *Mus. nat. d'Athènes*, 21.
4. Cf. ci-dessus, p. 169, note 4.
5. Cf. Studniczka, *Siegesgœttin*, p. 6, note 4. — M. Homolle lui-même a renoncé formellement à maintenir un rapport quelconque entre la *Niké* et l'inscription (cf. *Bull. corr. hell.*, XXV, 1901, p. 496, note 1).

de Délos, à cause de sa date, doit certainement provenir de
Chios; de plus, il est probable qu'elle sort de l'atelier d'Acher-
mos; et il n'est pas du tout impossible, étant la plus ancienne
Niké ailée que nous connaissions, qu'elle soit aussi la plus
ancienne qui ait existé, la première réussite d'Archermos en ce
genre nouveau [1]. Nous pouvons par conséquent l'interroger
avec toute confiance, en tenant compte pourtant que la nouveauté du type représenté et la hardiesse de cette nouveauté
devaient être une gêne pour le ciseau de l'artiste, et que certaines de ses habitudes d'exécution, plus ou moins refoulées ou
entravées ici par la préoccupation des difficultés à vaincre,
nous apparaîtraient peut-être en un jour plus vif dans le type
ordinaire de la femme debout et au repos.

Voici donc comment, dans la première moitié du VIe siècle,
dès avant 550, les sculpteurs de Chios savaient traiter le
marbre et entendaient la représentation de la femme. Ils
étaient déjà d'habiles praticiens, on le voit : ils ne craignaient
pas de découper en ronde bosse une silhouette compliquée,
d'évider et d'ajourer leur bloc, de détacher les bras du corps,
de laisser un pied, voire les deux pieds suspendus en l'air [2].
Ils possédaient une science déjà très avancée du corps humain ;
ils avaient étudié de près le modèle, et ils en savaient déjà
là dessus beaucoup plus qu'il ne leur en restait à apprendre.
Que l'on remarque surtout cette jambe droite qui, dans l'élan
de la course, écarte le chitòn et s'en échappe toute nue à
partir du genou ; un coup d'œil suffit à constater quelle juste
différence entre la sécheresse osseuse des articulations du
genou et le renflement charnu des muscles du mollet, et comme
les contours mous de ce mollet s'opposent bien à la dure arête
du tibia [3]. On observera, en outre, le creusement des deux
pans écartés du chitòn, ce fond noir d'où la jambe sort avec
ses contours postérieurs un peu adoucis par cette ombre qui les
baigne, tandis que le relief naturellement sec des contours

1. Cf. Studniczka, *op. l.*, p. 7 et p. 8-9.
2. Cf. *Athen. Mittheil.*, XI, 1886, p. 385 (Petersen); Studniczka, *op. l.*, pl. 11,
fig. 7.
3. Ces détails ne peuvent être étudiés sur les planches VI et VII du *Bull.
corr. hell.*, III, 1879, où la *Niké* a été publiée pour la première fois. Ces deux
planches sont insuffisantes. La planche 57, *A*, des Brunn-Bruckmann's
Denkmæler vaut mieux. Mais il va de soi que, pour une œuvre mutilée, ron-
gée, où l'épiderme du marbre a beaucoup souffert, l'étude directe de l'original
est absolument indispensable.

12

antérieurs s'avive encore davantage sous la pleine lumière. Il
y a là, en même temps qu'une vue exacte d'un détail vrai, un
très fin sentiment de l'effet pittoresque. Les parties du corps
que recouvre le vêtement témoignent aussi, à leur façon, de la
science des artistes de Chios. Dans les figures drapées de
l'époque primitive, la draperie sert, non moins qu'à vêtir le
personnage, à cacher l'ignorance du sculpteur novice et à lui
faciliter sa besogne. Tel n'est pas le cas ici. L'auteur de la
Niké, au contraire, a fait de son mieux pour laisser voir le
corps sous la draperie; il en a respecté les lignes principales,
les a combinées avec les plis du vêtement, et même il a subordonné ceux-ci à celles-là : les jambes se dessinent nettement
sous le chitôn tombant; tout le torse, de la taille aux épaules,
est comme moulé par l'étoffe, qui, devant, se gonfle et se tend
sur les seins, tandis que, derrière, elle se creuse le long du
sillon dorsal. Ce torse de la *Niké* ne mérite pas toutes les critiques qu'on serait tenté d'énoncer au premier regard : si le
dessin, d'ailleurs juste et ferme, en paraît trop sommaire, et
si ce corsage a des rigidités de cuirasse, la faute n'en est pas
toute à l'artiste, mais un peu au temps qui a gravement altéré
son œuvre. Car une statue archaïque, dépouillée de sa décoration peinte, se trouve par là dépouillée d'une partie de son
caractère. La peinture qui décorait ce raide corsage en adou-
cissait aux yeux la raideur et donnait à ces surfaces plates une
apparence de modelé, attendu que cette décoration n'était plus
la couverte monochrome que nous avons vue jetée par grands
pans sur les sculptures du premier archaïsme attique : c'était
de petits ornements distincts l'un de l'autre [1], variés de tracé
et de couleurs, qui étoffaient et enjolivaient le fond lisse préparé par le ciseau. Ainsi ajusté au corps et ainsi orné, le vêtement offrait la conciliation (vaille que vaille) des deux instincts
auxquels obéissaient ces vieux artistes : l'instinct du sculpteur
qui les poussait à étudier la figure humaine et à en faire sentir
les traits toujours, malgré la draperie même ; et l'instinct du
décorateur qui les engageait à ajouter, pour le plaisir plus
complet et plus vif des yeux, à la beauté des lignes du nu la
floraison brillante des couleurs sur le tissu.

---

1. Cf. *Athen. Mittheil.*, XIV, 1889, p. 319 (Græf). C'est M. Græf qui a découvert sur le torse de la *Niké* les traces certaines d'une décoration peinte;
M. Furtwængler en avait précédemment reconnu l'existence sur la παρυφή du
chitôn.

Mais la tête surtout est instructive, à cause du mélange de ces deux mêmes éléments : réalisme et artifice, sincérité naïve et convention, effort à la fois pour atteindre le vrai et pour rendre le vrai aussi agréable que possible. Certes, on ne peut pas dire que ce visage carré, au front plat, aux pommettes saillantes, soit très beau ; mais, n'ayant pas la beauté, il essaie du moins, à force de sourire, d'arriver à une grâce aimable. Ce sourire n'est plus du tout, comme sur les faces de *Typhon* et du *Moschophore*, une sorte d'épanouissement naturel et inconscient de la vie et de la santé, une expression toute simple et sans malice de la joie de vivre : c'est le sourire coquet d'une femme qui se plaît à elle-même et qui veut plaire aux autres ; c'est un sourire voulu, étudié, affecté même, car le relèvement de l'angle externe des yeux, destiné à accompagner le relèvement des coins de la bouche, est une pure affectation[1]. Mais, à côté de cette recherche de la grâce dans la

---

1. L'explication que M. Heuzey (*Catal. des figur. antiques du Louvre*, I, p. 131) a donnée de l'obliquité des yeux dans certaines têtes archaïques est aussi juste que finement exprimée. Ce passage a été cité trop souvent déjà pour qu'il soit utile de le transcrire ici une fois de plus. — Je crois plus utile de noter, en passant, qu'un tel trait n'est pas particulier à l'art grec ou du moins à l'une des grandes écoles de l'art grec archaïque. On le rencontre fréquemment dans l'ancien art français et dans l'art italien de la Renaissance. En voici quelques exemples recueillis au Musée du Louvre :
1° Statue tombale, en cuivre, de *Blanche de Champagne* (salle d'André Beauneveu, n° 94). Non seulement les yeux sont obliques, mais le globe en est très saillant ;
2° Statue, en pierre, de *sainte Suzanne*, provenant du château de Chantelle (cf. *Monuments Piot*, VI, 1899, pl. VIII, à droite) ;
3° *Madone* de Mino da Fiesole, bas-relief (salle de Michel-Ange, n° 401) ;
4° *Madone* en stuc rouge, bas-relief (même salle, n° 406) ;
5° Buste de *femme* de l'École napolitaine (même salle, n° 369).
Les exemples en sont nombreux aussi dans la peinture française ; on a pu s'en apercevoir lors de l'Exposition des Primitifs français, au printemps de 1904 : je rappellerai seulement les yeux très obliques de la reine *Jeanne de Laval*, dans le tableau de Nicolas Froment, *le Buisson ardent*, à la cathédrale d'Aix, et ceux de *sainte Madeleine*, dans le tableau, *Dame présentée par sa patronne sainte Madeleine*, qui a passé de la galerie Agnew au Musée du Louvre. — Mais, contrairement à ce que nous voyons dans l'art grec, l'obliquité des yeux, en France ou en Italie, paraît être un privilège surtout des visages féminins ; de plus, elle n'est presque jamais accompagnée du sourire, ou bien le sourire, quand il existe, est si faiblement marqué qu'il ne suffit peut-être pas pour expliquer la forte déviation de l'axe des yeux. Je m'abstiendrai, crainte d'erreur, d'indiquer une explication que j'entrevois, et je me borne à signaler ce fait curieux, que des artistes grecs du vi° siècle avant Jésus-Christ et des artistes français et italiens du xiii° au xvi° siècle de notre ère ont adopté, indépendamment les uns des autres, une convention presque identique pour le dessin de l'œil humain.

physionomie, n'est-il pas surprenant de constater une certaine rudesse dans la coupe du visage, quelque chose de dur et heurté dans les traits ? Brunn, frappé de ces caractères, avait prétendu jadis [1], bien à tort, que la *Niké* devait être une œuvre péloponnésienne. L'erreur de Brunn venait de ce qu'il avait considéré comme un caractère essentiel et foncier ce qui n'est qu'un accident de surface, et avait pris pour sécheresse et dureté dans l'intention et dans le plan ce qui n'est qu'un peu de raideur dans l'exécution, provenant d'une main insuffisamment assouplie. Et la preuve que cette dureté est seulement transitoire et ne doit pas être prise pour un caractère définitif, c'est que déjà le bas des joues et la mâchoire inférieure sont modelés avec beaucoup de douceur et même quelque rondeur : l'on peut être assuré que le reste du visage, avec le temps, s'assouplira aussi par degrés [2]. Enfin, l'on doit regarder de près la coiffure : non pas que ces boucles de cheveux éparses sur les épaules et celles qui pendent sur le dos soient nouvelles pour nous ; mais il faut observer avec quel soin minutieux cette chevelure a été ciselée et amenuisée ; il faut noter surtout, au milieu du front, ces deux boucles, indépendantes des bandeaux, qui, l'une en face de l'autre, se contournent en volutes et qui tiennent renfermées entre elles, dans l'espace vide, deux autres boucles toutes petites, pareillement recroquevillées. Jolis détails, mais purement décoratifs, et qui en apprennent long sur le goût de l'auteur. Mieux encore que cette profusion de bijoux dont la tête est parée (collier, stéphané, boucles d'oreilles, tout cela taillé d'abord dans le marbre, puis orné de couleurs, puis embelli d'appendices de bronze doré), ces petites boucles jolies et inutiles, au travail desquelles s'est complu l'artiste, nous apprennent combien il était enclin aux élégances extérieures, aux gentillesses superflues du décor, à ces agréables riens qui amusent le ciseau plutôt qu'ils ne l'occupent.

Il ne serait pas à propos, ici, d'insister tellement sur la *Niké* de Délos, et son importance dans l'histoire de la sculpture grecque du vi° siècle deviendrait moindre à nos yeux [3],

---

1. Cf. *München. Sitzungsb.*, 1884, p. 524 sqq.
2. Il n'est pas besoin d'insister sur l'erreur de Brunn ; elle a été parfaitement réfutée par M. Winter (*Athen. Mittheil*, XIII, 1888, p. 124 sqq.).
3. Je fais, bien entendu, abstraction du type même, et je ne considère que la qualité de l'exécution et du style.

si les caractères que nous venons tout à l'heure d'analyser devaient être considérés comme n'étant que l'expression du tempérament de l'auteur et non pas le signe des tendances générales de l'école. Mais il faut se rappeler qu'aux époques primitives la personnalité de l'artiste existe à peine ; elle est étouffée par la discipline traditionnelle[1]. Par dessus cette règle commune, il faut ajouter que, à Chios particulièrement, les traditions du métier durent être d'autant mieux suivies qu'elles étaient, pour les chefs de l'école, un véritable héritage de famille : τέχνην εἰδότες ἐκ γονέων (non pas seulement ἐκ προτέρων), eussent-ils pu dire d'eux-mêmes. Enfin, les traits que nous avons pu entrevoir dans les deux anciennes sculptures précédemment examinées n'étaient-ils pas déjà un clair indice de cet esprit d'aimable élégance et de coquette décoration que nous retrouvons maintenant, plus developpé, dans une œuvre plus récente ? Il n'y a sans doute qu'une chose, dans cette œuvre, qui soit véritablement personnelle à Archermos : c'est l'invention du type de la Niké *ailée*. Mais, si l'on considère seulement la qualité du travail, la figure redevient, pour ainsi parler, moins individuelle ; elle marque le degré d'avancement de la statuaire chiote à une certaine date plutôt qu'elle ne représente le talent propre d'un homme ; elle n'est qu'un des numéros d'une série, un des maillons d'une chaine se déroulant avec un mouvement régulier et un incessant progrès.

Nous voyons les effets de ce progrès dans le groupe des statues de Délos qui appartiennent à la deuxième moitié du VI° siècle[2]. On les a très justement attribuées à la plus jeune génération des sculpteurs chiotes[3]. Car elles sont de l'époque même où Boupalos et Athénis travaillaient pour le sanctuaire délien[4] ; elles ne sont pas en désaccord avec les détails que des écrivains anciens nous fournissent sur les ouvrages de ces sculpteurs, et surtout on retrouve en elles, plus sortis, mais non modifiés, les caractères essentiels que nous avons relevés dans la *Niké :* ces statues plus jeunes, exécutées par les fils

1. Cf. ci-dessus, p. 136.
2. Cf. Homolle, *De Dianæ simulacris*, pl. V sqq. ; *Bull. corr. hell.*, XIII, 1889, pl. VII.
3. Cf. Homolle, *op. l.*, p. 83.
4. Pline, *N. H.*, XXXVI, 12 : ... conplura in finitimis insulis simulacra *postea* (post LX Olympiadem) fecere, sicut *in Delo*...

d'Archermos ou sous leur influence, ressemblent à la *Niké*, comme à une mère peuvent ressembler ses filles. — La découverte, faite à Rome sur l'Aventin [1], d'une statue archaïque du même type, confirme encore cette opinion : devant cette œuvre, dont la parenté avec les statues de Délos est manifeste, on ne peut se tenir de songer au goût déclaré de l'empereur Auguste pour les sculptures de Boupalos et au transfert à Rome d'un certain nombre de ces sculptures [2]. Peut-être est-ce une de celles-là qu'on a retrouvée sur l'Aventin; du moins est-il incontestable qu'entre toutes les figures du VIe siècle (et nous en avons abondance aujourd'hui) avec lesquelles cette Romaine, ou plutôt cette Grecque exilée à Rome pourrait être comparée, il n'y en a point qui lui touchent de plus près que celles de Délos : elle rentre de plein droit dans le groupe des productions de l'école de Chios.

Du jour où la renommée des sculpteurs de Chios se répandit hors de leur île, c'est à dire au plus tard dès le temps d'Archermos, avant 550, il est inévitable que la qualité particulière de leur art ait influé au moins sur un certain nombre des autres ateliers de la Grèce d'Asie. Cette influence dut être acceptée d'autant plus aisément que, loin d'aller à l'encontre des tendances générales, elle avait pour effet de dégager plus vite et de mieux préciser l'une au moins de ces tendances, et la plus attrayante. Aussi est-il légitime, devant les sculptures du vieux temple d'Éphèse — les unes datées (par le nom de Crésus) de 550 environ, et les autres plus récentes encore [3] — d'y soupçonner peut-être la main des artistes de Chios, en tout cas un écho des enseignements répandus par eux. Et ils devaient être pénétrés des mêmes enseignements, les auteurs inconnus de la frise du *Trésor des Cnidiens* à Delphes, ceux qui ont mis tant de finesse et d'élégance dans tel et tel détail

1. Cf. *Bullettino Commiss. arch. di Roma*, IX, 1881, pl. V, 1-2, p. 106 sqq (Ghirardini). — La statue avait été trouvée en 1760, mais était restée on peut dire inconnue jusqu'à la publication de M. Ghirardini.
2. Pline, *N. H.*, XXXVI, 13. Peut-être les sculptures dont parle Pline faisaient-elles partie d'une grande composition décorative. Mais la base trouvée dans la campagne romaine, et qui porte inscrit le nom de Boupalos (Lœwy, *Inschr. gr. Bildh.*, 497), suffit à démontrer, malgré la date postérieure de l'inscription, qu'il y avait à Rome des sculptures isolées de cet artiste ou qu'on supposait être de lui.
3. Cf. les fragments, dont quelques-uns d'un art si délicat, publiés par Murray, *Journ. hell. stud.*, X, 1889, p. 1 sqq., pl. IV (*Catal. Brit. Mus.*, 1, p. 30 sqq., n°s 46-47).

de la forme, surtout dans les détails du costume et de la coiffure; ces délicieux « naïfs », déjà très habiles et déjà raffinés, qui ont eu en mains par moments le ciseau le plus spirituel et le plus délicat, et s'en sont si joliment servis, avec une coquetterie toute féminine, qui fait merveille dans leurs figures de femmes et n'est pas toujours à sa place dans leurs figures d'hommes[1]. Entre les années 550 et 500, les sculpteurs de Chios ont occupé le premier rang dans la Grèce entière, et plus spécialement, comme il est naturel, dans la Grèce orientale. De la grande école *ionienne* de sculpture, une dans le fond, mais plus ou moins ramifiée, Chios se trouva être de bonne heure et devint de plus en plus la branche principale; ses ateliers primèrent les autres, influèrent sur les autres; ce sont les anciens eux-mêmes qui nous attestent que les Archermos et les Boupalos ont été les représentants par excellence de la statuaire ionienne du VIe siècle.

Leur art est donc celui qui a le plus agréé à cette race ionienne, si brillante, si heureusement douée, à qui son ciel et son climat, le sol et la mer avaient préparé tous les éléments d'une vie bonne et qui mit toute son intelligence à embellir la vie, à l'orner pour mieux en jouir; race aux sens agiles, à l'esprit fleuri, rayonnante de jeunesse et de joie, qui devait être la première à tout connaître, la poésie et la prose, l'art et la science, qui devait goûter à tout, commencer tout et ne rien finir; race aux impressions rapides et vives, à l'intelligence plus superficielle que profonde, courant à fleur des idées, aimant la clarté, la gaieté, l'éclat, ennemie de toute austérité, peu amie du sérieux, et qui devait, une fois ses premières curiosités satisfaites et la pointe fraîche de son esprit émoussée, s'enliser peu à peu dans les mollesses de la volupté et dans un luxe épaissi[2]. Le voisinage de l'orientale Lydie, la contagion du mauvais exemple, ont hâté cette dégénérescence, que l'oppression perse rendit inévitable. Voyez, dès le VIIe siècle, ce Magnès de Smyrne, le poète-musicien à l'allure équivoque,

---

1. Cf. ci-dessus, p. 116.
2. Quelques pages d'Athénée (XII, 26, 28-30), consacrées à la dégénérescence morale des Ioniens, sont remplies de curieuses citations d'écrivains plus anciens. Les mots ἡδονή et τρυφή y reviennent souvent : ἡ τρυφερὰ καὶ καλλιτράπεζος Ἰωνία, — Ἰώνων τρυφεραμπεχόνων ἁβρὸς ἡδυπαθὴς ὄχλος, — etc. Cf. une jolie analyse du caractère ionien par M. Boutmy, *Philosophie de l'arch. en Grèce*, p. 19 sqq.

aux mœurs peu recommandables, qui va de ville en ville, harmonieux à entendre, séduisant à voir, paré avec une fastueuse
recherche, le corps vêtu de pourpre, la chevelure cerclée d'or[1].
Mais plutôt — car Magnès aurait pu n'être qu'une exception
en son temps — voyez, au vi[e] siècle, le spectacle quotidien de
l'agora de Colophon, tel que nous l'offre un petit croquis d'un
Colophonien, le poète Xénophane : tous les oisifs de la ville,
et il y en a beaucoup, sont là, se pavanant dans leurs robes de
pourpre, frottés d'huiles odorantes, ruisselants de parfums, la
chevelure parée, calamistrée, un chef-d'œuvre de coquetterie
féminine[2]! Et rapprochez encore des vers de Xénophane ceux
d'Asios nous montrant les Samiens en fête, leurs blanches
tuniques traînantes et les bracelets de leurs bras et les co-
rymbes d'or sur leur tête, leur chevelure longuement peignée,
roulée en boucles qu'enserrent des liens d'or[3].

1. Nicolas de Damas (*Fragm. hist. græc.*, éd. Didot, III, p. 395, fr. 62). Sur
ce Magnès, cf. Radet, *La Lydie*, p. 279. — Pour l'explication des termes relatifs à la coiffure, dans Nicolas de Damas, cf. *Arch. Jahrbuch*, XI, 1896,
p. 250 (Studniczka).
2. Xénophane (*Fragm. philos. græc.*, I, fr. 20, éd. Didot = Bergk, *Poetæ lyr.
gr.*[3], II, p. 479) :

'Αβροσύνας δὲ μαθόντες ἀνωφελέας παρὰ Λυδῶν,
ὄφρα τυραννίης ἦσαν ἄνευ στυγερῆς,
ἤεσαν εἰς ἀγορὴν παναλουργέα φάρε᾽ ἔχοντες,
οὐ μείους ὥσπερ χίλιοι ὡς ἐπίπαν,
αὐχαλέοι, χαίτησιν ἀγαλλόμενοι εὐπρεπέεσσιν,
ἀσκητοῖς ὀδμὴν χρίμασι δευόμενοι.

Il faut se rappeler aussi un autre fragment de Xénophane (éd. Didot, fr. 21 =
Bergk, *op. l.*, p. 476) : délicieuse description d'un dîner élégant et de bonne
compagnie, dont les détails si charmants sont brodés sur un fond d'épicurisme si délicat. Tout l'esprit de ce joli morceau consiste en la recherche du
bien-être à la fois intellectuel et sensuel, mais sensuel d'abord. Sensualité
très fine d'hommes d'un goût exquis, je l'accorde; mais si tel était l'idéal de
l'élite, on devine quelle sorte de jouissances devaient convenir aux autres. Le
pays d'origine de l'épicurisme, au sens vulgaire de ce mot, a été l'Ionie.
3. Asios, cité par Athénée, XII, 30 (525 F) :

Οἱ δ᾽ αὔτως φοίτεσκον ὅπως πλοκάμους κτενίσαιντο
εἰς Ἥρας τέμενος, πεφυκασμένοι εἵμασι καλοῖς.
Χιονέοισι χιτῶσι πέδον χθονὸς εὐρέος εἶχον·
χρύσειαι δὲ κορύμβαι ἐπ᾽ αὐτῶν τέττιγες ὥς·
χαῖται δ᾽ ἠωρεῦντ᾽ ἀνέμῳ χρυσέοις ἐνὶ δεσμοῖς,
δαιδάλεοι δὲ χλιδῶνες ἄρ᾽ ἀμφὶ βραχίοσιν ἦσαν...

Pour l'interprétation de quelques termes de ces vers, cf. *Arch. Jahrbuch*,
XI, 1896, p. 276 sqq. (Studniczka). — On ne sait pas au juste à quelle époque
vécut Asios, de qui Athénée dit simplement que c'était « un ancien poète »;
mais il est très probable qu'il appartient au vi[e] siècle : ses vers, rapprochés
de ceux de Xénophane, paraissent être du même temps et inspirés par le
même esprit de critique contre les excès du luxe ionien. Telle est aussi l'opinion de M. Studniczka (*l. l.*, p. 280).

Quel commentaire plus instructif et plus décisif à ces vers
de Xénophane et d'Asios qu'une tête d'homme, en marbre, de
la deuxième moitié du VIe siècle, que M. Homolle a trouvée à
Délos[1]! Dans cette tête, tout le visage a disparu, et il ne reste
guère que la chevelure : ce serait peu ailleurs ; mais ici c'est
le principal. Elle est vraiment digne qu'on l'admire, cette chevelure, et celui qui la portait en pouvait être fier, χαίτησιν
ἀγαλλόμενος εὐπρεπέεσσιν : simplement peignée sur le haut de la
tête, mais peignée avec un soin irréprochable, elle descend
souple et douce, en ondulations tour à tour luisantes et mates ;
un rang de boucles artificiellement frisées borde le front ; par
derrière, d'une oreille à l'autre, la masse des cheveux est distribuée en vingt ou vingt-cinq boucles longues et minces, tordues en tire-bouchon et creusées de traits en hélice, comme si
chacune d'elles avait été d'abord enroulée sur une baguette
rigide qu'on aurait ensuite retirée, une fois la forme prise.
Deux fins cordonnets serrent le crâne pour maintenir tout cela
en place ; puis une ganse plus grosse retombe en triangle par
dessus, coupant en travers la monotonie des longues boucles
verticales ; et puis encore un large ruban plat contourne mollement l'occiput. Ganse et ruban étaient fixés à leurs extrémités dans la masse des cheveux par quelque grosse épingle de
bronze doré. Sur cette parure compliquée, sur ces délicates
ciselures capillaires, versons enfin l'éclat des couleurs et le
ruissellement des parfums[2] ; nous avons sous les yeux, tel
qu'il se pavanait, entre mille autres pareils à lui, dans l'agora
de Colophon ou par les rues de Samos, l'Ionien du temps d'Asios
et de Xénophane, — et du temps aussi d'Archermos, de Boupalos et d'Athénis.

Cette tête de Délos, toute mutilée, est d'autant plus précieuse
que le type masculin s'offre plus rarement à nous dans cette
vieille sculpture. Avant même que l'on n'eût retrouvé quoi que
ce fût de l'école de Chios, le plus perspicace des archéologues,
Brunn[3], avait remarqué que les témoignages anciens n'attribuent aux artistes de cette école que des représentations du
type féminin, et il était tenté de déduire de là certaines consé-

---

1. Cf. *Bull. corr. hell.*, V, 1881, pl. V.
2. On peut prendre ceci à la lettre en l'appliquant au marbre même,
puisque c'était l'usage dans l'antiquité de parfumer les statues de divinités,
au moment de certaines fêtes (cf. *Bull. corr. hell.*, XIV, 1890, p. 498).
3. Cf. *Gesch. gr. Künstl.*, I, p. 41.

quences sur l'esprit et les tendances de l'école ; les découvertes des fouilles récentes ont confirmé ces renseignements, auxquels on osait à peine accorder créance. — La prédilection très marquée des Ioniens pour les figures féminines dans la statuaire s'explique fort bien. Nous avons là une des dernières fleurs qui soient écloses dans une civilisation déjà délicate et raffinée ; cet art devait satisfaire le goût du beau chez un peuple qui, nous l'avons dit, entre toutes les variétés de la beauté, préférait celle qui brille, celle qui charme, celle qui amuse et réjouit les yeux, à la beauté sérieuse et sobre qui frappe l'intelligence et retient longuement la pensée ; il devait plaire à des hommes amis du plaisir et du luxe, qui se piquaient en tout d'élégance, mais comprenaient l'élégance à la façon féminine, qui avaient adopté pour eux-mêmes l'usage des bracelets, des fins tissus, des robes traînantes aux plis nombreux, des longues chevelures frisées et tressées, si bien que ces hommes, par tout leur extérieur, ressemblaient à des femmes. Qu'y a-t-il en effet de viril, sauf la barbe, dans la tête d'homme de Délos ? Il était donc naturel que les sculpteurs d'Ionie, qui devaient exprimer avec les moyens de leur métier le caractère d'une telle société, se tournassent d'emblée vers les représentations de figures féminines, où ils pouvaient le mieux contenter leur propre goût et celui de leurs compatriotes. Ce qu'ils aimaient dans ces figures, était-ce le corps féminin, en lui-même, par opposition au corps masculin ? Oui, sans doute, à cause de la mollesse de ses lignes, de la grâce de ses contours, de l'attrait de ses courbes délicates, qui agréaient davantage à leurs yeux que les lignes arrêtées et le solide aplomb du corps de l'homme. Mais ils l'aimaient surtout pour les parures dont la femme s'enveloppe, pour ses attifements compliqués, pétillants de couleurs, pour ses bijoux étincelants, pour les coquetteries laborieuses de sa coiffure, pour toute la séduction savante qu'ajoutent à son charme natif les artifices de la toilette et la volonté même de séduire. Bref, à la beauté nue, ils préféraient les embellissements mondains de la beauté.

C'est pourquoi ils ont, de leur mieux, embelli leurs statues ; ils les ont faites parées, éclatantes, coquettes, souriantes ; ils ont, avec une naïve exagération, poursuivi l'élégance, avant qu'ils fussent en état de la bien exprimer ; sans cesser d'étudier les formes réelles du corps (ce qui est à leur honneur d'artistes), toujours ils ont jeté par dessus des vêtements, dont les plis variés et les broderies sinueuses aux riches couleurs faisaient leurs délices; portés d'eux-mêmes aux inventions gracieuses [1], aux fantaisies élégantes, encouragés dans cette voie par la complicité du goût public, ils ont voulu que la grâce brillât partout dans leurs œuvres, que tous les détails en fussent jolis et savoureux; et ainsi ils ont été entraînés à chaque instant hors du droit chemin, se sont attardés à des amusettes, égarés dans les caprices d'une décoration arbitraire: rappelons-nous les petites boucles de cheveux, si curieusement et artificiellement travaillées, de la *Niké* de Délos. — Mais je reviendrai plus tard sur ces défauts; en y insistant trop en ce moment, je craindrais de faire oublier le grand mérite de ces vieux sculpteurs ioniens, et tout ce que leur art, dans sa fraîcheur, avait de pimpant et de séduisant, et à quel point cette élégance innée et qui voulait, en dépit de tout, éclore et s'épanouir, était dans la plastique grecque une nouveauté et devait être un bienfait.

Combien différent l'esprit de cet autre art qui croissait, au même moment, sur la rive opposée de la mer Ægée, dans les diverses contrées de la Grèce occidentale, surtout dans le Péloponnèse! Nous en avons cité plus haut [2] quelques produits caractéristiques: dans ces rudes ancêtres de l'art à venir de Polyclète, si sérieux, si musclé, si mâle, s'étalait avec une outrance ingénue le principe essentiel de la sculpture péloponnésienne, que Brunn a maintes fois [3] très justement défini, en mots aussi pesants et carrés que les œuvres qu'il s'agit de définir: *das mathematisch-architektonisches Princip*. A côté de cette sévère sculpture dorienne, l'aimable statuaire ionienne, heureuse et souriante, est un plaisir pour nos yeux; sa grâce enchante, sa coquetterie séduit; ses défauts visibles ou en germe sont oubliés; le rayonnement de son sourire emporte tout.

1. Archermos donne à la statuaire un des types les plus gracieux de l'art antique, la Niké *ailée;* Boupalos, à plusieurs reprises, représente les *Charites* (un groupe à Smyrne, un autre à Pergame: Pausanias, IX, 35, 6); l'Ionien Bathyclès donne pour soutiens au trône d'Apollon à Amyclées deux *Charites* et deux *Horés,* chacune de ces couples répétée deux fois (Pausanias, III, 18, 10).

2. Cf. p. 144-145.

3. Cf. *Athen. Mittheil.,* VIII, 1883, p. 84; *München. Sitzungsb.,* 1884, p. 525.

CHAPITRE II

QUAND ET DE QUELLE MANIÈRE COMMENÇA L'INFLUENCE
DE L'ÉCOLE DE CHIOS SUR L'ÉCOLE ATTIQUE

Nous avons dit quelle révolution semblait s'être opérée dans la sculpture attique vers le milieu du vi⁰ siècle. Après la famille, fortement unie, des œuvres en calcaire tendre et des premières œuvres en marbre, surgit tout à coup une seconde famille, non moins fortement unie, du moins en apparence, mais dont les traits principaux diffèrent sur tout point de ceux de la précédente. Si l'on compare avec l'une et l'autre, tour à tour, le groupe ionien (*Niké* de Délos, tête de femme provenant d'une des colonnes sculptées d'Éphèse, statues déliennes et romaine du temps de Boupalos, *Trésor des Cnidiens* à Delphes), il saute aux yeux qu'il n'existe aucun rapport entre ce groupe et la première famille athénienne[1], et qu'au contraire la seconde famille est liée audit groupe par les plus étroites analogies, au point qu'elle se confondrait aisément avec lui.

Rappelons maintenant quelques dates. La *Niké* de Délos est attribuée unanimement à la première moitié du vi⁰ siècle; elle doit être un peu antérieure à 550; elle représente la statuaire chiote pour la même période où le *Moschophore* représente la statuaire attique. La tête d'Éphèse est sûrement des environs de l'année 550. Non moins sûrement, les premières figures à physionomie ionienne qui apparaissent à Athènes sont postérieures à 550. Donc, tandis que la statuaire chiote n'a fait que développer normalement ses caractères dans tout le cours du vi⁰ siècle, l'art attique, après avoir suivi jusque

---

1. M. Sophoulis ('Εφημ. ἀρχ., 1891, p. 153-182) a prétendu rattacher la *Niké* de Délos aux œuvres en pierre tendre de l'Acropole d'Athènes, et faire d'Archermos de Chios un sculpteur attique. J'ai lu de près ces longs et fatigants paradoxes; je pense que c'est assez de les mentionner en passant, et qu'il n'est pas nécessaire d'en discuter ni le détail ni les conclusions.

vers le milieu de ce même siècle une route bien à lui, en dévie brusquement et va rejoindre l'autre route, celle que l'art ionien bordait d'œuvres nombreuses, de plus en plus attrayantes.

Mais il ne suffit point d'avoir constaté cette influence évidente de l'art ionien, et plus spécialement de l'école de Chios sur l'école attique. De quelle façon et à quelle époque le contact entre les deux écoles se produisit-il? Quelles en furent les causes, directes ou indirectes?

A ces questions l'on fait d'ordinaire une réponse un peu superficielle; on laisse tomber le nom de Pisistrate, et on passe. Quelquefois, par un souci d'exactitude, on ajoute à ce nom la date de 560. Mais de ce semblant de précision il peut résulter, sans qu'on s'en aperçoive, une très réelle confusion. S'il est vrai que Pisistrate fut tyran d'Athènes pour la première fois en 561/560, et qu'ainsi l'on doive faire dater de cette année-là son rôle politique officiel, il n'est pas également vrai que de la même année date l'influence qu'il put avoir sur les arts. Les deux premières tyrannies de Pisistrate furent éphémères, et il y fut absorbé tout entier par la lutte contre ses ennemis; puis il dut vivre de longues années en exil; et ce n'est qu'après qu'il eut reconquis définitivement le pouvoir, vers 540, qu'a pu commencer pour lui ce rôle de « Médicis » athénien dont on lui fait gloire[1]. Pas un instant il ne faut son-

---

1. La chronologie de Pisistrate, comme on voit, n'est pas indifférente pour l'histoire de l'art attique; mais on n'a pas encore réussi à l'établir aussi sûrement qu'il serait désirable. Les dates indiquées par Aristote dans l''Αθην. Πολ. aboutissent à des contradictions et à des impossibilités : cf. *Rhein. Museum*, 1891, p. 440 sqq. (Rühl); *Berlin. Sitzungsb.*, 1892, p. 339 sqq. (Kœhler); Bauer, *Analecta Græciensia*, p. 81 sqq. — Selon les renseignements fournis par Hérodote, Pisistrate aurait dû s'y reprendre à trois fois pour conquérir le pouvoir et aurait été deux fois banni. Quelques-uns ont prétendu qu'il y avait là une *dichotomie*, et qu'il ne fallait compter que deux tyrannies, séparées par un seul exil : cf. Beloch, *Griech. Geschichte*, I, p. 328, note 2; Meyer, *Gesch. d. Alterthums*, II, § 474. Mais, puisque le témoignage d'Hérodote ne présente aucune invraisemblance en soi, et qu'on ne trouve ailleurs aucune raison positive de le contester, il doit être accepté tel quel : cf. Busolt, *Griech. Geschichte*[2], II, p. 317, note 4; *Rhein. Museum*, 1896, p. 560 sqq. (Pomtow). — Seulement, étant admis que Pisistrate usurpa le pouvoir pour la première fois en 561/560, qu'il mourut en 527, et que cette période de trente-trois ans doit être divisée en cinq parties (trois tyrannies et deux exils), ce sont les limites exactes de chacune de ces parties que nous ne pouvons pas fixer. Du moins paraît-il certain que les deux premières tyrannies furent courtes, et suivies chacune d'un long exil, et que Pisistrate ne devint le maître assuré d'Athènes qu'après sa troisième tentative (dont la date flotte entre 543 et 539). — Ainsi, à partir de 540 environ jusqu'à 510, les treize ou seize années de la troisième et définitive tyrannie de Pisistrate ayant eu pour suite les dix-sept

ger à reporter jusqu'à 560 les débuts de Pisistrate dans ce
rôle. Lors donc qu'on fait une part à son influence dans la transformation de l'art attique, tout en admettant que cette transformation a dû commencer vers le milieu du vi° siècle, on com-
met une erreur. Si c'est grâce à l'initiative de Pisistrate que
l'art se transforma, le changement ne peut guère être antérieur
à 540; et s'il est plus ancien, l'initiative de Pisistrate n'y fut
pour rien. Il faut choisir.

Le choix me semble non douteux. A priori, je ne puis croire
que la renommée de la sculpture ionienne ait attendu, pour
pénétrer en Attique, d'y être invitée et encouragée par Pisistrate. La date de 540 nous transporte en plein milieu de la carrière de Boupalos et d'Athénis[1], c'est à dire au moment le
plus brillant de l'école de Chios. Mais la réputation de cette
école était plus ancienne; et son expansion hors des limites
originelles avait commencé plus tôt. Comme une houle partie
des rivages de Chios, propageant peu à peu loin du centre ses
cercles d'ondulations, et venant battre enfin avec une force
croissante des terres éloignées, la vogue des ateliers chiotes
de sculpture n'avait cessé de s'étendre depuis le temps de
Mikkiadès; et leurs productions s'étalaient, dès la première
moitié du vi° siècle, dans ce sanctuaire de Délos qui, parmi ses
pèlerins les plus assidus, comptait les Athéniens. Qui croira
que, depuis le jour où la *Niké* ailée fut consacrée dans le
téménos d'Apollon Délien — et ce fut peut-être avant 560 —
jusqu'à l'année 540, il ne se trouva aucun imagier de l'Attique
qui en vint curieusement étudier le type, l'attitude et le travail? Le nom d'Archermos, célèbre dans toute la mer Ægée,
serait-il demeuré inconnu pour Athènes[2]? Et ce n'est pas seu-

---

années de la tyrannie d'Hippias, Athènes fut gouvernée d'une façon continue
par les Pisistratides, et il est naturel alors de rechercher quel genre d'action
la famille régnante put exercer sur le mouvement artistique contemporain.
Mais, d'une telle influence, il n'y a pas à parler avant 540; cela nous suffit,
et c'est ce qu'il nous importe le plus de savoir pour la question présente.

1. Cf. ci-dessus, p. 171, note 6.

2. On a retrouvé, sur une des bases votives de l'Acropole d'Athènes, la signature d'un *Archermos de Chios* (cf. *Inscr. att.*, I, *Suppl.*, p. 89 et 181, n° 373⁹⁵;
Lolling, *Catal. des inscr. de l'Acrop.*, p. 43, n° 34). Mais peut-on le considérer
comme étant celle de l'inventeur de la *Niké* ailée? C'est l'opinion habituellement suivie : cf. Collignon, *Hist. sculpt. gr.*, I, p. 140 et 338; E. Gardner,
Handbook greek sculpt., I, p. 101, note 5; Studniczka, *Siegesgœttin*, p. 9. Il
n'est pas certain que ce soit la bonne : l'inscription est d'une forme bien
récente pour se rapporter à Archermos fils de Mikkiadès; elle doit dater de.

lement à Délos que les Attiques purent prendre le contact de l'art chiote, mais dans d'autres îles encore et à Chios même. Car, à cette époque, les rapports étaient devenus fréquents et faciles entre tous les États du monde grec[1] ; sur les flots de la Méditerranée orientale se nouait un réseau de plus en plus serré de routes commerciales et d'intrigues politiques : la riche et commerçante[2] Chios faisait un des nœuds les plus forts de ce réseau. Et qui sait si ce n'est pas à l'étendue des relations de ses marchands et de ses armateurs que ses artistes durent en partie la diffusion au loin de leur renommée, de leurs œuvres et de leur influence?

Après que l'on a pesé ces diverses raisons, on sent une impossibilité de croire qu'en 560, à plus forte raison en 550, l'art de l'ionienne Chios fût encore ignoré à Athènes[3]. De fait, n'avons-nous pas à deux reprises, dans les plus récentes sculptures en pierre tendre (dans le *Zeus* de l'*Hécatompédon* et surtout l'*Héraclès* du fronton *d'Iris*), signalé certains traits nouveaux, résultat des premiers souffles d'une influence étrangère[4], traits qui s'accordent avec les caractères habituels de la sculpture ionienne? Ces traits nous apparaissent à présent comme les signes avant-coureurs du grand changement qui s'accomplit peu après dans l'art attique, et que nous tâchons d'expliquer.

la fin du vɪ° siècle et désigner plutôt un second Archermos, petit-fils du premier : cf. 'Εφημ. ἀρχ., 1888, p. 74, note 1 (Lolling). En tout cas, cette signature, par le seul fait qu'elle est de beaucoup postérieure à 550, ne peut rien prouver quant aux *commencements* de l'influence ionienne en Attique.

1. Le grand voyage de Solon à Naucratis, à Chypre, en Asie Mineure ; puis, plus tard, les ambassades multipliées de Crésus à Sparte, à Athènes, à Delphes, sont parmi les indices les plus importants de cette pénétration réciproque des peuples voisins de la mer Ægée.

2. Cf. Fustel de Coulanges, *Mémoire sur l'île de Chio*, p. 260 des *Questions historiques*.

3. Il y a, dans la collection Warocqué, une tête féminine archaïque, en marbre, que le Catalogue donne comme ayant appartenu probablement à un *Sphinx*, mais qui peut aussi bien provenir d'une *Niké*, ou même d'une simple *coré* [*Collection Raoul Warocqué : Antiq. égypt., grecques et romaines* (Mariemont, 1903), p. 9, n° 6, gravure]. Aucune tête, à ma connaissance, ne ressemble davantage, par l'esprit et le détail matériel de l'exécution, à la tête de la *Niké* de Délos ; on peut presque affirmer qu'elle sort du même atelier. Or, la provenance indiquée pour la tête Warocqué est Phalère. Ce n'est là, malheureusement, qu'un dire de marchand, et il se peut que le marbre ait été trouvé à Délos ou dans une autre des Cyclades ; si on avait la certitude qu'il a été découvert en Attique, on aurait par lui la preuve formelle de l'existence, en Attique, vers le milieu du vɪ° siècle, d'une sculpture exécutée par un artiste chiote.

4. Cf. ci-dessus, p. 57, 59, 62.

Le premier contact entre les deux écoles chiote et attique
n'a donc point dépendu d'un événement déterminé ni de la
volonté d'un homme; il a résulté de la force même des choses
et du cours ordinaire des relations entre Athènes, Délos, Chios
et les cités grecques d'Asie. Il n'y eut pas une invasion soudaine et inattendue des œuvres ioniennes, un assaut vainqueur
donné tout d'un coup et sans avertissement préalable aux ateliers attiques, mais plutôt, dans les premiers temps, une infiltration d'influence, une action exercée à distance et restant
douce, quoique efficace.

Pourquoi donc, s'il en arriva ainsi, les apparences sont-elles
contraires? En décrivant tout à l'heure[1] l'aspect des diverses
salles du musée de l'Acropole, j'ai insisté en effet sur la brusquerie du changement survenu, sur le manque de transition
entre le *Moschophore* et les statues féminines réunies dans la
salle suivante, que l'on pourrait appeler le « salon des *corés* »;
et à présent encore, je crois que cette impression du premier
moment est d'une incontestable justesse, et je la trouve très
instructive, en raison de la force même avec laquelle elle s'impose à l'esprit. Mais il ne s'agit là que d'un jugement sommaire
et par masses; la réalité, vue de près, comporte plus de
nuances. D'abord, les sculptures renfermées au musée de
l'Acropole ne sont pas toute la sculpture attique; elles ne nous
rendent que les œuvres qui étaient exposées sur l'Acropole au
VIe siècle, et une partie seulement de ces œuvres. Les transitions indispensables entre les deux périodes qui nous occupent
pourraient ne plus exister là et avoir cependant existé. Mais
d'ailleurs, en étudiant ces sculptures une à une, on y découvre
les intermédiaires que réclame la logique entre le *Moschophore* et le groupe suivant. Si le *Moschophore* semble coupé
de ce groupe par un large fossé, c'est que ledit groupe est
constitué en grande majorité de figures postérieures à 540,
à physionomie ionienne bien marquée; mais notre premier
coup d'œil nous trompe lorsqu'il confond avec cette majorité
quelques figures plus anciennes, différentes par le travail
et le style, parentes non éloignées du *Moschophore*, lesquelles
sont un trait d'union entre les deux groupes opposés. On
comprend qu'il n'est point sans importance de trier et mettre à
part ces figures.

1. Cf. ci-dessus, p. 165.

Déjà nous avons tiré hors de la troupe commune la curieuse *statue xoanisante* ; nous lui avons rendu son vrai caractère et l'avons remise à sa vraie place [1]. A côté d'elle est exposée une autre figure, n° 678 (*Au musée de l'Acrop.*, p. 331, fig. 32), qui lui ressemble en beaucoup de points et diffère d'elle en quelques autres [2]: ressemblances et différences sont également significatives.

Que l'on compare avec soin ces deux statues [3] : il n'y a guère doute qu'elles sont du même artiste ; à une foule de petits signes particuliers, on reconnaît la même main. De l'une à l'autre, pourtant, un changement considérable s'est produit. Nouveau est le costume de la seconde, et il témoigne d'un esprit nouveau. La robe n'est plus l'étroit péplos quadrangulaire, coupé net à la hauteur des chevilles, d'une raideur outrée, qui transformait la vie et la souplesse des lignes réelles du corps en une sorte de géométrie paradoxale. Voici, pour la première fois, le chitòn ample et long, le chitòn ionien [4]. Seulement, remarquons l'aspect singulier qu'il offre çà et là : par derrière et sur les côtés, il se colle aux jambes avec une docilité sans pareille ; et, par devant, il est plat et rigide comme du bois ; il tombe d'aplomb, du torse aux genoux, sans dévier de la perpendiculaire, sans fléchir même sous la ceinture, qui existe cependant et devrait rompre cette verticalité excessive. Un détail fort digne d'attention est cette poignée de plis que la main droite retenait le long de la cuisse. Ces plis semblent ne point provenir du vêtement, ne s'y point rattacher ; on croirait que c'est un morceau de marbre rajusté après coup, et mal rajusté [5]. Il est vrai que, dans toutes les statues de type analogue, soit les déliennes ou les athéniennes, le chitòn est traité sur certains points d'une manière conventionnelle [6]. Mais ici, à la convention s'ajoute sûrement la maladresse — maladresse d'un artiste à qui ce vêtement n'était point familier et qui ignorait la façon d'en tirer parti, qui copiait gauchement un

1. Cf. ci-dessus, p. 158 sqq.
2. Bibliographie dans les Μνημεῖα τῆς ʽΕλλάδος, pl. XXII ; y ajouter : *Athen. Mittheil.*, XVII, 1892, p. 48, F, et p. 64 sqq. (Sauer); Perrot, *Hist. de l'art*, VIII, p. 584, fig. 293.
3. Cf. *Au mus. de l'Acrop.*, p. 330 sqq.
4. Cf. *Au mus. de l'Acrop.*, p. 150 sqq.
5. La reproduction de profil de la statue, dans l'Ἐφημ. ἀρχ., 1891, pl. 15, donne de ce détail une vue excellente.
6. Cf. *Au mus. de l'Acrop.*, p. 165-166.

13

type resté jusqu'alors étranger à ses habitudes. La convention
vient du modèle imité, la maladresse est le fait de l'imitateur.
On s'aperçoit vite que celui-ci, en essayant de s'imposer une
discipline nouvelle, n'a pas su se débarrasser entièrement de
l'ancienne ; les deux se mêlent ensemble et s'accommodent comme
elles peuvent.

Mais le même vêtement nous offre une particularité plus
notable encore. Le haut en est rabattu, formant *apoptygma*[1] ;
ce chiton de toile est donc drapé (chose exceptionnelle) à la
manière du péplos de laine. En même temps, par ses contours
sinueux et inégaux, ses plis superposés, l'alignement de ses
agrafes sur le bras, ledit *apoptygma* rappelle l'himation ionien,
dont il diffère cependant par son peu de longueur, son aspect
collant et étriqué, la minceur de ses plis raides. Il est strictement plaqué sur la moitié supérieure de la poitrine, et, plus
bas, les plis qui descendent en escalier sont comprimés à
l'excès, comme s'ils eussent été aplatis sous le fer à repasser.
On dirait que l'artiste a emprunté à la fois à deux vêtements d'espèce différente, et qu'il s'est tenu à distance égale
de l'un et de l'autre : de l'ample himation aux pans flottants,
qui revêt la plupart des *corés* ioniennes, et de l'*apoptygma* du
péplos, court et tout uni, tel que nous l'avons vu dans les plus
anciennes figures féminines attiques[2] et en dernier lieu dans
la *statue xoanisante*. Ou bien on pourrait dire encore qu'il a
voulu, au lieu de délaisser franchement l'habituel péplos à
apoptygma, le transformer selon la mode nouvelle, et en
tirer, par des remaniements partiels, quelque chose d'analogue
à la combinaison ionienne du chiton et de l'himation.

Tel est bien aussi le caractère d'ensemble : vue de derrière,
la statue semble être entrée tout à fait dans la mode ionienne,
tandis que, par devant, ses surfaces plates et rigides rappellent
de fort près la tradition attique de la figure *xoanisante*. Elle
est donc un composé d'éléments d'origine diverse ; en elle se
rencontrent et se mélangent deux courants opposés. C'est que,

----

1. J'avais mal expliqué, précédemment, ce détail du costume : cf. *Au mus.
de l'Acrop.*, p. 162-165. Pour les quatre statues visées dans ce passage, j'ai eu
tort de parler d'une pièce *cousue* au bord supérieur du vêtement, d' « une
sorte de rabat » ; il s'agit bien plutôt de l'*apoptygma* obtenu sur le chiton
même, en le pliant horizontalement. Cet *apoptygma* est de très petites dimensions dans les deux statues n°ˢ 687 et 688 ; il est plus grand dans les deux
autres, n°ˢ 678 et 611.

2. Cf. ci-dessus, p. 114 sqq.

depuis 560-550 environ, les œuvres des Chiotes commencent à être de plus en plus connues des sculpteurs attiques. L'auteur de la *statue xoanisante* sera allé à Délos et y aura vu des œuvres nouvelles pour lui, autrement agréables que les siennes ; peut-être, à Athènes même, aura-t-il eu l'occasion d'étudier quelque offrande en marbre, venue de l'Ionie... Bref, par quelque moyen que l'on suppose, ce pur Attique a trouvé son chemin de Chios.

Ses premiers pas dans ce chemin nouveau sont encore mal affermis ; il ne peut ou ne veut rompre entièrement avec son passé. Son œuvre se ressent du désarroi momentané de son esprit : elle n'atteint pas à la gentillesse amusante des véritables Ioniennes, elle reste raide et sévère ; d'autre part, elle a perdu ce qu'il y avait de réelle finesse dans la raideur de son aînée, et laissé éteindre la petite flamme de vif esprit qui brillait en celle-ci. L'artiste, tout préoccupé des nouveautés du costume et du geste, a négligé la physionomie ; ou du moins son ciseau n'a pas été, cette fois, aussi heureux et n'a point retrouvé, dans la combinaison des traits du visage, ce je ne sais quoi d'où jaillit, dans l'autre statue, l'étincelle de vie et d'intelligence. Cette seconde œuvre que nous connaissons de lui ne saurait, comme la première, séduire un dilettante ; mais, pour l'historien, elle est des plus précieuses, en ce qu'elle témoigne clairement de l'orientation nouvelle donnée, après le milieu du VI⁰ siècle, à la sculpture attique [1].

Un témoignage du même genre, et non moins significatif, nous est fourni par la *tête Rampin*, au Musée du Louvre [2]. Si cette tête nous était parvenue mutilée de telle façon que le travail des cheveux et de la barbe en fût méconnaissable, mais avec les oreilles et le visage intacts, personne n'eût hésité à la ranger immédiatement à côté du *Moschophore* et de l'*Hermès à*

---

1. On a retrouvé sur l'Acropole une petite figure, n° 611, qui porte un chitôn à *apoptygma*, tout pareil à celui que nous venons de décrire : cf. *Au mus. de l'Acrop.*, p. 165. On doit l'attribuer au même auteur encore ; mais celle-là est si mutilée qu'il n'y a pas lieu d'en faire plus qu'une simple mention.
2. Découverte à Athènes en 1877. Marbre des Iles. — Publications les plus récentes : *Monuments Piot*, VII, 1900, pl. XIV, p. 143-151 (H. Lechat) ; Brunn-Bruckmann's *Denkmæler*, pl. 552 (Arndt) ; S. Reinach, *Têtes antiques*, pl. 3-4. Aux renvois divers qu'on trouvera dans ces publications, ajouter : Pawlowski, *op. l.*, p. 125, fig. 30 ; Daremberg-Saglio, *Diction. des antiq.*, article *Corona*, p. 1529 ; Perrot, *Hist. de l'art*, VIII, p. 641, fig. 328.

la syrinx, dans la catégorie de ces premiers marbres attiques [1], qui gardent l'empreinte si visible de la technique invétérée du bois et du calcaire tendre. La mâchoire aux contours raides, les grosses lèvres légèrement arquées, sans modelé, arrêtées droit aux deux extrémités, les yeux largement ouverts, éclairés d'un vague sourire, les oreilles sèchement creusées comme à la pointe d'un couteau, et, d'une manière plus générale, toute la facture à la fois simple, sincère et gauche, ne permettraient pas de douter que cette tête fût, comme les figures que je viens de rappeler, un produit attique un peu antérieur à 550. Même le travail de la barbe n'aurait pas suffi à modifier cette première impression, encore qu'il témoigne d'une tendance à l'artifice conventionnel et aux minuties décoratives, qui n'est pas en parfait accord avec les qualités de loyale observation de la nature dont témoigne le reste du visage : car on se serait aussitôt souvenu que le *Zeus* de l'*Hécatompédon* (*Au musée de l'Acrop.*, p. 91, fig. 4) offre déjà une barbe toute pareille d'exécution à celle de la *tête Rampin*. Mais le travail des cheveux est plus nouveau, spécialement sur le front et les tempes, où les boucles, découpées en forme de cordons de perles, se contournent sur elles-mêmes à leur extrémité et se recroquevillent à la façon d'une queue d'hippocampe.

Que l'on observe bien quelle est ici la véritable nouveauté et par quoi elle est significative. Le découpage des cheveux en chapelets de grains enfilés n'est pas pour nous surprendre, puisque nous l'avons déjà rencontré au moins une fois, dans une des sculptures en pierre tendre (tête du *dieu* drapé, dans le fronton d'*Iris : Au musée de l'Acrop.*, p. 99, fig. 5). Les cheveux ne nous présentent donc pas, à proprement parler, aucune innovation matérielle [2]. Néanmoins n'est-il pas vrai qu'à cause de ses cheveux la *tête Rampin* prend un autre aspect et décèle un autre esprit que la tête du petit *dieu* drapé ? La raison en est que l'auteur de cette sculpture en pierre tendre avait simplement emprunté un procédé qu'il trouvait ingénieux et commode pour rendre les masses bouffantes et ondulées de la chevelure ; et il en avait usé sans prétendre en tirer autre chose que cela, sans y attacher une valeur spéciale ; aussi, par cette sage

1. Cf. ci-dessus, p. 104 sqq.
2. On peut rappeler encore, pour le travail des cheveux en chapelets, les boucles tombantes de l'*Hydrophore* et celles de l'*Athéna* du fronton de l'*Hécatompédon*.

subordination de l'accessoire au principal, avait-il maintenu inaltérée l'unité de son travail[1]. Mais, au contraire, ce qui n'était pour ce sculpteur qu'un expédient est devenu, pour l'auteur de *la tête Rampin*, l'affaire la plus importante; il a été visiblement séduit par les minuties et les coquetteries auxquelles prêtait une convention de ce genre, et ces boucles recroquevillées sur le front, ces accroche-cœur sur les tempes lui ont paru dignes de plus d'étude et de soins que les traits mêmes du visage. C'est là qu'est la nouveauté : dans cette recherche de l'ornement pour l'ornement, dans cet emploi d'un procédé conventionnel, non point par pis-aller et faute de mieux, mais à cause des ressources décoratives qu'on y trouve à exploiter, en sorte que l'artiste poursuit une création de fantaisie, au lieu de garder les yeux fixés sur son modèle, et s'éloigne de plus en plus de la nature, en ne songeant qu'à la parer. L'exemple était donné par les sculpteurs ioniens : le brave ouvrier attique qui tailla la *tête Rampin* voulut emboîter le pas à ses brillants rivaux et exécuter, lui aussi, de ces fines frisures que les artistes de Chios, entre tous, savaient si joliment enrouler sur les fronts de leurs aimables *corés*[2]. Mais il ne sut que copier avec une laborieuse gaucherie un détail particulier, sans avoir fait passer dans son œuvre entière le goût général d'élégance dont ledit détail n'était qu'une des multiples manifestations; il a simplement abouti à superposer un peu d'ionisme au vieux fonds attique. Et c'est par là même que la *tête Rampin* est instructive; nulle autre ne nous fait mieux voir, avec une netteté plus brutale, ce qu'a été la première rencontre entre les écoles ionienne et attique qui devaient bientôt accorder plus harmonieusement leurs tempéraments et qualités propres[3].

En beaucoup plus lourd, plus grossier, d'une grossièreté qui

---

1. On en a une preuve frappante dans le fait suivant : il existe une seconde tête en calcaire, qui provient de ce même fronton *d'Iris* (cf. *Au mus. de l'Acrop.*, p. 96, note 4; 'Εφημ. ἀρχ., 1891, pl. XIV, à gauche; Wiegand, *Poros-Architektur*, p. 206, fig. 223). Les deux têtes ont même physionomie et même caractère, bien que la chevelure soit traitée d'une manière toute différente : par où il apparaît clairement que l'exécution des cheveux n'a été pour l'artiste qu'un détail secondaire.

2. Comparer les cheveux d'une des *corés* de l'Acropole (*Au mus. de l'Acrop.*, p. 203, fig. 22). — Cf. *Monuments Piot*, VII, 1900, p. 150, note 1 (H. Lechat).

3. M. Arndt a insisté en termes très forts, presque excessifs, sur cette brutalité dans la juxtaposition des caractères attique et ionien : cf. Brunn-Bruckmann's *Denkmæler*, notice de la pl. 552.

confine sans le savoir à la caricature, nous retrouvons encore ce
mélange d'éléments attiques et ioniens dans une tête d'Éleusis, au
Musée national d'Athènes[1]. Avec sa grosse face campagnarde,
taillée comme à la serpe[2], couronnée sur le front et coiffée sur tout
le crâne de frisures innombrables dont la stérile minutie ne le
cède qu'à l'insigne malhabileté, cette tête réalise un vrai type
d'inélégance par la prétention même à l'élégance, et on a
envie d'interpréter son niais sourire comme n'exprimant rien
d'autre que la joie béate et sotte du paysan qui croit avoir
attrapé le bel air des citadins. — Une seconde tête pareille,
qui est très probablement du même artiste, plus petite d'ailleurs, et moins significative parce que le travail en est plus
rapide et plus abrégé, a été découverte sur l'Acropole
d'Athènes (*Au musée de l'Acrop.*, p. 389, fig. 43).

Dans les œuvres précédentes, l'influence des productions
statuaires de la Grèce orientale se reconnaît seulement à certains détails du costume et de la coiffure : traits superficiels,
et peu importants en somme, car ils auraient pu être l'effet
d'une mode passagère et disparaître comme ils étaient venus,
sans laisser de trace dans l'art attique. Mais d'autres œuvres
que nous allons voir ont gardé de cette influence étrangère
une empreinte toute différente, plus profonde, et dont les
conséquences sont plus considérables. Les auteurs de ces
marbres-là sont restés fidèles, pour le travail de la chevelure,
aux anciennes traditions de leurs ateliers, soit par la force de
l'habitude ou par un juste dédain des colifichets; mais ils ont,
chose bien plus grave, modifié le rendu des formes et le caractère de la physionomie.

Une tête d'homme (*fig.* 12), au musée de l'Acropole[3], exposée
juste en face du *Moschophore*, présente par rapport à celui-ci
des ressemblances et des différences, que M. Winter a été le
premier à signaler et à interpréter. C'est le même dessin de la
bouche, de l'œil et du sourcil, de l'oreille; la même construc-

---

1. N° 61. Cf. *Au mus. de l'Acrop.*, p. 388 sqq.; Brunn-Bruckmann's *Denkmæler*, deux gravures insérées dans la notice de la pl. 552. — Marbre des
Iles ?
2. Ce n'est pas là une simple façon de parler : la tête en question a gardé
plusieurs traits de l'ancienne technique du bois.
3. N° 617. Hauteur, 0m,175. Marbre pentélique : Lepsius, *op. l.*, p. 74, n° 61.
— Cf. *Athen. Mittheil.*, XIII, 1888, p. 120 (Winter); Pawlowski, *op. l.*, p. 224,
fig. 75; Μνημεῖα τῆς Ἑλλάδος, pl. XXXI, 2, en bas.

tion générale du visage, à l'ovale un peu large, au menton
carré, aux traits éclairés d'un léger sourire, calme et naturel.
Mais, outre qu'on n'y trouve déjà plus les traces dernières de
la technique du bois (telles que l'arête en saillie prolongeant

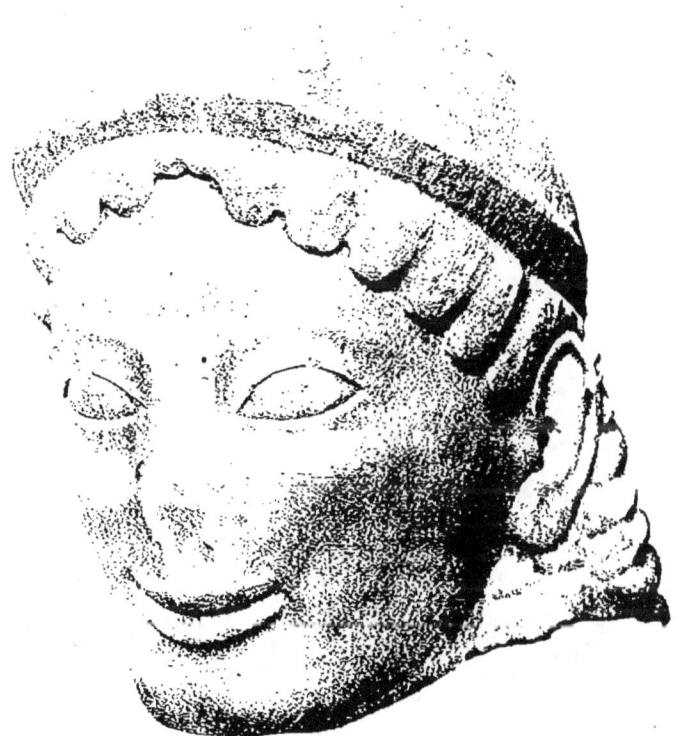

Fig. 12. — Tête d'une statue d'homme
(Acropole).

l'angle externe de l'œil, la petite rainure circonscrivant les
ailes du nez, le biseau vertical au dessus de la lèvre supérieure
et au dessous de la lèvre inférieure), certains détails dénotent
un changement qui n'est pas dû au seul progrès du temps. Les
yeux sont moins largement ouverts et posés un peu obliquement; ils participent ainsi au sourire de la bouche, et par là

s'accroît l'air avenant de la physionomie[1]. La bouche même
tend à s'arquer davantage, en prenant un modelé moins sec.
Les parties de chair ont plus de moelleux ; avec des dessous
toujours aussi fermes et bien construits, il y a maintenant une
enveloppe plus douce. Or, si la disparition de quelques traits
de facture, encore très apparents chez le *Moschophore*, quoique
peu convenables au travail du marbre, s'explique tout naturellement par une expérience plus grande de la matière nouvelle,
les autres caractères, dans la mesure où ils ne sont pas la suite
normale des tendances que nous avons maintes fois constatées
et le développement direct de l'idéal proprement attique, ne
peuvent résulter que de l'intervention d'un élément jusque là
inconnu. Cet élément est l'influence exercée par les œuvres de
sculpture ionienne, lesquelles, de plus en plus, retenaient l'attention des sculpteurs d'Athènes. Par elles, un mol souffle
d'Ionie semble passer à travers les ateliers attiques : ce n'est
pas seulement des modes de costume et de coiffure qu'elles
apportent, c'est un goût très vif pour le modelé caressé, pour
les contours coulants, pour une expression d'amabilité souriante
qui, des yeux et des lèvres, se répand sur la physionomie
entière.

La tête dont il vient d'être parlé ne cède que peu à peu,
avec une insensible lenteur, à la victorieuse influence ionienne.
Mais en voici une autre (*fig.* 13), à l'Acropole encore[2], qui nous
fait franchir une étape de plus. Elle a gardé, sous le *polos*
dont elle est coiffée[3], les mêmes cheveux festonnés, d'un
travail relativement simple, que la tête n° 617 (*fig.* 12) ; et le
tracé des paupières aussi est à peu près le même. Mais elle en
est différente par l'ovale du visage plus mince, par le nez

---

1. L'œil gauche est un peu plus remonté que l'œil droit ; de même, le sourcil gauche par rapport au sourcil droit. Les exemples de cette dissymétrie
sont très fréquents dans la statuaire grecque, et non pas seulement à l'époque
archaïque. On en a donné des explications erronées, pour n'y avoir pas
reconnu tout simplement ce que c'est : une petite faute, une négligence, et
rien autre chose.
2. N° 654. Hauteur actuelle, 0m,12. Marbre de Paros : cf. Lepsius, *op. l.*,
p. 70, n° 26. — Cf. *Athen. Mittheil.*, IV, 1879, pl. VI, 1 (Milchhœfer) : Pawlowski, *op. l.*, p. 222, fig. 74 ; Hofmann, *Untersuchungen über d. Darstellung d.
Haares*, pl. II, 6 ; Μνημεῖα τῆς Ἑλλάδος, pl. XXXI, 4, en haut.
3. Il n'y a, au musée de l'Acropole, que deux têtes archaïques qui soient
coiffées du *polos*, et la seconde (dont il sera question plus loin) est de grandes
dimensions. La tête n° 654 peut donc être désignée très clairement, sans confusion possible, par les mots : *petite tête à polos*.

moins large du bas, par le menton plus fin et presque pointu,
par le globe des yeux moins plat, par le dessin de la bouche,
dont les lèvres, plus épaisses au milieu, vont en s'effilant aux
commissures. Non seulement le sourire est bien plus marqué,

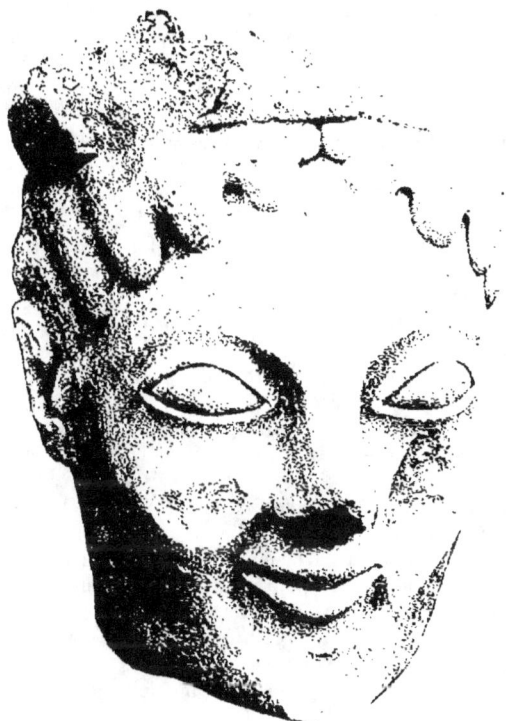

Fig. 13. — *Petite tête à polos*
(Acropole).

au point que l'arc tendu de la bouche refoule en un épais
bourrelet toute la chair des joues vers les pommettes; mais il
est d'une espèce et d'une qualité autres : ce n'est plus, comme
dans la tête n° 617, ou dans la *tête Rampin*, ou chez le *Moschophore*, ou, en reculant toujours davantage, comme chez le

triple *Typhon* lui-même, un léger épanouissement montant de
l'intérieur de l'être et venant affleurer au bord des lèvres;
c'est un sourire visiblement factice, parce qu'il est, pour ainsi
dire, appliqué du dehors. Et ce sourire commande tout, il
détermine jusqu'à la construction du visage. Dans les têtes
précédentes, les points principaux, autour desquels s'ordonnent
les divers plans, sont les pommettes larges et le menton carré;
ici le principal est la bouche souriante, encadrée par deux
larges parenthèses qui vont des ailes du nez à la pointe du
menton et sont produites par la tension même de la bouche: et
le contour des joues, les yeux et les sourcils obliques, tout le
reste obéit au mouvement imposé par la bouche. Les autres
têtes sont, avant tout, construites par dessous, et leur physionomie dépend en grande partie de leur simple et solide structure: ici, l'affectation du sourire, d'un aimable sourire, apparait en première ligne, et la structure matérielle semble
subordonnée à cet impérieux désir de plaire.

Il y a encore deux ou trois marbres à classer dans cette
catégorie, et M. Winter les a déjà indiqués[1] : ce sont deux
Sphinx, au musée de l'Acropole[2], et une tête, au British
Museum. On y discerne sans peine, à côté des éléments qui
subsistent de l'ancienne tradition indigène, ceux qu'a introduits
l'influence étrangère. Le *Sphinx* 630 (*Au musée de l'Acrop.*,
p. 387, fig. 42) a les cheveux disposés et travaillés comme
ceux du *Moschophore*, avec la même bandelette les serrant
par derrière, d'une oreille à l'autre; il a même oreille plate
et sèche, « en bois », la bouche dessinée à peu près de même:
et on retrouve aussi la petite rainure nette autour des ailes du
nez, et le petit sillon vertical au dessus de la lèvre supérieure
et au dessous de la lèvre inférieure. Mais les yeux ont un
aspect tout différent : ils sont très relevés vers les tempes, et
leur angle interne s'abaisse en forme de petit crochet arrondi ;
puis, les joues sont pleines et molles, et, sous cette lourdeur de
la chair, on ne sent plus l'appui solide des os. — La tête du
British Museum (*Au musée de l'Acrop.*, p. 385, fig. 44) est
exactement pareille, pour les caractères principaux ; tout donne

1. Cf. *Athen. Mittheil.*, XIII, 1888, p. 121-122.
2. *Sphinx* n° 630 : bibliographie dans *Au mus. de l'Acrop.*, p. 384. Marbre
des Iles : cf. Lepsius, *op. l.*, p. 71, n° 43. — *Sphinx* n° 632 : cf. Ἐφημ. ἀρχ.,
1883, pl. XII, A et A², p. 237 sqq. (Politis); Pawlowski, *op. l.*, p. 272, fig. 97.
Marbre des Iles : cf. Lepsius, *op. l.*, p. 72, n° 44.

à croire qu'elle provient d'Athènes et que son auteur et celui
du *Sphinx* 630 ne sont qu'un. — Quant au *Sphinx* 632 (*fig*. 14),
il est d'une autre main, mais non d'un autre style, ni d'une

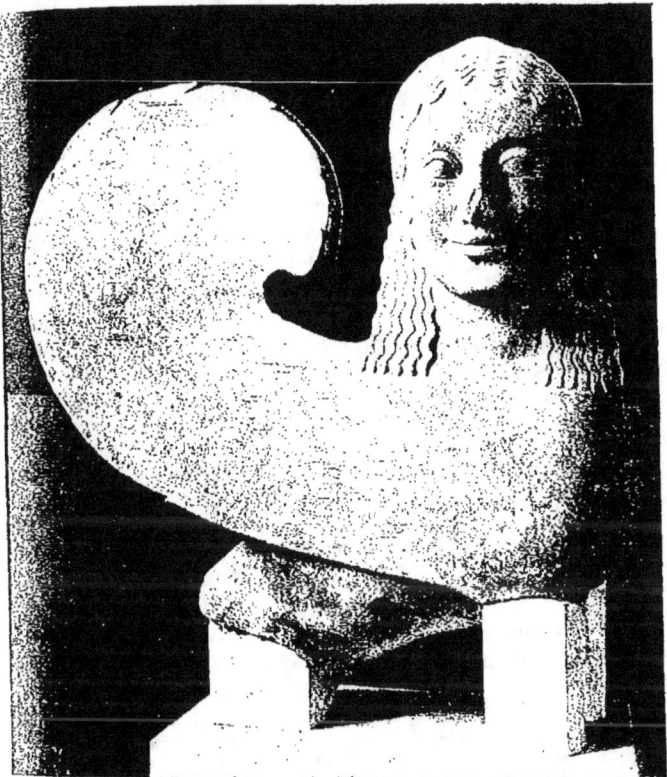

Fig. 14. — Statue de *Sphinx*
(Acropole).

autre époque. Les cheveux, travaillés un peu différemment,
sont pourtant encore disposés de la même façon ; l'oreille, un
peu moins plate et moins sèche, a toujours même dessin ; les
yeux, bien qu'ils présentent ce détail nouveau d'une séparation

nettement marquée entre la paupière supérieure et l'arcade sourcilière, sont tout aussi obliques, avec la même expression riante :
et enfin voici, une fois encore, le petit sillon vertical sèchement
creusé au dessus de la lèvre supérieure et au dessous de la lèvre
inférieure. Mais, autour des ailes du nez, il n'y a plus qu'un léger
trait doux, au lieu de la rainure en biseau ; la bouche, plus grande
et plus molle, a perdu presque toute sécheresse et se termine
en des coins qui témoignent déjà d'une recherche délicate ;
les contours du visage ont quelque chose de plus gracieux,
malgré leur épaisseur et leur manque de précision. — En
somme, ces deux *Sphinx* qui ne sont d'ailleurs que des œuvres
décoratives d'une valeur secondaire, nous apparaissent comme
de proches successeurs du *Moschophore* et des anciennes
sculptures en pierre tendre, dont ils gardent encore quelques
traits caractéristiques ; mais ils ne les continuent pas en ligne
directe : l'un et l'autre, et dans une mesure plus forte le
Sphinx 632 *fig.* 14, ont dévié du côté de l'idéal ionien et lui
ont emprunté les éléments qui donnent à maints détails de leurs
formes et à l'expression générale de leur physionomie un aspect
nouveau.

On est renseigné avec une suffisante abondance par cette
dizaine d'exemples[1] ; ils se trouvent être, heureusement, assez
variés pour se compléter l'un l'autre. Ce sont des marbres
qui, exécutés en Attique par des sculpteurs attiques[2], ne sont
plus cependant de la pure lignée attique. Leurs auteurs ont

1. Tous en ronde bosse : j'omets ici les bas-reliefs, très peu nombreux
d'ailleurs. Ils seront plus loin l'objet d'un chapitre spécial.
2. Notons cependant que la grande majorité de ces sculptures sont en
marbre des Iles ; seule, la tête de l'Acropole n° 617 est en pentélique ; et il y a
doute pour la tête d'Éleusis. Mais il ne faut pas accorder grande importance
à cette question de l'origine du marbre (cf. ci-dessus, p. 127, note 1. Voici, je
crois, tout ce qu'il y a lieu d'en dire : quand les sculpteurs attiques commencèrent à travailler le marbre plutôt que la pierre tendre, ils connaissaient
assurément le marbre des Iles non moins que celui de l'Hymette ou du Pentélique, sauf qu'ils n'avaient pas encore fait eux-mêmes l'épreuve de ces variétés de la belle matière nouvelle. Il était naturel qu'ils prissent d'abord celle
que leur pays leur offrait. Mais le marbre du Pentélique ou de l'Hymette,
avec son grain très fin et très serré, est dur à travailler ; le marbre des Iles,
qui est de grain beaucoup plus gros, éclate sous le ciseau bien plus aisément
(cf. ci-dessus, p. 137, note 1). Instruits par l'expérience, les sculpteurs attiques
s'empressèrent d'adopter, en général, le marbre des Iles ; et dès lors il n'y a
plus rien à conclure de l'origine du marbre pour l'origine de l'œuvre à
laquelle il a servi. — Cf., à l'appui de cette opinion, une note de M. Benndorf :
Wien. Jahreshefte, VI, 1903, p. 8, note 14.

connu la statuaire de la Grèce orientale, et celle-ci les a séduits
diversement, soit par la nouveauté élégante du costume ou par
les coquetteries raffinées de la coiffure ou par la grâce riante
des physionomies. Mais, de quelque côté qu'ils aient tourné
leurs préférences, ils ont ceci en commun, que les emprunts
opérés par eux n'ont pas été mûrement réfléchis et, si je puis
dire, suffisamment digérés. Ce caractère-là, joint à ce qui
subsiste encore des habitudes et conventions antérieures,
témoigne que nous avons affaire, sans conteste, aux produits
d'une époque de transition : intermédiaires entre le *Moschophore* et le gros de la troupe des *corés*, cette catégorie de
sculptures, où les éléments attiques et les ioniens sont juxtaposés plutôt que fondus ensemble, nous apporte la confirmation
réelle de ce que nous avions présumé par raisonnement, au
début de ce chapitre, à savoir que le courant d'influence, qui
devait si fortement « ioniser » l'art attique dans la seconde moitié
du vi⁰ siècle, n'arriva pas à la manière d'une inondation brusque,
mais d'abord comme une infiltration lente et continue.

Il n'y a pas grande témérité à classer chronologiquement ces
quelques marbres les uns par rapport aux autres : la *tête Rampin*,
la tête d'Éleusis et la petite tête de l'Acropole qui lui ressemble
si fort, doivent être les plus anciennes; puis vient, un peu plus
récente, la tête de l'Acropole n° 617 *fig*. 12 , suivie à son
tour de la *petite tête à polos fig*. 13 ; les deux *Sphinx* peuvent
être tous deux contemporains de la tête 617; enfin la *statue
ravissante*, moins âgée qu'elle n'en a l'air, a pourtant une
sœur plus jeune dans la grande figure vêtue du chitôn à *apóp-
tygma*. — En revanche, il serait paradoxal de vouloir assigner à chaque œuvre sa date fixe : il faut se contenter de les
dater en gros, toutes ensemble, et dans des limites assez
larges : puisqu'elles sont postérieures au *Moschophore*, on les
attribuera, sans risque d'une grosse erreur, à la période de
560-540 environ.

CHAPITRE III

APOGÉE DE L'INFLUENCE IONIENNE SUR L'ART ATTIQUE
AU TEMPS DES PISISTRATIDES

C'est vers 540 aussi que Pisistrate remporte son succès définitif ; depuis lors jusqu'en 510, pendant une trentaine d'années, les Pisistratides sont les chefs de l'État athénien[1]. Cette longue « tyrannie » fut pour Athènes une ère de calme comme elle n'en avait pas connu depuis Solon, de prospérité matérielle et d'éclat comme elle n'en devait plus connaître avant Périclès. — Nous sommes loin de savoir tout le détail de l'histoire des Pisistratides, et, particulièrement, il n'est guère possible de départir avec exactitude, dans l'ensemble de leur œuvre, ce qui appartient en propre au gouvernement du père et ce qui revient à celui des fils. Les trente années consécutives de leur règne font ainsi un bloc, et prennent un caractère d'unité absolue, qui n'est sans doute le fait que de notre ignorance. Les découvertes archéologiques de l'Acropole n'ont fourni à ce sujet aucune indication précise : dans l'histoire de la sculpture attique aussi, la période de 540-510 constitue une sorte de bloc, où l'on ne saurait, sans arbitraire, introduire des divisions de temps.

A cette période appartiennent la presque totalité des *corés* archaïques et le grand fronton en marbre *de la Gigantomachie*, provenant de l'*Hécatompédon* remanié et décoré à nouveau. Les *corés* nous occuperont d'abord. Nous avons dit déjà[2] la surprise qu'elles procurent à quiconque, ayant pris, dans le musée de l'Acropole, la statuaire attique à sa source, en descend le cours lentement et avec réflexion. Elles n'étonnent pas de la même façon que les deux statues samiennes[3], qui sont,

1. Cf. ci-dessus, p. 189, note 1.
2. Cf. ci-dessus, p. 165 sqq.
3. Cf. *Au mus. de l'Acrop.*, p. 393 sqq.

elles, des étrangères comme il s'en rencontrait maintes fois,
de provenances très diverses, dans les sanctuaires renommés :
elles étonnent bien davantage parce que, étant certainement
indigènes pour la plupart, elles ressemblent si peu aux figures
attiques des générations précédentes, et parce que, étant si
nombreuses, elles sont cependant contemporaines les unes des
autres, à peu d'années près. Nous avons tâché tout à l'heure
de montrer que cette floraison brillante avait été peu à peu
préparée, par des voies régulières ; mais rien n'annonçait
qu'elle dût éclater avec tant d'abondance. Il faut donc admettre
que les effets de l'influence ionienne se sont accélérés tout à
coup, pour quelque raison. L'art de la Grèce orientale, et spécialement l'art de Chios, était en train de s'imposer à toute la
Grèce occidentale, à cause de sa supériorité technique et de ses
qualités de grâce et de charme : il s'avançait à la conquête du
Péloponnèse aussi bien que de l'Attique ; mais, en Attique, une
sorte de bond soudain l'a conduit à une victoire plus complète
que nulle part ailleurs.

Il est impossible de ne pas rattacher ce fait à l'action des
Pisistratides. Leur politique, d'accord sans doute avec leur
goût personnel, a provoqué à Athènes un vif essor de l'art[1].
Curtius a remarqué justement qu'ils n'ont pas, comme tant
d'autres tyrans, mis leur orgueil à doter de monuments fas-
tueux les grands sanctuaires communs de l'hellénisme, Delphes
ou Olympie[2] : ils se sont réservés pour leur propre ville, soit
par un calcul d'hommes avisés et pratiques, plus désireux de
s'attacher leur peuple que d'éblouir les voisins, ou bien parce
qu'ils avaient déjà la noble ambition, que Périclès devait
magnifiquement réaliser cent ans plus tard, de faire briller
Athènes d'un éclat particulier au dessus de toutes les cités
grecques. Organisation du pays et embellissement de son chef-
lieu[3] ; la vie rendue plus active et les rapports plus aisés par la
création de routes entre la ville et les bourgs des campagnes

---

1. Cf. Perrot, *Hist. de l'art*, VIII, p. 546 sqq.
2. Cf. Curtius, *Stadtgesch. von Athen*, p. 67. — Il n'est pas fait mention
non plus que les Pisistratides aient consacré le moindre monument à Délos,
bien qu'ils aient assumé une sorte de protectorat de l'île sacrée. On a cependant retrouvé au Ptoïon une dédicace au nom d'Hipparque, qui peut, avec
vraisemblance, non pas avec certitude, être rapportée au second fils de Pisistrate : cf. *Comptes rendus Acad. Inscr.*, 1892, p. 91-92 (Holleaux).
3. Cf. Curtius, *Hist. gr.*, trad. Bouché-Leclercq, I, p. 451 sqq. ; Busolt, *Griech.
Gesch.*[2], II, p. 337 sqq.

et par l'installation de la grande agora dans la ville[1]; le bienfait d'une eau abondante et saine amenée et distribuée aux citadins grâce à un important réseau d'aqueducs[2]; le développement des principales fêtes religieuses, qui, avec leurs jeux athlétiques, leurs concours musicaux, littéraires, dramatiques[3], sont pour la cité l'expression la plus complète de sa vie morale et intellectuelle et le miroir même de son idéal; maintes constructions : porte d'entrée de l'Acropole[4], Brauronion sur l'Acropole[5], Olympieion, Pythion, un des deux temples de Dionysos, à Athènes[6], ancien Télestérion et mur d'enceinte, à Éleusis[7]; en même temps, remise à neuf et agrandissement de certains édifices, notamment d'un des deux temples d'Athéna sur l'Acropole, de cet *Hécatompédon* que Solon peut-être avait fondé[8] et qui recevait ainsi des successeurs de Solon une seconde consécration plus imposante; — voilà ce que de simples échos, peut-être affaiblis, probablement tronqués, nous apprennent du très considérable progrès de civilisation qui s'accomplit à Athènes au temps des Pisistratides et par leur initiative[9]. Et

1. Cf. *Athen. Mittheil.*, XV, 1890, p. 345 (Dœrpfeld).
2. Cf., pour l'*Ennéacrounos*, *Antike Denkmæler*, II, pl. 37-38 (Dœrpfeld).
3. Cf. Croiset, *Hist. littér. grecque*, III, p. 42 sqq.
4. Cf. *Athen. Mittheil.*, XIV, 1889, p. 325 (Dœrpfeld).
5. Cf. *Philol. Untersuchungen : Aus Kydathen*, p. 128, note 47 (von Wilamowitz-Mœllendorff); *Arch. Anzeiger*, 1893, p. 146 (Winter).
6. Cf., en général, pour les constructions des Pisistratides à Athènes, Curtius, *Stadtgesch. von Athen*, p. 68 sqq.
7. Cf. Philios, *Éleusis, ses mystères*, etc. : plan des ruines (après les fouilles de 1882 à 1895) distinguant les constructions des différentes époques.
8. Cf. ci-dessus, p. 133 sqq.
9. Il y aurait quelque arbitraire, comme je l'ai dit, à vouloir déterminer si cette initiative revient plus spécialement à l'un ou à l'autre des Pisistratides. La part prépondérante est dévolue d'habitude à Hipparque: Curtius (*Hist. gr.*, trad. Bouché-Leclercq, I, p. 454) l'appelle : « le promoteur actif et méritant de la civilisation dans le pays tout entier ». L'éloge paraît justifié, au premier regard. Si l'on considère qu'Hipparque, victime d'Harmodios et d'Aristogeiton, dut être honni d'autant plus que s'exaltait, après 510, le culte des héros Libérateurs, et que cependant c'est à lui, plus même qu'à son père Pisistrate, que l'on continua d'attribuer presque tous les actes qui font le plus honneur aux Pisistratides, on sera tenté d'admettre que l'histoire, cette fois, fut plus forte que la légende, et que les éloges d'Hipparque, disséminés dans les écrivains anciens (cf. surtout Ps.-Platon, *Hipparque*, 228 B sqq.), correspondent à la réalité, n'en représentent même peut-être qu'un minimum. Cela est possible. Il y a pourtant une objection sérieuse. Hipparque a toujours été le subordonné, de son père d'abord, puis de son frère aîné Hippias (Thucydide, I, 20). D'autre part, il est impossible de faire tenir dans l'espace de treize ans, depuis la mort de Pisistrate (527) jusqu'à la mort d'Hipparque (514), toutes les entreprises diverses que nous avons énumérées ci-dessus; personne ne doute que beaucoup d'entre elles n'aient été commencées, sinon achevées, sous

ce qu'ils n'étaient pas les maîtres de créer eux-mêmes et de faire surgir, à leur volonté, du sol natal, à savoir des hommes illustres par le talent poétique ou par la science, ils ont voulu néanmoins en procurer à leur patrie le profit moral et la gloire. Autour d'Onomacritos, cet habile expert en poèmes anciens, qui les avait assez pratiqués pour être en état de les pasticher et d'y ajouter, vinrent se grouper Zopyros d'Héraclée et Orpheus de Crotone, qui travaillèrent ensemble à un arrangement des épopées d'Homère en vue des récitations rhapsodiques. Simonide de Kéos et Anacréon de Téos; Lasos d'Hermioné, qui paraît avoir inauguré à Athènes les concours dithyrambiques[1]; Pratinas de Phlionte, un des premiers auteurs de drames satyriques et le rival de l'Athénien Chœrilos dans ce genre; le savant médecin Démokédès de Crotone; puis, après qu'une surenchère de Polycrate eut enlevé celui-ci aux Athéniens[2], Æneios de Cos, un grand-oncle du célèbre Hippocrate[3]; — toute une pléiade de beaux talents, en pleine force, en plein

Pisistrate. Et s'il est très probable qu'Hipparque, en raison de ses goûts personnels, fut chargé particulièrement de les diriger, il ne l'est pas moins qu'il était là comme le délégué de son père ou de son frère. Il aurait donc été un exécutant plutôt qu'un *promoteur*, une sorte de Ministre des constructions et des arts dans les gouvernements de Pisistrate, puis d'Hippias; il aurait apparu partout au premier plan, et l'initiative cependant pouvait venir d'un autre que lui. C'est pourquoi il me semble plus prudent et plus conforme à la vérité de laisser indivis entre toute la famille un mérite qui ne saurait, en tout cas, appartenir en entier au seul Hipparque.

1. Cf. Croiset, *Hist. littér. grecque*, II, p. 357.

2. Ce détail et quelques autres du même ordre sont intéressants. Donc Polycrate, y ayant mis le prix, « souffle » Démokédès aux Athéniens. En revanche, après la mort de Polycrate (522), Anacréon, qu'il avait aussi près de lui, se trouvant « libre », les Pisistratides lui dépêchent une galère pour le ramener à Athènes avec grand honneur (Ps.-Platon, *Hipparque*, 228 C). On se disputait les poètes et les savants ; on s'enviait les constructions utiles et belles. Lequel fut le premier exécuté et put être un modèle pour l'autre, du grand aqueduc de Samos ou de l'*Ennéacrounos* d'Athènes ? Sans l'immense réputation de l'Héræon, la merveille de Samos et la gloire de Polycrate, Pisistrate eût-il conçu dans des proportions aussi vastes le plan du temple qu'il voulait bâtir à Zeus Olympios, et qui resta inachevé ? Pareillement, nous verrons plus loin que la réédification du temple de Delphes par les Alcméonides fut probablement la cause déterminante de l'agrandissement de l'*Hécatompédon* sur l'Acropole. — Cette sorte d'émulation ou de rivalité entre les tyrans, entre les cités, entre les sanctuaires est analogue à celle qui existait, aux xive, xve et xvie siècles, entre les républiques et principautés de l'Italie; elle procède des mêmes causes, et elle eut souvent les mêmes heureux effets pour les arts.

3. Peinture votive sur disque de marbre, consacrée au nom de « l'excellent médecin Æneios » : *Mus. nat. d'Athènes*, 93; *Arch. Jahrbuch*, XII, 1897, p. 1 sqq., pl. I (Dragendorff).

14

éclat, se réunirent des régions diverses de la Grèce dans l'hospitalière Attique, à l'appel des Pisistratides, et Athènes préluda
de la sorte au rôle privilégié que lui réservait le destin : donner
à l'esprit grec sa capitale.

A côté de Simonide, Anacréon, « et autres poètes »[1], parmi
les dispensateurs de gloire et créateurs de beauté que les Pisistratides retenaient à Athènes « par des grosses pensions et des
dons généreux »[2], il devait y avoir aussi, naturellement, des
artistes : des peintres, sculpteurs et architectes. De ceux-là on
ne nous parle guère. Vitruve nomme cependant trois architectes
de Pisistrate : Antistatès, Callæschros, Antimachidès[3]; mais il
ne fait que les nommer, et rien ne nous indique même s'ils
étaient Athéniens ou étrangers. Pline cite Eumarès d'Athènes
au nombre des quelques peintres du vi⁰ siècle qui fussent dignes
de mémoire[4]; et, si la notable invention due à Eumarès est
des environs de 550 ou antérieure à cette date[5], il reste toujours qu'elle a dû porter tous ses fruits au temps des Pisistratides. Pour Kimon de Cléonées, qui « développa les inventions
d'Eumarès »[6], croit-on que c'est à Cléonées qu'il apprit et exerça
son art, et n'est-il pas bien plus probable que, attiré à Athènes
par le renom d'Eumarès, c'est là que, dans la seconde moitié
ou le dernier tiers du vi⁰ siècle, il continua, en le dépassant, son
maître ? D'ailleurs, la grande peinture de cette époque nous est
si mal connue, qu'on s'est à peine mis d'accord jusqu'à présent[7]
sur les caractères les plus généraux qu'elle devait présenter.

1. Ce significatif *etc.* est d'Aristote, 'Αθ. Πολ., 18.
2. Ps.-Platon, *Hipparque*, 228 C.
3. Vitruve, VII, *Préface*, 17. Il en nomme même un quatrième : Porinos.
Celui-là est à supprimer, il n'a jamais existé; Vitruve a pris un moellon
pour un homme : cf. *Rev. ét. gr.*, III, 1890, p. 200 (Th. Reinach). — D'autre
part, Vitruve cite ces architectes uniquement pour l'Olympieion ; il semble
qu'on peut les considérer, d'une façon plus générale, comme ayant été employés
aux diverses constructions des Pisistratides.
4. Pline, *N. H.*, XXXV, 56. — Sur Eumarès et ses innovations, cf. *Arch.
Jahrbuch*, II, 1887, p. 148 sqq. (Studniczka); P. Girard, *Peinture antique*,
p. 137 sqq. ; *Rev. ét. gr.*, XI, 1898, p. 382 (Pottier); Hartwig, *Griech. Meisterschalen*, p. 154. — Le nom serait Eumaros, d'après le texte de Pline; mais la
forme Eumarès paraît bien (malgré l'avis de M. Hartwig, *l. l.*, note 1) devoir
être préférée, d'après l'inscription de la grande *coré* d'Anténor.
5. Il n'y a nul moyen d'en fixer la date exacte.
6. Pline, *l. l.* — Sur Kimon de Cléonées, cf. *Arch. Jahrbuch*, II, 1887,
p. 156 sqq. (Studniczka); P. Girard, *op. l.*, p. 141 sqq. ; *Rev. ét. gr.*, XI, 1898,
p. 384 (Pottier) ; Hartwig, *op. l.*, p. 154 sqq.
7. Cf. *Rev. ét. gr.*, XI, 1898, p. 378 sqq. (Pottier).

Les vases peints contemporains ne sauraient aider à nous la figurer[1] ; du moins nous renseignent-ils sur les progrès du dessin, et, en même temps qu'ils nous montrent l'essor rapide pris à Athènes par un des arts industriels les plus intéressants à nos yeux, ils nous permettent de mesurer le rôle considérable de la grande peinture, d'après le nombre et l'excellence de ces décorateurs céramiques qui monnayaient prestement aux flancs de leurs vases les fresques déroulées aux murs des portiques ou des temples. L'étude comparée des tessons de divers âges, recueillis dans les remblais de l'Acropole, a fourni la preuve que le règne des Pisistratides avait marqué l'apogée du genre de vases peints, dits à figures noires[2].

Il reste les sculpteurs, pour lesquels les textes anciens sont muets[3]. Mais quelques inscriptions découvertes sur l'Acropole et en Attique procurent de précieux indices ; et puis, il y a le témoignage des œuvres mêmes. Personne assurément, après tout ce qui vient d'être rappelé ci-dessus, ne rejettera comme invraisemblable l'hypothèse que des sculpteurs renommés aient pu être attirés à Athènes par les Pisistratides. Mais il n'était même pas besoin d'une convocation nominative : par cela seul qu'Athènes était prospère, qu'elle se parait de constructions neuves, qu'elle inaugurait des fêtes et des concours plus brillants, tout naturellement devaient venir à elle des sculpteurs en quête de travail, prêts à décorer les frontons et acrotères des temples, à tailler les statues votives et les reliefs pour sanctuaires ou nécropoles. C'était les artistes de l'Ionie et des îles qui étaient le plus capables, en raison de leur supériorité reconnue, d'aller faire cette concurrence aux Attiques chez eux. Et la voie leur était doublement ouverte. D'abord, ainsi que nous l'avons vu, l'influence de leur art les avait précédés ; il ne s'agissait que d'achever une conquête déjà commencée. D'autre part, l'intime alliance qui existait entre les Pisistratides et Lygdamis, tyran de Naxos[4], puis cette espèce de « pro-

---

1. « En aucun cas, la fresque grecque n'a ressemblé, comme coloris, à un vase à figures noires. » (Pottier, *l. l.*, p. 382). Le mot *fresque* ne doit pas être entendu au sens propre et technique, mais au sens large de peinture murale.
2. Cf. *Arch. Anzeiger*, 1893, p. 18 (Græf).
3. Ce silence n'a rien de surprenant, surtout pour Athènes, où les œuvres de sculpture du vɪᵉ siècle avaient été détruites par les Perses. Cf. ci-dessus, p. 170, note 2 ; *Au mus. de l'Acrop.*, p. 423, note 1.
4. Cf. *Athen. Mittheil.*, XVII, 1892, p. 71 sqq. (Sauer).

tectorat » de Délos, que Pisistrate jugea bon de s'assurer[1],
avaient eu pour résultat de mettre Athènes en rapports plus
étroits que jamais avec le grand centre religieux où affluaient
les productions de l'art ionien et insulaire, et avec ces belles
iles de marbre, Naxos et sa voisine Paros, qui avaient, les
premières, recueilli les enseignements de l'école de Chios et
en étaient devenues comme les succursales[2]. Or, vers le même
moment, à partir de 540, on constate la présence et l'activité,
dans toute la Grèce occidentale, de nombreux sculpteurs de la
Grèce orientale : Bathyclès de Magnésie, à Amyclées (et
Bathyclès, non pas seul, mais, sans doute, chef d'une petite
colonie d'ouvriers amenés par lui); Théodoros de Samos, à
Sparte; Alxénor de Naxos, en Béotie; d'autres à Delphes,
d'autres dans l'Italie du Sud[3]. Ce mouvement artistique de
l'Est vers l'Ouest avait commencé plus tôt[4]; mais il s'accélère
beaucoup dans la seconde moitié du VIe siècle, après que la
défaite de Crésus et la ruine de Sardes[5], en rapprochant des
cités grecques de la côte d'Asie le péril de l'invasion perse et
en leur présageant la catastrophe imminente, ont, d'une part,
arrêté net l'essor de leur prospérité, et, d'autre part, déterminé un véritable reflux d'hommes de l'Ionie vers les Iles et la
Grèce d'Europe[6]. Les premiers disposés à partir, les premières
hirondelles de l'émigration ionienne furent, comme de juste,
les artistes, désormais inutiles dans des cités promises à la
guerre et au joug barbare, et ainsi rejetés, par le besoin même
de vivre, vers des régions moins troublées, où leur talent
devait d'ailleurs leur rendre la vie aisée.

Est-il donc croyable que ces sculpteurs ioniens, que nous

---

1. Cf. Curtius, *Hist. grecque*, trad. Bouché-Leclercq, I, p. 448-449.
2. Cf. Furtwængler, *Meisterw. gr. Plastik*, p. 719. — Cf. un exemple de
coré parienne, découverte à Paros même et publiée par M. Lœwy : *Œsterreich.
Mittheil.*, XI, 1887, pl. VI, 2 (numérotée 1, par erreur), et p. 160, fig. 13. Se
rappeler aussi qu'une inscription avec le nom de Mikkiadès de Chios a été
découverte à Paros : cf. ci-dessus, p. 170, note 3.
3. Cf. un résumé analogue à celui-ci, par M. Michaelis, *Altattische Kunst*,
p. 18-19.
4. Cf. ci-dessus, p. 153 sqq.
5. Date incertaine : 546, selon les uns (cf. Radet, *La Lydie*, p. 140-141,
et p. 230, note 7); 541, selon les autres (cf. Busolt, *Griech. Gesch.*[2], II,
p. 459-460, note 1; Pomtow, dans *Rhein. Museum*, LI, 1896, p. 342). Mais on
remarquera qu'en tout cas cet événement est très sensiblement contemporain
de la troisième et définitive usurpation de Pisistrate ; ses conséquences prochaines se sont donc déroulées sous le règne des Pisistratides.
6. Cf. Pottier, *Catal. des vases du Louvre*, II, p. 520.

trouvons dès lors répandus un peu partout dans la Grèce euro-
péenne, se soient détournés de la seule Attique? Au contraire,
ne se sentaient-ils pas plus fortement attirés vers ce pays, le
plus voisin du leur, et qui avait la plus grande ressemblance
physique avec les côtes et les îles qu'ils quittaient; vers cette
Athènes demeurée ionienne, métropole au moins nominale des
cités ioniennes d'Asie ; vers cette Attique hospitalière à tous
les étrangers[1], mais qui devait l'être encore davantage aux
errants de sa race ; vers cette Athènes dont les nouveaux
maîtres pratiquaient eux-mêmes, par politique et par goût
propre, la plus généreuse et la plus intelligente hospitalité, et,
pour faire leur ville plus belle matériellement et plus glorieuse,
auraient voulu y appeler et y retenir tous les talents épars de
toute la Grèce? Aussi n'est-il pas surprenant qu'on ait découvert en Attique plusieurs signatures d'artistes ioniens, accu-
sant des dates diverses dans la seconde moitié du VIe siècle :
Endoios[2], Archermos de Chios[3], Aristion de Paros[4], Philermos[5]. Et il est permis de supposer que, parmi les autres
signatures passablement nombreuses, où l'absence d'ethnique
et de toute particularité dialectale et graphique nous laisse
dans l'incertitude, doivent se cacher quelques noms encore de
sculpteurs ioniens de l'Asie et des Iles[6]. Mais, à défaut même
de ces noms, le groupe serré des *corés* de l'Acropole, accru de
celles qu'on a retrouvées à Éleusis, ne parle-t-il pas assez haut
et assez clair?

On s'explique à présent le soudain surgissement de ces figures

---

1. Cf. ci-dessus, p. 157.
2. Cf. *Au mus. de l'Acrop.*, p. 433, note 1.
3. Je rappelle (cf. ci-dessus, p. 190, note 2) qu'il doit s'agir, non pas
d'Archermos le Vieux, fils de Mikkiadès, mais plutôt d'un fils de Boupalos ou
d'Athénis, petit-fils et homonyme du précédent Archermos. Cela n'empêche
pas qu'Archermos le Vieux aurait très bien pu, sans que nous en eussions la
preuve directe, être venu, lui aussi, à Athènes (cf. l'hypothèse, d'ailleurs
fragile, faite par Lolling sur le nom d'Athénis : Ἐφημ. ἀρχ., 1888, p. 75,
note 1).
4. Cf. Lœwy, *Inschr. gr. Bildh.*, nᵒˢ 11, 12 ; 18, 395 : pour les deux dernières,
le nom d'Aristion n'est qu'une restitution hypothétique.
5. Cf. Ἀρχ. Δελτίον, 1888, p. 208 sqq. (Lolling); Lolling, *Catal. des inscr.
de l'Acrop.*, p. 45, nᵒ 42. — La restitution de ce nom à physionomie
ionienne n'est pas tout à fait sûre; ce qui la rend très probable, c'est que
l'inscription est gravée en caractères ioniens ; et, de plus, qu'elle désigne
comme co-auteur de l'offrande un second artiste, qui est un Ionien, Endoios.
6. Cf. *Athen. Mittheil.*, XIII, 1888, p. 123 (Winter).

d'un genre nouveau. Il est dû à un concours assez complexe de circonstances diverses, dont voici l'énumération en résumé. La civilisation de la Grèce orientale était, pour plusieurs causes, en avance sur celle de la Grèce occidentale et celle de l'Attique. L'art ionien, dès la première moitié du VI⁰ siècle, avait commencé à étendre son action sur le reste de la Grèce, et nous avons vu qu'aux environs de 550, les sculpteurs attiques, déjà familiers avec les œuvres des ateliers de Chios ou de Naxos ou de Paros, leur empruntaient tel détail, tel trait, et modifiaient, d'après ces exemples étrangers, les anciennes habitudes et l'esprit de l'art indigène. Quand l'invasion perse, qui devait ruiner si rapidement la prospérité de la Grèce asiatique, provoqua une sorte de reflux de l'Est vers l'Ouest, ce n'est plus par quelques œuvres éparses dans des sanctuaires que la sculpture ionienne continua d'exercer son prestige ; c'est par les auteurs mêmes de ces œuvres-là, je veux dire par des artistes capables d'en produire de pareilles dans des pays qui, jusqu'alors, n'avaient pu les connaître et les envier que d'assez loin. Du moment que les Bathyclès, les Alxénor, les Aristion, etc. furent présents en personne et travaillèrent dans le Péloponnèse, en Béotie, en Attique, le triomphe de l'art ionien fut assuré.

A Athènes surtout. Car, aux raisons d'ordre géographique et ethnique, aux prédispositions de milieu et de mœurs, qui désignaient l'Attique pour être plus aisément imprégnée d'ionisme, s'ajoutaient les effets de la politique des Pisistratides à l'extérieur comme à l'intérieur. De plus, il se trouvait que la divinité principale de ce pays, plus accueillant que tout autre à l'influence ionienne, était une déesse, la « fille de Zeus », la « vierge aux yeux bleus »[1], laquelle n'admettait pour ministres de son culte que des femmes ou des jeunes filles, et à laquelle devaient donc agréer plus particulièrement comme offrandes les statues de type féminin, les *corés* brillamment vêtues et peintes ; et les sculpteurs ioniens, s'étant fait de ce genre une vraie spécialité, n'y craignaient pas de rivaux. Enfin, ils n'eurent à s'imposer aucun changement, même de surface, dans le type habituel de leurs *corés*, pour l'adapter au goût de leur clientèle nouvelle ; c'est celle-ci qui alla au devant

1. Désignations fréquentes dans les dédicaces archaïques recueillies sur l'Acropole.

de leurs habitudes et de leur goût : la substitution aux anciens
usages attiques des modes ioniennes de costume et de coiffure,
vers le milieu du vi[e] siècle[1], fut à la fois un effet et une cause,
— effet de l'attraction exercée d'ores et déjà par l'aimable et
luxueuse civilisation ionienne[2], — et cause d'une plus complète « naturalisation » de l'art ionien, qui retrouvait en Attique
comme une province toute neuve de l'Ionie.

C'est dans la période de 540 à 510 que ces diverses circonstances réunies produisirent tout leur résultat. Sans doute,
l'élan étant donné, les conséquences se prolongèrent au delà
de 510 ; nous aurons à le constater plus tard. Mais nous verrons aussi que, dès l'année 500 environ, l'influence ionienne
avait perdu toute force active. Elle a commencé de grandir
vers le milieu du vi[e] siècle ; à la fin du siècle elle commencera
de décliner ; elle atteint l'apogée pendant cette ère de prospérité et d'éclat, cet « âge d'or »[3], qu'Athènes dut à ses maîtres
passagers, les Pisistratides.

---

1. Cf. *Au mus. de l'Acrop.*, p. 183 sqq.

2. Expressions de Thucydide (I, 6) : ἐς τὸ τρυφερώτερον, διὰ τὸ ἁβροδίαιτον ;
les comparer à celles citées ci-dessus, p. 183, note 2. — Voir aussi le commentaire du passage de Thucydide par M. Studniczka, *Beitræge zur Gesch. d.
altgr. Tracht*, p. 18 sqq., et par M. Holwerda (*Rhein. Museum*, 1903,
p. 520 sqq.).

3. Aristote, ᾽Αθ. Πολ., 16.

CHAPITRE IV

LES STATUES DE FEMME

Les conditions mêmes du développement de l'art grec obligent, malgré l'apparent arbitraire d'un tel procédé, à séparer les statues d'homme et les statues de femme, à les disposer en deux séries parallèles et distinctes. Car, dans chacune de ces deux séries, une face différente de l'art s'offre à nous ; et, pour ne citer qu'un seul trait de cette différence générale, en l'une de ces séries se résume presque tout entière l'étude de la draperie, et en l'autre se résume presque tout entière l'étude du nu, s'il est vrai que, dans l'abondante collection des marbres archaïques, une *statue* d'homme *debout* drapé n'est guère moins rare qu'une *statue* de femme nue. La nécessité de cette séparation apparaît surtout pour la période de l'art attique qui nous occupe à présent. Les statues de femme l'emportent alors de beaucoup, par le nombre et la valeur, sur les statues d'homme ; ce fait n'est pas dû au hasard, il est un résultat de l'influence ionienne, directement aidée, nous l'avons dit, par la dévotion à Athéna. Le lot le plus considérable, à tout point de vue, des sculptures attiques appartenant à l'époque des Pisistratides est constitué par les *corés*, ces représentations anonymes et impersonnelles de type féminin [1], qui convenaient aussi bien pour être dressées à l'entour du temple d'une déesse ou sur le tertre d'un tombeau de femme [2]. Épar-

---

1. Cf. *Au mus. de l'Acrop.*, p. 275 sqq., et note 1 de la p. 276. — Il faut ajouter, aujourd'hui, l'opinion de M. Arndt (fin de la notice de la pl. 556 des Brunn-Bruckmann's *Denkmœler*) et celle de M. Perrot (*Hist. de l'art*, VIII, p. 596-600).

2. On a reconnu depuis longtemps que les « Apollons archaïques » pouvaient servir également de statues funéraires ou d'offrandes religieuses. Il en faut dire autant des *corés*. On ne rencontre pas, il est vrai, beaucoup d'exemples de celles-ci, employées comme images funéraires ; en voici un cependant, qui concerne l'Attique : c'est la statue signée du sculpteur Phædimos, dont les débris — seulement les deux pieds adhérents à la plinthe — ont été retrouvés à Vourva (*Mus. nat. d'Athènes*, 81 ; cf. 'Αρχ. Δελτίον, 1890, p. 111 ; Perrot, *Hist.*

pillées dans les principaux sanctuaires et nécropoles de l'Attique, c'est naturellement auprès du vieux temple vénéré d'Athéna Polias, sur l'Acropole, qu'elles étaient réunies en plus grand nombre ; et c'est là, en effet, qu'on en a retrouvé le plus, jusques à quatorze à la fois, couchées en ligne à quatre mètres sous le sol, au fond d'un grand trou pareil à ces fosses communes qu'on doit creuser au lendemain des batailles, pour la foule des morts [1].

J'ai décrit ci-dessus [2] l'impression première que causent ces figures ; et les moindres particularités de leur costume, de leur coiffure, de leur chaussure même, des bijoux qu'elles portent, etc., ont été ailleurs l'objet d'études minutieuses [3]. Puisqu'elles sont aujourd'hui, dans ce qu'on peut appeler leur aspect moyen, familières à la mémoire de chacun, il n'y a pas lieu de répéter un examen dont le long détail aurait l'inconvénient de retarder la question principale. Si donc, préoccupés avant tout de suivre exactement la marche de la statuaire attique, nous examinons les *corés* de l'Acropole à la fois par rapport aux sculptures indigènes qui les ont précédées et par rapport aux produits authentiques de l'art ionien, il apparaît assez vite qu'elles se partagent en trois groupes :

de l'art, VIII, p. 82, fig. 50). L'endroit et les circonstances de la découverte, puis les termes de l'inscription gravée sur la base, ne laissent à ce sujet le moindre doute. Cette *coré* funéraire doit être datée du dernier tiers du viᵉ siècle : cf. *Athen. Mittheil.*. XXIII, 1898, p. 479 (Wilhelm).

1. Je juge tout à fait superflu de revenir sur les détails de la destruction, puis de l'ensevelissement, et enfin de l'exhumation de ces figures : cela est trop connu.

2. Cf. p. 165 sqq.

3. Cf. *Au mus. de l'Acrop.*, p. 150 sqq. — M. Holwerda, dans un récent article (*Arch. Jahrbuch*, XIX, 1904, p. 10 sqq., avec planche), est revenu sur la question du costume des *corés*. L'essentiel de sa thèse consiste en ceci, que la partie inférieure du vêtement, d'ordinaire tirée en dehors par une des mains, appartiendrait, non pas au chitôn, mais à l'himation. Mais, s'il en est ainsi, M. Holwerda aurait dû dire comment il explique le costume des *corés* 670 et 683 (*Au mus. de l'Acrop.*, p. 151, fig. 8, et p. 157, fig. 11), lesquelles ne portent pas l'himation, et celui des *corés* 671 et 687 (*Ibid.*, p. 153, fig. 9, et p. 161, fig. 12), lesquelles portent bien l'himation, mais d'une manière qui n'a rien à voir avec la démonstration faite par M. Holwerda. Cette démonstration ne doit pas, d'ailleurs, être rejetée tout entière : elle est juste en ce qui concerne *le haut* de l'himation, pourvu qu'on prenne seulement les dessins publiés par M. Holwerda et qu'on les commente un peu différemment qu'il n'a fait. Quant *au bas*, il me paraît qu'il y a erreur, que la pièce d'étoffe employée est deux fois trop grande en hauteur, que c'est le chitôn, non pas l'himation, que nous voyons sur les jambes, et que l'himation recouvre seulement le milieu du corps en biais.

1° Dans les unes, où plus rien ne se retrouve de l'ancien esprit attique, tandis que les traits les plus propres à la sculpture ionienne y ressortent en pleine lumière, on doit reconnaître les œuvres, soit d'artistes de l'Asie et des Iles immigrés à Athènes, ou bien d'artistes attiques élèves des précédents et bons imitateurs de leurs maîtres;

2° D'autres sont d'un ou plusieurs degrés moins ioniennes qu'elles ne l'auraient voulu. Tantôt des lourdeurs et des maladresses d'exécution dénoncent une main qui n'a pas su encore se rendre experte aux habiletés et délicatesses qu'elle tentait d'imiter; tantôt une certaine note dans la qualité du travail, un certain accent dans les traits et l'expression du visage indiquent que l'auteur n'avait pas réussi à se donner une âme tout à fait ionienne;

3° Enfin quelques-unes, peu nombreuses, et d'autant plus importantes, témoignent que la tradition attique existait toujours, que des artistes y demeuraient fidèles, ne cédant à la mode du jour que les indispensables apparences, mais étant pour le fond les fermes et exacts continuateurs du premier archaïsme attique.

Nous allons prendre dans cet ordre[1] les *corés* de l'Acropole, celles du moins qui valent le plus d'être signalées[2], et, bien entendu, nous y joindrons, chemin faisant, les autres spécimens du même genre et de la même époque qui ont été découverts ailleurs encore.

I

Les *corés* qui présentent au plus haut degré le caractère ionien sont les deux qui portent aujourd'hui respectivement les n°ˢ 682 (*Au musée de l'Acrop.*, p. 203, fig. 22) et 594 (*Ibid.*, p. 181, fig. 16). La première a été maintes fois

1. M. Arndt (*Glypt. Ny Carlsberg*, p. 1-2) a suggéré une répartition analogue, mais plus sommaire, des sculptures attiques de l'époque des Pisistratides.
2. Une nomenclature complète serait aussi fastidieuse qu'inutile. Beaucoup de ces figures, à cause de leurs dimensions très petites ou de leur travail visiblement négligé, ou encore parce que les mutilations subies leur ont fait perdre presque toute valeur, ne sont susceptibles de nous fournir aucun supplément appréciable d'information.

publiée, décrite, à tout le moins mentionnée ; de la seconde
on s'est occupé à peine [1], sans doute parce qu'elle a le malheur
d'être privée de sa tête : ce qui ne l'empêche pas, cependant,
d'être une des plus belles parmi les sculptures archaïques que
nous possédions.

La grande statue 682 [2] fera toujours l'étonnement de quiconque l'examinera de près, par la peine inouïe qu'a prise son
auteur pour la parer des plus raffinées coquetteries de la toilette. Il semble que rien autre chose ne doive compter en elle.
Et, cela ôté, que reste-t-il en effet ? Il reste un corps de femme
très lourd, à grosse poitrine, aux bras massifs, aux épaules
fortes et carrées, avec une tête très allongée, aux joues plates,
au nez long, au menton étroit et sec ; on n'y saurait découvrir
nulle beauté, nulle élégance des formes. Mais la beauté et
l'élégance, absentes de dessous, l'artiste s'est cru maître de
les ajouter dessus, par des habiletés de son ciseau et de son
pinceau. Il s'est livré à un travail extraordinairement
minutieux de décoration pure [3]. Les plis du chiton sur la
cuisse gauche, par devant, sont creusés en forme de fines
cannelures ; le rebord de l'himation, tendu de biais sur la
poitrine, est festonné et découpé comme une collerette de fleur
aux pétales délicats ; sur l'épaule et le bras droit, les boutons d'agrafe, les « crevés », les pincées de petits plis frissonnants se pressent avec une invraisemblable abondance ;
et, tout au long des deux vêtements à la fois, les broderies
coloriées, d'une largeur excessive, font cheminer la patiente et
savante complication de leurs dessins. Le travail de la chevelure surtout retient l'attention ; les petites boucles recroquevillées sur le front et sur les tempes, d'une oreille à l'autre ;
puis, plus haut, les petites mèches frisées qui semblent s'échapper en flottant de dessous la stéphané ; enfin, les longues
boucles en torsades retombant sur les seins, quatre de chaque
côté, sont des merveilles de ténuité fragile et de recherche :
quelle dextérité dans le maniement de l'outil ! mais aussi que
de temps perdu à ces fignolages !

---

1. Cf. *Athen. Mittheil.*, XII, 1887, p. 145, n° 1 ; Perrot, *Hist. de l'art*, VIII,
p. 585, pl. XII ; Lepsius, *op. l.*, p. 68, n° 12, fig. 2 : marbre des Iles.
2. Bibliographie dans les Μνημεῖα τῆς Ἑλλάδος, pl. XVIII ; y ajouter : C. Jœrgensen, *Kvindefigurer...*, pl. II ; *Gazette des Beaux-Arts*, 1886, t. XXXIII,
p. 417 ; Perrot, *Hist. de l'art*, VIII, p. 589, fig. 295.
3. Cf. *Au mus. de l'Acrop.*, p. 315 sqq.

Un tel goût pour la décoration brillante et la parure voyante, une telle habileté technique, inventive et industrieuse seulement dans le détail, une adresse d'exécution qui va déjà jusqu'à la virtuosité, et, pour faire valoir cette virtuosité, une tendance à accumuler finesses sur finesses et à les recouper en plus fin encore, ce sont là des caractères fréquents chez les maîtres ioniens de l'Asie Mineure et des Iles[1]. Que l'on remarque, par exemple, les deux bouclettes de cheveux, juste au milieu du front, qui semblent les deux branches séparées d'une tige unique et juxtaposent leurs enroulements l'un contre l'autre avec tant de symétrie, immédiatement au dessous d'une petite mèche flottante qui, elle-même, n'est pas moins factice et sert à boucher le vide du milieu dans l'étage supérieur des frisures : on reconnaîtra là, je pense, sous une forme un peu changée, le même genre d'esprit que nous avait révélé le contournement en volute des quatre boucles, deux grandes et deux petites, formant « motif central » sur le front de la *Niké* ailée de Délos[2]. D'autre part, la rondeur lourde et massive des épaules et du torse[3], que toutes les coquetteries de la toilette n'arrivent pas à dissimuler, constitue aussi un des traits habituels des figures ressortissant à la Grèce orientale[4]; et il n'est pas jusqu'à la forme du crâne, arrondie et fuyant en arrière[5], qui ne rappelle au premier coup d'œil celle des têtes les plus certainement ioniennes[6].

Une découverte récente a confirmé avec éclat la justesse de l'opinion presque unanimement exprimée sur le style de cette *coré* de l'Acropole. La tête d'une des caryatides du *Trésor des Siphniens*, à Delphes, offre la plus remarquable ressemblance avec celle de la statue athénienne[7] : c'est le même dessin du front, la même obliquité des yeux et de la bouche, le même modelé des joues, la même expression du visage; et à cette ressemblance générale qui monte, peut-on dire, du fond des deux œuvres, viennent encore s'ajouter, par surcroît,

1. Cf. ci-dessus, p. 185.
2. Cf. ci-dessus, p. 180.
3. On en jugera bien d'après la planche IV des *Musées d'Athènes* (éd. Rhomaïdis), qui donne une vue de trois quarts de la partie supérieure de la statue.
4. Cf. ci-dessus, p. 147 sqq.
5. Cf. encore la planche IV des *Musées d'Athènes*.
6. Cf. ci-dessus, p. 149. — Comparer, par exemple, une tête d'homme découverte à Délos (*Bull. corr. hell.*, III, 1879, pl. VIII, à droite; Homolle, *De antiquiss. Dianæ simulacris*, pl. V, 2).
7. Cf. *Bull. corr. hell.*, XXIV, 1900, pl. VI-VII, p. 605 sqq. (Homolle).

quelques analogies superficielles, puisque, dans les deux, on
retrouve la même forme des pendants d'oreille, le même travail des yeux, au globe rapporté et incrusté, et une exécution
sensiblement pareille des boucles de cheveux au dessus du
front. Il serait malaisé de rencontrer rapport plus étroit entre
deux figures, qui ne sont d'ailleurs pas de même provenance,
qui ne sont pas non plus exactement contemporaines [1], et qui
ont été travaillées pour une destination si différente, l'une étant
une statue isolée, et l'autre devant faire office de support dans
la façade d'un édifice. Or il est naturel, déjà, d'attribuer les
sculptures du *Trésor des Siphniens* à un artiste insulaire, soit
de Siphnos même ou de sa grande voisine Paros [2]. Mais, de
plus, ce *Trésor des Siphniens* a été bâti sur le modèle du
Trésor des Cnidiens; il en était presque une réplique; et ses
caryatides particulièrement paraissent si bien être les sœurs
de celles de Cnide que, seules, des raisons matérielles ont
empêché de les attribuer les unes et les autres à la même
construction [3]. Si l'on rapproche, en effet, les deux têtes heureusement retrouvées d'une des caryatides de Siphnos et d'une
des caryatides de Cnide [4], et qu'on ne se laisse pas entraîner à
trop de subtilité en vue de leur assigner, à toute force, une
origine distincte, on sera frappé de la très grande parenté qui
les unit toutes deux; pour mieux dire, on n'apercevra guère
entre elles d'autres différences que celles qu'un artiste est
bien obligé de mettre entre deux de ses productions successives, lorsqu'il ne veut pas les faire absolument pareilles. Que
si, d'ailleurs, les caryatides de Cnide devant être attribuées à
un Grec d'Asie, on préfère attribuer celles de Siphnos à un
Grec insulaire, à un Parien peut-être, leur étroite ressemblance atteste à quel point les ateliers insulaires ont suivi de
près l'art de l'Ionie proprement dite. — C'est à cette même
famille insulaire et asiatique, à la famille de ces caryatides de
Siphnos et de Cnide, qu'appartient, sans contestation, la
grande *coré* 682 du musée de l'Acropole.

Une autre *coré*, qui porte le n° 675 (*Au musée de l'Acrop.*,
p. 321, fig. 30), est inséparable de la précédente [5]; car elle

1. Je crois la caryatide de Siphnos plus récente.
2. Cf. Homolle, *l. l.*, p. 610.
3. Cf. Homolle, *l. l.*, p. 583.
4. Cf. *Bull. corr. hell.*, XXIII, 1899, pl. VII.
5. Bibliographie dans les Μνημεῖα τῆς Ἑλλάδος, pl. XXIV, 1 ; y ajouter :

n'en est guère qu'une copie libre et rapide, de dimensions
réduites. Cette petite figure, aussi brillante, aussi parée que
son modèle, avec le même excès de luxe et la même fureur
d'élégance, ne se distingue de celui-ci que par la qualité plus
médiocre et le travail plus sommaire des enjolivements dont
elle est surchargée[1]. Il convenait de la mentionner, mais il
n'est pas utile de s'arrêter longuement devant elle, puisqu'elle
ne saurait rien nous apprendre et ne fait que renouveler, en
l'affaiblissant un peu, l'impression causée par sa grande sœur.

La *coré* 594, dont on a jusqu'à ce jour trop négligé l'étude,
n'est pas seulement une des plus notables par les dimensions,
dans la troupe de l'Acropole[2]; j'estime qu'elle en est aussi une
des plus considérables par la valeur artistique. L'absence de la
tête nous prive, il est vrai, du plus précieux élément d'appréciation; mais le corps, qui a peu souffert, et même est resté
par endroits dans un rare état de fraîcheur, doit compter parmi
les plus beaux morceaux et les plus significatifs que nous
ayons de la statuaire du vi[e] siècle. L'exécution des draperies
est magistrale dans son genre, et telle qu'on n'en peut guère
souhaiter de meilleure. Les plis souples et gras de l'himation
tombent avec justesse, non plus aplatis sur eux-mêmes et
serrés contre le corps, ainsi qu'on le voit souvent, mais bien
détachés, libres, prêts à se balancer naturellement au premier
mouvement de marche; et ceux qui débordent le bourrelet de
l'étoffe en travers de la poitrine sont disposés, dans leur régularité, avec une finesse et une grâce charmantes L'adjonction
de l'*épiblèma*[3], par dessus le chiton et l'himation, était une
difficulté, dont l'artiste a su tirer un agrément nouveau : non
seulement la figure ne paraît pas trop surchargée par ce vêtement supplémentaire, mais le grand pan qui retombe à gauche
fait équilibre, d'une manière heureuse, au long pan droit de

Gazette des Beaux-Arts, 1892, II, p. 109; Perrot, *Hist. de l'art*, VIII, pl. V (en
couleur), et p. 596, fig. 301.

1. Cf. *Au mus. de l'Acrop.*, p. 320 sqq.
2. Il n'y en a guère que deux ou trois qui soient plus grandes. Elle mesure,
en l'état actuel (depuis qu'elle a été complétée par un fragment de la jambe
gauche), environ 1[m],20.
3. Pour ce vêtement et les figures, très peu nombreuses, où on le rencontre,
cf. *Au mus. de l'Acrop.*, p. 180 sqq. — L'explication nouvelle que M. Holwerda
(*Rhein. Museum*, 1903, p. 523 sqq.) a proposée pour le costume de cette *coré*,
ne me paraît pas juste.

l'himation, et la saillie égale de ces deux pans parallèles a été adroitement utilisée pour obtenir, entre la ceinture et le bas de la cuisse, un étroit cadre d'ombre, au fond duquel resplendit la παρυφή du chitòn. Tout le travail, laborieux et délicat, de ces draperies aux contours inégaux et aux épaisseurs multipliées, a été accompli avec une élégance aisée, sans effort apparent, et dénote une parfaite connaissance des ressources du marbre, en même temps que le désir de ne laisser aucune de ces ressources inemployées et de faire étalage d'une si enviable habileté technique.

Sans nul doute, cette statue appartient, elle aussi, à la famille ionienne. Elle en a tous les traits caractéristiques. Après ce que nous venons de dire de l'œuvre du ciseau, il faut signaler, en effet, la richesse raffinée et la prodigieuse minutie de la décoration peinte, le long des bords de l'himation et de l'*épibléma* et surtout dans la παρυφή du chitòn, où les zigzags intérieurs du méandre représentent une merveille de patience, étant faits non de simples lignes droites, mais d'une suite indéfinie de microscopiques dentelures. D'ailleurs, certains détails de facture sont identiques ou très analogues à ceux de la *coré* 682, qui a été étudiée tout à l'heure : plis « cannelés » du chitòn sur le haut de la cuisse gauche ; larges plis un peu obliques de l'himation sur le milieu du torse, retroussement du chitòn sous l'aisselle gauche[1]. Enfin, la troisième pièce du vêtement, l'*épibléma*, mérite d'autant plus l'attention que les exemples en sont plus rares. Cet amas de draperies, inspiré visiblement par un désir d'étendre le champ d'exercices du ciseau et du pinceau, de leur donner davantage à ciseler, à décorer, à fignoler, et, ainsi, d'accroître autant que possible la fastueuse élégance et la valeur esthétique de la figure, est un trait qui s'accorde trop bien avec l'esprit habituel de l'art ionien, pour ne pas fournir dès l'abord une forte présomption d'origine. De fait, nous ne trouvons un costume composé et arrangé de la sorte que dans deux autres

---

1. Ces ressemblances ou analogies — surtout celle des plis cannelés sur la cuisse — sont intéressantes à un autre point de vue encore : pour la fixation de la date de la statue. L'excellence de l'exécution m'aurait aisément incliné à la faire descendre plus bas que l'année 500. Les ressemblances que j'ai dites engagent, au contraire, à la maintenir dans la péroide 510-500, avec la *coré* 682, à laquelle elle reste cependant supérieure : on admettra donc simplement qu'elle est plus récente que celle-ci.

statues seulement[1] : l'une, que désigne à l'Acropole le n° 684 (*Au musée de l'Acrop.*, p. 369, fig. 38), nous apparaîtra, quand nous aurons plus tard à l'examiner, comme un dérivé direct de l'influence ionienne à Athènes; et l'autre, dont le costume s'augmente d'une quatrième pièce encore et dont la poitrine se pare luxueusement d'un collier à plusieurs tours, est une grande *coré* découverte à Délos[2], laquelle ne peut avoir eu pour auteur qu'un artiste des Iles ou de la Grèce d'Asie.

Aussitôt après les deux importantes figures qui viennent d'être successivement étudiées, je placerai la *coré* 673 (*Au musée de l'Acrop.*, p. 297, fig. 25)[3]. Plus petite et moins brillante, elle est cependant très voisine des deux autres. On remarquera d'abord de quelle manière elle est drapée dans son himation : celui-ci, plus ample que d'ordinaire, au lieu de traverser le corps en biais, de l'épaule droite à l'aisselle gauche, est agrafé sur les deux épaules à la fois[4]; et ses beaux plis souples retombent ainsi en deux larges pans, dont les extrémités, un peu inégales, produisent un effet de pittoresque, analogue à celui qui résulte des masses opposées de l'himation et de l'*épiblêma* dans la *coré* 594[5]. La chevelure dessine sur le front un arceau de frisures très coquettes, avec ses dix-huit petites boucles finement ondulées, bien alignées, et recroquevillées toutes de façon symétrique par rapport à l'axe de la tête, c'est à dire que, dans les neuf boucles de droite et dans les neuf de gauche, la petite volute terminale se trouve toujours tournée vers le milieu du front. Ces raffinements, si subtils qu'ils échappent en partie au regard non prévenu, et cette

---

1. La petite statue n° 615 (cf. *Au mus. de l'Acrop.*, p. 180-182), troisième et dernier exemple d'*épiblêma* surajouté à l'himation et au chitón, présente un arrangement tout autre, sans analogie avec les deux précédents.

2. *Mus. nat. d'Athènes*, 22; cf. *Bull. corr. hell.*, XIII, 1889, pl. VII.

3. Bibliographie dans les Μνημεῖα τῆς Ἑλλάδος, pl. XXIII; y ajouter : *Gazette des Beaux-Arts*, 1886, t. XXXIII, p. 419.

4. Rares exemples de cette mode en Attique: cf. *Au mus. de l'Acrop.*, p. 175-176. — Deux exemples pareils à Delphes, dans une statue de marbre, qui provient d'un des frontons du grand temple (*Bull. corr. hell.*, XXV, 1901, pl. XII; Homolle, *Fouilles de Delphes*, IV, pl. XXXIV, 1), et dans une *Niké* ailée en marbre, qui paraît provenir d'un des acrotères du même temple (*Bull. corr. hell.*, l. l., pl. XVI; Homolle, *op. l.*, pl. XXXIV, 2; Perrot, *Hist. de l'art*, VIII, p. 573, fig. 287).

5. Cf. ci-dessus, p. 222.

brillante habileté dans le travail des draperies ne sont pas
chose banale, sauf chez les artistes ioniens ; c'est leur manière habituelle qu'on retrouve là, et l'on retrouve aussi leur
habituel parti pris dans cette tête arrondie et allongée en
arrière[1], dans ce visage aux joues pleines et molles, au sourire excessif, aux yeux très obliques avec l'angle interne re-
courbé en forme de petit crochet[2].

A cette statue viennent s'en joindre immédiatement plusieurs autres. — D'abord la petite figure n° 600[3]. Elle est
privée de sa tête; mais, pour le corps, elle est identique à la
précédente, et porte son himation agrafé de la même manière
sur les deux épaules. Elle est, en somme, à peu près dans le
même rapport avec la *coré* 673 que l'est la petite statue 675
avec la grande 682[4]. — Arrive ensuite une œuvre plus considérable, la *coré* 670 (*Au musée de l'Acrop.*, p. 151, fig. 8)[5].
Si elle paraît au premier abord très différente de la statue 673,
cela tient à l'absence de l'himation et à la nature du geste de
la main gauche. Or, ces deux particularités doivent procéder
d'une seule et même cause, que j'appellerai brièvement : raison d'économie. Supprimer l'himation avec ses nombreux plis
superposés et le délicat festonnement de sa bordure supérieure
et ses longs pans en pointe flottant au vent, puis fermer le
geste du bras gauche, de façon que la masse des plis du chitôn et l'avant-bras, au lieu d'être rejetés en dehors et découpés à jour, ne fissent plus qu'un avec le corps même[6], c'était
abréger le travail de plus de moitié ; et on admettra sans peine
que certains acheteurs, ménagers de leurs drachmes, aient
accepté volontiers une économie de ce genre[7]. C'est pourquoi

1. Cf. *Musées d'Athènes* (éd. Rhomaïdis), pl. VIII : vue de dos de la statue.
2. Il n'est pas sans intérêt de comparer le détail de ces traits avec ceux
d'un grand masque en terre cuite, trouvé à Camiros dans l'île de Rhodes
(cf. Salzmann, *Nécrop. de Camiros*, pl. XII). Ce masque et ses pareils doivent
compter, naturellement, parmi les plus sûrs témoins de l'art propre à la
Grèce orientale.
3. Cf. *Au mus. de l'Acrop.*, p. 301-302.
4. Cf. ci-dessus, p. 221-222.
5. Bibliographie dans les Μνημεῖα τῆς Ἑλλάδος, pl. XXV, 1 ; y ajouter : C. Jœrgensen, *Kvindefigurer...*, p. 18, fig. 5 ; Brunn-Bruckmann's *Denkmæler*, gravure dans la notice de la pl. 556 ; Perrot, *Hist. de l'art*, VIII, p. 578, fig. 290.
6. Comparer le procédé des coroplastes, lesquels s'arrangeaient le plus
souvent pour que la statuette entière, ou du moins toute la moitié antérieure,
vînt d'un seul coup et n'eût besoin d'aucune pièce rapportée.
7. Les figures qui ne sont vêtues que du chitôn ne sont d'ailleurs pas une
exception rare ; à l'Acropole seulement, il y en a plusieurs (cf. *Au mus. de
l'Acrop.*, p. 158).

15

on fera bien de ne pas donner à ces différences entre les deux
statues plus de valeur qu'elles n'en ont en réalité; elles pèsent
fort peu, en face d'une ressemblance qui est, celle-là, d'ordre
essentiel. Les visages des deux *corés*, en effet, sont absolument les mêmes : oreilles grosses et lourdes, lèvres très effilées à l'extrémité, épais pli de chair sous les pommettes, yeux
très obliques avec le petit crochet à l'angle interne[1], les deux
figures sont identiques dans tous ces traits, ou du moins aussi
pareilles que possible, dès lors qu'elles ne sont pas une copie
mécanique l'une de l'autre[2]. — Enfin, à elles deux se trouve unie,
par une ressemblance tout aussi forte dans les mêmes traits,
une tête de femme découverte au Ptoïon[3]. La *coré*, dont cette
tête est le seul reste, n'est sûrement pas un produit de l'art
local béotien, même si c'est un Béotien qui en fit hommage
au sanctuaire d'Apollon Ptoos[4]; dressée au voisinage d'une
statue d'homme[5], qui était l'œuvre d'un Samien et venait
peut-être tout droit de Samos, elle était pareillement une
étrangère. Qu'elle soit venue, elle, d'un atelier de l'Attique
ou des Iles, elle porte en tout cas, sur sa physionomie, la
même estampille d'origine que les deux *corés* 670 et 673 de
l'Acropole. Et que cette marque originelle, qui leur est commune à toutes trois, soit bien la marque ionienne, nous en

1. Je crois qu'on doit remarquer, avec une attention particulière, cette
forme arrondie et un peu abaissée du coin de l'œil, dans le contour duquel
est logée la caroncule lacrymale (qui, elle-même, n'est pas indiquée encore :
elle ne le sera guère avant le commencement du v⁰ siècle). Ce détail apparaît
pour la première fois dans des œuvres de l'époque « mycénienne ». On
l'observe — avec l'obliquité très marquée des yeux — sur la curieuse tête de
femme en chaux coloriée, découverte à Mycènes en 1896 et publiée par
M. Tsountas ('Εφημ. άρχ., 1902, p. 1 sqq., pl. I-II); on le retrouve aussi dans
les peintures de Cnossos, par exemple sur cette tête de femme, d'un type et
d'une facture si incroyables pour l'époque, que M. Evans a publiée dans son
Rapport de 1901 (cf. *Annual of Brit. School at Athens*, VII, p. 57), et sur les
femmes de ce tableau que M. Evans appelle familièrement « la fresque du toréa-
dor » et que j'ai proposé d'appeler « scène de *tauracrobatie* ». — Ce trait-là a passé, comme beaucoup d'autres, de l'art mycénien à l'art ionien, et c'est dans des
figures ioniennes du vi⁰ siècle que nous le retrouvons sous sa forme la plus
franche. Je ne dis pas qu'il se rencontre dans toutes les figures ioniennes, mais
je crois que c'est dans celles-là seulement qu'on en constate la présence, à
commencer par la *Niké* ailée de Délos : cf. *Athen. Mittheil.*, XV, 1890, p. 7 (Graef).
2. Cf. *Au mus. de l'Acrop.*, p. 299.
3. *Mus. nat. d'Athènes*, 17; cf. *Bull. corr. hell.*, XI, 1887, pl. VII ; Lepsius,
op. l., p. 96, n⁰ 279 : marbre de Paros; *Au mus. de l'Acrop.*, p. 302-303.
4. Je ne crois pas juste d'établir un rapport, comme l'a fait M. Holleaux,
entre cette *coré* et la dédicace au nom d'Hipparque, qui a été recueillie également au Ptoïon (cf. ci-dessus, p. 207, note 2).
5. *Mus. nat. d'Athènes*, 19; cf. *Bull. corr. hell.*, X, 1886, pl. IV.

avons déjà l'assurance par les résultats de notre examen ; mais,
s'il en fallait une preuve supplémentaire, on la trouverait dans
une comparaison entre les statues athéniennes et les caryatides de Siphnos — sœurs ou cousines germaines de celles de
Cnide [1] — découvertes à Delphes [2].

Je passerai plus rapidement sur les figures suivantes, pour ne
pas trop multiplier les redites qu'impose de toute nécessité cette
succession ininterrompue d'œuvres de même race et de même
famille. Si le détail minutieux est indispensable d'abord, afin de
se garantir contre le danger d'une généralisation hâtive et fau-
tive, ce qui importe le plus, cependant, et ce qui doit subsister
seul après ces analyses, c'est l'impression générale que nous
essayons de dégager de tant de petits faits et par le moyen de
comparaisons répétées. Voici donc les quelques statues et les
quelques têtes encore qui me paraissent devoir être jointes
aux exemples précédents. Elles proviennent toutes des fouilles
de l'Acropole. — La coré 680 (*Au musée de l'Acrop.*, p. 305,
fig. 26), en marbre des Îles [3], une des mieux conservées de la
collection entière, nous présentera une dernière fois, dans sa
forme la plus avenante, le type féminin cher aux sculpteurs de
la Grèce orientale : sourire des yeux obliques et de la bouche
arquée, fines frisures des cheveux, travail délicat et souple des
draperies, allongement en arrière du crâne régulièrement
arrondi, nous y retrouvons tous les traits familiers, mais dénués
ici de cet éclat provocant que nous avons vu ailleurs, plus dis-
crets et comme enveloppés de douceur, moins agressifs en
quelque sorte et, par là, d'autant plus aimables et séduisants.
— Les deux têtes 616 et 648 (*Au musée de l'Acrop.*, p. 309,
fig. 27, et p. 310, fig. 28), qui appartenaient à des figures de
dimensions moindres, sont, ainsi que je l'ai montré [4], apparen-

---

1. Cf. ci-dessus, p. 221.
2. Cf. la comparaison faite par M. Homolle : *Bull. corr. hell.*, XXIV, 1900,
p. 608 sqq. — Notons en passant un détail qui n'est pas sans intérêt. Les
mèches de cheveux sur le front de la caryatide de Siphnos (*Ibid.*, pl. VI)
étaient faites de petites pièces rapportées. Si on veut avoir une idée exacte
de l'aspect réel de cette chevelure, c'est à la tête du Ptoïon qu'on devra se
référer, en tenant compte seulement que, dans celle-ci, les boucles, taillées à
même le marbre et d'une façon passablement sommaire, n'ont pas la légèreté
et l'élégance qu'elles devaient offrir dans la statue de Delphes.
3. Cf. Lepsius, *op. l.*, p. 67, n° 9. — Bibliographie dans les Μνημεῖα τῆς
Ἑλλάδος, pl. XIX ; y ajouter : Perrot, *Hist. de l'art*, VIII, p. 577, fig. 289.
4. Cf. *Au mus. de l'Acrop.*, p. 308.

tées d'une façon étroite à la tête de la *coré* 680, et ne doivent
pas être séparées de celle-ci. — La grande tête 659 (*Au musée
de l'Acrop.*, p. 211, fig. 23), la plus ornée qui soit, la plus chargée de frisures et de bijoux [1], rentre d'elle-même dans la catégorie ionienne; et j'y fais rentrer aussi, pour d'autres raisons,
la toute petite tête 640 (*Au musée de l'Acrop.*, p. 237, fig. 24) [2],
qui est d'une exécution si légère et d'un charme si fin et si
tendre [3].

Ces divers marbres, que nous considérons comme étant
étrangers, par leur fonds, par l'esprit dont ils témoignent, à
l'art attique purement indigène, sont-ils, en prenant le mot à
la lettre, étrangers à l'Attique même? Ont-ils été importés à
Athènes de quelque atelier des Iles ou de la Grèce d'Asie? Que
de telles importations aient eu lieu réellement, cela n'est pas
douteux *a priori*, et la présence de deux statues samiennes
sur l'Acropole [4] en fournirait, au besoin, une preuve immédiate.
Il est raisonnable d'admettre que telle ou telle des figures que
nous venons d'énumérer *peut* avoir été envoyée de Naxos ou
de Paros ou de Chios. Laquelle ou lesquelles dans le nombre?
Il est, à mon avis, impossible d'en désigner une seule avec
certitude. Ni leur costume ne les dénonce, puisque à ce moment
les femmes de l'Attique avaient adopté le costume ionien [5]; ni la
nature du marbre employé, puisque le marbre des Iles fut
recherché de très bonne heure par les sculpteurs athéniens [6],
et que des figures aussi certainement attiques que la *statue
xoanisante* et que la grande *coré* d'Anténor sont faites d'un
marbre non attique [7]. J'ai cherché vainement à découvrir, dans

1. Cf. *Au mus. de l'Acrop.*, p. 210.
2. Reproduite aussi dans Perrot, *Hist. de l'art*, VIII, p. 591, fig. 296.
3. On peut encore ajouter à cette première série une statuette d'Éleusis
(*Mus. nat. d'Athènes*, 25 ; 'Εφημ. άρχ., 1884, pl. VIII, 6 et 6 *a*); on y retrouve
notamment les plis « cannelés » du chitôn sur la cuisse gauche, comme nous
les avons vus dans les *corés* de l'Acropole n°s 682, 675 et 594.
4. Cf. *Au mus. de l'Acrop.*, p. 393 sqq.
5. Cf. ci-dessus, p. 215.
6. Cf. ci-dessus, p. 204, note 2.
7. Elles sont toutes deux en marbre des Iles (cf. Lepsius, *op. l.*, p. 67, n° 5,
et p. 71, n° 35). — Qu'on dise d'une statue, qui est en marbre du Pentélique
ou de l'Hymette, qu'elle a été exécutée en Attique, rien de plus juste, attendu
que ces marbres de l'Attique ne s'exportaient pas dans les Iles ; mais la réciproque n'est pas vraie: une statue qui est en marbre des Iles peut tout aussi
bien avoir été exécutée à Athènes que dans les Iles. — Dans un cas très particulier, M. Arndt a cru découvrir un indice certain de l'origine insulaire

l'exécution des diverses parties du vêtement ou de la coiffure, quelque détail singulier qui, se retrouvant aussi dans les *corés*

d'une des statues de l'Acropole. Il s'agit de la *coré* 670, dont j'ai parlé ci-dessus (p. 225); M. Arndt l'a reproduite et commentée dans la notice de la pl. 556 des Brunn-Bruckmann's *Denkmæler*. Elle est en marbre des Iles ; mais un petit morceau du vêtement, rapporté sous le coude droit, est en marbre pentélique (cf. Lepsius, *op. l.*, p. 68, n° 13). « C'est donc, concluait M. Lepsius (*Ibid.*, p. 66), que la statue provient d'un atelier des Iles; elle en est sortie, entièrement terminée, pour être expédiée à Athènes ; dans le transport, elle a eu un accident auquel on a remédié à Athènes même, avec un petit morceau de marbre local. » Et M. Arndt, qui approuve ce raisonnement, en tire tout de suite certaines conséquences d'ordre historique. C'est trop se hâter, je crois. L'argument est ingénieux, mais ne prouve rien. On sait aujourd'hui (cf. *Au mus. de l'Acrop.*, p. 227 sqq.) que les pièces rapportées, qui sont très nombreuses dans les statues archaïques, ne résultent presque jamais de la nécessité de réparer un endommagement accidentel ; ce sont des parties que le sculpteur a exécutées séparément, soit parce que leur fragilité lui conseillait cette mesure de prudence ou parce qu'elles excédaient les dimensions du bloc dans lequel il avait commencé de tailler son œuvre. Il ne faut donc pas poser d'abord comme un fait certain, évident, que le petit morceau de draperie sous le coude droit de la *coré* 670 a été cassé en route et a dû être remplacé. Cela est possible; mais il est possible tout autant que l'auteur a dû faire ce raccord parce que son bloc avait été coupé trop juste ou se trouvait trop largement écorné à cet endroit-là. Admettons cependant qu'il y ait eu une réparation, au sens propre du mot. Pourquoi l'accident qui l'aurait rendue nécessaire se serait-il produit pendant un transport sur mer? Il pouvait aussi bien se produire pendant la mise en place de la statue ou pendant son transport de la ville basse sur l'Acropole ou dans l'atelier même de son auteur. Mais, dira-t-on, il faut toujours expliquer l'emploi de ces deux marbres d'origine différente. Rien de plus simple, si on se souvient que ces deux marbres étaient employés simultanément par les sculpteurs attiques. La grande *coré* d'Anténor est en marbre des Iles ; mais la base, sur laquelle sont gravés les noms de l'auteur et du donateur, est en marbre pentélique (cf. Lepsius, *op. l.*, p. 71, n° 35). La *coré* consacrée par Euthydicos (*Au mus. de l'Acrop.*, p. 365, fig. 36), œuvre certainement attique, est cependant, elle aussi, en marbre des Iles; mais la base où s'enfonce sa plinthe, et qui porte le nom du donateur, est en marbre pentélique (cf. Lepsius, *op. l.*, p. 71, n° 34). Enfin, la belle *coré* 684 (*Au mus. de l'Acrop.*, p. 369, fig. 38), que l'on tient généralement pour non moins attique que la *coré d'Euthydicos*, est en marbre des Iles ; mais l'avant-bras droit, qui était rapporté, est en marbre pentélique (cf. Lepsius, *op. l.*, p. 69, n° 17). D'autre part, on a remarqué (cf. Michaelis, *Altattische Kunst*, p. 24) que les mêmes sculpteurs d'Athènes, qui employaient de préférence le marbre des Iles pour leurs statues, usaient plus volontiers du marbre pentélique pour leurs bas-reliefs. Puisqu'il faut admettre, d'après cela, que les blocs de Naxos ou de Paros voisinaient, dans les ateliers athéniens, avec ceux du Pentélique, on admettra aisément aussi, je pense, pour le cas de la *coré* 670, qu'un sculpteur qui avait à rajouter à une statue un bout de draperie grand comme la moitié de la main, se préoccupait, en cherchant un morceau convenable, beaucoup plus des dimensions dudit morceau que de son origine. — Je ne prétends certes pas établir, par ces raisons, que la *coré* 670 a été exécutée à Athènes ; mais j'espère avoir démontré qu'on ne prouve pas du tout, par le raisonnement contraire, qu'elle a été exécutée dans les Iles. Il est *possible* qu'elle vienne des Iles, mais nous n'en savons

de Délos, par exemple, apparût comme la marque de fabrique
d'un atelier des Iles[1].

D'ailleurs, puisque tant d'artistes de l'Ionie et des Iles étaient
venus alors offrir leur talent dans toute la Grèce occidentale,
et que plusieurs d'entre eux, non des moindres peut-être, ont
travaillé à Athènes[2], qui nous assure que, parmi les *corés* de
l'Acropole, celles même qui semblent le plus des étrangères
n'ont pas vu le jour à Athènes ? S'il convient d'admettre,
comme une très plausible hypothèse, que certaines ont *pu* être
envoyées du dehors, il faut tenir pour bien plus vraisemblable
encore que certaines autres ont *dû* être exécutées sur place
par des Ioniens immigrés en Attique.

Enfin, puisque la supériorité des ateliers de la Grèce orientale a commencé d'être reconnue dès le milieu du vi° siècle, et
que l'influence de leur technique et de leur style n'a cessé de
croître et de s'étendre durant toute la seconde moitié de ce
siècle ; puisque l'Attique, d'autre part, a été la région qui
accueillit le mieux cette influence et s'en laissa le plus profondément pénétrer, n'est-il pas assez naturel que, vers les
années 550-540, de jeunes sculpteurs athéniens soient allés
faire ou compléter leur instruction dans les ateliers fameux de
Chios ou de Paros, et aient rapporté de là dans leur patrie, si
je puis dire, leur ciseau tout « ionisé » ? Ajoutons que ces
Attiques disciples des Ioniens ne risquaient guère de perdre
l'empreinte des leçons reçues là-bas de leurs maîtres, du
moment que, rentrés à Athènes, ils y retrouvaient d'autres
Ioniens devenus les hôtes de leur propre cité. Il faut donc
encore admettre comme très probable que certaines des *corés*
de l'Acropole, entre celles qui sont le plus ioniennes d'aspect,
ont *dû* être exécutées non seulement sur place, à Athènes
même, mais par des sculpteurs de nationalité attique.

Trois hypothèses, en somme, dont aucune n'exclut les deux

rien, non plus que pour ses pareilles du premier groupe ; et ce n'est point
parce que sa manche droite a été rallongée avec un morceau de pentélique
qu'on est autorisé à mettre hors de doute sa provenance étrangère.

1. Ainsi, dans une des *corés* déliennes (cf. *Bull. corr. hell.*, III, 1879,
pl. XVII ; Homolle, *De Dianæ simulacris*, pl. VIII), le bord supérieur de
l'himation se présente d'une façon très particulière et aisément reconnaissable : je n'en ai pas retrouvé l'exact équivalent à Athènes. J'en dirai autant
de la manière dont les cheveux sont traités par derrière dans une autre *coré*
de Délos (cf. *Bull. corr. hell.*, III, 1879, pl. XV ; Homolle, *op. l.*, pl. IX *b*).

2. Cf. ci-dessus, p. 211 sqq.

concurrentes, et qui peuvent recevoir une application simulta-
née. Seulement, je ne suis pas assez perspicace pour deviner à
quelle statue doit s'appliquer l'une plutôt que l'autre. Ce qui
me semble incontestable, du moins, — et qui est, heureusement, le fait principal pour l'histoire, — c'est que les statues
rangées dans ce premier groupe, soit qu'elles aient été envoyées
à Athènes du dehors ou exécutées en Attique, qu'elles aient
été taillées par des Ioniens d'Asie ou des Ioniens des Iles ou
par des Attiques élèves des Ioniens, demeurent toujours celles
qui, parmi toutes les figures de femme attribuées à l'époque des
Pisistratides, sont les meilleures représentantes du courant
d'influence ionienne sur la statuaire attique. Nous les appelle-
rons, avec un très léger et légitime élargissement du sens de
ce mot, les « Ioniennes ».

II

Entre le premier groupe et le deuxième, la ligne de démar-
cation ne laisse pas d'être un peu flottante, et il ne saurait
guère en aller autrement. Nous venons de dire que, selon toute
vraisemblance, certains sculpteurs attiques avaient su imiter
le type ionien si exactement que leurs œuvres se confondent à
nos yeux avec celles de leurs maîtres. Il s'agit maintenant
d'autres sculpteurs qui, moins heureux, moins habiles, pourvus
d'une moindre faculté d'assimilation, ou secrètement retenus,
à leur insu, par la force des traditions indigènes et du tempérament national, n'ont pas su pousser la réussite aussi loin ;
leurs imitations ne sont pas aussi exactes qu'ils l'auraient voulu,
qu'ils l'ont cru peut-être, et ne se confondent plus avec les
modèles. Tel est le principe de la division à faire entre les
deux catégories. Mais on comprend qu'il y a nécessairement
bien des degrés dans la non-réussite, et d'assez fines nuances
dans les indices à quoi l'on peut discerner que telle imitation
du type ionien est l'œuvre d'une main attique. Il résulte de là
quelque incertitude dans le jugement, je ne songe pas à le dissimuler ; j'espère cependant qu'on ne trouvera pas vaines et
négligeables les raisons qui m'ont décidé à grouper ensemble
les figures suivantes.

Voici d'abord la *coré à bottes rouges* (*Au musée de l'Acrop.*,
p. 157, fig. 11), cette singulière petite personne, qui donne
un peu l'impression d'une quasi-naine, au torse trop fort pour
les jambes, à la tête trop grosse, et encore plus grossie par
une bizarre coiffure en turban et une lourde stéphané. Comme
elle est en marbre pentélique[1], nous devons croire qu'elle a
été exécutée en Attique[2]; et rien n'engage, certes, à en attribuer l'exécution à un Ionien. Car nous ne retrouvons en elle
aucune des élégances étudiées de la parure, ni des souples
et hardies finesses du travail, dont les œuvres précédentes
nous ont fourni maints exemples plus ou moins brillants. La
note dominante serait plutôt la gaucherie jointe au médiocre.
Vêtue seulement du chiton, la pauvre femme y semble déjà
mal à l'aise : que serait-ce, si elle portait en outre l'himation?
Elle parait être aussi embarrassée de son pigeon sur la main
gauche que des plis du vêtement dans la main droite; son
turban de cheveux a l'air d'une coiffure postiche; et le lourd
sourire de sa grosse face me rappelle un peu ce paysan
d'Éleusis que nous avons classé plus haut, dans le voisinage de
la *tête Rampin*[3]. Sans doute l'œuvre est d'un artiste de troisième ordre, et ne mérite guère d'avoir place dans l'histoire
de l'art. Mais elle témoigne surtout d'une grande inexpérience
des modes ioniennes de coiffure et de costume. Et n'est-il pas
très vraisemblable, dès lors, que son auteur fut un modeste
marbrier attique, qui se sentait fort désireux de tailler, lui
aussi, de belles *corés* « à l'ionienne », élégantes et souriantes,
et qui a fait de son mieux, c'est à dire assez mal, dans ce
genre nouveau[4]? — On doit probablement attribuer au même
artiste une autre *coré* de petites dimensions, dont il ne subsiste
plus que la partie antérieure de la tête[5] : la lourdeur de dessin
de la bouche, du nez et des paupières, l'expression des traits

---

1. Cf. Lepsius, *op. l.*, p. 73, n° 55.
2. Cf. ci-dessus, p. 228, premières lignes de la note 7.
3. Cf. ci-dessus, p. 198.
4. Pour la bibliographie de la *coré à bottes rouges*, cf. Μνημεῖα τῆς
Ἑλλάδος, pl. XXVI; y ajouter : Perrot, *Hist. de l'art*, VIII, p. 579, fig. 291.
— On a songé quelquefois à voir en cette statue une représentation d'Aphrodite, à cause de la colombe qu'elle porte dans la main gauche; mais cette
hypothèse reste bien incertaine.
5. N° 643 du musée de l'Acropole : cf. Pawlowski, *op. l.*, p. 211, fig. 69;
Μνημεῖα τῆς Ἑλλάδος, pl. XXXI, 1, en haut; Lepsius, *op. l.*, p. 73, n° 56, fig. 6
(avec une note de M. Wolters) : marbre pentélique.

et la qualité du sourire ne diffèrent en rien sur ce visage et sur celui de la *coré à bottes rouges* [1].

Un second exemple pareil de ce désir et de cette incapacité, à la fois, d'atteindre le but que proposaient aux Attiques les séducteurs de l'Ionie et des Iles, est fourni par la petite *coré* n° 676 (*Au musée de l'Acrop.*, p. 313, fig. 29). Celle-là aussi est en marbre pentélique [2], et a donc dû être faite à Athènes ; comme la *coré à bottes rouges*, c'est une œuvre vulgaire et médiocre, qui ne mérite pas une longue étude. Elle est tout ionienne par les moindres détails du vêtement et de la coiffure ; et j'ai même cru pouvoir désigner de quelle statue en particulier elle avait été imitée [3]. Mais ces détails sans exception, soit que l'on prenne les plis de l'himation ou ceux du chitôn, ou le bord festonné de l'himation sur la poitrine, ou les frisures des cheveux sur le front, révèlent tous la lourdeur et l'inhabileté de la main qui les a exécutés. Et le caractère du visage achève de prouver que l'auteur était bien un Attique : la face osseuse et large, le front plat, les yeux [4] et la bouche rectilignes malgré l'expression souriante, le petit sillon vertical sous la lèvre inférieure, et les deux parenthèses qui ferment les coins des lèvres sont des traits que nous avons remarqués déjà dans les produits du primitif archaïsme attique, en dernier lieu chez le *Moschophore* et les autres figures ses contemporaines [5].

A ces quelques marbres, dont je n'ai garde, on l'a vu, de m'exagérer l'importance, succéderont ici trois œuvres d'un plus vif intérêt. Celles-là, ce n'est pas les lourdeurs ou les

1. A mentionner encore, sans qu'il vaille la peine d'y insister, une troisième œuvre, lourde et médiocre, de la même catégorie : c'est une petite tête qui porte à l'Acropole le n° 666. On a retrouvé, plus tard, le torse de la statuette dont elle faisait partie, et le tout a été publié par M. Pawlowski, *op. l.*, p. 193, fig. 57.

2. Cf. Lepsius, *op. l.*, p. 73, n° 54. — Pour la bibliographie relative à cette *coré*, cf. *Au mus. de l'Acrop.*, p. 312, note 1 ; y ajouter : Perrot, *Hist. de l'art*, VIII, pl. IV, 1 (vue de dos, en couleur).

3. Cf. *Au mus. de l'Acrop.*, p. 312 sqq.

4. A noter que le plissement de la peau sur la paupière supérieure est justement indiqué. Je reviendrai plus tard sur ce détail.

5. Je mentionne en passant, comme appartenant à la même catégorie de grossières imitations attiques du type ionien, deux statuettes très petites de l'Acropole : n° 667 (inédite) et n° 668 ('Εφημ. άρχ., 1883, pl. VIII, à droite ; Lepsius, *op. l.*, p. 70, n° 31 : marbre de Paros). Elles sont sans valeur et sans grand intérêt. — On peut y joindre encore la petite tête (inédite) n° 651.

défaillances de l'exécution qui les maintiennent éloignées de l'idéal ionien : un irréductible fonds d'atticisme perce en elles, et leurs auteurs ont conservé, dans une mesure qu'ils n'ont d'ailleurs pas réglée volontairement, qu'ils ont même plutôt ignorée, certaines traditions de l'art indigène. Ainsi, la *coré* 672 (*Au musée de l'Acrop.*, p. 173, fig. 15), en marbre des Iles[1], a beau serrer coquettement les plis de son chiton collant, déployer sur elle les bords en festons de son himation, porter aux oreilles les lourds disques fleuris de couleurs, et, au dessus du front, d'élégantes frisures dont le rang supérieur rappelle même d'assez près celles de la grande *coré* 682[2], tout cela prouve sans doute que l'auteur entendait travailler dans le genre ionien, et son dessein apparaîtrait mieux encore si les vêtements n'étaient pas aujourd'hui appauvris de leur vive décoration peinte. Mais considérons ensuite le visage et l'allure générale du corps : des yeux rectilignes, bien ouverts et regardant droit devant eux ; une bouche sans sourire, au repos ; la tête redressée et fixe ; le corps, à son tour, fermement redressé, avec un soupçon de rigidité dans son élancement mince et une vigueur un peu sèche dans le travail des jambes[3]. — Pour apprécier mieux ces qualités de fermeté, de précision, de simplicité franche, il faut refaire, à l'aide de photographies, le contrôle auquel se prêtent à merveille, grâce à un rangement bien compris, les originaux eux-mêmes dans la salle du musée de l'Acropole, c'est à dire replacer cette *coré* à côté de toutes les « Ioniennes » classées dans le premier groupe, et comparer sa physionomie calme à leur sourire affecté, sa tête relevée droit à leur visage penché, la netteté fine de ses formes à leurs formes plus épaisses, plus rondes, plus molles, et l'on s'apercevra tout à coup que, tâchant de passer pour une Ionienne, elle est apparentée davantage, en son vrai fonds, à la *statue xoanisante*[4]. Mais son auteur serait peut-être fâché d'un tel rapprochement ; car c'est à son insu, je crois, non par vouloir et raisonnement, qu'il est resté plus attique qu'il ne le pensait. — J'ai proposé[5] d'attribuer au même artiste une seconde

---

1. Cf. Lepsius, *op. l.*, p. 69, n° 15. — Pour la bibliographie, cf. *Au mus. de l'Acrop.*, p. 351, note 1.
2. Cf. ci-dessus, p. 219.
3. Cf. *Au mus. de l'Acrop.*, p. 352 sqq.
4. Cf. ci-dessus, p. 158.
5. Cf. *Au mus. de l'Acrop.*, p. 354.

figure, plus petite, et malheureusement privée de sa tête,
n° 598 (*Au musée de l'Acrop.*, p. 355, fig. 34). On remarquera
d'abord que ses longues boucles en torsade sur la poitrine sont
pareilles à celles de la grande *coré* 682[1]; et il y a là, me
semble-t-il, une preuve matérielle que l'intention du sculpteur
était de se rapprocher autant que possible des modèles ioniens.
Mais on peut copier avec exactitude tous les détails particuliers dont on a fait choix, et ne pas même s'apercevoir qu'on
met dans l'ensemble de son œuvre un esprit différent de celui
des modèles : cette petite *coré* 598 en témoigne, comme sa
sœur plus grande et plus complète, la *coré* 672.

Un nouveau témoignage dans le même sens nous sera fourni
par la *coré* 685 (*Au musée de l'Acrop.*, p. 155, fig. 10), belle
statue conservée presque en entier, un peu plus petite que
nature[2]. Elle est en marbre des Iles[3]; et, par le costume, la
coiffure, les bijoux qui ornent son crâne et ses oreilles, elle
reste conforme en tout point au type habituel. Cependant,
abstraction faite de ces accessoires, elle se trouve être très
différente d'aspect de tout ce que nous avons vu jusqu'ici. Son
caractère le plus frappant est la minceur élancée de son corps.
Elle monte tout d'un jet, comme un roseau : jambes longues,
hanches resserrées, poitrine discrète, épaules étroites. Rien
n'arrête ou ne contrarie le regard du spectateur, qui suit de
bas en haut ce mouvement ascensionnel; car, au lieu qu'une
des mains soit occupée, selon la coutume, à relever et tirer
en dehors les plis du chitôn, les deux bras, à partir du coude,
se tendaient en avant, et le chitôn, laissé à lui-même, plaque
étroitement sur les jambes ses plis verticaux et parallèles; les
plis de l'himation, à leur tour, au lieu de se gonfler et de se
distendre, se resserrent contre le corps et ne le quittent pas;
enfin, les menus plis frissonnants du chitôn, à la partie supérieure, continuent exactement la direction verticale de ceux de
la partie inférieure. Un contour ferme et précis, cernant cette
longue forme jaillissante, achève de lui donner une allure non
banale. Il se peut, d'ailleurs, que l'artiste n'ait pas voulu
expressément y mettre tout ce que nous y voyons et que le

---

1. Déjà nommée à propos de la figure précédente, pour un détail analogue.
2. Cf. Μνημεῖα τῆς Ἑλλάδος, pl. XVI, 2, avec bibliographie; y ajouter :
Bulle-Hirth, *Schœne Mensch : Altertum*, pl. 29, à droite; Perrot, *Hist. de
l'art*, VIII, p. 597, fig. 300.
3. Cf. Lepsius, *op. l.*, p. 67, n° 4.

principal de l'effet obtenu ne soit qu'une conséquence indirecte
du geste adopté pour les bras, loin que ce geste ait été
choisi en vue d'un effet à obtenir; il se peut encore que le geste
en question ait été adopté pour simplifier le travail, et par
défiance des ajourements trop délicats. Mais il y a toujours que
cette figure, ainsi massée, a un accent de fermeté et de
sobriété qui la distingue des *corés* de style ionien. La tête offre
un caractère d'originalité analogue. Ce n'est pas, il est vrai,
l'ancien type attique; car les yeux sont à la fois petits et peu
ouverts, l'ovale du visage est plutôt étroit, la forte structure
des os ne se laisse point deviner. Mais ce n'est pas davantage
le type ionien; car les yeux ne sont pas obliques, la bouche
n'est pas arquée, le sourire des lèvres est à peine perceptible,
la saillie des pommettes a disparu sous les joues uniformément
arrondies. L'œuvre, au total, paraît être d'un artiste qui a cédé
sans la moindre résistance au courant ionien, mais qu'un instinct secret a maintenu en deçà des outrances de décoration[1],
et que son tempérament d'Attique a heureusement protégé
contre la mollesse et la mièvrerie.

On doit attribuer à un Attique aussi la petite statue 687
(*Au musée de l'Acrop.*, p. 161, fig. 12), dont la tête fut retrouvée
seulement en 1882, tandis que le corps était depuis longtemps
connu par le recueil de Le Bas[2]. Le visage, au contour mollement arrondi, se penche en avant et sourit, d'un sourire tout
ionien, si je puis dire; mais on n'omettra pas de remarquer
que les yeux ne sont pas du tout obliques, et que la bouche,
aux lèvres régulièrement arquées, aussi grosses aux extrémités qu'au milieu, offre le même dessin exactement que la
bouche du *Moschophore* ou celle d'une quelconque des têtes
que nous avons classées dans la période antérieure à 540[3]. Un
pareil mélange de deux tendances différentes se laisse constater dans le détail du costume. L'himation, au lieu d'être agrafé
de manière à traverser la poitrine en biais et à dessiner tout

---

1. Noter la modération relative des frisures sur le front et la sobriété du
bord de l'himation en travers de la poitrine; il n'y a pas de pièces rapportées
aux boucles de la chevelure.
2. Cf. *Au mus. de l'Acrop.*, p. 164, note 1. Ajouter à la bibliographie :
Pawlowski, *op. l.*, p. 193, fig. 58; Lepsius, *op. l.*, p. 68, n° 10 : marbre des
Îles.
3. Cf., par exemple, la tête de l'Acropole n° 617 (ci-dessus, p. 199, *fig.* 12).

autour du corps les plus élégantes sinuosités, grâce à l'étage-
ment savant de ses pans et de ses plis, est fort simplement
posé sur les deux épaules comme un châle plié en double, et
c'est à peine si un peu d'artifice se révèle dans les larges plis
tombants du pan de gauche. Cet himation-châle est celui que
portaient les anciennes figures attiques, la *Femme à la grenade*,
la petite *Hydrophore* en pierre tendre, etc. ; ce n'est point l'himation « à l'ionienne ». Quant au chitôn, lequel tombait droit jusqu'aux pieds sans être relevé d'un côté, il nous offre une sorte
de compromis entre l'ordinaire chitôn ionien, qui comporte seulement le *colpos* par dessus la ceinture, et l'ancien péplos attique
à *apoptygma*, tel qu'on le voit sur la *Femme à la grenade* ou
la *statue xoanisante*[1]. Les exemples de ce compromis ne sont
guère nombreux[2], et ne se rencontrent que dans des œuvres
qui, pour des raisons diverses, doivent être attribuées à l'école
attique. Il me paraît significatif que, dans la même statue,
certains traits du visage et les plus notables particularités des
pièces du costume rappellent également les productions du
premier archaïsme attique : c'en est assez pour reconnaître la
nationalité de l'auteur et la fidélité, peut-être inconsciente, qu'il
a gardée, en quelque mesure, aux habitudes de l'art national.

Dans le voisinage, mais en arrière de cette *coré* de l'Acropole, on pourra placer une petite figure, privée de sa tête, qui
a été découverte à Éleusis[3]. Elle aussi porte son himation en
châle, sans agrafes ; mais on observera avec quel souci de
coquetterie l'étoffe a été creusée et plissée par devant ; on
notera surtout l'inégalité des deux pans : celui de droite plus
long et bien plus ample, séparé par le mouvement de l'avant-
bras en deux masses parallèles, comme l'est toujours l'himation porté de biais, « à l'ionienne ». Il y a donc là une combinaison artificielle des deux manières, une tentative[4] pour tirer
du simple châle attique les mêmes effets décoratifs que de l'ingénieuse draperie ionienne. Ajoutez à cela le geste de la main
gauche soulevant précieusement les plis du chitôn : il est clair
que l'auteur de cette petite *coré* tâchait, assez lourdement,

---

1. Sur ce chitôn à *apoptygma*, cf. ci-dessus, p. 194, note 1.
2. Nous en avons déjà vu deux : la *coré* 678 de l'Acropole (ci-dessus,
p. 193 sqq.) et la petite statue mutilée 611 (ci-dessus, p. 195, note 1). Le quatrième et dernier est la *coré* 688, qui viendra plus loin.
3. *Mus. nat. d'Athènes*, 26 ; cf. 'Εφημ. ἀρχ., 1884, pl. VIII, 7 et 7 *a*.
4. Je n'en connais pas d'autre exemple.

mais de tout son cœur, à profiter des leçons des maîtres
étrangers.

A Éleusis encore a été trouvée une tête de femme (*fig.* 15),

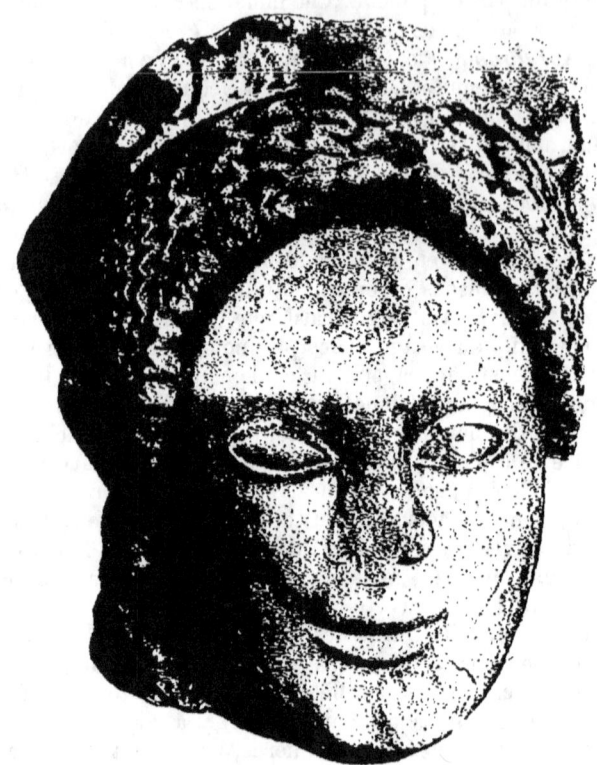

Fig. 15. — Tête d'une statue de *coré*
(Athènes, Musée national).

provenant d'une statue un peu plus petite que nature, en
marbre pentélique[1]. Le dessin de l'œil et surtout de la bouche,
le caractère des traits, la lourde et malhabile exécution des
frisures sur le front, donnent à croire que cette tête aussi est
l'œuvre d'un Attique, médiocre élève des Ioniens.

1. *Mus. nat. d'Athènes*, 27; cf. Ἐφημ. ἀρχ., 1883, pl. V.

La plupart des marbres qui viennent d'être examinés sont,
je l'ai dit au fur et à mesure, des productions de deuxième ou
troisième ordre ; seules, les *corés* 672, 598 et 685[1] se haussent
à un niveau supérieur. Cette médiocrité générale s'explique
aisément. Les mieux doués des sculpteurs attiques de ce temps,
ou bien avaient profité assez rapidement et assez bien des
leçons et des exemples des Ioniens pour s'assimiler tout à
fait la manière de leurs maîtres, et leurs œuvres restent confondues avec les œuvres de ceux-ci dans notre premier groupe ;
ou bien, au contraire, percevant les défauts de cette manière
et attirés vers un autre idéal, ils ont résisté à la mode, dans
la mesure que permettait la tyrannie de cette mode, et nous
avons réservé ces réfractaires pour notre troisième groupe.
Dans l'intervalle, plus près tantôt des uns, tantôt des autres,
flottent vaguement les talents médiocres, ceux qui n'ont pas
eu la souplesse et la dextérité des premiers, ni le ferme tempérament des seconds. Ils ont pour trait commun, eux, de
n'avoir pas atteint leur but, d'avoir voulu suivre la mode et de
n'y avoir pas entièrement réussi. Ils sont « ioniens » d'intention ;
mais, pour des raisons qui varient selon les cas, leur désir n'a
pas été pleinement réalisé. On pourrait désigner leurs œuvres
par le qualificatif « pseudo-Ioniennes »[2], en vue de marquer simplement qu'elles ne sauraient être prises pour des « Ioniennes »
pures, et que leur origine attique ressort toujours en quelque
endroit sous le vernis d'ionisme.

Médiocres souvent, il n'est pourtant pas sans intérêt de les
examiner une à une : on constate mieux, par ces exemples
répétés de toute espèce, la force du courant qui, venu des Iles
et de l'Asie Mineure, a entraîné l'art attique pendant la seconde
moitié du vi[e] siècle. Et il n'est pas inutile, non plus, de les
grouper ensemble et à part, au lieu de les faire rentrer, les
unes dans la catégorie précédente, les autres dans la suivante :
car ainsi, moins nombreux et plus nettement séparés, notre
premier groupe et notre troisième révéleront d'une manière
plus franche leurs caractères opposés.

---

1. Cf. ci-dessus p. 234 sqq.
2. Ce n'est là, bien entendu, qu'une appellation conventionnelle, une
étiquette. Je ne songe même pas à en recommander l'usage ; elle ne vaut que
par et après les explications dont je l'entoure ici, et n'a d'autre but que d'aider
un peu à la clarté de notre exposé.

III

Si forte qu'ait pu être l'influence ionienne à Athènes, au temps des Pisistratides, si favorisée qu'elle ait été par les circonstances, les mœurs, les modes mêmes du costume, si légitime qu'elle pût se proclamer dans un pays de population foncièrement ionienne ; par cela seul que cette influence n'a point tardé à décliner, et que, bienfaisante à certains égards, comme nous le verrons, pour l'art attique, elle ne l'a cependant pas absorbé, ne lui a point donné l'orientation définitive, nous devons supposer *a priori* que les traditions de l'ancien art indigène, puisqu'elles devaient revivre un jour, ne sont jamais mortes tout à fait et que certains artistes ont dû y persévérer avec la claire conscience du parti qu'ils prenaient et le ferme dessein de ne pas se laisser éblouir par le triomphe momentané d'un art venu du dehors. En effet, on aperçoit, dans la collection de l'Acropole (je n'en connais pas ailleurs), quelques statues qui, contemporaines de celles devant lesquelles nous venons de passer, manifestent un esprit différent. Ce ne sont pas, il convient de le déclarer tout de suite, des œuvres de protestation violente ; elles ne se posent pas en face des autres avec un désir agressif de les contredire ; elles sont de leur temps et accordent à leur temps ce qu'il exige. Mais, sous un aspect nouveau, elles rappellent et maintiennent les traditions de l'ancien art attique ; elles ne se réclament pas de modèles étrangers et ne mettent pas leur ambition à leur ressembler jusqu'à pouvoir être confondues avec eux ; elles affirment avec une franchise simple leur origine et leur famille véritables ; leurs ascendants ne sont pas à Chios, ils sont à Athènes, sur l'Acropole même : on les retrouve dans la statue du *Moschophore* et dans la plupart des vieilles sculptures en pierre tendre.

La *coré* 671 (*Au musée de l'Acrop.*, p. 153, fig. 9), plus grande que nature, est en marbre pentélique [1]. Son costume se

---

[1]. Cf. Lepsius, *op. l.*, p. 73, n° 53. — Pour la bibliographie concernant cette statue, cf. Μνημεῖα τῆς Ἑλλάδος, pl. XXI ; et Brunn-Bruckmann's *Denkmæler*, 1. 556. Y ajouter : Perrot, *Hist. de l'art*, VIII, p. 581, fig. 292.

compose du chitôn ionien et de l'himation porté en châle, sans
agrafes. Nous avons rencontré déjà ce même costume sur la
petite statue 687, classée parmi les « pseudo-Ioniennes » [1].
Comparons donc les deux œuvres. Dans la petite statue, qui
conserve cependant encore quelques traits de l'ancien type
attique, le chitôn est tout couvert d'ondulations très serrées
et très légères, non seulement dans la partie supérieure, mais
même dans l'inférieure, à droite et à gauche de la παρυφή ; et
le *colpos* a été habilement arrangé de manière à dessiner au-
dessous de la ceinture une double courbe descendante : on
reconnaît là un trait habituel de la technique ionienne, férue
des lignes qui ondulent, serpentent, zigzaguent, et semblent
caresser le corps qu'elles enveloppent de leurs mouvants
détours [2]. Dans la *coré* 671, au contraire, le bourrelet du *colpos* est rectiligne ; à droite et à gauche de la παρυφή strictement
verticale, les menus plis du chitôn sont indiqués par de fines
incisions non moins verticales ; et ceux de la partie supérieure
sont figurés au moyen de larges ondulations aussi simples que
possible : tout ce travail, si compliqué ailleurs [3], est réduit au
minimum. L'himation que porte la petite statue 687 est, sans
doute, posé très naturellement sur les épaules ; mais les deux
pans qui retombent par devant ne manquent pas de se replier
sur eux-mêmes pour étaler de beaux zigzags, d'une élégante
souplesse. Ce même himation, chez la grande *coré* 671, est
bien plus austère : l'étoffe tombe de son propre poids, sans
apprêt aucun, et les effets de plis qu'elle fournit spontanément
ont à peine tenté l'artiste, qui les a traités avec la plus
grande sobriété. Les ornements coloriés dont les vêtements
furent décorés étaient aussi fort simples de dessin, et ils
tenaient moins de place qu'ils n'en occupent sur la *coré*
« ionienne » 675 [4], qui est trois fois plus petite.

Un pareil goût de simplicité se constate dans l'exécution de
la tête, et il prend là une valeur plus significative. L'arrangement des cheveux est de ceux qui peuvent le moins tirer
l'attention, en ce temps de coiffures si laborieuses et si minu-

---

1. Cf. ci-dessus, p. 236.
2. Se rappeler la plus ancienne sculpture ionienne que nous avons citée,
ce torse de femme découvert à Chios : ci-dessus, p. 172 sqq. (*fig.* 9-11).
3. Cf. les détails que j'ai donnés sur le minutieux travail de ces plis du
chitôn dans les statues « ioniennes » : *Au mus. de l'Acrop.*, p. 307-308, 316.
4. Cf. ci-dessus, p. 221-222.

tieuses, et il a suffi de la raie au milieu du front[1] pour lui
donner un aspect tout à fait ordinaire. Les grandes boucles
sur la poitrine ne sont que des découpures rapidement faites.
On notera encore l'absence presque complète de bijoux, ceux-
ci étant réduits à un petit ornement de bronze, fiché dans le
lobule de l'oreille[2]. Quant aux traits du visage, les yeux, gros
et saillants, rappelleraient, sans leur obliquité, ceux du *Moschophore* ou des têtes en pierre tendre ; la bouche, à lèvres
pleines et fortes, est demeurée rectiligne malgré le sourire qui
en renfonce un peu les coins ; la face entière est d'une construction solide, bien soutenue à sa base par le menton large et
carré. Qu'y a-t-il, dans tout cela, qui sente l'étranger ? Un
seul trait : l'obliquité des yeux, dont les têtes attiques n'offrent
pas trace avant le milieu du vıᵉ siècle. Mais la richesse de la
décoration sculptée ou peinte, les tours de force du ciseau et
les tours d'adresse du pinceau, le fignolage d'un amas infini de
détails, le souci des menues élégances et des mignardises
multipliées aboutissant à un effet de surcharge dans l'inutile et
d'excès dans le mièvre, cependant que l'étude des formes et
du mouvement semble sacrifiée ou du moins est reléguée au
second plan, aucun de ces caractères par où se distinguent la
majorité des œuvres de l'école ionienne n'apparait plus ici : on
y trouve partout, à quelque point de vue qu'on se place, une
simplicité presque sévère, une sobriété sans défaillance, et
tout y concourt à une impression d'ensemble dont l'unité est
absolue. Les lignes ne sont pas cachées sous les fioritures ; les
détails de surface sont subordonnés à l'architecture générale[3] :
c'est de la grandeur, sans les petits moyens.

La statue 669 (*Au musée de l'Acrop.*, p. 343, fig. 33), en
marbre des Iles[4], a été fâcheusement mutilée ; il n'en subsiste
plus que la tête et le haut du torse. Mais dans ce débris, négligeable en apparence, se trouvent réunies tant d'indications
intéressantes qu'on doit le tenir, en fin de compte, pour un
document des plus instructifs. Il nous faut tâcher de suivre

---

1. Cette raie manque presque toujours : cf. *Au mus. de l'Acrop.*, p. 201.
2. Cf. *Au mus. de l'Acrop.*, p. 357, note 1.
3. Cf. le jugement de M. Arndt, le plus récent commentateur de cette statue (Brunn-Bruckmann's *Denkmæler*, notice de la pl. 556).
4 Cf. Lepsius, *op. l.*, p. 71, nᵒ 32. — Pour la bibliographie concernant cette
figure, cf. *Au mus. de l'Acrop.*, p. 338, note 2 ; y ajouter : Perrot, *Hist. de
l'art*, VIII, p. 605; fig. 304.

pas à pas, en quelque sorte, le travail du sculpteur. Son sujet
lui était imposé à la fois par les habitudes de la dévotion d'alors
et par la mode du jour : une figure de femme debout, vêtue à
l'ionienne, coiffée avec l'élégance et dans la forme obligées, la
tête ceinte de la stéphané. Notons, détail après détail, en quoi
cette *coré*, si conforme au type ionien par la donnée originelle,
va différer des « Ioniennes », à cause de la manière dont l'artiste comprendra l'exécution de chaque détail. La stéphané,
d'abord ? Ce sera le cercle le plus simple, le plus ordinaire,
posé sur la tête horizontalement, sans ces variations de contour
qui servent ailleurs à en accroître l'agrément [1]. Les frisures des
cheveux ? Elles seront réduites à un seul rang de simples languettes plates, un peu amincies, puis recroquevillées à l'extrémité. Pour mieux juger du procédé, que l'on se rappelle la
coré 682, la plus luxueuse des « Ioniennes » [2], et qu'on examine
quel large espace a été ménagé entre son front et sa stéphané
en vue d'un étalage plus abondant de ses frisures, et de quelles
légères stries tremblées le dessus de chacune des languettes
y est sillonné, comme si l'auteur avait ambitionné de rendre
tous les cheveux, un à un, jusqu'au dernier. Les grandes
boucles tombant sur la poitrine ? Ce sera de larges découpures
carrées, avec un semblant d'ondulation sur la tranche extérieure ; certes, des boucles exécutées de cette façon se rencontrent dans plus d'une autre statue, mais on ne les trouvera
nulle part aussi lourdement carrées, aussi dédaigneuses de
souplesse et de grâce. Et le chiton, avec ses plis menus et
serrés sur la poitrine ? L'artiste ne songera pas à faire un choix
entre le procédé dit « des cannelures » ou celui « des cordons
en relief » [3] ; quelques traits peu profonds, peu réguliers,
rapides, lui suffiront. Et l'himation enfin, avec le gros bourrelet que fait l'étoffe repliée en double, de l'aisselle gauche à
la première agrafe sur l'épaule droite ? Généralement, même
dans des œuvres de petite taille et de la plus médiocre exécution [4], ce bourrelet est dessiné avec un grand soin, quelquefois
avec recherche, et recouvert d'élégants plis en zigzags ou en
festons : ici, il sera constitué par la réunion de deux étroits

1. Cf. *Au mus. de l'Acrop.*, p. 206-207.
2. Cf. ci-dessus, p. 219.
3. Cf. *Au mus. de l'Acrop.*, p. 307-308.
4. Cf., par exemple, la *coré* 676 : ci-dessus, p. 233.

boudins accolés, arrangement auquel on pourra tout reprocher, sauf d'être inspiré d'une pensée de coquetterie.

On ne supposera certainement pas que les parties manquantes de la figure aient été comprises et exécutées à l'opposé de celles qui subsistent, et que le bas du vêtement ait présenté un caractère de luxe et de raffinement décoratif, alors que le haut en est à ce point dépourvu. Nul doute que l'artiste, depuis la stéphané jusques aux pieds de la figure, n'ait montré le même éloignement des superfluités élégantes et des riens fragiles où se complaisaient les sculpteurs d'Ionie et des Iles. Aussi bien, les traits du visage achèvent de nous renseigner exactement sur les tendances de son esprit et le fond de sa nature. Là non plus on ne retrouve rien de la physionomie des « Ioniennes » : les yeux, largement ouverts, sont droits, ou du moins leur obliquité est si légère qu'elle en devient insensible ; la bouche, droite, arrêtée aux commissures par un petit trait en virgule qui se recourbe sous la lèvre inférieure, ne sourit que d'un sourire très léger, à peine perceptible ; le front est bas, peu fuyant ; la face est plutôt carrée qu'ovale, joues plates, menton large, mâchoire solide [1]. Tous ces traits de facture et le caractère qu'ils donnent ensemble à la physionomie sont ceux mêmes que l'on constate dans le *Moschophore* et dans les œuvres attiques antérieures à l'invasion des influences ioniennes [2]. Ils sont pleinement d'accord avec la remarquable sobriété du costume et de la coiffure. L'auteur de cette statue est, en somme, resté fidèle à l'ancien esprit de l'art attique, autant qu'il était possible et plus qu'on ne pouvait l'espérer, en un temps où l'art semblait tout entier s'être fait brillant, coquet et souriant, et où les modes féminines semblaient imposer par force le contraire de la simplicité.

Cette *coré* 669 nous serait, malgré ses tristes mutilations, peut-être plus précieuse encore, s'il était sûr, comme j'ai essayé de le démontrer [3], qu'on doit l'attribuer à Anténor, celui qui a signé la grande *coré* dont nous allons parler tout à l'heure. Je crois toujours que les deux œuvres sont bien du

1. On peut noter aussi le dessin des oreilles, très négligé. Le lobule en est percé d'un trou pour un petit ornement de bronze : même détail dans la grande statue qui précède (cf. ci-dessus, p. 242).
2. Cf. la démonstration détaillée de M. Graef : *Athen. Mittheil.*, XV, 1890, p. 8 sqq.
3. *Au mus. de l'Acrop.*, p. 342 sqq.

même artiste, séparées seulement par quelque espace de temps.
Mais, puisque cela reste une hypothèse, qui ne saurait être
matériellement prouvée, bornons-nous à ce qui est du moins
incontestable, à savoir l'étroite similitude d'esprit et de style
entre les deux œuvres[1], et l'assurance qu'elles nous donnent,
deux fois répétée, à savoir que les Ioniens, au moment même
qu'ils triomphaient le plus à Athènes, ne s'étaient pas rendus
les maîtres absolument de l'art attique.

Nous voici maintenant devant la *coré* qu'a sculptée Anténor
et qu'a consacrée Néarchos[2]. Le hasard dispose parfois les
choses assez bien. Cette statue, la plus grande des *corés* de
l'Acropole et même, d'une façon générale, la plus grande de
toutes les *corés* archaïques que nous possédions aujourd'hui,
est la seule dont l'auteur nous soit connu ; et il se trouve que,
parmi les rares sculpteurs attiques antérieurs à 480 que citent
les textes anciens, Anténor apparaît comme le plus considérable. La statue vaut surtout par son aspect d'ensemble bien
plus que par le détail ; et il se trouve que les mutilations n'ont
atteint que le détail et que, presque tous les morceaux ayant
été sauvés, on a pu restituer la figure dans son ensemble.
Après une si longue liste de *corés*, pour lesquelles, puisque aucune n'est ni ne peut être datée d'une manière précise, on doit
se borner à un classement général selon leur genre et leur
style, il se trouve que celle-là seule, grâce à l'inscription de sa
base, cesse de flotter entre de trop larges limites et se laisse
arrêter avec la plus grande vraisemblance aux environs de
l'année 510[3]. Ce n'est donc point par un arrangement factice
que nous avons réservé pour la fin de la série actuelle la statue
d'Anténor ; elle vient à sa place et à son heure. Puisqu'il
convenait de montrer d'abord l'extension de l'influence ionienne,
ensuite la survivance de l'ancien esprit attique en face de
l'esprit étranger, c'est la statue d'Anténor, la plus récente des
corés « anti-ioniennes », qui, naturellement, nous attendait la
dernière. Et cela est très bien ainsi. Car, notre enquête devant
établir que le fonds attique n'a pas disparu, qu'il a pu s'enri-

---

1. Aux opinions connues de M. Wolters et de M. Græf sur ce point, s'est
ajoutée encore récemment celle de M. Paul Herrmann : cf. *Deutsche Littera-
turzeitung*, 1903, n° 35, p. 2164.
2. Cf. *Au mus. de l'Acrop.*, p. 338 sqq. — Pour la bibliographie, cf. Μνημεῖα
τῆς Ἑλλάδος, pl. XV.
3. Cf. *Au mus. de l'Acrop.*, p. 347-348.

chir plus ou moins, mais n'a pas essentiellement changé, il est heureux que cette conclusion se trouve attachée en quelque sorte à l'œuvre la plus importante de la série entière, à celle qui, même à ne la considérer qu'au point de vue matériel, se dresse plus haut que toutes les autres : dépassant de la tête et des épaules les *corés* de style ionien, elle émerge et se dégage du milieu d'elles, symbole de l'art attique près de reprendre la libre possession de lui-même, après avoir cédé un peu trop docilement à l'influence ionienne.

Elle émerge, mais elle ne fait point bande à part; elle n'a point des airs de protestation bruyante. Elle est de son temps, comme il fallait s'y attendre, et suit les modes diverses qu'imposait son temps. Vêtue du long chitòn ionien et de l'himation agrafé « à l'ionienne » sur l'épaule droite, les cheveux étagés en frisures sur le front et répandus en longues boucles par derrière et par devant, la main gauche abaissée tenant suspendus en dehors les fins plis abondants du chitòn, l'avant-bras droit relevé séparant en deux masses égales les plis amples et souples de l'himation, la jambe gauche un peu avancée sur l'autre, le corps immobile et rigoureusement vertical sur les deux pieds à plat, les épaules non moins rigoureusement horizontales, les boucles des cheveux sur la poitrine absolument symétriques et pareilles, — la figure est en tout point conforme au type des *corés* ioniennes les plus authentiques. Mais, si l'on étudie les détails du visage, on y trouve une bouche droite, arrêtée aux deux coins par un petit plissement en virgule, des yeux rectilignes, un menton large et puissant, un front plat, une solide ossature, qui demeure apparente sous la chair des joues et donne à la face entière son aspect fort et carré : tous traits que nous avons déjà rencontrés dans la statue précédente, et qui, de nouveau, doivent évoquer immédiatement le souvenir des anciennes sculptures attiques. Les boucles de cheveux sur la poitrine sont d'un travail sommaire. Bien plus sommaires encore et même très négligés, le dessin et le modelé des oreilles[1]. Quant aux frisures des cheveux sur le front, au lieu de varier de forme à chacun de leurs trois étages[2], elles sont

---

1. Même trait dans les deux précédentes statues. Et ici encore, comme dans ces deux-là, le lobule de l'oreille est percé d'un petit trou pour recevoir un ornement de bronze, au lieu d'être recouvert par l'habituelle rondelle de marbre : cf. *Au mus. de l'Acrop.*, p. 357, note 1.

2. Comparer, par exemple, la grande « Ionienne » 682 : ci-dessus, p. 219.

toutes pareilles entre elles, et chacune d'elles, qui consiste en un petit recroquevillement très simple, ne compte pas en soi, n'a de valeur que comme partie de l'ensemble : elles sont travaillées en vue d'un effet de masse, pour donner à distance l'impression d'une touffe frisée. On ne soupçonnera pas Anténor d'avoir, dans ces endroits-là, simplifié sa besogne par rouerie et pour dissimuler sa réelle incapacité de tailler le marbre avec l'habileté et la finesse nécessaires. Il a d'avance réfuté les soupçons de cette espèce, en faisant ce que n'aurait peut-être pas osé, ce que n'a point fait en tout cas aucun de ses concurrents : sa statue, haute de plus de 2 mètres, il l'a taillée tout entière d'un seul bloc, sans en réserver et rapporter ni une boucle de cheveux, ni un pan de draperie, non pas même le bras droit tendu en avant. Après cette belle preuve de bravoure, *unique* jusqu'à présent[1], que l'on constate aussi comme les plis de l'himation ont été hardiment creusés par en dessous. C'est même là, il me semble, que réside une des différences les plus significatives avec les statues de style ionien : dans celles-ci[2], les grands plis verticaux, ciselés et décorés sur leurs bords avec le soin le plus délicat, offrent un travail tout extérieur et en surface, qui ne pénètre pas, si je puis dire, et qui, par là, donne à la draperie plus d'agrément et d'éclat que de vie ; Anténor, au contraire, plutôt que de s'appliquer sur l'extérieur de l'étoffe et de la travailler *par dessus*, l'attaque vigoureusement *par dessous*, afin d'en détacher les plis, d'y introduire l'air et le mouvement. Ici encore, il visait à un effet de masse et se souciait peu de ces menues joliesses, visibles seulement de tout près, et qui ne valent point, pensait-il sans doute, la peine et le temps qu'elles exigent[3].

C'est à ce caractère général que nous ramènent, en effet, les diverses observations partielles provoquées par l'étude de la

1. Sur l'usage général des pièces de rapport dans les *corés* athéniennes, cf. *Au mus. de l'Acrop.*, p. 227 sqq. — Il en était de même pour les *corés* de Délos : cf. notamment, chez la plus grande de celles-ci (*Bull. corr. hell.*, XIII, 1889, pl. VII), les préparations compliquées entre l'épaule et le coude pour l'ajustage de la majeure partie du bras droit.

2. Cf., par exemple, les deux plus notables de cette catégorie à l'Acropole : les *corés* 682 (*Au mus. de l'Acrop.*, p. 203, fig. 22) et 673 (*Ibid.*, p. 297, fig. 25).

3. Delaborde a recueilli cette « note » d'Ingres (*Ingres, sa vie, ses travaux*, etc., p. 124) : « En étudiant la nature, n'ayez d'yeux d'abord que pour l'ensemble. Interrogez-le et n'interrogez que lui. *Les détails sont des petits importants qu'il faut mettre à la raison.* » Anténor n'aurait peut-être pas trouvé cette dernière phrase; mais il l'aurait comprise.

statue d'Anténor. Tandis que la grande majorité des autres
corés ont pour trait commun l'extrême souci du détail, la
recherche des délicatesses fragiles et des mignardises vaines,
celle-là, toujours très simple, parfois même franchement négligée dans les petits détails, semble inviter le spectateur à la
considérer d'un peu loin et d'ensemble. Et c'est considérée de
la sorte qu'elle produit la meilleure impression et manifeste sa
vraie nature. Elle n'a pas, non plus, cette amabilité un peu
molle, ces airs penchés et souriants qui sont de règle ailleurs :
le très léger sourire de sa face n'en affaiblit pas la calme
dignité ; et l'attitude du corps, redressée et ferme, d'une fermeté
que nous avons déjà eu une fois l'occasion de constater dans la
petite *coré* « pseudo-ionienne » 672[1], s'accompagne ici, en
outre, d'une grande noblesse et d'une gravité majestueuse.
L'élégance propre au costume ionien subsiste, mais elle ne
tourne pas à la coquetterie, à la gentillesse affectée. La façon
dont ce costume est porté est plus significative que le costume
même. Ou plutôt l'attention n'est pas plus spécialement retenue
par le costume que par la coiffure ou par le geste, ni par aucun
des éléments qui composent l'ensemble : c'est l'ensemble seul
qui frappe les yeux, leur donnant la sensation nette d'une
œuvre largement conçue et largement exécutée, travail d'un
ciseau trop vaillant et trop réellement fort pour s'amuser plus
que de raison à des colifichets, œuvre d'un artiste plus désireux
d'animer sa figure d'un grand air de vie haute et fière que de
lui broder des fanfreluches ou de lui tortiller des frisures, et
poussé davantage par sa nature personnelle et les traditions de
son école vers la noble simplicité d'un art à caractère *monumental* que vers le brillant et décevant papillotage d'un art surtout
préoccupé de *décoration*.

Monumental, décoratif: dans l'opposition de ces deux mots[2]
tient tout le principal de l'opposition entre les quelques *corés* de
notre troisième groupe et celles des groupes précédents. Les
auteurs des trois dernières statues n'ont pas seulement hérité
des vieux maîtres attiques une certaine manière de modeler un
visage humain, de dessiner l'ouverture d'un œil et la jointure
des lèvres closes; ils en ont reçu aussi certaines qualités

1. Cf. ci-dessus, p. 234.
2. Ils ne se correspondent peut-être pas aussi rigoureusement que je le
voudrais; mais le contexte les explique d'une façon suffisante.

sérieuses et profondes, qui sont d'ordre plus moral que technique : l'habitude des constructions fermes, à dessous solides,
le goût d'une simplicité nette et claire et d'une grande franchise
d'expression[1], conséquence directe de la subordination des
détails à l'effet d'ensemble. On sait, au contraire, à quels excès
d'inutile raffinement dans la décoration et à quel genre de
décoration factice et arbitraire les sculpteurs d'Ionie et des
Iles ont été maintes fois entraînés par leur amour de l'élégance extérieure, de la parure, de la richesse[2], et comment ils
en sont venus à attacher plus d'importance à une boucle de
cheveux et à un bord d'himation qu'à la tenue générale de
l'œuvre, ou du moins à nous donner par mégarde l'impression
que c'était dans ces minuties qu'ils mettaient toutes leurs préférences et tout leur talent. Cependant que beaucoup des
artistes attiques se laissaient séduire, nous l'avons vu, par
l'aimable prestige de cet art et s'enrôlaient à l'envi sous sa
bannière, il y en a donc eu d'autres, qui, mieux avertis, jugèrent
qu'on pouvait profiter de ses leçons sans le suivre servilement,
et qui, demeurés fidèles, sous quelques changements de forme,
au fonds même de l'ancien art local, n'apparurent pas inférieurs
à leurs brillants rivaux. Ils surent, dans des statues de dimensions plus grandes[3], se montrer ouvriers non moins bons et
faire de leur science un plus sain usage, en ne la prodiguant
pas à tout propos. Ils prouvèrent par leurs œuvres qu'il existe
une beauté supérieure à celle qui résulte des mille élégances
de la parure, et que simplicité ne signifie pas nécessairement
pénurie de ressources. Les sculpteurs qui gardèrent à Athènes
cette virile et méritoire indépendance n'ont pas été fort nombreux, à ce qu'il semble ; mais c'est en eux qu'était la meilleure sève de l'art attique ; et à leurs œuvres revient de droit la
qualification d' « Attiques », par rapport aux « Ioniennes » et aux
« pseudo-Ioniennes » présentées ci-dessus.

Il nous reste à examiner si les statues d'homme et les bas-

---

1. Cf. ci-dessus, p. 155.
2. Cf. ci-dessus, p. 186-187.
3. Ce ne peut pas être un hasard si, des trois statues composant notre dernier groupe, la *coré* signée d'Anténor et la *coré* 671 sont les deux plus
grandes entre toutes les figures de femme debout qu'on a retrouvées sur
l'Acropole, et si la *coré* 669 elle-même compte parmi les quatre ou cinq plus
grandes. En général, les *corés* ioniennes ou de style ionien sont plus petites
que nature des dimensions un peu réduites s'accordaient mieux avec le
genre de travail minutieux dont ces figures étaient l'objet.

reliefs de divers ordre, appartenant à la seconde moitié du
vɪᵉ siècle, confirment les témoignages que nous a apportés
sur l'état de l'art attique à cette époque la longue théorie des
corés[1].

1. Je n'ai cité jusqu'à présent que des statues de femme *debout*, celles à qui
principalement s'applique le nom de *corés*. Les statues de femme *assise* sont
très rares pour cette période; il y en a deux exemples seulement à l'Acropole, et dans un tel état de mutilation qu'il sera suffisant d'en avoir fait une
simple mention. Ce sont : 1° le fragment n° 620 (*Au mus. de l'Acrop.*, p. 439,
fig. 46), partie inférieure d'une grande statue qui témoigne déjà de l'influence
de l'art ionien et peut être datée entre 550 et 525; je ne crois pas qu'on
doive accepter l'hypothèse de M. Collignon (*Hist. sculpt. gr.*, I, p. 357, note 1),
à savoir que ce morceau proviendrait d'une « figure d'homme assis, vêtu du
chitôn ionien » ; 2° le fragment n° 329 (*Au mus. de l'Acrop.*, p. 169, fig. 11),
provenant d'une petite statue qui se rangerait plutôt, semble-t-il, dans la
catégorie des « pseudo-Ioniennes » ou même des pures « Attiques ». — Quant
au beau fragment de statue assise n° 618 (*Ibid.*, p. 195, fig. 21), il paraît appartenir à une époque plus récente, et nous le retrouverons plus loin.

CHAPITRE V

LES STATUES D'HOMME

A la catégorie des statues de femme auxquelles s'applique
le nom de *corés*, fait pendant très exactement cette catégorie
de statues d'homme qu'on a désignées jusqu'ici sous le nom
d' « Apollons archaïques ». Comme les premières sont des
représentations impersonnelles de la femme, encore jeune,
mais ayant déjà tout son développement, brillamment vêtue et
parée de tous les atours propres à rehausser la beauté, les
secondes sont des représentations non moins impersonnelles de
l'homme, pris en pleine jeunesse, imberbe, entièrement nu,
brillant du seul éclat de sa beauté et de sa force corporelles.
Les secondes, comme les premières, servaient aussi bien pour
être dressées en l'honneur des dieux dans le voisinage d'un
temple ou en souvenir des morts sur leur tombeau[1]. Aux unes
et aux autres convient le même nom, sous sa forme soit féminine ou masculine : à côté des κόραι, les κοῦροι. Il est dommage
que ce dernier mot ne se laisse pas transcrire en français ni
librement manier, comme son correspondant féminin ; mais,
d'autre part, il est inadmissible que l'on continue, sous prétexte de commodité, à désigner du nom d'« Apollon » telle
figure que l'on sait pertinemment avoir été une figure funéraire.
J'emploierai donc le mot grec.

Les κοῦροι du VIᵉ siècle sont, jusqu'à ce jour, une rareté en
Attique. On découvre vite la raison principale d'un tel fait : il
tient à la prédominance du culte d'Athéna, d'une déesse, sur
celui d'un dieu mâle, pour qui des représentations statuaires du
type humain mâle eussent été les offrandes les plus naturellement
indiquées, et donc les plus fréquentes. Nul des sanctuaires consacrés à Apollon dans l'Attique ne semble avoir eu de sérieuse
importance ; mais, si c'était Apollon qui eût régné sur l'Acropole, au lieu d'Athéna, ce que les fouilles de l'Acropole nous

---

1. Cf. *Athen. Mittheil.*, XXII, 1897, p. 109 (Schrader).

eussent rendu, ce serait, au lieu d'une troupe de *corés* que
n'accompagne presque aucune figure d'homme, une imposante
bande de κοῦροι, pareils à ceux du Ptoïon, que n'accompagnerait
qu'un nombre infime de *corés*. Sans doute, il faut ne pas
oublier que la grande majorité des monuments, par lesquels
nous connaissons aujourd'hui l'archaïsme attique, provient
de l'Acropole seule ; dans le reste du pays, sans en excepter
même Éleusis, les trouvailles de cette espèce n'ont pas été
abondantes. A mesure qu'elles augmenteront, il n'est pas improbable qu'on verra s'accroître sensiblement le total des statues
d'homme, et on peut remarquer déjà que deux des plus heureuses découvertes qui aient été faites en ces dernières
années sont celles de deux κοῦροι : la statue de *Kératéa*, que
nous avons rencontrée plus haut[1], et celle de *Volomandra*,
dont nous allons parler tout à l'heure. Cependant on aurait
tort de trop spéculer sur le hasard des fouilles; la proportion
numérique actuelle entre κόραι et κοῦροι ne devra pas être
renversée, et les *corés* devront toujours rester les plus nombreuses, du moins pour la période 550-500, où leur éclosion fut
doublement favorisée par la dévotion à Athéna et par l'influence,
dominante alors, des écoles ioniennes qui avaient mis leurs
prédilections dans ce type même de statue[2].

Les figures attiques de κοῦροι, justement parce qu'il n'y en
a guère, ne permettent pas, comme les *corés*, des comparaisons
répétées, se contrôlant les unes par les autres, se corrigeant
ou se complétant, et menant enfin à des conclusions précises
et solides. Mais les indices un peu épars qu'elles nous fournissent
peuvent heureusement être reliés entre eux, grâce aux résultats
les mieux établis de l'étude des statues féminines, et ils prennent
ainsi une valeur positive des plus précieuses. On sait, d'ailleurs,
que les κοῦροι ne manquent pas dans le reste de la Grèce : on
en a trouvé une copieuse assemblée au Ptoïon[3] et d'autres à
Orchomène[4], à Actium[5], à Mégare[6], à Épidaure[7], à Santorin[8],

1. Cf. ci-dessus, p. 111.
2. Cf. ci-dessus, p. 186 et 214.
3. *Mus. nat. d'Athènes*, 10-12, 15-20, 68-70. — Plusieurs figures nouvelles du
même type ont été découvertes encore au Ptoïon, en 1903.
4. *Mus. nat. d'Athènes*, 9.
5. Cf. *Gazette arch.*, 1886, pl. XXIX, p. 255 (Collignon); Brunn-Bruckmann's
Denkmæler, 76.
6. *Mus. nat. d'Athènes*, 13.
7. *Ibid.*, 63.
8. *Ibid.*, 8.

à Milo[1], à Paros[2]; certains proviennent d'Argos[3], ceux-ci de
Naxos[4], ceux-là de Samos[5]. Or ces figures, loin d'être identiques, présentent de notables différences selon leur pays
d'origine et l'école d'où elles dépendent : nous avons donc
droit d'espérer que, si nous confrontons avec elles, chemin
faisant, les échantillons découverts en Attique, il y aura là
pour nous une source nouvelle de renseignements instructifs.

Une seule statue de ce genre a été exhumée du sol de
l'Acropole[6]. Elle était de grandeur naturelle; mais la tête
manque, et aussi les bras, le bas des jambes; et ce qui subsiste a grandement souffert, au point que les organisateurs du
musée de l'Acropole ont cru devoir faire à ce malheureux
débris la charité de le dissimuler le plus possible : exposé dans
un coin resserré, on ne voit guère de lui, en passant, que son
profil droit, qui est demeuré presque intact (*fig.* 16). La figure,
se présentant ainsi de profil, est remarquable par le contraste
entre le rebondissement très fort des fesses et des cuisses et
l'aplatissement du torse. On observe, en outre, que tout le côté
du corps, depuis l'aisselle non pas seulement jusqu'à la hanche,
mais jusqu'au bas de la cuisse même, forme à peu de chose
près un plan unique, quasi exactement vertical : faute d'un
modelé suffisant, on voit encore en plein le plan de préparation
du travail en cette partie. C'est là un signe irrécusable d'archaïsme; il ne faudrait pas en conclure trop vite à l'impuissance
ou à l'inhabileté de l'auteur. Car, si on prend la peine d'examiner
le marbre de face, ce torse, si plat et si raide de profil, se

1. Cf. *Bull. corr. hell.*, XVI, 1892, pl. XVI, p. 560 (Holleaux).
2. Cf. *OEsterreich. Mittheil.*, XI, 1887, p. 161, fig. 14-15 (Lœwy); *Athen.
Mittheil.*, XXVII, 1902, pl. XI, p. 230 sqq. (Rubensohn).
3. Les deux « portefaix » trouvés à Delphes, dont l'un a gardé la signature
de Polymédès d'Argos : cf. ci-dessus, p. 145.
4. *Mus. nat. d'Athènes*, 14 (statue inachevée); statues naxiennes retrouvées
à Délos : cf. *Bull. corr. hell.*, XII, 1888, p. 466 (Homolle); *Athen. Mittheil.*,
XVII, 1892, p. 42 sqq. (Sauer). — J'ai vu moi-même, en 1888, à Naxia, dans la
cour de la maison de M. Damiralis, un beau torse de κοῦρος, très archaïque,
qui avait été découvert dans l'île de Naxos, quelques années auparavant.
5. *Mus. nat. d'Athènes*, 10 (statue trouvée au Ptoïon); *Athen. Mittheil.*,
XXV, 1900, pl. XII, p. 149 (statue trouvée à Samos même, portant sur la
cuisse une dédicace au nom de Leukios).
6. N° 665. — Cf. l'ancien petit *Catalogue* des sculptures de l'Acropole (1888),
p. 22, n° 51; *Athen. Mittheil.*, XII, 1887, p. 267; Lepsius, *op. l.*, p. 70, n° 20 :
marbre des Iles.

montre alors très beau, solidement construit, exécuté dans
une large et vigoureuse manière; même alors, cependant, les
cuisses apparaissent toujours trop grosses, arquées avec excès,
terminées en bas par des rotules d'une saillie très prononcée.
Le caractère dominant est donc la vigueur, et c'est pourquoi
l'artiste a pu aisément se contenter, sur les côtés du corps,
de ce large plan à peine travaillé, dont la raideur plate, au
surplus, devait être en partie masquée par la saillie des
deux bras. Ce caractère est celui des anciennes sculptures
attiques en pierre tendre, notamment dans les grands frontons;
et ce sont, en effet, les formes larges et pleines, arrondies
sans mollesse, des *Héraclès* et de *Typhon*, que l'on retrouve
ici dans ce κοῦρος de l'Acropole. Il est de la lignée du *Moschophore* et du κοῦρος de Kératéa[1]: je le crois plus récent qu'eux[2],
mais peut-être les a-t-il suivis d'assez près : il est trop abîmé
aujourd'hui pour qu'on puisse le dater et le juger avec une
plus grande précision.

Moins malchanceux, le grand κοῦρος de Volomandra[3], haut
de 1^m.79, n'a souffert que des dommages relativement minimes :
il lui manque seulement les mains et le devant des pieds.
Exposé, au musée d'Athènes, à côté de ses congénères de
Kératéa, de Milo, d'Orchomène, du Ptoïon, etc., on peut
l'étudier dans les conditions les plus favorables pour en déterminer avec exactitude l'être et le style. Les cheveux sont,
comme dans le κοῦρος de Kératéa, travaillés sur le crâne et sur
la nuque en chapelets de petites boules et maintenus par une
étroite bandelette qui se tend horizontalement d'une oreille à
l'autre. Mais voici une nouveauté : sur le front, douze mèches
courtes, larges et plates, se dressent et se rabattent en arrière
contre un bandeau lisse; chacune de ces mèches, creusée de
trois sillons ondulés se rejoignant à la pointe, a l'aspect d'une
petite flamme, d'une sorte de « langue de feu ». Or, si on examine la coiffure des autres κοῦροι, ceux d'Orchomène, Théra,
Milo, etc.[4], on constate presque chez tous la même disposition

1. Cf. ci-dessus, p. 111.
2. Il est en marbre des Iles, tandis que le *Moschophore* est en marbre de
l'Hymette et le κοῦρος de Kératéa en marbre pentélique.
3. *Mus. nat. d'Athènes*, 1906 ; cf. Ἐφημ. ἀρχ., 1902, pl. 3-4, p. 43 sqq. (Cavvadias). Marbre des Iles. — On a l'absolue certitude que la statue se dressait sur
un tombeau.
4. Et aussi une remarquable statue et une belle tête, découvertes au Ptoïon
en 1903 par M. Mendel.

générale : sur le front, un
délicat arrangement de
frisures, séparées par un
bandeau des longues bou-
les qui suivent le contour
du crâne et retombent par
derrière. Mais ces frisures,
qui varient d'une tête à
l'autre, font toujours de
jolies courbes, des volutes,
des enroulements ; jamais
elles ne prennent la forme
très simple et très particulière des mèches que
nous voyons ici. Pour re-
trouver l'équivalent de ces
mèches-là, avec leur dessin
triangulaire et les étroits
sillons dont elles sont tra-
versées, il faut aller rechercher la crinière des
grands lions en pierre
tendre de l'Acropole[1]. Il y
aurait donc dans ce détail
un souvenir, voire une
transmission directe de
l'ancienne technique indigène ; et je crois en rencontrer une autre encore
dans ces deux petits sillons
en biseau, sèchement creusés sous la cloison du nez
et sous la lèvre inférieure.
En même temps, la forme
de l'oreille et celle de la
bouche, aux lèvres fortes
et tout unies, arrêtées court
aux deux coins, me rap-

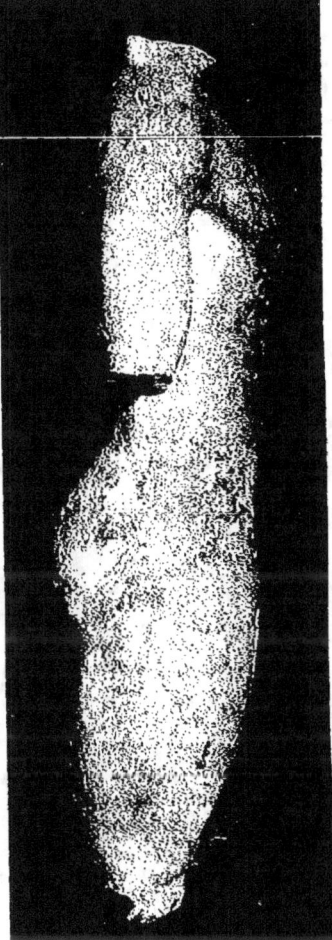

Fig. 16. — Statue de κοῦρος.
(Acropole).

1. Cf. *Au mus. de l'Acrop.*,
p. 78.

pellent le *Moschophore*, tandis que les épaules larges et fortes, également éloignées de la carrure sèche et brutale du κοῦρος d'Orchomène et des molles courbures du κοῦρος de Théra, rappellent aussi un des caractères de la primitive sculpture attique[1]. — Mais d'autres traits apparaissent : les proportions sveltes et allongées, la finesse presque excessive de la taille, celle des genoux et des chevilles[2], dénotent un sentiment d'élégance qui n'existe pas chez le *Moschophore* ni chez le κοῦρος de l'Acropole. Cet allongement du corps a passé à la tête même : elle n'a pas le large ovale de celle du *Moschophore* ; elle est tout en hauteur, avec un crâne démesurément élevé. Les joues sont d'un modelé agréable et rond, qui ne laisse pas sentir le dessous solide des os ; le sourire de la bouche et des yeux est très marqué ; ceux-ci sont très obliques, et leur angle interne se prolonge en forme de petit crochet abaissé[3]. En somme, il y a là un mélange d'éléments attiques et d'éléments ioniens, assez bien caractérisé pour que la statue doive être assignée à une époque plus récente que le *Moschophore* et le κοῦρος de l'Acropole, et doive être attribuée à un Attique, mais à un Attique déjà fortement imprégné des influences ioniennes.

D'une figure de la même espèce et du même caractère provient une tête, plus grande que nature, que l'on prétendait avoir été trouvée à Ægine, mais que M. Furtwængler a

1. Cf. ci-dessus, p. 155.
2. Ces traits, qui évoquent à l'esprit le « canon » égyptien, ont dû, en effet, passer en Grèce par l'imitation des statues égyptiennes d'homme debout ; imitation qui s'est produite d'abord en Ionie (nous en parlerons plus loin), et dont un des meilleurs témoignages est fourni par le κοῦρος samien, trouvé au Ptoïon.
3. Ce détail est plus apparent à l'œil droit qu'à l'œil gauche. J'en ai dit plus haut l'importance : cf. ci-dessus, p. 226, note 1. — Je signalerai aussi un autre détail de l'œil : ce petit trait courbe tracé dans le haut de la paupière, pour indiquer le plissement de celle-ci, quand elle est à demi relevée sous l'arcade sourcilière. Il semble que c'est les artistes d'Asie et des Iles, ceux que nous appelons en gros les Ioniens, qui ont été les premiers à observer cette particularité réelle et à essayer de la rendre. Du moins, c'est dans leurs œuvres qu'on la constate en premier lieu : par exemple, dans le κοῦρος de Théra, qui est un des plus anciens de la catégorie entière ; dans la caryatide de Siphnos, à Delphes (cf. *Bull. corr. hell.*, XXIV, 1900, pl. VI) ; dans une statue et une tête, découvertes au Ptoïon en 1903, lesquelles doivent provenir d'ateliers ioniens. J'ai eu l'occasion de signaler ce trait déjà une fois, dans la coré 676 de l'Acropole (cf. ci-dessus, p. 233, note 4) : c'est une des figures du groupe « pseudo-ionien ». Il n'y a rien d'extraordinaire qu'un tel détail ait été vite surpris et copié par les imitateurs des Ioniens ; et nous en avons ici un nouvel exemple, dans le κοῦρος de Volomandra.

depuis longtemps revendiquée pour l'Attique[1]. Aux excellentes raisons alléguées par M. Furtwængler, doit s'ajouter aujourd'hui la suivante : immédiatement au dessus de la bandelette qui serre sur le front la masse ondulée des cheveux, on voit apparaître de courtes mèches, larges et plates, striées chacune de trois sillons, bref identiques à celles que nous venons de rencontrer chez le κοῦρος de Volomandra. Ces deux œuvres, dont l'une a été découverte sûrement en Attique et dont l'autre est faite d'un marbre attique, et qui toutes deux offrent un détail d'exécution, lequel ne se trouve que chez elles seules, ont donc bien la même origine attique. Les deux têtes ont d'ailleurs même caractère : joues charnues, d'une douceur molle et comme sans os par dessous, bouche très arquée et souriante, yeux très obliques. Les yeux ici ont été mutilés à dessein par quelque Vandale moderne; mais l'œil gauche laisse encore voir très bien le petit crochet arrondi de l'angle interne et le plissement de la peau sur la paupière supérieure[2]. De tels traits, joints à l'expression générale du visage, nous font classer ce marbre dans la catégorie des « pseudo-ioniens ».

Je crois que la tête 663 (*Au musée de l'Acrop.*, p. 377, fig. 40), qu'on pourrait appeler la *petite tête rouge*, à cause de la vive couleur vermillon de ses cheveux, est aussi de cette famille[3]. Sa bouche arquée presque en demi-cercle, le mol sourire de ses joues molles, ses yeux étroits et longs, dont le globe est pressé entre les deux paupières, lui donnent l'air d'une *coré* ionienne : et je ne doute pas qu'on n'eût pris ce jeune homme pour une femme, n'était sa chevelure courte, arrêtée à la nuque. Or, les boucles de cheveux parderrière sont coupées et se contournent, à leur extrémité, de la même manière exactement que les boucles des trois têtes de *Typhon :* il y a donc là un souvenir

---

1. *Mus. nat. d'Athènes*, 18. Marbre pentélique. Hauteur de la tête, 0ᵐ.30. — Cf. *Athen. Mittheil.*, VIII. 1883, pl. XVII, p. 373 (Furtwængler). Pour le reste de la bibliographie, cf. le *Catalogue* athénien; y ajouter : Furtwængler. *Coll. Sabouroff*, gravure en tête de la planche II ; Pawlowski, *op. l.*, p. 225, fig. 76.

2. Cf. ci-dessus, p. 256, note 3.

3. Pour la bibliographie et quelques détails secondaires, cf. *Au mus. de l'Acrop.*, p. 376, note 1; ajouter à la bibliographie : Perrot, *Hist. de l'art*, VIII. p. 607, fig. 305. — Un des « Apollons » du Ptoïon (*Mus. nat. d'Athènes*, 20 ; *Bull. corr. hell.*, XI, 1887, pl. XIII-XIV), le plus récent de tous, car il peut n'être pas antérieur au milieu du vᵉ siècle, présente, avec une plus grande finesse de traits et des détails beaucoup mieux observés, une très notable ressemblance avec cette *petite tête rouge* de l'Acropole.

17

des anciennes habitudes locales, le seul qui ait subsisté à côté de tous les autres traits empruntés aux modèles ioniens. Cette tête est, en effet, la plus « ionienne » des quelques têtes d'homme que nous ayons à citer[1].

Les trois dernières des œuvres précédentes[2], *petite tête rouge* de l'Acropole, tête prétendue d'Ægine et statue de Volomandra, nous ont montré une statuaire attique imprégnée d'ionisme dans ses représentations du type de l'homme nu, comme elle l'a été dans ses représentations du type de la femme vêtue. Mais, de ce côté comme de l'autre, certaines œuvres nous témoignent qu'il y eut des artistes, cependant, qui restèrent davantage fidèles à l'esprit et aux traditions de l'ancien art indigène. Non plus que les *corés* de notre troisième groupe, ces œuvres-là que nous allons examiner ne constituent une protestation violente contre le style dominant ; elles n'en prennent pas le contre-pied de propos délibéré et pour se faire mieux remarquer ; elles sont naïvement et sans effort tout ce qu'elles sont. Mais leurs auteurs étaient, en quelque sorte, mieux défendus par la solidité de leur tempérament contre la contagion des exemples qui se multipliaient autour d'eux. Sans s'interdire de profiter quelquefois des leçons utiles qu'ils pouvaient prendre à leurs concurrents ioniens, ils sont restés foncièrement, dans leur art, ce que leur naissance les avait faits : de purs Attiques.

Une belle tête, en marbre de Paros, passée jadis de la collection Rayet dans le musée de M. Jacobsen[3], est exactement

---

1. J'hésite à considérer comme étant d'origine attique la petite statuette de jeune homme, d'où provient le torse n° 623 du musée de l'Acropole. (Hauteur actuelle, 0ᵐ,20. Cf. Pawlowski, *op. l.*, p. 139, fig. 38 ; Μνημεῖα τῆς Ἑλλάδος, pl. XXXII, en haut, à droite; Lepsius, *op. l.*, p. 72, n° 46, fig. 5 : marbre des Îles.) — Le morceau est charmant. Ce qui reste du corps est travaillé très joliment, d'une façon rapide, il est vrai, et sans grande recherche de modelé ; mais certains détails, par exemple les clavicules, sont marqués avec justesse et finesse. La double inclinaison de la tête, à la fois en avant et sur l'épaule droite, donne à cette petite figure, malgré son archaïsme, un charme des plus rares ; elle a déjà quelque chose de la grâce raffinée du célèbre *Narcisse* en bronze du musée de Naples. N'y découvrant rien, dans le torse ou la tête, qui soit proprement attique, je crois qu'il faut attribuer cette œuvre à un atelier ionien.

2. Je laisse de côté, par prudence, le κοῦρος de l'Acropole, que son état de mutilation et l'absence de la tête ne permettent pas d'apprécier d'une façon complète.

3. Cf. Arndt, *Glypt. Ny Carlsberg*, pl. I-II, p. 1-2. Ajouter à la bibliogra-

dans le même rapport avec la tête prétendue d'Ægine ou la tête du κοῦρος de Volomandra qu'est la grande coré 671 de l'Acropole[1] avec ses voisines à physionomie ionienne. Les yeux sont passablement obliques, et ce n'est pas dans les vieilles sculptures athéniennes que l'artiste en a copié le tracé ; ce petit plissement de peau, très légèrement indiqué sur la paupière supérieure, c'est encore aux subtils Ioniens qu'il doit de l'avoir noté et reproduit. Mais, d'autre part, que nous voilà loin des longues boucles de cheveux déroulées bas avec science et symétrie et des élégantes frisures sur le front, si compliquées et si diverses ! Les cheveux sont courts et traités de la même manière depuis le front jusqu'à la nuque : des espèces d'entailles pressées, volontairement irrégulières, les découpent en petites mèches aplaties, à la masse desquelles trois ou quatre grands sillons circulaires sur le crâne communiquent une ondulation à peine sensible. Les oreilles, encadrées presque tout entières par ces mèches rudes, sont exécutées d'une façon aussi rapide, tout en étant très justes de dessin. La bouche est droite, avec les lèvres fortes. Le menton est large et puissant, les os des pommettes semblent percer la peau ; la chair des joues est fortement tendue sur la solide charpente qu'elle recouvre sans la cacher. L'ensemble est construit avec fermeté, taillé avec vigueur, « d'une main sûre et calme »[2], qui ne s'attarde pas aux menus détails et cherche à unir l'ampleur à la simplicité.

Une seconde tête (fig. 17), également en marbre de Paros, acquise par le Louvre et publiée par M. Collignon en 1892[3], offre d'évidentes ressemblances avec la tête Jacobsen[4] dans le caractère général du type et dans plusieurs traits de détail, surtout dans le dessin de la bouche et plus particulièrement encore dans celui de la lèvre inférieure, dont le milieu s'infléchit en un petit sillon à bords doux entre deux légers rehaussements des parties voisines. Mais il existe aussi certaines dif-

---

phie : Au mus. de l'Acrop., p. 359-360 ; Pawlowski, op. l., p. 136, fig. 36 ; S. Reinach, Têtes antiques, pl. 1 ; Perrot, Hist. de l'art, VIII, p. 643, fig. 329.

1. Cf. ci-dessus, p. 240. — La ressemblance entre cette coré et la tête Jacobsen est assez sérieuse pour que j'aie pu proposer d'attribuer les deux œuvres au même auteur : cf. Au mus. de l'Acrop., l. l.

2. Expressions de M. Arndt, l. l., p. 2.

3. Cf. Bull. corr. hell., XVI, 1892, pl. V, p. 447 sqq. ; Pawlowski, op. l., p. 134, fig. 35.

4. Ressemblances signalées par M. Collignon, l. l., p. 448.

férences entre les deux œuvres. Les yeux ici sont plus petits,
moins saillants, et ne sont pas du tout obliques. Le sourire est
plus marqué, et il y a dans le modelé des joues plus de ron-

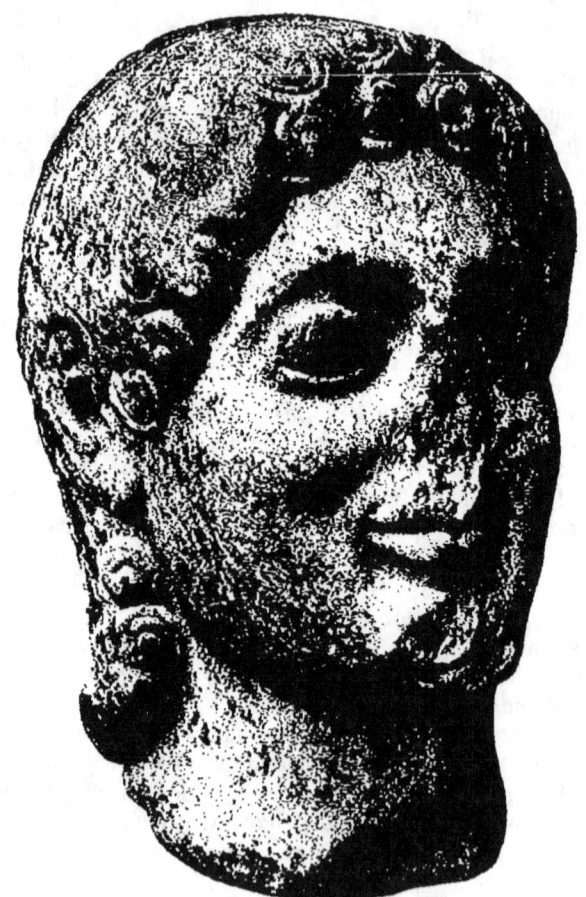

Fig. 17. — Tête d'une statue d'homme
(Paris, Louvre).

deur et moins d'énergie. Les cheveux enfin, sans être longs,
sont taillés moins court, et ils sont disposés au dessus du front
en deux rangs de frisures, tandis que les boucles sur la nuque

se contournent à leur extrémité en frisures pareilles [1]. Ce sont là petites gentillesses ioniennes, lesquelles d'ailleurs s'accordent heureusement avec la souriante amabilité du visage. La *tête Jacobsen* est d'un art plus sévère; l'auteur de la tête du Louvre ne s'est pas défendu de plus de coquetterie, en passant, et comme en se jouant; mais il a su pourtant, c'est l'essentiel, garder intact en lui le vrai fonds attique.

La *tête Webb*, du British Museum [2], terminera cette petite série avec un à-propos inespéré (*fig.* 18-19). C'est une tête d'homme, M. Collignon l'a démontré; et il a fait voir en même temps combien elle était prochement apparentée à la tête de la grande *coré* d'Anténor [3]. Celle-ci était la dernière des *corés* que nous avions à examiner pour le moment; et la *tête Webb* est aussi la plus jeune des quelques têtes d'homme appartenant à cette période : le dessin de l'arcade sourcilière et de la paupière supérieure en est une preuve certaine. Les deux séries parallèles des κόραι et des κοῦροι, si inégales quant au nombre des sujets, se trouvent donc, par un heureux hasard, être closes de façon identique, avec deux œuvres qui ont entre elles les plus étroites affinités, qui se ressemblent comme frère et sœur, qui sont peut-être frère et sœur [4]. Leur ressemblance mérite d'être considérée. Même front plat, non fuyant; même ouverture des yeux dans le sens de la longueur, ceux de la *tête Webb* ayant seulement un peu plus de hauteur, sous un sourcil plus relevé aussi; même construction du visage, massif et carré, solidement appuyé sur un menton large et fort; enfin, même disposition et, en somme, même dessin des frisures de cheveux, étagées en trois rangs sur le front : par conséquent même caractère nettement, franchement attique; même

1. Cf., pour le détail des boucles de cheveux par derrière, la gravure insérée dans l'article de M. Collignon, p. 449. — Un détail semblable se retrouve dans une tête en marbre (toute différente pour le reste) de Mégara Hyblæa, conservée au musée de Syracuse : cf. *Rendiconti R. Accademia Lincei*, 1897, p. 302, fig. 1, et p. 304 (Orsi).

2. On peut l'appeler ainsi, par commodité, du nom de son dernier possesseur, qui en a fait don au British Museum. — Cf. *Bull. corr. hell.*, XVII, 1893, pl. XII-XIII, p. 294 sqq. (Collignon); Pawlowski, *op. l.*, p. 141, fig. 39; *Arch. Jahrbuch*, XI, 1896, p. 264, fig. 6 (Studniczka). — L'extrémité saillante de la chevelure, par derrière, est une restauration moderne, mal faite (cf. Collignon, *l. l.*, p. 298, note 2; Studniczka, *l. l.*, p. 263).

3. Jugement confirmé par M. Studniczka (*l. l.*, p. 263) et par M. Schrader (*Athen. Mittheil.*, XXII, 1897, p. 110).

4. M. Studniczka (*l. l.*) pense que la tête de Londres pourrait être sortie du propre atelier d'Anténor.

type que celui des sculptures antérieures à 550, sous l'agrément superficiel qu'y a pu ajouter l'élégance des modes nouvelles de coiffure. Cet agrément est plus sensible ici que dans

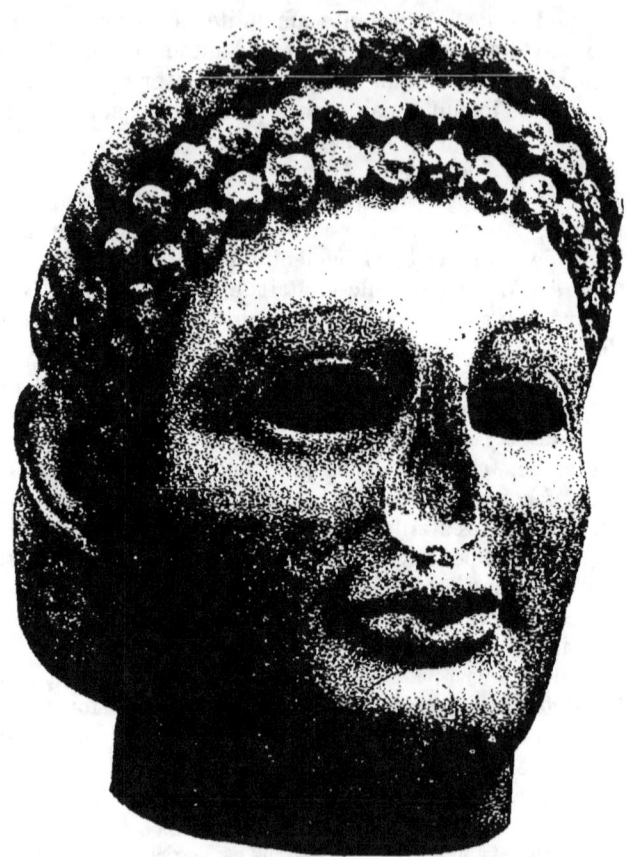

FIG. 18. — Tête d'une statue d'homme : *tête Webb*
(Londres, British Museum).

la *coré* d'Anténor ; les frisures au dessus du front, plus
petites, moins détachées les unes des autres, sont d'une exécution plus délicate, et la masse des cheveux sur le crâne et
sur la nuque témoigne aussi d'un soin minutieux. Il est d'au-

tant plus remarquable que l'artiste qui mit toute son attention
à ces finesses ait su modeler le visage avec un tel sentiment de
simplicité large et avec une vigueur qui serait austère, n'était
le léger adoucissement du sourire.

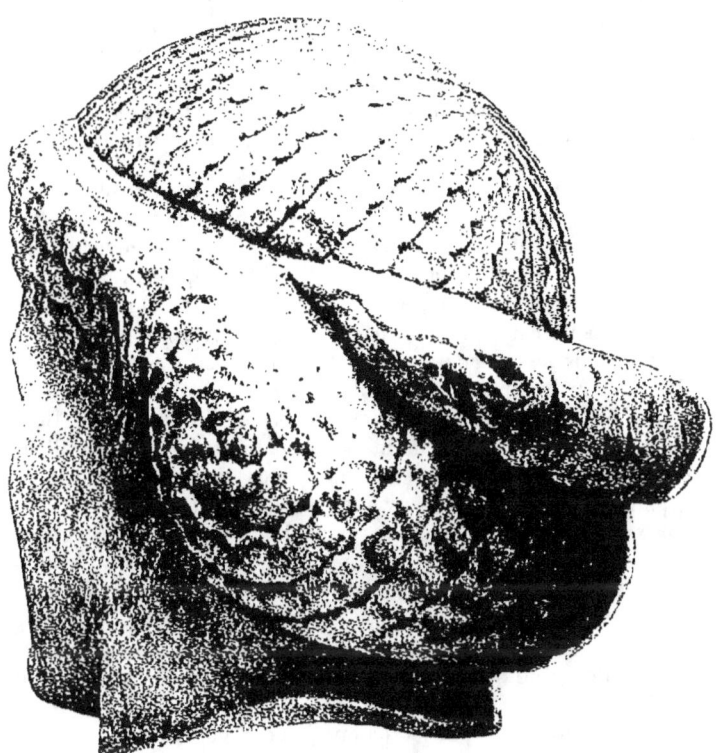

Fig. 19. — Tête d'une statue d'homme : *tête Webb*
(Londres, British Museum).

Entre la *tête Webb* et les deux précédentes, *tête Jacobsen*
et tête du Louvre, existe une analogie de style pareille à celle
qui nous a fait réunir plus haut la statue d'Anténor et la
coré 671[1]. Les trois œuvres ont chacune leur physionomie dis-

1. Cf. ci-dessus, p. 240 sqq.

tincte, mais aussi un commun air de famille : M. Collignon[1] a
signalé en elles, avec raison, la similitude du dessin de la
bouche ; et j'insisterai, cette fois encore, particulièrement sur
le dessin de la lèvre inférieure, coupée en deux au milieu par
une sorte de dépression douce entre deux renflements charnus.
Ce petit détail, fort notable, se retrouve chez toutes les trois,
avec des qualités d'exécution différentes qui tiennent uniquement à la différence de main. Des trois têtes ainsi rapprochées,
la *tête Webb* est sans nul doute la plus récente, comme nous
l'avons dit ; elle paraît bien aussi être plus avancée que la *coré*
d'Anténor, tout en restant néanmoins antérieure à l'année 500[2].

Voilà donc en tout deux statues de κοῦροι, et cinq têtes qui,
étant imberbes, proviennent certainement (telle est du moins
ma conviction) de pareilles statues. Ces quelques œuvres nous
ont fait repasser, d'un pas beaucoup plus rapide, il est vrai, par le
même chemin que les longues files des *corés*. Aucune indication
utile ne nous est venue des rudes κοῦροι d'Argos ou d'Orchomène ; mais les souriantes figures retrouvées çà et là dans les
Cyclades et la majorité de celles du Ptoïon, qui semblent ne
pouvoir être attribuées qu'à des ateliers de l'Ionie ou des Îles,
nous ont guidés parfois, de la même manière que la *Niké* ailée,
originaire de Chios, les *corés* déliennes et les caryatides de
Siphnos et de Cnide nous avaient servi à préciser le style des
corés découvertes en Attique. Dans l'un et dans l'autre genre
simultanément, c'est par les Ioniens que la sculpture attique a
été influencée durant la seconde moitié du VI° siècle ; et dans
l'un et l'autre, quand elle n'a pas plié sous cette influence
victorieuse, ç'a été grâce à la ferme fidélité qu'avaient gardée
les meilleurs de ses artistes aux anciennes traditions de leur
école.

Je suis loin de penser qu'on doive accorder aux Ioniens,
dans l'élaboration du type de l'homme nu debout, une part
prépondérante[3]. Ce type, en soi, ne saurait constituer une invention proprement dite : il est la première création, et la
plus spontanée, de toute statuaire, même la plus humble ; et
la nudité, qui le caractérise entre toutes les productions similaires des arts de l'antiquité, est une conséquence des mœurs

1. *L. l.*, p. 295-296.
2. M. Collignon (*l. l.*, p. 301), la date de 510 environ.
3. Cf. la théorie de M. Furtwængler, *Meisterw. gr. Plastik*, p. 712.

grecques, et, par suite, un trait général de l'art grec. Il ne
me paraît pas douteux que ce type ne se soit développé, comme
toute la plastique en son ensemble, à la fois dans les ateliers
de la Grèce orientale et dans ceux de la Grèce occidentale[1].
Il est vrai que l'étape capitale de ce développement, à savoir
la disjonction des deux jambes jusque là collées ensemble et
l'avancement progressif de la jambe *gauche* sur la jambe droite,
paraît bien avoir résulté de la vue et de l'imitation de modèles
égyptiens[2]: et c'est par les Ioniens, naturellement, que la
Grèce dut faire cet emprunt à l'Égypte[3]. Mais, si les Ioniens
furent les premiers à exploiter cette nouveauté, par cela même
qu'ils l'exploitèrent, ils la répandirent; et elle cessa vite de
n'appartenir qu'à eux seuls. L'avance qu'ils prirent de la sorte,
ils ne la gardèrent pas longtemps; mais leur avance véritable
était ailleurs. La supériorité de leur art ne tenait pas à la possession de tel ou tel type, mais à leur façon de traiter ces
types divers, à l'habileté avec laquelle ils savaient travailler
la matière, et à la qualité de vie aimable et séduisante dont
ils savaient l'animer. La *coré* aux draperies peintes leur fournissait le plus beau champ où déployer leur savoir et leurs séduc-
tions; mais même le type plus sévère du κοῦρος leur offrait encore,
dans le modelé des chairs, dans les élégances de la coiffure et
dans l'expression souriante de la physionomie, de quoi montrer
leur talent et manifester les préférences de leur esprit. — Il
n'y a donc pas, en somme, à chercher des raisons particulières
pour expliquer l'introduction en Attique du κοῦρος ionien: il y
est venu soit d'Asie ou des Îles (plutôt des Îles), en même
temps que la *coré* ionienne et pour les mêmes causes. C'est l'art
ionien tout entier, et non pas tel ou tel de ses produits seulement, qui s'est imposé à Athènes après 550.

A côté des κοῦροι, il existe une autre sorte de figures
d'homme, dont plusieurs échantillons se rencontrent au musée
de l'Acropole. Les κοῦροι sont des figures idéales; ce qui ne veut

---

1. Cf. ci-dessus, p. 150 sqq.
2. Cf. Friederichs-Wolters, *Gipsabgüsse*, p. 11; Collignon, *Hist. sculpt. gr.*,
I, p. 119; *Bull. corr. hell.*, XVIII, 1894, p. 414-415 (Pottier); Perrot, *Hist. de
l'art*, VIII, p. 712-714. — Pour le choix de la jambe *gauche* portée en avant,
de préférence à la droite, cf. *Mélanges Boissier*, p. 411-412 (Pottier).
3. Cf. Furtwængler, *op. l.*, p. 712-713; *Bull. corr. hell.*, XVIII, 1894, p. 409-
411 (Pottier).

pas dire qu'elles soient idéalement belles, mais qu'elles tendent
à représenter cet idéal de beauté athlétique, à la réalisation
effective duquel on peut dire qu'était vouée expressément toute
l'éducation corporelle des Grecs et dont leur statuaire devait
un jour, après de longs efforts persévérants, fournir enfin les
types les plus achevés et les plus purs[1]. Les κοῦραι ne sont
donc pas des représentations, même conventionnelles, d'individus déterminés ; ce sont les premiers essais, destinés à être
sans cesse repris, revisés et embellis, du *modèle* humain le
plus général, conçu selon une idée toute grecque de la beauté.
Tel était le tour d'esprit de ces admirables Grecs anciens, que
les statues de ce genre leur ont paru souvent le plus convenables aux sanctuaires et aux nécropoles ; et on sait de reste
quel stimulant fut pour l'art cette nécessité d'un perpétuel
recommencement, en vue de plus de vérité et de beauté, du
simple corps humain tout nu. — Mais, de règle absolue, il n'y
en a pas qui s'impose à l'art grec ; pas d'entrave à l'esprit de
ceux qui, les premiers dans le monde, ont connu l'entière
liberté intellectuelle. Aussi, tandis que les uns choisissaient,
pour leurs dons à la divinité, des figures idéales, d'autres
donateurs voulaient que leur offrande eût un rapport plus direct
avec leur personne. De là, une espèce nouvelle, plus variée,
de représentations de l'homme.

Celles-là ne sont, pas plus que les précédentes, des portraits ;
elles n'ont point pour objet de reproduire et de conserver l'ensemble des traits particuliers qui constituaient la personne
physique de tel ou tel. Mais, à la différence des précédentes,
elles ont un caractère individuel : au lieu de montrer l'homme
pris à la fleur de la jeunesse, vêtu seulement de la force et de
la beauté de son corps, dénué de tout signe distinctif, étranger
même à toute action, elles le montrent plus *réel*, arrivé à l'âge
mûr, avec la barbe que les années lui ont mise au menton,
vêtu de son costume habituel, « spécialisé » par une action
déterminée. Rappelons-nous, par exemple, la statue du *Moschophore*. Nous en avons expliqué le sens[2] : c'est une offrande de
Rhombos fils de Palès, qui voulut perpétuer le souvenir de sa
dévotion à la divinité, dévotion représentée aux yeux matériellement par le veau qu'il apporte sur ses épaules pour le sacri-

1. Cf. J. Lange, *Darstellung d. Menschen*, trad. Mann, p. 37 sqq.
2. Cf. ci-dessus, p. 106.

fier. Certes, ce n'est point là le portrait de Rhombos, mais
c'est l'image d'un homme mûr, le corps à demi couvert de son
manteau, dans l'action même d'apporter une victime à l'autel.
Cette image peut convenir à tout riche citoyen pieux, ayant
barbe au menton; mais elle ne peut convenir qu'à cette catégorie de donateurs. N'étant pas le portrait même de Rhombos,
elle n'est pas strictement individuelle; mais elle est d'une
généralité beaucoup plus restreinte, si je puis dire, qu'une
statue de κοῦρος. Autre exemple : un γραμματεύς, du nom de
Méchanion[1], offre à la déesse une petite statue représentant un
homme en train d'écrire ou près d'écrire[2], faisant acte de
γραμματεύς. Ce n'est pas son portrait à lui, Méchanion; c'est
l'image d'un γραμματεύς, assis, ses tablettes sur les genoux,
son *stylos* au poing, ayant écarté son manteau de l'épaule
droite et du flanc droit, parce que c'est plus commode pour
manier le *stylos*, le reste du corps recouvert cependant de la
draperie, parce que ce n'est pas l'usage de se mettre tout nu
pour écrire. L'image convient également à tous les γραμματεύς,
mais à eux seuls. Elle n'est pas strictement individuelle, n'étant
pas propre à un individu; elle a pourtant un caractère individuel, puisqu'elle ne concerne qu'une classe définie d'individus
et les fait voir dans une action définie. Ailleurs enfin, où l'action représentée est quelconque et sans intérêt spécial, le fait
que le personnage est vêtu suffit à le *déterminer* dans une
certaine mesure : ce n'est plus, ainsi, une impersonnelle réalisation de l'idéal athlétique; c'est l'image concrète du citoyen,
tel qu'on le voit habituellement par les rues, sur l'agora, dans
les fêtes religieuses. — On devine ce qui doit sortir de là un
jour. Le type du κοῦρος s'épanouira en ces idéales figures
anonymes, dont la plus admirée des anciens a été le *Doryphore*
de Polyclète; l'autre genre conduit droit au portrait.

La plus notable des statues de ce genre retrouvées sur
l'Acropole est une figure d'homme un peu plus petite que
nature, debout, dans un maintien identique à celui des *corés*,
vêtue d'un long chitôn et d'un ample himation qui descendait
jusqu'aux pieds et enveloppait tout le corps, sauf la partie

1. Cf. *Inscr. attic.*, I, 399 ; Lolling, *Catal. des inscr. de l'Acrop.*, p. 96,
n° 183.
2. Nous allons retrouver dans un instant les figures auxquelles je fais allusion ici.

droite du torse et le bras droit[1]. Cette mode de costume, adoptée à Athènes dans la seconde moitié du vi[e] siècle, était ionienne d'origine; et l'on comprend que ces fines draperies blanches à plis nombreux, à quoi s'ajoutaient les coquetteries de coiffures compliquées et l'éclat des bijoux, ont beaucoup aidé les Ioniens à mériter leur réputation d'hommes efféminés[2]. De fait, on serait tenté de prendre le marbre athénien pour une figure de femme, si son auteur n'avait mis un soin particulier à nous renseigner, sans contestation possible, sur le sexe du personnage[3]. Mais il n'y a d'ionien ici que le costume; la manière simple et franche dont les détails en sont traités, ainsi que le caractère général des formes du corps, révèlent une main attique[4]. Entre toutes les sculptures de l'Acropole, celle qui me paraît être la plus voisine du « citoyen » 663 par l'esprit de l'exécution est la petite coré 672[5], une des plus attiques qui soient dans le groupe des « pseudo-ioniennes ».

Trois petites statues de l'Acropole, n°s 144, 146 et 629, toutes trois en marbre pentélique[6], qu'on appelle d'habitude les Scribes, par une assimilation un peu arbitraire avec des statues égyptiennes connues, sont trois répétitions de ce type de γραμματεύς que je décrivais tout à l'heure[7]. Ce sont des œuvres de second ordre, mais remarquables par le sujet représenté, et très intéressantes si on les compare entre elles, parce que, n'étant pas tout à fait contemporaines, elles s'échelonnent dans

---

1. N° 663. Cf. Brunn-Bruckmann's *Denkmäler*, pl. 551, avec notice et bibliographie de M. Arndt. Ajouter à la bibliographie : Pawlowski, *op. l.*, p. 100, fig. 24; Perrot, *Hist. de l'art*, p. 631, fig. 321. — La planche des *Denkmäler* est excellente, sauf en un point important que je signalerai tout à l'heure : le dessin qu'avait publié M. Collignon (*Hist. sculpt. gr.*, I, p. 259, fig. 127) n'était pas très bon, et il y manquait la partie inférieure du marbre, rajustée depuis.
2. Cf. ci-dessus, p. 186.
3. Cet indice du sexe est à peine visible dans le dessin publié par M. Collignon (*l. l.*); et, dans la planche 551 des *Denkmäler*, il a entièrement disparu, soit par un hasard de l'éclairage ou plutôt, je le crains, par suite d'une retouche faite à contre-sens. La saillie révélatrice est très apparente sur l'original, et bien distincte dans de simples photographies de commerce comme celle que j'ai sous les yeux (bonne reproduction dans Perrot, *l. l.*).
4. C'est aussi l'opinion de M. Arndt (*l. l.*), contraire à celle qu'a exprimée M. Collignon (*l. l.*, p. 258).
5. Cf. ci-dessus, p. 234.
6. Cf. Lepsius, *op. l.*, p. 74, n°s 68-70.
7. C'est la base de l'une d'elles, très probablement, qui nous a été conservée dans cette petite colonne qui porte l'inscription dédicatoire au nom de Méchanion, γραμματεύς : cf. ci-dessus, p. 267, note 1.

un ordre certain l'une par rapport à l'autre et nous montrent clairement les progrès successifs de l'art reprenant trois fois de suite le même sujet. Il convient de s'arrêter un instant à cette comparaison.

Le plus ancien des trois *Scribes* est le n° 144[1], le mieux conservé de tous, puisqu'il ne lui manque que la tête et le bras droit, brisé au biceps (*fig.* 20). Il est assis, le corps redressé, jambes serrées, genoux presque joints, les pieds à peine séparés par un petit intervalle, vêtu d'un grand himation qui laisse à découvert toute la partie droite de son torse. Le vêtement colle sur les jambes, comme le chitôn sur les jambes des *corès*; les plis en sont indiqués par de simples lignes en creux, très espacées. Sur le siège, l'étoffe s'étale à plat autour des cuisses et des fesses, exactement comme le bord traînant du chitôn des *corès* sur la plinthe, autour de leurs talons.

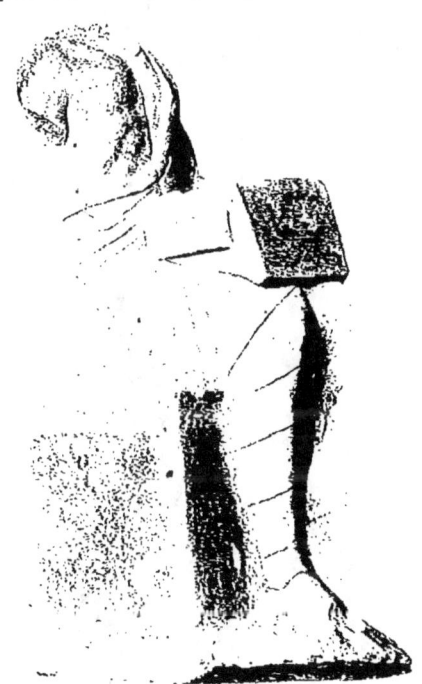

Fig. 20. — Statuette de *Scribe*, n° 144 (Acropole).

Le rendu de ces plis de l'himation est très sommaire : il y a même une faute certaine : sur la cuisse gauche on voit reparaître le vêtement comme s'il passait *sous* la main gauche, tandis qu'on

1. Hauteur actuelle, 0m,15. — Cf. *Athen. Mittheil.*, XI, 1886, p. 358 (Studniczka); Pawlowski, *op. l.*, p. 97, fig. 22 (gravure incomplète); Perrot, *Hist. de l'art*, VIII, p. 633, fig. 322 (gravure incomplète), et p. 634, fig. 323 (détail). — Je dois la photographie de la *figure* 20, et aussi celle de la *figure* 21, à la complaisance de M. G. Toudouze.

réalité, étant rejeté sur le bras et l'épaule gauches pour retomber enfin derrière le dos, il doit passer *par dessus* le poignet gauche. La main droite posait sur l'angle du diptyque le plus rapproché du corps; la main gauche maintient la planchette, le pouce posé le long du bord sur le plateau horizontal, les autres doigts appuyés contre la face latérale et se repliant un peu par dessous. Le torse montre une jolie qualité de modelé; les pectoraux, le bord de la cage thoracique, le muscle grand droit antérieur de l'abdomen, la clavicule sont indiqués d'un faire rapide et juste. Mais toute l'attitude reste raide, compassée, rigoureusement frontale.

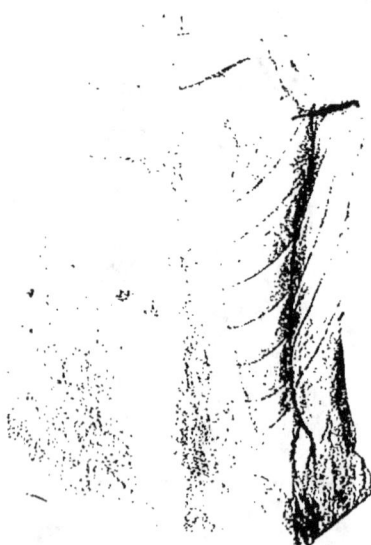

Fig. 21. — Statuette de *Scribe*, n° 146 (Acropole).

Du *Scribe* 146 *fig*. 21, il ne subsiste plus que la partie inférieure; le torse, les bras et la tête manquent[1]. La pose et le vêtement sont presque les mêmes que dans la figure précédente; il importe de noter cependant les significatives différences que voici. D'abord, les deux genoux sont sensiblement plus écartés l'un de l'autre, d'où résulte plus d'aisance dans l'attitude. Puis, les plis de l'himation sont moins espacés et beaucoup plus obliques, par quoi ils indiquent mieux la direction réelle du pan d'étoffe remontant. L'étoffe reste, d'ailleurs, toujours aussi collante sur les jambes et s'étale pareillement à plat et en rond sur le siège autour des cuisses. Le plus notable changement par rapport à l'autre figure consiste dans la position des mains et du diptyque : la main droite, au lieu d'être arrêtée sur le coin de la tablette, était avancée davantage vers

1. Hauteur actuelle, 0m.30. — Cf. *Athen. Mittheil.*, VI, 1881, p. 174, pl. VI, 2 (Furtwaengler).

milieu[1] : la main gauche, de son côté, tient l'objet plus franchement, entre le pouce et les autres doigts. Enfin, c'est là le détail
le plus digne d'attention, cette main gauche soulève un peu le
diptyque, de manière à le présenter mieux à la main droite qui

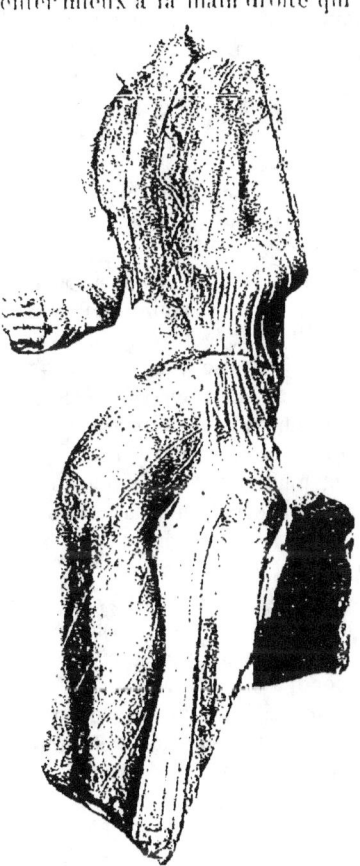

écrit : petit mouvement
observé avec finesse et rendu
avec justesse, qui substitue à
la raideur de la convention
la souplesse de la vie.

Le plus grand des trois
scribes, n° 629 (fig. 22), a
beaucoup souffert aussi : il lui
manque notamment la tête,
la main gauche avec le diptyque, et la jambe droite tout
entière[2]. Mais ce qui subsiste
suffit pour nous faire bien
connaître le progrès nouveau
dont il témoigne par rapport
aux deux autres[3]. Le vêtement que porte le person-
nage est toujours le même,
drapé de la même façon, toujours aussi collant sur les
jambes, avec les plis en cette
partie indiqués par de simples incisions espacées. Mais
le rendu de la draperie est
en général bien plus juste, et
on remarquera surtout les
détails suivants : entre le
siège et la jambe gauche,
s'interpose une épaisseur de
gros plis verticaux, comme
il s'en produit naturelle-

FIG. 22. — Statuette de *Scribe*, n° 629
(Acropole).

1. La trace en est encore visible et, de plus, le trou destiné au *stylus* fixe
l'endroit exactement.
2. Hauteur actuelle, 0^m,60 environ. — Cf. *Athen. Mittheil.*, VI, 1881, p. 178,
pl. VI, 1 (Furtwængler); *Ibid.*, XI, 1886, p. 359, pl. IX, 3 (Studniczka);
Pawlowski, *op. l.*, p. 97, fig. 23.
3. Progrès marqué jusque dans la forme du siège qui, précédemment,
n'était qu'un bloc cubique, transformé en tabouret seulement en apparence.

ment quand on s'assoit étant vêtu d'une draperie ample et
longue; la partie de l'étoffe qui s'étale sur le siège autour des
cuisses, au lieu de faire un rond bien régulier, plat et sec, forme
une masse irrégulière et molle, plus conforme à la réalité; enfin,
le pan de l'himation qui, après avoir contourné la hanche droite,
est rejeté sur le bras gauche, ici est bien réellement jeté *par
dessus*, et ce n'est qu'après avoir passé sur le bras qu'il retombe
sur le siège, au lieu que, dans les deux cas précédents, ce détail
était escamoté ou exécuté à faux. Quant à l'attitude du corps, tout
en restant essentiellement la même, elle marque un progrès non
moins intéressant. Le torse s'incline à droite, et il résulte de
cette inclinaison une très sensible différence de hauteur entre
les deux épaules. Tandis que le torse se penche en avant, le
haut du bras droit et le coude droit se retirent un peu en arrière,
et ne sont donc plus sur le même plan, à beaucoup près, que le
haut du bras gauche et le coude gauche. Ce mouvement de la
partie supérieure du corps avait nécessairement sa répercussion
dans la partie inférieure, et il n'est pas douteux que la jambe
gauche devait être plus avancée que la jambe droite. Il apparaît enfin, d'après la position respective des deux mains, de la
main gauche qui maintenait le diptyque et de la main droite qui
écrivait avec le *stylos* tenu à poing fermé, que le diptyque était
incliné à droite plus encore que dans le *Scribe* 146. Bref, on
constate, dans l'ensemble de l'attitude, une inclinaison et un
désaxement de la figure vers la droite, conséquence directe du
genre d'action représenté. Ce troisième *Scribe*, non seulement
n'est plus frontal, comme l'était le premier; mais il témoigne
d'une observation plus juste et plus précise encore que le
second. Le modelé des parties nues est juste aussi, sans être
très fouillé : le dos est meilleur que la poitrine; le bras droit
est travaillé avec finesse; seule, la main reste raide et médiocre,
comme toujours au VIᵉ siècle.

Si intéressant qu'il soit de voir, avec des exemples de cette
espèce, l'art progresser pas à pas devant nous, il ne faut point
que les différences par lesquelles se constate le progrès nous
ferment les yeux aux ressemblances très grandes qui unissent
entre eux ces trois échantillons successifs du même type. Les
trois *Scribes* peuvent bien s'espacer à intervalles inégaux entre

à l'aide de la *couleur*, et qui est devenu ici, *plastiquement*, un véritable
tabouret. Je néglige cette comparaison entre les trois sièges, et m'en tiens à
l'étude des personnages humains qui sont assis dessus.

les années 540 et 510 ou 500; ils demeurent, dans le fond,
identiques et ressortissent tous trois, visiblement, à une seule et
même école. Exécutés à Athènes (rien que la nature du marbre
le prouve), ils sont attiques par l'exécution autant que par la
matière. Tout le travail de la draperie, plis incisés sur les
jambes et rebord zigzaguant en relief sur la poitrine, est pareil
à celui que nous montre la statue du « citoyen » 663; et, comme
j'ai remarqué une sérieuse analogie entre cette dernière statue
et la petite *coré* 672, il m'a paru également, devant les originaux du musée de l'Acropole, que le ferme redressement du
torse dans le *Scribe* 144 était de la même qualité et du même
caractère que l'attitude droite et nette de cette *coré*[1].

Une petite tête d'homme, barbue (*fig.* 23), qui porte à l'Acropole le n° 621[2], et qu'on pourrait appeler la *petite tête bleue*[3],
à cause de la couleur bleue dont étaient peintes à la fois la
chevelure sur le front et la barbe tout entière, doit provenir
de quelqu'une de ces figures encore, dont j'ai opposé la conception et la signification à celles du type des κοῦραι. Il est
regrettable que le nez soit mutilé et que le visage soit couvert
de concrétions calcaires qui gâtent la surface du marbre; car
cette tête est d'une exécution excellente et fine. La forme des
yeux, le dessin délicat des lèvres, le travail soigné des oreilles,
le beau modelé du cou, le calme de la physionomie d'où le
sourire a entièrement disparu, dénoncent une œuvre de
l'extrême fin du vi° siècle. L'origine attique en serait malaisément contestable : on remarquera que les boucles de cheveux
frisées sur le front ne diffèrent pour ainsi dire pas de celles de
la *coré* d'Anténor[4] : une ressemblance non moindre existe aussi
pour le contour des paupières, qui donne au globe de l'œil son
enchâssure et son aspect réel.

1. M. Collignon (*Hist. sculpt. gr.*, I, p. 357) dit que le style des *Scribes* a un
« caractère un peu égyptisant »; et M. Perrot (*Hist. de l'art*, VIII, p. 631-632)
a repris cette idée, en y insistant beaucoup. Mais l'idée n'est pas juste, je crois.
2. Hauteur, 0ᵐ,185. — Cf. *Athen. Mittheil.*, XIII, 1888, p. 440; *Bull. corr.
hell.*, 1889, p. 417; Pawlowski, *op. l*, p. 143, fig. 40; Μνημεῖα τῆς Ἑλλάδος,
pl. XXXII, 1, en bas.
3. Par opposition à la *petite tête rouge*, examinée ci-dessus, p. 257.
4. Le même genre de frisures « en coquilles d'escargots » se retrouve sur
une autre tête encore de l'Acropole, tête de femme n° 660 : cf. Pawlowski,
op. l., p. 203, fig. 62; Hofmann, *Untersuchungen über d. Darstellung d.
Haares in d. arch. gr. Kunst*, pl. II, 34; Μνημεῖα τῆς Ἑλλάδος, pl. XXXI, 3, en
bas.

18

Deux autres petites têtes, de provenance attique, doivent être jointes à la précédente. L'une est au musée de l'Acropole.

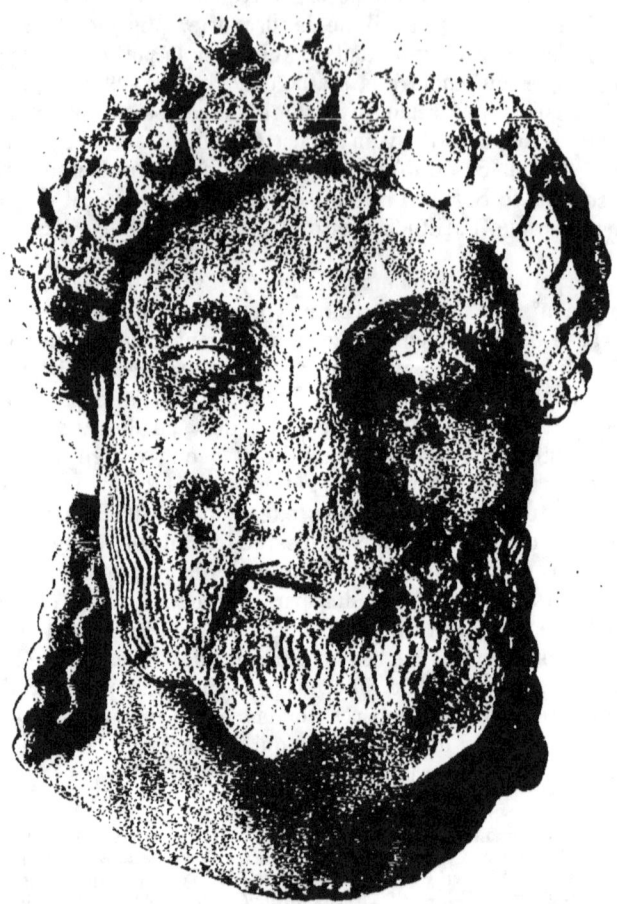

Fig. 23. — Tête d'une statue d'homme : *petite tête bleue*
(Acropole).

n° 642 [1]; plus rapidement exécutée et de moindre valeur que la tête 621, elle lui ressemble par tous les traits principaux :

1. Hauteur actuelle, 0m,10. Très mutilée; il manque tout le haut du crâne, avec le front presque entier et l'œil gauche.

double rang de frisures au dessus du front, barbe et moustache pareilles, même dessin de la bouche et de l'œil, même caractère de la physionomie débarrassée de l'habituel sourire archaïque. L'autre tête est au Musée du Louvre [1] ; et M. Collignon, dans le commentaire très complet qu'il en a donné, a reconnu son caractère attique, en même temps qu'il l'attribuait, à cause des qualités du dessin et du modelé en certaines parties, à l'époque de « l'archaïsme avancé » [2]. Cette petite tête du Louvre, comme les deux de l'Acropole, doit appartenir, en effet, aux quinze ou dix dernières années du vi[e] siècle [3].

Il y a, enfin, les figures d'homme, soit nues ou vêtues, représentées à cheval. Nous avons déjà rencontré, dans le voisinage du *Moschophore*, un de ces cavaliers, dont le torse est le principal morceau qui subsiste aujourd'hui [4]. Les statues de cette espèce devaient être assez nombreuses à Athènes, où le cheval était, comme ailleurs, un luxe pour le citoyen, mais où, de plus, il était considéré comme caractéristique d'une haute classe sociale [5]. Ce sont celles, par malchance, qui ont été le plus mutilées ; aucune d'elles n'a pu être reconstituée entièrement, et presque toutes sont réduites à l'état de lamentables débris. L'une des plus considérables par ses dimensions, puisque le cheval mesure 1[m],50 de longueur, a été allégée de son cavalier et des quatre membres de l'animal, puis quasi transformée, à grands coups de pointe, en pierre de taille pour la reconstruction d'un mur de l'Acropole après 479, et elle n'offre aujourd'hui guère plus d'intérêt artistique qu'une simple pierre de taille [6].

1. Cf. *Monuments grecs*, II, n°s 17-18, 1889-1890, p. 36 (Collignon); Pawlowski, *op. l.*, p. 137, n° 37.
2. *L. l.*, p. 37.
3. Je signale une autre tête encore, au Louvre (*Catal. des marbres*, 2715), qui provient d'Athènes. Elle est un peu plus petite que nature; le travail de la barbe et des cheveux est assez grossier. Elle doit dater aussi des dernières années du vi[e] siècle, et se classe, pour le style, dans le voisinage des têtes ci-dessus décrites. — Enfin, une petite tête barbue, de la collection Warocqué, laquelle provient également d'Athènes [*Collection Raoul Warocqué : Antiq. égypt., grecques et romaines* (Mariemont, 1903), p. 10, n° 8, gravure], me paraît être très voisine, par le style et la facture, de la *petite tête bleue* de l'Acropole (*fig.* 23).
4. Cf. ci-dessus, p. 111-112.
5. Cf. Helbig, *Les ἱππεῖς athéniens* (*Mémoires Acad. Inscr.*, XXXVII, p. 158 et 164 ; p. 6 et 12 du tirage à part).
6. Cf. *Arch. Jahrbuch*, VIII, 1893, p. 138-139, n° 9 (Winter).

Il faut regretter surtout la mutilation de cette importante
et curieuse statue, presque de grandeur naturelle, qui représentait un jeune cavalier athénien en costume asiatique, justaucorps et pantalons collants, bariolés comme un habit d'Arlequin. Les parties qu'on a pu rajuster de cet ensemble, au musée
de l'Acropole [1], comprennent seulement la tête (non complète),
le cou et le poitrail du cheval, les jambes et le bas du ventre
du cavalier. Mais une assiette peinte, de fabrication attique,
conservée au musée d'Oxford [2], nous permet de nous figurer à
peu près tout le reste : le jeune homme, coiffé du bonnet scythe
à brides flottantes, avait au flanc un carquois rond, duquel il a
été retrouvé un morceau ; il portait donc aussi un arc, sans
doute un arc de bronze, dans sa main droite, et tenait dans la
main gauche les rênes de son cheval. Il devait être pimpant
et charmant, fier de son déguisement aux couleurs éclatantes,
ce jeune aristocrate athénien [3] ; et je crois aussi que son image

1. Nᵒ 606. Cf. *Arch. Jahrbuch*, VI, 1891, p. 239 sqq. (Studniczka); *Ibid.*, VIII,
1893, p. 140-141, nᵒ 12, p. 148-149 et p. 151 sqq. (Winter); Pawlowski, *op. l.*,
p. 257, fig. 90; Perrot, *Hist. de l'art*, VIII, p. 635, fig. 324; Lepsius, *op. l.*,
p. 73, nᵒ 49 : marbre des Iles. — M. Studniczka a fait une description très
minutieuse des fragments rajustés ensemble et des quelques fragments, non
rajustés, qui appartiennent sûrement à la statue. Mais il avait donné une
interprétation inexacte de l'œuvre, et, par suite, l'avait mal datée, comme
M. Winter l'a irréfutablement démontré. Il n'y a plus à revenir sur cette discussion, aujourd'hui close. Quant à l'attribution de la statue à une base
portant dédicace au nom de Diocleidès fils de Dioclès (cf. Winter, *l. l.*, p. 156;
Helbig, dans les *München. Sitzungsb.*, 1897, II, p. 279 ; Helbig, *Les ἱππεῖς
athéniens*, dans les *Mémoires Acad. Inscr.*, XXXVII, p. 198 ; p. 46 du tirage à
part), cela reste une hypothèse, très acceptable d'ailleurs, mais non pas certaine.

2. Cf. P. Gardner, *Catal. greek vases in Ashmolean Museum*, pl. XIII; Studniczka, *l. l.*, p. 239. — Il est probable, comme l'admet M. Studniczka (*l. l.*,
p. 246), et malgré les doutes de M. Hartwig (*Griech. Meisterschalen*, p. 10,
note), que la peinture de cette assiette est une libre reproduction du marbre
de l'Acropole. Elle lui serait donc postérieure. Or, si l'inscription qu'elle
porte, Μιλτιάδης καλός, vise réellement le grand Miltiade, elle ne peut être contemporaine que de la jeunesse de celui-ci (cf., sur l'âge des personnages hono-
rés de l'acclamation καλός par les peintres céramistes, Hartwig, *op. l.*, p. 7, et
Furtwængler, dans la *Berlin. philol. Wochenschrift*, 1894, p. 108-110; sans
oublier cependant les justes réserves faites par M. Pottier dans la *Gazette des
Beaux-Arts*, 1902, I, p. 135, et dans les *Monuments Piot*, IX, 1902, p. 168 sqq.).
Cette assiette doit, par conséquent, avoir été peinte avant 500 (cf. Winter,
l. l., p. 154 et note 22) ; et la statue de l'Acropole peut, en effet, être datée,
sans objection sérieuse, des environs de l'année 510. — M. Helbig, *Les ἱππεῖς
athéniens* (*Mémoires Acad. Inscr.*, XXXVII, p. 199-200; p. 47-48 du tirage à
part), croit l'assiette d'Oxford antérieure même à 515, et admet que l'inscription désigne bien le futur vainqueur de Marathon.

3. Sur la qualité sociale de ce cavalier, cf. Helbig, *Les ἱππεῖς athéniens*
p. 199 des *Mémoires* cités ; p. 47 du tirage à part).

nous aurait donné d'instructifs renseignements et qu'elle aurait
tenu une belle place dans le tableau de l'art attique à la fin
du vi° siècle. Ruinée comme elle est, à peine nous livre-t-elle
les indications les plus essentielles. M. Winter[1], relevant un
des rares détails demeurés intacts entre ceux qui sont caractéristiques dans les œuvres de ce temps-là, a signalé que l'œil du
cheval est exécuté dans la même manière exactement que les
yeux de la *coré* athénienne 671 et que ceux de l'*Athéna* du
fronton *de la Gigantomachie* et que ceux aussi de la tête de
lion-gargouille du temple pour lequel ce fronton avait été
sculpté. Nous avons montré plus haut[2] le caractère nettement
attique de la *coré* 671 ; nous verrons plus loin que cette *coré*,
elle-même proche parente de la tête *Jacobsen*[3], offre d'étroites
affinités avec l'*Athéna* de la *Gigantomachie*, et que le fronton
enfin auquel appartient cette *Athéna* est l'œuvre d'un Attique
qui a su, sans perdre ses qualités natives, profiter excellemment
des leçons des maitres ioniens. Il semble qu'on en doive dire
autant de l'auteur de la statue équestre. Une grande simplicité,
une tranquille aisance dans le travail du marbre sont des
qualités qu'il tient de son fonds attique ; une douceur nouvelle
du modelé, un sentiment nouveau de l'élégance, sensible surtout dans l'exécution du pied, finement cambré et allongé,
sont des qualités récemment acquises et déjà assimilées, bien
fondues avec les anciennes.

Il en était des statues de cavaliers comme des *corés* et
des κοῦροι : elles pouvaient aussi bien être dressées sur le
tombeau d'un mort que dans une enceinte sacrée, autour d'un
temple. Une statue funéraire de cette sorte a été retrouvée
en Attique, à Vari[4]. Sur son cheval, un peu plus petit que
nature[5], était assis le cavalier, vêtu d'un chitòn, les jambes
et les pieds nus. Le corps trop long du cheval, les
jambes de l'homme trop courtes, ses genoux remontés
presque sur l'encolure et ses pieds allongés presque sur les
épaules de la bête, marquent assez clairement que l'œuvre
appartient à la période archaïque, et aussi que son auteur

1. *L. l.*, p. 148.
2. P. 241-242.
3. Cf. ci-dessus, p. 259.
4. *Mus. nat. d'Athènes*, 79 ; cf. *Athen. Mittheil.*, 1879, IV, pl. III, p. 302-303
(Lœschcke). — Marbre de l'Hymette.
5. Longueur du corps, en l'état actuel : 1ᵐ,50.

n'était pas un artiste du premier rang. Mais, du reste, ce marbre a tellement souffert, et a gardé si peu de parties encore intactes qu'on ne peut pas risquer une appréciation plus détaillée ; et ce n'est pas sans quelques réserves même que je le place ici, avant plutôt qu'après l'année 500.

CHAPITRE VI

LES BAS-RELIEFS

Un changement capital s'est produit quant à l'espèce des monuments conservés, depuis que nous sommes entrés, avec le *Moschophore*, dans la pleine période du marbre. Tandis que les sculptures de la période précédente ressortissent toutes sans exception au genre du relief[1], nous avons vu défiler, pour la seconde moitié du VIe siècle, une foule imposante de figures en ronde bosse. Il faut conclure de ce contraste, ainsi que nous l'avons dit déjà[2], non pas que la statue proprement dite n'a fait son apparition que vers 550, mais que les statues de l'âge antérieur étaient généralement en bois et n'ont point duré jusqu'à nous. Même si elles avaient duré cependant, je ne doute pas qu'elles ne fussent proportionnellement beaucoup moins nombreuses que celles qui leur ont succédé. Il paraît bien que c'est après 550 que le type du κοῦρος et celui de la *coré* se sont répandus à profusion, et que le *téménos* des grands sanctuaires a commencé à se peupler, en guise d'offrandes, de ces figures idéales de marbre ou de bronze, dont la troupe toujours grossissante et de plus en plus variée devait constituer à la longue, autour de certains temples, les plus prodigieux musées de sculpture que l'homme ait jamais vus.

Le bas-relief, à son tour, profita de ce bel élan de l'art et y gagna, en quelque sorte, d'élargir son domaine. C'est dans le même temps, en effet, que les sanctuaires et les nécropoles commencent à montrer des reliefs isolés, formant un tableau défini et d'habitude tout encadré, au lieu que les reliefs connus de nous pour la période de la pierre tendre font toujours corps avec une construction, ne sont que des parties décoratives d'un édifice. Aussi conviendrait-il de distinguer désormais

1. Cf. ci-dessus, p. 93.
2. Cf. ci-dessus, p. 94.

entre ces deux catégories de reliefs : ceux (votifs et funéraires ensemble) qui sont complets chacun en soi, indépendants, susceptibles d'être changés de place à volonté, et ceux
qui, réunis en des ensembles plus ou moins considérables,
sont, en tout cas, immeubles par destination, rattachés à une
œuvre d'architecture qu'ils servent à décorer[1]. Mais on atten-
dra, pour appliquer cette distinction, que le hasard des fouilles
nous ait rendu au moins quelques échantillons de la seconde
catégorie. Car, actuellement, il n'en existe pas qui puissent
être attribués à l'époque des Pisistratides[2], en dehors des
grands frontons qui viendront au chapitre suivant, et qui ne
peuvent pas être tout à fait confondus avec de simples bas-
reliefs.

Le plus ancien des bas-reliefs attiques en marbre[3] est
un fragment de stèle funéraire, retrouvé à Athènes même[4].
Le sujet représente un homme nu debout, jambe gauche en
avant, bras collés au corps : c'est, à la lettre, une projection
en profil, sur plan, du type le plus archaïque des κοῦροι, dans
la pose la plus raide, la plus étirée de haut en bas, au point
que la main n'est pas même repliée et que les doigts s'étendent
à plat sur la cuisse de toute leur longueur. De grosses incorrections de dessin, telles que l'allongement démesuré des doigts
de la main et les dimensions énormes données à la cuisse en
longueur et en hauteur, témoignent, à leur tour, de la haute
antiquité de ce marbre.

Les proportions du personnage étant sensiblement plus
petites que nature, la stèle n'était donc pas très élevée. Du
moins a-t-elle déjà cette forme oblongue, étroite et mince,
légèrement pyramidante, qui fut adoptée pour les stèles funé-

1. C'est une différence analogue à celle qui existe, dans la peinture, entre
tableaux de chevalet et peintures murales.

2. On ne peut pas compter sérieusement un tout petit relief, découvert à
Lambrica, qui décorait une base : *Mus. nat. d'Athènes*, 42 ; cf. *Athen. Mittheil.*,
XII, 1887, pl. III.

3. Nous avons déjà rencontré, il est vrai, l'*Hermès à la syrinx* (cf. ci-dessus,
p. 104) et un fragment d'une figure de femme (cf. ci-dessus, p. 117, note 1 ;
Au mus. de l'Acrop., p. 185, fig. 18). Ces deux morceaux, qui appartiennent à
la période antérieure à 550, ne sont pas des bas-reliefs, mais des hauts-
reliefs ; ils sont, quoiqu'en marbre, de la même catégorie que les sculptures
en pierre tendre. On ne peut d'ailleurs pas, dans leur état actuel, déterminer
quelle fut leur destination et s'ils ne faisaient point partie d'une suite décorative.

4. *Mus. nat.*, 35 ; cf. Conze, *Att. Grabreliefs*, 9, pl. VII.

raires, presque à l'exclusion de toute autre, par les marbriers
grecs de la seconde moitié du vi° siècle[1] ; forme d'autant plus
notable qu'elle limite d'une façon très resserrée le nombre des
sujets possibles, ou plutôt qu'elle ne laisse guère le choix
qu'entre deux sujets seulement : un personnage debout, ou
bien, si le champ est un peu plus large, deux personnages,
l'un debout et l'autre assis, très rapprochés et se recouvrant
en partie. La mise à la mode d'une telle forme de stèle est
attribuée, avec grande vraisemblance, aux sculpteurs ioniens[2] ;
et son introduction en Attique serait ainsi un des premiers
résultats de l'influence ionienne. Il faut reconnaître cependant
que les sculpteurs de la Grèce propre, en adoptant ce genre
de cadre, avec les nécessités de sujet qu'il implique, n'étaient
pas obligés pour cela de tailler leurs reliefs selon le style
ionien ; ils pouvaient n'emprunter que le moule vide, en se
réservant de le remplir à leur goût, selon leur style à eux ;
et cet emprunt-là n'eût pas eu grande importance. Mais ima-
gine-t-on que l'action des artistes ioniens, si fortement marquée sur les statues, ait été nulle sur les reliefs? M. Lœschcke,
dans une étude déjà ancienne[3], a proposé de faire une distinction de principe entre les statues et les reliefs du vi° siècle :
celles-là, généralement en marbre des Iles, devant être plutôt
l'œuvre de sculpteurs étrangers ; ceux-ci, presque toujours en
marbre pentélique, devant avoir été taillés par des sculpteurs
indigènes[4]. J'ai déjà eu l'occasion de protester contre cette
fâcheuse tendance à prendre l'origine des marbres comme un
sûr critérium de l'origine des œuvres. D'autre part, je ne tire-

1. On en a trouvé un échantillon jusque dans la lointaine Acarnanie, à
Anactorion : *Mus. nat. d'Athènes*, 735 ; cf. *Athen. Mittheil.*, XVI, 1891, pl. XI
(Wolters).
2. Deux des exemples les plus anciens qu'on en connaisse, la stèle funéraire
de Symi (*Bull. corr. hell.*, XVIII, 1894, pl. VIII ; Perrot, *Hist. de l'art*, VIII,
p. 331, fig. 143) et le relief de Dorylée (*Bull. corr. hell.*, XVIII, 1894, pl. IV *bis ;
Athen. Mittheil.*, XX, 1895, pl. I-II ; Perrot, *op. l.*, p. 343, fig. 149), sont, en
effet, de pures œuvres ioniennes. Cf., sur cette question d'origine, *Athen.
Mittheil.*, V, 1880, p. 170-171 (Milchhœfer) ; Furtwængler, *Coll. Sabouroff*,
Introduction, p. 11 ; *Rev. arch.*, 1901, II, p. 160 (S. Reinach) ; Perrot, *op. l.*,
p. 682-683. — Mais il y a lieu de se demander, je crois, si l'invention première
de cette forme ne doit pas être attribuée aux Iles plutôt qu'à l'Ionie asiatique.
On doit songer au travail du carrier avant de considérer la besogne du sculpteur. Ces plaques longues et relativement minces pourraient bien avoir été,
au début, une spécialité de Naxos, comme le furent, vers le même temps, les
grandes tuiles de marbre, dues à l'habile initiative du Naxien Byzès.
3. Cf. *Athen. Mittheil.*, IV, 1889, p. 36 sqq., 289 sqq., surtout p. 305-306.
4. Cf. aussi Perrot, *op. l.*, p. 683.

rai pas argument du fait (car ce pourrait être une exception)
qu'une des rares bases de monuments funéraires qui nous aient
gardé la signature de l'artiste, porte précisément le nom d'un
sculpteur ionien[1]. Je me bornerai à rappeler que les auteurs
de reliefs funéraires ou votifs, étant la plupart des ouvriers
de deuxième ou troisième ordre, n'ont guère fait jamais que
suivre docilement le grand courant de l'art contemporain, et
que, si l'on trouve naturel qu'ils aient reflété, dans le dernier
tiers du v° siècle, le style de Phidias, il ne l'est pas moins
qu'ils aient ressenti fortement, dans la seconde moitié du
vi° siècle, l'influence des productions ioniennes. Aussi bien,
parmi les quelques reliefs de cette période, il y en a qui ont tout
l'air d'avoir été exécutés par la main d'un Ionien ; ou, s'ils sont
d'un Attique, c'est donc que cet Attique avait admirablement
profité des leçons de ses maîtres étrangers.

Ainsi, le précieux fragment, si justement admiré par Rayet
au musée d'Athènes[2], me paraît être du pur ionien, du plus fin
et du meilleur. « Le peu de saillie du relief, l'élégance du dessin poussée presque jusqu'à la gracilité, le soin minutieux mis
à reproduire les moindres détails et jusqu'à l'imperceptible
plissé d'une fine tunique de lin, l'amincissement des poignets
et la longueur des doigts »[3], la coquetterie des longues boucles
de cheveux tombant sur l'épaule à espacements réguliers, l'adorable maniérisme des gestes relevant très haut les plis du vêtement, sont des traits qu'on retrouve, les uns, encore hésitants et mal formés, dans le vieux relief de Dorylée, les autres,
épaissis et alourdis, dans les médiocres sculptures du « monument des Harpyes », presque tous enfin réunis dans certaines
parties de la frise du *Trésor des Cnidiens*[4], où ils ont une fraîcheur, une vivacité, une grâce charmantes[5].

1. Monument de *Lampitó*, par Endoios : cf. Lœwy, *Inschr. gr. Bildh.*, 8. —
M. Lœscheke (*l. l.*, p. 305) a été le premier à revendiquer Endoios pour
l'Ionie.

2. *Mus. nat.*, 36; *Bull. corr. hell.*, IV, 1880, pl. VI, p. 530 (Rayet); Conze,
Att. Grabreliefs, 20, pl. XII ; Brunn-Bruckmann's *Denkmæler*, 17, B ; Collignon, *Hist. sculpt. gr.*, I, p. 388, fig. 202; Perrot, *Hist. de l'art*, VIII, p. 657,
fig. 336. — Marbre pentélique : cf. Lepsius, *op. l.*, p. 77, n° 101.

3. Expressions de Rayet, *l. l.*

4. Comparer, par exemple, la chevelure de la femme debout dans le relief
athénien et celle d'une des déesses assises du *Trésor des Cnidiens* (Collignon,
Hist. sculpt. gr., II, p. 61, fig. 27 ; ou Perrot, *Hist. de l'art*, VIII, p. 373,
fig. 470 : dernière figure à droite).

5. Un autre moyen de comparaison, fort utile pour bien saisir tous les traits

Inférieur pour les qualités d'exécution, mais tout animé du même esprit, est encore le relief de l'Acropole n° 581, qui représente des adorants amenant à *Athéna* une truie pour le sacrifice[1]. La figure d'Athéna, étroite et mince sous ses vêtements aux menus plis abondants, avec le geste de la main gauche qui pince délicatement et relève à une hauteur invraisemblable l'étoffe du chitôn, rappelle de très près, par beaucoup de détails de la facture, les deux personnages du relief précédent[2]. Elle apparaît ici précieuse et maniérée, la fière Pallas, jusque dans le geste de sa main droite, inoccupée, remontée inutilement vers la poitrine, et dont tous les doigts sont pliés, sauf le petit qui fait l'important et s'allonge très raide. Les adorants sont exécutés dans un goût pareil : la femme debout, qui occupe l'extrémité droite, montre au dessus

ioniens de ce relief, nous est fourni par une sculpture de la collection Jacobsen : *Athen. Mittheil.*, VIII, 1883, pl. XVI (Furtwængler); Arndt, *Glypt. Ny Carlsberg*, pl. 4, *A*. Celle-ci montre une femme debout, dans la même pose — retournée — et avec le même geste des deux bras que la femme debout du morceau athénien. C'est, chez les deux personnages, le même redressement du corps, la même cambrure des reins, la même netteté de contours, la même fermeté de la poitrine se tendant en avant. Mais les différences sont intéressantes. Comme tout est coupé plus net dans le relief Jacobsen ! et comme tout est plus souple dans le relief d'Athènes! Dans celui-ci, il y a plus d'élégance étudiée et de coquetterie savante ; dans l'autre, plus de simplicité et de sobriété. Dans le relief athénien, les bras sont grêles et minces, avec les attaches fines ; dans l'autre, les bras sont plus gros, robustes, un peu carrés. Et on notera aussi, dans ce dernier, le costume plus sévère, les cheveux simplement massés : le maniérisme n'apparaît, exquis d'ailleurs, que dans le geste de la main gauche relevant très haut une pointe de l'himation. Or, le relief Jacobsen provient de Laconie, et doit être sorti d'un atelier laconien. Il est, sans doute, d'une époque où l'action des sculpteurs ioniens s'était exercée sur l'art du Péloponnèse ; mais, à côté de l'élégance un peu apprêtée qu'il doit à l'imitation des œuvres asiatiques et insulaires, il a gardé encore beaucoup du vieil esprit dorien, sérieux et sévère. Comparé à ce relief laconien où s'aperçoit le mélange des deux tendances, le relief d'Athènes se manifeste d'autant plus purement ionien. — Se rappeler aussi la stèle d'Ægine publiée par M. Furtwængler (*Athen. Mittheil.*, VIII, 1883, pl. XVII). M. Furtwængler l'a, précisément, rapprochée du relief 36 du musée d'Athènes. C'est une œuvre ionienne de la seconde moitié du VIe siècle, et un témoin de plus de la diffusion des artistes asiatiques et insulaires dans toute la Grèce à cette époque.

1. Cf. Ἐφημ. ἀρχ., 1883, p. 42, n° 19 (Mylonas) ; *Ibid.*, 1886, pl. IX (Staïs) ; Bœtticher, *Akropolis* (1888), pl. IX ; Brunn-Bruckmann's *Denkmæler*, 17, *A* ; Collignon, *Hist. sculpt. gr.*, I, p. 379, fig. 196 ; Perrot, *Hist. de l'art*, VIII, p. 621, fig. 314. — On a retrouvé ensuite et rajusté à sa place un fragment qui donne le bas de la jambe gauche d'Athéna et la tête de la truie. — Noter que le cimier du casque avait été indiqué seulement en couleur, sans relief ; la couleur a disparu, mais on en voit encore fort bien la trace.

2. J'ai indiqué ce rapprochement dès 1892 : cf. *Bull. corr. hell.*, XVI, 1892, p. 502.

de ses pieds nus un plissé de vêtement qui est d'une jolie élégance, et les contours de son corps mince, fortement cambré
à la taille, sont identiques à ceux que laisse voir la déesse.
Immédiatement devant Athéna, deux jeunes hommes nus, de
taille minuscule, lèvent la main avec un geste précieux, et l'un
d'eux étend si bien ses doigts qu'ils sont arqués à l'envers,
comme s'ils tendaient à toucher du bout de leurs ongles le dos
du poignet. Il n'est pas indifférent de noter que ce relief, où
la coquetterie ionienne apparaît poussée presque jusqu'à l'outrance, est, contrairement à l'habitude générale, non pas en
marbre pentélique, mais en marbre des Iles[1].

Enfin, je crois qu'il convient de placer immédiatement après
les deux marbres ci-dessus décrits ce curieux petit bronze de
l'Acropole[2], figure qu'on ne sait, au premier abord, de quel
nom désigner : qui n'est pas une statuette, puisqu'elle n'a pas
d'épaisseur et que, regardée de face, elle perd on peut dire
toute forme ; qui est un composé de deux feuilles de métal,
travaillées chacune à part en vue de leur jonction future, puis
rivées l'une contre l'autre ; une juxtaposition de deux profils
de la même personne, mais ayant une importance inégale ; —
en somme, un *relief double*, avec face et revers[3]. Si l'on veut

---

1. Cf. Lepsius, *op. l.*, p. 71, n° 42. — Je rappelle, en passant, un petit fragment retrouvé à Éleusis, qui doit provenir d'un relief d'adorants analogue à
celui de l'Acropole : cf. 'Εφημ. ἀρχ., 1884, pl. VIII, 2, p. 182 (Philios). Ce
fragment est aussi en marbre des Iles.

2. Aujourd'hui au Musée national d'Athènes. Cf. ancien *Catalogue* des sculptures de l'Acropole (1888), n° 9 ; *Athen. Mittheil.*, XI, 1886, p. 453 ; 'Εφημ. ἀρχ.,
1887, pl. IV ; Brunn-Bruckmann's *Denkmæler*, 81, *A* ; Collignon, *Hist. sculpt.
gr.*, I, p. 380, fig. 197 ; De Ridder, *Catal. bronzes Acrop.*, 794 ; Perrot,
Hist. de l'art, VIII, p. 613 et 614, fig. 309 et 310 ; Μνημεῖα τῆς Ἑλλάδος,
pl. VI-VII, p. 30 sqq. (Staïs). — On a retrouvé encore sur l'Acropole la partie
inférieure d'une seconde figure pareille : cf. De Ridder, *op. l.*, 795.

3. C'est quelque chose d'analogue (non pas semblable cependant) à ce
tableau double de Daniel de Volterra, qui est exposé au Louvre, dans la
grande galerie du bord de l'eau : le même sujet, *David et Goliath*, est peint
sur les deux faces de la toile, mais d'un point de vue différent, en sorte que,
d'un côté, on voit le profil droit du groupe et, de l'autre côté, le profil gauche.
— L'artifice du bronze de l'Acropole mérite, d'ailleurs, d'être expliqué avec plus
de détail qu'on ne l'a fait jusqu'à présent. La figure *paraissant* dressée rigoureusement de profil, mais étant composée d'un profil droit et d'un profil
gauche, le spectateur s'attend à ne voir de chaque côté que les contours de la
moitié du corps. Par exemple, il devrait voir, sur le profil droit, le profil du
sein droit, et, sur le profil gauche, le profil du sein gauche ; quant au dos,
il *ne devrait pas* exister. Or, ce profil rigoureux, logique, n'a pas été observé,
sauf pour la tête avec la chevelure flottante et pour les jambes. Mais la poitrine a été modelée d'un seul côté (profil droit), et de ce côté elle se présente

bien examiner de près cette *Athéna* de bronze, la forme allongée de son bras nu, son poignet mince, ses doigts longs, les
contours de ses jambes, visibles sous le vêtement, la soyeuse
délicatesse de sa chevelure tombante, la minutieuse ciselure
des plis multipliés de son chitôn et de son himation ; puis, cet
examen terminé, revenir à l'*Athéna* de marbre du précédent
relief et à la femme debout de la plaque du Musée national, on
sentira qu'il existe entre ces œuvres une réelle parenté de
physionomie [1], et que le relief de bronze reproduit les caractères essentiels des reliefs de marbre, mais en les portant à
un degré supérieur d'acuité, grâce à l'extraordinaire finesse
des saillies, dont le métal seul est capable. D'autre part, le
dessin de la bouche, aux lèvres un peu proéminentes, me
semble pareil à celui que l'on constate sur le vieux relief
ionien de Dorylée [2].

de trois quarts; de l'autre côté, il n'y a rien : cf. les deux gravures juxtaposées par M. De Ridder, *op. l.*, p. 311. A cette première anomalie s'en ajoute
une autre : l'égide, dans les statues ou statuettes d'Athéna, est ordinairement
disposée de façon que, par devant, elle ne tombe pas très bas, à peine au
dessous des seins, et que par derrière, au contraire, elle couvre le dos entier,
descend même jusqu'aux cuisses. On doit donc s'attendre, ici, que l'égide
soit très courte de l'un et l'autre côté, puisque l'on compte que le dos n'existe
pas et que la figure offre de chaque côté le profil de sa poitrine. Or, sur l'une
des faces (profil droit), l'égide est en effet très courte; mais, sur l'autre, elle
descend très bas, jusqu'aux cuisses : cf. les deux gravures de M. De Ridder.
On constate par là que, dans cette figure qu'on croit d'abord posée toute de
profil, le torse est tourné de trois quarts vers la droite : ainsi s'explique que,
sur la face droite, on voie la poitrine presque entière et que le bras droit soit
très sensiblement rejeté en arrière; et si, sur la face gauche, l'égide descend
tellement bas, c'est que cette face représente non pas la poitrine, mais le
dos; par quoi s'explique aussi la position du bras gauche, différente de celle
du bras droit. Les étrangetés qui subsistent encore après cela (comme le bras
gauche entièrement recouvert par l'égide ; il ne devrait pas l'être plus que le
bras droit) résultent de l'étrangeté de l'entreprise même. Mais, du moins, la
figure, analysée comme nous l'avons fait, se laisse bien comprendre : elle
n'est pas composée de deux profils égaux, elle a une face et un revers ; la
face est le profil droit, le revers est le profil gauche. Et nous sommes ainsi
conduits à une conclusion notable, à savoir que ce bronze ne doit pas être du
tout qualifié de statuette, même en ajoutant : statuette aplatie au laminoir.
C'est un relief, conçu selon les lois du relief archaïque, c'est à dire avec la
tête, le torse et les jambes disposés respectivement de manière à *éviter partout les difficultés du raccourci*.
    1. Comparer aussi la partie inférieure du bronze (les deux jambes et les
plis du chitôn entre les deux) avec la partie correspondante de la femme
debout dans le coin droit du bas-relief de l'Acropole ci-dessus décrit.
    2. Cf. également, à ce point de vue, un *Sphinx* chypriote d'exécution
ionienne, au Louvre : *Bull. corr. hell.*, XVIII, 1894, pl. VII; Perrot, *Hist. de
l'art*, VIII, p. 329, fig. 142.

Ces trois reliefs, deux en marbre et un en bronze, deux votifs et un funéraire, sont unis entre eux, en dehors des ressemblances de style, par un trait commun, qui mérite une attention spéciale. Nous avons dit, devant les plus anciens frontons attiques en pierre tendre[1], que le bas-relief n'est, à l'origine, qu'une sorte de développement plastique de la décoration peinte. Les rapports de la sculpture sur plan avec le dessin colorié, l'étroite union originelle de ces deux genres de représentation figurée, sont choses que l'on a trop souvent et trop bien démontrées[2] pour qu'il ne soit pas superflu aujourd'hui d'y revenir en détail. Mais il arrive parfois, à ce sujet, qu'on s'imagine avoir apporté un supplément de démonstration, quand on a signalé que telle ou telle partie d'un relief a été exécutée seulement en peinture, sans intervention du ciseau[3]. Les exemples d'un tel procédé abondent, non seulement à l'époque archaïque, mais dans tous les siècles de l'art grec ; c'est un expédient commode, qui est dû à l'usage de la polychromie. Seulement les rapports du relief et de la peinture doivent, à mon avis, être envisagés d'un autre point de vue ; et la question de la couleur importe moins que celle du dessin.

Le bas-relief étant issu du dessin colorié, mais empruntant à la statuaire son principal moyen d'exécution, deux voies un peu différentes s'ouvraient devant le sculpteur de reliefs, selon qu'il se laisserait guider davantage d'après les œuvres de la peinture ou celles de la statuaire. Tout en observant les règles inéluctables du genre[4], l'artiste pouvait, par exemple, accorder le meilleur de son attention au modelé, et, en conséquence, préférer les formes nues ou largement drapées ; il pouvait rechercher les saillies un peu fortes, qui donnent plus de jeu au ciseau, plutôt que de buriner une surface plate, aux variations presque insensibles ; en somme, transporter au

---

1. Cf. ci-dessus, p. 95.
2. Cf. surtout Conze, *Ueber d. Relief bei d. Griechen* (*Berlin. Sitzungsb.*, 1882, I, p. 563 sqq., spécialement p. 574-575). — Mais nul n'a mieux marqué la différence *de genre* entre la statue et le relief que J. Lange, *Darstellung d. Menschen*, trad. Mann, p. X et XX sqq. de l'Introduction.
3. Comme le cimier du casque d'*Athéna*, dans le relief 581 de l'Acropole : cf. ci-dessus, p. 283, note 1.
4. « Le bas-relief est une forme de l'art soumise à des règles définies. » (E. Guillaume, *Études d'art antique et moderne*, p. 179.) — « Le bas-relief n'a pas son type dans la nature : c'est une forme créée par l'art. » (*Id.*, *Essais sur la théorie du dessin*, p. 122). — Pour les règles et principes du bas-relief, cf. les développements de M. Guillaume (*Essais*, p. 122 sqq.).

relief, dans les limites du possible, les qualités plastiques propres à la statue. Mais, s'il restait, au contraire, davantage attaché aux modèles de la peinture, en quel sens ceux-ci devaient-ils nécessairement l'incliner? Sans connaître les œuvres des peintres du VI° siècle, il suffit de savoir qu'ils n'usaient encore que de teintes plates pour que nous ayons l'assurance que l'essentiel, dans leurs peintures, c'était le dessin; et de ce dessin, nous pouvons nous faire une idée assez juste, grâce aux « vases peints » contemporains. Rappelons-nous certains de ces vases, des débuts mêmes de la technique dite à figures rouges : on ne vantera jamais assez l'étonnante sûreté du tracé de leurs lignes noires vernissées, souples et fermes comme un cheveu, qui ont quelque chose à la fois de métallique et d'élastique, et qui, dans les longs plis d'une draperie, sont si joliment filées d'un trait égal, et si exactement parallèles, sans un tremblement, sans une retouche[1]; leur précision et leur finesse ont un charme souverain, inexprimable. Or, si l'on songe que beaucoup, la majorité peut-être[2] des stèles funéraires et plaques votives étaient demandées aux peintres plutôt qu'aux sculpteurs, on comprend que ceux-ci aient été enclins quelquefois à suivre leurs concurrents d'aussi près que possible, et aient tâché de donner à leurs reliefs très plats, presque sans modelé, la séduction des fins contours précis, des lignes fines, nettes et serrées, d'un travail minutieux du ciseau, égalant en délicatesse celui du pinceau. C'est justement ce qu'ont fait les auteurs des trois reliefs en question, et on s'en convaincra mieux encore, si on prend la peine de chercher quelques peintures de vases à leur comparer[3].

Par là encore, ces reliefs, dans le détail desquels nous avons saisi plusieurs ressemblances avec des œuvres d'origine ionienne, se mettent en dehors de la vraie tradition attique.

---

1. Cf. Pottier, *Catal. des vases du Louvre*, I, p. 22; *Gazette des Beaux-Arts*, 1902, I, p. 226-228 (Pottier).

2. Par là s'explique, en partie, la rareté des reliefs de l'époque archaïque, abstraction faite de la sculpture de décoration monumentale.

3. Cf., par exemple, la coupe d'Euphronios, *Thésée chez Amphitrite*, dont la meilleure reproduction a été publiée par M. Pottier (*Vases antiques du Louvre*, II, pl. 102). Soit qu'on examine les plis des vêtements ou les contours des parties nues ou l'égide écailleuse d'*Athéna* et les longues boucles ondulées de sa chevelure, on sera frappé des analogies avec les détails correspondants des trois reliefs. Cette coupe doit être datée de la période 500-480. — Cf. aussi la coupe de Sosias, au musée de Berlin (*Antike Denkmæler*, I, pl. 9), qui, celle-là, doit être antérieure à 500.

Nous ˜avons, en effet, constaté, en suivant le progrès des
anciens reliefs en pierre tendre, la prédominance évidente des
qualités de vigueur, de largeur, d'expression simple et franche ;
et les statues qui sont restées le plus fidèles à l'esprit de
l'école indigène, depuis le *Moschophore* jusqu'à la grande *coré*
signée d'Anténor, se distinguent aussi par le dédain du travail menu, par une exécution d'une simplicité large, visant uniquement l'effet d'ensemble[1]. Se figure-t-on Anténor ou l'un
quelconque des artistes inconnus dont nous avons rassemblé
les œuvres autour de la sienne, ayant un bas-relief à exécuter, et le traitant dans le style de la plaque 36 du musée
d'Athènes et de la plaque 581 du musée de l'Acropole? De
fait, les autres monuments de cet ordre, retrouvés en Attique,
qui vont être énumérés, offrent un caractère différent, et, quoiqu'ils aient pris leur part des influences ioniennes, ceux-là du
moins apparaissent comme étant bien des produits attiques.

Il s'agit surtout de reliefs funéraires ; et le premier à citer
est le fragment qui subsiste d'une haute stèle où devait être
représenté un jeune homme nu, marchant à droite, tenant sur
l'épaule gauche un large disque, contre le plat duquel la tête
se détache en profil[2]. Ce *Discophore*, comme on l'appelle, est
très voisin, par maints détails de l'exécution, des anciennes
sculptures purement attiques. L'œil, grand et bien ouvert, a
ses deux angles interne et externe prolongés par une petite
arète saillante, comme on le voit dans le *Moschophore*, dans
l'*Hermès à la syrinx*, etc. ; le lobule de l'oreille, large et plat,
est tout semblable à celui des oreilles du triple *Typhon*; les
ailes du nez, bien cernées et détachées, sont encore un trait
d'autrefois ; et d'ailleurs tout le visage, osseux et fort, répond
à la construction solide des anciennes têtes en ronde bosse[3].

---

1. Cf. ci-dessus, p. 240 sqq.
2. *Mus. nat. d'Athènes*, 38. Cf. Conze, *Att. Grabreliefs*, 5, pl. IV ; publié en
dernier lieu par Perrot, *Hist. de l'art*, VIII, p. 664, fig. 342. — On a prétendu
quelquefois que cette tête, ainsi qu'un autre fragment de stèle (*Mus. nat.
d'Athènes*, 83 ; Conze, *op. l.*, 12, pl. VIII, 3), devaient tous deux provenir du
monument funéraire de *Xénophantos*, dont la base avec inscription a été
retrouvée (*Inscr. attic.*, 1, *Suppl.*, 477 *b*) ; mais cette hypothèse a été nettement réfutée.
3. On a eu l'idée jadis (cf. *Bull. corr. hell.*, IV, 1880, p. 258) de rapprocher
le *Discophore* de la stèle archaïque d'Abdère (*Mus. nat. d'Athènes*, 40 ; *Bull.
corr. hell.*, IV, 1880, pl. VIII ; Brunn-Bruckmann's *Denkmæler*, 551, *B* ; Perrot,
Hist. de l'art, VIII, p. 357, fig. 157). Brunn a protesté avec raison (cf. *Athen.*

Avec cela, on trouve, dans la bouche très arquée et le sourire fortement souligné par un gros pli de la chair au bord des joues, les traces du souffle nouveau venu d'Ionie[1]; il ne fait encore que glisser à la surface et n'entame pas le fond, qui est vigoureux, franc, un peu rude. En somme, la stèle du *Discophore* paraît être arrivée à peu près au même degré, dans la marche générale de l'art attique, que cette *petite tête à polos* que nous avons rencontrée jadis[2], au cours de la période de transition : postérieure à l'époque du *Moschophore*, antérieure à l'apogée de l'influence ionienne.

On ne peut guère séparer du *Discophore* le fragment, aujourd'hui conservé au musée de Berlin, que l'on appelle souvent, du nom de son premier possesseur, le *relief Finlay*[3]. C'est la partie supérieure d'une haute stèle où devait être représenté un jeune homme nu, debout, posé de profil à droite, s'appuyant de la main gauche sur sa lance. La tête seule subsiste. Avec son nez fin et droit, sa bouche tranquille, l'air calme de sa physionomie, cette tête offre, comme l'a dit justement M. Furtwængler[4], un caractère de noblesse aristocratique que n'a point le *Discophore*. Mais le dessin de l'œil, la nette cernure des ailes du nez, la forme du lobule de l'oreille (autant du moins que les graves mutilations du marbre permettent d'apprécier ces divers détails) témoignent que les deux reliefs sont sensiblement du même art et du même temps. Cependant le second semble déjà plus éloigné que le premier des vieilles sculptures attiques[5]; il est plus adouci d'aspect, d'un travail

Mittheil., VI, 1883, p. 92) contre ce rapprochement, et a résumé son jugement en paroles qui méritent d'être retenues : « Les deux têtes sont aussi opposées que possible pour le fond : dans le *Discophore*, la vie et le sentiment semblent jaillir du dedans au dehors ; dans la tête d'Abdère, les formes molles cachent l'être intime au lieu de le révéler. » — Le relief d'Abdère rentre dans la classe des œuvres ioniennes. Je le trouve très voisin, pour la douceur et la rondeur caressée du travail, d'une petite tête en relief provenant du vieux temple d'Éphèse (cf. *Journ. hell. stud.*, X, 1889, pl. IV, 1). Je prie qu'on le compare aussi avec une tête peinte sur un sarcophage de Clazomènes, au musée de Berlin (*Antike Denkmæler*, II, pl. 25, dans le bas, à gauche).

1. Remarquer, en passant, que la chevelure roulée en un paquet long, arrondi et annelé, de la forme d'une grosse chenille, est du même type que celle d'*Athéna* dans le relief 581 de l'Acropole, ci-dessus décrit.

2. Cf. ci-dessus, p. 201, *fig.* 13.

3. *Mus. de Berlin*, 733. Cf. Conze, *Att. Grabreliefs*, 6, pl. V; Furtwængler, *Coll. Sabouroff*, pl. II; publié en dernier lieu par Perrot, *Hist. de l'art*, VIII, p. 665, fig. 343.

4. *Coll. Sabouroff*, notice de la planche II.

5. Noter que le *relief Finlay* est en marbre de Paros.

19

moins vigoureux. Et de laquelle des sculptures en ronde bosse
l'a-t-on rapproché, en effet [1] ? De cette tête prétendue d'Ægine,
que nous avons dû classer tout à l'heure dans la catégorie des
marbres « pseudo-ioniens » [2].

La plus complète et la mieux conservée des grandes stèles
funéraires de ce genre fut trouvée en 1848 près Vélanidéza,
et nous en connaissons à la fois l'auteur et le destinataire :
monument d'*Aristion*, par Aristoclès [3]. Les discussions sur
le nom d'Aristoclès n'ont conduit à aucun résultat précis [4] ; on
peut seulement admettre (en attendant qu'on en soit plus
assuré) que cet artiste était un Attique ; et l'inscription jointe
à son œuvre incline à dater celle-ci des années 540-520. Quant
à *Aristion*, il est fort possible qu'on doive reconnaître en lui
un des hommes les plus en vue du parti de Pisistrate, un de
ceux qui aidèrent le plus efficacement à la fortune du tyran [5].
En tout cas, il n'est pas douteux que le relief appartienne à la
pleine époque des Pisistratides, où les sculpteurs d'Asie et des
Iles faisaient florès à Athènes. On aperçoit bien ce que leur a
pris Aristoclès ; et son œuvre, qui n'est assurément que d'un
artiste de second ordre, doit intéresser surtout par la combinaison qu'elle présente des éléments attiques avec les
emprunts ioniens. Les cheveux, arrêtés court sur la nuque, et
disposés en boucles tirebouchonnées qui se recroquevillent à
leur extrémité, ont le même aspect que ceux de la *petite tête
rouge* de l'Acropole [6], laquelle nous a déjà rappelé, par le
détail de la chevelure derrière le crâne, les têtes du triple
Typhon. Le contour renflé vigoureusement, mais non bour-
souflé, des bras et des cuisses, puis les longs sillons régulièrement creusés dans la partie inférieure de la jambe droite,
évoquent la musculature du *Moschophore* et des *Héraclès* en
pierre tendre. En revanche, les menus plis, si fins, si bien

1. Cf. Furtwængler, *l. l.*
2. Cf. ci-dessus, p. 257.
3. *Mus. nat. d'Athènes*, 29. Cf. Conze, *Att. Grabreliefs*, 2, pl. II, 1 (en couleur); Brunn-Bruckmann's *Denkmæler*, 41, *A* ; Perrot, *Hist. de l'art*, VIII.
p. 663, fig. 341 (la partie supérieure, à grande échelle). — Pour l'inscription,
cf. Lœwy, *Inschr. gr. Bildh.*, 10 ; autre inscription avec le nom du même
sculpteur Aristoclès : cf. Lœwy, *op. l.*, 9.
4. Cf. Lœwy, *l. l.*
5. Aristote, 'Αθ. Πολ., 14, 1 ; Plutarque, *Solon*, 30. — Hypothèse de M. von
Wilamowitz-Mœllendorff, que paraît approuver M. Wilhelm (cf. *Athen.
Mittheil.*, XXIII, 1898, p. 479, note 2).
6. Cf. ci-dessus, p. 257.

étagés en escalier, du vêtement autour des cuisses et sur l'épaule, puis les légères ondulations de la barbe, pareilles à celles qui figurent le plissé du chitôn dans les statues de femme, font souvenir des délicatesses de travail un peu mièvres des *corés* ioniennes. L'angle interne de l'œil offre cette forme arrondie et abaissée, dont nous avons noté[1] que l'observation première semble avoir été un des mérites de l'art ionien. D'autre part, si l'exactitude laisse encore à désirer par places[2], du moins le modelé est savoureux et témoigne, si je puis dire, d'un sentiment de la chair, de la chair élastique et vivante, dont on ne trouve pas l'analogue dans les œuvres attiques de l'époque antérieure : ce sentiment-là, c'est les Ioniens qui l'ont eu les premiers et en ont doté l'art grec[3].

Mais tout n'était pas gain dans l'imitation des œuvres ioniennes. Que l'on compare la physionomie d'*Aristion* avec celle du *Discophore* et avec la tête du *relief Finlay*[4], on verra combien l'expression a perdu de sa fraicheur et de sa vivacité. Ces deux-ci étaient vivantes ; chez le *Discophore* surtout, « la vie jaillissait du dedans au dehors »[5], comme elle jaillit des visages de la *statue xoanisante* et du *Moschophore* et du triple *Typhon* lui-même. *Aristion*, au contraire, a un air pesant, inerte, « endormi »[6] ; au lieu que la tête soit fermement redressée, comme on la voit dans le *relief Finlay*, elle penche en bas, la nuque se courbe et les yeux regardent à terre : or, cette pose alourdie de la tête, qui semble provenir d'un manque de ressort intérieur, et qui contient le germe et l'annonce de l'avachissement levantin par où sera gâté plus tard le « *monument des Harpyes* », on la constate généralement chez les *corés* ioniennes ; et nulle part on n'en sera plus frappé qu'au musée de l'Acropole dans ce « salon des *corés* » où la *statue xoanisante*, la grande *coré* d'Anténor et aussi la *coré* 685[7] paraissent vouloir montrer à leurs voisines ce qu'est une

1. Cf. ci-dessus, p. 226, note 1.
2. Les deux mains sont pliées d'une manière forcée, impossible, surtout la main gauche serrant la lance.
3. Nous aurons bientôt à revenir sur ce point.
4. Cette comparaison a été faite avec une minutieuse exactitude et en termes généralement très justes par M. Furtwængler : *Coll. Sabouroff*, notice de la planche II.
5. Expressions de Brunn, citées ci-dessus, p. 288, note 3.
6. Le mot est de M. Furtwængler, *l. l.*
7. Cf. ci-dessus, p. 235.

attitude ferme, ce qu'est une tête relevée, avec un franc regard droit. — On discerne donc là un art mixte, ou plutôt un art qui est en train de s'assimiler des qualités nouvelles, mais en même temps compromet quelquefois et risque de perdre, chez certains de ses représentants du moins, d'autres qualités qu'il possédait antérieurement et qui faisaient son mérite ; ainsi considérée, la stèle de Vélanidéza correspond assez bien à l'état moyen de la sculpture attique dans la seconde moitié du vi° siècle.

En inscrivant son propre nom sur le monument funéraire d'*Aristion*, Aristoclès a-t-il voulu revendiquer pour lui l'invention de ce type nouveau du citoyen debout dans son harnais de guerre, casqué, cuirassé, « cnémidé » ? La chose n'est pas improbable, et en ce cas sa précaution ne fut pas inutile ; car le type fut immédiatement imité et quasi littéralement copié. Nous en connaissons aujourd'hui déjà deux répliques : l'une a été trouvée en 1888 à Stamata, dans l'ancien dème d'Icaria[1] ; l'autre, encore inédite[2], provient des environs de Thèbes et a été recueillie au musée de Thèbes (*fig.* 24). La stèle de Stamata, où manque malheureusement la tête, paraît, au premier coup d'œil, presque identique à celle de Vélanidéza ; mais elle est moins riche en détails, et d'une exécution moins fine, moins curieuse[3]. Celle de Thèbes, dont il ne subsiste que la partie inférieure depuis le ventre jusqu'aux pieds, est plus voisine encore de l'œuvre d'Aristoclès : les plis du vêtement autour des cuisses et les doubles lambrequins de la cuirasse s'y répètent avec des différences à peine sensibles : bien que retrouvé en Béotie, nul doute que ce marbre rentre dans la production attique.

Une variante du même type nous est fournie par un fragment découvert à Athènes[4]. C'est la partie supérieure d'une stèle

---

1. Cf. Conze, *Att. Grabreliefs*, 3, pl. II, 2 : *American journ. arch.*, V, 1889, pl. I.
2. Elle sera publiée prochainement par M. Mendel, dans le *Bulletin de correspondance hellénique*.
3. Les plis du chitôn n'existent pas sur l'épaule : ceux qui débordent la cuirasse sur la cuisse sont réduits au minimum et d'un travail sommaire.
4. *Mus. nat. d'Athènes*, 33. Cf. Conze, *Att. Grabreliefs*, 4, pl. III. — De la même stèle provient peut-être un autre fragment, qui a conservé le bas des jambes d'un hoplite appuyé sur sa lance (*Mus. nat. d'Athènes*, 34 ; Conze, *op. l.*, 10, pl. VIII, 1). Mais, comme le dit sagement M. Conze, ce type de stèle ayant été certainement répété à de nombreux exemplaires, l'hypothèse que les deux fragments ont appartenu à deux stèles différentes est pour le moins aussi probable que l'hypothèse contraire.

représentant un hoplite debout, appuyé sur sa lance. Celui-là

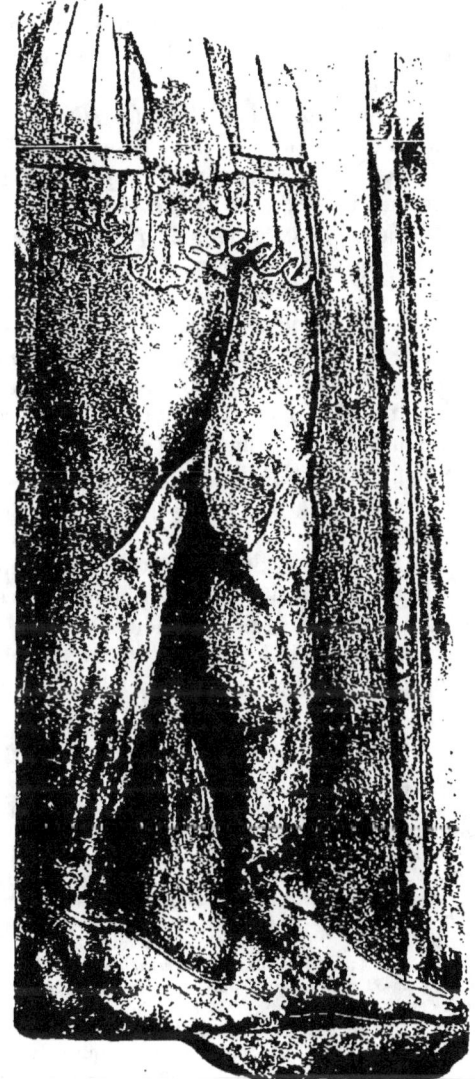

Fig. 24. — Fragment de stèle, du type de la stèle d'*Aristion*
(Musée de Thèbes).

porte le casque de forme corinthienne, et d'autres détails de

costume encore le différencient du modèle précédent. Mais,
pour l'ensemble, il n'y a rien de changé, ni à la forme de la
stèle, ni au caractère du personnage figuré. Le morceau est,
d'ailleurs, si gravement mutilé qu'il doit suffire d'en faire
mention en passant.

C'est encore, très probablement, d'une stèle avec représentation d'hoplite debout que provient le fragment conservé à
Rome, dans la collection Barracco [1]. Du personnage principal,
les pieds seuls subsistent, avec le bas de la lance. Mais cette
stèle était divisée en deux étages ou registres d'inégale hauteur; et tout le registre inférieur, où l'on voit un cavalier
tenant deux javelots dans sa main droite [2], est demeuré intact.
L'adjonction d'un deuxième registre ne change rien à la forme
de la stèle, qui devient seulement par là plus haute et plus
élancée ; comme le type même de la stèle, cette mode de la
diviser en deux étages doit être arrivée de l'Asie ou des Iles ;
du moins le plus ancien échantillon connu est une sculpture
franchement ionienne (stèle de Symi). Le *relief Barracco* est
le seul exemple de ce genre qui existe pour l'Attique, — le
seul en relief ; car nous en rencontrons deux autres dans la
stèle peinte de *Lyséas* [3] et dans un intéressant morceau où le
personnage du registre supérieur était figuré en relief, tandis
que le registre inférieur était simplement peint [4]. Cette dernière peinture, découverte à Athènes même, est si voisine du
relief Barracco par l'aspect du sujet et les détails du dessin [5]

1. Cf. Helbig, *Coll. Barracco*, pl. XXIII; Conze, *Att. Grabreliefs*, 14, pl. IX, 1;
Helbig, *Les ἱππεῖς athéniens* (*Mém. Acad. Inscr.*, XXXVII, p. 202 ; p. 50 du
tirage à part); Perrot, *Hist. de l'art*, VIII, p. 660, fig. 338.
2. Sur le sens que pouvait avoir cette image de cavalier, relativement à la
condition sociale du mort représenté dans l'étage supérieur, cf. Helbig, *Les ἱππεῖς
athéniens* (*Mém. Acad. Inscr.*, XXXVII, p. 201 sqq. ; p. 49 sqq. du tirage à part).
3. *Mus. nat. d'Athènes*, 30. Cf. Conze, *Att. Grabreliefs*, 1, pl. 1; *Athen.
Mittheil.*, IV, 1879, pl. I et II, 3 (Lœschcke).
4. *Mus. nat. d'Athènes*, 31. Cf. Conze, *Att. Grabreliefs*, 15, pl. IX, 2; *Athen.
Mittheil.*, IV, 1879, pl. II, 2 (Lœschcke). — On admet avec raison (cf. Conze,
Att. Grabreliefs, 2, p. 4; Helbig, *Les ἱππεῖς athéniens* (p. 204 des *Mém. Acad.
Inscr.*, XXXVII; p. 52 du tirage à part) que la partie inférieure de la stèle
de Vélanidéza était pareillement décorée d'un sujet peint, sans doute un
cavalier ; et de même la stèle de Stamata (Conze, *op. l.*, 3) et une autre encore
(Conze, 10). Mais, dans ces trois nouveaux exemples, la division en deux
registres n'est pas marquée aussi bien que dans le *relief Barracco*, où une
bande saillante, indiquant la ligne du sol, a été ménagée pour le registre
inférieur comme pour le supérieur.
5. Cf. la pl. IX des *Att. Grabreliefs*, où les deux monuments sont juxtaposés, de la façon la plus instructive.

qu'elle enlève les derniers doutes qu'on pourrait garder quant à l'origine attique de ce relief, retrouvé à Rome [1].

Comme on voyait quelquefois dans les nécropoles, à côté de statues isolées, se dresser un groupe de deux figures unies sur les tombes jumelles de deux frères [2], il y a aussi des bas-reliefs funéraires avec représentation de deux personnages ensemble, tous deux debout et pareils d'attitude. A vrai dire, en pareil cas, à cause de l'incapacité où les sculpteurs étaient encore de surmonter les difficultés de la perspective et de la dégradation des plans, la seconde figure est presque entièrement recouverte et annihilée par la première; elle n'est guère que l'ombre de l'autre, projetée obliquement et à peine entrevue par côté. La stèle est toujours comprise, dans la forme et l'exécution, comme si elle ne comportait qu'un seul personnage. Donc, au point de vue plastique, il n'y a là rien de nouveau : cette méritoire tentative pour doubler le sujet est prématurée, puisqu'elle devance les progrès matériels qui devaient permettre plus tard de la réaliser avec succès. — Les exemples de hautes stèles étroites à deux personnages ne sont pas nombreux jusqu'à présent. Il en a été retrouvé une seule dans l'Attique même, au Laurium [3]. Elle est fort mutilée : il ne subsiste des deux personnages que la partie entre le haut des cuisses et le bas des jambes un peu au dessus de la cheville. Ils étaient figurés nus, la jambe gauche en avant, la main droite fermée, la main gauche appuyée sur la lance; on peut les compléter, en pensée, avec une tête imberbe, comme l'est celle du *relief Finlay*.

Une seconde stèle, un peu moins incomplète et qui a heureusement conservé sa base et son inscription, la stèle de *Gathon*

---

1. Je rappelle l'existence de deux autres reliefs attiques du vi⁰ siècle, avec représentation de cavaliers : 1° au musée de l'Acropole, marbre très mutilé : cf. Conze, *Att. Grabreliefs*, 16, pl. X, 1; *Athen. Mittheil.*, IV, 1879, pl. IV; 2° base de Lambrica : *Mus. nat. d'Athènes*, 41; cf. Conze, *op. l.*, 19, pl. XI; *Athen. Mittheil.*, XII, 1887, pl. II; Brunn-Bruckmann's *Denkmæler*, 66, B; Helbig, *Les ἱππεῖς athéniens* (p. 204 sqq. des *Mém. Acad. Inscr.*, XXXVII; p. 32 sqq. du tirage à part). Ce dernier relief, très plat, presque réduit à des lignes de contour à peine creusées, n'était qu'une préparation pour la mise en couleur.

2. Par exemple, le groupe de *Dermys et Kitylos* : *Mus. nat. d'Athènes*, 56.

3. Elle est toujours au Laurium, dans la cour de la maison d'Administration de la Société grecque des mines. — Cf. Conze, *Att. Grabreliefs*, 11, pl. VIII, 2; *Athen. Mittheil.*, XII, 1887, pl. X; Brunn-Bruckmann's *Denkmæler*, 37, A.

et Aristocratès[1], appartient aussi à l'art attique, bien qu'elle ait été retrouvée à Thespies. Car non seulement elle est en marbre pentélique[2], mais il existe entre elle et la stèle précédente du Laurium et enfin celle d'*Aristion* les plus sérieux rapports de facture et de style[3]. On notera cependant que la stèle de Thespies est visiblement plus récente[4] : elle est d'une exécution plus habile, et l'habileté de l'auteur se manifeste aussi dans le parti qu'il a pris pour différencier ses deux personnages : à celui du second plan il a donné une draperie, dont les plis garnissent le champ de la plaque et font valoir la nudité de la figure du premier plan. Ajoutons d'ailleurs que, dans cette figure nue, le talon du pied gauche, monté sur les orteils du pied droit, témoigne que l'habileté qui apparaît ailleurs avait ses limites, vite atteintes, et que le relief ne saurait, en tout cas, être postérieur à la fin du vi[e] siècle.

Une nouveauté intéressante a été la découverte, en 1901, à Athènes, non loin du « Théséion », d'une stèle funéraire *(fig. 25)* qui, par la forme et par le sujet représenté, n'avait pas encore sa pareille[5]. Comme on a appelé et comme on appelle encore quelquefois la stèle de Vélanidéza : le *Soldat de Marathon*, de même il se trouvera sûrement des visiteurs du musée d'Athènes pour dénommer ce relief-ci : le *Coureur de Marathon*. Ils évoqueront la vieille légende du guerrier athénien raccourant à la ville, sans prendre le temps de quitter ses armes, afin d'annoncer la victoire, et tombant mort d'épuisement à l'arrivée, exhalant l'heureuse parole avec son dernier souffle. En effet, le casque leur paraîtra suffisant pour désigner un guerrier ; ils ne s'expliqueront que par le coup soudain de la mort cet affaissement de l'homme qui semble presque tombé sur le genou droit, et cet effort des deux mains qui ont l'air de se crisper sur la poitrine, et cette inclinaison de la tête qui se laisse aller sur l'épaule et dont ils croiront voir les yeux déjà fermés ; quant à la date réelle du monument, ils n'en auront cure. Or, il s'agit

---

1. *Mus. nat. d'Athènes*, 32. Cf. *Athen. Mittheil.*, III, 1878, pl. XV ; Brunn-Bruckmann's *Denkmæler*, 37, B ; Perrot, *Hist. de l'art*, VIII, p. 666, fig. 344.
2. Cf. Lepsius, *op. l.*, p. 83, n° 469.
3. M. Kœrte (*Athen. Mittheil.*, IV, 1879, p. 272) et M. Lœscheke (*Ibid.*, p. 295) sont aussi d'avis que cette sculpture est attique.
4. Cela paraît confirmé aussi par le caractère de l'inscription.
5. Conservée aujourd'hui au Musée national d'Athènes. Cf. Ἐφημ. ἀρχ., 1903, pl. I, p. 43 (Philios) ; Perrot, *Hist. de l'art*, VIII, p. 749, fig. 333.

simplement d'un *hoplitodrome*. Le défunt pour qui ce relief
fut exécuté avait, dans sa jeunesse, remporté le prix de la

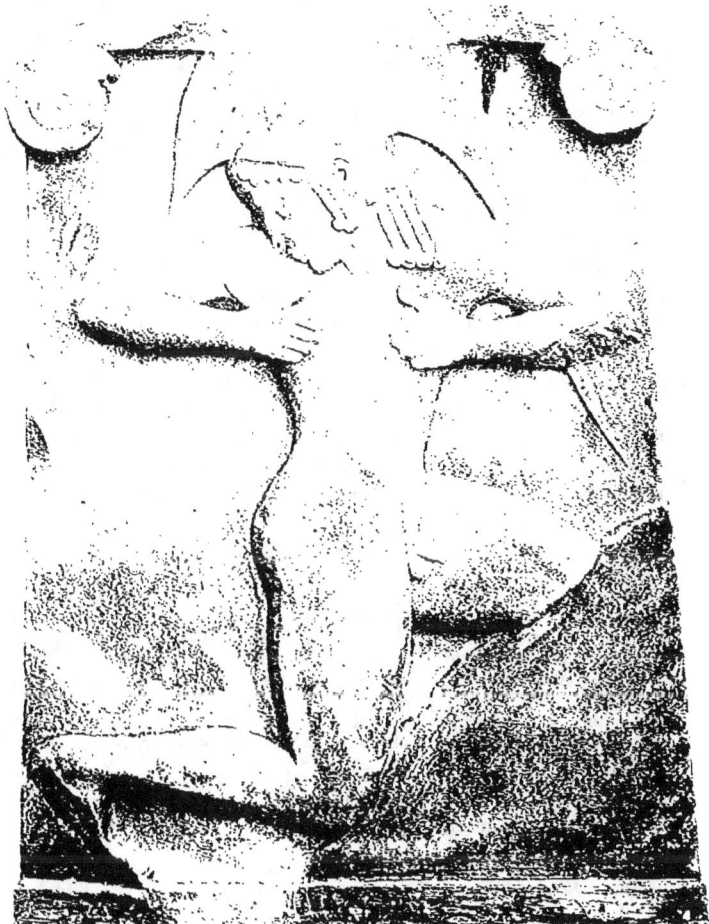

Fig. 25. — Stèle de l'*Hoplitodrome*
(Athènes, Musée national).

course armée ; c'avait été le plus bel exploit de sa vie, celui
dont il était le plus fier, et sa tombe même en perpétuait le
souvenir. Les singularités de l'attitude ne sont qu'apparentes ;

tout s'explique aisément[1], si l'on n'oublie pas les conventions
du relief archaïque et si l'on s'aide d'une comparaison avec
quelques peintures de vases. Le coureur a les jambes très écartées et fléchies, selon la manière adoptée par l'art grec du
vi° siècle, pour figurer la rapidité du mouvement[2]. Il a, selon la
bonne méthode gymnastique, les bras pliés et les poings fermés[3].
Seulement le sculpteur, afin d'éviter les raccourcis, a présenté
le torse de face, et, pour la même raison, il a écarté les bras
horizontalement et les a éloignés des flancs[4]. Pour la même
raison encore, il lui fallait mettre la tête de profil, et, s'il en a
montré le profil gauche plutôt que le droit, c'est que ce
simple fait de tourner la tête et de jeter un regard derrière
lui indique que le coureur a distancé ses concurrents et
qu'il est le premier. La tête s'incline sur l'épaule, parce que
la place manquait pour la redresser : on remarquera, en effet,
que le panache du casque non seulement déborde le champ de
la plaque, mais recouvre entièrement la bande en saillie qui
limite le monument par en haut[5]. Quant à l' « air mourant »,
enfin, pure illusion : l'œil ne paraît fermé que parce que le coloris en a disparu et que les mutilations du marbre ont effacé le
relief des paupières ; et, si le sentiment et la vie sont absents
du visage, ce n'est point que la mort vient de les éteindre, c'est
que l'artiste ne les y a point mis. Cette tête n'est pas vivante,
comme celle du *Discophore*, elle est inerte et endormie, comme
celle d'*Aristion*.

1. Les explications données par M. Philios (*l. l.*) sont très justes.
2. M. S. Reinach (*Chroniques d'Orient*, I, p. 331) a démontré, pour la *Niké* de
Délos, que cette attitude des deux jambes ainsi écartées et fléchies était, à le
prendre exactement, celle du *saut*. Mais il ne faut pas conclure de là, je crois,
que les artistes aient eu l'intention formelle, en tel cas, de représenter la
figure *sautant*, plutôt que *courant*.
3. Même pose des deux bras (et aussi des jambes) dans un petit bronze
archaïque, de la collection Guilhou, représentant un coureur : cf. *Le Musée*,
I, 1904, pl. I, p. 26 (A. Sambon).
4. *Se dérober aux difficultés du raccourci*, c'est ce que cherchait avant tout
le sculpteur de reliefs à l'époque archaïque, et c'est de là que dérivent presque
toutes les conventions du relief à cette époque. Cf. ci-dessus, p. 284, note 3, à
la fin.
5. Comparer deux vases du Louvre (Pottier, *Vases antiques du Louvre*, II,
pl. 72, F 125, et pl. 73, F 126), où sont représentés deux coureurs, avec la
tête tournée un peu en arrière et un peu penchée ; là aussi, il semble que
l'inclinaison tient en partie à la proximité de la bordure. Comparer surtout une coupe de Pamphœos, reproduite par Curtius, *Die knieenden Figuren*
(29° *Berlin. Winckelmprogr.*), fig. 8 : là, le coureur a la tête très penchée,
bien que la place ne manquât point pour la lui relever davantage.

Bien que la stèle de l'*Hoplitodrome* soit en marbre des Iles, je crois qu'on doit l'attribuer à un sculpteur attique. Le dessin de la bouche et celui de l'oreille sont à peu près les mêmes que dans la stèle de Vélanidéza; les boucles de cheveux demi-longues, qui descendent sur le cou, sur l'épaule et sur les tempes, sont tordues, puis recroquevillées à l'extrémité, comme elles le sont sur la tête d'*Aristion* : elles diffèrent seulement par un travail plus attentif et plus fini. Au dessus du front, les cheveux présentent deux ou trois rangs étagés de petites boucles frisées dans la forme que j'ai appelée « en coquilles d'escargots », la même que nous avons constatée déjà chez la grande *coré* d'Anténor et sur la petite tête d'homme n° 621 du musée de l'Acropole [1].

L'exécution des parties nues ne va pas sans un peu de maigreur et de sécheresse ; ce n'est plus le modelé, souvent délicat et savoureux au toucher, de la stèle d'*Aristion*. L'artiste paraît être attiré moins vers la fleur de la chair, si je puis dire, que vers la fermeté du muscle bien attaché à la solide charpente des os. Il procède avec sobriété et netteté ; on remarquera le faible rebondissement (pour une œuvre archaïque) des cuisses et des fesses, et comme le ventre se creuse, au point que l'abdomen disparaît presque, afin de mieux laisser voir le bord inférieur du thorax. N'est-ce point ici la première apparition de cette facture nouvelle, au dessin serré, précis, soucieux de l'anatomie, qui caractérise plusieurs des métopes du *Trésor des Athéniens*, à Delphes, et que l'on constate aussi sur un torse de figure nue provenant d'un groupe de combattants, au musée de l'Acropole [2]? L'œuvre me paraît plus récente que la stèle d'*Aristion* et ne doit pas être beaucoup antérieure à l'année 500. — La forme même du monument mérite d'être remarquée : large, peu haute, bordée aux deux angles supérieurs par un enroulement de volutes, elle n'a rien de commun avec la longue stèle étroite généralement employée au vi[e] siècle ; elle commande d'autres sujets de représentation et permet pour ceux-ci une variété plus grande. On n'aura plus tard qu'à l'encadrer de deux pilastres et la couronner d'un fronton, et elle deviendra la noble stèle attique de la fin du ve siècle, suivant le type du monument d'*Hégéso*.

1. Cf. ci-dessus, p. 273-274, *fig.* 23.
2. Cf. Brunn-Bruckmann's *Denkmæler*, 546, à droite. Ce torse sera étudié dans un des chapitres suivants.

Nous en finirons avec les reliefs-tableaux, votifs ou funéraires, en mentionnant trois petits marbres de l'Acropole, qui
intéressent à divers titres par les sujets représentés, mais
dont la valeur artistique est mince. Le plus notable est un
relief extrêmement mutilé, où l'on voyait *Athéna* frappant de
sa lance un *Géant* terrassé [1]. M. Schrader en a très justement
montré la « qualité » attique, par opposition au maniérisme du
relief voisin n° 581, qui représente l'offrande d'une truie à
Athéna [2]. — Le petit relief *Hermès et les Charites* (*Au musée
de l'Acrop.*, p. 443, pl. III) est, pour l'exécution, de la même
catégorie médiocre que les *corés* 683 et 676 (*Au musée de
l'Acrop.*, p. 157, fig. 11, et p. 313, fig. 29). — Enfin, le relief
Athéna et l'ouvrier [3] n'est pas d'un mérite supérieur ; mais on
y peut noter, en passant, une certaine ressemblance d'attitude et de facture entre cet *ouvrier* assis et les statuettes de
Scribes que nous avons étudiées au chapitre précédent [4].

---

1. N° 120. Cf. *Athen. Mittheil.*, XXII, 1897, p. 106, fig. 12 (Schrader) ; Pawlowski, *op. l.*, p. 293, fig. 105.
2. Cf. ci-dessus, p. 283.
3. N° 577. Cf. *Mélanges Perrot*, p. 261, fig. 2 (Perdrizet) ; Lepsius, *op. l.*,
p. 75, n° 71 : marbre pentélique.
4. Cf. ci-dessus, p. 268 sqq.

CHAPITRE VII

LES FRONTONS DU NOUVEL HÉCATOMPÉDON [1]

Les seules sculptures de décoration monumentale que l'on puisse attribuer sûrement à la seconde moitié du VIe siècle, en Attique, sont les débris des grands frontons, en marbre des îles, qui décoraient le nouvel *Hécatompédon*. Ce temple a été reconstitué par les perspicaces et tenaces recherches de M. Dœrpfeld [2] : son plan, ses dimensions, ses matériaux, son architecture tout entière sont connus, et aussi la relation où il était avec l'édifice plus ancien qui lui servit de noyau. Car l'*Hécatompédon* primitif, simple temple *in antis*, dont nous avons rapporté la construction à l'époque de Solon [3], ne fut pas rasé jusqu'au sol ; si son toit, ses frontons, ses quatre colonnes même furent nécessairement enlevés, du moins les murs du *naos* subsistèrent [4]. Mais, dans la seconde moitié du VIe siècle, on les enveloppa d'une *péristasis* comptant six colonnes en façade et douze colonnes sur les longs côtés : en conséquence, une frise de triglyphes et de métopes (celles-ci en marbre blanc, lisses) courut tout autour de l'édifice ; le toit, reconstruit en tuiles de marbre, fut très agrandi ; enfin les frontons, en marbre également, eurent une largeur et une hauteur bien plus considérables. M. Dœrpfeld avait annoncé que les frontons,

1. Je conserve ce nom d'*Hécatompédon*, qui strictement n'est applicable qu'à l'ancien temple *in antis*, de façon qu'on garde toujours présent à l'esprit le lien qui existait entre les deux édifices successifs.
2. Cf. *Antike Denkmæler*, I, pl. 1-2 ; *Athen. Mittheil.*, X, 1885, p. 275 sqq. ; XI, 1886, p. 337 sqq. ; XII, 1887, p. 25 sqq. — J'omets les autres articles, assez nombreux, où M. Dœrpfeld a discuté sur les destinées du temple après 480 et sur la question si ce temple, dans sa forme primitive, était le plus ancien qu'il y ait eu dans l'Acropole. — M. Wiegand (*Poros-Architektur*, p. 115 sqq.) a repris, en la complétant et précisant sur certains points, la restauration de M. Dœrpfeld.
3. Cf. ci-dessus, p. 130 sqq.
4. Cf. Wiegand, *op. l.*, p. 109.

en raison de la saillie de leur corniche, devaient être décorés
de figures sculptées. En effet, M. Studniczka[1] sut retrouver
les plus notables débris de ces figures, et démontrer qu'elles
provenaient du fronton principal et représentaient une *Gigantomachie*. Puis, M. Schrader[2], reprenant et complétant
l'étude de M. Studniczka, a donné de cet ensemble de sculptures une monographie à laquelle il n'y a, pour l'instant, aucun
élément matériel nouveau à ajouter.

On ne possède pas d'information positive qui oblige à
attribuer le nouvel *Hécatompédon* et sa décoration sculptée à
l'époque des Pisistratides. Mais cette époque est déjà indiquée
a priori par le caractère même de l'architecture et des sculptures
du temple[3]. Si l'*Hécatompédon* n'est pas cité par les textes
anciens au nombre des fondations dues à Pisistrate, le motif
en pourrait être qu'il n'y avait point là une fondation, au sens
strict du mot, et que c'était seulement un embellissement et
un renouvellement d'un édifice déjà existant. Mais, d'ailleurs,
on concevrait mal que les chefs d'Athènes, lorsqu'ils faisaient
tant pour l'éclat de la ville[4], eussent négligé l'Acropole, et que
ceux mêmes qui organisaient avec pompe la grande fête des
Panathénées n'eussent pas senti la nécessité de donner à la
patronne de la cité un temple en harmonie avec l'importance
nouvelle de ses propres fêtes. La dévotion à Athéna, dont
témoigne l'abondance des offrandes archaïques de l'Acropole,
trouvait son expression la plus significative dans la reconstruction du temple de la déesse en plus grand et en plus beau ; et
n'aperçoit-on pas un lien naturel entre ce brillant renouveau
du *naos* ancien et la brillante apparition, autour du *naos* nouveau, de cette troupe de *corés* dont on est unanime à dater la
grande majorité de la période 540-510? Enfin, il faut rappeler
ici l'éternelle rivalité des Pisistratides et des Alcméonides :
ceux-ci, bannis d'Athènes et retirés à Delphes, au moment où
le temple d'Apollon venait d'être brûlé et attendait d'être reconstruit, paraissent, d'après tous les témoignages, avoir joué le
premier rôle dans la grosse et longue affaire de la réédifica-

1. Cf. *Athen. Mittheil.*, XI, 1886, p. 185 sqq.
2. Cf. *Athen. Mittheil.*, XXII, 1897, p. 59 sqq., pl. III-V. — M. Wiegand
(*op. l.*, p. 126 sqq.) n'a guère fait que reprendre, en la pliant au plan général de son ouvrage, la monographie de M. Schrader.
3. Cf. Wiegand, *op. l.*, p. 114 ; et p. 126 (opinion de M. Dœrpfeld).
4. Cf. ci-dessus, p. 207 sqq.

tion du temple delphique[1]. Quel qu'ait été au juste leur rôle, on sait du moins qu'ils en menèrent grand tapage et s'appliquèrent, avec succès, à en tirer honneur. Ainsi les deux grandes familles rivales durent se stimuler l'une l'autre, dans cette lutte d'influences où l'intérêt politique était le but et où la piété était le prétexte. Le renouvellement du temple d'Athéna dans l'Acropole ne fut peut-être qu'une réponse à la reconstruction du temple d'Apollon à Delphes; sans ce dernier, le vieil *Hécatompédon* n'aurait peut-être pas été augmenté d'une *péristasis* de trente-deux colonnes; et, si on le para de deux frontons neufs en marbre, ce fut peut-être pour renchérir sur la générosité des Alcméonides faisant exécuter en marbre, et non en simple calcaire, le fronton principal du temple relevé par eux. — Pour ces diverses raisons, il me semble qu'on ne doit pas douter que le temple archaïque étudié par M. Dœrpfeld, l'édifice le plus vaste qui ait existé dans l'Acropole avant le Parthénon, fut construit sous les Pisistratides; mais il n'est pas douteux non plus que la construction en a duré un certain nombre d'années, et je suis d'avis que les sculptures des frontons, faites en dernier lieu, datent seulement de la période 520-510.

Le fronton *de la Gigantomachie* décorait sans doute la façade orientale du temple. Le sujet, qui convient en principe à la demeure de toute grande divinité, était ici approprié directement à Athéna, laquelle occupait la place d'honneur, au centre de la composition. Les figures qui, malgré de nombreuses et graves lacunes, ont pu cependant être reconstituées, sont : *Athéna;* le Géant vaincu par elle, que nous pouvons appeler *Enkélados*, puisque c'est celui-là que la légende donnait spécialement à la déesse comme adversaire; un autre Géant, allongé dans l'angle du fronton, à gauche; et un troisième enfin, allongé dans l'angle du fronton, à droite[2]. Soit, en

---

1. Incendie du temple, en 548 : cf. *Rhein. Museum*, LI, 1896, p. 332 (Pomtow). La reconstruction aurait duré, en chiffres ronds, de 540 à 520 ou 515 : cf. *Ibid.*, p. 341.

2. Groupe d'*Athéna* et *Enkélados* : cf. *Athen. Mittheil.*, XXII, 1897, pl. III; Brunn-Bruckmann's *Denkmæler*, 471; Perrot, *Hist. de l'art*, VIII, p. 553, fig. 279; Wiegand, *Poros-Architektur*, pl. XVI; — *Enkélados*, vu de dos : cf. *Athen. Mittheil.*, *l. l.*, pl. IV; Wiegand, *op. l.*, p. 143, fig. 126; — *Géant* de l'angle de gauche, *retourné*, c'est à dire vu du côté du tympan : cf. *Athen. Mittheil.*, *l. l.*, pl. V; Brunn-Bruckmann's *Denkmæler*, 472, A²; Perrot, *op. l.*, p. 555, fig. 280; Wiegand, *op. l.*, pl. XVII, B. — *Géant* de l'angle de droite : cf. *Athen. Mittheil.*, *l. l.*, p. 74, fig. 4; Brunn-Bruckmann's *Denkmæler*, 472, A¹; Wiegand, *op. l.*, pl. XVII, A.

tout, le groupe central et les deux figures des extrémités. Entre celles-ci et le groupe central, dans l'aile droite et dans l'aile gauche, se plaçait un nouveau groupe de combattants. Il ne semble pas qu'il y ait eu place pour plus de huit figures, que l'on se représentera symétriquement ordonnées de la façon suivante : au milieu, Athéna et Enkélados ; à la droite d'Athéna, un dieu debout et un Géant à demi renversé ; à sa gauche, un autre dieu debout et un autre Géant à demi renversé ; dans chaque angle, un Géant blessé. Des quatre personnages manquants il n'a été retrouvé que des débris en petit nombre, parmi lesquels on remarque surtout, à cause de leur rare beauté plastique, deux pieds d'homme nus[1]. — Toutes ces figures ont été taillées à part, dans l'atelier, et mises en place seulement après l'achèvement de l'édifice ; elles ne tenaient en nul endroit au tympan, n'étaient pas accolées contre ; même, elles ont été travaillées, sinon tout à fait finies, par derrière, si bien que, par exemple, le Géant du coin gauche, étant par trop mutilé et méconnaissable sur sa face antérieure, a été exposé au musée de l'Acropole de manière à présenter l'autre face, celle qui était tournée du côté du tympan ; et il n'est pas inutile d'être averti que tout ce qu'on en voit aujourd'hui est justement ce que le spectateur n'en pouvait pas voir, lorsque la figure était à sa place dans la décoration du temple.

Pourquoi donc avoir reculé jusqu'à maintenant, après le chapitre réservé aux reliefs, des sculptures qu'on doit, semble-t-il, désigner par le nom de statues, et dont l'étude aurait donc dû être faite antérieurement? C'est que, comme l'a noté M. Schrader[2], ces sculptures ont beau avoir été taillées en ronde bosse, elles ne sont chacune que des parties d'un ensemble composé à la façon d'un relief, d'après les lois et conventions du relief. La figure d'*Enkélados* est caractéristique à ce point de vue : jambes de profil, à peu près parallèles à la ligne de la corniche; torse de face, bras écartés de manière à ce que rien n'en soit perdu, — il s'agissait de montrer du corps le plus possible, sans perspective ni raccourci. Il en est exactement de même pour l'*Athéna*. Et les Géants des angles, avec leurs jambes, l'une allongée et l'autre ployée, toutes

1. Cf. *Athen. Mittheil.*, *l. l.*, p. 84, fig. 8-9; Wiegand, *op. l.*, p. 141, fig. 130-131.
2. *L. l.*, p. 98.

deux présentées de profil, et avec leur torse à demi tourné vers le dehors par l'effort de la main sur laquelle ils se soulèvent, ont été pareillement conçus suivant les principes du relief. En travaillant ces corps humains par derrière, l'artiste a pris, vraiment, une peine superflue. Car le regard du spectateur n'éprouve pas le désir de tourner autour d'eux[1] : il voit d'eux, du premier coup, ensemble et sur le même plan, tout ce qu'il peut souhaiter d'en voir, et ne fait pas la différence si ces figures sont détachées du tympan ou y sont accolées, voire encore adhérentes. Nous avons donc ici la suite immédiate et logique des anciens frontons en pierre tendre, tous en relief, et dont les plus récents, bien qu'ils eussent déjà de nombreuses parties détachées en ronde bosse, ressortissent toujours, sans conteste, au genre du relief[2]. C'est afin de marquer plus fortement cette filiation, d'une importance non médiocre, que j'ai rapproché le plus possible, ne pouvant cependant pas les réunir dans un seul et même chapitre, les reliefs les plus plats, ceux qui rappellent le dessin colorié dont ce genre de sculpture est issu, et les grands frontons, à figures colossales, de l'*Hécatompédon* des Pisistratides.

Ces frontons constituent l'œuvre de décoration sculptée la plus considérable que l'Acropole ait possédée avant l'invasion perse; et ils ne seront dépassés à leur tour, au Vᵉ siècle, que par les frontons du Parthénon. Ils n'ont pas seulement précédé ceux-ci, ils les ont préparés. Depuis le vieux fronton *de l'Hydre* jusqu'aux frontons conçus par Phidias, la marche de l'art attique, dans ce genre de décoration monumentale, se poursuit rectiligne, admirablement méthodique. Nous avons montré plus haut[3] le rigoureux enchaînement qui relie l'un à l'autre le fronton *de l'Hydre*, le *fronton rouge*, les frontons de l'*Hécatompédon* primitif. Par rapport à ces derniers, le fronton *de la Gigantomachie* réalise un double progrès : pour l'exécution des figures et pour la composition du sujet. Les figures qui, antérieurement, dans les groupes de *Typhon* et d'*Héraclès et Triton*, aspiraient, si je puis dire, à se dégager tout à fait de la gangue du tympan, sont maintenant exécutées à part; mais elles n'ont pas encore pris la liberté entière de leurs mouve-

1. C'est tout le contraire pour les statues des frontons d'Ægine : cf. Schrader, *l. l.*, même page.
2. Cf. ci-dessus, p. 93.
3. Cf. ci-dessus, p. 97 sqq.

ments : d'avoir été si longtemps attachées au fond et de n'avoir
eu d'existence, en quelque sorte, que selon une convention
déterminée, elles ont gardé dans leur attitude le pli ancien.
Cette raideur gauche s'assouplira, et les incorrections dont elle
est la cause[1] disparaîtront; car, à présent que ces figures sont
devenues statues, elles sont appelées à profiter sans retard de
tous les progrès de la statuaire. Mais d'ailleurs, telles qu'elles
sont ici, indépendantes du tympan et sobrement travaillées par
derrière, elles évoquent déjà celles qui viendront plus tard
remplir les frontons du Parthénon.

Pour la composition du sujet, le progrès n'est pas moindre.
Nous avons constaté, devant les vieux frontons en pierre
tendre, combien les Attiques avaient tardé à entrer dans la
bonne voie[2] : l'emploi abusif de leurs êtres mythologiques
à corps de serpent ou de poisson avait supprimé pour eux
les difficultés du problème, mais aussi les avait limités à des
représentations mal équilibrées et en partie vides. Une fois
seulement, dans ce fronton de l'*Hécatompédon* primitif, qui
montrait Athéna assise entre deux autres dieux, on avait eu la
satisfaction de voir le personnage principal occuper le centre
de la composition et lui donner de l'unité[3]; mais le sujet alors
consistait en un simple arrangement de quelques figures, et
était dépourvu de toute action. Avec ce fronton nouveau, les
Attiques sont enfin sortis de l'ornière. Ils n'ont eu rien à inventer, du reste; ils ont seulement pris une recette simple et
heureuse, que d'autres avaient déjà appliquée, et dont le premier exemple connu nous est fourni par le *Trésor des Mégariens*, à Olympie. Le sujet est banal, mais il ne l'est devenu
qu'à cause qu'il était, par excellence, un sujet pour fronton :
claire unité de l'ensemble, exacte symétrie des parties jointe
à une grande variété du détail; groupe central, groupes secondaires, et figures isolées dans les angles, tous dépendant de
l'action commune; attitudes des personnages, commandées en
réalité par la forme du cadre, et semblant n'être qu'une conséquence naturelle de l'action, — c'est en faisant retour aux
pratiques de la période précédente qu'on appréciera la belle

---

1. Les plus graves de ces incorrections sont dans le modelé de l'abdomen :
conséquence directe de la position forcée du torse par rapport aux jambes.
2. Cf. ci-dessus, p. 43-44.
3. Cf. ci-dessus, p. 54.

ingéniosité de cette solution-là; et l'on comprendra qu'elle ait dû être adoptée partout, et que chaque école y ait trouvé comme un champ fécond d'exercice et d'étude, en attendant que les artistes, développant leur génie personnel, apportassent des solutions nouvelles aussi satisfaisantes par le principe, aussi bien adaptées à l'inflexible cadre, mais plus savantes d'invention et plus séduisantes par l'attrait d'un thème neuf.

Si maintenant on examine les figures subsistantes du fronton *de la Gigantomachie*, en s'attachant aux proportions du corps, au rendu des formes et aux caractères du travail, on constate, d'abord, que leur auteur se relie étroitement aux anciens sculpteurs qui l'avaient précédé sur l'Acropole. Il doit beaucoup, certes, aux maîtres étrangers qui ont si fort influé sur la sculpture attique, au temps des Pisistratides; mais il a hérité du fonds et des traditions de l'art indigène. C'est ce qu'a démontré M. Schrader, dans une minutieuse analyse dont les résultats doivent être tenus pour définitifs[1]. On ne saurait rencontrer plus frappante ressemblance que celle qui existe entre le Géant de l'angle gauche et le grand *Héraclès* combattant *Triton;* il est vrai que cette exacte identité de la pose des deux personnages peut tenir en partie à ce que le répertoire des poses n'était pas encore très varié à cette époque[2]. Mais il y a bien d'autres ressemblances, d'un ordre plus intime, entre les anciennes sculptures en pierre tendre et le fronton *de la Gigantomachie*. C'est, des deux côtés, la même construction des corps, solide et large, et souvent le même modelé vigoureux, sans minutie, incorrect çà et là, obtenu par des procédés pareils : ainsi, que l'on compare la jambe gauche d'*Enkélados* avec la jambe droite d'*Héraclès* (du grand groupe *Héraclès et Triton*), ou avec un des bras de *Triton* (du même groupe) non encore remis en place[3], on y trouve les mêmes sillons doux, courant en long, variant

1. Cf. *Athen. Mittheil.*, XXII, 1897, p. 101 sqq.; cf. aussi Wiegand, *Poros-Architektur*, p. 108. — Je regrette d'avoir contesté jadis (cf. *Rev. ét. gr.*, XI, 1898, p. 187) les conclusions de M. Schrader. C'est qu'il était impossible alors de juger exactement du style de ces sculptures d'après les images qui en avaient été publiées. L'étude directe des originaux, en 1902, m'a conduit aux mêmes observations et appréciations que M. Schrader, pour tout l'essentiel.
2. On retrouve encore la même pose dans l'*Enkélados* du fronton occidental du temple de Delphes : cf. ci-dessus, p. 77, note 1.
3. Cf. Wiegand, *op. l.*, pl. IV, 2 (jambe d'*Héraclès*), et p. 87, fig. 93 (bras de *Triton*).

légèrement la surface de la matière, la « modelant » d'une
façon sommaire et un peu conventionnelle. Une comparaison non
moins instructive et convaincante peut être faite sur le haut du
torse et les bras d'*Enkélados* avec les parties correspondantes
du triple *Typhon*. La tête d'*Athéna* offre les mêmes traits que la
tête « *Barbe-Bleue* » : visage fort et rond, grands yeux saillants
et bien ouverts, sourire simple, sans affectation. La tête du
Géant de l'angle gauche[1] montre des oreilles longues, au lobule
large et plat, semblables à celles de *Typhon*[2]. Que l'on regarde
un instant la chevelure tombante d'*Enkélados*, par derrière[3] :
ces grosses lanières rudement découpées ne sont-elles pas
celles qui couvrent aussi les trois têtes de *Typhon?* Et, si l'on
passe à la chevelure du Géant de l'angle gauche, on verra
que les boucles, plus longues que celles de *Typhon*, se terminent par un contournement pareil[4]. Il reste, enfin, entre les
frontons anciens et la *Gigantomachie*, une ressemblance profonde, qui tient à leur esprit même, à leur qualité particulière
de vie et de mouvement : mouvement, non pas agité, forcé,
dépassant le but, mais juste et mesuré; vie animée et sobre,
expressive et naturelle, sans outrance et violence, laissant
inaltérée l'impression de grandeur simple que doit donner une
œuvre de décoration monumentale.

D'un autre côté, on s'aperçoit tout de même que l'art attique
a marché, et que certaines influences heureuses ont agi sur
lui. Ces corps nus, malgré leur hauteur plus grande, ont les
membres moins épais que l'*Héraclès* en calcaire; leurs formes,
moins massives, tendent à plus d'élégance ; même, le contraste ancien entre la minceur de la taille et la largeur des
épaules, entre le resserrement des genoux et des chevilles et
le rebondissement des mollets et des cuisses, commence à s'atténuer et visiblement est en voie de disparaître. Un goût nouveau d'élégance n'est pas moins manifeste dans la tête d'*Athéna* :
ce sont bien toujours les traits essentiels des têtes de *Typhon*
et du *Moschophore*, mais comme adoucis par un sentiment
plus délicat; et, si les bons gros yeux rappellent ceux de « *Barbe-*

1. Cf. *Athen. Mittheil.*, *l. l.*, pl. V.
2. Constatation pareille déjà faite sur le relief du *Discophore* : cf. ci-dessus,
p. 288.
3. Cf. *Athen. Mittheil.*, *l. l.*, pl. IV.
4. Constatation déjà faite aussi sur la *petite tête rouge* de l'Acropole : cf.
ci-dessus, p. 257.

Bleue », ils sont pourtant devenus obliques. Surtout il y a les
pieds, ceux d'*Athéna*, ceux des Géants, et les deux qui sont
les seuls débris d'une des figures détruites[1] : on n'en vantera
jamais assez la fine et savoureuse beauté[2]. Minces et longs,
nerveux et élastiques, le dessous arqué, le dessus cambré, les
orteils secs et bien détachés, le second orteil dépassant un
peu les autres, ils ont cette espèce d'affinement particulier
aux membres d'un animal de race. Et avec quel amour l'artiste
les a modelés, sans à peu près cette fois, d'après la plus scrupuleuse observation du vrai, mais en donnant à la simple vérité
une splendeur idéale ! Il y en a un, notamment, l'un de ceux
qui restent des figures disparues, dont on ne saurait palper le
marbre lumineux et doux, d'un fini d'exécution déjà praxitélien,
sans ressentir une volupté physique mêlée d'une sorte d'émotion[3]. Or, c'est les artistes ioniens qui, les premiers, ont
excellé dans le rendu de cette partie du corps humain[4], et qui,
par leurs exemples et leurs leçons, ont provoqué sur ce point
l'attention des autres écoles. Que nous voilà loin des pieds du
Moschophore, larges et plats, pesant lourdement sur le sol,
aux orteils courts, alignés et collés comme les tuyaux dé-
croissants d'une flûte de Pan !

Ainsi, le mélange des traditions attiques et des influences
ioniennes est bien visible dans le fronton *de la Gigantomachie*.
Que l'artiste inconnu qui l'a taillé ait été un Attique d'origine,
on n'en peut plus douter après qu'on a fait le compte de tous
les liens qui rattachent cet artiste aux auteurs des grandes
sculptures indigènes en pierre tendre. Puis, les marbres que
la figure d'*Athéna* remet en mémoire à tout observateur attentif sont justement ceux qui ont le mieux conservé les purs
caractères de l'ancien art attique. Alors qu'on ne connaissait
guère encore que la tête de l'*Athéna*[5], on la rapprochait déjà
de la *tête Jacobsen*[6] ; et M. Arndt confirme qu'il existe, en

---

1. Signalés ci-dessus, p. 304, note 1.
2. Cf. Schrader, *l. l.*, p. 100-101.
3. Je rappellerai ici un passage du *Journal de Delacroix* (II, p. 253-254), un
peu entortillé, sans obscurité cependant, sur le genre d'émotion *tangible* que
peut procurer une œuvre de peinture ou de sculpture.
4. Cf. *Au mus. de l'Acrop.*, p. 194 sqq.
5. La tête fut trouvée en 1863 (cf. Ἐφημ. ἀρχ., 1883, p. 93) ou 1864 (cf. Schrader, *l. l.*, p. 60) ; la partie principale du torse, en 1882 (cf. Ἐφημ. ἀρχ., 1883,
p. 41, n° 9).
6. Cf. Furtwængler, *Coll. Sabouroff, Introduction*, p. 5.

effet, entre ces deux têtes, « une extraordinaire parenté de
style dans l'exécution des détails comme dans la conception
de l'ensemble »[1]. Rappelons donc ce que nous avons dit plus
haut[2] de l'esprit vraiment attique de la *tête Jacobsen*, et combien elle est apparentée par cet esprit même à la grande
coré 671 de l'Acropole[3]. Mais, depuis que l'*Athéna* a pu être
reconstituée en entier, elle a suscité d'autres comparaisons
avec la statue signée d'Anténor. Comme Anténor, l'auteur de
l'*Athéna* est un maître ouvrier, qui ne craint pas de tailler
d'un seul morceau, sans pièces de rapport ni tenons d'aucune
sorte, une figure debout, haute de plus de 2 mètres[4]. Les
refouillements de l'égide et l'ajourement des serpents en bordure constituent une belle preuve, non de virtuosité, mais de
vaillance habile, tout comme le creusement des plis tombants
de la draperie dans la statue d'Anténor[5]. Enfin, surtout, nous
retrouvons ici, comme dans l'autre statue, une simplicité et
une franchise d'exécution, une aisance large et tranquille, une
sobriété mâle, un éloignement de la prolixité dans le détail, qui
font un contraste frappant avec les petits moyens adroits et
les minuties raffinées de maintes sculptures voisines, toutes
luisantes d'ionisme.

Cependant, il faut ajouter que l'auteur de la *Gigantomachie*
est resté éloigné des Ioniens un peu moins qu'Anténor[6]. La tête
de l'*Athéna*, avec ses yeux obliques, son doux sourire et les
moelleuses rondeurs de ses joues, est d'un esprit plus féminin
que celle de la *coré* faite pour Néarchos. Dans les *Géants* aussi
bien que dans l'*Athéna*, et dans tous les débris retrouvés, la
qualité du modelé est généralement meilleure : on y devine
une délectation plus grande au travail du marbre ; on y sent
une plus délicate adaptation de l'outil aux ressources de la
noble matière, pour rendre la fraîcheur et la succulence de la
chair. Il n'y a pas lieu de s'étonner, d'ailleurs, que des Attiques,
ceux mêmes qui sont demeurés le plus fidèles, en leur fond,
au génie national, aient pris aux maîtres étrangers, les uns

---

1. Cf. Arndt, *Glypt. Ny Carlsberg*, p. 1. — Cf. aussi Schrader, *l. l.*, p. 110 ;
S. Reinach, *Têtes antiques*, p. 2.
2. Cf. ci-dessus, p. 259.
3. Cf. ci-dessus, p. 240 sqq.
4. Cf. Schrader, *l. l.*, p. 105.
5. Cf. ci-dessus, p. 247.
6. Cf. Wiegand, *Poros-Architektur*, p. 108.

plus, les autres moins. Nul doute que, de l'un à l'autre, la
quantité et la qualité des emprunts aient toujours varié un
peu. L'auteur de la *Gigantomachie*, sans rien y perdre de ses
vertus propres, a pris davantage qu'Anténor, et ce fut tant
mieux : car ce qu'il prit était bon à prendre, et constituait pour
l'art attique un précieux enrichissement, qui devait avoir des
conséquences fécondes.

Ainsi se trouvaient résumées, et déjà heureusement fondues
ensemble, au front du principal édifice élevé par les Pisistratides, dans cette Acropole qui n'était pas seulement le sanctuaire d'Athéna, mais qu'on peut appeler aussi le sanctuaire
de l'art athénien, les deux tendances entre lesquelles oscillait,
avec des préférences très inégales selon les œuvres, toute la
sculpture de la seconde moitié du VIᵉ siècle : par l'une, se con-
servait, intact essentiellement, l'héritage excellent de l'ancien
art local ; par l'autre, s'introduisaient des nouveautés intéressantes, dont le mérite remontait en premier à l'école de Chios.
Et ce fronton colossal *de la Gigantomachie*, la plus grande
composition sculptée que possédât Athènes alors, montrait en
un exemple éclatant l'heureuse union du progrès avec la tradition, et jalonnait à mi-distance la longue route entre les
monuments de l'âge passé et les monuments à venir du
Vᵉ siècle [1].

1. C'est, naturellement, à côté du fronton *de la Gigantomachie* qu'il con-
viendrait de placer le fronton *de marbre* du temple de Delphes, si celui-ci
était l'œuvre d'un artiste attique. Mais je ne vois pas à quels signes certains
reconnaître la main d'un Attique dans ces débris de sculptures auxquels
M. Homolle, après les avoir recueillis et réunis avec tant de patience, a consacré un commentaire si complet (cf. *Bull. corr. hell.*, XXV, 1901, p. 459 sqq.,
pl. IX-XV). Le grand groupe *Lion et cerf* (Homolle, pl. IX ; Perrot, *Hist. de
l'art*, VIII, p. 568, fig. 283 ; Homolle, *Fouilles de Delphes*, IV, pl. XXXII) est
un de ces combats d'animaux qui appartenaient au répertoire commun de
tous les artistes grecs, et dont on trouve des exemples partout, depuis Assos
jusqu'à l'Acropole d'Athènes ; mais, comme il offre, dans le détail de l'exécution, certaines ressemblances précises avec un lion représenté sur la frise du
Trésor des Cnidiens (cf. Homolle, *l. l.*, p. 466 ; Perrot, *Hist. de l'art*, VIII,
p. 376, fig. 173), et comme, de plus, l'emploi des pièces de rapport, pour des
parties aussi petites que des mèches de crinière (cf. Homolle, *l. l.*, p. 466),
semble avoir été davantage dans les habitudes des sculpteurs ioniens que
des purs Attiques (cf. ci-dessus ce qui a été dit à ce sujet pour la *coré* d'Anténor et pour le fronton *de la Gigantomachie*), on doit donc déjà, devant ce
groupe, pencher plutôt à l'attribuer à un Ionien. Les deux figures de femme
(Homolle, pl. XI-XII ; celle de la planche XI, reproduite incomplètement par
Perrot, *op. l.*, p. 569, fig. 284 ; Homolle, *Fouilles de Delphes*, pl. XXXIV, 1, 3),
privées malheureusement de leur tête, ce qui nous ôte le principal élément
d'appréciation, ne me semblent pas moins voisines des *corés* de Délos que de

La façade occidentale du nouvel *Hécatompédon* était aussi ornée d'un fronton sculpté ; on n'en a retrouvé que des débris dont il n'a point paru possible encore d'essayer une restitution [1]. Du moins a-t-on reconnu les fragments d'un groupe colossal, qui représentait un lion terrassant et dévorant un taureau ; et il est probable que la composition entière consistait en des combats d'animaux, vieux thème de décoration maintes fois repris par les sculpteurs archaïques. Le travail du marbre, dans ces fragments, montre les mêmes qualités en général que dans les figures de l'autre fronton ; les deux ensembles étaient des produits du même art et du même temps. Et ces animaux de marbre rappellent le grand groupe *Lions et taureau* en pierre tendre, comme tel Géant de la *Gigantomachie* rappelle

celles de l'Acropole d'Athènes ; et, s'il en est parmi ces dernières dont on peut plus particulièrement les rapprocher (par exemple, à cause du mode d'ajustement, peu ordinaire, de l'himation, la *coré* 673 : *Au mus. de l'Acrop.*, p. 297, fig. 25, et la figure reproduite par Homolle, pl. XII), c'est quelqu'une de celles qu'on s'accorde à considérer comme étant ioniennes, sinon d'origine, du moins par l'esprit de l'exécution. Quant au torse de jeune homme (Homolle, pl. XIII), il ne se prête à nulle comparaison avec aucune sculpture attique du même genre. Enfin, il importe de remarquer que toutes ces sculptures ont été, en général, laissées par derrière à l'état brut, n'ont pas même été dégrossies : cela paraît être absolument contraire à l'usage des Attiques. Nous avons, en effet, dit plus haut que les figures du fronton *de la Gigantomachie* étaient travaillées par derrière, de la même sorte exactement, toutes proportions gardées, que le sont les figures des frontons du Parthénon ; et on ne doutera pas qu'il n'y eût là une véritable tradition d'école, si on se rappelle que, déjà, dans les sculptures en pierre tendre les plus avancées, malgré qu'elles fussent encore en partie adhérentes à la muraille, le modelé cependant *tournait* par derrière, aux endroits où le personnage était tout à fait dégagé (cf. ci-dessus, p. 60). — En résumé, rien, dans le fronton de marbre de Delphes, ne dénonce la main d'un Attique. Et si la décision prise par les Alcméonides, d'exécuter en marbre un fronton qui d'abord devait être en simple calcaire, a été suggérée, comme on le croit (cf. Homolle, *l. l.*, p. 515), par le luxe tout nouveau du *Trésor des Cnidiens* et du *Trésor des Siphniens*, n'est-ce point aux auteurs de ces *Trésors* ou à des artistes de leur école que les Alcméonides ont dû être enclins à s'adresser de préférence? On se gardera d'alléguer que les Alcméonides, étant des Attiques, ne pouvaient avoir affaire qu'à des artistes attiques : ce genre de nationalisme étroit ne fut jamais pratiqué par les Grecs (cf ci-dessus, p 152) ; et l'on sait d'ailleurs que Spintharos, l'architecte du temple de Delphes, était un Corinthien. Je crois donc qu'il existe moins de raisons pour attribuer le fronton *de marbre* à un Attique qu'à un Ionien ; ou bien, si son auteur était Attique d'origine, il s'était fait Ionien d'esprit et de style, et les belles œuvres ioniennes qui, à Delphes, écrasaient toutes leurs voisines et s'imposaient à l'admiration générale, avaient dû achever de le « désatticiser ». — Pour l'autre fronton, *en calcaire*, qui n'est sans doute pas du même auteur, et peut bien n'être pas non plus tout à fait du même temps, cf. ci-dessus, p. 77, note 1.

1. Cf. Schrader, *l. l.*, p. 103-104. — Ces débris sont toujours non exposés, rassemblés dans le magasin qui sert d'annexe au musée de l'Acropole.

le grand *Héraclès* combattant *Triton*. Par eux se trouve donc fortifié le lien qui rattache, au point de vue de la filiation artistique, les sculptures décoratives de l'*Hécatompédon* nouveau à celles de l'*Hécatompédon* primitif. Mais c'est un vrai dommage, qu'il n'ait pas été épargné de ce second fronton l'équivalent de ce qui a subsisté du premier, afin que nous pussions juger du progrès accompli pour la connaissance des corps d'animaux et pour le rendu de leurs formes et de leurs mouvements ; car s'il y avait déjà, dans l'ancien groupe en calcaire, de belles qualités, précieuses à conserver, il y avait aussi nombre d'insuffisances et d'incorrections graves à rectifier[1].

Il convient de mentionner les têtes de lion, en marbre, qui faisaient office de gargouilles au bord du toit du temple. L'une d'elles est demeurée presque intacte[2] ; et ses yeux obliques, le modelé doux et plein de ses joues, sa facture large et simple permettent qu'on la compare, sans nul paradoxe, à la tête d'*Athéna* de la *Gigantomachie*, cependant que les mèches de la crinière, étalées tout autour en « pétales de marguerite », sont analogues, par leur forme et le biseau qui les entaille au milieu, à celles des lions en pierre tendre.

Remarquons ici que la sculpture attique, comme d'ailleurs toute la sculpture grecque et comme l'art grec en général, n'a montré qu'un faible penchant pour les représentations d'animaux. Ces scènes de proie, où l'on voit un lion déchirer un taureau[3], sont un legs de la décoration orientale, peut-être même un souvenir de certains motifs de l'art « mycénien », qui les avait reçus de l'Orient et transformés plus ou moins. L'art grec archaïque emploie cet héritage par défaut d'invention propre et parce que cela lui est commode ; mais il ne tardera pas à l'abandonner, quand il sera devenu plus capable de varier ses sujets. Si les têtes de lion servant de gargouilles doivent subsister, ce sera à la façon d'un vieux cliché décoratif, et sans grand souci d'une reproduction vraie de l'être vivant. J'ajoute que ce caractère ornemental, et non réaliste, qui est évident pour les têtes-gargouilles, l'est presque autant, dans

---

1. Cf. ci-dessus, p. 75.
2. Cf. *Antike Denkmæler*, 1, pl. 38 ; Collignon, *Hist. sculpt. gr.*, 1, p. 334, fig. 168 ; Wiegand, *Poros-Architektur*, pl. X.
3. Ou un cerf (Assos, Delphes), une biche (Assos).

beaucoup de cas, pour l'animal entier, même figuré isolément :
les Grecs, qui n'en avaient point le modèle vivant sous les
yeux, ont fait généralement leurs lions « de chic », avec force
conventions, en décorateurs bien plus qu'en animaliers [1]. Du
moins eussent-ils pu, renonçant à représenter des animaux
qu'ils ne connaissaient pas et qu'ils n'avaient représentés jusque-
là qu'en copiant et dénaturant certains types traditionnels,
s'attacher à rendre, d'après leur observation personnelle, les
scènes de la vie des animaux qui leur étaient familiers. Mais
on sait que, lorsqu'ils ont délaissé les fauves, passablement
monotones, de leur répertoire ancien, ç'a été pour donner une
place toujours plus grande et presque exclusive à la figure
humaine [2]. Le cheval, qui a été leur favori entre tous les animaux, ne fut cependant pour eux que la monture de l'homme
cavalier ou la bête de course, l'athlète à quatre pieds, vainqueur
aux Jeux de Delphes et d'Olympie ; la vache eut la chance, un
jour, de passionner Myron, mais Myron ne semble pas avoir
eu beaucoup d'imitateurs. En somme, l'animal, dans l'art grec
classique, n'existe guère, sauf uni à l'homme par un étroit
rapport, et dans la mesure où il est indispensable pour telle ou
telle action de l'homme ; et si, dans l'art grec archaïque, au
contraire, il existe bien pour lui-même, sans rapport avec
l'homme, il n'est alors, le plus souvent, qu'un intrus, un
échappé de l'art oriental, étranger au milieu grec.

Aussi est-ce avec surprise et intérêt que l'on rencontre, au
musée de l'Acropole, parmi les marbres archaïques susceptibles d'être attribués au dernier quart du VIe siècle, une figure
d'animal qui, par son espèce comme par le caractère de l'exécution, sort tout à fait de la banalité et de la convention ordinaires. C'est un chien [3], de grande taille, vu de profil. Il est
aplati sur le sol, tendu en avant, prêt à bondir ; le corps est
maigre et sec, les membres vigoureux et tout en muscles, le
bas des pattes mince, avec les tendons saillants et les doigts
bien détachés. L'animal était-il isolé ? ou plutôt ne faisait-il
point partie d'un groupe ? Je ne sais ; mais telle quelle, cette

---

1. Cf. J. Lange, *Darstellung d. Menschen*, trad. Mann, p. 112 sqq.
2. Cf. *Gazette des Beaux-Arts*, 1902, I, p. 223 (Pottier).
3. *Catal. du mus. de l'Acrop.*, n° 143, p. 20. Marbre des Iles : cf. Lepsius, *op. l.*,
p. 73, n° 51. — Trois des pattes, brisées ; tête très mutilée. Je n'ai pu faire
photographier cette sculpture, à cause de la trop grande hauteur où elle est
placée. Elle mériterait d'être exposée sur un socle et mise bien en vue.

œuvre, d'un naturalisme puissant et sobre, vaut beaucoup mieux que les lions et les taureaux gigantesques : elle n'est pas une simple répétition, en partie conventionnelle, d'un vieux modèle d'atelier ; elle procède d'une observation directe, elle est vraie et vivante. Le morceau est digne d'un véritable animalier ; aucun autre, non pas même les chevaux, ne lui est comparable dans toute la période antérieure à 480 [1] ; il suffirait à prouver quels ouvrages parfaits, et combien variés, les Grecs eussent été capables de produire en ce genre de statuaire, si leur instinct artistique les y eût portés et si le génie particulier de leur race ne les eût contraints de donner tout à l'homme, au détriment du reste de la nature.

1. Le seul qu'on puisse lui comparer est une superbe tête de bélier, en marbre des Iles, qui décorait, à la façon d'une fausse gargouille, un édifice d'Éleusis : *Mus. nat. d'Athènes*, 58 ; cf. *American journ. arch.*, 1898, pl. VIII, p. 223 (Richardson) ; Lepsius, *op. l.*, p. 96, n° 275 ; Winnefeld, 59ᵉˢ *Berlin. Winckelmprogr.*, p. 19-20, gravure. Mais ce n'est qu'une tête, un simple motif décoratif. Cet exemple prouve, d'ailleurs, que les Grecs eussent mieux fait, pour décorer les gargouilles, de se tourner vers leurs animaux familiers au lieu de s'en tenir à leurs habituelles têtes de lion. — Une tête de bélier, semblable à celle d'Éleusis, mais fort mal conservée, a été retrouvée à Kæsariani, dans l'Hymette : cf. Wiegand, *Poros-Architektur*, p. 125, fig. 122. Une autre, analogue aux deux précédentes, mais plus ancienne, a été recueillie sur l'Acropole : cf. Wiegand, *Ibid.*, p. 125, fig. 121.

CHAPITRE VIII

LA POLYCHROMIE DES SCULPTURES EN MARBRE

Puisque les seules sculptures où nous ayons pu étudier la polychromie pour la période de la pierre tendre sont des sculptures décoratives, en bas-relief et en haut-relief, la logique voudrait que nous commencions ce chapitre par l'examen des œuvres du même genre : frontons du nouvel *Hécatompédon* et bas-reliefs funéraires ou votifs. Mais ces œuvres-là sont celles précisément où la couleur s'est conservée le moins bien, tandis que les statues, surtout les statues de *corés*, nous apportent les documents les meilleurs et les plus complets pour apprécier le coloris des sculptures dans la seconde moitié du vi⁵ siècle. C'est à elles qu'il faut aller d'abord [1].

Le premier trait à noter dans la polychromie des *corés* est celui que M. Collignon [2] a qualifié par cette formule brève et heureuse : « le recul des tons pleins ». Au lieu des péplos entièrement rouges, des himations entièrement bleus, que nous offraient l'*Athéna* du premier *Hécatompédon* et la petite *Hydrophore*, la couleur du vêtement se réfugie désormais en majeure partie sur les bandes brodées de la bordure et de la παρυφή. Chitòn et himation, quel qu'en soit l'ajustement, ne montrent plus, dans ce que j'appellerai le « champ » de l'étoffe, que de rares petites taches rouges et bleues, croix, étoiles, enroulements ; mais leurs bords, en haut et en bas, et, davantage encore, la παρυφή verticale du chitòn développent des méandres plus ou moins compliqués, à lignes bleues ou rouges. Le seul endroit où s'étale une large couche ininterrompue de couleur est la partie supérieure d'un vêtement de dessous [3], sur le côté de la poi-

---

1. Cf. *Au mus. de l'Acrop.*, p. 252 sqq. J'ai étudié là, avec grand détail, la polychromie des *corés* ; je n'ai ici, pour ce qui concerne cette catégorie de statues, qu'à reprendre, en les résumant, mes observations d'alors.
2. *La polychromie dans la sculpt. grecque*, p. 27.
3. J'avais cru jadis que c'était là encore le chitòn proprement dit, dont une

trine (d'ordinaire, le côté gauche) que ne recouvre pas l'himation : toute cette partie est peinte en bleu, depuis le col jusque
sur l'épaule et le bras. — Même recul du coloris en ce qui concerne
la tête ; car le visage n'est plus teinté de rouge vermillon,
comme jadis. La couleur est employée exclusivement pour les
parties suivantes : les lèvres sont rouges, les sourcils noirs ;
les paupières sont bordées d'un trait noir qui imite la masse
des cils ; l'iris de l'œil est un cercle rouge, limité extérieurement d'un fin trait noir ; la pupille est noire ; les cheveux, sur
le front et sur le crâne et jusqu'à l'extrémité des boucles tombantes par derrière et par devant, sont toujours peints en
rouge [1]. — Sur les bras, souvent nus à partir du coude, sur les
mains, sur les pieds, il n'y a jamais trace de couleur ; les traits
rouges qu'on aperçoit quelquefois sur le dessus du pied et entre
les deux premiers orteils ne sont autre chose que les courroies
de la sandale, simplement peintes sans relief. — Quant aux accessoires de la toilette : stéphané, pendants d'oreille, colliers et
bracelets, quand ils sont en marbre, ils sont toujours coloriés
en rouge et bleu ; lorsqu'ils étaient en bronze, on doit supposer
que le bronze en était doré. A la stéphané de marbre s'ajoutaient parfois, sur la face antérieure ou sur la tranche, de fins
boutons de lotus en bronze doré ; dans le milieu de la rondelle
de marbre peint qui formait boucle d'oreille, était pareillement
fiché quelquefois un petit clou de bronze doré. — Enfin, les attributs variés, oiseaux, fruits, couronnes, que les *corés* portent
dans une de leurs mains ou sur les deux mains, sont tantôt
bleus, tantôt rouges.

On relève donc, sur les statues de *corés*, quatre couleurs
dont l'emploi est courant : bleu, rouge, noir, et or. Mais l'or
n'existait que comme dorure du bronze, et ne se rencontrait
que dans les figures où avaient été ajoutés de petits ornements
de bronze : cet usage, si fréquent qu'il fût, n'était pas général. Au contraire, le noir, le bleu, le rouge étaient employés

partie était peinte par pure convention décorative (cf. *Au mus. de l'Acrop.*,
p. 178). M. Heuzey, dont on sait la compétence en matière de costume
antique, m'a averti que j'avais commis une erreur et qu'une telle convention
n'était guère vraisemblable : il s'agirait donc d'une petite pièce de vêtement,
dont une partie seulement est visible, mais qui, dans la réalité, était coloriée
entièrement.

1. Une seule exception, mais douteuse, dans la *coré* 687 (*Au mus. de l'Acrop.*,
p. 161, fig. 12) ; là aussi, la couleur primitive devait être le rouge : cf. *Ibid.*,
p. 254, note 1.

dans toutes les figures sans exception. Seulement, le noir ne
servait que pour les sourcils, les cils, la pupille de l'œil et le
tour extérieur de l'iris ; réservé strictement à ces parties-là,
on ne le trouve pas ailleurs. Les deux couleurs dominantes,
qui remplissaient à elles deux quasi toute la place occupée par
le coloris, étaient par conséquent le bleu et le rouge[1], ainsi que
nous l'avons vu déjà pour les sculptures en pierre tendre. Mais
la nouveauté relativement à ces anciennes sculptures est que
la place occupée par le coloris est maintenant réduite de
beaucoup : partout où apparaît la chair nue, et dans la majeure
partie de la surface du vêtement même, le marbre est resté
sans couleur.

Les principes de la polychromie des statues d'homme ne sont
pas différents. Que la figure soit vêtue du col aux chevilles,
comme l'est le « citoyen » 663 de l'Acropole[2], ou drapée d'une
façon plus libre, comme le sont les trois *Scribes* assis[3], le vêtement, ici encore, n'admet la couleur que dans des limites fort
réduites, plus réduites même, il me semble, que sur les statues
de *corés ;* car les petits ornements, croix, étoiles, etc., semés
dans le champ de l'étoffe pour égayer le chiton et l'himation
des femmes, paraissent avoir été exclus de la draperie, plus
sévère, dont se recouvrait le corps de l'homme ; c'est seulement
sur le bord que courent les dessins variés d'une sorte de broderie rouge ou bleue[4]. Quant aux chairs nues, toute couleur
en est absente : aussi les κοῦροι sont-ils dépourvus de coloris,
depuis leur visage jusqu'à la plante de leurs pieds. Enfin, les
têtes des statues d'homme sont peintes d'une manière identique aux têtes des *corés :* lèvres rouges, sourcils et cils noirs,
iris rouge et pupille noire, cheveux rouges. Dans la *tête Rampin*, la barbe autour des joues et la moustache étaient rouges[5],
comme l'étaient les cheveux. Une mention particulière doit
être faite de la tête 621 de l'Acropole, que j'ai appelée[6] la *petite*

---

1. Sur le ton de ces deux couleurs, cf. *Au mus. de l'Acrop.*, p. 254-255. —
Je rappelle que le bleu s'est altéré et comme oxydé en maints endroits, et a
pris d'ordinaire une teinte vert-de-gris ; mais je ne crois pas qu'on ait constaté la présence d'un vert véritable une seule fois dans les *corés* de l'Acropole.
2. Cf. ci-dessus, p. 267-268.
3. Cf. ci-dessus, p. 268 sqq.
4. Le bleu (aujourd'hui vert) dominait dans le vêtement du « citoyen » 663 :
cf. Brunn-Bruckmann's *Denkmæler*, notice de la pl. 551. Le rouge avait été
préféré dans les statuettes des *Scribes*.
5. Cf. *Monuments Piot*, VII, 1900, p. 148 (H. Lechat).
6. Cf. ci-dessus, p. 273.

tête bleue, à cause que ses cheveux et sa barbe sont coloriés
en bleu : elle rappelle donc, à ce point de vue, les têtes à chevelure bleue et barbe bleue du triple *Typhon*, et nous verrons d'ailleurs qu'elle n'est pas le seul exemple d'un tel coloriage parmi les sculptures en marbre[1].

Dans les statues de cavaliers, si l'homme est nu, il rentre,
pour ce qui est de la polychromie, dans la classe des
figures de κοῦροι[2]; s'il est vêtu d'un chitôn, comme l'était le
cavalier de Vari[3], on doit admettre que son vêtement comportait, suivant l'usage, une bordure peinte en rouge et bleu. — Le
cheval est colorié d'après une règle pareille à celle qui s'impose
à la figure d'homme nu; tout le corps proprement dit demeure
intact; les seules parties peintes sont les suivantes : bord de
la bouche et naseaux rouges; œil rouge et noir; crinière bleue
ou rouge[4]; la queue aussi était peinte, du même ton certainement que la crinière; et j'admettrais volontiers que les sabots
également étaient coloriés.

Le *Cavalier en costume asiatique* était tout ruisselant de
couleurs : conséquence immédiate et nécessaire du costume
qu'il avait adopté. Car, si cet accoutrement de Barbare l'avait
séduit, ce n'était pas tant, j'imagine, à cause du collant des
pantalons et du justaucorps qu'à cause de leur éclat multicolore. L'auteur de la statue devait donc reproduire au naturel
le brillant de cet habit d'Arlequin : il n'y a pas manqué; il a
même, pour être exact, augmenté de plusieurs tons sa palette
ordinaire[5]. Les bottines sont rouges, la semelle aussi bien que
l'empeigne, avec, sur le cou-de-pied, trois boutons de bronze
(autrefois dorés). Les pantalons sont composés d'un assemblage de losanges très allongés, dont chacun se distingue des
voisins par sa couleur; le justaucorps, que borde en bas un
large méandre, offre, sur le haut des cuisses et autour des fesses,

---

1. Un exemple unique de l'emploi du jaune pour les cheveux se rencontre dans
la tête d'*Éphèbe blond*, très voisine de l'an 480, que nous étudierons dans un
des chapitres suivants.

2. Le cavalier n° 700 du musée de l'Acropole (*Arch. Jahrbuch*, VIII, 1893,
p. 140 sqq., n° 13) est nu, mais chaussé de sandales; les traits rouges dont son
pied gauche est rayé, pour figurer les courroies non sculptées en relief, sont
les seuls vestiges de couleur qu'il ait sur tout le corps.

3. Cf. ci-dessus, p. 277.

4. Le plus souvent bleue; exemple de rouge : cheval n° 697 du musée de
l'Acropole (*Arch. Jahrbuch*, VIII, 1893, p. 141 sqq., n° 14).

5. Pour tout le détail des couleurs et de leur distribution, cf. *Arch. Jahrbuch*,
VI, 1891, p. 241 sqq. (Studniczka).

une juxtaposition de petites languettes ou écailles arrondies, dont chacune aussi se distingue des voisines par sa couleur; enfin, le carquois est losangé d'une façon analogue aux pantalons. Or, pour indiquer sans confusion la multiplicité de tous ces losanges et languettes, et pour les faire joliment papilloter sous les yeux du spectateur, l'artiste n'avait pas assez du rouge et du bleu, même en employant deux tons de rouge, vermillon et rouge brun; à ces trois couleurs, il en a ajouté une quatrième, le vert, qui ne se rencontre que rarement dans la polychromie archaïque, et une cinquième, plus rare encore, le violet. En outre, quelques-uns des losanges du carquois et des pantalons et l'étroit contour de chacune des languettes du justaucorps ont été réservés sur le marbre; c'est à dire que la teinte propre du marbre a servi ici, non comme fond neutre, mais à la manière d'une couleur nouvelle, s'ajoutant aux cinq autres que j'ai dites. Cependant ces couleurs nouvelles, le vert, le violet et le blanc du marbre, ne viennent visiblement qu'en surcroît, pour remédier à l'insuffisance du bleu et des deux tons de rouge : bleu et rouge restent, comme toujours, les couleurs dominantes. — Malgré l'état de mutilation de la statue, nous pouvons tenir pour certain que les seules parties du cavalier qui ne fussent pas coloriées étaient ses mains nues, son cou et son visage, exception faite encore, bien entendu, pour les lèvres, les yeux, les sourcils et tout ce que le bonnet scythe laissait apercevoir de la chevelure. Au contraire, le cheval n'était pas peint davantage qu'on ne le voit ailleurs : crinière bleue et rouge[1], œil rouge et noir; la queue devait être coloriée en bleu ou en rouge, probablement aussi les sabots; mais tout le corps avait été laissé intact.

Si maintenant nous ramassons dans une vue d'ensemble les statues diverses que nous venons d'examiner : *corés* vêtues, hommes nus ou vêtus, cavaliers, voici les traits principaux qui ressortent de cet examen :

1° Le rouge et le bleu sont presque les seules couleurs employées, et, lors même que d'autres couleurs viennent s'y ajouter, elles restent toujours les deux principales;

2° Mais ces deux couleurs, tout en gardant leur importance relative, sont loin d'occuper autant de place que jadis; au lieu

---

1. Bleue sur la tranche supérieure; rouge dans les lignes brisées des deux faces latérales.

de se juxtaposer étroitement, de manière à envelopper et couvrir la figure entière, elles s'écartent à chaque instant pour laisser paraître la teinte neutre du marbre, et celle-ci désormais se subordonne les couleurs et les réduit à un rôle accessoire ;

3° Les parties de marbre, ainsi qu'on peut les appeler en les opposant aux parties coloriées, ne sont pas choisies au hasard ou selon la fantaisie de chacun, mais sont déterminées suivant des règles simples. Elles comprennent : premièrement, pour le corps, toutes les chairs nues ; secondement, pour les draperies[1], tout le champ de la pièce d'étoffe, entre les bandes brodées qui l'encadrent et qui, quelquefois aussi, la coupent en deux par le milieu. Ce champ de l'étoffe est toujours, dans le costume féminin, semé légèrement de quelques fleurettes de couleur, lesquelles paraissent n'avoir jamais existé dans le costume des hommes.

Il suffit pour l'instant d'avoir constaté ces quelques traits principaux, par lesquels on sera guidé dans l'examen des sculptures en relief. Celles-ci, en effet, sont en général décolorées à tel point aujourd'hui qu'on risque d'errer également, soit en leur déniant une polychromie qu'elles ont certainement eue jadis, ou en leur distribuant la couleur avec arbitraire à des places qui n'en ont jamais reçu.

Le principe essentiel de la polychromie des sculptures en relief, dans la seconde moitié du VIe siècle, qu'elles soient en bas-relief ou en haut-relief, ou qu'elles soient entièrement détachées du fond et exécutées en ronde bosse, pourvu qu'elles restent posées contre un fond de muraille (tels les frontons du nouvel *Hécatompédon*), est que tous les personnages représentés, hommes, femmes, animaux, sont peints de la même manière, avec les mêmes couleurs et selon les mêmes règles que les statues isolées ; mais, ainsi peintes, ressortent sur le *fond uniformément colorié*. — La seule des stèles funéraires qui ait gardé quelques vestiges encore reconnaissables de sa polychromie est la stèle de Vélanidéza[2]. Le fond était rouge clair. Nulle trace de couleur sur les chairs nues ; les cheveux

---

1. Je dis les draperies qui constituent le costume grec ; car un costume oriental, éclatant et bariolé, n'est et ne peut être qu'une fantaisie exceptionnelle.
2. Cf., pour le détail des couleurs, Conze, *Att. Grabreliefs*, n° 2, p. 4-5.

et la barbe étaient rouge brun; les lèvres, les sourcils, l'œil
étaient peints comme d'habitude. Quelques reflets de rouge
avivent encore le bord du chitòn. Le casque était bleu. Les
divers ornements qui décoraient la cuirasse sont bien visibles:
méandres sur la ceinture qui cercle le bas de la poitrine, petits
zigzags sur le bord inférieur, à la naissance des lambrequins;
méandres sur la bande étroite qui coupe successivement tous
les lambrequins en leur milieu; étoile réservée en clair dans le
haut de l'épaulière[1]; tête de lion sur fond rouge dans l'extrémité étroite de l'épaulière ramenée vers la poitrine. — Le seul
des reliefs votifs qui ait aussi gardé plus ou moins ses couleurs[2] est le petit relief *Hermès et les Charites* (*Au musée de
l'Acrop.*, p. 443, pl. III). Le fond est bleu. Nulle trace de couleur sur les nus. Hermès a les cheveux rouge brun, les sourcils
et les cils noirs; sa flûte était peinte en rouge. La première
Charite a les cheveux jaune clair[3]; les deux autres et l'adolescent qui vient derrière les ont rouge brun. Il y a du rouge vermillon sur le chitòn de la première *Charite* et celui de la
troisième, du jaune clair et du rouge sur le chitòn de la
deuxième, du jaune peut-être sur l'himation d'*Hermès*.

Les figures retrouvées du fronton *de la Gigantomachie* ont
conservé des traces suffisantes de leur coloration primitive[4].
Les vêtements d'*Athéna* sont garnis sur leurs bords de bandes
brodées en rouge et bleu, et, dans le milieu du chitòn, par
devant, au dessous de la ceinture bleue, tombe une large
παρυφή, décorée d'un méandre rouge et bleu. Les fleurettes de
couleur semées dans le champ de la draperie ont disparu.
L'égide a ses écailles alternativement bleues, rouges et
blanches, le ton blanc étant fourni par des parties de marbre
réservées à dessein[5]; les serpents entrelacés qui la bordent en

---

1. Ce motif décoratif de l'étoile sur l'épaulière doit avoir été fréquent dans
la réalité, puisqu'on le rencontre aussi sur des peintures de vases : cf. *Dictionn. des Antiq.*, art. *Lorica*, p. 1307, fig. 4528.
2. Nous en rencontrerons plus loin un autre, de date plus récente, le relief
du *Maître potier* (n° 1332 du musée de l'Acropole), dont les couleurs sont
assez bien conservées. J'en indiquerai le détail, qui n'offre d'ailleurs absolument rien de nouveau.
3. Comparer la *coré* 687 (ci-dessus, p. 317, note 1), bien que le cas de
celle-ci, je le répète, soit douteux.
4. Pour le détail des couleurs dans ces figures, cf. *Athen. Mittheil.*, XXII,
1897, p. 66-68 et 89-90 (Schrader).
5. Nous avons noté le même fait (cf. ci-dessus, p. 320) pour certains losanges
des pantalons et du carquois chez le *Cavalier multicolore*.

bas sont bleus. Le casque était bleu, et surmonté d'un cimier de bronze, probablement doré ; de petits ornements de bronze doré scintillaient sur la stéphané qui encercle le casque et dans le milieu des pendants d'oreille. Les cheveux sont rouge brun. Les lèvres, les yeux, les sourcils étaient peints selon l'habitude. Les *Géants* avaient les cheveux bleus, comme la petite tête 621, signalée ci-dessus [1], et comme les têtes du triple *Typhon ;* il n'y a nulle trace de couleurs en aucune partie de leurs corps nus. — Sur les quelques fragments des figures d'animaux qui proviennent du deuxième fronton du temple, on fait les constatations suivantes : le corps des lions est resté sans peinture, mais leur crinière est rouge brun ; le corps du taureau a aussi gardé la teinte du marbre, mais le sang qui coule des blessures faites par les griffes des lions s'étend en traînées rouges. On ne sait, pour l'un ni pour l'autre de ces frontons, de quelle couleur avait été peint le tympan : il était certainement bleu ou rouge [2].

Ainsi, la polychromie des reliefs et frontons en marbre apparaît fort différente de celle des reliefs et frontons en pierre tendre. Les couleurs sont les mêmes, il est vrai ; mais leur emploi, leur répartition, l'effet qu'on en tire sont tout autres. Dans les frontons en pierre tendre, les figures ressortent en fortes couleurs contre un fond qui garde généralement [3] la teinte neutre de la pierre ; dans les reliefs en marbre, ce sont les figures qui, sur la plus grande partie de leur superficie, conservent la teinte même de la matière, et c'est le fond qui se recouvre uniformément de bleu ou de rouge. La mise en valeur des figures par rapport au fond n'est pas moindre dans un cas que dans l'autre ; mais elle est obtenue, dans les deux cas, par deux procédés contraires. Cette différence peut être résumée en quelques mots : d'un côté, figures opaques sur fond clair ; de l'autre, figures claires sur fond opaque. C'est un complet renversement de la pratique ancienne, tout à fait pareil à celui qui s'opéra dans la peinture de vases, lorsqu'aux figures silhouettées en noir sur le fond rouge clair de l'argile on substitua des figures réservées en rouge clair sur un fond désormais peint en noir [4].

1. Cf. p. 318-319.
2. M. Schrader (*l. l.*, p. 90) admet qu'il était bleu.
3. Nous avons signalé (ci-dessus, p. 83) deux exceptions, lesquelles d'ailleurs prêtent à certains doutes.
4. Cf. *Athen. Mittheil.*, IV, 1879, p. 40 (Lœschcke).

· Les deux pratiques, tout en étant l'opposé l'une de l'autre, se justifient par la même raison, laquelle découle de l'origine et de la nature du relief[1]. Il s'agit toujours de détacher avec netteté devant les yeux du spectateur les figures diverses qui constituent la décoration monumentale, autrefois peinte à plat, maintenant sculptée en relief. Si ces figures et le fond auquel elles sont encore attachées ou contre lequel elles s'adossent sont également coloriés, l'inconvénient sera le même que si la couleur était également absente de partout; le but visé ne peut être atteint que s'il y a contraste, pour le coloris, entre fond et figures. Du moment que les figures d'un fronton cessaient d'être peintes de la tête aux pieds, et qu'elles se faisaient plus claires et plus légères, le mur du tympan devait forcément recueillir toute la couleur dont elles se dépouillaient, et se faire, à son tour, plus opaque et plus foncé[2]. Le coloriage total des fonds résulte donc du non-coloriage partiel des figures. Et, en Attique

1. Cf. ci-dessus, p. 95.
2. Doit-on croire que les artistes attachaient une signification particulière à l'emploi de la couleur bleue ou de la rouge sur le fond? M. Schrader (*Athen. Mittheil.*, XXII, 1897, p. 90) indique que le bleu pouvait être choisi en vue de procurer artificiellement aux figures d'un fronton le même fond que l'azur du ciel donnait aux statues exposées à l'air libre. Mais, d'abord, ce fronton *de la Gigantomachie*, à propos duquel M. Schrader émet cette hypothèse, nous ne savons même pas si le fond en était bleu ou s'il était rouge. Puis, si un tel motif avait existé, c'est le bleu qu'on devrait trouver toujours et partout dans le champ des sculptures en relief; or nous avons signalé ci-dessus que, dans la stèle de Vélanidéza, le fond était rouge clair, et, dans les métopes d'Olympie, on constate ici un fond bleu, là un fond rouge (cf. Treu, dans *Arch. Jahrbuch*, X, 1895, p. 26`, d'où l'on doit conclure que les deux couleurs alternaient d'une métope à l'autre. — Le choix du rouge pourrait donner lieu à une hypothèse d'un genre différent. On a remarqué que, dans les statues de marbre, les parties nécessitées par les exigences de la matière, mais étrangères en réalité au sujet même, comme les tenons entre une main et le corps, les supports sous un ventre de cheval, étaient peints en rouge (cf. Studniczka, dans *Arch. Jahrbuch*, VI, 1891, p. 242 et note 13; on peut citer aussi en exemple le dessous du tabouret sur lequel est assis le *Scribe*, n° 629 : cf. ci-dessus, p. 271). L'emploi du rouge pourrait donc être considéré comme un moyen conventionnel d'annuler ces parties-là, et on aperçoit de quelle manière s'appliquerait cette interprétation au champ des stèles et au tympan des frontons. — Mais la seconde hypothèse est contredite par les faits, tout comme la première; et quant à les garder toutes les deux ensemble, de façon à pouvoir sortir l'une lorsque l'autre n'est plus de mise, je crois que personne ne le voudrait. On doit être persuadé que nul sens particulier ne s'attachait aux couleurs du fond; on peignait le fond en bleu ou en rouge, selon que c'était, au contraire, le rouge ou le bleu qui dominait dans les figures. Aux frontons d'Ægine, par exemple, où il semble que la couleur prédominante des figures était le rouge (cf. Furtwængler, *Beschr. d. Glypt. zu München*, p. 90`, le mur du tympan était bleu. Et, pour

du moins [1], le recul des tons pleins dans les figures sculptées a été une conséquence directe de l'emploi du marbre au lieu de la pierre tendre ; la conséquence fut identique, aussi bien pour les reliefs et les sculptures des frontons que pour les statues isolées.

Si la couleur recula, dès que fut employé le marbre, c'est, peut-on dire, par respect pour la beauté de la matière nouvelle. Le calcaire commun, même lorsqu'il n'a pas de défauts à cacher sous un enduit, offre en tout cas une surface terne et sans agrément : le marbre blanc, lui, a déjà sa beauté et sa noblesse, avant celles que l'art sera capable de lui donner ; la perfection de son poli, l'irréprochable pureté de son épiderme le rendent précieux, agréable à voir, suave à toucher. Aussi, désormais, la beauté de la matière fera partie intégrante de la beauté de l'œuvre d'art [2]. Nous avons dû noter, il est vrai, dans les sculptures en pierre tendre, que certaines places quelquefois étaient réservées et laissaient apparaître, entre les bleus et les rouges, la teinte propre de la pierre [3] : il s'agissait alors, non pas de montrer la matière pour elle-même, mais de tracer une séparation entre un rouge et un bleu voisins et d'utiliser le ton neutre du calcaire pour éviter la confusion des couleurs proprement dites ; et nous avons, depuis, observé un détail analogue sur l'égide de l'*Athéna* du fronton *de la Gigantomachie*, et sur le carquois et les pantalons du *Cavalier multicolore*. Il ne faudrait pas croire que le non-coloriage partiel des figures de marbre fût simplement une extension de ce procédé ancien, qu'avait suggéré çà et là une raison de commodité pratique ; car l'essentiel n'est pas

revenir au fronton *de la Gigantomachie*, j'inclinerais à croire que le fond avait été peint en rouge pour faire mieux ressortir la chevelure bleue des *Géants* et le casque bleu d'*Athéna* ; et qu'au contraire, dans le deuxième fronton du temple, le fond était bleu à cause des rouges crinières des lions et du sang répandu sur le corps du taureau.

1. Je n'ai garde de généraliser : les plus anciennes métopes de Sélinonte, en pierre calcaire, avaient déjà le fond rouge ; le vieux fronton du *Trésor des Mégariens*, à Olympie, en pierre calcaire, avait le fond bleu. Pour l'Attique même, je viens de rappeler qu'il paraît y avoir eu des reliefs en pierre tendre avec fond colorié (cf. ci-dessus, p. 83). Mais, à défaut d'une règle absolue et inflexible (on n'en trouve guère de telles dans l'art grec), il y a eu un usage général ; et c'est les raisons de cet usage qu'il s'agissait d'exposer.

2. Cf. Collignon, *La polychr. dans la sculpt. grecque*, p. 22.

3. Cf. ci-dessus, p. 84.

que plus ou moins de surface reste intact ou soit colorié : c'est qu'un principe nouveau règle maintenant l'usage de la couleur.

L'avènement de ce principe nouveau n'eut pas pour cause un désir de modifier le caractère conventionnel de la polychromie, et n'eut pas davantage pour conséquence de ramener la polychromie à plus de réalisme. On pourrait prétendre que des draperies blanches, bordées de broderies peintes, et semées discrètement de quelques menus ornements de couleur, étaient plus conformes que les anciens péplos tout rouges et himations tout bleus à l'aspect habituel du costume grec, tel que le portaient les hommes et les femmes de la classe aisée. Mais le costume réel présentait certainement une assez grande diversité de coloris ; certainement aussi, les draperies de couleur n'ont jamais cessé d'être en usage à côté des blanches ; et cependant rien de moins varié, à ce point de vue, que le costume des statues de marbre, et l'on n'y sent vraiment pas, sauf dans le cas exceptionnel du *Cavalier multicolore*, le désir d'une imitation réaliste. Le non-coloriage des parties de chair est plus convaincant encore. On a parfois insinué, tout à fait à tort, que, dans les *Héraclès* et *Typhon* de pierre tendre, le corps teinté de rouge vermillon témoignait d'un effort grossier afin de reproduire au naturel le ton d'une peau hâlée. Admettons pourtant qu'il en ait été ainsi : le progrès alors eût consisté à rectifier peu à peu la grossièreté d'une telle imitation, et, pour cela, à y employer soit d'autres couleurs ou des nuances de coloris plus justes ; mais ce n'eût pas été un progrès dans le sens du réalisme que de supprimer la couleur entièrement.

Remarquons aussi ce qu'il advient du corps des animaux, des chevaux par exemple dans les statues de cavaliers : ces corps sont dotés par la nature d'un poil coloré, et dont la couleur, généralement unie, simple et franche, se laisserait aisément reproduire avec une suffisante exactitude ; cependant nous voyons que le corps des chevaux et des animaux en général est resté aussi dénué de couleur que le corps humain nu. Il faut donc reconnaître que les artistes, lorsqu'ils commencèrent à user de la polychromie avec discrétion, ne se sont pas souciés d'une imitation réaliste, davantage qu'au temps où ils en usaient sans mesure. C'est en vertu d'une sorte de conception abstraite de la forme qu'ils laissent maintenant aux corps et

aux membres nus de l'homme la teinte neutre du marbre[1],
déclarant ainsi que l'unique beauté des formes vivantes, reproduites par leur art, et l'attrait unique qu'elles doivent inspirer
au spectateur résident désormais dans les lignes et le modelé.
Les seules parties où ils maintiennent la polychromie sont celles
qui, dans la nature même, se distinguent des chairs par leur
couleur (cheveux, sourcils, barbe), ou dont la couleur ajoute à
la vie du visage (œil et lèvres). Puis, appliquant cette conception abstraite aux animaux divers et les assimilant en quelque
sorte au type humain, ils en neutralisent le corps au point de
vue du coloris[2], et là encore ils réservent la couleur pour les
parties que la nature a faites étrangères à la peau et à la chair
(crinière des lions, crinière et queue des chevaux) ou qu'elle
a dotées d'une valeur propre de coloration (bord de la bouche,
langue, naseaux, œil). Et je crois, enfin, que le voisinage de
ces nus maintenant incolores a été la cause principale qui fit
que la draperie, à son tour, dut réduire de façon si notable la
couleur dont elle était jadis totalement recouverte[3].

1. En parlant ainsi de la teinte neutre du marbre, et des « parties de
marbre » laissées sans couleur, je n'oublie pas que ces parties elles-mêmes,
selon toute vraisemblance, ne gardaient pas exactement leur ton cru naturel.
J'ai expliqué ailleurs (cf. *Au mus. de l'Acrop.*, p. 255-257) comment elles
devaient être soumises à une espèce de patinage à la cire : γάνωσις, *circum-
litio* (cf. Winter, dans *Arch. Anzeiger*, 1897, p. 131). Bien que les témoignages
des anciens relatifs à la γάνωσις soient très postérieurs au vi[e] siècle, il est
fort probable que ce procédé, comme tout ce qui concerne la polychromie des
sculptures, était un legs de la période archaïque. Seulement un tel patinage n'était pas un coloriage ; il devait avoir pour résultat d'amortir la
blancheur trop dure du marbre, de donner à celui-ci un ton plus moelleux, un
peu ambré, un brillant doux et ferme, voisin du ton de l'ivoire vieilli, et
ainsi de le mettre mieux en harmonie avec les bleus et les rouges. Mais le
marbre, frotté et patiné de la sorte, constituait toujours une surface neutre
et incolore, par rapport aux couleurs proprement dites.
2. Je ne m'occupe ici que des sculptures archaïques athéniennes, et ne
prétends pas poser une règle générale pour tout l'art grec. Il est possible
qu'ailleurs, dans les sculptures du grand temple d'Olympie par exemple, il y
ait eu des animaux dont le corps était plus ou moins teinté : M. Treu le croit
(cf. *Arch. Jahrbuch*, X, 1895, p. 27) ; mais on remarquera que l'examen le
plus attentif ne lui a pourtant pas fait découvrir une seule trace de la couleur
qu'il suppose avoir existé.
3. Ici encore, on peut objecter qu'il a dû y avoir et qu'il y a eu, en effet, des
draperies entièrement peintes dans des statues de marbre. Je ne le conteste
pas ; de telles draperies existaient dans la vie réelle et ont dû être quelquefois
imitées par l'art. Mais la règle qui vient d'être formulée n'est pas douteuse
pour l'art attique. Aussi bien, il y a lieu de prendre une à une les exceptions
qui se présentent, et d'examiner si elles ne sont pas justifiées par des circonstances particulières. Il semble établi, par exemple, que la draperie

Ainsi diminuée dans les sculptures en marbre, la polychromie demeure donc non moins conventionnelle qu'auparavant, puisque le recul de la couleur à certaines places ne marque nullement un progrès de réalisme et que, dans les autres places où la couleur s'est maintenue, elle est restée exactement la même. A côté des quelques traits copiés sur nature (lèvres rouges, sourcils et cils noirs, pupille noire), lesquels se rencontraient déjà dans les plus anciennes œuvres en pierre tendre, les chevelures et les barbes rouges ou bleues des hommes, les longues chevelures rouges des femmes, leurs yeux rouges, les crinières et les queues rouges ou bleues des chevaux continuent à proclamer le caractère de convention audacieusement, insolemment voulue de cette polychromie. Mais c'est seulement par rapport à nos habitudes modernes qu'elle prend cet air de bravade et d'insolence provocante, ou plutôt c'est nous qui lui prêtons cet air, tant que nous ne nous plaçons pas, pour en juger, au seul point de vue qui convienne [1], à savoir que la polychromie, dans la sculpture archaïque, est purement *décorative*, et non pas du tout *imitative*. Il en était ainsi dans les œuvres en pierre tendre, et ce caractère persiste sans atténuation dans les œuvres en marbre. Ni au début, ni plus tard, les Attiques n'ont songé à enluminer leurs statues à la manière des figures de cire, pour donner l'illusion de la vie ; ils les ont traitées en créations d'art, que l'art a le devoir d'embellir par les moyens qu'il juge le plus appropriés, et ils y ont employé les mêmes moyens que dans ces autres créations d'art qu'étaient les monuments d'architecture. Il n'est donc pas tout à fait exact de dire que la polychromie de la sculpture est conventionnelle, « parce qu'elle doit être d'accord avec celle de l'architecture » [2] :

d'*Apollon*, dans le fronton occidental du temple d'Olympie, était entièrement rouge (cf. Treu, dans *Arch. Jahrbuch*, X, 1895, p. 29) ; mais on observera que cette draperie, rejetée par derrière, constitue un véritable *fond* sur lequel se détache le personnage, et qu'il était quasi nécessaire de le colorier uniformément afin de faire ressortir le corps nu, et partant incolore, du dieu debout.

1. Pour ne s'être pas placé à ce point de vue, on a été entraîné quelquefois à des tentatives d'explication qui, certainement, sont mal fondées (cf. *Au mus. de l'Acrop.*, p. 249, note 1). Aux objections que je faisais dans cette note à l'hypothèse de M. Schrader, j'ajouterai celle-ci encore : lorsqu'on trouve sur la même tête (c'est le cas pour la tête « *Barbe-Bleue* ») les sourcils *noirs* et les cheveux *bleus*, comment prétendre que le bleu a été employé en guise de noir ?

2. Cf. Collignon, *La polychr. dans la sculpt. grecque*, p. 15. — J'avais dit la même chose, moi aussi : cf. *Au mus. de l'Acrop.*, p. 250.

en réalité, cet accord était en quelque sorte préétabli, parce
que le coloriage était considéré comme un supplément de beauté,
nécessaire également à la statue et à l'édifice, et que les deux
éléments principaux du coloriage, la couleur bleue et la couleur rouge, étaient imposés *a priori* par les préférences ins-
tinctives de l'œil humain[1].

Etrange Acropole, que celle où se ruèrent les Perses de
Xerxès en l'an 480 avant Jésus-Christ! Toute couverte d'édifices
et de statues, brillant ensemble d'un enluminage bleu et rouge
qui étendait dans la vive lumière ses tons profonds d'indigo et
de pourpre : vieux temples, petits et bas, dont l'humble matière
disparaissait sous la couleur ; constructions plus récentes et
plus grandes, où le bleu et le rouge alternaient, plus espacés,
sur les frises et les corniches de marbre ; piédestaux en forme
de piliers ou de colonnes aux chapiteaux peints, d'où jaillissaient,
droites et raides, des statues d'hommes nus, aux chairs d'un
blanc de cire, aux chevelures rouges ou bleues, et des statues
de femmes étroitement serrées dans des vêtements fleuris de
bleu et de rouge, parées de bijoux peints ou dorés, parées aussi
de leurs longs cheveux rouges épandus par devant et par derrière ; tous, hommes et femmes, accueillant l'envahisseur avec
le sourire de leurs lèvres peintes et de leurs yeux rouges sous
les sourcils noirs ! — Mais les formes seules de ces statues et
de ces édifices pouvaient surprendre les Perses, par leur nouveauté relativement à la sculpture et à l'architecture du pays
de Perse ; la couleur n'avait pas de quoi les étonner, non plus
qu'elle n'aurait étonné un Égyptien. Et c'est à nous modernes,
à nous surtout, quand nous la reconstituons par la pensée, que
l'Acropole rouge et bleue des Pisistratides apparaît étrange et
singulière.

Il n'est pas inutile de rechercher si la polychromie nouvelle
(je veux dire celle du marbre par opposition à celle de la pierre
tendre) ne porte pas témoignage encore, à sa façon, des influences
ioniennes qui ont agi sur l'art attique dans la seconde moitié du
VIᵉ siècle.

Un premier fait mérite d'être noté : cette polychromie nouvelle se substitue à l'ancienne tout d'un coup, sans hésitation,
sans tâtonnement ; du moins nous ne connaissons jusqu'ici

1. Cf. ci-dessus, p. 88-89.

aucun monument qui fasse transition d'un système à l'autre, comme il s'en rencontre, par exemple, dans la classe des vases peints, au temps où la technique à figures rouges va remplacer la technique à figures noires. Pas un relief de marbre ne montre des figures opaques sur fond clair, pas une statue de marbre n'offre trace de couleur sur les nus; dans le détail même de l'emploi des bleus et des rouges, il n'y a aucune survivance momentanée des habitudes antérieures : la *petite tête bleue* de l'Acropole[1], avec sa chevelure et sa barbe bleues, rappelle bien les têtes de *Typhon*, mais il se trouve justement que c'est un des marbres les plus récents de la série entière, et la *tête Rampin*[2], qui est beaucoup plus ancienne, a déjà la barbe et les cheveux rouges. Les choses se présentent donc comme si le programme nouveau de la polychromie avait été étudié et arrêté d'avance, en sorte que l'application en ait pu être faite du premier coup avec une infaillible sûreté. Cela ne s'explique naturellement que si ledit programme a été introduit tout prêt du dehors, et si l'élaboration en a eu lieu ailleurs qu'en Attique.

Or, nous savons d'où sont venus aux Attiques les premiers modèles de sculpture en marbre. Lorsque, suivant l'exemple des Ioniens, dont ils avaient pu voir les productions notamment à Délos[3], ils se décidèrent à travailler le marbre, eux aussi, les œuvres étrangères qui piquaient leur émulation durent leur révéler en même temps les principes d'une polychromie nouvelle. Car on ne saurait douter[4] que les Ioniens, avec l'expérience qu'ils avaient du marbre, n'aient trouvé de bonne heure la juste polychromie qui convenait à cette belle matière. Ce n'est pas seulement les égards dus à la beauté du marbre qui les conduisirent à un emploi des couleurs tel que nous le voyons sur les *corés* de l'Acropole ; mais il me semble qu'un tel emploi était conforme à l'esprit particulier de leur art. On a signalé, dans l'ancienne céramique ionienne, un empressement marqué à «revêtir les vases de couleurs gaies

1. Cf. ci-dessus, p. 273.
2. Cf. ci-dessus, p. 195.
3. Cf. ci-dessus, p. 190.
4. Les statues ioniennes recueillies à Délos ou ailleurs n'ont pas gardé trace de couleur; on a seulement relevé sur la *Niké ailée* quelques vestiges des ornements qu'on dessinait à la pointe avant de les colorier : cf. ci-dessus, p. 178, note 1.

et voyantes » [1] ; on y a signalé également l'habitude de *réserver* sur le fond clair certaines parties des figures et des ornements, dont les détails sont ensuite indiqués par de légers traits de couleur [2], procédé tout opposé à celui de la silhouette noire que préféraient les céramistes attiques. Il existe à peu près le même rapport entre la céramique athénienne à figures noires et les figures des vieux frontons de l'Acropole, coloriés à tons pleins en bleu et en rouge, qu'entre la céramique ionienne à couleurs variées et à *réservés* clairs et la polychromie des statues de *corés*, type de prédilection des sculpteurs ioniens. Ce sont là conséquences diverses d'une même cause. A la plastique élégante et brillante des Ioniens [3] convenait une polychromie élégante et gaie, laquelle s'obtient moins en répandant à flots la couleur qu'en la répartissant avec ingéniosité. Comparons ensemble un tapis tout rouge ou tout bleu ou moitié rouge et moitié bleu, et un tapis à fond blanc, plus exactement à fond neutre, mais dont les bords sont ornés d'un riche dessin à lignes bleues et rouges, et dont le fond est semé de fleurettes soit bleues ou rouges, ou bleues et rouges à la fois : malgré que le premier ait exigé quatre ou cinq fois plus de matière colorante, n'est-ce pas le second qui sera le plus *gai*, le plus plaisant à l'œil ? — La polychromie nouvelle, considérée surtout dans les statues de *corés*, apparaît donc bien conforme à l'esprit de l'ancien art ionien ; et, puisque les Attiques semblent n'avoir pas eu la peine de la chercher, mais au contraire l'avoir reçue toute prête et l'avoir immédiatement appliquée avec une parfaite assurance, nous pouvons admettre comme fort probable que, sur ce point encore, ils ont eu pour guides et pour modèles, dès le milieu du vi[e] siècle, les productions des sculpteurs asiatiques et insulaires.

Une des parties les plus importantes de la polychromie nouvelle consiste dans les bandes brodées qui décorent les vêtements ; et la richesse, la beauté, l'élégance de ces broderies tiennent moins à leurs couleurs (toujours le bleu et le rouge) qu'à leur dessin, plus ou moins ingénieux et compliqué, auquel on donnait une attention si particulière que l'habitude était de le graver patiemment à la pointe avant de le colorier. Or

1. Cf. Pottier, *Catal. des vases du Louvre*, II, p. 380 et 499.
2. Cf. *Monuments Piot*, I, 1894, p. 43 sqq. (Pottier).
3. Cf. ci-dessus, p. 183 sqq.

l'aspect général du dessin et les éléments qui le composent ne
sont plus, dans la seconde moitié du vi⁰ siècle, ce qu'ils étaient
auparavant. Par exemple l'*Athéna* assise qui provient d'un
des frontons en pierre tendre du premier *Hécatompédon* (*Au
mus. de l'Acrop.*, p. 23, fig. 2) a le bord supérieur du péplos
garni d'une broderie, dont l'élément principal se réduit à une
suite de losanges juxtaposés ; et le bord de son himation est
décoré de petits carrés égaux, disposés dans le sens vertical,
nettement séparés l'un de l'autre, et remplis successivement
par une rosace, une croix de Saint-André, une croix gammée,
une étoile faite de boutons de lotus rayonnant autour d'un
point central. Ces ornements et ceux du même genre, dont on
constate l'usage dans les plus anciennes œuvres de la sculpture
attique, ne se retrouvent plus à l'époque des Pisistratides : ils
sont remplacés par des méandres, des lignes de points bordées
de deux traits continus, des carrés renfermant des points en
croix ou en cercle[1] ; les palmettes aussi apparaissent quelquefois
sur la stéphané[2]. C'est le méandre surtout qui triomphe, ce
souple ornement fait de lignes droites brisées, dont les artistes,
dextrement, varient sans cesse le tracé, et auquel ils ajoutent
un élément nouveau de diversité, en réservant, à l'intérieur du
dédale des lignes, de larges vides qu'ils remplissent ensuite
d'étoiles ou de croix ou de points en cercle. M. Winter, qui a
le premier signalé ce changement de mode dans la décoration
peinte des statues archaïques d'Athènes[3], en a aussi indiqué
très justement la cause, qui est l'adoption soudaine par les
Attiques, dans la seconde moitié du vi⁰ siècle, des éléments
décoratifs qu'employaient les artistes de la Grèce orientale. En
effet, ces ornements sont d'un emploi courant dans la céramique ionienne contemporaine ; le méandre y abonde et la
palmette y est fréquente : et c'est le même méandre parsemé
d'étoiles qu'on retrouve également sur la bordure de plusieurs
sarcophages de Clazomènes[4] et sur la draperie de maintes *corés*
athéniennes, de celle, entre autres, qu'a signée Anténor[5]. —
Que ces ornements nouveaux soient arrivés aux sculpteurs
attiques par l'intermédiaire des statues ioniennes, qu'ils s'atta-

1. Cf. *Au mus. de l'Acrop.*, p. 160 et 177.
2. Cf. *Ibid.*, p. 208.
3. Cf. *Athen. Mittheil.*, XIII, 1888, p. 131-133.
4. Cf. *Bull. corr. hell.*, XIV, 1890, p. 378 ; XVI, 1892, p. 252 (Pottier).
5. Cf. *Arch. Jahrbuch*, II, 1887, p. 138 (Studniczka).

chaient à imiter et qu'ils ont souvent copiées de si près, cela
n'est pas douteux, et il n'y a rien de plus naturel ; mais un tel
détail devait être mis en lumière, car il n'en est guère qui
renferment une preuve meilleure, plus directe, plus malaisément
contestable de la profonde influence qu'a eue l'art ionien sur
l'art attique.

Observons cependant que, même dans l'usage de ces petits
motifs de décoration maintenant communs aux deux écoles, se
marquent encore les différences de tempérament des purs
Ioniens et des purs Attiques. Les premiers prodiguent sur la
statue les ornements, ils les compliquent et les raffinent ; les
seconds en usent avec plus de simplicité. Ni les uns ni les autres
ne changent rien aux limites assez étroites où la polychromie
est désormais confinée ; mais les premiers exécutent, à l'intérieur de ces limites, des broderies très délicates, très habiles,
qu'il faut examiner de près pour en apprécier tout le mérite
d'ingéniosité ; le travail des seconds est plus dédaigneux de
telles minuties. Ce n'est pas un hasard si la statue 682 de
l'Acropole (*Au musée de l'Acrop.*, p. 203, fig. 22), la plus précieusement exécutée quant au costume et à la coiffure, celle
qui ressemble le plus aux caryatides du *Trésor des Siphniens*
et du *Trésor des Cnidiens* à Delphes, en un mot la plus
ionienne des *corés* d'Athènes [1], est aussi celle qui est le plus
brillamment coloriée et dont la polychromie montre dans tous
ses détails le plus de recherche [2]. On y remarquera particulièrement l'élégance originale des ornements semés dans le champ
du chitôn et de l'himation ; ils sont plus importants que partout
ailleurs : ce sont des enroulements en forme d'S allongés et
finement contournés, du bord desquels, à droite et à gauche,
s'échappent comme de longs pétales de fleurs, par trois ou par
quatre [3]. Mais, sur la *coré* d'Anténor, qui est plus grande
cependant et qui se serait donc bien accommodée, à pareille
place, d'un ornement plus développé, on ne trouve qu'un petit
cercle, rempli par une étoile rouge et bleue, de l'espèce la
plus ordinaire [4]. — Ainsi se vérifie, en toutes occasions [5], et
jusque par les infimes détails de la polychromie, le fait sur

1. Cf. ci-dessus, p. 219 sqq.
2. Cf. *Au mus. de l'Acrop.*, p. 317-318.
3. Cf. *Antike Denkmæler*, 1, pl. 39.
4. Cf. *Arch. Jahrbuch*, 11, 1887, p. 138.
5. Que l'on compare aussi le détail de la polychromie dans la *coré*

lequel nous avons maintes fois insisté déjà, de l'existence d'un double courant, l'un plus ionien, l'autre plus purement attique, dans l'art athénien, au temps même où cet art fut le plus pénétré des influences venues de la Grèce orientale et insulaire.

« ionienne » 594 (*Au mus. de l'Acrop.*, p. 181, fig. 16) et dans la grande *coré* attique 671 (*Ibid.*, p. 153, fig. 9) qui, au musée de l'Acropole, fait pendant à la statue d'Anténor.

CHAPITRE IX

LA SCULPTURE ATTIQUE A LA FIN DU VIe SIÈCLE.
LES RÉSULTATS DE L'INFLUENCE IONIENNE

Aucune des œuvres diverses de sculpture que nous avons rangées dans la seconde période de l'archaïsme attique n'est datée d'une façon précise, ni par une dédicace, ni par une mention d'un auteur ancien. On ne saurait douter qu'elles appartiennent, en grande majorité, à l'époque du principat des Pisistratides, entre les années 540 et 510. Cependant il doit y en avoir dans le nombre qui sont un peu plus récentes et auraient été exécutées entre 510 et 500[1]. Nous n'avons nul moyen sûr de les distinguer de leurs aînées. Car il va de soi que la chute d'Hippias et l'exil des derniers Pisistratides n'ont pas entraîné *ipso facto* un changement immédiat, de quelque nature qu'il fût, dans le genre et le style des productions de l'art attique. Tout au plus peut-on admettre que la production artistique s'est ralentie un instant, en raison des troubles profonds qui agitèrent Athènes et l'appauvrirent de beaucoup de citoyens puissants et riches[2] : avec les Pisistratides s'éloignèrent naturellement leurs partisans les plus fidèles; puis Clisthènes et les Alcméonides, deux ans à peine après leur rentrée, durent sortir du pays ; puis, ce fut le bannissement par Isagoras, aidé du roi de Sparte Cléoménès, de sept cents familles athéniennes ; et bientôt l'exil d'Isagoras, à son tour, et le rappel triomphant de Clisthènes ; bref, un va-et-vient de proscrits, se remplaçant les uns les autres au pouvoir et sur

---

1. Je l'ai supposé, par exemple, pour la stèle de l'*Hoplitodrome* (ci-dessus, p. 299), pour le *Cavalier* de Vari (ci-dessus, p. 278), pour la *coré* 594 (ci-dessus, p. 223, note 1).
2. Cf. Curtius, *Hist. gr.*, trad. Bouché-Leclercq, I, p. 472 et 484-486 ; Beloch, *Griech. Gesch.*, I, p. 333 et 339; E. Meyer, *Gesch. d. Alterthums*, II, § 491 ; Busolt, *Griech. Gesch.*², II, p. 401-405.

le chemin de l'exil. A ces graves querelles intérieures, dont la
cité était depuis trente ans déshabituée, s'ajoutaient les hostilités
avec Sparte, Chalcis et Ægine[1] ; et, si Athènes se découvrait
alors en elle et révélait à ses ennemis une énergie et une fierté
qui la faisaient sortir victorieuse et plus grande[2] de cette crise
redoutable ; si elle affermissait au dedans le régime démocratique, ou plus exactement isonomique[3], auquel elle s'attachait
de toute son âme, et si ses succès guerriers lui rapportaient
un accroissement de domaines, de force active, et la récolte
d'abondantes rançons de prisonniers[4], il reste toujours cependant que ces quelques années agitées durent être moins pro-
pices à la production artistique que ne l'avait été le long déroulement des années de calme prospérité sous la tyrannie des
Pisistratides. — Mais, dès 505, l'orage a pris fin ; et c'est
alors, sans doute, que le parti vainqueur, afin d'éclipser les
édifices élevés par les Pisistratides, décida et commença la
construction, sur l'Acropole, d'un temple nouveau, qui ne
devait pas être fini de sitôt, et qui devait être un jour le Parthénon[5].

Le seul monument de sculpture dont les textes fassent mention pour la fin du VIe siècle est le quadrige de bronze élevé à
l'entrée de l'Acropole après la victoire remportée sur les Béotiens et les Chalcidiens ; cette victoire n'est pas antérieure à
l'année 506, elle ne date peut-être que de 505 ; le monument
commémoratif fut donc érigé entre 505 et 500[6]. Détruit par les
Perses en 480, il n'en a rien subsisté, qu'un lambeau de l'inscription dédicatoire[7]. Au même temps doit très probablement

1. Cf. Curtius, op. l., p. 487, 489 et 492-493 ; Beloch, op. l., p. 339 sqq.
E. Meyer, op. l., § 492 ; Busolt, op. l., p. 441 sqq.
2. Hérodote, V, 78.
3. Hérodote, III, 80.
4. Cf. Curtius, op. l., p. 493 ; Busolt, op. l., p. 443.
5. Cf. Dœrpfeld, Die Zeit des ælteren Parthenon (Athen. Mittheil., XXVII,
1902, pl. XIII-XIV, p. 379-416, plus spécialement p. 403 sqq., 410 et 416):
Wiegand, Poros-Architektur, p. 114. — Du même temps dateraient aussi les
premiers Propylées en marbre de l'Acropole, qui n'étaient pas terminés en
480 et ne le furent donc jamais (cf. Dœrpfeld, l. l., p. 405 et 406).
6. Une autre commémoration de la même victoire fut la stoa ionique élevée
à Delphes : cf. Bull. corr. hell., XX, 1896, p. 615 (Homolle); München. Sitzungsb., 1901, p. 391-392 (Furtwængler).
7. Cf. Inscr. attic., I, Suppl., 334 a; Lolling, Catal. inscr. Acrop., p. 65,
n° 94. — Le monument fut refait par l'ordre de Périclès après l'expédition
d'Eubée en 446 ; de ce nouveau quadrige de bronze qui remplaçait l'ancien et
portait la même dédicace, il n'a subsisté aussi que quelques lettres de l'inscription : cf. Inscr. attic., I, Suppl., 373[60] ; Lolling, op. l., p. 66, n° 95.

être attribué le groupe de bronze des *Tyrannoctones* par Anténor : il n'a certainement pas été élevé dans les années qui suivirent immédiatement le départ d'Hippias, puisque, dans ces
années-là, le tyran déchu avait encore à Athènes de puissants
partisans, comme Hipparque fils de Charmos [1], et qu'Isagoras,
s'il n'était pas l'ami des Pisistratides, était encore plus l'ennemi
de Clisthènes et des Alcméonides. Mais lorsque, vers l'année 505,
Sparte, sollicitée par Hippias et prête à tenter la restauration
du tyran, fut obligée de renoncer à l'entreprise, et qu'Athènes,
ayant vaincu ses ennemis les plus voisins et découragé les
autres, se sentit par conséquent maîtresse chez elle et sûre du
lendemain [2], on comprend qu'à ce moment les Athéniens aient
voulu, par une bravade qui visait à la fois les Pisistratides exilés et les Spartiates, leurs protecteurs impuissants, honorer
d'un hommage public et solennel Harmodios et Aristogeiton,
les deux meurtriers du frère d'Hippias. Le premier groupe des
Tyrannoctones aurait donc été érigé aussi entre 505 et 500.
Pourtant cette date, quoiqu'elle s'offre dans les conditions les
plus favorables, n'est pas absolument certaine [3].

Que la production artistique ait été diminuée plus ou
moins par suite des troubles et des guerres pendant les
années 510-505, et qu'elle ait repris avec plus ou moins d'activité entre 505 et 500, redisons que rien n'annonce en tout
cas, ni ne permet de soupçonner qu'elle ait été différente alors
de ce qu'elle était la veille. D'une part, le style attique, tel
que l'avait fait le contact avec l'ionisme, poursuit certainement son chemin, qu'il poursuivra encore après 500 et très
loin au delà, ainsi que nous aurons à le constater. D'autre part,
le courant nouveau qui va se dessiner bientôt dans la sculpture
à Athènes n'y apparaît certainement pas avant le commencement du ve siècle : un calcul très simple nous permettra tout à
l'heure de l'affirmer. C'est avant que n'apparaisse ce courant
nouveau, et, avec lui, par lui, une sorte de protestation contre
l'ionisme dominant, qu'il convient de jeter un regard en arrière,
sur ce demi-siècle que remplit presque tout entier le nom des
Pisistratides, et que caractérise, dans l'histoire de l'art, la
fusion des écoles ioniennes de sculpture avec l'école attique.

1. Cf. Curtius, *op. l.*, p. 484, note 1 ; Busolt, *op. l.*, p. 440, note 3.
2. Cf. Curtius, *op. l.*, p. 496 sqq. ; Busolt, *op. l.*, p. 448-449.
3. Je reviendrai sur ce groupe des *Tyrannoctones*, dans un chapitre ulté-
rieur.

Et cette vue d'ensemble est d'autant plus nécessaire que l'appréciation détaillée des œuvres l'une après l'autre a pour effet d'entraîner le jugement quelquefois trop loin dans un sens, puis dans le sens opposé ; une revision dernière, à grands traits, nous rendra le service de tout ramener plus aisément à l'exacte mesure.

En somme, l'impression générale, si précise et si forte, que donne dès l'abord le petit musée de l'Acropole[1], se trouve être la plus juste ; un examen prolongé y peut bien introduire quelques nuances, il n'y change rien au fond. Quand, après le *Moschophore* et la *Femme à la grenade*, on voit en longues files s'approcher les *corés*, pareilles toutes au portrait que fait le poète Archiloque de son amie Néoboulé : « souriantes, une belle fleur à la main, les cheveux flottants sur les épaules et la poitrine »[2], on ne saurait contester qu'une grande nouveauté a passé par les ateliers des sculpteurs athéniens. Moins évidente au premier coup d'œil dans les statues d'hommes nus, cette nouveauté s'y laisse reconnaître avec autant de certitude, et les reliefs en portent également témoignage. Elle est venue avec rapidité et comme tout d'un coup, vers le milieu du VIe siècle, s'est imposée sans effort, d'une manière universelle, et a duré au moins jusqu'à la fin du siècle sans provoquer la satiété. Il est vrai que, en y regardant de près, on découvre des échelons intermédiaires entre la période antérieure et la nouvelle, et que des œuvres importantes, çà et là, qui conservent fidèlement certaines traditions précieuses de l'ancien art attique, n'obéissent pas avec une docilité parfaite au commun mot d'ordre. Mais les hésitations, les réticences, les exceptions même, quelque intérêt qu'elles puissent offrir par ailleurs, affaiblissent à peine l'impression d'unité dans la technique et d'unité dans le style qui ressort de cette foule de monuments si diverse et si copieuse, la plus copieuse qu'il y ait pour aucune des époques de l'archaïsme grec. A la force de cette impression se mesure l'influence qu'eut à Athènes l'art ionien, tel que l'avaient fait les brillants sculpteurs de Chios et leurs imitateurs immédiats de Naxos et de Paros : il s'était répandu hors

1. Cf. ci-dessus, p. 165 sqq.

2. Archiloque, fr. 29 : Bergk, *Poetæ lyr. gr.*[3], II, p. 691. — M. R. von Schneider (*Album des musées de Vienne*, p. 10, notice de la planche XXV, 3) a été le premier, je crois, à citer ces vers comme s'appliquant fort exactement au type des *corés* archaïques.

des limites originelles à travers tout le monde grec, et il a
exercé partout une véritable suprématie durant la seconde moitié du vie siècle; mais nulle part il ne s'est mieux acclimaté et
n'a refleuri avec plus d'éclat que dans l'ionienne Attique, où il
a transformé à son contact l'ancien art indigène et s'est en
général confondu avec lui par la plus étroite union.

Ce que les Attiques avaient à gagner, ce qu'ils risquaient
de perdre à ce bain prolongé d'ionisme, nous avons eu déjà
l'occasion de le montrer, détail après détail, au cours des
analyses précédentes, et nous allons le récapituler maintenant.
D'abord, les Ioniens apportaient avec eux une science con-
sommée du travail du marbre; je ne parle pas seulement de
leur aisance à manier le ciseau, ni même des raffinements de
technique où ils pouvaient se plaire, mais bien plutôt de la
connaissance exacte et du fin sentiment qu'ils avaient des ressources du marbre, particulièrement pour rendre l'élastique
douceur de la chair nue. Il y avait une heureuse harmonie
entre leur genre de talent, les sujets auxquels ils se plaisaient,
l'espèce d'idéal où ils tendaient, et les vertus spécifiques de
la belle matière ferme et souple, à la surface légèrement trans-
parente, susceptible d'un poli si pur et d'un modelé si délicat.
L'exécution coulante et moelleuse des Ioniens a séduit les
Attiques; ils réussirent vite à s'en approprier le secret : des
sculptures comme le fronton *de la Gigantomachie* et la stèle
d'*Aristion* nous l'ont fait voir. Ils se sont ainsi enrichis d'un
mérite supérieur, et qui ne devait pas être passager; car on
peut dire que les plus rares qualités de la technique de Praxitèle ont leur origine là.

La beauté du marbre, comprise de la sorte, est la meilleure
évocatrice de la beauté de la chair, et l'amour de l'une implique l'amour de l'autre. Il faut donc nous attendre à trouver
dans les œuvres des Ioniens, à côté de lacunes et d'erreurs
imputables au manque de maturité, certains détails qui prouvent
une observation curieuse et pénétrante de la nature, une scru-
tation aiguë de la forme vivante. N'avons-nous pas noté, en
effet[1], que les Ioniens, les premiers, au lieu de tailler en
amande régulière l'ouverture de l'œil, ont eu l'exactitude minutieuse d'y découper à l'angle interne, en l'exagérant un peu
pour la montrer mieux, la minuscule poche arrondie qui ren-

1. Cf. ci-dessus, p. 226, note 1.

ferme la glande lacrymale? et que, les premiers aussi[1], ils ont eu la subtilité de remarquer que la paupière supérieure, quand l'œil est ouvert, ne doit pas être figurée entièrement lisse, mais qu'elle offre un petit pli rentrant, à la façon d'un rideau se remontant sur lui-même? On sait encore quels soins amoureux ils ont donnés aux pieds de leurs statues[2] : minces et d'une élégante maigreur, le dessus joliment cambré, la cheville bien détachée[3], les doigts frêles et secs, prolongés par les tendons en saillie sous la peau fine, la dernière phalange à tous les doigts se relevant un peu et se retroussant en l'air, les deux premiers orteils bien séparés l'un de l'autre, le deuxième étant un peu plus grand, ce qui dessine au bout du pied un arc plus prononcé, — le travail en est à la fois savant et délicat, précis et caressé; c'est un charme de justesse et de grâce. Et l'on est à même de constater, dans les fragments du fronton *de la Gigantomachie*[4], dans une statue de *coré* comme le n° 672 de l'Acropole (*Au musée de l'Acrop.*, p. 173, fig. 15), et dans plusieurs autres[5], l'estime que les Attiques ont faite de ce genre de beauté non banale, et avec quel empressement ils s'en sont à leur tour emparés.

Il faut envisager aussi comment les Ioniens, dans les statues de femmes drapées qui étaient leur type favori, ont compris la relation de la draperie avec le corps. Dans les anciennes figures attiques, ou bien la draperie se colle au corps platement et sans plis (*Zeus* assis, en pierre tendre; *Moschophore*), ou bien elle forme une chape épaisse et rigide (*Femme à la grenade*) et c'est le corps, cette fois, qui n'existe pour ainsi dire plus. Les Ioniens, les premiers, ont tâché de laisser aux deux éléments constitutifs de la statue drapée, formes du corps et draperie, leur valeur propre. Sous le fin chiton de toile, ils n'oublient jamais l'anatomie et la ligne du modèle : les jambes, notamment, depuis les talons jusqu'à la hanche, sont aussi visibles et aussi nettement détaillées que si elles étaient nues[6].

1. Cf. ci-dessus, p. 256, note 3.
2. Cf. *Athen. Mittheil.*, XII, 1888, p. 128 (Winter); *Au mus. de l'Acrop.*, p. 194-196.
3. Se rappeler l'épithète homérique fréquemment appliquée aux femmes: καλλίσφυρος.
4. Cf. ci-dessus, p. 309.
5. Par exemple, la statue assise 618 (*Au mus. de l'Acrop.*, p. 195, fig. 21) et la *coré d'Euthydicos* (*Ibid.*, p. 365, fig. 36), desquelles il sera parlé plus loin.
6. Cf. *Au mus. de l'Acrop.*, p. 165.

Et cependant l'étoffe existe, avec ses plis nombreux, qui tombent verticalement ou se courbent et convergent vers une des mains en dehors. L'étude du nu apparaît ainsi liée intimement à celle de la draperie. Il est vrai que ce nu féminin né donne pas pleine satisfaction[1], et qu'il y a une grande part de convention dans le collant de cette draperie. Mais enfin, si les Attiques, au cours du ve siècle, ont continué avec succès dans cette voie et ont réussi à résoudre le problème de la draperie collée sur le nu, reconnaissons que la voie leur avait été ouverte par les Ioniens, et que ce problème, les Ioniens en avaient trouvé déjà un commencement de solution. — En même temps, ils poursuivaient une autre étude de draperie, d'un caractère différent, à propos de l'himation dont ils revêtaient d'habitude leurs *corés* par dessus le chitôn. Cette pièce du costume, plus variée d'aspect, plus libre et plus flottante autour du corps, avec ses grands pans complètement détachés et ses plis épais, en fort relief, offrait au sculpteur d'abondantes ressources[2]. Les Ioniens ont su les mettre à profit; quoiqu'ils aient, naïvement, faute d'une science plus avancée, transformé en un tracé raide et géométrique les souplesses capricieuses du modèle, ils ont eu le mérite d'observer combien « les parties libres et les bords flottants contribuent à la richesse et à la beauté du costume »[3]. En cela encore ils ont été des précurseurs, et, si leur himation à zigzags réguliers et un peu secs ne saurait se comparer, pour l'effet plastique, au péplos noble et large du ve siècle, du moins ont-ils enseigné quelle attention méritent les plis d'une étoffe drapée sur le corps humain et comme il faut tailler l'épaisseur de ces plis.

Mais ce qu'ils apportaient peut-être de plus précieux aux ateliers attiques, spécialement pour la représentation du type féminin, c'est leur sentiment de l'élégance, de la grâce et du charme. Leurs statues de femmes sont comme pénétrées d'un désir de plaire; on voit et on sent ce désir partout en elles,

1. Julius Lange (*Darstellung d. Menschen*, trad. Mann, p. 58-59) a remarqué justement que les artistes archaïques, dans leurs représentations du corps de la femme, n'ont pas accordé une attention suffisante à ce qui, dans ce corps, est *spécifiquement féminin* et le distingue du corps humain mâle. Pour la structure et le détail des membres, la femme, dans les statues du vi^e siècle, est en général « très homme »; elle est, plastiquement, plus homme que femme.

2. Cf. *Au mus. de l'Acrop.*, p. 179.
3. Cf. Heuzey, *Du principe de la draperie antique*, p. 19.

de la tête aux pieds[1] : dans la coquette disposition des plis de
leur vêtement, dans la savante minutie de leur coiffure, dans
le brillant éclat de leurs broderies peintes, dans les gestes de .
leurs mains, dans leur sourire enfin, dans ce « crochet de
bonne humeur » qu'elles ont toutes au coin des lèvres. Que les
sculpteurs ioniens n'aient fait, en ce genre de figures, que se
conformer à l'esprit de la société ionienne[2], et que les détails
mêmes de leurs œuvres correspondent exactement aux usages
et modes de leur milieu[3], cela n'est pas douteux ; mais aussi,
par ces œuvres où ils traduisaient selon leurs forces, en cherchant à lui donner toujours plus de beauté, le modèle que leur
offrait la vie réelle, ils se trouvaient créer et propager
l'ébauche d'un idéal de grâce féminine, que les Attiques devaient recueillir d'eux, pour le développer ensuite et le mûrir.
Idéal encore à demi emprisonné dans une gangue de raideur et
de convention : mais la grâce s'en dégagera bientôt, de plus
en plus fine et pure ; ces gestes des bras, encore anguleux ou
gauches, vont s'assouplir, s'arrondir, selon un rythme secret,
dans quelque harmonieuse *Aphrodite* du ve siècle[4] ; et ce sourire à fleur de lèvres, tendu, excessif, monotone et mécanique,
deviendra le profond et mystérieux sourire, attirant et indéfinissable, de la *Sosandra* de Calamis.

D'autre part, on a maintes fois signalé[5] ce que les exemples
des Ioniens, trop servilement suivis et avec cette tendance à
l'exagération qui est le défaut fréquent des imitateurs, eussent
pu avoir de pernicieux pour les Attiques. Cette élégance et
cette grâce séduisantes s'accompagnaient souvent d'une certaine mollesse ; cet art souriant sourit trop continûment ; l'habileté du travail tournait parfois à un exercice inutile de virtuosité. Certes, l'archaïsme attique primitif était un peu âpre et
rude, et c'était donc un bienfait pour lui qu'il s'adoucît sous

---

1. Cf. Perrot, *Hist. de l'art*, VIII, p. 670-671 et 737.
2. Cf. ci-dessus, p. 183 sqq.
3. Cf. les vers d'Archiloque cités ci-dessus, p. 338. — Pour le geste de la
main gauche relevant les plis du chitôn, M. Sittl (*Die Patrizierzeit d. gr.
Kunst*, p. 23, note 25) et M. R. von Schneider (*Album des musées de Vienne*,
p. 10, notice de la pl. XXV, 3) ont rappelé, fort à propos, les vers où Sapphô
(fr. 70 : Bergk, *Poetæ lyr. gr.*[3], III, p. 683) exprime son dédain pour une certaine Androméda, « paysanne qui ne sait seulement pas comment on relève
sa robe sur ses chevilles ».
4. Je pense à la statue dite *Vénus de Fréjus*, sur laquelle je reviendrai plus
loin.
5. Cf., en dernier lieu, Perrot, *Hist. de l'art*, VIII, p. 671.

l'action d'une influence étrangère ; mais c'eût été un mal que
l'adoucissement finît en amollissement[1]. Dans ce type féminin
dont les Ioniens furent les heureux créateurs, il y a une tendance marquée au maniérisme et à l'afféterie[2] ; il semble que
ces femmes s'observent devant le spectateur, et qu'elles sur-
veillent à la fois leur parure, leurs gestes, leur sourire ; si
agréable que soit leur élégance, elle est un peu étudiée, et
leur grâce n'est pas entièrement naturelle : telle figure attique,
comme la *statue xoanisante*, est plus « paysanne »[3] par le
costume ; mais n'a-t-elle pas, dans sa simplicité, plus de vie
et de saveur ? Puis, on peut reprocher aux artistes ioniens leur
recherche effrénée des effets décoratifs : dans une figure aussi
ancienne et encore aussi peu avancée à certains points de vue
que l'est la *Niké* de Délos, on découvre au milieu du front deux
petites volutes savamment contournées[4], dont on ne saurait
dire, au premier abord, si ce sont des boucles de cheveux ou
des ornements de pure fantaisie. Or, ce précoce amour du
joli détail superflu, de la fioriture amusante, ne s'est pas démenti par la suite ; il a été un obstacle à ce que des artistes,
qui étaient alors les mieux doués de tous pour l'observation
du réel, poursuivissent plus résolument leurs études et leurs
conquêtes en ce sens. Mais ce qui leur a plu davantage, ce
fut de conduire d'une main légère le feston d'un bord de draperie et les zigzags ondulants d'une chute de plis, de ciseler
une boucle de cheveux comme un fin bijou précieux, de semer
sur la figure entière, par mille artifices du ciseau aussi bien
que du pinceau, une grâce brillante et gaie. Bref, leur art
paraît un peu trop consister en petits moyens, et, capable de
jolies trouvailles dans un cercle un peu resserré, n'avoir pas
le fond de vigueur nécessaire pour un large essor. L'art attique,
à leur école, eût donc pu s'anémier, en s'affinant, et laisser
se perdre, par entraînement pour le décor et l'éclat, sa robustesse native et sa belle franchise d'expression. Heureusement
les Attiques, sinon tous, du moins les meilleurs, défendirent
les traditions de l'art indigène : la grande *coré* d'Anténor a

---

1. Cf. ci-dessus, p. 291 : comparaison entre la tête du *Discophore* et celle
d'*Aristion*.

2. Cf. ci-dessus, p. 283 : relief de l'Acropole n° 581, *Athéna* et des *adorants*
amenant une *truie*.

3. Cf. les vers de Sapphô rappelés à la page précédente, note 3.

4. Cf. ci-dessus, p. 180.

pris légitimement aux modèles ioniens l'élégance de leur costume, de leur tenue, de leurs gestes, tout ce qu'il était bon
d'en prendre ; mais ce n'est pas à ces modèles-là qu'elle doit
son air de dignité calme et de grandeur simple ; et une œuvre
plus importante encore et plus instructive, le fronton *de la
Gigantomachie*, nous a montré comment l'art attique avait su
sauvegarder les fortes qualités qui lui étaient propres, en
même temps qu'il s'enrichissait de tous les progrès réalisés
alors par les Ioniens dans la science délicate du modelé.

Entre les services de divers genres que les Ioniens, par la
propagation de leur art, ont rendus au reste de la Grèce, il y en a
un dont l'étendue est malaisément discernable, et qui, en raison
de sa nature, a dû échapper à ceux mêmes qui en profitaient.
Les premières cités grecques qui nouèrent des rapports suivis
avec l'Égypte furent les cités de la côte asiatique et des îles
voisines. Lorsque ces relations devinrent particulièrement
actives, à dater du milieu du vi⁰ siècle ; que des artistes grecs,
dont nous savons les noms, voyagèrent en Égypte et en rappor-
tèrent de précieux enseignements techniques, tels que le procédé de la fonte en creux [1] ; que, dans certaines colonies
grecques installées en Égypte ou à proximité de l'Égypte,
comme Naucratis et Kyrène, l'art de la métropole eut en
quelque sorte ses petites succursales exotiques ; et qu'enfin des
statues égyptiennes furent envoyées jusques en Grèce, par
exemple à Samos et à Lindos, — il va de soi que l'art de
l'Égypte dut intéresser l'esprit curieux des Grecs et eut une
influence sur leur art propre [2]. Influence profonde ? Non pas ; car
il existait trop de différences essentielles entre la civilisation
grecque et l'égyptienne, et entre les deux formes d'art issues
de chacune de ces civilisations ; puis les Grecs, par le fait qu'ils
avaient été, au début, laissés à eux-mêmes et à leurs seules
forces, étaient trop bien liés par la tradition qu'ils avaient créée
et ils étaient, si je puis dire, trop bien partis dans leur voie

---

1. Parmi les détails techniques relatifs à la statuaire en bronze, on peut
citer l'usage égyptien de représenter les sourcils par l'incrustation d'une
bande de métal autrement coloré (cf. Perrot, *Hist. de l'art*, 1, p. 649, note 1). Si
les Grecs ont souvent fait de même, surtout pendant l'époque archaïque, c'est
probablement à l'imitation des Égyptiens.
2. Cf. *Au mus. de l'Acrop.*, p. 410 sqq.; *Bull. corr. hell.*, XVIII, 1894, p. 411
sqq. (Pottier); *Rev. ét. gr.*, XI, 1898, p. 374 sqq. (Pottier); Perrot, *Hist. de
l'art*, VIII, p. 734.

propre pour s'en laisser détourner à la première invitation du
dehors. Mais cependant, les Égyptiens, avec leur expérience de
tant de siècles, après tant de luttes victorieuses contre les
matières les plus diverses et parfois les plus rebelles, étaient
des praticiens excellents, et les Grecs, eux, n'étaient encore
que des novices, ayant beaucoup à apprendre. Certainement ils
ont appris des Égyptiens quelque chose, pour le marbre comme
pour le bronze. On admet aujourd'hui que le progrès considérable
réalisé au vi⁰ siècle dans le type de la statue d'homme debout,
grâce à l'avancement d'une des jambes (la *gauche*), est dû à
l'imitation de modèles égyptiens [1] ; les mêmes modèles ont pu
suggérer aussi de détacher habituellement un des avant-bras
collés aux flancs et de le redresser à angle droit. Et qui dira,
surtout, combien de corrections de détail, dans le modelé des
diverses parties du corps, a pu suggérer à un artiste intelligent
l'étude attentive et minutieuse des statues égyptiennes ? Ainsi,
je rappelais tout à l'heure [2] l'excellence des pieds dans les
figures ioniennes, et la forme élégante que leur donne la longueur du second doigt dépassant un peu le gros orteil : on a
observé que, dans les statues égyptiennes, ce second doigt est
toujours le plus long [3] ; n'est-il pas possible alors que ce détail
soit de ceux que les artistes grecs ont empruntés à leurs confrères égyptiens, en ayant reconnu à la fois la justesse matérielle et la valeur artistique [4] ?

Or, quelles que soient la nature et l'étendue des emprunts
faits à l'Égypte, il est bien certain qu'ils eurent lieu principalement, et peut-être exclusivement, par l'intermédiaire des cités
grecques qui avaient les plus fréquents rapports avec l'Égypte :
c'est donc l'art de la Grèce orientale qui les reçut d'abord. Et, les
recevant, c'est lui qui ont la tâche de les adapter à ses habitudes,
de les fondre dans sa technique antérieure, en un mot de les
gréciser. Le reste de la Grèce n'en profita qu'après cette éla-

1. Cf. ci-dessus, p. 265.
2. Cf. ci-dessus, p. 340.
3. Cf. Perrot, *Hist. de l'art*, I, p. 665.
4. Je crois bien, comme je l'ai dit ci-dessus (p. 256, note 2), que c'est à
l'imitation des statues égyptiennes qu'est dû ce type aux proportions sveltes
et élancées, qui apparaît dans l'art grec seulement après 550. Il aurait passé
d'Égypte en Ionie, avant de gagner d'autres régions encore de la Grèce. —
L'explication donnée par M. Pottier (*Rev. arch.*, 1904, 1, p. 235), que ce type
élancé viendrait de l'art « mycénien » et aurait été comme retrouvé par les
Attiques dans la seconde moitié du vi⁰ siècle, me paraît prêter à plus d'une
objection.

boration nécessaire. Si le nouveau type de l'homme debout fut
imité de modèles égyptiens, ce n'est pourtant pas un type
égyptien qui, de Samos ou de quelque autre cité asiatique, se
propagea à travers le monde grec ; et si (pour reprendre
l'exemple précédent) la forme du pied, quant à la longueur
respective des deux premiers orteils, fut modifiée grâce à un
heureux conseil soufflé par les statues égyptiennes, je ne crois
pas pourtant qu'il subsiste beaucoup de ressemblance entre les
pieds d'une *coré* ionienne et ceux d'une déesse ou princesse de
l'Égypte. En résumé, la sculpture des Ioniens ayant été, sans
doute, le véhicule dans la Grèce occidentale, et nommément
en Attique, d'un certain nombre d'éléments empruntés à l'art
égyptien, le service ainsi rendu se trouvait doublé par le fait
que ces éléments étaient déjà, en quelque sorte, digérés et assi-
milés.

Pareillement, dans le cas où les *corés* archaïques témoigneraient, comme on l'a supposé, d'une « influence de la plastique
de bronze » et d'un effort hardi, presque téméraire, « pour
transporter dans le marbre toutes les finesses et les délicatesses
méticuleuses du métal »[1], c'est en Ionie, dans le voisinage
des anciens et florissants ateliers de bronze de Samos, que ce
genre d'émulation a dû naître et porter ses premiers fruits ; et
là encore, l'assimilation ayant été faite d'abord par le travail
des Ioniens, leurs imitateurs en eurent le bénéfice sans la
peine.

D'ailleurs, pour avoir une vue exacte de la diffusion de l'art
ionien et du rôle qu'il joua dans la Grèce de l'Ouest en général
et en Attique particulièrement, il convient de ne pas s'en
tenir à la sculpture seule ; il faut rappeler aussi, fût-ce d'un

---

1. Cette hypothèse a été faite par M. Pottier (*Rev. ét. gr.*, XVI, 1903, p. 139-
140), qui envisage à ce point de vue, dans les *corés*, le détail du costume, de
la chevelure et des ornements. Il ne peut s'agir, en effet, que de ces détails ;
car, dans l'ensemble, le type de la *coré* ne convient que pour l'exécution en
marbre, et il a dû être fort rarement réalisé en bronze. Aussi, même pour les
détails en question, l'influence du bronze a dû s'exercer seulement d'une façon
indirecte. Voici comment. Les statues d'hommes nus, contrairement aux
statues de *corés*, ayant été plus fréquentes en bronze qu'en marbre, il est très
probable, ainsi que M. Collignon, entre autres, l'a soutenu (cf. *Bull. corr.
hell.*, XVI, 1892, p. 451), que les délicates inventions des bronziers pour le
rendu des cheveux ont servi de modèles aux marbriers qui avaient à tailler
des figures de κοῦροι. Et l'expérience qu'ils avaient acquise, par cette voie,
des joliesses et des minuties leur a naturellement servi ensuite pour leurs
statues de *corés*.

mot, les principaux des arts industriels. Les ateliers de Samos
ou de Chios, qui, par leurs inventions, avaient fait progresser les
arts du métal, ont de bonne heure répandu au loin leurs produits ; le nom de Glaucos était célèbre à l'égal de ceux des
plus renommés sculpteurs ; et les objets sortis d'une telle
fabrique apportaient à l'Occident grec des modèles que les
ateliers similaires essayaient d'imiter[1] et aussi des types de
décor, des motifs d'ornementation, dont tout art pouvait tirer
profit. Davantage encore dans l'industrie céramique, l'action
des Ioniens hors de leur pays d'origine a été très forte, non
pas seulement à cause de l'exportation des produits, mais
parce que les producteurs mêmes se transportèrent, eux et leur
talent et leur répertoire, dans des patries nouvelles. Un des
mieux connus entre ces artistes-potiers de l'Ionie est Amasis,
et le cas qu'il nous offre est vraiment typique[2]. Il venait probablement de Samos, et il exerça son industrie à Athènes dans
la seconde moitié du VIᵉ siècle. Les vases que l'on possède,
signés de lui, et ceux qui, sans être garantis par sa signature,
peuvent cependant lui être attribués avec certitude, constituent
une série de documents assez riche pour qu'on sache apprécier
sûrement la manière de l'auteur. Or, Amasis, qui était devenu
un véritable Athénien, et qui représente excellemment le style
attique de cette période, a pourtant ceci de particulier, qu'il
n'a cessé d'introduire, aussi bien dans les formes que dans la
décoration de ses vases, des éléments nouveaux, étrangers
à l'Attique ; il a, en quelque sorte, greffé une branche de la
céramique ionienne sur le tronc attique, ou, plus exactement,
il a importé et cultivé dans le domaine de la céramique athénienne des plants nouveaux, convenables au sol et au climat,
susceptibles de prospérer à côté des anciens, et il a ainsi
contribué à donner aux fruits de la récolte une heureuse
variété, jusque là inconnue. Enfin, il n'est pas jusqu'à ce
nom d'Amasis, forme grecque du nom d'un pharaon philhel-
lène, qui, en évoquant l'Égypte et les rapports étroits de l'Ionie
avec l'Égypte, ne soit un rappel aussi des services, à peine
soupçonnés, que les Ioniens ont dû rendre comme intermédiaires
entre l'art égyptien et l'art grec, comme remanieurs et premiers adaptateurs des notions justes et des idées profitables qui

1. Cf. Pottier, *Catal. des vases du Louvre*, II, p. 385.
2. Sur Amasis, cf. *Rev. arch.*, 1889, I, p. 31 sqq. (Pottier), et principalement
Journ. hell. stud., XIX, 1899, p. 135 sqq. (Karo).

pouvaient, en changeant de vêtement, passer de l'Égypte à la Grèce.

Envisagée dans toute son étendue, avec ses apports en tout genre, directs et indirects, l'influence ionienne demeure le fait culminant de l'histoire de l'art attique, durant la seconde moitié du VIe siècle. Mais elle n'est nulle part mieux apparente pour nous qu'en ce qui concerne la sculpture. Ce n'a pas été une affaire d'engouement et de mode. La mode, dans la mesure où elle s'en mêla[1], rendit seulement plus visible à la surface l'œuvre profonde d'*ionisation* qui s'accomplissait ; quand elle passa, le reste ne passa pas avec elle : la pénétration du génie attique par l'ionien était chose faite, et les germes déposés avaient déjà commencé à fructifier. Une expérience vite acquise de tous les secrets de la technique du marbre, et aussi de la rare et délicate beauté de modelé à laquelle se prête cette matière pour qui sait la comprendre ; un adoucissement de la verdeur un peu âpre et de la franchise un peu rude que manifestent leurs œuvres plus anciennes ; un sentiment nouveau de l'élégance des draperies et de la grâce des gestes, qui n'aura qu'à se préserver du maniérisme pour devenir, dans leurs œuvres prochaines, une fleur de finesse et de charme non encore éclose jusque là ; — voilà les gains principaux que les Attiques durent aux leçons de leurs frères Ioniens. Et ces gains eussent été sans doute moins importants et moins complets, sans cet étroit lien de famille en vertu duquel les artistes de l'Ionie retrouvaient à Athènes presque leur patrie même, et aussi sans les circonstances d'ordre politique qui avaient contribué à faire de l'Athènes des Pisistratides un brillant et attirant foyer.

Cette période de l'histoire, où l'Attique bénéficie du reflux de l'art ionien vers la Grèce de l'Ouest, se présente aux yeux attentifs comme une des plus laborieuses et des plus fécondes en résultats. Artistes et industriels travaillent, cherchent et trouvent. Une sorte de bouillonnement de sève, partout, révèle la puissante vitalité de cet art, qui, cependant, est à peine arrivé encore à l'âge de l'adolescence. La statue, impatiente de liberté et de mouvement, commence à s'affranchir allégrement de cette loi de *frontalité*[2], que les diverses plastiques de l'Orient

---

1. Surtout pour le costume : cf. ci-dessus, p. 215.
2. Cf. ci-dessus, p. 268 sqq., la comparaison faite entre les trois statuettes de *Scribes*.

n'ont cessé de subir avec une incroyable passivité. La peinture réalise, grâce à Kimon de Cléonées, un progrès capital, non moins considérable pour les arts du dessin et pour le relief que ne le fut pour la statuaire l'affranchissement de la *frontalité*, un progrès qui marque, comme celui accompli par la statuaire, une date dans le développement de l'esprit humain : à savoir l'invention des raccourcis, des figures de trois quarts, du modelé par les ombres[1]. Dans la céramique, le procédé dit à figures rouges apparaît, cependant que l'ancienne technique à figures noires atteint son apogée et crée ses chefs-d'œuvre ; et cette idée si simple, de renverser les rôles respectifs tenus par le ton rouge de l'argile et par le vernis noir, va assurer à l'industrie des vases attiques une ère d'incomparable prospérité. Notons enfin qu'à la même époque, par suite de l'adoption définitive du marbre, les règles nouvelles de la polychromie sont posées et ne changeront plus guère.

Si l'on songe que plusieurs de ces inventions fécondes ont pris naissance à Athènes, et que tous les progrès ont d'ailleurs trouvé en Attique le terrain de culture le plus favorable ; que, d'autre part, la longue période de tranquillité matérielle qui permit à l'Attique de mûrir ces inventions et de recueillir ces progrès a été due au gouvernement des Pisistratides, et que ceux-ci semblent bien avoir cherché et voulu pour Athènes la gloire artistique comme un des couronnements nécessaires de sa force et de sa richesse, — on comprend que l'historien soit entraîné à établir un parallèle sommaire entre l'action exercée par Pisistrate et celle qu'exerça Périclès une centaine d'années plus tard, et qu'au *siècle de Périclès*, si on a raison de l'appeler ainsi, lui paraisse correspondre assez exactement ce qu'on devrait appeler le *siècle de Pisistrate*[2]. Il faut craindre, cependant, de dépasser le but par un trop grand désir de réparer les prétendues « injustices de l'histoire ». Il convient de ne pas oublier que l'action personnelle de Pisistrate quant à l'essor artistique de son temps nous est mal connue ; qu'elle peut avoir été plus forte que nous ne le croyons, mais plus faible aussi. Surtout il est nécessaire de comprendre nettement, sans les fausser et les exagérer, les mérites de l'art de cette époque,

---

1. Cf *Rev. ét. gr.*, XI, 1898, p. 384 sqq. (Pottier).
2. Cf. Perrot, *Hist. de l'art*, VIII, p. 551. — J'ai moi-même employé jadis cette appellation, et j'ai souhaité, un peu juvénilement, qu'elle fût adoptée (cf. *Gazette des Beaux-Arts*, 1892, II, p. 114).

et, si je puis dire, de se rappeler l'âge qu'il a. Ce n'est pas, à
beaucoup près, la juste maturité de la récolte ; la moisson est
encore en herbe, elle s'annonce seulement ; bien des choses
ont commencé alors, mais elles ne font que commencer; et
d'autres choses n'ont pas apparu jusqu'ici, lesquelles pourtant
auront dans l'avenir une importance singulière. Certes, la sculpture attico-ionienne du temps des Pisistratides continuera à se
développer suivant une marche normale au cours du v° siècle ;
et, dans les traits de son âge adulte, qui voudra les chercher
retrouvera ceux de son enfance. Mais cette sculpture ainsi
grandie, mûrie, ayant sorti tout ce qu'elle contenait en soi,
ne sera pas l'art de Phidias.

TROISIÈME PÉRIODE

[A partir d'environ 500 avánt J.-C.]

Les derniers mots du chapitre précédent indiquent pourquoi
une coupure est nécessaire ici, dans l'exposé du développement
de la sculpture attique. Si les effets de l'influence ionienne,
dès qu'ils ont apparu, devaient être relevés avec un soin particulier, comme marquant l'entrée d'une période nouvelle, il
n'est pas moins important de relever la première apparition de
certains traits propres à l'art qui aura son apogée dans les
marbres du Parthénon. Avec ces traits nouveaux, c'est encore
une nouvelle période qui commence. Mais elle n'a pas le même
caractère d'unité que les deux autres. Après le temps où la
sculpture attique se développe sur son propre fonds, suivant
une direction fermement maintenue à la fois par les traditions de la technique et par les secrètes tendances du génie
national ; puis, après le temps où elle s'imprègne d'ionisme
tout entière, en sorte que ses productions diffèrent seulement
par le degré dans l'imitation des œuvres ioniennes et par l'inégal
dosage de l'ancien esprit indigène et des nouveautés étrangères, voici maintenant que vont se manifester concurremment
deux formes d'idéal, deux courants artistiques bien différents,
entre lesquels aucune conciliation n'apparaît possible et n'est
d'ailleurs souhaitable.

D'un côté, la sculpture attico-ionienne continue sa marche,
adoucissant ses raideurs, affinant ses rares qualités de modelé,
réalisant une élégance de plus en plus délicate, poursuivant
un idéal de finesse voluptueuse et de grâce charmante. De
l'autre côté, se présente une sculpture qu'on peut qualifier, dès
l'abord, d'une façon négative, comme anti-ionienne, et en
laquelle l'analyse permet de retrouver l'ancien art attique, mais
déjà modifié à la surface par l'influence générale des Ioniens et,
en outre, modifié de nouveau, plus profondément, par d'autres
influences dites doriennes ; et cette sculpture-là poursuit un

idéal de simplicité, de naturel, de vérité, qui ne redoute pas de
sembler un peu nu et sévère, et, s'il porte avec lui une certaine fleur de grâce, la porte sans avoir l'air d'y penser. Nous
séparerons les unes des autres et classerons en deux chapitres
distincts les œuvres qui ressortissent respectivement à chacune de ces deux tendances.

Pour celles de la série attico-ionienne, la question de date
est secondaire, puisqu'elles se lient sans interruption aux sculptures de la période précédente. Au contraire, il y a un grand
intérêt à fixer quand commence la série attico-dorienne. Une
précieuse indication à ce sujet nous est fournie par les résultats des fouilles de l'Acropole : des sculptures de ce caractère
existaient déjà en 480. Elles ne sont pas très nombreuses, ce
qui implique que le style représenté par elles était encore
récent; mais aussi elles appartiennent à des genres divers, et
les différences d'exécution autorisent à croire qu'elles ne sont
ni de la même main, ni exactement contemporaines. Il serait
bien arbitraire de les resserrer toutes ensemble dans les
quatre ou cinq dernières années antérieures à l'invasion
perse, et, si l'on ajoute qu'elles ne sont pas forcément les
premières de cette espèce qui aient apparu en Attique, on
admettra que l'orientation artistique nouvelle a dû se dessiner
dès avant 490, peu après l'an 500. Le hasard des circonstances
fait donc que cette troisième période où nous entrons commence avec le commencement même du ve siècle.

CHAPITRE PREMIER

APPARITION D'UN IDÉAL NOUVEAU.
SCULPTURES DE LA SÉRIE ATTICO-DORIENNE

Puisqu'il n'est pas possible de ranger dans un ordre chronologique certain les quelques sculptures d'esprit anti-ionien
écloses au début du v° siècle, le mieux est, sans doute, de
choisir entre elles, pour la mettre en tête de la série, celle
où les caractères nouveaux se présentent avec le plus de clarté
et sont le plus aisément saisissables ; et le choix est limité
naturellement aux sculptures de l'Acropole, les seules pour
lesquelles il existe un *terminus ante quem*. Nous prendrons
donc d'abord la petite figure mutilée n° 686 (*Au musée de
l'Acrop.*, p. 367, fig. 37), en marbre des Iles, qu'on appelle
d'habitude la *coré d'Euthydicos*, parce qu'à la statue d'où provient le fragment 686, on croit pouvoir attribuer aussi le fragment 609 (*Ibid.*, p. 365, fig. 36), partie inférieure d'une *coré*,
sous les pieds de laquelle est gravée une dédicace au nom
d'Euthydicos fils de Thaliarchos[1]. Sans être certaine, l'appellation se justifie néanmoins par d'assez bonnes raisons pour
mériter d'être maintenue jusqu'à preuve du contraire[2]. Mais du

---

1. Le fragment 686 a été maintes fois publié, mais non pas aussi complet
qu'il est aujourd'hui. A la bibliographie donnée dans les Μνημεῖα τῆς
Ἑλλάδος, pl. XVII, 2, ajouter : S. Reinach, *Têtes antiques*, pl. 13 ; Perrot, *Hist.
de l'art*, VIII, p. 595, fig. 290. — Pour l'inscription au nom d'Euthydicos, cf.
Inscr. attic., 1, *Suppl.*, 373¹¹⁸ ; Lolling, *Catal. inscr. Acrop.*, p. 83, n° 146.
Noter qu'on a retrouvé, sur l'Acropole, une seconde dédicace au nom d'Euthydicos, mais plus récente, et dont on ne peut dire si c'est le même Euthydicos,
le patronymique n'existant pas : cf. *Bull. corr. hell.*, III, 1879, p. 127 ; *Inscr.
attic.*, I, *Suppl.*, 373¹¹⁴ ; Lolling, *op. l.*, p. 83, n° 145.

2. C'est M. Winter (*Arch. Jahrbuch*, II, 1887, p. 219-220) qui a, le premier,
rapproché le torse 686 et le morceau 609, et affirmé que les deux provenaient
d'une seule et même statue. Il a donné, à l'appui de son hypothèse, des raisons excellentes ; mais la démonstration matérielle est impossible, puisqu'il
subsiste entre les deux fragments une forte lacune. — D'autre part, Mlle Ingrid

reste, quant à la question qui nous intéresse à présent, le morceau 609, qui a conservé le bas des jambes et les pieds de la *coré* offerte par Euthydicos, se trouve n'avoir heureusement aucune importance; et, si la preuve était faite qu'il n'a rien de commun avec le torse 686, la valeur documentaire de celui-ci n'en serait pas du tout affaiblie.

Cette sculpture appelle la première notre examen, parce que, représentant une *coré*, dans le même costume, avec la même pose du corps, le même geste des bras que les *corés* déjà connues de nous, elle est, par son extérieur, proche voisine des sculptures qui donnent le mieux, peut-on dire, « la note » de la période antérieure; et ainsi, à côté des traits qu'elle a en commun avec ses devancières, ceux qui lui sont propres se détachent nécessairement en un relief plus vif. Au musée de l'Acropole, dans cette salle que j'ai appelée le salon des *corés*, la comparaison est des plus aisées à faire, et elle est instructive singulièrement. Tout d'abord, la figure nouvelle frappe par son air de simplicité. Etant donné qu'elle est vêtue du costume ionien, chitôn long et himation en biais, et qu'elle est coiffée selon l'usage ancien, nappe épandue sur le dos et boucles ramenées par devant chaque épaule, il est difficile de concevoir plus sobre exécution des détails que comportent un tel costume et une telle coiffure. Le chitôn, sur le sein gauche et le bras gauche, est absolument lisse[1], sans ces menus

---

Kjœr (aujourd'hui Mme W. Lermann) était convaincue que ces jambes et ces pieds de femme, qui constituent le fragment 609, sont les jambes et les pieds de la *coré* 674 (*Au mus. de l'Acrop.*, p. 279, pl. I), et que, par conséquent, le nom de *coré d'Euthydicos* devrait être appliqué au marbre 674, non plus au marbre 686 : cf. *American journ. arch.*, V, 1901, p. 94 (où le nom Kjœr a été écrit, par erreur, Kyar). Or, cette opinion ne doit pas être rejetée à la légère : la personne qui l'exprima est l'auteur d'une excellente copie en plâtre colorié de la statue 674 (cf. H. Lechat, *Catal. du musée de moulages de l'Université de Lyon*, p. 24, n° 122; *Arch. Anzeiger*, 1902, p. 134); elle a travaillé plusieurs mois devant ce marbre ; les moindres traits de la facture lui en sont connus, et, si elle a cru les reconnaître aussi dans le fragment 609, il serait imprudent de ne vouloir rien entendre. Par malheur, cette fois encore, il n'y a pas de démonstration matérielle possible, la cassure en bas de la statue 674 et la cassure en haut du fragment 609 étant séparées par un vide assez large. — En résumé, les raisons alléguées par M. Winter n'ont pas été positivement infirmées, et son hypothèse doit donc être maintenue; mais il faut se souvenir qu'on n'y doit voir toujours qu'une hypothèse : c'est avec cette réserve que j'emploierai ici l'appellation habituelle de *coré d'Euthydicos*.

1. Rappelons la jolie décoration peinte, représentant des chars au galop, qui en garnissait le bord, au dessous du cou : cf. *Arch. Jahrbuch*, II, 1887, p. 247 (Winter); Collignon, *La polychromie dans la sculpt. gr.*, p. 33.

plis ondulés qu'on voit partout ailleurs et qui demandaient force temps et patience ; les plis verticaux de l'himation sont tout plats, sans apprêt, et le bord du vêtement en travers de la poitrine est réduit, au lieu des gracieux festons habituels, à un raide faisceau de quatre ou cinq baguettes renflées. L'arrangement des cheveux est aussi des plus simples : divisés au milieu du front par une raie, ils s'en vont, crêpelés par petites ondes, en deux bandeaux qui s'infléchissent sur les tempes, puis remontent et passent derrière l'oreille. Enfin on ne voit de bijoux, ni aux oreilles, ni au cou, ni aux bras [1] ; et la stéphané même, la quasi indispensable stéphané, a fait place à un étroit ruban, auquel on prête à peine attention [2]. — Un pareil goût de simplicité nous est déjà apparu dans certaines statues de la période précédente, dans celles qui ont le mieux gardé, sous leur extérieur ionien, l'esprit de l'ancien art attique ; cependant, nous ne l'avions pas vu encore si nettement marqué, si voulu, et ayant, en quelque sorte, si bien pris conscience de lui-même.

Nous sommes avertis par là que l'œuvre doit ressortir au vieux fonds attique ; et cette première indication est renforcée, en effet, par un autre détail significatif. La construction de la tête, au crâne relativement petit, arrondi, mais ne fuyant pas en arrière, le front presque vertical, les plans simples des joues, le menton large et bien assis, sont des traits que nous avons remarqués et expressément signalés dans les œuvres attiques de la période primitive [3]. Si notre analyse était complète ainsi, il suffirait donc de dire que cette statue continue la série des sculptures dénommées plus spécialement « attiques », par opposition aux « ioniennes », et qu'elle est la plus récente de toutes, comme en témoigne la légèreté de main avec laquelle ont été taillées les boucles de cheveux sur les épaules [4], comme en témoigne aussi la qualité du modelé, généralement aisé, souple et ferme [5], et enfin l'exécution délicate et juste

1. Le bras gauche subsiste seul, il est vrai ; mais c'est à ce bras-là que se portait ordinairement le bracelet : cf. *Au mus. de l'Acrop.*, p. 214.
2. Il était jadis décoré d'un méandre peint ; mais la couleur a disparu : cf. *Arch. Jahrbuch*, II, 1887, p. 218 (Winter).
3. Cf. ci-dessus, p. 155.
4. Dans nulle autre statue archaïque, on ne trouve, pour ces boucles de cheveux, autant de finesse et de souplesse, et, en même temps, de simplicité et de vérité.
5. C'est dans le visage, sans doute à cause de la nouveauté de certains traits, que le modelé a été le moins poussé.

des oreilles[1], qui, d'ailleurs, par une incorrection inattendue, sont trop haut placées. Mais tout n'est pas dit, et il reste les deux traits principaux, qui sont la grande nouveauté et font l'intérêt capital de la figure, à savoir le dessin des yeux et celui de la bouche.

L'enchâssement des yeux et leur forme même présentent quelque chose d'absolument neuf, par rapport à toutes les œuvres antérieures. Dans celles-ci, attiques ou ioniennes, le globe de l'œil, qu'il soit rectiligne ou oblique, est toujours à la fois trop grand et trop saillant, entre des paupières minces, plates et tendues. Ici, il est beaucoup plus petit, plus reculé au fond de l'orbite, sous des paupières épaisses et charnues ; et ce globe est presque trop petit, il a l'air de jouer trop librement dans la cavité qu'il devrait remplir, comme si un peu de vide existait entre sa surface extérieure et les paupières. De plus, la paupière supérieure, jusque là entièrement lisse, ou tout au plus rayée d'un fin trait transversal, est à demi remontée et rentrée sous l'arcade, et donne bien l'impression du mobile rideau qu'elle est en réalité. — A ce changement complet dans le dessin et le modelé de l'œil, il semble[2] qu'on peut assigner les raisons suivantes. Nous sommes à un moment où les sculpteurs, s'étant rendus maitres des types traditionnels de la statuaire et n'y rencontrant plus nulle difficulté d'exécution, commencent à reprendre détail par détail l'étude de la figure humaine, revisant les habitudes anciennes, redressant les erreurs invétérées ; et, comme ils sont mûrs pour cette tâche, ils atteindront en peu de temps une correction matérielle presque irréprochable. Mais, la *coré d'Euthydicos* appartenant encore au début de cette période d'étude, la juste mesure n'y est pas observée : on dirait que l'artiste, désireux de réagir contre la convention des yeux trop gros et trop sortis, a dépassé son but en faisant le globe de l'œil trop petit et trop rentré[3]. Une nouvelle rectification, dans le sens opposé,

1. L'oreille est, d'ordinaire, une des parties les plus négligées des figures archaïques : cf. *Bull. corr. hell.*, XX, 1896, p. 452, note 5 (Pottier) ; *Monuments grecs*, II, n°° 23-25, 1895-1897, p. 63 (Collignon); *Rev. arch.*, 1900, II, p. 198 (Pottier).

2. Je tâche d'abord d'expliquer les nouveautés de cette figure par elle-même et par les monuments de l'âge antérieur ; nous verrons plus loin si cette explication suffit, et s'il n'est pas nécessaire de faire intervenir des éléments qui jusqu'alors n'étaient pas entrés en ligne.

3. Les paupières sont aussi trop lourdes, et celle d'en haut devrait être davantage remontée.

deviendra donc nécessaire. Ce ne sera plus, d'ailleurs, qu'une retouche légère, et dès maintenant le résultat principal est acquis : avec cette statue, c'en est fini de ce qu'on peut appeler l'*exophtalmie* archaïque.

Et c'en est fini aussi du sourire archaïque. Car le dessin de la bouche a, sur ce point, la plus nette signification. Non seulement la bouche ne sourit pas ; mais on sent — telle est du moins l'impression première — que l'artiste a voulu qu'elle ne fût pas du tout souriante et, comme par crainte qu'on ne s'y trompât, il a en quelque sorte écrit lisiblement, trop lisiblement, sa volonté sur les lèvres mêmes de la figure. Ces lèvres, en effet, expriment le contraire du sourire ; elles ont plutôt un air de tristesse et de bouderie. Comment expliquer ce trait ? N'est-ce pas que le sculpteur, attentif à réagir contre une convention qui tendait la bouche en arc et plissait la chair des joues, ne s'est point borné à détendre l'arc de la bouche, et l'a quasi retendu à l'inverse ? N'est-ce pas que, soucieux de ne plus relever, si peu que ce fût, les coins des lèvres, il les a un peu trop abaissés ? Bref, dans le dessin de la bouche autant que dans celui de l'œil, il aurait été un peu au delà de son but, et il se serait imposé à lui-même la nécessité, pour l'avenir, de faire un pas en arrière. — Enfin, à ces deux traits qui modifient déjà de la façon la plus notable l'aspect de la physionomie, s'ajoute que la forme du visage, sous le triangle dessiné par les deux bandeaux de la chevelure, est moins allongée qu'auparavant ; que le profil en est presque vertical, le nez continuant le front suivant une ligne droite, ou peu s'en faut ; et que la partie inférieure du visage paraît plus importante, le nez étant plus court que jadis, voire coupé un peu court.

L'auteur inconnu[1] de la *coré d'Euthydicos* ne fut donc pas un simple continuateur de la tradition attique, telle que la représentent, à deux de ses étapes précédentes, par exemple

---

1. MM. Winter et Wolters (*Athen. Mittheil.*, XIII, 1888, p. 123, note 1) ont supposé que, peut-être, la base portant la dédicace au nom d'Euthydicos se continuait par une autre base qui porte la signature de l'artiste Euthyclès (cf. *Inscr. attic.*, I, *Suppl.*, 373²⁰⁶; Lölling, *Catal. inscr. Acrop.*, p. 47, n° 47). — Mais cette hypothèse me paraît prêter à des objections graves. D'abord la forme de certaines lettres n'est pas la même dans les deux inscriptions. D'autre part, la base au nom d'Euthyclès est carrée; et on imagine mal que cette base carrée ait pu être complétée par un haut de colonne cylindrique, avec chapiteau à échine arrondie et à tailloir rond : cf. *Au mus. de l'Acrop.*, p. 365, fig. 36.

la *statue xoanisante* et la grande *coré* signée d'Anténor : il a
fait une œuvre qui est, par certains côtés, nouvelle et respire
un autre esprit. La question est de décider si les nouveautés
de son œuvre sont dues seulement à un progrès intérieur de
l'art attique, ou si elles ont pu être provoquées en quelque
mesure par des influences extérieures autres que celles qui
s'étaient exercées jusqu'alors à Athènes. Mais il est naturel
d'attendre, pour examiner cette question, que nous ayons réuni
et présenté toutes les sculptures où se retrouvent plus ou
moins ces nouveautés-là.

Face à face, contre les montants d'une baie de porte, au
musée de l'Acropole, ont été placées deux petites statues de
corés, comme pour mettre chaque visiteur à même de les comparer ensemble et d'apprécier par quoi elles sont pareilles ou
différentes. L'une est la *coré* 687 (*Au musée de l'Acrop.*,
p. 161, fig. 12), que nous avons analysée plus haut [1]. La seconde
est la *coré* 688 (*Ibid.*, p. 163, fig. 13) : elle doit être de très
peu antérieure à l'année 480 [2]. Elle porte un costume identique,
par le nombre, l'espèce et la disposition des vêtements, à celui
de sa voisine plus ancienne ; même ce costume offre certain
détail notable, qui est commun aux deux figures et ne se rencontre exactement chez aucune autre [3]. On est, par là, d'autant mieux préparé à remarquer le caractère nouveau que
prend ce costume dans la *coré* la plus récente. Les plis du
chitòn, au lieu d'avoir cet aspect d'ondulations fines et serrées qui était de règle pour la partie supérieure jusqu'en bas
du *colpos* [4], tombent tout droit avec largeur et simplicité.
L'himation, au lieu d'être plaqué étroitement contre les épaules,
ses plis étant indiqués par quelques traits en creux, a l'épaisseur qui convient à une étoffe de laine ramenée et ramassée
sur elle-même ; il se renfle, il tient de la place, on sent qu'il y
a du vide entre ses plis ; et le bord, de chaque côté, descend
en serpentant avec une souplesse et un moelleux qui ne laissent

1. Cf. ci-dessus, p. 236.
2. Tête trouvée avant 1885, on ne sait au juste quand ; corps trouvé en 1889.
Cf. 'Αρχ. Δελτίον, 1889, p. 106 ; *Athen. Mittheil.*, XIV, 1889, p. 122 (Wolters); *Journ. hell. stud.*, X, 1889, p. 263-264, fig. *B* ; Pawlowski, *op. l.*, p. 191,
fig. 59; Perrot, *Hist. de l'art*, VIII, p. 587, fig. 291.
3. Il s'agit de l'*apoptygma* très court du chitòn : cf. ci-dessus, p. 194, note 1.
4. Cf. *Au mus. de l'Acrop.*, p. 159.

déjà plus rien à désirer. On notera aussi la justesse avec laquelle l'artiste a relevé et un peu écarté le vêtement autour du cou. Tout ce travail est d'une observation sincère et intelli-

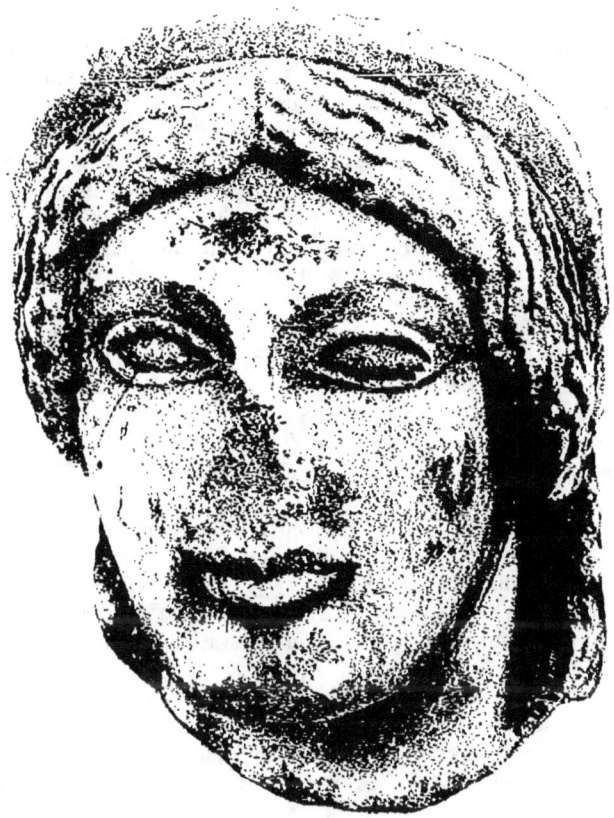

Fig. 25. — Tête d'une statue de coré, n° 688
(Acropole).

gente, d'une vérité franche, sans les petites conventions habituelles. Les cheveux sont encore, suivant l'usage ancien, répandus en longues boucles sur le dos et sur les seins ; mais, par devant comme par derrière, l'himation les recouvre et les cache. Et cette absence de coquetterie est confirmée, en outre,

par le manque d'un objet de parure qui ne fait presque jamais
défaut : les pendants d'oreille.

Ainsi la statue, quoiqu'elle diffère beaucoup de la *coré d'Euthydicos* par le premier aspect du corps, a du moins en commun avec celle-ci un certain goût de simplicité, qui dénote une
même satiété à l'égard du type ionien de la *coré*, tel qu'il avait
régné pendant tout le demi-siècle précédent. Le visage fortifie
et précise cette impression (*fig.* 26). Front droit, dessiné en
triangle sous les deux bandeaux de la chevelure[1] ; globe de
l'œil petit et trop rentré, entre des paupières à bordure épaisse ;
paupière supérieure remontée sous l'arcade ; bouche sans sourire, avec la lèvre d'en haut un peu abaissée aux commissures ;
menton carré et joues à larges plans : c'est le même caractère
général et les mêmes détails significatifs que dans la *coré d'Euthydicos*, sauf ce léger excès d'un dessin trop appuyé, par
quoi le non-sourire passait à un air morose et boudeur. En raison de ce modelé plus juste de la bouche, joint à ce que la
paupière supérieure est remontée davantage, et surtout à cause
de la belle et franche exécution de la draperie posée sur les
épaules, je crois que la *coré* 688 doit être d'une date un peu
plus récente que la *coré d'Euthydicos*.

Une petite tête de femme (*fig.* 27), découverte à Éleusis[2],
et non publiée jusqu'à ce jour, me paraît devoir être rangée
à côté des deux *corés* de l'Acropole que nous venons de décrire.
Elle provient d'une statuette minuscule, et, comme il arrive
presque toujours en pareil cas[3], présente des négligences
d'exécution et ne saurait nous renseigner d'une façon aussi
claire et complète que les grandes statues contemporaines.
Elle en dit assez, cependant, pour qu'on ne puisse douter
qu'elle appartient à notre présente série. Il est vrai que les
cheveux sur le front, avec leur double étage de fines frisures
alignées en arc de cercle[4], sont encore tout à fait selon la mode
des « Ioniennes ». Mais, en arrière de ces frisures, au lieu de

---

1. La chevelure est divisée au milieu par une raie, comme dans la *coré*
d'Euthydicos. On se rappellera que cette raie ne se rencontre quasi jamais
dans les coiffures compliquées des statues de la période antérieure (cf. *Au
mus. de l'Acrop.*, p. 201).

2. *Mus. nat. d'Athènes*, 59 ; cf. Ἐφημ. ἀρχ., 1889, p. 130 (Philios).

3. Cf. *Au mus. de l'Acrop.*, p. 308-311.

4. La disposition et le genre de ces frisures sont exactement les mêmes
que dans une autre *coré* d'Éleusis (*Mus. nat. d'Athènes*, 24), qui sera mentionnée au chapitre suivant.

la haute stéphané ou d'une élégante couronne, on ne trouve
qu'un simple ruban plat, pareil à celui que porte à la même
place la *coré* d'*Euthydicos*. Si les yeux, restés à l'état
d'amande brute, que la couleur devait compléter[1], sont toujours
trop gros, du moins sont-ils correctement posés et bien rectilignes. Et la bouche surtout, sans ombre de sourire, voire un

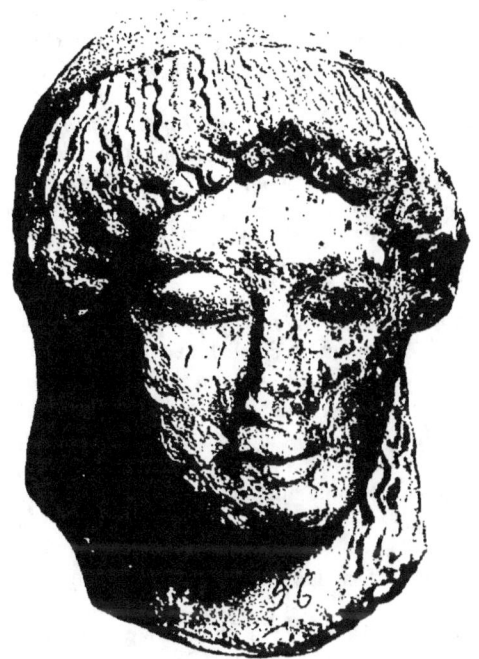

Fig. 27. — Tête d'une statuette de *coré*
Athènes. Musée national.

peu morose[2], témoigne que le modeste auteur de cette modeste
offrande avait sous les yeux ou dans l'esprit un type de phy-

1. C'est le travail des yeux qui est, en général, le plus négligé dans les têtes
archaïques de petites dimensions : cf. *Au mus. de l'Acrop.*, p. 309-310.
2. Notre *fig.* 27 montre cette tête telle qu'elle est au musée d'Athènes, sur
son socle de plâtre peint ; or, elle est trop inclinée en avant, ce qui fausse un
peu son caractère.

sionomie analogue à celui que nous avons constaté dans les
deux *corés* de l'Acropole.

L'œuvre la plus caractéristique en ce genre, avec la *coré*
d'Euthydicos, est la tête, de grandeur naturelle, d'une statue
de jeune homme, qu'on pourrait appeler l'*Éphèbe blond*, à
cause de la couleur jaune d'ocre (non pas rouge, selon l'usage
général) dont ses cheveux ont gardé la trace[1]. Cette tête (*Au*
musée de l'Acrop., p. 375, fig. 39), découverte plus de cinq
ans après la *coré d'Euthydicos*[2], a été deux fois la bienvenue,
à cause de sa valeur et de son intérêt propres, et parce que
sa frappante ressemblance avec la *coré d'Euthydicos* mettait
fin à l'isolement relatif de celle-ci dans l'histoire de l'art. Dès
lors, ce n'était plus un témoin unique, mais deux témoins
importants et en parfait accord, qui révélaient l'évolution de
la sculpture attique au commencement du ve siècle.

L'arrangement des cheveux, dans cette tête, retient d'abord
l'attention. L'usage était, à l'époque archaïque[3], que les cheveux fussent portés longs, et, de plus, étalés dans toute leur
longueur, tandis qu'au ve siècle, dès la première moitié du
siècle, l'usage plus pratique prévalut de les porter courts ; mais,
entre ces deux usages opposés, il exista une mode intermédiaire, consistant à porter encore les cheveux longs, sans les
laisser flotter sur les épaules et le dos. L'*Éphèbe blond* de
l'Acropole fournit le plus ancien exemple aujourd'hui connu de
cette mode dans les statues athéniennes. Les cheveux sont
tressés en deux nattes, qui partent respectivement de derrière
chaque oreille et sont ramenées en sens inverse jusqu'au
dessus du front, où elles sont nouées ensemble par leur extrémité, formant ainsi une sorte de couronne qui cercle le crâne
entier ; le nœud des deux tresses est dissimulé sous une par-

---

1. N° 689. Bibliographie dans les Μνημεῖα τῆς Ἑλλάδος. pl. XXVIII ; y ajouter :
Bulle-Hirth, *Schœne Mensch : Altertum*, pl. 54, et pl. 53, en haut ; Perrot,
Hist. de l'art, VIII, pl. XIV. — Un fragment de torse, très mutilé, qui provient peut-être de la même statue que cette tête, a été signalé par M. Wolters
(*Athen. Mittheil.*, XII, 1887, p. 266), puis par M. Graef (*Ibid.*, XV, 1890, p. 21,
n° 7), et reproduit par M. Kalkmann (*Arch. Jahrbuch*, VII, 1892, p. 131, fig. 3 ;
commentaire, p. 136 sqq.).

2. Elle fut exhumée en septembre 1887 : cf. *Athen. Mittheil.*, XII, 1887,
p. 266 (Wolters). Le buste de la *coré d'Euthydicos* avait été trouvé en 1882 :
cf. Ἐφημ. ἀρχ., 1883, p. 44, n° 26 (Mylonas).

3. Cf. J. Lange, *Darstellung d. Menschen*, trad. Mann, p. 49 sqq.

tie des cheveux, réservée à dessein, qui est rabattue depuis
le milieu du crâne vers le front, sur lequel ces cheveux finement ondulés descendent très bas ; enfin, sur la calotte du
crâne jusqu'à la couronne constituée par les deux nattes, les
cheveux sont peignés de la façon la plus régulière, comme
s'ils étaient indépendants de tout le reste, alors qu'ils devraient
se diriger par moitié vers le point de départ de chacune des
deux nattes, qui, sans eux, n'existeraient évidemment pas.
Une telle incorrection[1], qui contraste beaucoup avec le soin
extrême donné au détail, paraît indiquer que l'auteur était peu

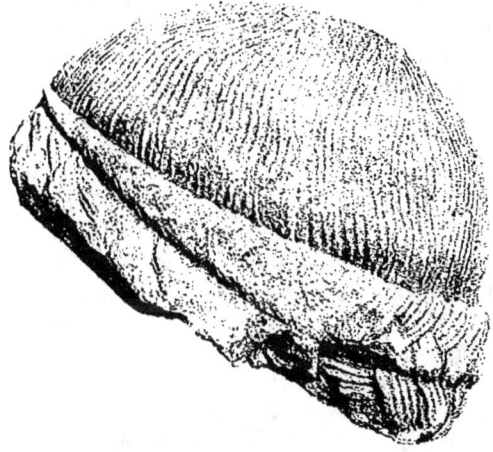

FIG. 28. — Fragment de tête d'une statue d'homme
(Acropole).

familier encore avec ce genre de coiffure, lequel, en effet,
n'a dû commencer à se répandre que dans le premier quart
du vᵉ siècle[2]. — Il existait cependant sur l'Acropole, avant 480,
au moins un deuxième exemple d'une grande statue portant

1. Voir comment elle a été rectifiée dans des statues postérieures, où existe
le même genre de coiffure, par exemple dans l'*Apollon à l'omphalos* (*Arch.
Jahrbuch*, XI, 1896, p. 258, fig. 1).
2. Les exemples qu'on en rencontre sur les vases peints ne sont pas non
plus antérieurs à cette époque : cf. la plus récente étude de cette coiffure, par
M. Studniczka (*Arch. Jahrbuch*, XI, 1896, p. 257 sqq.); aux exemples réunis là,
ajouter une petite tête en terre cuite, du musée de Berlin (*Arch. Anzeiger*,
1891, p. 120, nᵒ 4).

les cheveux nattés et noués de cette façon : la preuve en est
ce fragment de tête (*fig.* 28), que j'ai remarqué dans une des
vitrines du musée[1]. La seule différence avec l'*Éphèbe blond*
est que l'extrémité des nattes est visible, n'étant point recouverte par une couche de cheveux superposée. Pour le reste,
l'identité est complète : on retrouve sur la calotte du crâne les
larges ondulations concentriques, que recoupent de haut en bas
les ondulations plus fines des cheveux eux-mêmes ; les nattes
sont pareilles, prennent naissance au même point ; et l'incorrection signalée ci-dessus, pour le rendu des cheveux sur les
côtés et par derrière, est demeurée sans changement.

A la présomption de date, qui résulte de la présence de cette
coiffure particulière, s'ajoute que la statue d'*Éphèbe blond*
n'était plus frontale : l'inclinaison de la tête vers la droite, le
cou légèrement tordu, l'épaule droite remontée témoignent que
le torse devait être un peu désaxé et que le poids du corps
portait sur une seule jambe[2]. Cette attitude dans une statue
de grandeur naturelle, représentée au repos, est un deuxième
indice d'une date plutôt récente. Pour confirmer ces indications, enfin, il y a la qualité du travail, il y a surtout le caractère de la physionomie : et l'on admet unanimement qu'entre
les sculptures archaïques de l'Acropole, la tête d'*Éphèbe blond*
est sans doute la plus rapprochée de l'an 480.

Sa physionomie diffère un peu de celle de la *coré d'Euthydicos*, si on regarde les deux têtes de face : le front, tellement
rétréci par le flot débordant des cheveux, donne à l'ensemble
un autre aspect que le beau triangle régulier par où s'allonge
l'ovale du visage, chez la jeune femme ; puis le globe de l'œil
est moins petit et remplit plus exactement sa cavité ; les paupières aussi sont moins épaisses, et la paupière inférieure est
davantage infléchie[3] ; la bouche est un peu plus fendue, et le
dessin de la lèvre supérieure est plus rectiligne, les coins
moins retombants. Au contraire, la ressemblance entre les
deux têtes apparaît très grande, si on les regarde de profil :
c'est la même ligne du bas du front et du nez, celui-ci coupé
un peu court et de telle sorte que la base n'en est pas horizontale, mais un peu oblique et remontante ; c'est la même dépres-

---

1. Je dois la photographie de ce fragment à la complaisance de M. G. Toudouze.
2. Cf. *50ᵉ Berlin. Winckelmprogr.*, p. 151 (Furtwængler).
3. Dans l'œil droit plus que dans l'œil gauche.

sion étroite entre la lèvre supérieure et la cloison du nez; le
même modelé simple des joues larges et du menton fort; enfin,
trait essentiel, la même expression légèrement chagrine et
morose de la bouche. — En raison de ces ressemblances, on peut,
sans trop de témérité, supposer, comme je l'ai fait jadis[1], que
les deux œuvres proviennent d'un seul et même auteur, séparées par un petit intervalle de temps, l'*Éphèbe blond* étant
plus récent que la *coré d'Euthydicos*; et je suis plus enclin à
maintenir qu'à retirer cette hypothèse, quand je constate encore
combien, dans les deux têtes, le fin travail d'ondulation des
cheveux est pareil, et combien sont pareils certains détails du
cartilage de l'oreille. Cependant on reste toujours libre de ne
pas accorder à ces constatations autant d'importance que je
leur en prête, et de voir, dans ces traits communs aux deux
sculptures, de simples rencontres, assez naturelles, à l'époque
archaïque, chez deux artistes contemporains, travaillant selon
le même esprit, peut-être d'après les mêmes modèles : mais
cela revient à étendre davantage l'effet de cet esprit nouveau
et la force d'attraction de ces modèles, grâce à quoi les œuvres
de deux artistes différents ont pu être si semblables dans leur
caractère général et jusque dans le détail de leur exécution.

Après les statues, les bas-reliefs. Il y en a plusieurs qui
doivent prendre place dans la présente série. Le plus remarquable, encore que les mutilations subies l'aient presque entièrement détruit (*fig.* 29), se trouve au musée de l'Acropole[2].
C'est une plaque plus haute que large, un peu plus large en
bas qu'en haut, couronnée d'un petit fronton arrondi; les dimensions en étaient de 1^m,25 environ sur 0^m,78. Dans le champ
creux, délimité par l'encadrement des deux bordures inférieure
et supérieure et des minces bordures latérales, un homme
barbu, d'âge moyen, est représenté assis sur un tabouret à
quatre pieds[3]. Il est posé de profil à gauche. Sa draperie lui
enveloppe étroitement les jambes et devait couvrir aussi le
ventre; une partie en retombe à grands plis sur le côté du
tabouret : le torse et les bras étaient nus, comme il convient

1. Cf. *Au mus. de l'Acrop.*, p. 374 sqq.
2. N° 1332. Cf. *Athen. Mittheil.*, XII, 1887, p. 266 ; Pawlowski, *op. l.*, p. 297,
fig. 109. Marbre pentélique : cf. Lepsius, *op. l.*, p. 75, n° 72.
3. Tabouret analogue à celui du troisième *Scribe* n° 629 (cf. ci-dessus, p. 271),
mais de forme plus fine et plus élégante.

à l'ouvrier qui a besoin de l'entière liberté de ses mouvements[1]. Cet homme a voulu, en effet, être figuré dans sa tenue de travail, tenant dans les mains les produits de son travail. Sa main gauche, abaissée le long de la cuisse, presque au niveau du siège, tient par le pied une large coupe, et le petit doigt accroche par l'anse une seconde coupe qui pend verticalement, pareille à la première et de forme et de grandeur. Je suppose que l'avant-bras droit devait être tendu horizontalement et que la main présentait quelque autre vase, d'espèce différente, peut-être une amphore. C'est donc un *maître potier*, offrant à Athéna quelques échantillons choisis de son art; et le relief, ainsi consacré sur l'Acropole, équivalait à une ἔργων ἀπαρχή. La dédicace en était gravée, de bas en haut, sur les bords montants du cadre; mais les rares lettres qui subsistent ne nous laissent pas deviner le nom du donateur[2].

Du moins cette inscription nous rend-elle un précieux service. On en peut comparer les lettres aux lettres correspondantes de la dédicace de Néarchos, gravée sur la grande *coré* d'Anténor, et il apparaît tout de suite qu'elle est d'une époque plus récente. Comparée pareillement à la dédicace d'Euthydicos, elle se révèle encore comme plus récente. L'offrande, sûrement antérieure à 480, serait ainsi postérieure à la *coré d'Euthydicos;* il est probable qu'elle n'avait été dressée sur l'Acropole qu'un petit nombre d'années avant qu'elle fût brisée par les Perses[3]. Les caractères du travail confirment cette date. Les jambes, s'écartant un peu l'une de l'autre au dessous des genoux, de façon que le pied droit avançât sur le gauche; l'habile position du torse qui, sans effort, se présente en raccourci, laissant voir à la fois la poitrine et les deux épaules; la délicate et l'on peut dire spirituelle exécution de

---

1. Cf. le relief de l'Acropole n° 577, *Athéna et l'ouvrier :* dans les *Mélanges Perrot,* p. 261, fig. 2.

2. *Inscr. attic.,* I, *Suppl.,* 373²³² : Lolling, *Catal. inscr. Acrop.,* p. 126, n° 281. — Dans les trois lettres ...ος, qui précèdent le verbe ἀνέθηκεν, il serait bien tentant, mais un peu aventureux, de reconnaître la fin du nom d'Euphronios, de qui on a retrouvé sur l'Acropole une dédicace, certaine celle-là, avec les mots bien conservés Εὐφρόνιος...κεραμεύς (cf. *Inscr. attic.,* I, *Suppl.,* 354 et 362; Lolling, *op. l.,* p. 62-63, n° 85).

3. Aussi les couleurs ont-elles duré mieux que dans la plupart des autres reliefs : draperie rouge, ainsi que le tabouret et les deux coupes; traces de rouge sur les lèvres; traces de bleu très visibles sur le fond, derrière la tête; traces de rouge très apparentes sur le linteau; lettres de l'inscription peintes en rouge.

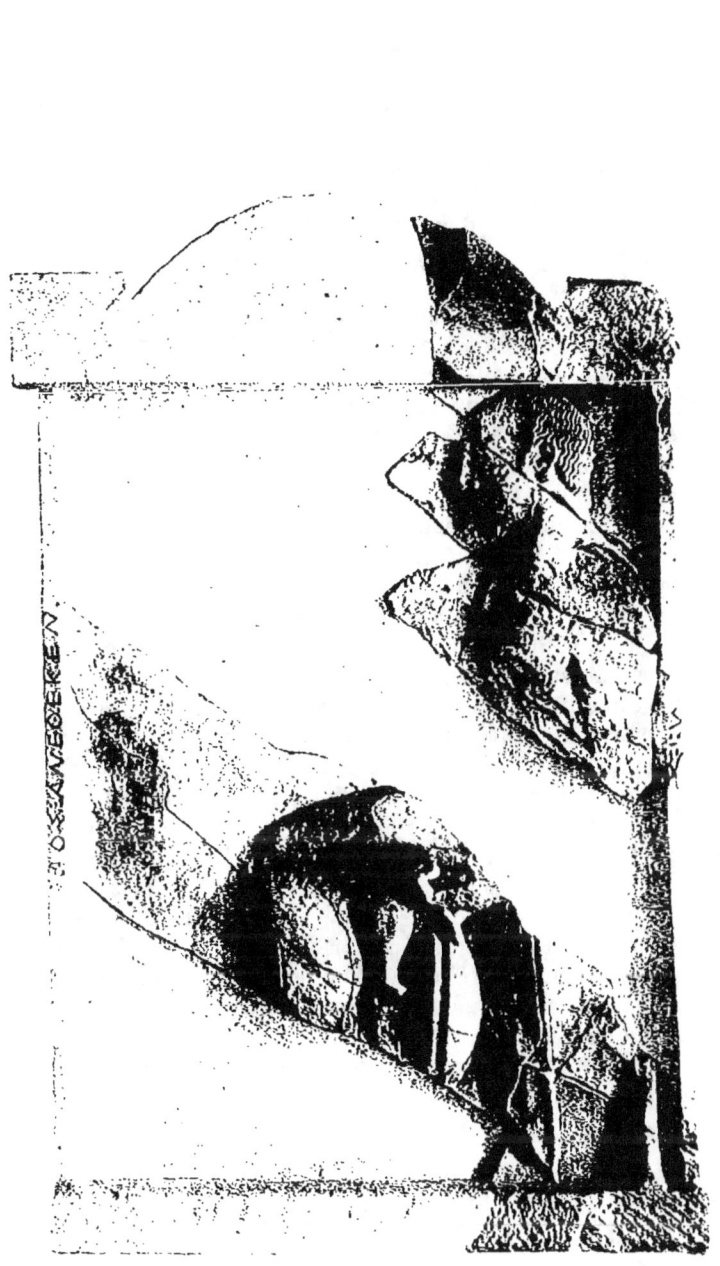

Fig. 29. — Relief du *Maître potier*
(Acropole).

la main gauche et des deux coupes qu'elle porte, l'une en haut,
l'autre en bas ; enfin le joli modelé des plis de la draperie
pendant sur le côté du tabouret, — ces divers détails témoignent,
chez l'auteur, d'une science alerte et sûre, qui a fini, ou peu
s'en faut, son temps d'apprentissage. De plus, la tête nous
offre un ensemble de traits significatifs. Le crâne régulièrement arrondi ne fuit pas en arrière ; le revers en tombe quasi
verticalement jusqu'à la nuque ; les cheveux sont courts ; le
profil du visage est déjà bien près du profil classique ; la bouche
n'est plus souriante, et, par son dessin, rappelle beaucoup celle
de l'*Éphèbe blond*. D'autres ressemblances avec cette dernière
tête se manifestent aussi dans le dessin de l'oreille et dans
les ondulations des cheveux sur le crâne. L'exécution ici est
moins fine, plus lourde ; mais il me paraît bien que c'est le
même art, inspiré du même esprit.

De cet esprit, je crois rencontrer quelque chose encore dans
un fragment de stèle funéraire, récemment entré au musée de
Berlin[1]. On y voit la partie supérieure d'une figure de femme
debout, plus petite que nature[2], qui, de sa main gauche relevée
à hauteur de sa poitrine, présente, délicatement tenue entre
les deux doigts, une fleur. Si l'autre main, comme il est possible, relevait les plis du vêtement, la figure était une exacte
reproduction en relief du type ordinaire de la statue de *coré* :
rien de plus naturel dans un relief de nécropole, puisque la
statue de *coré* pouvait elle-même constituer une statue tombale[3]. M. Kékulé, en publiant ce morceau, l'a rapproché de la
stèle d'*Aristion*, mais lui a assigné une date un peu plus récente.
D'après la date probable de la stèle d'*Aristion*[4], le marbre de
Berlin ne serait donc guère postérieur à l'an 520. Mais aussi,
il se pourrait que M. Kékulé ne l'eût pas assez rajeuni. Je crois
qu'on doit le placer plutôt après 500, non loin de la *coré*
d'*Euthydicos*. L'aspect de la chevelure, divisée en bandeaux,
sans frisures sur le front, et, par derrière, arrêtée plus court
que d'habitude et nouée d'un cordon à l'extrémité[5] ; le mince

---

1. Cf. *Berlin. Sitzungsb.*, 1902, I, p. 387 sqq., fig. aux p. 392 et 399 (Kékulé
von Stradonitz) ; *Arch. Anzeiger*, 1903, p. 35, n° 17 ; Perrot, *Hist. de l'art*, VIII,
p. 662, fig. 340. La provenance exacte n'est pas connue. Marbre pentélique.
2. Environ les deux tiers des proportions naturelles.
3. Cf. ci-dessus, p. 210, note 2.
4. Cf. ci-dessus, p. 290.
5. Le bout de la chevelure est mutilé ; mais le rétrécissement graduel prouve

ruban étroit qui entoure la tête au lieu de l'ordinaire stéphané ;
puis l'absence des pendants d'oreille, sont autant d'indices de
ce goût nouveau de simplicité qui est si manifeste dans la *coré
d'Euthydicos*. On ne retrouve pas ici, cependant, le type physique de celle-ci : le profil du visage et la forme du crâne par
derrière sont différents ; le dessin de la bouche, aux lèvres
grosses et avancées, est aussi tout autre. Il semble seulement
que l'auteur de la stèle — sans doute un de ces artistes de
second rang qui ne suivaient point d'un pas rapide la marche
des novateurs, — a commencé d'être touché par certaines nouveautés encore récentes dans les ateliers attiques, celles-là
mêmes que nous présentent, avec une remarquable netteté, la
coré d'Euthydicos, la tête d'*Éphèbe blond* et le relief du *Maître
potier*.

Une autre stèle funéraire, découverte au Pirée et conservée au Musée national d'Athènes[1], me paraît être de nature à
préciser le style et la date du fragment de Berlin. Dans cette
femme voilée, assise sur un siège à dossier droit — œuvre
d'ailleurs médiocre et d'une exécution quasi grossière — on
retrouve à peu près la même forme de la tête, le même dessin
du nez et de la bouche aux grosses lèvres. Mais l'expression
de la bouche est plus sévère, et surtout l'œil avec ses paupières épaisses rappelle bien davantage les yeux de la *coré d'Euthydicos*. Cette stèle du Pirée, certainement postérieure à 480,
correspond à une étape plus avancée de l'idéal nouveau qui
n'est qu'à son aurore dans la stèle de Berlin ; et la date de
celle-ci peut donc être fixée aux premières années du vᵉ siècle.

Enfin, je joindrai aux sculptures précédentes une statue de
Niké, du musée de l'Acropole[2], sur laquelle, d'ailleurs, notre
jugement sera forcément incomplet, à cause de son état de
mutilation et vu surtout l'absence de la tête (*fig*. 30). La déesse
était représentée passant vers la gauche (par rapport au spec-

qu'elle se terminait par un petit nœud, au lieu de s'étaler librement : même
détail dans la grande *Niké* de l'Acropole n° 690 (*fig*. 31), qui sera étudiée au
chapitre suivant.

1. N° 711. Cf. Conze, *Att. Grabreliefs*, 36, pl. XV.
2. N° 694. Cf. Brunn-Bruckmann's *Denkmæler*, 526, à droite en haut (Arndt).
A la bibliographie donnée par M. Arndt, ajouter : *Bull. corr. hell.*, XII, 1888,
p. 437 (H. Lechat). — Au moment de la découverte, on voyait encore des traces
de bleu sur le bord de l'himation et des traces de rouge sur ce qui subsiste de
la chevelure par derrière ; ces traces ont disparu depuis lors.

tateur), les jambes de profil, le torse de face ; la main droite
devait relever les plis de la draperie et la main gauche reposer
sur la hanche ; les ailes sont collées derrière les épaules, se
prolongeant l'une l'autre sur une ligne horizontale. C'est donc
encore tout à fait le type primitif de la *Niké* ailée : le sculpteur l'a pris, tel que le lui fournissait une tradition déjà
vieille de plus d'un demi-siècle, et l'a reproduit tel quel, sans
chercher à y réaliser un progrès quelconque. La nouveauté de
son œuvre réside dans le vêtement [1]. Celui-ci se compose d'un
chitôn à manches très courtes et d'un himation agrafé sur
l'épaule par une seule fibule et tombant librement à grands plis.
Chitôn et himation très différents, par l'aspect et par le travail, de ceux qui vêtent les *corés* de la période antérieure.
Le chitôn est entièrement lisse : le bord supérieur sur le cou
en était marqué à l'aide de la couleur, comme dans la *coré
d'Euthydicos;* nous en reverrons un semblable, avec de pareilles manches courtes, dans une petite statue d'*Athéna* (*Au
musée de l'Acrop.*, p. 189, fig. 20), qui date des années 480-
460. Quant à l'himation, très ample, rabattu en double, il
évoque par ses grands plis calmes, exécutés avec tant d'aisance, le noble et sévère péplos des figures d'Olympie. On ne
sait ce que les parties détruites de la figure auraient pu ajouter à ces données ; mais, dans l'état présent, on voit avec une
suffisante clarté que cette statue est posée en quelque sorte à
la limite de deux époques distinctes. Par le sujet ou plutôt par
le mode d'interprétation de ce sujet, elle est tournée vers le
passé ; par le genre de la draperie et par l'exécution de cette
draperie, elle penche vers un style nouveau qu'un prochain
avenir va développer : style plus simple, plus sobre, moins
brillant, mais plus sincère que celui dont les Ioniens avaient
été les actifs promoteurs.

Cette réunion de quelques sculptures, qui sont presque toutes
antérieures à 480, et dont la plus récente (la stèle du Pirée)
demeure conforme aux autres essentiellement et n'est même
pas la plus significative de toutes, nous fait apercevoir les traits

1. Cf. Arndt, *l. l.*, fin de la notice. — M. Arndt a très justement noté le
contraste entre la nouveauté dans le costume et l'archaïsme traditionnel
dans le type.

principaux d'un changement qui s'est produit dans la sculp-

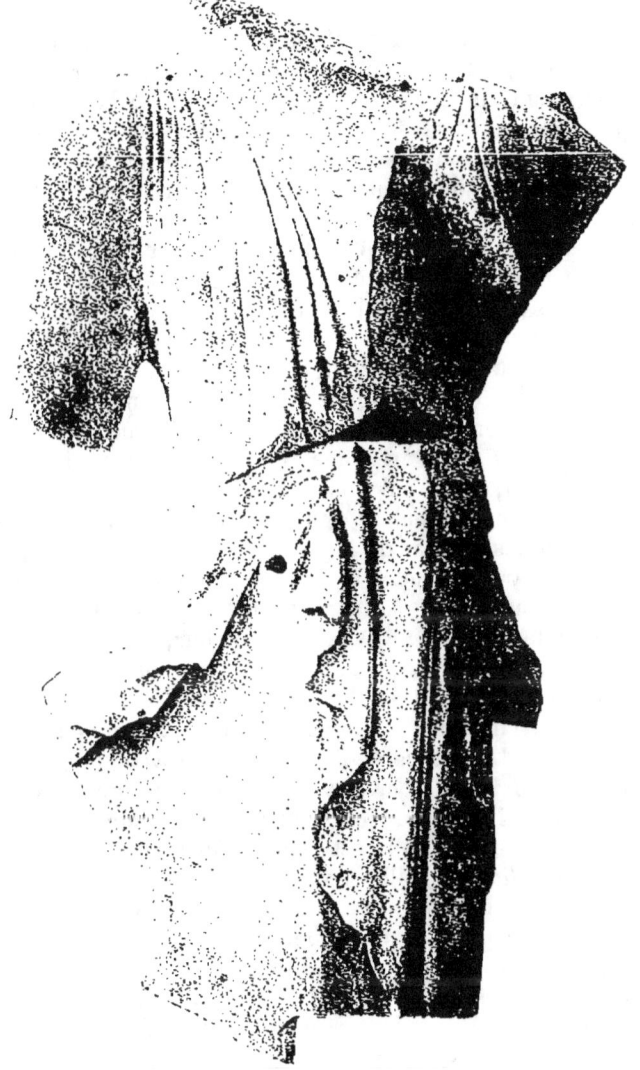

Fig. 30. — Statue de *Niké*, n° 694
(Acropole).

ture attique au commencement du v° siècle. Les causes de

ce changement sont diverses; et c'est une affaire délicate, de les déterminer avec certitude et d'attribuer à chacune sa juste valeur.

Le premier trait, le plus général, est un goût marqué de simplicité. Ce goût se manifeste par des moyens variés, mais qui aboutissent au même but. Les cheveux de la femme ne sont plus astreints à des frisures compliquées; ceux de l'homme sont coupés court, ou, quand ils restent longs, sont du moins nattés et noués d'une façon pratique, et les frisures d'autrefois en sont exclues. Dans le costume féminin, apparaît une mode de draperie plus sévère, dédaigneuse des petits plis minutieux et du serpentement indéfiniment prolongé des broderies peintes sur les bords; ce qu'on peut appeler la draperie verticale, à larges cannelures, tend à remplacer la draperie biaise, aux dispositions plus capricieuses; ou bien, lorsque le costume garde encore la forme ancienne, son aspect du moins a changé, par la suppression de maints détails décoratifs, par une qualité d'exécution plus sommaire, plus unie. — Cet esprit de simplicité correspond, sans nul doute, à une modification dans les mœurs et usages du temps; nous aurons à le constater aussi, en effet, sur les œuvres de la seconde série, qui seront groupées au chapitre suivant. Ce n'est pas les artistes, on le comprend, qui inspiraient à leurs contemporains tel genre de coiffure ou de draperie; c'est le goût public, au contraire, qui se répercutait dans les productions de la sculpture. Mais, si l'entraînement du goût public vers l'Ionie et les choses de l'Ionie avait, cinquante ans plus tôt, aidé puissamment à l'introduction et à l'influence de l'art ionien en Attique[1], il va de soi que, ce goût se détournant à présent vers d'autres objets, l'art qui en était l'expression devait, à son tour, se détacher des modèles ioniens. Et il est remarquable que l'auteur de la *coré d'Euthydicos*, habillant sa *coré* à l'ionienne, en a pourtant traité le costume avec un éloignement des recherches élégantes, un parti pris de sobriété, qui est quasi opposé, peut-on dire, à l'esprit même de ce costume.

Quant aux autres caractères nouveaux, que nous avons analysés en détail dans la *coré d'Euthydicos*, il ne suffira peut-être pas, pour les expliquer, de dire que la sculpture attique tendait à s'éloigner des modèles ioniens et, en quelque sorte, se

---

1. Cf. ci-dessus, p. 215.

repliait sur ses propres traditions. Mais nous devons d'abord
faire un loyal effort dans ce sens, en tenant compte, naturellement, du progrès normal que l'art avait dû accomplir pendant
la vingtaine d'années écoulées depuis le fronton *de la Gigantomachie* ou la grande *coré* d'Anténor. — Ainsi l'enchâssement et la forme des yeux, si différents de ce qu'ils étaient
auparavant, ne pourraient-ils point, par cela seul qu'ils
approchent davantage de la réalité vivante, être le simple
résultat d'une observation plus attentive, plus réfléchie? Il fallait que ce progrès arrivât quelque jour, et il est, en principe,
indépendant d'un style quelconque; on n'y doit pas chercher
d'autre cause, à moins d'une indication contraire, que l'effort
heureux des artistes travaillant à atteindre un rendu plus exact
de la forme. On interpréterait d'une façon analogue le redressement du profil, c'est à dire le rapport nouveau qui existe
entre la ligne supérieure du crâne et la ligne du front et du
nez. Cette fois pourtant, il s'agit de quelque chose de plus, à
savoir d'une « stylisation » du type humain, d'une légère correction des données de la nature en vue d'une idée particulière de la beauté. Mais il n'y a rien d'impossible *a priori* à
ce que cet idéal, que l'Attique devait faire sien et développer,
ait eu son germe aussi en Attique.

Une difficulté plus sérieuse se présente pour le dessin de la
bouche, là où il est le mieux caractérisé, dans la *coré d'Euthydicos* et la tête d'*Éphèbe blond*. Il nous a paru, au premier regard, qu'un tel dessin marquait une réaction voulue
contre le sourire factice des *corés* ioniennes. Mais comment
cette réaction s'est-elle produite? Il n'en est pas de la bouche
comme de l'œil : on ne peut pas dire que la forme nouvelle que
nous lui voyons résulte d'une observation plus juste et d'un
progrès dans le rendu; des lèvres boudeuses n'ont rien de
plus « vrai » que des lèvres souriantes, et ce n'est pas témoi-
gner d'une technique plus habile que d'abaisser les coins de la
bouche au lieu de les relever. D'autre part, l'ancienne sculpture attique ne nous a jamais rien montré de pareil : les
têtes des plus vieilles figures en pierre tendre sont souriantes;
le *Moschophore*, la *statue xoanisante*, la *coré* d'Anténor, si leur
sourire est plus discret que celui des têtes ioniennes et s'il le
paraît davantage en raison de la pose non oblique des yeux, du
moins ont toujours les lèvres éclairées d'un sourire. La *coré*
d'*Euthydicos* et l'*Éphèbe blond* n'offrent, sur ce point, rien de

commun avec les têtes les plus « attiques » de l'époque antérieure, et ne sont guère moins éloignées de celles-ci que des
têtes « ioniennes » : il n'y a là ni retour vers le passé, ni progrès d'ordre technique; il y a *changement* du caractère, et
c'est par ce changement que les deux œuvres sont le plus
nouvelles.

Or, un tel changement est-il venu de l'initiative personnelle
d'un artiste attique, et serait-il dû simplement, comme nous
l'a fait dire plus haut[1] la première impression ressentie devant
cette nouveauté, à une sorte d'agacement et de mauvaise
humeur causée à la longue par l'éternel « sourire archaïque »?
Il faudrait bien tenir cette explication pour suffisante, si nous
ne rencontrions, vers la même époque, ce dessin particulier de
la bouche ailleurs encore que dans l'art attique. — Une petite
tête de femme, en marbre, trouvée en Sicile, et probablement à Sélinonte[2], offre une ressemblance frappante et singulière avec la tête de la *coré d'Euthydicos*[3] : même profil
droit, même forme triangulaire du front sous les deux bandeaux de la chevelure qui, de la raie médiane, se dirigent en
ondulant vers la tempe et l'oreille, même facture du globe de
l'œil et des paupières, surtout même dessin de la bouche, avec
les coins de la lèvre supérieure nettement abaissés. La ressemblance s'étend jusqu'aux détails secondaires; dans la tête sicilienne comme dans l'athénienne, la chevelure est ceinte d'un
ruban plat au lieu de la stéphané, le haut du crâne au dessus
de ce ruban est resté lisse, et les oreilles n'ont pas leur ornement habituel. En raison de ces ressemblances, va-t-on attribuer la tête sicilienne à un sculpteur attique? Mais M. Kékulé[4]
a justement observé que cette tête n'est pas du tout isolée
dans son pays d'origine, que le type du visage, le dessin de
l'œil et de la bouche, la forme du menton, le travail des che-

---

1. Cf. p. 356.
2. Acquise en 1896 par le musée de Berlin. Cf. *Festschrift für Benndorf*,
pl. VI, p. 121 sqq. (Kékulé von Stradonitz) ; *Arch. Anzeiger*, 1903, p. 30, fig. 2.
3. Je suis surpris que M. Kékulé (*l. l.*, p. 122), cherchant un terme de comparaison au musée de l'Acropole, ne se soit pas aperçu de cette ressemblance.
Il a cité seulement la tête de la *coré* 688 (cf. ci-dessus, p. 359), et ce rapprochement est justifié ; mais, à plus forte raison, eût-il dû évoquer la *coré d'Euthydicos* ; chacun peut s'en convaincre en comparant une photographie de
celle-ci, *de profil*, avec le profil de la tête de Sélinonte qu'a publié M. Kékulé
(*l. l.*, p. 123, fig. à droite).
4. *L. l.*, p. 122 sqq.

veux y sont tout pareils à ce qu'on voit sur plusieurs têtes
des métopes les plus récentes de Sélinonte[1]; et ces métopes
plus récentes, nous savons qu'elles-mêmes se rattachent étroitement aux plus anciennes, et que l'unité de style est incontestable entre les rudes sculptures du début du VIe siècle et les
sculptures plus adoucies du Ve siècle, toutes provenant des
divers temples de Sélinonte[2]. — Une tête de femme en terre
cuite, découverte à Tarente[3], qui est d'une date moins reculée
que le marbre précédent, mais appartient toujours à la première moitié du Ve siècle, nous offre aussi cette expression un
peu maussade et boudeuse des lèvres, qui n'est donc pas, on le
voit, propre aux seules sculptures de Sélinonte. Et on la
retrouve pareillement sur la tête de *Niké*, qui décore les plus
belles monnaies archaïques de Syracuse, celles qu'on date de
l'an 479 ou 478[4].

À la même famille appartiennent encore deux statues
d'homme, d'origine sicilienne. L'une, en bronze, découverte à
Sélinonte, paraît avoir représenté le dieu-fleuve Sélinous, épo-
nyme de la ville[5]; mais, vu l'absence des attributs qui l'indi-
vidualisaient, ce n'est plus aujourd'hui qu'une statue quelconque de jeune homme nu debout. Elle doit dater des
premières années du Ve siècle[6]. J'aurai bientôt à rappeler de
nouveau la tête de cette figure de bronze; pour le moment, je
veux seulement remarquer que, dans le profil du visage[7], la
ligne du nez, le dessin de la bouche et la courbe du menton,
elle est conforme au type déjà connu par les métopes sculptées d'un temple à peu près contemporain[8]. — L'autre statue,
plus récente, en marbre, est désignée sous le nom d'« *Apollon* »

1. Cf. notamment Benndorf, *Metopen von Selinunt*, pl. XI, 5 ; Brunn-Bruckmann's *Denkmæler*, 293.
2. Cf. ci-dessus, p. 144.
3. Cf. *München. Sitzungsb.*, 1891, II, pl. VII, p. 132-133 (Furtwængler).
4. Cf. Head-Svoronos, I, p. 229-230, pl. X, 2.
5. Cf. Arndt-Amelung's *Einzelaufn.*, 569-572 (Hauser); Perrot, *Hist. de l'art*,
VIII, p. 495 sqq., fig. 253-255. La statue est haute de 0[m],85. Elle fut trouvée
en 1882, mais un fragment en fut recueilli encore en 1891. Cette même
année 1891, elle était sous séquestre au musée de Castelvetrano (Sicile); je
ne sais ce qu'il en est advenu depuis.
6. M. Furtwængler (*Meisterw. gr. Plastik*, p. 76, note 3), en rattachant cette
statue à l'art de Critios, la date trop bas (cf. Arndt-Amelung's *Einzelaufn.*,
n°s 569-572, p. 54).
7. Cf. *Einzelaufn.*, 572 ; Perrot, *op. l.*, fig. 255.
8. Cf. la tête de femme citée ci-dessus, p. 375, note 1, reproduite de profil
par M. Kékulé, dans le *Festschrift für Benndorf*, p. 123, fig. de gauche.

de Girgenti[1]. Malgré les mutilations qui ont détérioré la face,
enlevé le nez presque entièrement et atteint un peu les lèvres,
on reste à même, cependant, de juger assez bien du caractère
de la physionomie ; et ici encore le dessin de l'œil et de la
bouche est semblable à celui que l'on constate sur les têtes
de femme mentionnées ci-dessus, semblable par conséquent
à celui qui nous a paru tellement nouveau dans la *coré d'Euthydicos* et l'*Éphèbe blond* de l'Acropole.

Ces exemples, divers par l'origine, par la matière et par le
sujet, témoignent donc que le type qui apparaît pour la première fois dans la statuaire attique au commencement du
v⁰ siècle existait alors, non pas à l'état sporadique, mais au
contraire d'une façon générale, dans la sculpture de la Sicile et
de la Grande Grèce ; et là il n'était pas une nouveauté, il
n'était que le développement du type que les vieilles métopes
de Sélinonte nous font voir à un degré moins avancé de sa
formation. D'ailleurs ce même type, caractérisé entre autres
traits par la bouche sévère et par les yeux droits aux paupières épaisses, se rencontre aussi, à pareille époque, dans la
sculpture du Péloponnèse : par exemple, dans le petit bronze de
Ligourio[2], dans certains petits bronzes d'Olympie[3], dans les
têtes du fronton occidental au grand temple d'Olympie. Nous
verrons plus loin s'il faut entreprendre de réduire à l'unité
cette diversité de provenances, en attribuant à un atelier
déterminé, soit péloponnésien ou sicilien, le mérite d'avoir
trouvé et fixé ce type particulier et d'en avoir assuré la diffusion. Pour l'instant, bornons-nous à reconnaître que ce type
sévère, propre à la Grèce occidentale, s'oppose foncièrement
au type affable et souriant qu'a préféré l'art de la Grèce
orientale.

Donc, les nouveautés qui surgissent dans la sculpture attique
au commencement du v⁰ siècle, et qui s'expliquent mal par les
antécédents de cette sculpture, s'expliqueraient fort bien par
quelque influence venue de la Grèce occidentale[4]. L'hypothèse

1. Cf. Arndt-Amelung's *Einzelaufn.*, 759-761 (notice de M. Hauser, avec
bibliographie ; cf. dans les *Nachträge* de la série IV des *Einzelaufn.*, p. 67,
une note supplémentaire de M. Herrmann) ; Perrot, *Hist. de l'art*, VIII, p. 494,
fig. 252.
2. Cf. *50ᵉˢ Berlin. Winckelmprogr.*, pl. I, p. 125 sqq. (Furtwængler).
3. Cf., par exemple, *Olympia*, IV, pl. VIII, 52.
4. L'étude des influences péloponnésiennes sur la sculpture attique, au com-

est changée en certitude, grâce à des découvertes faites sur l'Acropole même. — Une tête en bronze, trouvée en 1866[1], provenant d'une figure de jeune homme[2], est considérée unanimement comme ne pouvant pas avoir une origine attique[3]. Cette tête, qui est un chef-d'œuvre de fin et précieux travail[4], dont durent s'émerveiller les sculpteurs athéniens, jusque-là peu experts dans l'art du bronze[5], a été comparée tour à tour, et avec raison, à celle de l'*Apollon* des frontons d'Olympie[6], à celle de l'*Apollon* en bronze de Pompéi[7], à celle de l'*Apollon*

mencement du ve siècle, a été bien faite par M. Græf : *Athen. Mittheil.*, XV, 1890, p. 1 sqq., notamment p. 15 sqq.

1. N° 14 de l'ancien petit *Catalogue* (1888) du musée de l'Acropole. Aujourd'hui conservée au Musée national d'Athènes. Cf. De Ridder, *Catal. bronzes Acrop.*, n° 767, pl. VI; *Les musées d'Athènes* (éd. Rhomaïdis), pl. XVI; *Athen. Mittheil.*, XII, 1887, p. 372 sqq. (Studniczka); Collignon, *Hist. sculpt. gr.*, I, p. 323, fig. 163; Pawlowski, *op. l.*, p. 154. fig. 44; Bulle-Hirth, *Schœne Mensch : Altertum*, pl. 55, en bas; Brunn-Bruckmann's *Denkmæler*, 462, C, et notice de la pl. 506 (Arndt); Perrot, *Hist. de l'art*, VIII, p. 679, fig. 347.

2. M. De Ridder (*op. l.*, p. 288) suppose sans raison que la tête pourrait être « féminine », et, sur ce mot, renvoie le lecteur aux *Meisterwerke* de M. Furtwængler, p. 80, où je ne crois pas qu'il soit rien dit de tel.

3. M. Studniczka (*Athen. Mittheil.*, XII, 1887, p. 375) pense qu'elle pourrait être d'Hagéladas; M. Furtwængler (*Meisterw. gr. Plastik*, p. 80) l'attribue à Hégias, un Athénien, il est vrai, mais « élève d'Hagéladas ». Ces deux hypothèses s'accordent au moins en ceci, que ladite tête est étrangère à l'art attique, tel qu'il s'est développé jusqu'au commencement du ve siècle.

4. Je ne puis que rappeler en passant quelques détails d'ordre technique, d'après les notes que j'ai prises devant l'original. L'exécution de la chevelure, sur le crâne et sur l'espèce de petit chignon roulé contre la nuque, est d'une ravissante finesse : la baguette de métal qui ceint la tête, et autour de laquelle les cheveux forment bourrelet par devant, d'une oreille à l'autre, a été ciselée avec un scrupuleux souci de vérité : elle est à section semi-circulaire, la face aplatie appliquée sur les cheveux, la face arrondie tournée vers le dehors. Les yeux révèlent un travail de la plus délicate minutie : la sclérotique était faite d'une sorte d'émail blanc (il en subsiste un morceau à l'œil droit), au milieu duquel était fixée, pour l'iris, une rondelle de métal sombre, percée elle-même, au milieu, d'un trou profond que remplissait une matière noire et brillante comme du jais, pour figurer la pupille. Les cils devaient être rapportés un à un. car le bord des paupières est finement dentelé comme une scie (à moins que cette dentelure ne dût suffire à donner l'illusion, à quelques pas, de la masse des cils). Les sourcils sont faits d'une mince bande de cuivre plus claire que le reste du visage. Et, par un procédé semblable, les lèvres étaient plaquées d'une feuille de cuivre rouge (à moins que l'espèce de « cloison » qu'on y observe aujourd'hui fût destinée seulement à être peinte en rouge ou à être dorée).

5. Cf. Michaelis, *Attattische Kunst*, p. 33; Perrot, *Hist. de l'art*, VIII, p. 674-675.

6. Cf. *Athen. Mittheil.*, XII, 1887, p. 373 (Studniczka); XV, p. 16, n° 1 (Græf).

7. Cf. Brunn-Bruckmann's *Denkmæler*, 302; Collignon, *Hist. sculpt. gr.*, II. p. 666, fig. 350. M. Wolters (*Arch. Jahrbuch*, XI, 1896, p. 1 sqq.) a cru pouvoir démontrer que l'original d'où dérive ce bronze, et d'où dérivent aussi l'*Apollon* de Mantoue et plusieurs autres, se trouvait à Sparte.

en marbre de Mantoue[1], bref à des œuvres qui toutes ressortissent à l'art de la Grèce occidentale. J'ajoute que, non seulement pour la disposition générale de la chevelure et pour le travail des yeux et des sourcils, mais pour la coupe du visage vu de face et pour le caractère du profil, elle offre aussi une grande analogie avec le *Sélinous* de Castelvetrano[2]. La tête de l'Acropole me parait se placer à peu près à mi-chemin entre ce *Sélinous*, qui ne peut guère être postérieur à l'an 500, et l'*Apollon* d'Olympie, qui date d'environ 460. Or, si on la compare avec la tête d'*Éphèbe blond*, sa contemporaine, on constate qu'il existe entre les deux (à côté d'une grave dissemblance dans la structure du visage, qui prouve que les deux œuvres ne peuvent pas être de la même école) une remarquable analogie dans la forme des yeux, aux paupières lourdes, celle du haut à demi remontée, et plus encore dans le dessin de la bouche avec la lèvre inférieure épaisse et arquée et la supérieure mince, presque droite, légèrement abaissée aux deux coins; et ces ressemblances-là ne sauraient être le fait d'une rencontre fortuite.

Parmi les rares petits bronzes recueillis aussi sur l'Acropole, il y en a trois qui, pour des raisons diverses, doivent également être considérés comme des importations étrangères. L'un[3], qui représentait sans doute *Apollon*, tenant dans les mains l'arc et la flèche, a été justement rapproché, par M. Furtwængler, d'une figurine analogue trouvée à Olympie[4], et M. Hauser l'a rapproché, non moins justement, de l'« *Apollon* » de *Girgenti*[5]; les deux archéologues s'accordent d'ailleurs pour évoquer à ce sujet le souvenir de l'art æginétique[6]. — Le second bronze[7], un pied de miroir, et l'un des plus charmants qui aient subsisté

---

1. Pour ces rapprochements, et d'autres du même genre, cf. notamment *50ᵉˢ Berlin. Winckelmprogr.*, p. 140-141 et 148 (Furtwængler).

2. Comparer la planche XVI des *Musées d'Athènes* (face et profil du bronze de l'Acropole) et les photographies 571-572 des Arndt-Amelung's *Einzelaufn.* (face et profil du *Sélinous*), ou Perrot, *Hist. de l'art*, VIII, p. 496-497, fig. 254-255 (*id.*).

3. Cf. De Ridder, *Catal. bronzes Acrop.*, n° 740, pl. III-IV; Μνημεῖα τῆς Ἑλλάδος, pl. IX et X, 2, p. 35-36 (Sotiriadis).

4. Cf. *Olympia*, IV, n° 52.

5. Cf. Arndt-Amelung's *Einzelaufn.*, notice des photogr. 759-761.

6. Seul, M. De Ridder (*Bull. corr. hell.*, XVIII, 1894, p. 44 sqq.) s'est efforcé de démontrer que le petit bronze de l'Acropole était de pure origine attique.

7. Cf. De Ridder, *Catal. bronzes Acrop.*, n° 784, pl. VII; Perrot, *Hist. de l'art*, VIII, p. 677, fig. 346.

de l'époque archaïque, est probablement d'origine corinthienne.
En tout cas, les détails du costume, notamment la manière
dont est porté l'himation, et l'espèce de petit bonnet brodé qui
couvre le crâne, sont choses nouvelles à Athènes, et la tête,
par ses traits et l'aspect de sa physionomie, n'a rien de commun
non plus avec les têtes attiques. — Enfin, le troisième bronze,
le plus récent, petite œuvre fort bien conservée et très remarquable, est une *Athéna Promachos*, avec dédicace au nom de
Méléso [1] ; son costume, composé par dessous d'un chitôn à peine
visible en bas, et par dessus d'un himation ample et long, drapé
simplement, est déjà tout voisin du costume classique. M. Studniczka [2] n'hésite pas à voir en cette statuette le produit d'un
atelier d'Ægine, et non des moindres ; en tout cas, il a justement montré l'étroite parenté qui existe entre la tête de cette
Athéna de bronze et celle de l'*Athéna* ayant appartenu au fronton oriental d'Ægine.

Il est vrai que la présence de quelques petits bronzes étrangers est chose peu surprenante dans un sanctuaire renommé,
où se concentraient des offrandes nombreuses ; ces échantillons
d'un art non attique pourraient n'avoir pas eu plus d'importance
relativement à l'art attique que n'en avaient eu auparavant les
deux statues samiennes, qui font si complètement bande à part
au musée de l'Acropole. Mais, d'abord, dans le temps même
que ces offrandes étaient apportées sur l'Acropole, des artistes
venus de diverses régions de la Grèce occidentale travaillaient
à Athènes. On y a retrouvé une signature de Callon et une
d'Onatas [3], qui furent les deux plus illustres sculpteurs d'Ægine
au début du v⁰ siècle ; on a recueilli jusqu'à cinq signatures de
Gorgias [4], qui était, nous le savons par Pline, un Laconien [5], et
un Laconien illustre, puisque Pline lui a donné place dans une

1. Cf. De Ridder, *Catal. bronzes Acrop.*, n° 796 ; *Arch. Jahrbuch*, XI, 1896,
p. 44, fig. 18 (Kalkmann) ; Perrot, *op. l.*, p. 612, fig. 308. Pour l'inscription,
cf. Lolling, *Catal. inscr. Acrop.*, p. 9-10, XXVIII.
2. Cf. Ἐφημ. ἀρχ., 1887, p. 146.
3. *Callon* : cf. Lolling, *Catal. inscr. Acrop.*, p. 50, n° 53 ; Lœwy, *Inschr. gr.
Bildhauer*, 27. — *Onatas*, dédicace de Timarchos : cf. Lolling, *op. l.*, p. 56, n° 66.
4. Lolling, *op. l.*, p. 43-44, n⁰ˢ 35-38 ; pour la cinquième signature, provenant d'Athènes, mais non de l'Acropole, cf. Lœwy, *op. l.*, 36.
5. *N. H.*, XXXIV, 49. L'identification du *Gorgias Lacon* de ces cinq inscriptions
avec le *Gorgias Lacon* de Pline n'est pas douteuse. Car, malgré l'erreur de
date commise par Pline (Olymp. 87 = 432 av. J.-C.), c'est évidemment
comme contemporains qu'il cite ensemble Hagéladas, Callon et Gorgias de
Laconie. Or l'inscription rappelée ci-dessus prouve que Callon travaillait pour

brève énumération contenant presque tous les plus grands noms
de l'art grec [1]. Il est probable que, parmi les autres signatures
d'artistes, dépourvues d'ethniques, qui se sont rencontrées à
l'Acropole, plus d'une encore devrait, si nous étions mieux
renseignés, être ajoutée aux précédentes [2]; mais le nombre
importe moins que la qualité. Or, le sculpteur qui paraît avoir
eu le plus haut renom dans le premier quart du v° siècle [3], celui
qui amena sur le devant de la scène l'obscure école d'Argos et
contribua le plus à lui donner ou à lui préciser sa personnalité, Hagéladas, a travaillé à Athènes; du moins, y avait-il des
œuvres de lui en Attique [4]. Ces témoignages relatifs à des
sculpteurs natifs de la Grèce dorienne accroissent, naturellement, la valeur documentaire des quelques bronzes que nous
avons mentionnés. Et, d'un autre côté, on ne saurait soutenir
que ces œuvres-là, comme les deux statues samiennes, sont à
part et ne comptent point, puisqu'au contraire on constate que
le style particulier représenté par elles a influé sur certaines
œuvres attiques contemporaines, tant et si bien influé que
l'une de celles-ci, la statue d'*Éphèbe blond*, a été soupçonnée
d'être, non pas attique, mais véritablement argienne d'origine [5].

Ainsi se dégagent peu à peu les causes et les circonstances

Athènes avant 480; nous allons voir qu'il en est de même pour Hagéladas;
dès lors, le Gorgias dont on possède plusieurs signatures, antérieures aussi à
480, ne peut être, selon toute vraisemblance, que Gorgias de Laconie.

1. Ce doit être de ce même Gorgias qu'on a retrouvé aussi une signature à
Olympie : cf. Lœwy, *op. l.*, 37.

2. Peut-être celle de Pollias, qui se rencontre deux fois : cf. Lolling, *op. l.*,
p. 67, n°° 67-68.

3. Cf. C. Robert, *Arch. Mærchen*, p. 93-98; Collignon, *Hist. sculpt. gr.*, 1,
p. 316-317.

4. Cf. C. Robert, *op. l.*, p. 39-40. Il s'agit d'une statue d'*Héraclès Alexicacos*,
dans le dème de Mélité. M. Robert a fait une ingénieuse démonstration pour
la dater des environs de l'an 500. L'objection que j'ai présentée à ce sujet
(cf. *Au mus. de l'Acrop.*, p. 423, note 2), et qui avait été faite avant moi par
M. Studniczka (cf. *Rœm. Mittheil.*, II, 1887, p. 99, note 27), n'est pas décisive.
Il est naturel d'admettre, d'ailleurs, que, si l'œuvre d'Hagéladas fut détruite
en 480, elle fut remplacée plus tard, et que l'inscription qui accompagnait la
statue nouvelle rappelait celle du premier auteur. Dans tous les cas, il paraît
plus que probable que, si on a pu attribuer à Hagéladas, même à tort, cet
Héraclès Alexicacos, c'est parce que d'autres œuvres de lui ou certaines traditions attestaient qu'il avait effectivement travaillé à Athènes ou pour Athènes.

5. Cf. *50° Berlin. Winckelmprogr.*, p. 148 et 151 (Furtwængler); *Arch. Studien
H. Brunn dargebr.*, p. 85 (Furtwængler). M. Collignon (*Hist. sculpt. gr.*, 1,
p. 364, note 6) a cité cette opinion de M. Furtwængler, de façon à laisser voir

du changement partiel qui s'est produit dans la sculpture athénienne, au commencement du ve siècle. A ce moment l'école
attique était, pouvons-nous dire, saturée d'ionisme. Depuis
cinquante ans qu'elle s'était mise à suivre de près les exemples
des maîtres ioniens, elle en avait tiré tout ce qu'il était juste et
bon qu'elle en tirât; elle n'en avait plus rien à apprendre et
devait donc se lasser vite d'une imitation désormais stérile.
Elle fût restée sans doute plus longtemps encore à la remorque
de l'art ionien, si celui-ci eût continué à être représenté par
des hommes tels que ceux dont le génie lui avait assuré la prée-
minence durant plus d'un demi-siècle. Mais on remarquera que,
d'après les témoignages anciens eux-mêmes, la gloire de
l'école de Chios paraît s'être arrêtée avec Boupalos et Athénis;
ils ont eu des fils [1] et des successeurs, mais qui n'ont pas su,
comme avaient fait Boupalos et Athénis par rapport à Archermos, comme avait fait Archermos par rapport à Mikkiadès,
maintenir l'avance de l'Ionie, grâce à une maîtrise toujours plus
haute et à de nouvelles inventions de types propres à exciter
l'intérêt de tous. Au contraire, dans la génération qui a suivi
celle de Boupalos et d'Athénis, les sculpteurs qui s'avancent au
premier plan, d'après la tradition ancienne, sont Hagéladas
d'Argos, Callon et Onatas d'Égine, Gorgias de Laconie, tous
artistes de la Grèce dorienne : la renommée semble avoir changé
de camp, elle a délaissé l'école de Chios ; c'est de l'Ouest que
vient maintenant pour l'Attique une lumière nouvelle.

Ceux des Attiques d'alors qui, par nature, se sentaient le
moins portés vers l'ionisme, étaient donc plus libres que ne
l'avait été Anténor vingt ans auparavant, plus aisément capables
de réagir contre un entraînement d'imitation dont la force
allait déclinant. Et dans le même temps, s'offraient à eux
d'autres modèles dont les qualités de sobriété, d'énergie, de
beauté sévère, s'opposaient en plein à celles de la sculpture
ionienne : par la vue de ces modèles devait encore se préciser
et s'accroître leur désir d'émancipation, puisqu'ils y découvraient,
déjà toute tracée, la voie neuve qu'ils cherchaient. — Convient-

qu'il ne la partageait pas. En effet, si personne ne songe à reconnaître dans
la *coré* d'*Euthydicos* une œuvre argienne, on ne voit pas pourquoi la tête
d'*Éphèbe*, qui ressemble à la *coré* comme un frère à sa sœur, ne serait pas
une œuvre attique.

1. La signature *Archermos de Chios*, retrouvée sur l'Acropole, doit être celle
d'un fils de Boupalos ou d'Athénis (cf. ci-dessus, p. 190, note 2).

il de rapporter exclusivement à un seul des ateliers de la Grèce
occidentale celles de ces œuvres étrangères qui eurent l'action
la plus efficace sur l'art attique contemporain? On attribue
d'ordinaire le rôle prépondérant à l'école d'Argos, et nommément à Hagéladas[1]. Mais, en vérité, il ne nous est pas loisible
de trancher cette question avec certitude ; et pour moi, je croirais volontiers à un jeu d'influences plus complexe. A côté des
stimulants venus d'Argos, et, plus généralement, du Péloponnèse, on a déjà reconnu qu'il avait dû exister aussi un certain
courant æginétique[2] ; et il est possible qu'une place doive être
réservée à des écoles auxquelles on n'en a voulu faire aucune
jusqu'à présent : c'est à dire les écoles de la Sicile et de la
Grande Grèce. Nous les connaissons fort mal ; cependant tout
fait présumer qu'elles ont dû être des plus actives dans le commencement du vᵉ siècle, au temps où les tyrannies siciliennes
furent le plus fastueuses et où Tarente fut le plus prospère. Il
n'est pas sûr qu'elles se soient contentées de prendre le mot
d'ordre dans le Péloponnèse, ainsi qu'on est trop porté peut-être
à le croire[3]. L'unité de style qu'on a depuis longtemps constatée entre les plus anciennes et les plus récentes sculptures de
Sélinonte[4] donne à penser que, parmi les écoles de la Grèce

---

1. Cf. *Rœm. Mittheil.*, II, 1887, p. 98 sqq. (Studniczka) ; *Athen. Mittheil.*, XV,
1890, p. 32 (Græf) ; Collignon, *Hist. sculpt. gr.*, I, p. 357 et 365.
2. Cf. 'Εφημ. ἀρχ., 1887, p. 147 (Studniczka) ; *Athen. Mittheil.*, XV, 1890, p. 32
et note 2 (Græf) ; *Arch. Jahrbuch*, VII, 1892, p. 136 (Kalkmann).
3. Par exemple, à propos de la tête de Tarente en terre cuite, mentionnée
ci-dessus, M. Furtwængler réunit tous les indices propres à faire admettre
une forte influence du style d'Hagéladas sur les productions des ateliers de
Tarente (cf. *München. Sitzungsb.*, 1897, II, p. 133). M. Collignon aussi penche
à voir dans les ateliers de la Sicile et de la Grande Grèce de simples « tribu-
taires de l'art péloponnésien » (cf. *Hist. sculpt. gr.*, I, p. 330 et 460) ; en un
autre endroit cependant (*op. l.*, p. 247), il avait très justement reconnu le
caractère autonome de l'ancien art de Sélinonte. — On sait que M. Kékulé a
soutenu une opinion radicalement opposée à l'opinion commune, en rattachant à une école sicilienne les grandes sculptures du temple d'Olympie, les
plus considérables qui aient été trouvées sur le sol péloponnésien : cf. *Arch.
Zeitg*, XLI, 1883, p. 241. Cela peut être inexact en fait (cf. Furtwængler, dans
Arch. Studien H. Brunn dargebr., p. 85), mais n'est pas invraisemblable
a priori ; je ne crois pas que l'hypothèse puisse être acceptée, mais le point
de départ en est juste, à savoir que les écoles doriennes de la Sicile et de la
Grande Grèce ont dû avoir plus d'importance que nous n'avons été enclins
jusqu'ici à leur en accorder.
4. Cf. ci-dessus, p. 144. — Il est nécessaire de revenir toujours à cet
exemple, Sélinonte étant la seule des cités de la Sicile ou de la Grande
Grèce pour laquelle on possède un ensemble important de sculptures, répan-
dues sur un assez long espace de temps.

d'Ouest, celles de l'Extrême-Ouest, bien qu'elles n'aient pas
brillé au premier rang, n'ont pas été le moins personnelles et
autonomes.

Mais, en tout cas, s'il y eut à Athènes une certaine com-
plexité d'influences, il n'y eut pas conflit ; car c'est le même
idéal, commun à toutes, que poursuivaient d'instinct les diverses
écoles doriennes, avec une diversité de nuances plus ou moins
forte : nous le reconnaissons implicitement, par les rapprochements justifiés que nous sommes conduits à faire entre la
plupart des sculptures qui proviennent, les unes du Péloponnèse,
les autres d'Ægine, les autres enfin de la Sicile ou de la Grande
Grèce. Quelle que fût leur origine particulière, les artistes et
les œuvres qui, venant de l'Ouest, arrivèrent à Athènes dans
les premières années du Ve siècle, apportaient aux Attiques un
art non ionien, je veux dire un art non moins grec que l'ionien,
mais correspondant à une autre face du génie grec, animé d'un
autre esprit, recommandable par d'autres mérites [1]. Et cet art
n'était sans doute pas nouveau, dans le sens absolu du mot,
pour les sculpteurs d'Athènes; mais, jusque là, il ne les avait
pas directement intéressés, tandis qu'à présent il devait les
attirer, au moins quelques-uns d'entre eux, comme leur apportant
le plus efficace des renforts dans leur entreprise de réaction à
l'égard de l'ionisme.

L'importance de ce mouvement se laisse deviner encore par
un certain nombre des peintures de vases contemporaines, dans
lesquelles on perçoit un écho docile des arts supérieurs, particulièrement de la grande peinture, à jamais perdue pour nous.
Des vases signés d'Euphronios, ou qui appartiennent au cycle de
cet artiste, et ceux parfois d'autres céramistes, comme Douris
et Hiéron, montrent dans leur décor peint des têtes qui, par
le dessin des traits et le caractère de la physionomie, attestent
nettement l'influence du style dorien, et qui vont même jusqu'à
évoquer le souvenir direct de la plus « dorienne » entre les
sculptures attiques, à savoir l'*Éphèbe blond* de l'Acropole [2]. Il
y a là une double indication fort précieuse. D'abord, on observe
que ces peintres, nommément Euphronios qui paraît être le

---

1. Cf., à ce sujet, quelques mots, brefs et expressifs, de M. Michaelis, *Attat-*
tische Kunst, p. 33.
2. M. Græf (*Athen. Mittheil.*, XV, 1890, p. 27-31) a donné un résumé précis et
substantiel de cette question des influences doriennes sur la céramique attique
au début du Ve siècle.

mieux entré dans le style nouveau, n'ont pas pratiqué ce style
au début de leur carrière ; les vases où on le constate sont plus
voisins de l'an 480 que de l'an 500 [1] ; et, puisqu'il a dû naturellement passer par le grand art avant de descendre aux arts
mineurs, ce fait confirme donc la date que nous avons déjà indiquée : c'est bien dans les toutes premières années du v° siècle
que les influences doriennes ont commencé d'agir à Athènes.
En second lieu, les peintures céramiques en question (avec les
monuments de la grande peinture dont nous devons admettre
l'existence à côté d'elles et avant elles) témoignent que ce n'est
pas seulement quelques sculpteurs, par exception, qui tournèrent leur étude vers le style propre à la Grèce occidentale,
mais que ce style a intéressé l'art attique tout entier : non pas que
les influences doriennes aient entraîné à la fois tous les artistes,
mais elles ont agi sur un plus ou moins grand nombre d'entre
eux dans tous les divers domaines de l'art.

Ce que la sculpture attique y gagna me semble pouvoir être
défini comme il suit. Elle dut, à partir de ce moment, s'adonner
davantage qu'elle ne l'avait fait encore au travail du bronze et
en même temps à la reproduction des types athlétiques, sujets
préférés des sculpteurs péloponnésiens et pour lesquels le
bronze était leur matière préférée. Après les savoureuses qualités de modelé que les Attiques avaient acquises des fins marbriers ioniens, ils apprenaient maintenant des bronziers doriens
le mérite des contours nets, du dessin ferme, de la composition
une et serrée. Pour le costume féminin, après l'agrément des
draperies coquettes et capricieuses, ils en venaient à apprécier
l'austère beauté et la noblesse de ce péplos qui, tout en étant
le bien commun des Hellènes, avait fini par être appelé spécialement dorien, à cause de la fidélité plus grande que lui avaient
gardée, au vi° siècle, les populations doriennes [2]. Pour l'expression du visage, à l'art souriant, éternellement souriant, succé-
dait devant eux l'art qui ne sourit pas : on ne saurait douter

1. Les dates extrêmes de la carrière d'Euphronios, lesquelles importent ici,
sont heureusement fixées aujourd'hui, à très peu d'années près. Voici celles
que proposent les savants les plus autorisés : 500 ou un peu avant, jusqu'à
450 au plus (Hartwig, *Griech. Meisterschalen*, p. 1 sqq.: Id., *Mélanges Éc.
franç. de Rome*, XIV, 1894, p. 282) ; 510 à 470 (Furtwængler, dans *Berlin. phil.
Wochenschrift*, 1894, p. 109) ; 500 à 460 (Pottier, dans *Gazette des Beaux-Arts*,
1902, I, p. 34).
2. Cf. *Au mus. de l'Acrop.*, p. 191.

que la bouche un peu morose de l'*Éphèbe blond* et de la *coré d'Euthydicos* n'ait été empruntée de quelque tête du Péloponnèse ou de la Sicile. Et quand on compare la tête de la *coré* athénienne à cette petite tête de Sélinonte mentionnée ci-dessus [1], il devient malaisé de croire que, pour le dessin des yeux aussi et le caractère du profil, les Attiques n'aient pas profité des modèles nouveaux qui s'offraient à eux. Certainement il faut tenir compte de ce qu'ils pouvaient eux-mêmes acquérir par leur observation personnelle et par le progrès normal de leur art, aidé encore, chez quelques-uns, du désir de réagir contre l'ionisme; il faut admettre qu'ils auraient bien atteint tout seuls ce dessin plus juste des yeux, au globe moins saillant, aux paupières plus mobiles. Mais, puisqu'un tel dessin se rencontre en général dans des sculptures doriennes qui ne doivent assurément rien à l'art attique, et puisque les Attiques ont connu de ces sculptures doriennes et s'en sont en partie inspirés, il suit de là que c'est à elles qu'ils ont pris aussi, très probablement, ce dessin nouveau de l'œil, lequel apparaît soudain à Athènes peu avant 480. Je serai plus affirmatif encore pour le redressement du profil. Rien n'annonce ce trait dans l'art attique antérieur; au contraire, il est le terme logique de la structure des têtes doriennes, au crâne plat, au front presque vertical [2], qui complètent et couronnent, selon les mêmes principes de construction, la forte et raide architecture du corps. Ce dernier trait et les deux précédents frappèrent l'esprit des artistes athéniens, qui se sentirent attirés vers l'imitation des œuvres doriennes; ils les ont adoptés, et heureusement amalgamés, non sans des différences selon leur nature à chacun, avec ceux qu'ils tenaient des traditions de leur propre école.

Car il est nécessaire d'en revenir à ceci et d'y insister, à savoir que les sculptures de cette série présentent un mélange d'éléments de l'ancien art attique indigène et de l'art dorien nouvellement importé. La formule de ce mélange n'a rien de fixe, parce que l'imitation n'est pas servile, mais voulue, raisonnée, et par conséquent capable de choisir et de nuancer. En certaines œuvres, les influences doriennes affleurent si légèrement qu'on serait en droit de n'en pas tenir compte, tandis que, dans d'autres œuvres voisines, on les voit se manifester

1 Cf. p. 374.
2. Cf. ci-dessus, p. 149, et p. 152, note 4.

avec évidence et s'imposer à l'attention. On a pu quelquefois
trop généraliser leur rôle; on tenterait en vain de l'annihiler.
Elles n'étaient pas absolument indispensables pour qu'une partie des artistes attiques s'éloignassent du style ionien[1]; mais,
grâce à elles, l'éloignement fut plus rapide et l'opposition plus
nette, et, par elles, se précisa tout de suite l'idéal nouveau qui
allait se développer cinquante ans durant jusqu'à son rayonnement magnifique dans les marbres du Parthénon. — Le premier
élan vers cet idéal, la première fusion des éléments nécessaires
pour le réaliser, les uns puisés au vieux fonds de l'art attique,
déjà enrichi par les alluvions ioniennes, et les autres fournis
par les enseignements de l'art dorien, puis les progrès à venir
et les résultats définitifs, tout cela peut-être se résume, se
rappelle et s'annonce dans le nom d'un artiste athénien, de qui,
par malheur, nous ne savons pour ainsi dire rien, sauf que son
nom nous apparaît aujourd'hui comme encadré entre deux
autres, plus glorieux : Hégias[2], élève d'Hagéladas et maître de
Phidias.

1. Cf. *Au mus. de l'Acrop.*, p. 374, note 1. Je rappelle ici cette note, surtout
pour dire que j'en considère aujourd'hui les trois dernières lignes comme une
erreur.
2. Signature d'Hégias retrouvée sur l'Acropole : cf. *Inscr. attic.*, 1, *Suppl.*,
373²⁵⁹; Lolling, *Catal. inscr. Acrop.*, p. 45, nº 40. — Qu'Hégias ait été élève
d'Hagéladas, c'est seulement une hypothèse ; mais M. Furtwængler (*Meisterw. gr. Plastik*, p. 80) la tient pour certaine. J'ai rappelé déjà (ci-dessus,
p. 377, note 3) que M. Furtwængler attribuait à Hégias la petite tête en
bronze de l'Acropole, comme il lui attribue aussi (*l. l.*) l'original d'où dérivent
l'*Apollon de Pompéi* et l'*Apollon de Mantoue;* mais ce ne sont là qu'hypothèses.

CHAPITRE II

DÉVELOPPEMENT DE L'IDÉAL ANTÉRIEUR.

SCULPTURES DE LA SÉRIE ATTICO-IONIENNE

Cependant que les Doriens Hagéladas, Callon, Onatas, Gorgias, etc., travaillaient à Athènes ou y envoyaient de leurs œuvres, des Ioniens continuaient d'habiter ou de visiter la ville hospitalière : Archermos le Jeune[1], Endoios peut-être[2], Philermos[3], et sans doute d'autres encore. Tandis que les premiers montraient à l'art attique une voie nouvelle, les seconds contribuaient à le maintenir dans la voie tracée depuis cinquante ans. Entre ces deux partis, les Attiques choisirent, chacun suivant la secrète poussée de son tempérament : les uns inclinèrent davantage vers l'idéal dorien ; les autres restèrent fidèles à l'esprit ionien. Mais observons sans retard que la sculpture attico-ionienne du commencement du v° siècle n'est pas du tout une prolongation languissante d'un style déjà condamné à disparaître et qui se survit. S'il en était ainsi, les œuvres dont nous allons nous occuper n'auraient qu'un intérêt secondaire, et leur véritable place, en dépit de leur date présumée, eût été dans l'un des chapitres consacrés à la précédente période ; si l'avènement d'un style nouveau avait entraîné la déchéance et l'abandon de l'ancien, nous n'aurions qu'à faire une mention rapide de l'agonie plus ou moins longue de cet ancien style et à considérer exclusivement les progrès et le triomphe du nouveau. Mais, au contraire, l'art qui s'était formé à Athènes sous la dominante influence de l'ionisme pendant tout

---

1. Cf. ci-dessus, p. 190, note 2.
2. J'ai exposé ailleurs (cf. *Au mus. de l'Acrop.*, p. 415 sqq) pourquoi il me paraît, contrairement à l'opinion générale, qu'Endoios doit être fortement « rajeuni ».
3. Cf. Lolling, *Catal. inscr. Acrop.*, p. 45, n° 42 ;'Αρχ. Δελτίον, 1888, p. 208-209 (Lolling).

un demi-siècle persiste à vivre et à prospérer ; il n'est pas
même rejeté au second plan, il ne le cède pas en importance
historique à celui qui vient de naître, il fournira une carrière
non moins pleine et glorieuse. Car il ne s'agit plus désormais
d'une imitation par engouement de la sculpture ionienne. Dès
les vingt premières années du vᵉ siècle, on peut dire que l'art
attique a repris entière possession de lui-même, relativement
aux modèles ioniens dont il s'était inspiré si longtemps. Il a su
enrichir son propre fonds par d'intelligents emprunts ; mais à
présent l'assimilation de ces emprunts est chose faite, et le bien
acquis va fructifier. En employant les mots de sculpture attico-
ionienne, comme nous avons employé ceux de sculpture attico-
dorienne, nous ne songeons donc qu'à distinguer plus nettement les deux tendances parallèles qui coexisteront au vᵉ siècle
dans l'art d'Athènes ; mais l'une n'est pas moins complètement
attique, ni moins définitivement que l'autre.

C'est à l'Acropole que sont les œuvres les plus nombreuses
et les plus significatives de la deuxième série, et je nommerai
d'abord la belle *coré* 684 (*Au musée de l'Acrop.*, p. 369,
fig. 38), dont la tête, si heureusement préservée, console des
tristes mutilations qu'a subies le reste de la figure[1]. Vêtue du
chitòn long, de l'himation agrafé en biais et de l'*épibléma*, la
statue devait être très semblable, pour l'aspect du corps, à la
coré 594[2], dont elle avait aussi, à peu de chose près, les
dimensions ; et nous ne reviendrons pas, à ce propos, sur des
traits déjà connus. La tête seule doit retenir notre attention,
et là encore nous retrouvons maints détails qui nous sont familiers : l'élégant arrangement de la coiffure, ceinte d'une sorte
de couronne richement peinte ; les six étages de frisures, sans
raie médiane, entre le front et la couronne ; le globe de l'œil,
saillant, débordant, sous les paupières minces et raides, ouvertes
à la façon d'une boutonnière ; puis les bijoux recouvrant le
lobule entier de l'oreille, nous rappellent d'emblée le type habituel de la *coré* ionienne durant toute la seconde moitié du
vıᵉ siècle. Mais, en même temps, nous voyons que les yeux ne
sont plus du tout obliques, que le sourire s'est atténué au point

1. Cf. bibliographie dans les Μνημεῖα τῆς Ἑλλάδος, pl. XVII, 1 ; y ajouter
C. Jœrgensen, *Kvindefigurer...*, pl. I ; Bulle-Hirth, *Schœne Mensch : Altertum*,
pl. 33 ; S. Reinach, *Têtes antiques*, pl. 11-12 ; Perrot, *Hist. de l'art*, VIII,
p. 592, fig. 298.
2. Cf. ci-dessus, p. 222.

qu'il a presque disparu, et qu'enfin à la plus rare qualité de modelé s'allie un dessin d'une fermeté et d'une précision singulières. Ces quelques traits doivent être commentés.

Il ne se manifeste ici aucun désir de réaction contre l'ionisme. C'est bien plutôt une sorte de retouche du type ionien, en vue de le débarrasser d'une certaine convention devenue banale et de développer les germes de beauté particulière qu'il portait en lui. L'élégance, le charme, le désir de plaire sont toujours le but ; mais les moyens employés pour y atteindre témoignent d'un esprit différent. L'artiste compte moins sur les joliesses purement extérieures, sur les menues habiletés du ciseau amusantes à l'œil, sur les fignolages décoratifs de la coiffure et du costume. Remarquons qu'il ne s'est pas mis en frais d'invention pour renouveler les frisures au dessus du front et que nous en avons connu de plus compliquées et délicates[1] ; les longues boucles retombant sur les seins sont d'un travail relativement simple ; et l'étroit collier de perles au bas du cou est presque modeste. A ces grâces ajoutées du dehors, l'auteur a senti qu'il devait préférer le charme qui vient du dedans ; sans négliger les élégances attachées à la parure féminine, on voit qu'il les considère comme ne devant être que l'accompagnement et le complément de ce charme essentiel. C'est donc sur le visage qu'il a porté son effort. Les traditions de l'ancienne école attique, continuées jusqu'à son propre temps par des artistes comme Anténor, lui ont fourni ce type de visage un peu large, solidement construit, fermement dessiné, ces joues pleines sans mollesse, ces yeux droits sous l'arc bien ouvert des sourcils. Mais c'est aux exemples et aux leçons des Ioniens qu'il doit d'avoir pu joindre à ce dessin si ferme un modelé si savoureux, d'avoir su caresser les chairs des joues avec tant d'exquise tendresse, d'avoir exécuté supérieurement les fins refouillements de l'oreille et la jolie petite fleur de marbre fixée sur le lobule. La bouche surtout est admirable : pure et serrée de ligne, aussi délicate que ferme dans ses contours, prête désormais, peut-on dire, pour toutes les nuances du sourire.

C'est ce sourire qui vaut le plus : sourire à peine aperçu, reflet léger de je ne sais quelle sérénité intérieure, fine clarté émanant de l'être intime. Combien éloigné du sourire des

---

1. Cf. la grande *coré* « ionienne » 682 : ci-dessus, p. 219.

premières têtes attiques et de celui des têtes ioniennes[1]! Il en procède cependant, mais devenu tout autre. Le sourire, dans les figures antérieures, a toujours quelque chose de raide et uniforme; il fait partie d'avance de la physionomie; destiné à animer le visage, il témoigne uniquement du désir qu'avait l'artiste de donner au visage cet air animé; mais il est sans rapport avec la nature, le sexe, l'attitude du personnage représenté. Il est donc indéterminé et quelconque; et, lorsqu'il diffère d'une tête à l'autre, c'est le résultat d'une pratique différente ou même d'un simple accident d'exécution : le sens n'en est pas du tout changé. Ici, au contraire, pour la première fois, il apparaît comme un instrument d'expression, docile à la main qui s'en sert, capable de nuances à l'infini; il a désormais un caractère *personnel*. Or, la condition indispensable d'un tel progrès fut cette science des fins et souples modelés que les habiles marbriers de Chios et de Naxos communiquèrent à certains ateliers attiques : car il ne s'agissait plus alors de simplement plisser les joues et tendre la bouche en arc: c'est en provoquant, d'une main experte, des caresses délicates et glissantes de la lumière aux environs des ailes du nez et aux coins d'une bouche, en apparence calme et immobile, qu'on pouvait faire lever cette aube de clarté, légère et indécise, qui semble apporter du dedans au dehors la vie et le charme. — On a appliqué au sourire de cette belle *coré* les mots de Lucien sur la *Sosandra* de Calamis : τὸ μειδίαμα σεμνὸν καὶ λεληθὸς[2]; mots qui ne suffisent pas, il est vrai, à nous rendre le sourire de la *Sosandra*, et qui nous laissent seulement entrevoir que son sourire mystérieux était de ceux qu'on s'essaie toujours à définir, sans jamais se satisfaire. Mais le rapprochement est justifié, puisque la tête 684 de l'Acropole est la première où se rencontre l'« indéfinissable sourire », et qu'elle est aussi, je crois, une des premières productions de cet art attico-ionien du vᵉ siècle, dont Calamis paraît avoir été, jusque vers 450, le plus illustre représentant.

La statue mutilée 674 (*Au musée de l'Acrop.*, p. 279 sqq., pl. I-II) appartient à la même catégorie[3]. Elle aussi est demeu-

---

1. Pour ces deux espèces de sourire, au vıᵉ siècle, cf., par exemple, la *statue xoanisante* et la *coré* « ionienne » 682, déjà rappelée ci-dessus.
2. Cf. *Athen. Mittheil.*, XI, 1886, p. 352 (Studniczka) ; *Journ. hell. stud.*, VIII, 1887, p. 174 (E. Gardner).
3. Pour la bibliographie, cf. *Au mus. de l'Acrop.*, p. 279, note 2 ; y ajouter:

rée, pour tout l'aspect extérieur, conforme au type ordinaire
de la *coré* archaïque ; et si son corps eût été retrouvé seul,
sans la tête, il fût resté confondu dans la foule anonyme,
n'offrant rien qui fût susceptible de retenir spécialement
l'attention. Mais la tête mérite non moins de louange et le même
genre de louange que celle de la précédente *coré*, bien qu'elle
ait un caractère très différent de celle-ci. Seulement nous
devons, comme tout à l'heure, faire deux parts dans les traits
qu'elle nous présente : les uns déjà vus et fort connus, les
autres nouveaux et pleins d'intérêt. La stéphané peinte et les
pendants d'oreille en forme de petits disques peints, les boucles
de cheveux qui encadrent le cou, et les frisures qui s'étagent
au dessus du front sans raie médiane[1], sont des détails qui
rentrent dans le commun signalement des figures de la période
antérieure ; même, nous avons le regret de retrouver une fois
encore les yeux obliques, d'une obliquité d'autant moins naturelle qu'elle n'a plus maintenant pour raison et pour excuse le
relèvement des coins de la bouche. Par ce dernier trait, la statue semble vouloir nous obliger à la dater plus haut que 500.
Mais l'impression qui résulte de cette survivance archaïque est
compensée ou plutôt effacée par celle que cause ensuite la
merveilleuse délicatesse du travail dans le bas du visage, les
joues et les entours de la bouche. Par un miracle de modelé
savant et discret, sans appuyer, comme en se jouant et en
caressant, le ciseau a communiqué au marbre la souplesse, la
fraîcheur, la moelleuse élasticité de la chair ; et, sur ces joues
virginales, aux deux coins de ces lèvres d'une ligne si nette et
si juste, sur cette bouche immobile qui, elle-même, ne paraît
pas sourire, il a répandu comme le reflet d'un doux sourire
errant, à la fois candide et fin et imperceptiblement attristé,
dont le charme est suave et pénétrant.

Ce n'est pas que l'artiste ait voulu exécuter ici un portrait,
exprimer une qualité d'âme particulière[2] : tout le reste de la

Bulle-Hirth, *Schœne Mensch : Altertum*, pl. 31, et pl. 32, à droite ; Perrot, *Hist.
de l'art*, VIII, p. 601, fig. 302 (vue de face), pl. IV, 2 (vue de profil, en couleur), pl. XIII (la tête). — Je rappelle l'hypothèse mentionnée ci-dessus (p. 353,
note 2), à savoir que le torse 674 pourrait provenir de la même figure que
le fragment 609, lequel comprend le bas des jambes d'une *coré* et la base portant dédicace au nom d'Euthydicos.

1. Notons que ces frisures sont de la même sorte exactement et disposées
de la même manière que celles de la *coré* précédente.

2. J'ai examiné cette question ailleurs, en détail : cf. *Au mus. de l'Acrop.*,
p. 286 sqq.

tête témoigne assez que nous avons devant nous simplement
une répétition du type général de la *coré* et non la représentation d'une personne déterminée. Mais cet artiste a fait, par
calcul ou d'instinct, la même découverte que l'auteur de la statue 684 : il s'est aperçu que le sourire, le vrai sourire révéla-
teur de l'âme, sorte d'éclairement intérieur du visage, est
affaire de modelé, parce qu'il dépend bien moins de l'arc de la
bouche que des nuancements de la surface autour de la bouche [1].
Et il a concentré sur ce point tout son effort et toute sa science ;
des divers détails du costume et de la coiffure, où ses prédécesseurs ioniens prenaient tant de peine, il a fait bon marché,
se préoccupant davantage de parer sa *coré* d'un charme de vie
qui fût nouveau et bien à elle. Je croirais volontiers, d'ailleurs,
que, lorsqu'il commença le travail de ce délicat modelé, il n'en
voyait pas clairement d'avance le résultat, c'est à dire qu'il
n'était pas sûr de la nuance particulière à laquelle il atteindrait ;
mais ce qu'il savait du moins, c'est que de ce modelé résulte-
rait un sourire vraiment expressif, autre que le raide sourire
monotone des bouches en arc. — Si maintenant on compare
ensemble la tête de cette *coré* 674 et la tête 684, en constatant
qu'elles ne le cèdent pas l'une à l'autre pour la délicatesse et le
fini de l'exécution, que le modelé est d'une égale beauté dans
les deux, et que cependant l'air de physionomie issu de ce
modelé est si différent, on reconnaîtra tout de suite quelle
heureuse variété comportait cet *instrument d'expression*, conquête nouvelle de l'art, et on en pressentira aisément la valeur
pour le développement de la sculpture.

Voici une troisième tête (*Au musée de l'Acrop.*, p. 363,
fig. 35), la *grande tête à polos* [2], qui nous apporte témoignage
encore de ce remarquable progrès. Par la structure générale,
notamment par la forme du front et la largeur carrée du men-

---

1. On fera plus tard, pour l'œil, une découverte analogue. M. Conze (*Berlin.
Sitzungsb.*, 1892, p. 50-53) me paraît avoir placé trop tôt ce progrès en ce qui
concerne l'œil, lorsqu'il le date de 500 environ. Ce que l'on constate vers 500,
c'est les premiers indices que l'*exophtalmie* archaïque va finir (cf. ci-dessus,
p. 356-357) ; mais si, dès lors, on ne s'acharne plus à rendre l'aspect brillant
et vivant de l'œil, en tirant à l'excès le globe en dehors, et si on accorde sa
juste importance au dessin des paupières et des sourcils, cependant on n'en
est pas encore à chercher, dans le modelé des entours de l'œil, un moyen
d'expression.

2. Pour la bibliographie, cf. *Au mus. de l'Acrop.*, p. 356, note 2 ; y ajouter :
Perrot, *Hist. de l'art*, VIII, p. 629, fig. 320. — Quant à l'appellation dont je me
sers pour ce marbre, cf. ci-dessus, p. 200, note 3.

ton, elle rappelle la statue d'Anténor et la *coré* 671[1]; elle est de cette forte lignée attique, qui a maintenu certains de ses caractères essentiels envers et contre la marée montante de l'ionisme. Aussi l'arrangement simple des cheveux sur le front nous paraît-il tout naturel ici; car le goût de simplicité, qui perce un peu partout dans les marbres postérieurs à 500, devait de préférence se manifester dans les œuvres de cette lignée. D'autre part, il est évident que le dessin des yeux aux paupières lisses, au globe en bourrelet, est toujours selon le modèle archaïque. L'originalité du visage consiste en l'absence complète du sourire; les yeux droits et la bouche calme n'en offrent pas trace; l'expression est autant éloignée du léger reflet, heureux ou mélancolique, qui anime les faces des deux *corés* précédentes, que de l'apparence boudeuse qu'on trouve à la coré d'Euthydicos. C'est une autre expression, une autre sorte de vie. Nous n'avons pas devant nous l'ordinaire *coré*, mais bien une déesse, probablement Aphrodite, en raison du *polos* qui couvre la tête. L'auteur a cherché visiblement à donner à sa figure un caractère divin, c'est à dire idéal; sans rien changer du reste au type traditionnel de son école, mais en usant avec une habile sobriété des ressources du modelé, il a communiqué aux traits de la face quelque chose de détendu, d'apaisé, un commencement de tranquillité sereine, par où s'exprime en effet une âme supérieure à celle des simples *corés*[2]. Avec un dessin des yeux moins archaïque, la réussite serait déjà presque complète. Et je ne crois pas que la sculpture attique ait pu, avant 480, s'avancer beaucoup au delà du point où nous la voyons arrivée, dans cette tête et dans les deux précédentes, pour l'art de varier délicatement, grâce au modelé, le caractère d'une physionomie.

La tête manque aux deux statues qui vont suivre, et la sauvagerie de la destruction leur a fait perdre aussi mainte partie du corps. Mieux conservées, elles compteraient sans doute entre les plus belles productions de cette période. La première (*fig.* 31) est une *Niké*[3], coupée en deux tronçons que

1. Cf. ci-dessus, p. 240 sqq.
2. L'auteur du fronton *de la Gigantomachie* paraît avoir eu la même intention pour son *Athéna;* mais l'air de sérénité divine s'alliait mal avec le banal sourire archaïque.
3. Acropole, n° 690. La plus récente publication est celle des Brunn-Bruckmann's *Denkmæler*, 526, à gauche (notice et bibliographie par M. Arndt).

sépare une large lacune[1]. Encore conforme au type qu'avait fourni à la statuaire la géniale hardiesse d'Archermos, elle se distingue pourtant des autres *Nikés* archaïques par certaines qualités de mesure et de souplesse[2] : le mouvement anguleux et saccadé des jambes s'est notablement adouci, de manière à donner l'impression de la course plutôt que du saut ; le buste ne se présente plus raidement de face ; et la tête enfin, au lieu de se dresser avec raideur sur le même plan que le buste, se tournait un peu de côté[3]. Ainsi le rapport entre les deux parties inférieure et supérieure du corps a été mieux observé : moins d'excès en bas, plus de souplesse en haut, un ensemble plus harmonieux. Mais un tel progrès tient seulement au temps, et c'en est un pareil que nous avons déjà vu se dessiner, en comparant l'une à l'autre les trois statuettes de *Scribes* assis[4] ; que nous le retrouvions ici, encore mieux marqué, cela va de soi, à une époque où les raideurs d'autrefois tendent partout à s'assouplir, où la vieille loi rigide de frontalité n'en impose plus et va disparaître à jamais.

Il nous faut plutôt rechercher les traits par où cette statue révèle un progrès accompli relativement aux figures antérieures qu'elle continue dans la série attico-ionienne. M. Studniczka[5] a jugé, avec raison, qu'elle était proche parente de la *coré* 684, que nous avons placée en tête de cette série[6]. Elle en est proche à la fois par le style et par la qualité de l'exécution. L'artiste, contrairement à l'auteur de la *Niké* 694, *fig.* 30[7], n'a pas été attiré par la sobriété du costume dorien ; sans doute il trouvait cette sobriété trop nue, et il est resté fidèle au costume ionien, plus varié et plus brillant. Mais tous les détails de ce costume, il les a étudiés avec un soin délicat et leur a donné une élégance sans surcharge : le plissé de l'himation sur le bord supérieur en travers de la poitrine est d'un goût charmant ; le long pan flottant à gauche, outre qu'il ajoute à l'animation du sujet[8], témoigne d'un sûr et habile savoir, comme

1. Noter cependant que le restaurateur a fait cette lacune plus large qu'elle ne devrait être.
2. Cf. Studniczka, *Siegesgöttin*, p. 10-11.
3. Cf. l'essai de restauration complète de la statue, dessiné par M. Reichhold, et publié par M. Arndt, *l. l.*, en tête de la notice.
4. Cf. ci-dessus, p. 268 sqq.
5. Cf. *Athen. Mittheil.*, XI, 1886, p. 355.
6. Cf. ci-dessus, p. 388.
7. Cf. ci-dessus, p. 371.
8. On retrouve ce trait sur des vases peints, qui sont sensiblement de a

en témoignaient aussi le bas des jambes et les pieds entièrement détachés de la
base[1]; enfin le mo-
delé de la poitrine et
du cou est plein de
charme et de saveur,
et nous laisse pres-
sentir que le visage
devait être non moins
finement achevé que
celui des *corés* 684
et 674. Un dernier
détail est à men-
tionner : il n'y a pas
de boucles de cheveux
tombant, comme à
l'ordinaire, par de-
vant sur les épaules
et la poitrine ; et, par
derrière, la cheve-
lure, au lieu de s'é-
pandre en large nappe,
est arrêtée sur la
nuque où un cordon
la lie en une sorte de
catogan. Nous devons
voir dans cette mode
nouvelle un achemi-
nement vers les che-
velures courtes, très
simples, relevées, qui
seront de règle pour
les statues de l'épo-
que classique; et cela

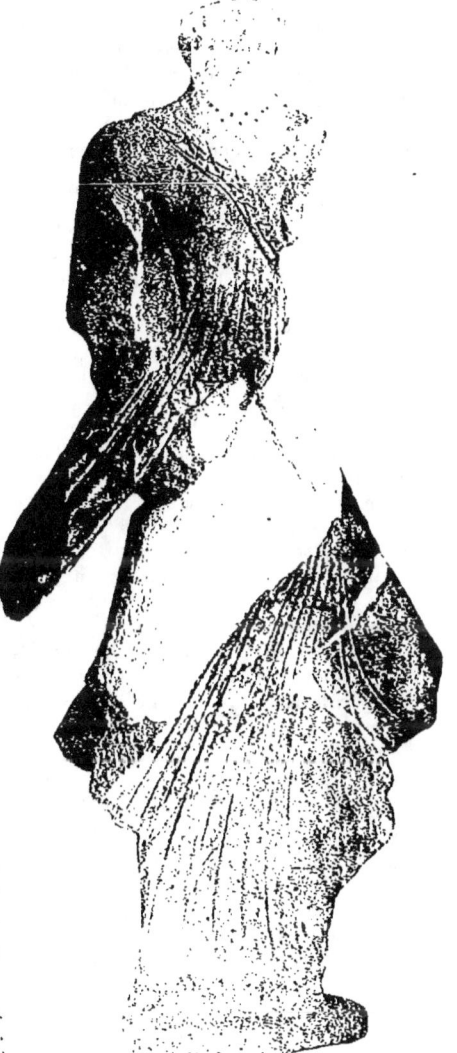

FIG. 31. — Statue de *Niké*, n° 690
(Acropole).

même époque; cf. Hartwig,
Griech. Meisterschalen, pl.
VI (coupe d'Oltos ; *Ménade
courant*).
    1. Cf. le dessin restauré
de M. Reichhold (*l. l.*),
d'après lequel le bras gauche était aussi entièrement libre dans l'air, sans
être soutenu, comme auparavant, par l'aile éployée.

nous est un indice de plus que, dès le commencement du
ve siècle, même dans les œuvres qui semblent le plus traditionnelles d'aspect et le plus fidèles à l'ancien idéal, un
certain goût de simplicité tend à prévaloir[1].

L'autre statue (*Au musée de l'Acrop.*, p. 195, fig. 21), qui
me paraît devoir prendre place ici, représentait une figure assise,
de grandeur naturelle, probablement une déesse, Athéna ou
Aphrodite[2]. Tout le torse manque, avec la tête et les bras ; il
ne subsiste plus que le bas du corps, au dessous du ventre.
C'en est assez pour nous apprendre que cette figure était du
même style encore que les précédentes et que la qualité de
son exécution la mettait hors de pair. Car le pan d'étoffe qui
retombe sur la jambe droite, et le second pan qui, par dessous
cette jambe, recouvre en partie le siège, sont traités avec
une souplesse et un moelleux dignes d'admiration : et, d'autre
part, l'exquis modelé des deux pieds nus montre que l'artiste
excellait non moins dans le rendu des chairs que dans celui
des draperies. Comme l'auteur plus ancien du fronton *de la
Gigantomachie*, et comme son contemporain l'auteur de la
coré 684, il avait pris le meilleur des leçons des maitres ioniens,
et, grâce à lui et à ceux qui travaillaient dans le même esprit
que lui, les plus heureuses qualités de l'art ionien devenaient
de plus en plus des qualités attiques.

A ces sculptures, presque toutes de grandes dimensions,
retrouvées sur l'Acropole, s'ajoutent une tête demi-nature et
une statuette qui ont été recueillies à Éleusis. La tête (*fig.* 32)[3]
a pour intérêt principal, comme l'a remarqué M. Philios[4], de
ressembler beaucoup à la belle tête 684 de l'Acropole : même
disposition de la chevelure finement striée sur le haut du crâne
et par derrière[5], et ceinte d'un cercle plat, adhérant à la façon

---

1. En m'appuyant sur ce dernier trait et sur quelques autres, j'ai rapproché
la *Niké* 690 d'une figure de *coré* de l'Acropole, dont il ne reste qu'un fragment,
n° 627 : cf. *Au mus. de l'Acrop.*, p. 318 sqq.
2. Cf. *Athen. Mittheil.*, XII, 1887, p. 265 (Wolters); Pawlowski, *op. l.*,
p. 167, fig. 49 (gravure incomplète, sans les pieds, qui ont été rajustés
depuis); Perrot, *Hist. de l'art*, VIII, p. 619, fig. 313; Lepsius, *op. l.*, p. 71,
n° 33 : marbre de Paros.
3. *Mus. nat. d'Athènes*, 60. Cf. Ἐφημ. ἀρχ., 1889, pl. IV, p. 121 sqq. (Philios).
— M. Philios a signalé que le marbre avait souffert du feu, d'où on doit conclure que l'œuvre est sûrement antérieure à 480.
4. *l. l.*, p. 121.
5. En règle générale, chez les *corés* archaïques, la masse des cheveux par

d'un ruban, au lieu de la stéphané verticale ; mêmes frisures
sur le front, étagées sur six rangs pareils, et recouvertes
latéralement par d'autres frisures analogues qui s'arrondissent

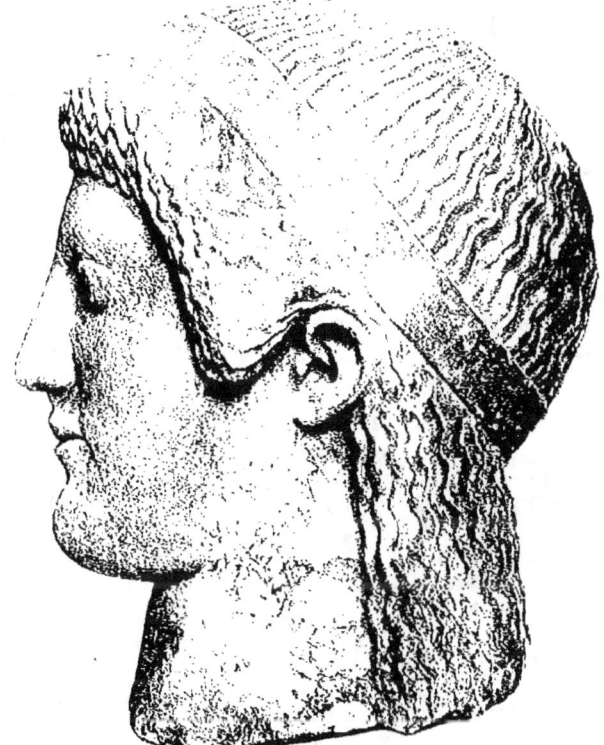

Fig. 32. — Tête d'une statue de coré
(Athènes, Musée national).

derrière est divisée en une douzaine de grosses boucles ou tresses, bien distinctes l'une de l'autre : dans cette petite tête d'Eleusis et dans la tête 684 de
l'Acropole, elle forme une grande nappe peignée droit : ce sont, je crois, les
deux seuls exemples de ce genre en Attique. Comparer, à ce point de vue, une
des corés de Délos : Homolle, *De Dianæ simulacris*, pl. VIIe ; ou *Bull. corr.
hell.*, III, 1879, pl. III.

contre la tempe avant de repasser derrière l'oreille ; le profil
du visage, le dessin des yeux et de la bouche sont pareils ; et,
malgré l'usure du marbre, on peut s'assurer encore que le
modelé, d'où naît l'expression particulière de la face, n'était
pas d'une qualité moindre. Notons cependant que, relativement
à sa grande sœur de l'Acropole, la petite tête d'Éleusis témoigne
d'un goût plus marqué pour la simplicité de la parure : il n'y
a pas de boucles de cheveux ramenées par devant sur les
épaules et les seins ; et les oreilles, d'une exécution délicate
et très réussie, se contentent d'être jolies, sans aucun ornement. — La statuette [1] a moins de prix ; c'est un travail ordinaire
et peu soigné d'un artiste de second ordre, et nous y discer-
nons néanmoins certaines des tendances observées dans les
œuvres de premier rang. Malgré les yeux encore très obliques,
la bouche est bien droite, sans sourire : le contraste est le
même que dans la statue 674 de l'Acropole [2], mais sans le
modelé délicat et la fine expression qui donnent à celle-ci tant de
charme. La disposition et le genre des frisures au dessus du
front sont identiques à ce que nous avons vu déjà sur une autre
petite tête d'Éleusis (fig. 27), classée dans la série attico-
dorienne [3], et les deux marbres doivent donc être à peu près
contemporains. Mais leurs auteurs ne puisaient pas leurs idées
exactement à la même source, et celui de la présente statuette
a suivi davantage le courant de l'art attico-ionien. Remarquons
encore, dans cette petite coré, la forme très allongée, mince et
droite, du corps : elle rappelle, à ce point de vue, la coré 685
de l'Acropole [4], que nous avons rencontrée dans la période
antérieure et rangée parmi les œuvres certainement impré-
gnées d'ionisme, non pas assez cependant pour qu'on n'y
reconnût pas la production d'une main attique.

Les figures d'homme continuent d'être beaucoup moins nombreuses que les figures féminines. Nous retiendrons d'abord

---

1. *Mus. nat. d'Athènes*, 24. Cf. Ἐφημ. ἀρχ., 1884, pl. VIII, 5-5ᵃ (sans la
tête), p. 182 sqq.; 1889, pl. III (complétée), p. 117 sqq. (Philios); Lepsius,
op. l., p. 95, n° 272 : marbre des Îles. — J'ai signalé ailleurs (*Au mus. de
l'Acrop.*, p. 236, note 2) que les boucles de cheveux retombant par devant
sur les épaules étaient rapportées, et certainement en métal : bronze ou
plomb.
2. Cf. ci-dessus, p. 390 sqq.
3. Cf. ci-dessus, p. 360, note 4.
4. Cf. ci-dessus, p. 235.

une petite statue de cavalier, dont il ne subsiste plus que les jambes de l'homme, et le corps du cheval sans les jambes (*fig.* 33) [1]. Si on la compare avec la plus récente des statues

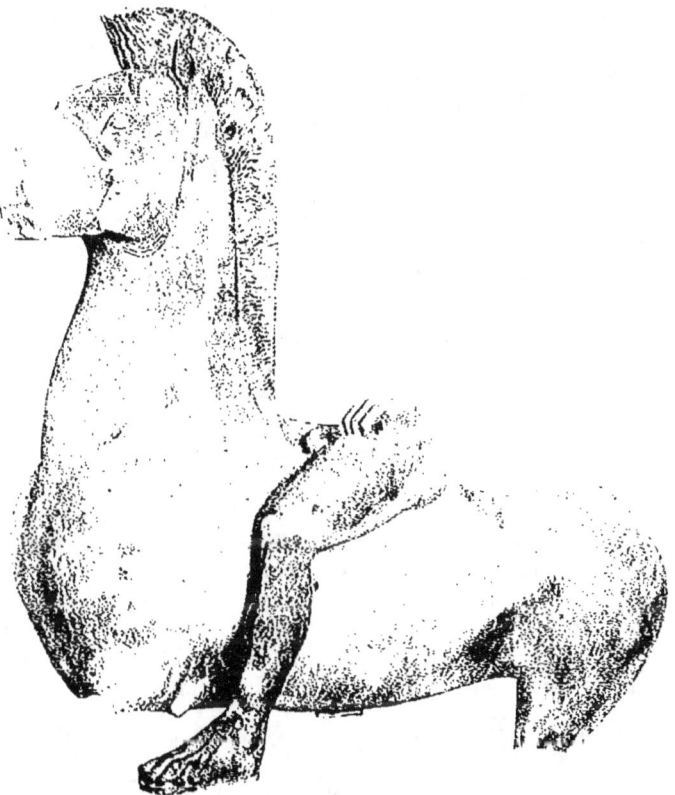

Fig. 33. — Statue de cavalier, n° 700
(Acropole).

de cette espèce que nous ayons rencontrées, à savoir le *Cavalier multicolore*, on s'aperçoit à maints détails qu'elle est d'un

1. Musée de l'Acropole, n° 700. Cf. *Arch. Jahrbuch*, VIII, 1893, p. 140 sqq., n° 13 (Winter). A la bibliographie donnée par M. Winter, ajouter : Brunn-

art notablement plus avancé, et qu'elle est donc très proche
de 480 [1]. Les plus visibles différences sont dans l'exécution de
la crinière de l'animal, dans la pose des jambes du cavalier
par rapport à sa monture, et surtout dans l'attitude de la tête
du cheval, tournée à gauche, ce qui implique, à mon avis, une
pose analogue de la tête du cavalier : pour les animaux comme
pour l'homme, la loi de frontalité n'existe plus. Mais ce progrès,
d'ordre général, ne signifie pas que ce marbre doive être classé
dans la série attico-ionienne plutôt que dans l'attico-dorienne ;
on peut assurément hésiter, et ce n'est que sur de faibles indices
que j'ai déterminé mon choix. Cependant l'exécution de la crinière, avec ses fines ondulations serrées et minutieuses, rappelle le travail des menus plis du chitòn sur la poitrine des
corés ioniennes [2] ; et les minuties de ce genre sont celles
qu'ont délaissées le plus vite les artistes qui portèrent leurs
préférences vers les modèles doriens [3]. D'un autre côté, les
jambes du cavalier, surtout dans leur partie inférieure depuis
le genou jusqu'aux orteils, font souvenir, par leur dessin net
et leur forme un peu sèche, de la petite coré 672 [4], où nous
avons relevé le même trait. Cette ressemblance ne permet
pas de douter que l'œuvre soit bien sortie d'un atelier attique.

On ne doit pas, je crois, séparer de la statue qui précède le
beau fragment de cheval n° 697, du musée de l'Acropole [5].
Tout l'avant-train de l'animal, moins les jambes, est fort bien
conservé, avec le cou et la tête entiers. Le cheval n'était pas
monté ; nous n'avons donc pas affaire, cette fois, à une statue
de cavalier, mais, comme l'a montré M. Winter [6], à un groupe
qui se composait d'un cheval et d'un homme debout devant la

Bruckmann's *Denkmæler*, 459, *A* ; Pawlowski, *op. l.*, p. 260, fig. 91 : Perrot.
Hist. de l'art, VIII, p. 639, fig. 327.
  1. Cette comparaison a été faite avec soin par M. Winter (*l. l.*, p. 149 sqq.).
  2. Rapprochement déjà fait par M. Winter (*l. l.*, p. 150).
  3. Se rappeler le chitòn lisse de la *coré* d'Euthydicos, le costume non
ionien de la *coré* 688 (ci-dessus, p. 358) et de la *Niké* 694 (ci-dessus, p. 370,
fig. 30).
  4. Cf. ci-dessus, p. 234.
  5. Cf. *Arch. Jahrbuch*, VIII, 1893, p. 141 sqq., n° 14 (Winter). A la bibliographie donnée par M. Winter, ajouter : Pawlowski, *op. l.*, p. 262, fig. 92 ;
Perrot, *Hist. de l'art*, VIII, p. 637, fig. 236.
  6. *L. l.*, p. 142 sqq. — M. Winter a retrouvé des fragments de la plinthe
qui portait le groupe ; trois des sabots du cheval et les deux pieds de l'homme
y sont encore adhérents (*l. l.*, p. 146, figure). M. Winter a proposé aussi,
mais d'une façon hypothétique, de considérer comme provenant de ce groupe
une tête de jeune homme (*l. l.*, p. 144 et 146, figure), que je crois plutôt
postérieure à 480, et dont je parlerai plus loin.

tête du cheval, s'occupant sans doute de le brider. Il y a une telle similitude entre ce second cheval et le premier, pour la forme donnée à la crinière et l'exécution du détail des crins, et aussi pour la pose de la tête, un peu tournée à droite (de la même façon que l'autre est tournée à gauche), qu'on croirait d'abord que les deux animaux étaient destinés à se faire pendant ; s'ils ne sont pas de la même main[1], ils sont, en tout cas, très sensiblement du même temps[2].

Il y a mieux, heureusement, que ces débris où le corps du cheval se trouve avoir été, par hasard, plus ménagé que le corps de l'homme. Une tête en bronze, de grandeur naturelle, découverte sur l'Acropole[3], va faire dans cette série un heureux et instructif pendant à la tête en marbre d'*Éphèbe blond*, de la série attico-dorienne. Elle est le seul reste d'une statue, certainement antérieure à 480, qui représentait un homme d'âge mûr, barbu, le crâne casqué ; le casque a disparu, mais il faut le rétablir en pensée pour n'être pas surpris et choqué de la forme démesurément allongée du crâne. Nous ne saurions décider avec certitude, en l'absence des indications qu'eût pu fournir quelque débris du corps, si la statue était l'image honorifique d'un stratège athénien ou si elle représentait un athlète *hoplitodrome*[4] : la première hypothèse est de beaucoup la plus probable. Aussi bien, abstraction faite du sujet, considérons seulement ce que cette tête est susceptible de nous apprendre, pour l'art qui l'a produite.

On a été enclin jadis à l'attribuer à un atelier d'Ægine[5] :

1. M. Winter (*l. l.*, p. 149) trouve, en effet, dans le cheval 697, des qualités d'exécution plus développées, et le juge un peu plus récent que le *Cavalier* 700.
2. C'est au même temps encore que j'attribuerais la statuette d'*Hippalectryon* monté par un cavalier (*Au mus. de l'Acrop.*, p. 455, fig. 47) ; le travail en est très pareil, dans la mesure où on peut faire la comparaison, avec celui du *Cavalier* 700. — M. Perdrizet, dans un article récent sur l'*Hippalectryon* en général (*Rev. ét. anc.*, VI, 1904, p. 7 sqq.), s'est efforcé de démontrer que la statuette de l'Acropole était un ἀποτρόπαιον. Cette conclusion m'a paru mal fondée ; mais je n'ai pas à la discuter ici, puisqu'elle n'intéresse pas l'histoire de l'art.
3. Aujourd'hui conservée au Musée national d'Athènes. Cf. De Ridder, *Catal. bronzes Acrop.*, n° 768 ; S. Reinach, *Têtes antiques*, pl. 5-6 ; Μνημεῖα τῆς Ἑλλάδος, pl. V, p. 28 sqq. (Staïs). A la bibliographie donnée par ces trois auteurs, ajouter : Sittl, *Die Patrizierzeit d. gr. Kunst*, pl. III, 27 ; Pawlowski, *op. l.*, p. 144, fig. 41 ; Perrot, *Hist. de l'art*, VIII, p. 526-527, fig. 271-272.
4. Supposition faite par M. Hauser (*Arch. Jahrbuch*, X, 1895, p. 202).
. 5. Cette opinion, maintes fois exprimée, a été rappelée encore récemment par M. S. Reinach, *Têtes antiques*, p. 5, et par M. Perrot, *Hist. de l'art*, VIII, p. 527-528.

26

une certaine analogie avec des figures du fronton oriental du temple d'Ægine, la tardive apparition de la statuaire de bronze en Attique, et, au contraire, la renommée précoce des bronziers æginètes (dont le plus célèbre, Onatas, avait une œuvre exposée, à côté d'une autre de son compatriote Callon, sur l'Acropole même, avant 480[1]), rendaient fort plausible, et presque incontestable en apparence, une telle attribution. Cependant l'origine attique avait aussi ses partisans[2]; et pour moi, je ne doute pas que la véritable patrie de ce bronze ne soit, en effet, l'Attique. J'en trouve une première preuve dans la ressemblance du type avec celui de deux petits marbres un peu antérieurs : la *petite tête bleue* de l'Acropole et la *tête Fauvel*, au Louvre[3]. La *tête Fauvel* surtout, dans son état d'inachèvement, a l'air quasi d'être une copie, réduite et grossièrement exécutée, de la tête en bronze[4]; et pour la *petite tête bleue*, malgré l'air particulier que lui donnent les frisures des cheveux sur le front, on y retrouvera aussi le même type que dans la tête de bronze, si on examine de près[5] le dessin des yeux et de la bouche, non moins que la forme et le détail d'exécution de la barbe. D'autre part, il me semble bien reconnaître ici, en dépit des différences tenant au sexe et à l'âge, le caractère de physionomie de la belle *coré* 684[6] : nous avons vu déjà dans celle-ci une pareille bouche fermement modelée, calme et immobile, autour de laquelle cependant on croit voir courir un vague reflet qui anime et éclaire la face. Il n'y a nulle trace de l'expression un peu sévère des têtes « doriennes »; on se sentirait plutôt ramené du côté des anciennes têtes attiques, au visage ouvert, vivant, souriant. C'est elles qu'on aperçoit dans le lointain, comme les ancêtres directs de ce bronze, produit d'un art plus affiné et plus savant, plus maître de l'expression, possédant désormais le secret d'animer une physionomie sans en forcer les traits et de faire deviner le sourire au lieu de le pousser à l'excès.

1. Cf. ci-dessus, p. 379, note 3.
2. Cf. Michaelis, *Attatlische Kunst*, p. 33 ; Μνημεῖα τῆς Ἑλλάδος, p. 29-30 (Staïs).
3. Toutes les deux citées ci-dessus, p. 273, *fig.* 23 (*petite tête bleue*) et p. 275 (*tête Fauvel*).
4. Comparer la *tête Fauvel*, de profil, telle que M. Collignon l'a publiée (*Monuments grecs*, II, nᵒˢ 17-18, 1889-1890, p. 36), avec la vue de profil de la tête en bronze (*Musées d'Athènes*, pl. XV; ou Ἐφημ. ἀρχ., 1887, pl. III).
5. Les mutilations du marbre et les concrétions calcaires dont la surface est encroûtée rendent cet examen plus délicat.
6. Cf. ci-dessus, p. 388.

Une tête en marbre, à la Glyptothèque de Munich[1], me parait offrir plus qu'une superficielle analogie avec le bronze athénien. Elle est cependant moins ancienne, comme le prouvent, à mon avis, le dessin plus vrai des paupières supérieures et celui de la bouche entr'ouverte et un peu déviée à gauche ; ce dernier trait dénotant une recherche du caractère individuel, dont on ne trouverait pas trace dans l'art antérieur à 480[2]. M. Furtwængler a montré que le marbre de Munich était une copie romaine et que l'original dont il dérive (avec deux autres copies encore) était probablement une œuvre attique ; si cette œuvre était intéressante au point d'avoir été copiée à plusieurs reprises, c'était évidemment moins par sa valeur artistique qu'à cause du personnage qu'elle représentait ; ce personnage était un stratège, et, parmi les stratèges athéniens du premier tiers du ve siècle, le nom de Miltiade vient de lui-même à l'esprit[3]. Or, cette hypothèse ne pourrait-elle pas ricocher jusque sur le bronze de l'Acropole ? Il est fort naturel qu'au lendemain de Marathon, le grand stratège vainqueur ait fait dresser sa statue près du temple d'Athéna ; et cette image n'a pu manquer d'être détruite en 480[4], mais il est très vraisemblable que Kimon, le fils de Miltiade, en fit plus tard élever une seconde pour remplacer la première. Si l'hypothèse de M. Furtwængler est juste, c'est de cette deuxième statue seulement que peut dériver le marbre de Munich ; et il n'est pas impossible que le bronze de l'Acropole nous ait conservé la tête de la première. Une telle faveur de la fortune serait extraordinaire, et il ne faut pas se presser trop d'y croire[5].

1. Cf. Furtwængler, *Beschreibung*, 50 ; Id., 100 *Tafeln nach d. Bildwerken d. Glypt.*, pl. 11, à droite ; Arndt-Bruckmann, *Portraits*, pl. 21-22 ; Friederichs-Wolters, *Gipsabgüsse*, 232. Ne pas oublier que ce marbre est très fortement restauré.
2. La date 490-480, indiquée par M. Furtwængler (*op. l.*, p. 54), me parait un peu trop reculée.
3. Cf. Furtwængler, *op. l.*, p. 55.
4. Il y a là un argument positif contre la date 490-480, proposée par M. Furtwængler pour l'original du marbre de Munich, si cet original était bien une œuvre attique, exécutée pour Athènes.
5. Il ne s'agirait d'ailleurs pas d'un portrait de Miltiade, au sens strict de ce mot. L'art de cette époque ignore encore le portrait, en tant qu'étude attentive des traits individuels et du caractère personnel. La statue d'un stratège vers 490 n'était qu'une image généralisée d'un homme d'âge mûr (barbe longue), coiffé du casque, insigne de sa fonction. Ce n'était pas une image *idéalisée*, c'est à dire élevée de parti pris au dessus du réel ; mais ce n'était pas non plus une image *individualisée*, c'est à dire ne pouvant convenir qu'à

Une autre tête d'homme barbu, de grandeur naturelle, provenant de Rome et conservée au Louvre[1], me semble devoir rentrer dans la série que nous constituons ici. Ce marbre est bien attique, comme l'a vu M. S. Reinach, et peu éloigné de 480; mais il doit être antérieur plutôt que postérieur à cette date[2]. La forme de la barbe est toute pareille à celle de la tête en bronze de l'Acropole. La paupière supérieure, encore plate et remontée seulement à demi, puis la bouche, légèrement arquée et éclairée d'un vague sourire, se sentent toujours de l'archaïsme ionien. Et l'on remarquera principalement le dessin des boucles de cheveux autour du front : ce sont des frisures régulières et compassées à l'ancienne mode, de purs ornements, une suite de *flots*, ou plutôt deux suites de *flots* disposées en sens inverse, chacune partant de l'oreille et aboutissant au milieu du front, où les deux *flots* extrêmes, sans se toucher, se tournent le dos. On comprendra la signification de ce détail, si on considère la tête d'*Harmodios*, du groupe des *Tyrannoctones*[3], où les boucles de cheveux, tout en restant un peu factices, chacune en soi, se rapprochent du moins davantage de la vérité, en ce qu'elles existent indépendamment les unes des autres et ne servent plus à former un ensemble régulier, à parties symétriques, et purement ornemental.

Un petit torse d'homme (*fig.* 34), en marbre, conservé au musée de l'Acropole[4], porte des traces de fumée çà et là,

tel individu, à l'exclusion de tout autre : l'artiste ne faisait sans doute pas abstraction complète des traits propres à son modèle; mais ces traits, au lieu de les suivre de près et de leur laisser leur air particulier et personnel, on peut dire qu'il les *généralisait* et les *impersonnalisait*, parce que tel lui semblait être le devoir de l'art. La bouche légèrement déviée, dans le marbre de Munich, est un premier trait de ressemblance réelle, se glissant dans l'image généralisée.

1. *Catal. des marbres*, 2714: cf. S. Reinach. *Têtes antiques*, pl. 18. — Toute la moitié postérieure de la tête, qui était faite d'un autre morceau, n'existe plus ; le nez est restauré. La chevelure est ceinte, au dessus des frisures du front, d'un cercle adhérent, de forme arrondie.

2. Ma première impression, que j'avais dite d'un mot en passant (cf. *Rev. crit.*, 1903, II, p. 86), était que cette tête devait être voisine des *Tyrannoctones* et qu'on se figurerait volontiers sur ce modèle la tête perdue d'*Aristogeiton*. Un examen plus attentif m'a fait changer d'avis.

3. Nous parlerons de ce groupe et de la date qu'il convient de lui attribuer (477/476) dans un des chapitres suivants.

4. N° 145. Cf. Brunn-Bruckmann's *Denkmæler*, 516, à droite (notice et bibliographie par M. Arndt). — Notre *fig.* 34 est la reproduction réduite d'une excellente épreuve, que m'a communiquée la maison Bruckmann, de Munich, avec une complaisance dont je la remercie beaucoup.

témoignant qu'il a vu de près les incendies allumés par les

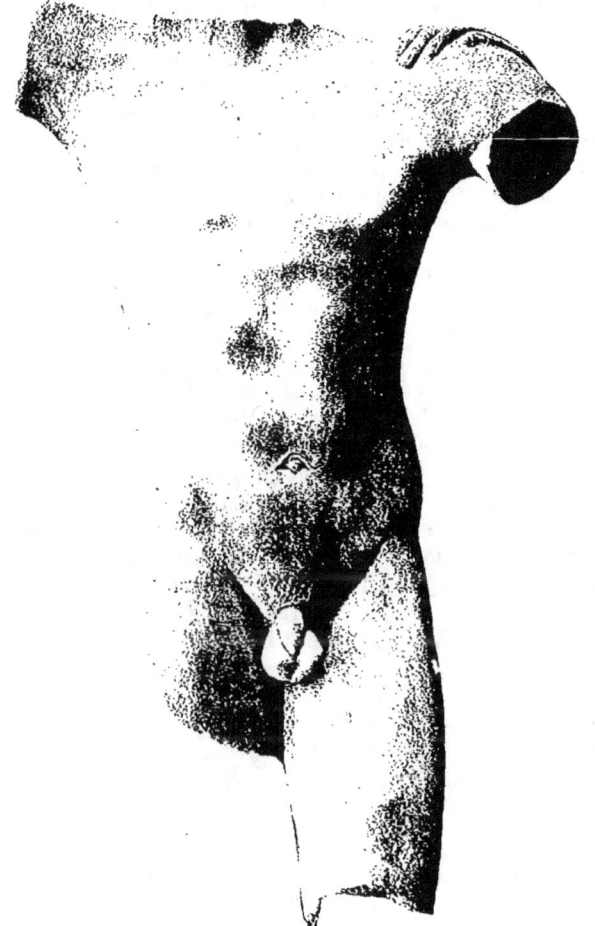

Fig. 34. — Torse d'homme, fragment d'un groupe
(Acropole).

Perses, et qu'il n'est donc pas postérieur à 480. Ce personnage représenté nu, debout, avec des proportions très réduites[1], provient d'un groupe; à son épaule gauche adhère encore une main droite, celle d'un second personnage; et il s'agit probablement de deux combattants[2]. Or, voilà le premier groupe en ronde bosse que nous rencontrions dans la sculpture attique[3], et il est singulièrement fâcheux que nous ne puissions pas en juger la composition et assister, par lui, aux débuts de ce genre nouveau. Car, sans considérer comme certain ni même comme probable que ce groupe ait été le premier, au sens absolu du mot, il fut certainement un des plus anciens : ce qui en subsiste nous laisse voir que l'auteur était encore malhabile à établir une juste liaison entre les éléments d'un groupe, et qu'il les traitait en quelque sorte indépendamment les uns des autres. Ainsi le personnage conservé, malgré qu'il soit engagé dans une action violente, la main gauche saisissant l'adversaire (probablement à la gorge) et le bras droit levé pour frapper, a le corps presque immobile, sans flexion apparente ni en avant ni de côté, et il est toujours, au moins pour le torse, dans l'attitude frontale ; on remarquera aussi combien la main droite du deuxième personnage disparu est placidement posée, au lieu qu'elle devrait, semble-t-il, se crisper sur l'épaule de l'adversaire et entrer dans sa chair.

Mais, le groupe n'existant plus pour nous, et le torse qui en provient n'ayant plus que la valeur d'un morceau isolé, il ne laisse pas de nous fournir un document d'un vif intérêt. La forme mince, maigre et plate du corps frappe au premier regard. Visiblement, l'artiste s'est préoccupé avant tout de rendre avec une justesse serrée et une concision étudiée l'anatomie de la figure humaine ; il n'est pas attiré, comme, par exemple, l'auteur du fronton *de la Gigantomachie*, par les chairs pleines et fortes, élastiques et douces, qui prêtent à un modelé savoureux ; une structure nette et sèche lui agrée davantage qu'elle n'agréait aux Ioniens et à leurs anciens imi-

---

1. Hauteur maximum du fragment, 0m,50.
2. Il existe peut-être quelques fragments du groupe, encore épars et non reconnus ; M. Arndt (*l. l.*) a réuni diverses indications données à ce sujet. L'un de ces fragments, dont on ne sait aujourd'hui ce qu'il est devenu, serait une tête d'homme saisi à la gorge par la main gauche d'un autre homme : ce serait donc la tête du deuxième personnage et la main gauche du premier.
3. Le grand groupe central du fronton *de la Gigantomachie*, bien qu'il soit, au point de vue matériel, exécuté en ronde bosse, ressortit encore au genre du relief : cf. ci-dessus, p. 304.

tateurs attiques. D'autre part, si c'est dans des œuvres « doriennes » qu'il a puisé ce souci de l'anatomie[1], il ne leur a pas
pris pourtant leur aspect solide et carré; il préférait une
silhouette plus fine et une maigreur élégante. L'élégance, il la
mettait tout entière, pour ainsi dire, à l'intérieur, dans la charpente même; et la chair par dessus n'était qu'une enveloppe
mince, un habillement un peu juste. N'aperçoit-on point là
quelque chose de cet esprit particulier qu'on désigne, dans les
œuvres littéraires, sous le nom d'*atticisme*, et qui fut, en effet,
une fleur exquise du génie attique, entre toutes celles, passablement diverses, qu'a produites ce souple et fécond génie?
Or, le torse de l'Acropole où apparaissent les qualités de ce
genre n'est même pas une exception dans l'art de cette époque :
il a derrière lui la stèle de l'*Hoplitodrome*[2], où nous avons
signalé des traits identiques, encore qu'un peu moins apparents,
et à côté de lui certaines métopes du *Trésor des Athéniens* à
Delphes, que nous allons retrouver bientôt[3].

Il me semble que cet esprit-là, cet esprit bien attique, se
reconnaît aussi dans un petit *Sphinx* de marbre (*fig.* 35), qui
cependant a été trouvé à Ægine[4]. Ce qui reste du corps est
d'une exécution fine et serrée, où la précision n'exclut nullement l'élégance; et l'aile droite, la seule qui se présentât au
spectateur[5], est décorée de touches de couleur légères et har-
monieuses, à demi déteintes aujourd'hui, et par là peut-être
plus charmantes encore[6].

Il reste les bas-reliefs, qui, à Athènes du moins, sont peu

1. Cf., par exemple, la statuette de bronze, au Louvre (Longpérier, *Notice
des bronzes*, 60), que M. Kalkmann a étudiée à fond (*Arch. Jahrbuch*, VII,
1892, pl. IV, p. 127 sqq.) et qu'il attribue à l'école d'Ægine, en la datant de
530 environ. Il est possible que la statuette ne soit pas æginétique, mais elle
est encore moins attique ou ionienne.
2. Cf. ci-dessus, p. 296 sqq., *fig.* 25.
3. M. Richardson a publié (cf. *American journ. arch.*, IX, 1894, pl. XI,
p. 53 sqq.) un petit torse d'homme en marbre, trouvé à Daphni et conservé
au Musée national d'Athènes, qui me parait, autant que l'image permet d'en
juger, être du même style que le torse de l'Acropole et que certaines métopes
du *Trésor des Athéniens*.
4. *Mus. nat. d'Athènes*, 77. Hauteur maximum, en l'état actuel, 0ᵐ,58.
5. La tête était posée de face sur le corps de profil, comme le prouvent les
boucles de cheveux encore subsistantes : l'aile droite était donc la seule en vue.
6. Un autre *Sphinx*, plus mutilé (*Mus. nat. d'Athènes*, 78), découvert en
Attique celui-là, offre une certaine ressemblance avec le *Sphinx* précédent;
mais il était, autant qu'on en peut juger maintenant, d'un travail moins
délicat et moins serré.

nombreux. En revanche, ils sont de premier choix. Le plus
considérable, composé de deux morceaux qui se raccordent,
mais le laissent encore incomplet cependant, est exposé aujour-
d'hui dans le vestibule du musée de l'Acropole[1]; c'est le relief
bien connu de la *Déesse montant en char*[2]. Ce qui subsiste de
l'attelage suffit tout juste pour nous renseigner quant au
nombre des chevaux : on compte quatre queues, disposées
deux à droite et deux à gauche du timon, et il y a deux jambes
postérieures, dont l'une presque entièrement masquée par
l'autre. Sur le char bas, à la caisse étroite, surmontée d'une
antyx, la déesse a déjà posé le pied gauche; son pied droit est
encore à terre. Elle penche le corps en avant, et ses deux
bras sont inégalement tendus, la main droite tenant le fouet,
tandis que la main gauche tenait les rênes. Elle est vêtue à
l'ionienne, d'un chiton long et d'un himation drapé en châle;

1. N° 1342. Le plus grand des deux morceaux ayant été trouvé dès 1825 et
l'autre dès 1852, on comprend que ce marbre a dû être publié et commenté
quantité de fois : il serait malaisé, et d'ailleurs bien inutile, d'en fournir une
bibliographie complète. M. S. Reinach en a donné une qui est déjà abondante : cf. Le Bas-Reinach. *Mon. fig.*, p. 50-51, avec les *Addenda* dans le t. III
de la *Bibliothèque des monuments figurés*, p. XIII. Y ajouter, comme publications postérieures : Brunn-Bruckmann's *Denkmäler*, 21 : Collignon, *Hist.
sculpt. gr.*, I, p. 377, fig. 194 : Pawlowski, *op. l.*, p. 294, fig. 106 : *Arch.
Jahrbuch*, XI, 1896, p. 265, fig. 7 (Studniczka) : Perrot, *Hist. de l'art*, VIII,
p. 655, fig. 335 : Lepsius, *op. l.*, p. 75, n° 78 (marbre pentélique). Et ce n'est
pas tout.
2. Je m'en tiens à l'appellation ordinaire. Il est vrai que ni la coiffure ni le
costume n'obligent strictement à voir ici une femme : M. Hauser (*Arch.
Jahrbuch*, VIII, 1892, p. 54 sqq.) a cru y reconnaître *Apollon ;* et M. Sophoulis
('Εφημ. ἀρχ., 1885, p. 251), ainsi que M. Bœtticher (*Akropolis*, 1888, p. 85) et
M. Michaelis (*Altattische Kunst*, p. 32), un jeune vainqueur aux Jeux des
Panathénées. Mais il me semble que l'aspect du costume désigne plutôt une
femme; et certaines figures de la frise du *Trésor des Cnidiens* à Delphes
(cf. Homolle, *Fouilles de Delphes*, IV, pl. VII-VIII) tendent à confirmer cette
interprétation. Au reste, ceux qui croiraient que la question ne peut pas être
tranchée pourraient adopter l'appellation neutre : *Personnage montant en
char*, ou plus simplement encore : *l'Aurige de l'Acropole*. — Si l'on hésite
déjà à décider qu'il s'agit bien d'une femme et d'une déesse, on hésite encore
plus à donner un nom à cette déesse. *Athéna* ou *Niké ?* M. Savignoni (*Rœm.
Mittheil.*, XII, 1897, p. 313) s'est prononcé pour *Athéna*. Mais il faut remarquer
que les chars portent habituellement deux personnes, et que ce n'est pas d'ordinaire la plus « qualifiée » des deux qui conduit. La conductrice ici pourrait
bien ne pas conduire pour son compte : char et attelage pourraient être ceux
d'une déesse de plus haut rang, qui aurait été figurée debout sur une autre
plaque, à gauche du spectateur (puisque aussi bien le relief n'est pas complet
de ce côté). Dans cette hypothèse, la conductrice serait donc une divinité de
second ordre, *Niké* ou une autre, pareille à celles qui guidaient les chars de
Poseidon et d'Athéna, dans le fronton occidental du Parthénon.

et la manière dont elle est coiffée, les cheveux par derrière relevés, puis retombant en forme de bourse pesante, est celle

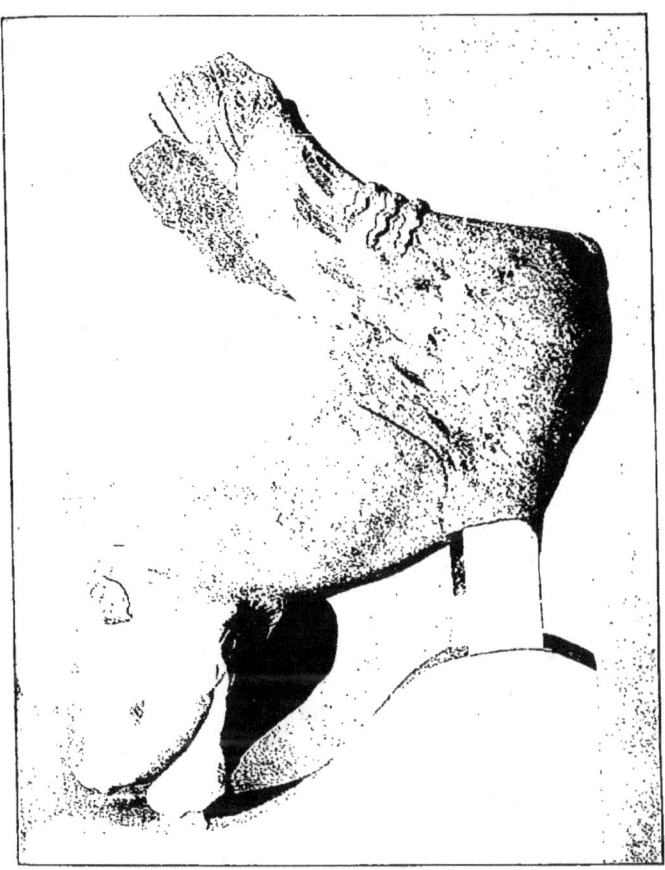

Fig. 35. — Statue de *Sphinx*
(Athènes, Musée national).

que les Ioniens appelaient spécialement *corymbos* et les Attiques *crobylos*[1].

1. Sur le *crobylos*, cf. *Nuove Memorie dell' Inst.*, p. 408 sqq. (Conze); et, plus récemment, *Arch. Jahrbuch*, XI, 1896, p. 248 sqq. (Studniczka).

C'est une de ces œuvres où les conventions et les incorrections mêmes de l'archaïsme se tournent en charme, tant l'art y est fin, joli, élégant, d'une « grâce plus belle encor que la beauté ». Les proportions du corps sont un peu longues, effilées, et rappellent par leur minceur élégante celles du torse d'homme, provenant d'un groupe mutilé, dont nous avons parlé ci-dessus[1]. Les plis du chitôn, sur le bras droit, sont d'une légèreté molle qui ne pouvait guère être dépassée et qui ne l'a pas été, en effet, dans le travail tout pareil de la masse des cheveux. Les plis de l'himation s'espacent en larges courbes régulières sans raideur, ou se resserrent en longues gerbes, ou retombent entre les deux bras en zigzags opposés, dont l'uniformité n'est pourtant pas monotone. On observera l'amusant et savant effet pittoresque que font ensemble, dans l'étroit espace entre le bras droit en haut et la jambe droite en bas, le faisceau oblique des plis de l'himation descendant en éventail à demi ouvert; puis le pan retombant du même vêtement avec sa double ligne de zigzags terminés en pointe; enfin, au troisième plan, les plis du chitôn qui s'allongent en s'écartant peu à peu, comme la longue queue fine de certains oiseaux. Brunn, après une analyse de ce relief[2], a très justement rappelé les mots qu'un ancien appliquait à la fois à l'orateur Lysias et au sculpteur Calamis : la λεπτότης et la χάρις que Denys d'Halicarnasse prisait chez ces deux artistes de genre différent, il les eût retrouvées également ici, dans cette délicatesse d'exécution, légère et sûre, qui, par l'élimination de toute pesanteur, de tout empâtement, aboutit finalement à une éclosion de charme, à une fleur de grâce.

Plusieurs traits de cette œuvre, outre la qualité générale du travail, indiquent qu'elle est certainement postérieure à 500. On remarquera d'abord comme l'étoffe de l'himation se relève et s'écarte autour de la nuque et de l'épaule gauche, laissant libre jeu aux mouvements du cou; il a fallu du temps pour en arriver à cet important progrès, de détacher le vêtement du corps et de lui donner un commencement de vie véritable : nous n'avons rencontré un tel détail aussi net qu'une fois encore, dans une des statues de l'autre série, qui compte parmi les

1. Cf. p. 405, *fig.* 34.
2. Cf. *München. Sitzungsb.*, 1870, II, p. 213-214.

plus récentes [1]. On peut constater aussi une analogie certaine
entre le caractère et l'esprit de ce relief et ceux d'une petite
peinture, malheureusement incomplète et fort effacée, qui
existe au revers d'un fragment de bouclier en marbre, retrouvé
sur l'Acropole [2]; et cette peinture, qui représentait une *Niké*
ailée, doit être attribuée, d'après les vases peints desquels on
est à même de la rapprocher, aux premières années du
v⁰ siècle [3]. Enfin, le peu qui a subsisté des quatre chevaux
attelés au char nous fournit également un indice : cette jambe
postérieure [4] et ces queues doivent être mises en parallèle avec
le fragment de queue et les fragments de trois jambes postérieures de chevaux [5], provenant du grand monument de bronze
auquel appartenait la statue connue sous le nom d'*Aurige de
Delphes*. Ce monument est daté à deux ou trois ans près ; il est
d'environ 475. Or, c'est à peine si l'exécution du détail des crins
sur la queue de bronze est plus libre et plus vraie que sur les
queues de marbre ; et quant aux jambes des chevaux, celle qui
est conservée sur le relief athénien le cède à peine, pour la
finesse de l'exécution, malgré le désavantage qui résulte de la
matière employée, aux fragments correspondants du quadrige
de Delphes.

Personne ne doute que ce relief ne procède d'œuvres
ioniennes. D'abord le motif paraît avoir été de bonne heure
familier aux sculpteurs ioniens [6], et c'est à eux que les Attiques
l'ont emprunté, avec le costume et le genre de coiffure surtout
que nous voyons au personnage ; puis, certaines des qualités de
l'exécution sont celles que l'art ionien a développées le premier
et qu'il a portées avec lui, là où s'est exercée son influence.
Mais il apparaît aussi, avec clarté, que l'esprit attique a fini
maintenant de s'assimiler ces emprunts, et qu'il leur a, par le

---

1. *Coré* 688 de l'Acropole : ci-dessus, p. 358.
2. Cf. *Arch. Jahrbuch*, XII, 1897, pl. II, p. 4 sqq. (Dragendorff).
3. Cf. Dragendorff, *l. l.*, p. 7. — Le relief lui-même a été rapproché de certains vases peints, particulièrement des plus avancés entre ceux du cycle
d'Épictétos : cf. *Arch. Jahrbuch*, XI, 1896, p. 265 (Studniczka). On peut comparer, pour les draperies et la coiffure, une coupe de Peithinos, avec représentation de *Thétis et Péleus* (Hartwig, *Griech. Meisterschalen*, pl. XXIV).
4. Il y en a deux, mais on n'en voit bien qu'une seule.
5. Cf. *Monuments Piot*, IV, 1897, p. 172-173, fig. 2-4.
6. Cf. plusieurs motifs analogues dans la frise du *Trésor des Cnidiens* à
Delphes (Homolle, *Fouilles de Delphes*, IV, pl. VII-X) et un relief, plus ancien
encore, de Cyzique, au musée de Constantinople (*Bull. corr. hell.*, XVIII, 1894,
p. 493).

mélange avec ses anciennes qualités propres, donné comme une âme nouvelle. Quelle que soit, dans le fond, la somme des apports ioniens, il est sûr que la λεπτότης et la χάρις qui distinguent cette œuvre sont bien attiques et qu'elles vont continuer à s'épanouir par le seul effort de l'art attique. Du reste, on retrouve dans telle sculpture athénienne de la période antérieure quelques-uns des caractères les plus apparents de celle-ci. Par exemple, que l'on examine la jambe gauche posée sur le char, la netteté de son contour, avec le ressaut ferme des muscles et la dure arête du tibia : c'est la même qualité de facture que nous avons jadis constatée dans la petite *coré* 672[1], une de celles qui sont demeurées le plus attiques tout en s'efforçant à imiter le genre des Ioniens.

Le relief *Déesse montant en char* n'est qu'une partie d'un ensemble plus développé, comportant des personnages divers. La destination de cet ensemble n'est pas connue ; on doit présumer qu'il décorait la base haute et large de quelque grand monument votif[2]. A la même base sculptée doivent appartenir encore certains autres fragments[3], réunis au musée de l'Acropole, dont le plus notable nous a conservé le haut d'une figure d'homme, désignée généralement sous le nom d'*Hermès*[4] ; ce nom s'impose, en effet, dès lors qu'on reconnaît une divinité dans la figure du relief précédent. Le dieu-messager précédait sans doute un char divin, puisque tel était un de ses offices ordinaires : soulevé par les ailettes rapides de ses talons, il passait légèrement, torse de face, tête de profil, vêtu d'un fin

1. Cf. ci-dessus, p. 234.

2. M. Studniczka (*Arch. Jahrbuch*, VI, 1891, p. 243, note 20) a indiqué que ce monument pouvait être le quadrige de bronze élevé sur l'Acropole après la victoire d'Athènes sur les Béotiens et les Chalcidiens en 506 ou 505. Notre relief serait donc antérieur à 500 : une telle date me paraît inadmissible, comme trop ancienne.

3. Ce sont : 1° un morceau de plaque avec tête et cou d'un cheval (photographie à l'Institut allemand d'Athènes : *Akr.* 167 ; cf. Friederichs-Wolters, *Gipsabgüsse*, 98 ; Studniczka, dans *Arch. Jahrbuch*, VI, 1891, p. 243, note 20 : Lepsius, *op. l.*, p. 75, n° 81 : marbre pentélique) ; 2° bas d'une plaque, brisé en trois morceaux qui se raccordent : char attelé de quatre chevaux dont il n'y a plus que les jambes postérieures et les queues ; derrière la caisse du char, personnage drapé debout, très mutilé ; 3° fragment de plaque, avec une partie de l'avant-train et de l'encolure de deux chevaux (les n°° 2 et 3 sont réunis sur une seule photographie, à l'Institut allemand d'Athènes : *Akr.* 165).

4. N° 1343. Cf. *Nuove Memorie dell' Inst.*, pl. XIII, en haut, p. 408 sqq. (Conze) ; Sittl, *Die Patrizierzeit d. gr. Kunst*, pl. III, 22 ; Collignon, *Hist. sculpt. gr.*, I, p. 378, fig. 195 ; Pawlowski, *op. l.*, p. 295, fig. 107 ; *Arch. Jahrbuch*, XI, 1896, p. 265, fig. 8 (Studniczka) ; Perrot, *Hist. de l'art*, VIII, p. 653, fig. 334.

chitôn qui laisse nus ses bras et ses épaules, la barbe longue et pointant en avant, les cheveux relevés par derrière et noués en crobyle, la tête couverte d'un pétase à grands bords. Le morceau est charmant, et l'exécution y a les mêmes qualités que dans la figure de la déesse. Le fin plissé du chitôn est exprimé avec une souplesse heureuse, et, si l'on rappelle à ce propos le chitôn ondulé et collant des *corés* du viᵉ siècle, ce ne doit être que pour constater le progrès accompli dans le rendu de ce genre de vêtement; car ici on sent que l'étoffe n'est plus étroitement adhérente au corps : largement ouverte sous le cou, libre et lâche sous l'aisselle, froncée en plis pressés autour des épaules, elle témoigne partout d'une observation meilleure et plus simplement juste. Même finesse dans le travail des cheveux et dans celui de la barbe dont la pointe s'allonge avec un air de fierté provocante ; et, tandis que le cou et les bras sont d'un modelé vigoureux et ferme, robustes et pleins, d'une force vraiment virile, le profil délicat du visage, l'oreille petite et soignée dans son encadrement de cheveux, enfin le joli complément qu'apportent à la coiffure en crobyle la cloche aplatie et les grandes ailes du pétase, sont d'une élégance juvénile, délicieuse, raffinée sans mièvrerie, naturellement charmante : on y respire la fleur toute fraîche et odorante du plus pur atticisme.

En dehors de l'Acropole et d'Athènes même, à Delphes, ont été découverts une série de reliefs attiques, de la plus grande importance, parce qu'à tous les autres motifs d'intérêt qu'on y trouve, ils joignent le rare avantage d'être exactement datés. Ce sont les métopes du *Trésor des Athéniens*, lequel fut érigé après la victoire de Marathon, soit entre 490 et 485[1]. Il y en avait vingt-quatre ; et toutes sans exception, plus ou moins mutilées, ont été rendues au jour[2]. J'en retiendrai seulement ici quelques-unes entre les plus complètes et les plus instructives ; et, en attendant la publication prochaine de M. Homolle,

---

1. Cf. *Bull. corr. hell.*, XX, 1896, p. 608 sqq. (Homolle). M. Pomtow (*Arch. Anzeiger*, 1898, p. 43 sqq.) avait assigné au *Trésor* une date plus ancienne, antérieure à 500, et M. Furtwængler (*Beschreibung d. Glypt. zu München*, p. 162) avait d'abord adopté cette opinion. Depuis, M. Furtwængler (*München. Sitzungsb.*, 1901, p. 392 sqq.), après une étude personnelle de la question, a reconnu que la seule date possible était celle de 490 et années suivantes.
2. Cf. Homolle, *Fouilles de Delphes*, IV, pl. XXXVIII-XLVIII; *Bull. corr. hell.*, XVII, 1893, p. 612 (Homolle).

sur laquelle je ne puis ni ne voudrais empiéter, j'indiquerai
l'essentiel de ce qu'elles nous apprennent, à mon avis, pour l'art
qui les a produites.

Des inégalités et différences de travail, qu'un examen attentif fait vite découvrir — ici, des bouches finement dessinées,
des yeux minutieusement découpés; là, des lèvres presque
aussi épaisses aux commissures qu'au milieu, des globes d'œil
pareils à de grosses amandes mal taillées — prouvent que ces
reliefs, comme on devait d'ailleurs le supposer *a priori*, n'ont
pas été exécutés tous par la même main. Plusieurs artistes s'y
sont employés, et ce n'est pas aux seuls traits que je viens de
dire que se reconnait cette pluralité; il y a d'autres différences,
d'un caractère plus général, et qui correspondent, peut-on dire,
à des natures artistiques différentes. Mais du moins ces
sculpteurs avaient une origine commune : on voit bien qu'ils
venaient d'Athènes; et c'est l'esprit attique qui anime également tous ces reliefs, en dépit des diversités de l'exécution.
Aussi bien, celles-ci n'ont pas de quoi nous surprendre; elles
sont de la même sorte et elles ont le même sens que celles que
nous ont révélées les sculptures déjà énumérées au présent
chapitre ; elles témoignent, à leur tour, en termes plus décisifs
encore, d'une croissante liberté dans le choix des moyens et
dans l'expression chez des artistes qui partaient cependant du
même point et tendaient au même but, qui étaient des Attiques
élèves des Ioniens, et qui développaient, chacun selon son tempérament propre, l'ancien idéal ionien, désormais atticisé.

Un des traits les plus intéressants de ces reliefs, celui qui
s'impose tout de suite à l'attention, est le dessin précis, fortement appuyé, souligné jusqu'à la recherche anatomique, dans
les formes des personnages nus. Voici, par exemple, la métope
représentant *Héraclès et la biche*[1]. Le héros a saisi, de la main
gauche, la biche par son bois, et, de la main droite, il bran-
dissait une arme aujourd'hui disparue. Le genou gauche appuyé
sur la croupe de l'animal, il nous présente, presque de face, son
corps à la fois penché en avant et tordu; et on ne saurait citer,
dans la sculpture archaïque, un torse humain qui ait été fouillé
et découpé avec un plus vif désir de préciser le jeu des muscles
et l'attache des os. C'est presque un corps d'écorché. Le
ventre est cerné d'un large sillon qui isole et fait saillir la cage

---

1. Cf. Homolle, *Fouilles de Delphes*, IV, pl. XLI.

thoracique; l'abdomen est nettement divisé en six compartiments par la ligne blanche verticale et les intersections horizontales; le nombril est ciselé avec une finesse minutieuse; les
côtes ressortent comme si la peau par dessus eût été enlevée.
Autour de l'épaule droite, les muscles se soulèvent ou se
creusent avec la plus franche vigueur, et la jambe gauche
ployée est musculeuse et puissante à souhait. La peau de lion
qui flotte derrière le dos est attachée sur la poitrine par un
nœud qui lie ensemble les deux pattes de devant : les plis de
cette peau, le nœud qui la serre et les griffes des pattes sont
taillés avec la même décision et la même netteté ; les griffes
surtout semblent burinées sur bronze. Dans la métope *Héraclès
et Kyknos*[1], les parties intactes des deux corps nus offrent des
caractères identiques ; pareillement, le torse du Minotaure dans
la métope *Thésée et le Minotaure*[2], et celui du *Géant* renversé
dans une métope très mutilée qui représentait un des exploits
de Thésée[3]. Enfin, la plupart des corps d'animaux montrent
aussi ces qualités particulières dans le rendu des formes. Que
l'on s'arrête notamment devant le superbe taureau qui subsiste
seul de la métope *Thésée et le taureau*[4] : il est d'une vigueur
de dessin qui n'a d'égale que la justesse dans le nuancement
des diverses parties ; le grand os plat de l'épaule gauche y est
aussi soigneusement marqué que les muscles de la cuisse gauche
ou les tendons de la jambe postérieure droite, et, soit que l'on
considère les os durs du devant de la tête ou les chairs molles
du tour de la bouche ou le tissu caoutchouteux des naseaux ou
les fanons plissés et tremblants, on éprouve partout la même
sensation d'un travail ferme et fin, pénétrant et juste.

De telles qualités sont celles qui distinguent les peintures des
beaux vases attiques « de style sévère », aux plus anciens desquels on assigne pour date les environs de 490; ils se
recommandent, dans les représentations du corps humain nu,
par un dessin serré, précis, dont la sobriété a quelque chose
parfois de schématique, mais qui est remarquablement juste et
témoigne d'une sévère étude de la forme, avec le souci
d' « écrire » à la perfection l'essentiel de cette forme et seule-

---

1. Cf. Homolle, *op. l.*, pl. XLII.
2. Cf. Homolle, *op. l.*, pl. XXXIX.
3. Cf. Homolle, *op. l.*, pl. XLVIII, 1.
4. Cf. Homolle, *op. l.*, pl. XLVI-XLVII, 6.

ment l'essentiel[1]. L'étroite relation entre ces vases attiques du commencement du v⁰ siècle et les métopes du *Trésor* élevé par les Athéniens aussitôt après Marathon se marque jusque dans un détail accessoire assez curieux, à savoir ce carquois et cette draperie, cet arc et cette massue, que nous voyons parfois jetés dans le champ de la métope[2], comme on les voit souvent, ou d'autres objets analogues, parsemés dans le champ de la peinture[3]. Il y a donc eu, au début du v⁰ siècle, parité d'efforts entre certains des peintres et certains des sculpteurs de l'Attique, en vue d'atteindre à des qualités de netteté et de sûreté, de précision et de concision, que l'art attique n'avait jamais possédées à ce degré, et dont l'avait plutôt détourné l'imitation trop assidue des Ioniens. N'oublions pas, d'ailleurs, que cette tendance, moins prononcée, il est vrai, nous était déjà apparue dans quelques autres œuvres : premièrement, dans la stèle de l'*Hoplitodrome*[4], et, plus récemment, dans un petit torse de l'Acropole[5] ; or, en examinant avec soin les métopes de Delphes, on y retrouve l'équivalent exact de ce petit torse athénien, dans tel héros combattant[6], où le dessin apparaît un peu adouci relativement à celui des *Héraclès* et des *Géants* cités tout à l'heure.

Car il s'en faut de beaucoup que les figures de Delphes soient toutes conformes à un type unique ; cette vigueur et cette netteté du dessin, sur lesquelles nous venons d'insister, ne

---

1. Le meilleur exemple à citer entre ces vases attiques, au point de vue où je me place ici, est le cratère signé d'Euphronios, au Louvre, avec représentation de la lutte d'*Héraclès et Antée;* le torse nu d'Antée offre le plus vif intérêt par rapport aux sculptures de Delphes (cf. une excellente reproduction de cette partie du vase dans Pottier, *Atlas des vases du Louvre*, II, pl. 100). C'est ce torse d'Antée que M. Kalkmann avait déjà pris, avec raison, comme type général, dans son étude, que j'ai citée ci-dessus (p. 407, note 1), sur une statuette en bronze du Louvre : cf. *Arch. Jahrbuch*, VII, 1892, p. 138, fig. 6. — Je rappellerai aussi, parce que les sujets qui les décorent sont empruntés aux *exploits de Thésée*, deux coupes : l'une, de la collection Tricoupis, à Athènes (cf. *Journ. hell. stud.*, X, 1889, pl. 1, p. 231 sqq.; Hartwig, *Griech. Meisterschalen*, p. 124 sqq.); l'autre, de l'ancienne collection de Luynes, aujourd'hui à la Bibliothèque nationale, à Paris (cf. De Ridder, *Catal. des vases peints de la Bibl. nat.*, n° 535, p. 403). M. Hartwig attribue la première de ces coupes à Euphronios, la seconde à Amasis.

2. Cf. Homolle, *op. l.*, pl. XLI, et XLIV-XLV, 6.

3. Cf., par exemple, les deux coupes citées à la note précédente : *Journ. hell. stud.*, X, 1889, pl. I, et pl. II (fond de la coupe).

4. Cf. ci-dessus, p. 296 sqq., *fig.* 25.

5. Cf. ci-dessus, p. 404 sqq., *fig.* 34.

6. Cf. Homolle, *op. l.*, pl. XLIII.

constituent pas le caractère dominant de l'ensemble; et, là même où elles sont le plus frappantes, encore s'y joint-il des qualités d'un autre genre, qu'il convient maintenant de signaler. Ainsi, dans la métope *Héraclès et la biche*, la tête d'Héraclès montre la plus charmante, voire la plus coquette délicatesse d'exécution. Elle est tout à fait plaisante à étudier, avec ses petites boules frisées figurant la barbe, et, pour figurer les cheveux, des boules pareilles, mais qui vont en grossissant vers le front de manière à y former un épais bourrelet à deux étages, par dessous lequel dépasse encore un rang supplémentaire de petits frisons aplatis. Et l'on peut dire des yeux, des sourcils, de la bouche, qu'ils ont été découpés et modelés par un ciseau amoureux de son travail. Pareillement, dans la métope *Thésée et le Minotaure*, on appréciera le soin délicat que l'auteur a mis à ciseler l'œil gauche du Minotaure, et les gros plis de sa peau sur le cou et sous le menton, et les fins poils disposés en trois rangs sur son front, et jusqu'aux ongles de la main gauche de Thésée qui a saisi une des cornes du monstre. Dans la métope *Héraclès et Kyknos*, on fera des observations analogues sur la tête et la main droite d'Héraclès; mais surtout on admirera chez Kyknos, après sa musculature si forte et si nettement soulignée, l'élégance de ce corps allongé et svelte, auquel sa pose oblique, le mouvement de chute en arrière dans lequel il est représenté, ajoutent une souplesse pliante et une grâce languide de la plus fine saveur.

Ces qualités de grâce et de charme prennent franchement le dessus dans d'autres tableaux, de préférence dans ceux où paraît Thésée. Voici le héros luttant avec le *Minotaure* : il n'est pas nu comme son adversaire; son chitôn léger, aux plis ondulés, serré à la taille par la ceinture, voile à demi la robustesse de son corps et le rend plus mince et plus jeune; sa force est comme vêtue d'élégance. Il se montre à nous plus charmant encore, et d'une autre façon, dans la métope *Thésée et l'Amazone*[1]. La guerrière, devant lui, cuirassée et casquée, s'affaisse blessée à mort; sa tête penche, comme une fleur dont la tige est brisée[2]; et elle sourit, de ce sourire archaïque qui reste le même chez les mourants ou les vivants.

---

1. Cf. Homolle, *op. l.*, pl. XL.
2. C'est déjà le mouvement de la *Penthésilée* du musée de Vienne : cf. R. von Schneider, *Album*, pl. 11; Brunn-Bruckmann's *Denkmæler*, 418.

27

En face d'elle, son vainqueur Thésée sourit aussi ; des yeux, des lèvres, de tout le visage il sourit, et sa tête s'incline doucement sur l'épaule avec une langueur quasi féminine. Son corps nu garde tous les signes de la force virile, il est vrai ; mais ce n'est plus l'aspect d' « écorché » de l'*Héraclès* domptant la *biche* : les indications du thorax, du ventre et des côtes sont abrégées, hâtives, et l'on voit bien que l'artiste a eu souci moins du détail de l'exécution[1] que de l'expression générale. Cette expression, il l'a voulue et l'a faite jolie et gracieuse. La tête, imberbe, avec ses longs cheveux tombant sur le dos et ses longues boucles ondulées courant par devant sur chaque épaule, avec son front couronné de petites frisures rondes que surmonte un second rang de frisures d'une autre sorte, cette tête est presque une tête de jeune fille. Il y a bien un casque posé par dessus cette délicate chevelure, un casque à couvre-nuque et à cimier ; mais on le remarque à peine, ou plutôt ce qu'on en remarque seulement, c'est le bord antérieur, tout pareil à une *stéphané*, et par là se complète, au lieu de s'atténuer, l'apparence féminine du héros. Puis, que la draperie, retenue aux épaules et flottant largement par derrière, est d'un goût élégant ! Nouée et portée exactement comme la peau de lion d'Héraclès, combien elle en est différente ! La peau de lion, vêtement glorieux, mais lourd, rude, sanglant, dépourvu de grâce, convient excellemment au robuste Héraclès, au peu délicat ouvrier de tant de rudes travaux ; mais comme cette draperie courte, cette cape légère, fine, souple, aux gracieux plis mouvants, s'ajuste mieux aux épaules du jeune chevalier Thésée ! C'est bien là, en effet, le joli Thésée de la légende, au printemps de sa vie, à l'aube de sa gloire ; le Thésée jeune, imberbe, encore un peu « demoiselle »[2], naïvement fier de sa

---

1. Le visage aussi est d'un travail un peu hâtif et négligé.
2. L'air gracieux, un peu frêle et féminin, que l'on prêtait à Thésée et que les peintres de vases ont souvent reproduit (voire en l'exagérant : cf. la coupe d'Euphronios, *Thésée devant Amphitrite*, dans Pottier, *Atlas des vases du Louvre*, II, pl. 102), a donné lieu à un trait de sa légende qui s'accorde à merveille avec les représentations plastiques de ce type. Thésée arrive à Athènes, venant de Trézène ; il a occis quelques brigands en route, il est déjà un vrai héros ; mais il est encore inconnu, tout jeune, sans un poil au menton, ses longs cheveux flottant sur ses épaules. Il passe près d'une maison en construction, devant laquelle était arrêtée une charrue attelée de deux bœufs. Et les maçons, voyant passer ce jeune étranger et lui trouvant l'air un peu « demoiselle », lui crient par moquerie : « Hé là ! mademoiselle, depuis quand une fille bien élevée court-elle la campagne et les rues toute seule ? » Thésée

beauté, de sa cape flottante, de ses longues boucles qui lui caressent les joues et les épaules, et de cette naturelle couronne fleurie que lui mettent autour du front ses frisures coquettes.

L'opposition entre le type d'Héraclès et celui de Thésée, dans les métopes de Delphes, correspond très justement à la différence que les Athéniens entendaient établir entre leur héros national et le grand héros dorien. Car on sait que la légende de Thésée ne vaut point par la nouveauté et l'originalité des aventures, lesquelles ne sont guère qu'une simple répétition de celles d'Héraclès ; son intérêt principal est dans la personne seule de Thésée, création du génie athénien, miroir de l'âme athénienne, préparé et poli par elle-même, pour s'y mirer elle-même [1]. Or, c'est au début du ve siècle, particulièrement après Marathon [2], que l'histoire héroïque de Thésée commença à se cristalliser sous sa forme définitive : peut-être les sculpteurs du *Trésor* élevé à Delphes furent-ils les premiers qui eurent à figurer dans le marbre le héros nouvellement adopté par la faveur populaire [3] ; et il était juste que cette figure si purement attique reflétât le plus pur et le plus fin atticisme. — A ce point de vue, la métope la plus caractéristique me parait être celle qui montre debout l'un en face de l'autre *Athéna et Thésée*, la déesse athénienne et le héros athénien [4]. Thésée a là, mieux que jamais, l'air d'un prince Charmant ; son fin chitôn court ondule à petites rides ; une ceinture amincit sa taille ; sa cape légère, agrafée aux épaules et un peu écartée par le mouvement des bras, l'enveloppe de plis gracieux et nobles. Mais l'élégance chez lui ne dégénère pas en mollesse ; son corps souple est plein de force ; son pied aux contours délicats pose fermement sur le sol, et son bras droit à demi

répond comme il convient à un héros, non par des mots, mais par un acte : il dételle les bœufs près desquels il passait, prend la charrue d'une main et la lance par dessus les murs. D'où les maçons comprirent que ces mains, qu'ils croyaient bonnes tout au plus à tenir la quenouille et filer la laine, pourraient leur donner d'autre fil à retordre, s'ils ne cessaient leurs gouailleries. Cf. Pottier, *Pourquoi Thésée fut l'ami d'Hercule*, p. 17 (Lecture faite à la séance publique annuelle des cinq Académies, 25 octobre 1900).

1. Cf. Pottier, *op. l.*, p. 21.

2. Cf. Pottier, *op. l.*, p. 18. — On disait que l'ombre de Thésée avait apparu à Marathon et avait aidé les Athéniens à repousser l'envahisseur.

3. Il n'y a pas trace d'un *Thésée* dans toute la sculpture athénienne du vi^e siècle.

4. Cf. Homolle, *op. l.*, pl. XXXVIII.

tendu gonfle des muscles fiers. La figure d'Athéna est exécutée
dans un esprit pareil. On remarquera avec quelle précision,
sous les fins plis du chitôn, se dessine tout le détail des
jambes ; à la jambe gauche notamment, la courbe de la
cuisse, la fine rondeur de la rotule, l'arête du tibia, le ressaut
du mollet, la saillie de la cheville, tout s'indique sous la draperie avec une justesse et une légèreté admirables ; et les pieds
longs, posés à plat sur une mince sandale, ont des orteils
menus, bien détachés, nerveux et secs, dessinés avec un sentiment exquis de vérité et d'élégance. Il y a un mélange, aussi
délicatement dosé chez les deux personnages, de justesse et
de finesse, de précision et de légèreté, de grâce innée et de
fermeté aisée ; et avec quel naturel ils se dressent face à face,
sur ce fond spacieux, largement aéré, d'où leur attitude et
leurs gestes semblent emprunter plus d'aisance encore !

Cette revue rapide de quelques morceaux choisis entre les
sculptures du *Trésor des Athéniens* nous a permis de constater,
comme nous l'avions dit en commençant, que, si elles ne sont
pas toutes de la même main et si elles témoignent parfois de
tendances un peu différentes, elles ont pourtant une âme commune, et que ce qui diffère de l'une à l'autre, c'est, plutôt que
l'esprit, les moyens par où cet esprit se manifeste. Les unes
montrent un travail très étudié, très patient, soucieux de
l'exactitude anatomique, recherchant le dessin arrêté et précis ;
mais un instinct de mesure et un goût d'élégance y préviennent
tout excès en ce sens et les sauvent de la sécheresse, de la
dureté, de la raideur. Les autres, modelées par un ciseau moins
savant ou moins scrupuleux, ne craignent pas de paraître un
peu sommaires et négligées d'exécution ; mais elles expriment
un charme délicat qui compense toutes les négligences, et,
chez elles, c'est dans l'effet d'ensemble qu'on retrouve l'élégance
qui, chez les précédentes, tient à la finesse mesurée de chaque
détail. Et d'autres enfin ont su découvrir l'exact équilibre entre
les qualités des premières et des secondes, la juste nuance
entre le soin accompli du détail et l'heureuse réussite de l'expression générale. En toutes, par des voies diverses, a pénétré et
circule la χάρις attique. La métope *Athéna et Thésée*, la métope
Thésée et l'Amazone et l'*Héraclès* de la métope *Héraclès et
la biche* nous fournissent certes des types passablement divers,
qu'on peut avec probabilité attribuer à des exécutants différents : car l'auteur de *Thésée et l'Amazone* semble être peu

éloigné encore des Ioniens et de leurs aimables *corés*, tandis
que l'auteur de l'*Héraclès* a dû se rapprocher des artistes
doriens pour prendre dans leurs figures d'athlètes nus les
solides principes et le substantiel enseignement qu'elles comportaient, cependant que l'auteur d'*Athéna et Thésée* rappelle
singulièrement, par sa distinction charmante, sa λεπτότης et sa
fleur d'élégance, l'Athénien son contemporain qui sculpta sur
l'Acropole la suite de reliefs, dont il nous est resté la *Déesse
montant en char* et le fragment d'*Hermès*. Néanmoins, malgré
ces différences (qui représentent d'ailleurs les points extrêmes
entre lesquels se classent, pour la qualité de l'exécution, les
métopes du *Trésor*), ces sculptures demeurent unies entre elles
indissolublement par la fine et subtile saveur, bien reconnaissable, du cru attique.

A Delphes, où les restes du *Trésor des Athéniens* voisinent
avec ceux du *Trésor des Cnidiens*, cette saveur particulière du
cru attique se laisse apprécier, préciser, mieux que nulle part
au monde[1]. La frise cnidienne est évidemment plus opulente,
plus cossue ; elle coule, telle qu'un large flot ininterrompu, et
nous dit la richesse d'imagination et la facilité d'exécution des
artistes ioniens ; les métopes attiques, suite de petits tableaux
nettement séparés et comptant chacun deux figures, sont
le produit d'un art plus discret, contenu en des limites
qui l'obligent à mesurer son effort. Sans doute, cela n'est
qu'une conséquence de l'architecture des deux édifices ; mais le
choix même de cette architecture n'est-il pas déjà un effet des
secrètes tendances des deux génies et le premier indice de
leurs aspirations non semblables? — Il n'y avait peut-être pas
nécessité pour la frise cnidienne à rouler des personnages aussi
abondants et pressés ; mais assurément la nécessité était
moindre encore, pour les métopes attiques, de laisser tant de
vide autour de leurs figures : c'est donc que, d'un côté, on
aimait la plénitude, voire un peu confuse, et que, de l'autre,
on tenait beaucoup à la clarté et qu'on n'appréhendait même
pas la maigreur, une élégante maigreur. — Les ressources de
johesse et de spirituelle coquetterie sont inépuisables pour un
ciseau ionien, et c'est un amusement d'en relever les multiples

1. Il faut, naturellement, tenir compte de la différence d'époque entre les
deux monuments; mais, toutes réserves faites à ce sujet, la comparaison
demeure légitime, et on peut dire qu'elle s'impose à l'esprit du spectateur.

témoignages dans la frise cnidienne ; l'art attique, instruit par l'ionien, n'ignore point ces ressources-là, mais il en use de façon plus modérée : capable, lui aussi, de minutieux fignolages, il ne s'y absorbe pas et maintient toujours au premier plan l'effet d'ensemble. — La différence éclate surtout dans le caractère des figures nues : sur la frise cnidienne, il y a trop de grosses formes molles, tout en chair, épaisses et boursouflées[1] ; sur les métopes attiques, au contraire, la plupart des figures sont construites solidement, avec une anatomie étudiée et soulignée, une indication précise des muscles et des os ; et, au lieu de corps tassés et lourds, ce sont des corps minces et sveltes, et parfois des allongements de lignes[2], dont l'heureuse élégance et la fine justesse sont un délice.

En résumé, de la grâce sans mollesse, de la vigueur sans dureté, de la fermeté sans raideur ; une force qui, selon les cas, se montre en plein ou se voile à demi ; une grâce qui sait se faire souriante, tendre et douce, ou qui circule invisible pour animer d'un indéfinissable attrait les attitudes et les gestes ; simplicité naturelle, discrétion, mesure, netteté, cet ensemble exquis et harmonieux des qualités diverses qu'on englobe sous le seul nom d'atticisme est réuni là dans les sculptures du *Trésor des Athéniens*. Et l'on voit bien par elles ce que l'art attique doit aux leçons de l'art ionien, mais aussi comment il s'est, de lui-même, élevé au dessus des leçons reçues d'autrui, et, mieux pourvu de moyens, a repris sa marche selon son goût et son génie natifs. Toute la beauté et la grâce qui existent dans la frise cnidienne, déjà réalisées ou seulement en puissance, on les retrouve là, mais amendées et affinées par l'esprit attique. L'élégance ionienne, on peut dire que les Attiques l'ont prise tout entière, mais non pas telle quelle : ils en ont modéré l'excès et fortifié la mollesse, ils l'ont dégonflée de ses bouffissures, ils ont établi l'ossature sous la chair, ils ont mis dans l'enveloppe aux gracieux contours le petit ressort de métal qui manquait.

Cette conclusion doit servir pour toutes les œuvres réunies dans ce chapitre. Elles sont ioniennes par leurs antécédents ; certains traits en elles n'existeraient pas sans la forte influence

1. Cf. ci-dessus, p. 146 sqq.
2. Cf. la métope *Héraclès et Kyknos* (Homolle, *op. l.*, pl. XLIII).

qu'ont exercée à Athènes les sculpteurs ioniens durant la seconde moitié du vı^e siècle ; mais elles sont attiques par l'exécution, par le sentiment, par la transformation qu'a subie en elles ce qu'il y est resté d'ionien. Elles donneraient à croire que l'art attique ne s'est confondu un moment avec l'art ionien que pour mieux surprendre le secret de son habileté matérielle et de son ingénieuse élégance, et qu'ensuite, aussitôt entré en possession des qualités qu'il désirait acquérir, il a fait réagir ses qualités antérieures sur les nouvelles, pour les équilibrer les unes par les autres, de crainte que l'habileté ne devînt virtuosité, que la finesse ne tournât en futile minutie, que l'élégance cessât d'être simple et la grâce d'être naturelle. Même dans celles de ces sculptures qui sont encore le plus près des types ioniens, on retrouve toujours, plus ou moins, en un détail ou un autre, cette sorte de rappel à la simplicité, élément essentiel de la χάρις attique ; et c'est, en effet, pour composer ce délicat parfum de la grâce attique que se rapprochent et commencent à se fondre les éléments lentement élaborés par les artistes d'Ionie et ceux d'Athènes. Mais les premiers ont maintenant fini leur tâche ; les seconds ont reçu d'eux ce qui leur était nécessaire ou utile, et ils pourront tout seuls atteindre le but, qu'ils sont seuls capables d'atteindre. Par les Attiques sera pleinement réalisé l'idéal de beauté élégante et charmante, que les Ioniens du vı^e siècle avaient eu le mérite d'ébaucher, et il le sera avec une fleur de grâce et une suprême distinction que les Attiques seuls pouvaient lui donner.

Nous voyons ici le commencement de leurs efforts dans la voie définitive ; efforts inégaux, et qui témoignent de tempéraments divers. Cette diversité est une preuve nouvelle du progrès qui s'est accompli ; la personnalité de l'artiste n'est plus étouffée par la discipline traditionnelle, elle perce librement ; et les œuvres de chacun porteront désormais leur marque propre, de plus en plus apparente. Mais ces différences sont de peu de poids relativement aux traits communs qui unissent entre elles les productions du groupe entier ; l'unité n'est pas moindre dans la série attico-ionienne que dans la série attico-dorienne ; et les deux séries, prises en bloc, demeurent en face l'une de l'autre, bien distinctes de physionomie et d'esprit.

CHAPITRE III

CONSÉQUENCES DE L'INVASION PERSE

Lorsque les Athéniens, en 479, reprirent définitivement possession de leur ville et de leur sol, et que la victoire de Platées les eut garantis contre un nouveau retour offensif des Perses, le nom d'Athènes était glorieux, mais l'Attique était ruinée. Les édifices publics et les maisons n'étaient plus qu'un tas de décombres [1], et la campagne était dévastée ; les belles plantations d'oliviers, que Pisistrate avait encouragées [2] et qui devaient être alors en plein rapport, n'existaient plus [3], et il fallait longtemps pour raviver cette source importante de la richesse du pays. — Or, sans tenir compte des difficultés matérielles, ni de la grandeur de la besogne à accomplir, ni des indications historiques les plus certaines, on est souvent porté à se figurer que les ravages de l'invasion furent effacés sur-le-champ, que ces ruines se couvrirent tout de suite d'une moisson de fleurs ; et, parce que « l'olivier sacré du temple d'Érechthée, brûlé jusqu'au pied, avait repoussé d'une coudée la première nuit », on voit volontiers dans ce miracle inventé « l'image de la rapidité avec laquelle un peuple dans tout l'élan de sa jeunesse et de son génie allait réparer ses désastres » [4] : et l'on substitue ainsi la légende à l'histoire. On prête à Thémistocle et à Kimon un rôle qui n'a pas été le leur ; on fait de Périclès, pour les embellissements de la ville, le simple continuateur d'une œuvre commencée avant lui et régulièrement poursuivie depuis 479, et l'on reporte dans la

1. Hérodote, IX, 13.
2. Cf. *Rev. arch.*, 1904, I, p. 48 (Pottier).
3. La dévastation systématique d'un pays, comme celle que Mardonios, après avoir temporisé, ordonna pour l'Attique (Hérodote, IX, 13), comportait essentiellement la destruction des cultures et des arbres, que l'on coupait ou que l'on brûlait.
4. Beulé, *L'Acrop. d'Athènes*, I, p. 28.

première moitié du vᵉ siècle des idées et une tâche qui appartiennent presque totalement à la seconde moitié du siècle [1].
En conséquence, on a imaginé qu'Athènes offrit le spectacle,
aussitôt après Platées, d'une intense activité artistique ; qu'elle
vit surgir chez elle, comme on l'a dit en propres termes,
« partout des temples, des portiques, des statues » ; qu'elle
donna immédiatement, et cinquante ans durant, abondance de
travail aux artistes, non pas seulement aux artistes athéniens,
mais à tous les artistes de la Grèce entière ; enfin, pour enrichir encore ce tableau admirable, on a supposé que l'art
attique, transformé miraculeusement par les victoires nationales, avait été, du jour au lendemain, pénétré et illuminé
d'un esprit nouveau, et tout de suite avait dominé le monde
grec par une supériorité, insoupçonnée la veille et désormais incontestée [2].

Quelle distance entre ces imaginations et la réalité ! Pour se
préserver de telles erreurs, il suffit cependant de considérer
exactement les divers faits, d'ordre historique ou archéologique, qui nous sont aujourd'hui connus, et de n'oublier pas
cette notion élémentaire : que les pierres, quand c'est les
pierres d'un édifice, coûtent de l'argent, et que les murs,
depuis que le charmeur Amphion a quitté ce monde, ne se
construisent plus eux-mêmes, docilement, aux seuls sons de la
lyre. — Redisons d'abord qu'en 479 le sol attique était
dévasté, et une ruine de ce genre ne se répare que lentement :
l'Attique, avec son territoire dépouillé, sa capitale et ses
villages incendiés et rasés, était donc notablement appauvrie.
D'autre part, la guerre contre les Perses n'était pas finie :
pendant près de trente ans encore, il faudra pourvoir sans
arrêt aux constructions et réparations des navires [3], à la nour-
riture et à la solde des équipages. Les dépenses militaires,
qu'on ne peut ni éviter ni restreindre, absorbent les ressources

---

1. Cf. Beulé, *op. l.*, p. 29-33 ; et, tout récemment, E. Gardner, *Ancient Athens*,
p. 208 sqq.

2. Cf. André Joubin, *La sculpt. grecque entre les guerres médiques et
l'époque de Périclès*. — Je cite ici ce livre en bloc et n'y reviendrai plus, ayant
dit ailleurs (*Rev. critique*, 1902, 1, p. 121-133) ce que j'estimais juste qu'il en
fût dit.

3. Diodore (XI, 43, 3) mentionne un décret athénien rendu en 477 pour la
construction de 20 trières chaque année. — Curtius (*Hist. gr.*, trad. Bouché-
Leclercq, II, p. 261, note 1) voulait faire remonter ce décret à 487 ; mais il se
comprend au moins aussi bien en 477, et M. Busolt (*Griech. Gesch.*[2], III, p. 53)
le maintient à cette date.

de la cité ; et, si impatient qu'on soit de reconstruire en plus grand et en plus beau les édifices religieux détruits, quelque ambition qu'on ait de donner à la ville une brillante parure de monuments, ces dépenses de luxe, qui peuvent attendre, sont en effet ajournées parce qu'on ne saurait les soutenir. La question d'argent prime tout ; aussi longtemps que la guerre réclamera l'argent de l'État, l'État ne devra presque rien commander aux architectes ni aux sculpteurs : voilà, en gros, le fait économique qui pèse sur l'histoire de l'art à Athènes, de 480 à 450. Il mérite qu'on le considère avec attention et qu'on l'étaye des preuves les plus fortes, de manière à le rendre incontestable à tous les yeux : car il compte pour beaucoup dans les causes de l'éclat incomparable qu'a jeté l'art attique après 450.

Sans entrer dans le détail 'des événements qui suivirent la victoire de Platées, il suffira de rappeler qu'Athènes, au bout de peu d'années, se trouva à la tête d'une Ligue qui comprenait la plupart des îles de la mer Ægée et des cités ioniennes et æoliennes de l'Asie Mineure et de la Grèce du Nord [1]. Par son ardeur à continuer une lutte que les Spartiates jugeaient terminée dès lors qu'elle avait cessé d'avoir pour théâtre le continent européen, par la vaillance heureuse de sa flotte et par l'habileté politique d'Aristide et de Kimon, Athènes était apparue aux Ioniens, toujours menacés de la vengeance perse, comme la plus capable de diriger leur résistance et de leur procurer le salut. Elle avait l'hégémonie de cette grande Confédération maritime, la première que la Grèce eût connue, dont le siège nominal était le sanctuaire ionien de Délos. C'est à Délos qu'étaient centralisées les contributions annuelles versées par les villes confédérées ; mais les Hellénotames, administrateurs de cette caisse remise en garde au dieu de Délos, étaient des Athéniens. Et le rôle actif d'Athènes ne cessa de grandir, sa puissance de s'affermir, « par le fait, a dit justement Curtius [2], des villes confédérées elles-mêmes ». En effet, beaucoup de celles-ci, qui avaient d'abord fourni leur contingent en navires et en hommes, ne tardèrent pas à envier le sort des plus petites villes, à qui on ne demandait que de payer une taxe annuelle ; elles rachetèrent leur contribution en nature par un

1. Cf. Busolt, *Griech. Gesch.* [2], III, p. 73-74.
2. *Hist. gr.*, trad. Bouché-Leclercq, II, p. 373.

supplément de contribution en argent ; elles contractèrent en quelque sorte une assurance avec Athènes, qui se chargeait de les défendre contre l'ennemi commun, sans qu'elles eussent à se défendre elles-mêmes. L'instrument de la défense, à savoir la flotte, tendait ainsi à être de plus en plus aux seules mains des Athéniens, bien qu'il continuât d'être entretenu par tous les alliés ; la flotte athénienne devenait de plus en plus nombreuse et puissante, sans qu'il en coûtât davantage à Athènes [1].

D'un autre côté, la tournure généralement heureuse que prit la guerre, les périodes d'accalmie où l'hostilité des Perses semblait s'endormir, procurèrent des excédents à la caisse fédérale ; un véritable trésor s'accumula à Délos : tandis qu'au début les 460 talents qui formaient le total des paiements annuels devaient passer tout à l'entretien de la flotte [2], vingt-cinq ans plus tard les réserves montaient à 5.000 talents [3]. Or, de même que la flotte de la Ligue était devenue peu à peu une flotte presque exclusivement athénienne, il semblait aux Athéniens que la caisse de la Ligue, gérée par eux dès le commencement, était de plus en plus une caisse athénienne ; aussi, un bon prétexte s'étant offert et Périclès l'ayant saisi, cette caisse finissait, en 450, par être transférée de Délos à l'Acropole d'Athènes [4]. A partir de ce moment, l'État athénien avait sous sa main de quoi subvenir à toutes les dépenses qu'il lui plairait d'entreprendre, et il était assez fort à la fois pour s'arroger le droit d'user à son gré des revenus de la Ligue et pour ne pas souffrir que ces revenus cessassent d'affluer d'année en année par le paiement des contributions dues. Athènes allait pouvoir enfin réparer ses désastres, de la digne façon qu'elle rêvait depuis 480.

Déjà quelques années auparavant, une démarche curieuse

1. Cf. Curtius, *op. l.*, p. 423.
2. Ces 460 talents auraient été la somme requise annuellement pour 100 trières, pendant les huit mois de la campagne : cf. Busolt, *Griech. Gesch.*[2], III, p. 79.
3. Curtius (*op. l.*, p. 427) disait 1.800 talents. Sur d'autres chiffres erronés, que donnent des écrivains anciens, cf. Busolt, *op. l.*, p. 204, note 2. Le chiffre de « plus de 5.000 talents » a été fourni par le papyrus grec conservé à Strasbourg et publié par M. Keil sous le nom d'*Anonymus Argentinensis* (Strasbourg, 1902).
4. Sous l'archontat d'Euthydémos, 450/449 ; proposition faite par Périclès. Ces renseignements précieux, qui fixent une date jusqu'à présent mal connue, viennent de l'*Anonymus Argentinensis* : cf. l'approbation donnée par M. Foucart à la démonstration de M. Keil (*Rev. de philol.*, XXVII, 1903, p. 9).

avait été tentée, et une décision singulièrement intéressante avait été prise, en vue de la réparation de ces désastres. Vers 456, Périclès fit rendre un décret à fin d'inviter toutes les cités grecques sans exception, « européennes et asiatiques, grandes et petites », à tenir un congrès pour délibérer d'objets divers, dont le premier était la réfection « des temples grecs qu'ont brûlés les Barbares »[1]. Ce congrès panhellénique devait se réunir à Athènes ; et les temples de l'Attique tous abattus, l'Acropole dévastée, les maisons de la ville reconstruites à la hâte auraient dit éloquemment aux députés les souffrances et les ruines que les Athéniens avaient endurées pour la cause nationale : c'est aux temples d'Athènes que Périclès pensait d'abord, et c'est d'eux, certainement, qu'on se serait occupé d'abord. Le refus des Spartiates, qui n'avaient pas un intérêt personnel en cette affaire, empêcha le plan de Périclès d'aboutir. Athènes se retourna alors vers ses alliés, et il fut décidé, en 454, que désormais un 60ᵉ des contributions de la Ligue (une mine par talent) serait consacré à réparer le dommage que les Perses avaient causé à Athéna, patronne d'Athènes, c'est à dire, en termes plus directs, employé pour la reconstruction des édifices de l'Acropole[2]. Ces prémices, régulièrement versées à la caisse d'Athéna à partir de 454, aidèrent en effet à payer les dépenses faites sur l'Acropole de 447 à 432 ; et les textes officiels eux-mêmes témoignent que ce n'est pas seulement avec leur propre argent, mais aussi avec celui de leurs alliés, que les Athéniens élevèrent le Parthénon et les Propylées[3].

En résumé, Athènes, dont les ressources domestiques se sont naturellement accrues d'une façon constante, depuis 479, par la remise en valeur de son territoire et par l'extension de son commerce, consécutive à l'extension de sa puissance mili-

---

1. Plutarque, *Périclès*, 17.
2. La date des ambassades envoyées par Athènes pour préparer le congrès panhellénique était loin d'être fixée : cf. Curtius, *op. l.*, p. 620 ; Busolt, *op. l.* p. 445, note 2. Or, ce n'est certainement qu'après l'échec de l'idée du grand congrès que les Athéniens se rabattirent sur leurs alliés seuls et leur firent rendre le « vote des prémices ». Étant établi aujourd'hui que ce vote fut rendu en 454 (cf. le résumé de la démonstration par M. Foucart, *Rev. de philol.*, XXVII, 1903, p. 9), le décret athénien relatif au congrès panhellénique ne peut guère être postérieur à 456.
3. Cf. la très heureuse explication que M. Foucart (*l. l.*, p. 9-12) a donnée d'une formule insolite, qui a été employée dans ces textes, en raison justement du versement des prémices par les adhérents de la Ligue maritime.

taire, se trouve de plus avoir le privilège, en 454, de prélever
annuellement les prémices des contributions versées par ses
alliés ; et peu après, en 450, c'est la caisse même de la Confédération, une caisse archi-pleine, qu'elle prend chez elle et
dont elle usera à sa guise, puisqu'elle en a seule le contrôle et
que sa flotte puissante l'autorise, comme l'assurait Périclès, à
ne rendre de comptes à personne [1]. Dès l'année suivante, les
hostilités avec la Perse sont finies ; et, sans attendre la conclusion, d'ailleurs prochaine, de la paix avec les Lacédémoniens
aussi, Périclès peut enfin aborder la réalisation de son dessein,
qui est de rendre Athènes aussi brillante qu'elle est forte, aussi
magnifique qu'elle est glorieuse, « de la parer, de la dorer, de
dépenser les talents (des alliés) par milliers pour ses statues
et ses temples » [2]. On dresse un programme des travaux ; et,
en moins de vingt ans, entre la fin de la guerre avec les
Perses et le commencement de la guerre du Péloponnèse, une
œuvre énorme est accomplie [3]. Pour l'Acropole d'abord, un plan
d'ensemble est arrêté, dont les diverses parties s'exécutent
successivement : c'est le petit temple d'*Athéna Niké*, et la
grande *Promachos* en bronze de Phidias, puis le Parthénon,
puis les Propylées, et peut-être l'Érechtheion même [4]. Dans la
ville s'élèvent, entre autres constructions, le Métroon, l'Odéion,
le temple d'*Héphæstos* [5]. Dans l'Attique, on reconstruit au cap
Sounion le temple de *Poseidon*, et on y ajoute un petit temple
à *Athéna* ; on dote Rhamnonte d'un grand temple propre à
contenir une statue colossale de *Némésis* ; on attaque à Éleusis
un *Télestérion*, d'une grandeur jusque là inconnue. Bref, de
450 à 432, on travaille sans interruption, de la façon la plus
active, sur l'Acropole, cependant que d'autres édifices sortent
aussi de terre dans tous le reste de la ville et du pays ; et nous ne
parlons que des édifices en marbre, et la plupart de ces édifices
étaient de dimensions considérables et comportaient un nombre
abondant de colonnes. De cette époque date vraiment la résur-

1. Plutarque, *Périclès*, 12.
2. Plutarque, *l. l.*
3. Le résumé qui va suivre est fondé sur celui qu'a donné M. Dœrpfeld
(*Athen. Mittheil.*, XXVII, 1902, p. 413 sqq.).
4. M. Dœrpfeld (*l. l.*, p. 404 et 414 ; *Ibid.*, XXIX, 1904, p. 106) est d'avis que
l'Érechtheion faisait partie du plan général conçu par Périclès et Phidias, et
qu'il a pu être commencé avant la guerre du Péloponnèse.
5. C'est probablement le temple que nous connaissons aujourd'hui sous le
nom de « *Théseion* ».

rection des monuments de l'Attique jadis détruits ; grâce à
l'initiative de Périclès, une merveilleuse floraison d'œuvres
d'art recouvre et efface les ruines de 480 et 479.

Ce que nous savons de l'activité de cette époque suffirait
déjà à nous renseigner, par contre-coup, sur l'inaction de la
période précédente. Si l'on eut tant à reconstruire après 450,
c'est donc qu'on n'avait guère reconstruit avant ; si Thémistocle et Kimon laissèrent à Périclès tant à faire pour l'embellissement de la ville, c'est donc qu'eux-mêmes avaient fait
peu de chose. Cette conclusion est confirmée, en effet, par les
informations directes que nous possédons sur le temps de Thémistocle et de Kimon. On sait que Thémistocle, allant au plus
pressé, s'occupa avant tout de donner à Athènes la sécurité
en l'entourant de murailles. Rapidement l'enceinte de la ville
fut rebâtie, et le Pirée aussi fut abrité derrière ses remparts [1].
Puis le mur Nord de l'Acropole fut relevé, et, comme on avait
utilisé dans les murs de la ville basse les débris des stèles
funéraires [2], on employa à l'Acropole, pour aller plus vite,
sans même les retailler, des matériaux provenant de la ruine
récente : tambours de colonnes en calcaire et morceaux d'entablement du temple des Pisistratides, et 22 tambours en marbre,
non cannelés, qui avaient été préparés pour le *Parthénon*
antérieur à 480, et qui portent encore aujourd'hui la trace de
l'incendie allumé par les Perses [3]. A ces travaux de première
nécessité se borne l'initiative de Thémistocle, et, quand il dut
quitter Athènes (entre 474 et 472 [4]), l'Acropole était encore

---

1. Thucydide, I, 90, 93.
2. Thucydide, I, 93.
3. Le mur Nord de l'Acropole était traditionnellement attribué à Thémistocle, et Beulé (*L'Acrop. d'Athènes*, I, p. 31, 96-98) avait remarqué justement
que les paroles de Thucydide sur les murs de la ville basse s'appliquent avec
autant de vérité à cette partie de l'Acropole : la hâte visible de la construction,
l'emploi des matériaux qu'on avait immédiatement sous la main, le peu de
souci de la régularité et de la beauté sont, en quelque sorte, la marque de la
volonté pratique de Thémistocle ; et c'est ce que les Athéniens avaient oublié
plus tard, quand leur amour de l'anecdote ingénieuse leur faisait raconter que
la construction avait été ordonnée ainsi tout exprès pour rappeler éternellement l'invasion des Barbares. — On avait cru cependant, depuis quelques
années, devoir ôter à Thémistocle cette construction et la dater de 457 seulement : cf. *Athen. Mittheil.*, XVII, 1892, p. 189 (Dœrpfeld). Mais M. Dœrpfeld
(*Ibid.*, XXVII, 1902, p. 402-403) est revenu catégoriquement sur cette opinion
et ne doute plus que le mur Nord ne soit bien de Thémistocle.
4. Cf. von Wilamowitz-Mœllendorff, *Aristoteles und Athen*, I, p. 143 sqq ;
Busolt, *Griech. Gesch.* [2], III, p. 112, note 2.

démantelée en partie. C'est seulement après 469, avec l'argent
provenant du butin enlevé par Kimon à la bataille de l'Eurymé-
don, que fut construit le puissant mur du côté sud [1], et peut-
être aussi, en même temps, le mur de l'est et celui du sud-
ouest [2]. Ce dernier fait me semble éclairer la situation du jour
le plus net : dix ans après Platées, l'enceinte de l'Acropole
était toujours inachevée, et il fallait, pour qu'on eût les moyens
de la terminer enfin [3], l'aubaine d'un butin exceptionnel ; et
cependant on ne saurait croire que les Athéniens jugeassent ce
travail secondaire, puisqu'on les voit s'empresser, au contraire,
d'y consacrer les ressources que l'heureux hasard d'une victoire leur procure. Pour Kimon comme pour Thémistocle, le
premier souci, après celui de continuer la guerre maritime,
fut de munir la ville d'une bonne ceinture fortifiée [4], de façon
qu'elle eût chez elle, contre ses ennemis continentaux, la
sécurité que sa flotte lui garantissait du côté de la mer. Cette
grande œuvre de fortification sera complétée un jour par les
Longs Murs, reliant l'enceinte d'Athènes à l'enceinte du Pirée ;
et ces Longs Murs, on ne commencera à les construire qu'en 459 [5],
juste vingt ans après le retour des Athéniens dans leur ville
ruinée.

Pendant ces vingt années donc, tandis que les particuliers
relevaient leurs maisons et reconstituaient leurs biens, la cité
employait ses ressources pour la flotte d'abord, puis pour la
réfection des défenses terrestres. Elle dut aussi, naturellement,
pourvoir à certains travaux nécessaires afin de rendre la ville
habitable et de permettre à la vie publique de reprendre son
cours : dégagement et nettoyage des lieux sacrés, spécialement de l'Acropole ; réparations provisoires aux édifices indispensables du culte ; remise en état de l'agora pour les affaires
et les réunions ; édification de quelques portiques ; construc-

1. Plutarque, *Kimon*, 13 ; Pausanias, I, 28, 3. — Cf. Keil, *Anonymus Argentinensis*, p. 84.

2. C'est l'opinion de M. Dœrpfeld (*Athen. Mittheil.*, XXVII, 1902, p. 413).

3. En admettant que le mur de Kimon ait rejoint celui de Thémistocle et
fermé la boucle ; mais cela n'est pas certain, et il est possible que l'enceinte de
l'Acropole n'ait été achevée que par Périclès (cf. Hitzig-Blümner, éd. de Pausanias, I, p. 307).

4. Cf. Keil, *Anonymus Argentinensis*, p. 88 ; *Athen. Mittheil.*, XXVII, 1902,
p. 413 (Dœrpfeld).

5. Thucydide, I, 107 ; cf. Busolt, *Griech. Gesch.*[2], III, p. 310. — Aux deux
Longs Murs, Périclès devait encore en ajouter plus tard un troisième : cf.
Busolt, *op. l.*, p. 479-480.

tion de quelques bâtisses pour les services administratifs. On
attribue d'habitude ces divers travaux à Kimon[1], sans qu'on
puisse d'ailleurs produire un témoignage formel en faveur de
cette attribution ; elle revient simplement à dire que les travaux
en question ont dû être exécutés dans le deuxième quart du
v° siècle, et ils étaient, en effet, de ceux qu'on ne pouvait
guère ajourner. Du même temps datait un petit héroon en
l'honneur de Thésée (*Théseion*[2]), et un autre en l'honneur des
Dioscures (*Anakeion*) : tous deux auraient passé inaperçus,
s'ils n'avaient eu la chance d'être ornés de peintures par
Polygnote et Micon.

L'impression qui se dégage de là est qu'Athènes, après les
dépenses militaires assurées (flotte et fortifications), s'emploie
à recouvrer peu à peu les organes de sa vie sociale et de sa
vie politique ; mais le luxe et le superflu ne lui sont pas permis
encore[3]. La preuve la plus manifeste en est qu'on ne relève
pas, qu'on ne commence même pas à relever aucun des édifices de l'Acropole. Ce grand temple, dont les fondations
énormes soutiennent le Parthénon de Périclès, et pour lequel
avaient été déjà trainés à pied d'œuvre quelques tambours de
colonnes, on l'attribuait jadis à Kimon ou bien à Thémistocle :
nous savons maintenant qu'il est antérieur à 480, que ni Thémistocle ni Kimon n'y ont touché, et qu'il ne vit pas revenir
les ouvriers avant l'année 447[4]. Or, si les Athéniens ont laissé
en ruines pendant plus d'un quart de siècle les édifices de
l'Acropole, il est évident que ce ne fut point par indifférence ou
parce que les temples de la ville basse leur importaient davantage ; s'ils n'ont pas reconstruit les premiers, ils n'ont pas

---

1. Cf. Busolt, *op. l.*, p. 361 sqq.
2. Il n'a rien de commun avec le grand temple que nous appelons
« *Théseion* », lequel date de la seconde moitié du v° siècle.
3. Les dépenses de certaines constructions publiques, antérieures à 450,
furent supportées par des particuliers : ainsi Peisianax, un parent de Kimon,
fit les frais d'un portique près de l'agora ; c'est ce « portique de Peisianax » qui
s'appela ensuite le « portique peint » (*Pœcile*), quand Polygnote, Micon et
Panænos l'eurent décoré de peintures. Il est probable que le petit *Théseion*
fut pareillement construit aux frais de Kimon, qui avait eu l'honneur de rapporter de Skiros à Athènes les ossements de Thésée.
4. Cf. *Athen. Mittheil.*, XXVII, 1902, p. 403 sqq. (Dœrpfeld) ; Wiegand,
Poros-Architektur, p. 114. La démonstration que M. Foucart avait tentée
(*Rev. de philol.*, XXVII, 1903, p. 7-8), pour faire admettre que les fondations
du temple dataient de 469, se trouve annulée par l'étude de M. Dœrpfeld. (Cet
article de M. Foucart, bien que daté de 1903, est pourtant antérieur à celui
de M. Dœrpfeld.)

reconstruit non plus les seconds[1]; et ce long retard pour les uns et pour les autres est dû uniquement au manque des ressources convenables[2]. Car il ne s'agissait pas d'une reconstruction vaille que vaille : non seulement les édifices nouveaux ne devaient pas être inférieurs aux anciens, mais ils devaient leur être supérieurs en dimensions et en beauté ; ils devaient nécessairement être en marbre, puisque déjà avant 480 les Athéniens avaient érigé des monuments tout de marbre[3] ; enfin, on comprend aisément que, à mesure que la puissance d'Athènes grandissait, ces orgueilleux projets, loin d'être ramenés à des proportions plus modestes, aient au contraire grandi aussi, et que la ferme confiance de pouvoir les réaliser un jour ait conseillé d'attendre patiemment et de laisser mûrir les fruits de la fortune. De bonne heure ces fruits mûrissants de la fortune prirent une forme concrète et définie : ce fut quand les réserves d'argent commencèrent de s'accumuler dans la caisse de la Ligue maritime, à Délos ; les Athéniens durent vite s'habituer à espérer en cette caisse pour reconstruire leurs temples et réparer leur Acropole ; et, pour l'accomplissement de cet espoir, ils n'avaient plus qu'à laisser faire l'habileté et la hardiesse de Périclès[4].

1. Le prétendu serment qu'auraient fait les Grecs à Platées, de ne pas relever les temples brûlés par les Barbares, est une invention, ainsi que l'a démontré M. Kœpp (*Arch. Jahrbuch*. V. 1890, p. 271 sqq.) ; mais M. Dœrpfeld (*Athen. Mittheil.*, XXVII, 1902, p. 415-416) a remarqué avec raison que l'origine de cette légende devait être le fait que les temples de l'Attique étaient en réalité restés très longtemps à l'état de ruine.

2. M. Foucart (*Rev. de philol.*, XXVII. 1903, p. 8), voulant expliquer pourquoi le grand temple, dont les fondations dateraient, selon lui, de 469, n'aurait pas été continué, dit : « (C'est qu'alors) Athènes s'engagea dans des entreprises multiples, en disproportion avec ses forces réelles. L'énorme dépense en hommes et en argent fut une cause de ralentissement dans les travaux. » De même, M. Keil (*Anonymus Argentinensis*, p. 115), qui croit que le premier projet du Parthénon de Périclès est de 456, l'année où fut tentée la réunion d'un congrès panhellénique, invoque, pour expliquer que la réalisation du projet ait tardé dix ans, les dépenses et les difficultés où Athènes était engagée, à cause de la guerre contre les Perses qui durait toujours, et de ses efforts pour étendre sa suprématie en Grèce. — Une sorte de contre-épreuve, très intéressante, nous est fournie à ce sujet par l'histoire de l'Érechtheion, construction bien limitée cependant, commencée peut-être avant la guerre du Péloponnèse (cf. ci-dessus, p. 429, note 4), et qui n'était pas encore terminée plus de trente ans après, sans cesse interrompue et reprise, interrompue dès que la guerre reprenait, reprise quand la guerre s'interrompait.

3. *Stoa des Athéniens* et *Trésor des Athéniens* à Delphes; anciens *Propylées* de l'Acropole ; grand temple commencé sur l'Acropole avant 480. Cf. *Athen. Mittheil.*, XXVII, 1902, p. 405 (Dœrpfeld).

4. La tentative du congrès panhellénique (456), le vote des prémices par les

En opposant, avec le plus de précision que j'ai pu, la période
479-450 et la période postérieure à 450, en montrant par les
témoignages historiques et archéologiques les plus sûrs quel
contraste complet il a existé entre les deux, je crois avoir
réussi à éclairer un peu l'histoire confuse de la sculpture
attique dans le second quart du v⁰ siècle. C'est une grosse
erreur, de dire qu'une intense activité artistique régna à
Athènes dès le lendemain de 479, et que l'invasion perse fut
cause, pour l'art attique, d'une poussée immédiate, telle qu'il
n'en avait pas connu encore. L'activité d'Athènes, dans le
deuxième quart du v⁰ siècle, se porta sur d'autres objets que
l'art[1]; les grandes œuvres athéniennes d'architecture et de
sculpture qui sont venues après 479 appartiennent toutes à la
seconde moitié du siècle; les grandes entreprises artistiques
qui furent l'éclatante réparation du désastre national sont dues
à Périclès, qui n'eut pas seulement à les poursuivre et les
achever, mais qui les conçut et les commença : elles sont
étrangères au temps de Thémistocle et de Kimon. Si l'on passe
en revue les temples et édifices en marbre qui, à la fin du
v⁰ siècle, couvraient l'Acropole et se dressaient çà et là dans
Athènes et dans l'Attique, dont ils faisaient l'orgueil, on n'en

alliés (454), le transfert de la caisse de Délos à Athènes (450), sont autant
d'étapes vers le même but.

1. On pourrait me reprocher ici d'oublier Polygnote et les deux autres
peintres qu'on cite avec lui, Micon et Panænos. Je ne les oublie pas; mais
quelles furent les œuvres de ces artistes à Athènes? Il y eut la décoration du
Pœcile, commune à tous les trois, et la décoration du *Théseion* et de
l'*Anakeion*, commune à Polygnote et Micon. C'est tout, et les deux derniers
édifices doivent n'avoir été que des temples très petits. Polygnote paraît,
d'ailleurs, avoir eu une raison particulière de séjourner à Athènes, dans
l'amitié qui l'unissait à Kimon et à la famille de Kimon : et on remarquera
qu'en n'acceptant pas d'être payé pour ses peintures de la *stoa de Peisianax*
(*Pœcile*), il complétait par sa générosité celle qu'un parent de Kimon venait
de faire à sa patrie. Le même fait a pu se reproduire pour le *Théseion*, si
celui-ci fut élevé aux frais de Kimon, comme la *stoa* l'avait été aux frais de
Peisianax (cf. ci-dessus, p. 432, note 3). En tout cas, les quelques peintures
dont il s'agit, même si elles ont été des commandes de l'État, ne représentaient ensemble qu'une faible dépense, et il n'y a donc là rien qui contredise
notre démonstration actuelle. — Il faut ajouter que, grâce à Polygnote, c'est
la peinture, non pas la sculpture et encore moins l'architecture, qui occupe
le premier plan à Athènes au temps de Kimon. J'aurai plus loin l'occasion
de rappeler qu'il put y avoir là un nouveau bienfait pour la sculpture attique,
si les exemples de Polygnote ne furent pas inutiles à la formation de l'art de
Phidias. Mais la disparition des œuvres originales ne permet pas d'aller au
delà de cette vraisemblable hypothèse, exprimée seulement d'une façon très
générale.

trouve pas un que le témoignage des textes anciens ou des
ruines ne nous oblige à placer après 450.

Il découle de là une conséquence des plus graves : c'est que,
de 480 à 450, la sculpture décorative subit à Athènes une
éclipse totale. Durant ce laps de temps, il n'y eut pas de frontons, pas de métopes, pas de frises à décorer de statues ou de
reliefs. Mais il restait aux sculpteurs les statues isolées, les
reliefs votifs, qui constituaient, en dehors des édifices, la
parure artistique des sanctuaires? Il est vrai, et ce genre
d'offrandes ne pouvait faire entièrement défaut. Cependant, je
ne crois pas qu'elles aient dû être abondantes, d'abord à cause
de l'amoindrissement des fortunes particulières, et puis parce
que l'Acropole se prêtait mal à en recevoir beaucoup, tant
qu'elle fut un champ de ruines, destiné à se transformer un
jour en un chantier de construction pour des édifices dont le
plan et l'emplacement n'étaient pas encore fixés. Il restait
aussi les sculptures funéraires? Sans doute ; mais on a remarqué précisément que les stèles funéraires en marbre, très nombreuses avant l'invasion[1], et qui reparaissent de nouveau en
très grand nombre à partir de la seconde moitié du ve siècle[2],
manquent presque complètement pour la période qui nous
occupe ici[3]. Cette disparition momentanée doit tenir, en premier lieu, à l'état des fortunes privées, et, secondement, à ce
que la plupart des ateliers de marbriers devaient s'être fermés, n'ayant guère de travaux à espérer pendant quelque
temps. Et en effet, les signatures de sculpteurs, recueillies à
Athènes pour la période 480-450, ne sont qu'en nombre infime[4].

1. Nous n'en possédons pas beaucoup ; mais elles étaient certainement
abondantes, pour que Thucydide (I, 93 : πολλαί τε στῆλαι ἀπὸ σημ{...}.ων) les ait
mentionnées expressément parmi les matériaux de hasard employés à la
reconstruction de l'enceinte de la ville. — Rappelons cependant que nombre
de ces stèles étaient peintes, non sculptées (cf. ci-dessus, p. 287) : cette circonstance en rendait le remploi plus aisé.

2. Surtout dans le dernier quart du siècle, c'est à dire lorsque les grands
travaux commandés par l'État sont achevés ou interrompus, et qu'ainsi les
marbriers ont, en quelque sorte, retrouvé plus de loisir pour les commandes
des particuliers.

3. Nous en avons cité ci-dessus (p. 369) une petite, provenant du Pirée,
qu'on peut dater de 480 à 460 : c'est à peu près la seule connue pour cette
époque.

4. A celles de Critios et Nésiotès, M. Lœwy (Inschr. gr. Bildh., n°s 37[a] et 42)
n'a pu en joindre qu'une d'Eunostidès et une de Micon. Il y a bien deux
signatures, aujourd'hui connues, de Micon ; mais une seule (Lœwy, op. l., 42 ;
Lolling, Catal. inscr. Acrop., p. 56, n° 65) provient d'Athènes ; l'autre (Lœwy,
op. l., 41) provient d'Olympie.

Or, n'y a-t-il pas entre ces divers faits un accord frappant? Ne témoignent-ils pas ensemble d'une sorte de crise — le mot convient très bien aux circonstances — traversée par la sculpture athénienne jusqu'au retour de la richesse et de la paix?

Et si l'on demande ce que devinrent, durant ces années maigres, les sculpteurs attiques, ceux du moins qui, n'ayant pas d'autre métier pour vivre, ne trouvaient plus à pratiquer leur métier à Athènes, il faut répondre qu'ils firent nécessairement ce qu'avaient fait leurs confrères ioniens, du jour où le travail leur avait manqué en Ionie, par suite de la conquête perse[1], et ce que firent maintes fois, à toute époque, sans même y être poussés par la nécessité, quantité d'artistes grecs : ils quittèrent leur ville, s'en allèrent dans d'autres cités, à proximité d'autres sanctuaires, là où ils pouvaient espérer de gagner leur vie en exerçant leur talent. Tel dut être, pour quelques sculpteurs d'Athènes (mais quelques-uns seulement), le résultat le plus immédiat des événements de 480-479 ; et je croirais volontiers que cette dispersion forcée, cette existence nomade qui leur fit voir de près bien des œuvres d'autres écoles, ne fut pas inutile pour élargir l'esprit des plus jeunes de ces artistes, et contribua peut-être à achever la formation de l'art attique, à le mûrir pour les grandes tâches qui devaient lui incomber, vingt-cinq ou trente ans plus tard. — Ainsi, parmi les sculptures qui s'exécutèrent en Grèce, ailleurs qu'à Athènes, dans le deuxième quart du ve siècle, il y en eut qui furent taillées par ces Attiques errants. Aucune ne mériterait davantage, semble-t-il, d'être attribuée à l'un d'eux, que ces trois reliefs de Thasos, maintenant au Louvre, qui décoraient un autel consacré à Apollon, aux Nymphes et aux Charites[2] : n'y retrouve-t-on pas, dans une note plus sobre et plus aisée, en traits déjà un peu plus éloignés de l'archaïsme, l'équivalent de la λεπτότης et de la χάρις de certaines métopes du *Trésor des Athéniens* à Delphes et du bas-relief d'*Hermès* à l'Acropole[3]? Cependant nous ne pouvons, à ce sujet, aller au delà d'une simple hypothèse ; et ce n'est point par d'hypothétiques attributions que nous fonderons plus solidement notre connaissance

1. Cf. ci-dessus, p. 212.
2. Cf. la récente étude de M. Studniczka (*Wien. Jahreshefte*, VI, 1903, p. 159 sqq.), qui propose à la fois une interprétation en partie nouvelle de ces reliefs et une restauration nouvelle du monument qu'ils décoraient.
3. Cf. ci-dessus, p. 412.

des caractères de la sculpture attique. Heureusement, même dans cette période d'années maigres, les ateliers athéniens ne furent pas tout à fait improductifs, et de leur production l'on possède encore quelques échantillons authentiques. Ils suffisent pour jalonner la route et raccorder ensemble les dernières floraisons d'avant 480 et le grand épanouissement d'après 450.

CHAPITRE IV

LES TYRANNOCTONES
ET AUTRES ŒUVRES ENTRE 480 ET 450

La plus considérable de ces sculptures fut le groupe des *Tyrannoctones*, en bronze, par Critios et Nésiotès, qui remplaça en 477/476, sur l'agora d'Athènes, l'ancien groupe d'Anténor que Xerxès avait emporté avec lui en Perse. L'œuvre d'Anténor ne fut cependant point perdue pour toujours : Alexandre la retrouva dans un palais des rois de Perse, et elle fut, soit par lui ou par un de ses successeurs[1], renvoyée aux Athéniens. En sorte que, à partir de la fin du IVe siècle, les Athéniens possédèrent, juxtaposés dans leur agora, les deux monuments honorifiques qu'ils avaient successivement consacrés à la mémoire des *Libérateurs*. On avait donc le choix pour les copier l'un ou l'autre ; et la première question qui se pose devant les figures d'*Harmodios et Aristogeiton* au musée de Naples, est si ces marbres sont la copie du premier groupe ou du second. On crut, un moment, la question tranchée en faveur d'Anténor, après une étude de M. Studniczka, en 1887[2]; puis elle parut tranchée, au contraire, en faveur de Critios et Nésiotès, après une étude de M. Græf, en 1890[3]. Pourtant, quoique les conclusions de M. Græf aient été généralement adoptées, on entend encore des doutes s'exprimer à mi-voix[4]. Nous sommes enclins à penser, en effet, que l'œuvre

---

1. Témoignages contradictoires à ce sujet : cf. Overbeck, *Schriftq.*, 443-445 et 447. Les anciens nomment tour à tour Alexandre, Séleucos, et Antiochos fils de Séleucos. D'après de Witte (*Annali*, 1877, p. 329), il faudrait opter pour Antiochos. Mais la chose importe peu.

2 Cf. *Arch. Jahrbuch*, II, 1887, p. 141 sqq.; Collignon, *Hist. sculpt. gr.*, I, p. 370 sqq.

3. Cf. *Athen. Mittheil.*, XV, 1890, p. 1 sqq.

4. Cf. *Arch. Jahrbuch*, VIII, 1893, p. 145 (Winter); Pauly-Wissowa's *Real-Encycl.*, art. *Antenor* (8) (C. Robert); Springer-Michaelis, *Handbuch*[7], p. 171.

d'Anténor aurait dû exciter l'intérêt davantage que celle de
Critios et Nésiotès : elle était la première en date, et avait été
exécutée par un homme qui avait certainement connu les deux
héros ; à elle s'attachaient les noms de Xerxès et d'Alexandre,
le souvenir de l'invasion perse en Attique et de la conquête
grecque en Orient ; elle était comme chargée d'histoire. Mais
disons tout de suite que cette raison de « sentiment » ne saurait peser en rien dans la discussion[1].

Il importerait avant tout de savoir la date de l'œuvre d'Anténor. On a proposé récemment de fixer cette œuvre à 487[2] ;
elle aurait donc précédé de dix ans seulement celle de Critios
et Nésiotès : une date si récente changerait de la façon la plus
sérieuse les données du problème. Mais aussi il me paraît bien
malaisé de l'accepter. La cité athénienne doit avoir voulu
payer sans retard sa dette de reconnaissance à l'égard des
deux citoyens qui avaient failli renverser la tyrannie, et dont
la tentative, en remuant profondément l'âme populaire, avait
été le plus grave coup porté au régime existant et le signe
avant-coureur de sa chute prochaine. L'idée d'un monument à
élever en l'honneur des *Tyrannoctones* était comme la conséquence naturelle de l'expulsion des Pisistratides, et de l'idée on
dut passer à l'acte, aussitôt que les circonstances le permirent :
nous avons dit[3] que la date la plus propice à la réalisation du
projet était les environs de 505. Date, non pas certaine, mais
si vraisemblable qu'il faudrait avoir de fortes raisons pour lui
en préférer une autre. Or, ces raisons n'apparaissent pas ;
peut-être même s'en laisse-t-il entrevoir une contraire. C'est
une chose remarquable, en effet, que l'empressement avec
lequel les Athéniens tinrent à relever, au milieu des ruines de
leur ville, les statues d'Harmodios et d'Aristogeiton. Pour que
les deux bronzes aient été coulés et mis en place dès 477/476,
il est nécessaire que la commande en ait été faite quasi dès les
premiers jours où Athènes commença de renaître. Il est vrai

---

1. M. Hauser (*Arch. Jahrbuch*, X, 1895, p. 203, fin de la note 26) y a, d'ailleurs, fort justement opposé une raison de fait, tirée des préférences particulières que les Romains ont montrées en matière d'archaïsme ; ils portaient
d'habitude leur choix sur l'archaïsme le plus mûri, le plus adouci, en somme
le moins archaïque : des deux groupes des *Tyrannoctones* qui s'offraient à
l'amateur romain désireux d'en avoir une copie, c'était donc le plus récent qui
devait lui agréer le plus.

2. Cf. *Arch. Anzeiger*, 1903, p. 41 (Corssen).

3. Cf. ci-dessus, p. 337.

que la dépense, relativement peu élevée, n'obligeait pas à de longs délais, ainsi qu'il arriva pour les grands édifices religieux ; mais cette hâte n'en demeure pas moins significative, lorsqu'on songe à tant de besognes urgentes qui s'imposaient de toutes parts et débordaient de beaucoup les ressources actuelles de l'État. C'est donc que ces deux bronzes, qui furent prêts avant même que les murs de la ville ne fussent rebâtis, avaient pour la cité une importance spéciale. Je ne puis m'expliquer ce traitement privilégié que si ces statues étaient plus qu'un monument honorifique élevé à la mémoire de deux victimes des tyrans d'autrefois, si elles étaient une commémoration officielle des origines du régime nouveau, opposé directement à la tyrannie et né de la chute même de celle-ci, du régime démocratique ou plutôt isonomique[1], auquel Athènes s'était depuis trente ans attachée d'une âme d'autant plus ardente qu'elle avait couru plus de dangers pour le fonder et le maintenir et qu'elle y avait puisé la force et la fierté de sa résistance contre tous les assauts[2]. Le dernier assaut, le plus terrible, venait d'être repoussé ; l'antique xoanon d'Athéna, qui avait accompagné les Athéniens à Salamine, avait réintégré l'Acropole : en relevant immédiatement dans l'agora, avant tout autre monument d'aucune sorte, les statues des *Tyrannoctones*, la cité semble avoir attesté qu'elle voyait en ce groupe son palladium politique, comme l'image de bois d'Athéna était son palladium religieux. Ne fallait-il pas, pour que le groupe d'*Harmodios et Aristogeiton* eût pris cette importance exceptionnelle et revêtu cette sorte de caractère symbolique, qu'il eût été mêlé à la vie de la cité, depuis que celle-ci avait commencé sa vie nouvelle, c'est à dire depuis l'expulsion des Pisistratides[3] ? La date qui est la plus rapprochée de l'inaugu-

---

1. Cf. ci-dessus, p. 336.

2. Il convient de ne pas oublier que les Pisistratides et leurs partisans exilés avec eux accompagnaient les Perses dans l'invasion en Attique, comme ils les avaient accompagnés déjà dans la descente à Marathon (Hérodote, VI, 107 ; VII, 6-7 ; VIII, 54 ; Thucydide, VI, 59). La guerre nationale se doublait donc, pour les Athéniens, d'un retour offensif de leurs anciens tyrans.

3. La date 487, proposée par M. Corssen, impliquerait que l'érection du groupe d'Anténor fut due principalement à l'échec de la tentative faite par les Pisistratides à Marathon en compagnie des Perses ; et pareillement le deuxième groupe, en 477, aurait été suscité par le désir de signifier la ruine nouvelle des espoirs que les Pisistratides avaient une fois encore fondés sur l'intervention des Perses. Mais n'est-ce pas là diminuer gravement la valeur d'un monument qui était, par excellence, aux yeux des Athéniens, un monu-

ration du régime nouveau doit donc être admise de préférence pour l'inauguration même de l'œuvre d'Anténor; un intervalle de vingt-cinq à trente ans la séparerait de celle de Critios et Nésiotès.

Cette question de date aurait un moindre intérêt, si, comme on a pris l'habitude de le croire[1], Critios et Nésiotès avaient, dans leur groupe, reproduit de mémoire, aussi exactement que possible, celui de leur prédécesseur. Mais cette croyance n'est fondée sur rien ; une copie de ce genre, sans être invraisemblable en soi, est pourtant contraire, d'une façon générale, aux naturelles tendances d'un art qui est encore dans la période de croissance et qui progresse toujours plus avant ; et nous ne voyons pas, en effet, que, pour aucun de leurs temples brûlés ou de leurs statues détruites, les Athéniens aient voulu, par un pieux respect du passé, « faire de l'archaïque »[2]. Le plus probable est donc que, entre le groupe d'Anténor et celui qui le remplaça, il n'y avait de commun que les données du sujet : cela suffisait sans doute pour qu'ils eussent une certaine ressemblance, mais non pour qu'ils fussent pareils ; ils étaient chacun de son temps, et l'on devait sentir dès l'abord qu'un assez long espace de temps les séparait[3].

Après cet examen des alentours[4], le problème se trouve

ment civique? Or, en diminuant l'importance du monument, on rend inexplicable la hâte que les Athéniens mirent à le relever. Car, que la cité ait tenu à rétablir les statues détruites ou enlevées par les Perses, comme les temples brûlés par eux, cela est tout naturel et peut se passer d'explication ; mais ce qui frappe et oblige à une explication particulière, c'est que les statues des *Tyrannoctones* aient été refaites tout de suite, alors que tant d'autres choses attendaient et devaient attendre longtemps.

1. Cf. Sauer, *Anfænge d. statuar. Gruppe*, p. 44 ; Collignon, *Hist. sculpt. gr.*, I, p. 370.

2. Cf. *Arch. Jahrbuch*, X, 1895, p. 203, 2° paragraphe de la note 26 (Hauser).

3. Ne doit-on pas interpréter en ce sens le mot de Pausanias (1, 8, 5), τοὺς ἀρχαίους, appliqué aux statues d'Anténor par opposition aux deux autres? Cela veut dire : les anciennes, les premières en date ; mais cela ne veut-il pas dire aussi : les plus anciennes d'aspect et de facture?

4. On aurait pu espérer que, parmi les reproductions diverses qu'on possède des *Tyrannoctones*, se découvriraient des différences permettant de les rapporter respectivement aux deux originaux différents et, par là, de distinguer l'œuvre d'Anténor et celle de Critios et Nésiotès. Il n'en est rien. M. Benndorf (*Annali*, 1867, p. 304 sqq., surtout p. 323) avait cru pouvoir attribuer les statues du jardin Boboli (cf. Arndt-Amelung's *Einzelaufn.*, 96-99) à Critios et Nésiotès et celles de Naples à Anténor. Mais tout le raisonnement échafaudé sur la comparaison de ces divers marbres entre eux s'est écroulé, puisque le prétendu « *Aristogeiton* » *Boboli* ne mérite pas grande confiance, et que le prétendu *Harmodios* est une simple figure d'athlète (cf. Friederichs-

posé directement en ces termes : devant considérer, jusqu'à
preuve formelle du contraire, les *Tyrannoctones* d'Anténor
comme antérieurs à 500, et sachant d'une façon générale quel
était l'esprit de la sculpture attique à la fin du vi° siècle, pouvons-nous rapporter à cette date l'original des copies de Naples?
Possédant une grande statue signée d'Anténor qui est antérieure à 500, et n'ayant pour nous renseigner sur les habitudes
techniques et le style de l'artiste que ce seul témoignage, qui
ne saurait par conséquent être récusé ni discuté, reconnaissons-
nous dans les marbres de Naples la technique et le style
d'Anténor? Telle a été la base des deux études principales
qui ont été faites jusqu'ici du problème, et que j'ai
rappelées plus haut : l'une de M. Studniczka, l'autre de
M. Græf. Or, il est notable que M. Studniczka, de lui-
même, renonça vite à ses conclusions premières, et qu'il
est aujourd'hui en plein accord avec M. Græf pour croire
que les statues de Naples ne doivent pas être rapportées à
Anténor[1]. — Les éléments d'appréciation que nous fournit
l'étude de ces statues[2] se ramènent à trois : 1° les torses
nous disent la connaissance que l'auteur avait du corps
humain et sa science dans le rendu des formes nues ; 2° la tête
d'*Harmodios* nous apprend quel type de physionomie il préférait et quel caractère il donnait au visage ; 3° enfin, comme les

Wolters, *Gipsabgüsse*, 121-124, fin de la note bibliographique ; Furtwængler,
Meisterw. gr. Plastik, p. 348). Pour les petites reproductions (relief Broom
Hall, monnaies, jetons en plomb, peintures de vases), elles paraissent dériver toutes du même modèle ; et, comme M. Hauser (*Arch. Jahrbuch*, X, 1895,
p. 202, note 26) a remarqué que trois au moins de ces petits documents
datent d'un temps où le groupe d'Anténor était encore exilé en Perse, ce
modèle serait donc le groupe de Critios et Nésiotès : démonstration qui vau-
drait singulièrement pour les statues de Naples. Mais, bien que j'attache de
l'importance à la remarque de M. Hauser et qu'elle me semble apporter un sérieux indice de plus en faveur de Critios et Nésiotès, je n'oublie pas que les
reproductions dont il s'agit sont des peintures ou reliefs minuscules, lesquels
nous renseignent seulement sur la pose des personnages et la silhouette d'ensemble, et qu'il suffit donc, pour affaiblir leur témoignage, de supposer une
certaine analogie de silhouette et d'attitude entre les deux groupes successifs.
— Notons à part deux peintures de vases (S. Reinach, *Répert. vases peints*, I,
382, 1 ; 449, 2) se rapportant, la première probablement et la seconde certainement, à l'histoire des *Tyrannoctones :* les personnages y apparaissent vêtus
et non groupés ensemble.
1. Cf. *Athen. Mittheil.*, XV, 1890, p. 4 ; *Arch. Jahrbuch*, XI, 1896, p. 264, note 76.
2. Il faut rappeler les restaurations importantes faites aux deux marbres :
dans *Aristogeiton*, il manquait la tête et les bras ; dans *Harmodios*, les bras,
la jambe droite, la partie inférieure de la jambe gauche (cf. Friederichs-
Wolters, *Gipsabgüsse*, p. 66).

mutilations subies n'empêchent cependant pas qu'on ne puisse
reconstituer avec une certitude quasi complète la pose et les
gestes des deux statues (*fig.* 36-37)[1], nous sommes à même
de les juger, non plus prises isolément ou par morceaux, mais
en tant que *groupe*.

Ce qui subsiste des deux corps nous rend évident au premier regard que l'artiste avait fait une étude particulière des
formes de l'homme et les connaissait bien. Ces torses pleins,
un peu bombés, comme gonflés de vie et d'énergie, sont construits d'une façon irréprochable, et tout le détail en est rendu
avec une science exacte et qu'on sent sûre d'elle-même, sans
une omission et non plus sans excès. Si le type est différent
de celui qu'on rencontre dans le fronton occidental d'Ægine,
le mérite de la facture y est à peine moindre ; et nulle inferio-
rité de ce genre n'apparaîtrait, je pense, au cas où nous aurions
conservé, en place de copies probablement affadies, le bronze
original avec sa vigueur et sa netteté premières. Une certaine
raideur, donnant l'impression de corps qui se meuvent tout
d'une pièce et par mouvements un peu anguleux, est un souvenir de l'ancienne frontalité, dont la tyrannie vient seulement
de prendre fin ; mais la majorité des figures d'Ægine non plus
ne sont encore arrivées à une plus grande aisance des mouvements et souplesse des attitudes. Il n'apparaît donc pas que les
Tyrannoctones doivent appartenir à une époque beaucoup
plus ancienne que les marbres du temple d'Ægine. Pour être
ce qu'ils sont, ils supposent l'existence derrière eux de quantité
d'œuvres où, par une étude serrée détail après détail, la connaissance du corps humain, de sa charpente invisible et du jeu
visible de ses muscles, se soit progressivement affermie. Ce
n'est pas en Attique que cette longue étude a été faite, et ce

---

1. Les *fig.* 36-37 sont des agrandissements de deux photographies, que
M. Michaelis m'a obligeamment communiquées et qu'il m'a autorisé à reproduire ; de quoi je le remercie beaucoup. Elles montrent la restauration
qui a été exécutée des *Tyrannoctones* au Musée de moulages de l'Université
de Strasbourg (cf. Michaelis, *Strassburger Antiken*, p. 24-25, fig. 23-24). Non
seulement les gestes des bras y sont plus justes que dans les statues
restaurées de Naples, mais les troncs d'arbre et autres supports ont disparu,
les deux plinthes séparées ont été réunies en une seule ; et l'on est ainsi
rapproché, autant que possible, de l'original perdu. — M. Michaelis a bien
voulu m'informer (fin juillet 1904) qu'une autre restauration du groupe, « plus
exacte et plus complète » à son avis, venait d'être faite au musée de
Brunswick et serait bientôt publiée par M. P.-J. Meier, directeur de ce musée ;
j'ai le regret de ne pas la connaître.

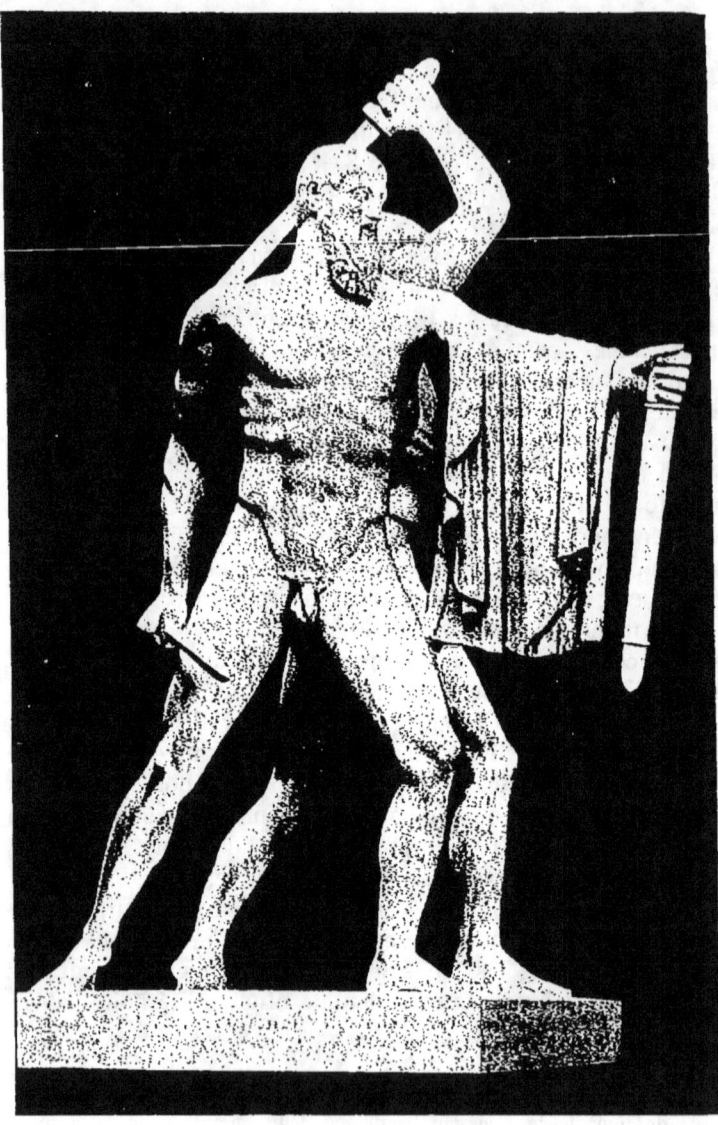

Fig. 36. — Les *Tyrannoctones*
(Restauration par M. Michaelis).

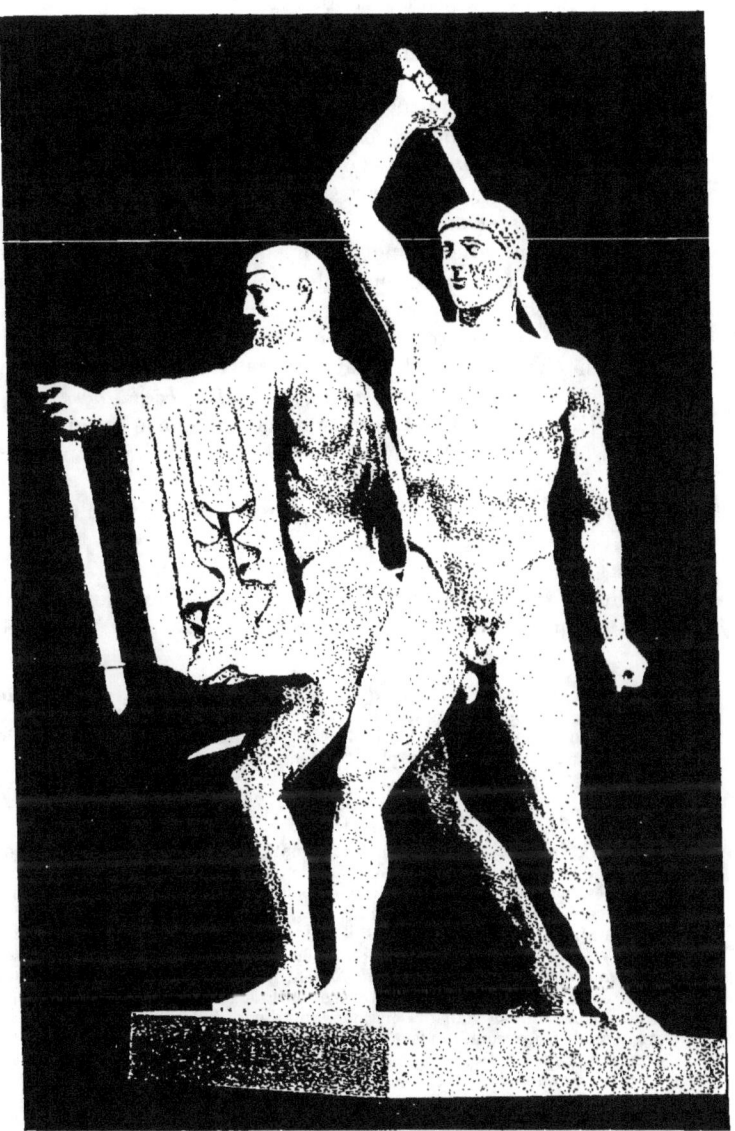

Fig. 37. — Les *Tyrannoctones*
(Restauration par M. Michaelis).

core sur la presque totalité des statues, était un gros obstacle à écarter d'abord[1]. Cette raison, corroborant celles que
nous avons exposées auparavant, confirme notre ferme croyance,
que les statues de Naples ne peuvent dériver que du deuxième
groupe des *Tyrannoctones*, celui de l'année 477/476. Et
j'ajoute que, venu si tôt après Salamine et Platées, quelque
chose a pu passer en ce deuxième groupe du fier courage dont
fit preuve l'âme athénienne au moment des suprêmes combats;
et que, dans l'élan avec lequel les deux *Libérateurs* se préci-
pitent sur les tyrans oppresseurs de la liberté et de la patrie,
se prolonge peut-être l'élan vainqueur de toute la cité contre
l'ennemi plus récent, et s'entend peut-être un écho du beau
chant de Salamine : *Allez, enfants de la Grèce! libérez votre
patrie*[2]!... N'est-il point permis de douter que le groupe d'Anténor, élevé vers 505, avant que la cité eût été trempée par
les pires désastres immédiatement suivis des plus insignes
victoires, ait été exécuté avec cet accent et animé d'un pareil
esprit de vaillance?

Les statues de Naples étant ainsi rapportées à Critios et
Nésiotès, nous savons maintenant quelle place donner dans
l'art attique à ces deux sculpteurs[3]. Ils se rangent parmi ceux

---

1. Cf. J. Lange, *Darstellung d. Menschen*, trad. Mann, p. 72-74. Lange a
été visiblement gêné, dans son analyse par la croyance, due à l'article récent
et non encore rétracté de M. Studniczka, que les statues de Naples devaient
dériver du groupe d'Anténor, plutôt que de celui de Critios et Nésiotès.

2. Eschyle, *Perses*, 402-403 :

.... Ὦ παῖδες Ἑλλήνων ἴτε,
ἐλευθεροῦτε πατρίδα....

3. On a parfois mis en doute leur nationalité attique. Mais Pausanias
(VI, 3, 5) désigne formellement Critios comme étant un Attique ; quant à
Nésiotès, son nom peut provenir d'un surnom autrefois donné à l'un de ses
ascendants et ne prouve pas du tout que lui-même ne soit pas né en Attique.
— Pour préciser un peu les dates de leur carrière, l'indication la plus importante résulte justement de la commande qui leur fut faite du groupe des
Tyrannoctones en 479 ou 478 ; évidemment ils étaient alors déjà des sculpteurs
très en vue à Athènes : leur carrière était donc commencée avant 480, et
c'est probablement dans la période antérieure à la ruine d'Athènes qu'ils
avaient chez eux comme élève Ptolichos de Corcyre (Pausanias, VI, 3, 5). — Il
faut remarquer la curieuse association de ces deux artistes. Pausanias, il est
vrai, ne nomme que Critios comme auteur des *Tyrannoctones*, ainsi que de
la statue d'*Épicharinos* (Pausanias, I, 8, 5 ; 23, 9) ; mais Lucien (*Philopseud.*,
18) désigne Critios et Nésiotès ensemble pour les *Tyrannoctones*, et, l'inscription de l'*Épicharinos* ayant été retrouvée, on y lit aussi les deux noms
(cf. Lolling, *Catal. inscr. Acrop.*, p. 52-53, n° 58 ; Lœwy, *Inschr. gr. Bildh.*,
n° 39). Les autres signatures connues(cf. Lolling, *op. l.*, p. 52 sqq., n°° 57-61 ;
Lœwy, *op. l.*, n°° 38-40, 398) confirment la permanence de cette association,

dont nous avons groupé les œuvres, ou plutôt les rares épaves, sous le titre conventionnel, mais clair, de « série attico-dorienne ». Ils n'ont pas gardé le contact avec l'art ionien ; ils se sont rapprochés franchement de l'art qui s'était développé au vi⁰ siècle dans la Grèce occidentale et qui, par diverses voies, était venu s'offrir à Athènes au début du v⁰ siècle. Ils ne copient pas servilement le type des statues « doriennes », leur talent personnel les élevant au dessus du rôle d'un simple imitateur ; mais ils les ont étudiées et s'en inspirent, tout autant que leurs devanciers, un demi-siècle plus tôt, avaient étudié et su reproduire le type des *corés* ioniennes. Contemporains d'Hégias, peut-être un peu plus jeunes seulement, ils représentent les mêmes tendances que cet « Attico-dorien », élève probable d'Hagéladas[1] ; c'est avec Hégias que Lucien[2] les cite comme auteurs de ces vieilles statues « précises, dures, tendues, exactes et serrées de lignes » : jugement qui, au point de vue où se place momentanément Lucien, et par rapport aux productions plus récentes qu'il a devant les yeux, constitue un reproche, mais duquel nous pouvons, nous, faire sortir un éloge, en songeant aux fortes qualités nouvelles dont l'art attique s'enrichissait par des œuvres de ce genre ; jugement qui, en tout cas, nous spécifie clairement le caractère essentiel de ces œuvres-là, un peu sévères et âpres, mais saines et fortes, en même temps qu'il nous montre Critios et Nésiotès partageant avec Hégias l'honneur du premier rang sur l'une des deux voies où marchait, depuis environ 500, la sculpture athénienne.

Après le groupe des *Tyrannoctones*, la seule œuvre de Critios et Nésiotès dont le sujet nous soit connu est leur statue de l'hoplitodrome *Epicharinos*, que Pausanias vit dans l'Acropole d'Athènes et dont la base, avec dédicace et signature, y a été retrouvée en effet[3]. On a suggéré qu'une reproduction libre et rapide de cette statue nous avait été conservée peut-être par une peinture de vase et un relief de monnaie[4], et

---

qui s'explique peut-être par l'existence d'un lien de famille entre les deux artistes. Pour quelque raison que ce fût, il est certain qu'ils avaient leur atelier en commun et signaient leurs œuvres ensemble ; nous ne pouvons aucunement les séparer l'un de l'autre.

1. Cf. ci-dessus, p. 386.
2. *Rhetor. præc.*, 9. — Cf. Pline, N. H., XXXIV, 49.
3. Cf. ci-dessus, p. 450, note 3.
4. Œnochoé à figures noires sur fond blanc, provenant de Rhodes, au Bri-

mieux encore par la statuette du musée de Tubingue, connue
sous le nom de « bronze Tux » [1]. Mais, comme cette statuette
est une petite œuvre originale qui, même inspirée d'une grande
statue, n'était certainement pas destinée à en fournir une
copie exacte, elle ne saurait, de toute façon, nous apporter
aucun renseignement précis quant à l'*Épicharinos* de Critios
et Nésiotès. Nous savons seulement (par les traces laissées sur
le piédestal) que cette nouvelle œuvre était aussi en bronze;
et, représentant un athlète, c'était une figure nue : matière et
sujet répondaient parfaitement aux goûts naturels d'artistes
admirateurs et imitateurs de l'art « dorien » [2], de cet art qui
préféra toujours le bronze et à qui, surtout dans les ateliers
du Péloponnèse, le voisinage d'Olympie, de Némée et de
l'Isthme avait de bonne heure imposé la spécialité des statues
d'athlètes [3].

M. Furtwængler, à plusieurs reprises [4], a exprimé l'opinion
qu'on devait tenir pour une œuvre authentique de Critios et
Nésiotès, mais antérieure à 480, la belle statue d'*Éphèbe*, en
marbre, n° 698, du musée de l'Acropole (*fig.* 38) [5]. C'est un

tish Museum : cf. *Athen. Mittheil.*, V, 1880, pl. XIII, p. 381 (Loeschcke); *Arch.
Jahrbuch*, II, 1887, p. 100 (Hauser). Statère d'électron de Cyzique : cf. *Arch.
Jahrbuch*, II, 1887, p. 101 (Hauser).

1. Cf. Brunn-Bruckmann's *Denkmæler*, 351, B; Collignon, *Hist. sculpt.
gr.*, I, p. 305, fig. 152. — La possibilité d'un rapport entre la statue d'*Épicharinos* et le bronze de Tubingue a été indiquée par M. Hauser (*Arch. Jahrbuch*, II, 1887, p. 406), mais avec des réserves que l'auteur a renouvelées plus
fortement quelques années plus tard (*Ibid.*, X, 1895, p. 202-203). L'hypothèse
a été plus ou moins contestée par M. De Ridder (*Bull. corr. hell.*, XXI, 1897,
p. 254-255); M. Michaelis la tient cependant pour vraisemblable : cf. Springer-
Michaelis, *Handbuch* [7], p. 175.

2. Cf. Collignon, *Hist. sculpt. gr.*, I, p. 397.

3. Une autre œuvre encore de Critios et Nésiotès, sur l'Acropole, était sûrement en bronze, d'après les traces laissées sur la base : c'est celle qu'avaient
dédiée Callias et Opsios (cf. Lolling, *op. l.*, n° 59; Lœwy, *op. l.*, n° 38).

4. Cf. *Arch. Anzeiger*, 1889, p. 147; 50es *Berlin. Winckelmprogr.*, p. 132, 150;
Meisterw. gr. Plastik, p. 76, note 2; *München. Sitzungsb.*, 1897, II, p. 128.

5. Maintes fois publiée et commentée. Cf. Brunn-Bruckmann's *Denkmæler*,
461, B; Ἐφημ. ἀρχ., 1888, pl. III (la tête seulement), p. 85 sqq. (Sophoulis); Collignon, *Hist. sculpt. gr.*, I, p. 374-375, fig. 191-192; Pawlowski, *op. l.*,
p. 413, fig. 28, et p. 118, fig. 42; Bulle-Hirth, *Schœne Mensch* : *Altertum*, pl. 52.
— Il n'y a pas lieu de rappeler les articles assez nombreux publiés au temps
où le torse portait une tête qui ne lui appartenait pas (cf. *Athen. Mittheil.*, V,
1880, pl. I) : ces articles discutaient surtout si la tête était ou non celle de la
statue, et la question a été, depuis, tranchée définitivement; d'autre part, la
présence de cette tête influait nécessairement sur le jugement qu'on pronon
çait sur l'ensemble, et ce jugement a dû être revisé.

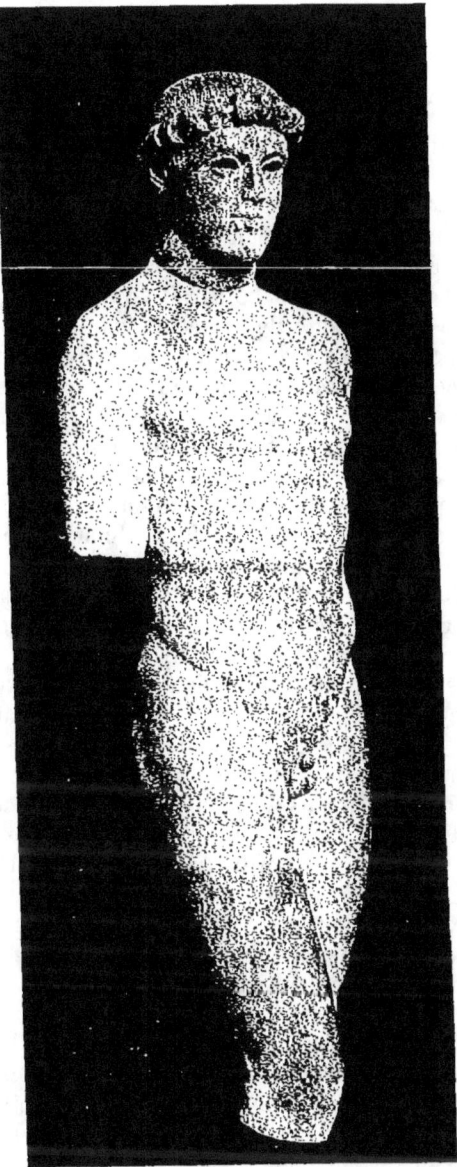

Fig. 38. — Statue d'*Ephèbe*
(Acropole).

jeune corps vigoureux, solidement posé, avec un air d'assurance fière, de tranquille crânerie; bien que l'éphèbe représenté n'accuse pas plus de quinze ou seize ans, les formes sont celles d'un adulte, un peu réduites de proportions et un peu adoucies de contours; elles sont pleines et fortes, rendues avec justesse et aisance; et ce serait se méprendre beaucoup, de croire que la simplicité de cette attitude de repos provient d'une incapacité encore d'exprimer le mouvement. La tête offre le même caractère de calme et de force que le corps : elle a un aspect plus viril que juvénile; c'est aussi une tête d'adulte, à dimensions réduites. Le menton est allongé et un peu lourd, les lèvres serrées, le nez fin, les oreilles petites et fouillées avec soin. Les yeux, qui étaient figurés par une matière vitreuse ou quelque métal coloré, afin de donner l'illusion de l'œil vivant, ont disparu, laissant vides deux cavités profondes, que borde en haut une paupière bien remontée. L'exécution des cheveux mérite d'être décrite : la tête est entourée d'un cercle rigide qui pose sur le haut du front et s'abaisse par derrière presque jusqu'à la nuque; les cheveux sur le crâne sont simplement peignés, avec de molles ondulations; puis, arrivés au cercle que je viens de dire, ils se divisent en boucles nombreuses qui s'enroulent autour de ce cercle, passent dessus, repassent dessous, formant ainsi une épaisse couronne; et leurs extrémités, sur les tempes et sur la nuque, se plaquent en mèches courtes, en petits frisons fins, ciselés avec une délicatesse un peu sèche qui rappelle le travail du bronze.

Ce dernier trait doit déjà retenir l'attention : la chevelure donne si bien l'impression d'un travail métallique qu'il naît de là un léger contraste entre l'exécution de la tête et celle du corps. On en doit conclure, il me semble, que l'auteur, s'il n'avait lui-même la pratique du bronze, avait du moins étudié avec un soin particulier certaines œuvres en bronze et peut-être avait eu l'intention formelle de les imiter. De toute façon, c'est à des modèles de provenance « dorienne » que nous devons penser, et, en effet, c'est du côté dorien que nous trouvons à faire mention, relativement à cette tête, soit de ressemblances étroites ou de fortes analogies. Ainsi la belle petite tête en bronze, découverte sur l'Acropole[1], à propos de laquelle a été prononcé le nom d'Hagéladas ou d'Hégias, élève

1. Cf. ci-dessus, p. 377.

présumé d'Hagéladas, offre une parenté certaine avec la tête de l'*Éphèbe* 698; et cette parenté n'est pas seulement d'ordre général; elle se précise jusque dans d'assez menus détails, comme la courte mèche de cheveux plaquée entre la tempe et l'oreille. Une analogie non négligeable, pour ce qui est de la disposition de la chevelure, doit être signalée également avec l'*Électre* du groupe *Oreste et Électre* de Naples[1], laquelle est, selon toute probabilité, la copie plus ou moins arrangée d'un bronze péloponnésien appartenant à la première moitié du v⁰ siècle. Mais un rapport bien plus prochain s'aperçoit, si l'on compare l'*Éphèbe* de l'Acropole avec le *Sélinous* en bronze de Castelvetrano[2] : des deux côtés, la couronne de cheveux autour du crâne est la même, pareillement découpée en gros quartiers espacés, de façon à laisser reparaître de place en place le cercle de métal qui en fait l'armature. Et dans une autre sculpture sicilienne encore, dans la métope de Sélinonte représentant *Artémis et Actæon*[3], nous trouvons que la tête d'*Actæon* est coiffée exactement de la même manière. Ces rapprochements précis manifestent clairement de quel côté l'auteur de l'*Éphèbe* 698 portait ses préférences et à quelle école il demandait ses modèles. Ce sont ceux par qui s'était faite l'éducation artistique de Critios et Nésiotès, et qui avaient décidé du caractère des œuvres sorties de leur commun atelier. Aussi est-il naturel qu'on songe d'abord à attribuer à ces deux artistes encore la statue de marbre de l'Acropole.

Dans le temps même où la tête véritable n'était pas connue, M. Furtwængler[4] avait déjà indiqué la parenté qui existe entre le corps de l'*Éphèbe* et celui d'*Harmodios*. La découverte de la tête a eu pour effet de resserrer cette parenté, puisque la

---

1. Cf. Brunn-Bruckmann's *Denkmæler*, 306; Collignon, *Hist. sculpt. gr.*, II, p. 662, fig. 347. Pour le rapprochement entre la tête d'*Électre* et l'*Éphèbe* de l'Acropole, cf. *Athen. Mittheil.*, XIII, 1888, p. 226 (Wolters); Ἐφημ. ἀρχ., 1888, p. 86 (Sophoulis). — On peut joindre à cette tête d'*Électre* la tête de *Pylade* du groupe *Oreste et Pylade* au Louvre (cf. Brunn-Bruckmann's *Denkmæler*, 307; Collignon, *op. l.*, p. 663, fig. 348); elle est du même type et a la même origine.

2. Cf. ci-dessus, p. 375 et 378.

3. Cf. Benndorf, *Metopen von Selinunt*, pl. IX; Brunn-Bruckmann's *Denkmæler*, 290, *B*; Collignon, *Hist. sculpt. gr.*, I, p. 415, fig. 214. — Pour le rapprochement entre la tête d'*Actæon* et l'*Éphèbe* de l'Acropole, cf. *Athen. Mittheil.*, XV, 1890, p. 20 (Græf); Furtwængler, *Meisterw. gr. Plastik*, p. 76, note 2.

4. Cf. *Athen. Mittheil.*, V, 1880, p. 34.

tête offre d'incontestables traits de ressemblance avec celle d'*Harmodios*[1], notamment dans la forme allongée et un peu lourde du menton. Il n'est sans doute pas indispensable de conclure de là que l'*Éphèbe* est un produit certain de l'atelier de Critios et Nésiotès; mais cette hypothèse, tout en restant une hypothèse, a pour soi la plus grande vraisemblance[2]. Que si on ne l'admet pas, il faut toujours reconnaître que l'auteur de l'*Éphèbe*, un artiste inconnu de nous, suivait la même voie exactement que ses contemporains Critios et Nésiotès. Dans l'un ou l'autre cas, je crois que l'œuvre est postérieure à 480; car je ne découvre rien, dans l'attitude de repos de cet *Éphèbe*, qui soit d'une note plus archaïque et dénonce un moindre degré de savoir que la représentation du mouvement dans les deux *Tyrannoctones*[3].

C'est encore au voisinage des *Tyrannoctones*, mais à une date plus récente, vers 470-465 peut-être, qu'il convient, à mon avis, de placer un torse d'homme cuirassé, un peu plus petit que nature (*fig.* 39), conservé au musée de l'Acropole[4].

1. Cf. Ἐφημ. ἀρχ., 1888, p. 86 (Sophoulis).
2. Je n'en dis pas autant de quelques autres attributions qu'a proposées M. Furtwængler. Ainsi la statue de bronze, qu'on appelait jadis le *bronze Sciarra* (cf. *Rœm. Mittheil.*, II, 1887, pl. IV-V) et qui est aujourd'hui dans la Glyptothèque Ny Carlsberg, à Copenhague, se rattacherait à l'art de Critios et Nésiotès, selon M. Furtwængler (cf. 50e *Berlin. Winckelmprogr.*, p. 151; *Meisterw. gr. Plastik*, p. 76, note 3, fin de la note; *Intermezzi*, p. 9, note 2; mais ce bronze, raide et sobre, aux épaules fortement carrées, me paraît être une œuvre purement « dorienne ». Le *Sélinous* de Castelvetrano (cf. ci-dessus, p. 375), qui ne me semble pas être postérieur à 500; un petit bronze du British Museum, à qui je trouve que c'est faire trop d'honneur de lui reconnaître un style quelconque; enfin les plus récentes métopes de Sélinonte elles-mêmes, témoigneraient à des degrés divers, suivant M. Furtwængler (cf. *Meisterw. gr. Plastik*, p. 76 et note 3; *München. Sitzungsb.*, 1897, II, p. 428), de l'influence de l'art de Critios et Nésiotès; et il faudrait admettre tout simplement que ceux-ci ont travaillé pour la Sicile. Mais j'estime que les analogies signalées, dans la mesure où elles existent vraiment, doivent s'expliquer par la voie contraire, c'est à dire qu'elles sont plutôt le résultat de l'influence qu'ont exercée à Athènes, vers le moment où Critios et Nésiotès commençaient leur carrière, les produits des ateliers de la Grèce occidentale, parmi lesquels il convient peut-être de faire une place à ceux de la Sicile et de la Grande Grèce (cf. ci-dessus, p. 382). — Pour certaines autres hypothèses encore, relatives à des œuvres possibles de Critios et Nésiotès ou marquées de leur style, cf. Furtwængler, *Meisterw. gr. Plastik*, p. 684, note 3.
3. M. Studniczka (*Arch. Jahrbuch*, XI, 1896, p. 290-291, fig. 30) a signalé sur l'Acropole une tête de femme (cf. *Athen. Mittheil.*, VI, 1881, pl. VII. 1) qu'il dit être apparentée à celle de l'*Éphèbe* 698. Mais cette tête de femme est mutilée à tel point qu'il vaut mieux la passer sous silence.
4. N° 599. Cf. Brunn-Bruckmann's *Denkmæler*, 516, à gauche; notice de

En son état actuel, le morceau ne se laisse pas expliquer d'une
façon complète : les deux bras faisaient certainement l'un et

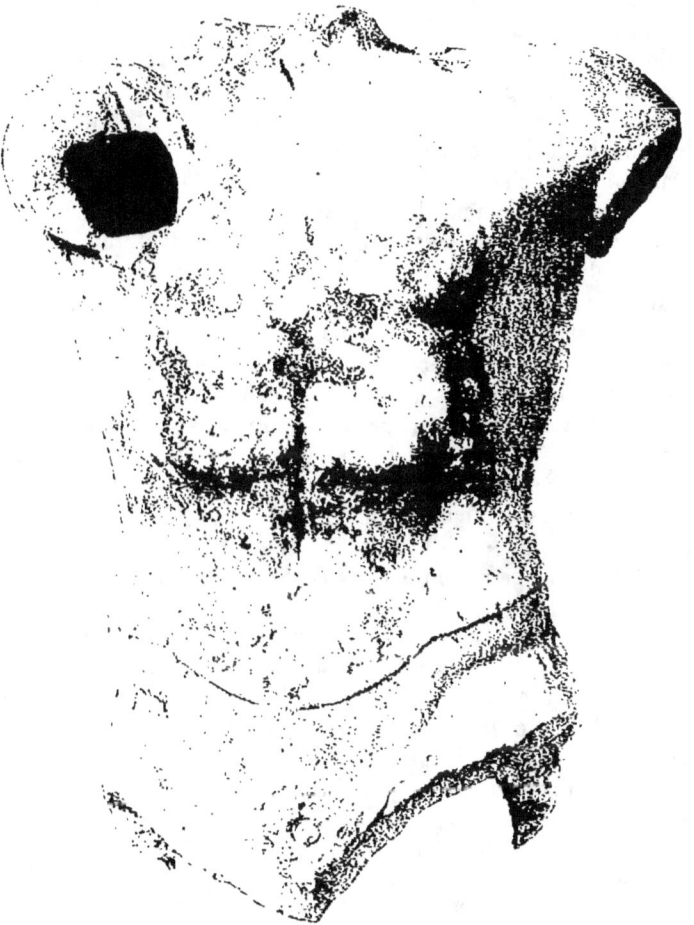

Fig. 39. — Torse d'homme cuirassé
(Acropole).

M. Arndt). — Notre *fig.* 39 est une reproduction réduite d'une excellente
épreuve que m'a fort obligeamment communiquée la maison Bruckmann, de
Munich.

l'autre un geste violent; le bras droit, tout entier rapporté[1],
devait se tendre en avant; peut-être s'agit-il d'une figure
isolée d'archer, ou, plus probablement, d'un groupe de deux
combattants, qu'il est impossible, d'après ce seul fragment, de
reconstituer et d'identifier. La cuirasse qui revêt le torse en
moule exactement les formes, surtout par devant[2], au point
qu'on pourrait ne pas s'apercevoir de la présence de cette
armure, sans la légère saillie du bord inférieur. D'autre part,
sur l'épaule droite et la fesse droite, on discerne des contours
d'ornements, incisés au burin, qui étaient jadis coloriés : ce
sont vraisemblablement les restes de la décoration d'un chitôn
court, qui était porté sous la cuirasse, chitôn sans plis et sans
relief, indiqué par la couleur seule, de la même façon que
devaient être indiqués aussi le bord supérieur et les épaulières
de la cuirasse[3]. Ce torse a donc été modelé presque comme
s'il était nu : ses formes pleines et puissantes, ses contours
vigoureusement bombés, la franche saillie du muscle sur la
crête iliaque rappellent le torse d'*Harmodios*. C'est une œuvre
« de style sévère », dit M. Arndt[4]; et le style sévère dans la
sculpture attique de la première moitié du v° siècle est celui
qui eut pour inspirateur et pour guide l'art de la Grèce occidentale, et qui est à nos yeux, Hégias n'existant plus, le
plus clairement représenté par Critios et Nésiotès.

A ces quelques sculptures, de lignes si nettes et de modelé
si ferme, il est intéressant de comparer une statue, d'un tout
autre caractère[5], qui se dresse, au musée de l'Acropole
(n° 692), juste en face de la statue d'*Éphèbe* 698, attribuée à
Critios et Nésiotès. C'est un éphèbe aussi, et du même âge,
représenté dans une pose presque pareille et à peu près avec
les mêmes dimensions; mais là se bornent les ressemblances.

---

1. Même détail, avec même genre de travail du trou carré dans l'épaule,
pour le bras droit du *Minotaure*, dans la métope *Thésée et le Minotaure*, du
Trésor des Athéniens à Delphes (cf. Homolle, *Fouilles de Delphes*, IV,
pl. XXXIX).
2. Le nombril est parfaitement visible.
3. La *coré d'Euthydicos* nous a déjà fourni un exemple de ce procédé consistant à figurer une bordure de vêtement par la polychromie, sans le moindre
travail en relief : cf. ci-dessus, p. 354, note 1.
4. *L. l.*, fin de la notice.
5. Cf. *Athen. Mittheil.*, XXV, 1900, pl. XV, p. 373 sqq. (Delbrück); XXVI,
1901, pl. XV; Pawlowski, *op. l.*, p. 111, fig. 27. — La tête est très mutilée; il
n'est pas tout à fait sûr qu'elle appartienne à la statue.

Ce long corps, aux formes coulantes, aux contours de cire, dont l'ossature ne se révèle pas, dont les muscles évitent toute saillie un peu marquée, susceptible d'éveiller l'idée de la force, est très différent du corps d'athlète, puissamment construit, vigoureusement musclé, déjà homme par les formes, que nous présente son voisin d'en face. L'auteur de l'*Éphèbe* 692 paraît avoir voulu plutôt rendre l'âge indécis de l'adolescence, où les traits de l'adulte commencent seulement à s'ébaucher ; où le corps, qui s'est allongé trop vite, n'a pas eu le temps encore de s'étoffer en proportion de sa longueur. M. Delbrück[1] juge que cette statue est antérieure à 500 ; je la crois, au contraire, bien plus récente, et sensiblement contemporaine de l'autre *Éphèbe* : elle a, sur lui, l'avantage d'offrir une pose des deux bras plus variée et plus en harmonie avec celle des jambes, le mouvement du bras droit en arrière balançant le mouvement de la jambe gauche en avant. Ce dernier trait a une importance singulière et doit compter beaucoup pour la date de l'œuvre, puisqu'il indique un affranchissement décisif par rapport aux anciennes règles qui déterminaient l'attitude de la figure debout au repos[2]. — M. Delbrück attribue cet *Éphèbe* 692 à un artiste de Paros, tout au moins le fait rentrer dans le cycle de l'art de Paros. Mais il est aventureux de parler d'un art de Paros, autonome, formant une école distincte ; nous ne savons pas s'il a existé rien de tel[3], et plus probablement il ne doit y avoir eu à Paros que des ateliers actifs, les plus actifs peut-être de la Grèce insulaire, en tout cas apparentés dès l'origine à ceux de Chios[4] et se confondant avec le gros de la sculpture ionienne. Ce qui reste vrai est que la statue 692 reporte notre pensée du côté ionien, aussi nettement que l'autre *Éphèbe* et les *Tyrannoctones* la portaient du côté « dorien ».

Mais elle peut bien, tout comme ceux-ci, avoir été exécutée en Attique, par un artiste attique. C'est le modelé qui constitue son caractère essentiel : un modelé merveilleusement doux et caressé, coulant et fondu, le plus approprié qui soit

1. *L. l.*, p. 391.
2. C'est pour cette correspondance en diagonale des mouvements des bras et des jambes que Brunn employait le terme de *chiasmos*. Sur la valeur significative du *chiasmos* dans les statues de l'archaïsme finissant, cf. *Berlin. philol. Wochenschr.*, 1900, p. 1041 (Bulle).
3. Cf. *Wien. Jahreshefte*, VI, 1903, p. 159, note 165 (Studniczka).
4. Cf. ci-dessus, p. 170, note 3, et p. 212, note 2.

au beau marbre transparent[1], buveur de lumière, que le sculpteur a mis en œuvre ; et, si les formes graciles de l'adolescence
ont été rendues ici avec un réalisme qui est une exception dans
l'art de cette époque, ce doit être parce que ces formes se
prêtaient mieux à une telle qualité de modelé que les muscles
fermes et les contours arrêtés d'un corps athlétique. Or, nous
avons déjà constaté auparavant, dans certaines productions de
la sculpture athénienne, ce goût particulier du modelé, à la fois
inspiré par les ressources de la matière et si bien servi par
elles, qui recevra plus tard, de Praxitèle, la consécration
suprême ; les Attiques y ont été initiés grâce aux Ioniens,
mais ils ont profité admirablement de la leçon et l'ont développée
avec une maitrise croissante : la stèle d'*Aristion*, le fronton
de la Gigantomachie, et en dernier lieu la belle tète de *coré*
684 et plus encore celle de la *coré* 674[2] témoignent du progrès
continûment réalisé en ce sens par ceux des artistes d'Athènes
qui suivent le courant attico-ionien. Aussi ne vois-je nul obstacle à ce que cette statue d'*Éphèbe* 692, retrouvée sur l'Acropole d'Athènes, soit effectivement athénienne d'origine : qu'on
la dise ionienne par ses ascendants, cela ne sera pas contesté ;
mais qu'elle-même ait dû naitre à Paros, comme le veut
M. Delbrück, et qu'elle n'ait pu être taillée que par un sculpteur insulaire, il est permis d'en douter d'autant plus qu'on a
la preuve, par d'autres œuvres, que l'ionisme, triomphant
entre 550 et 500, n'était pas mort après 500 et restait toujours
vivace à Athènes dans la première moitié du v° siècle.

Voici, en effet, sur l'Acropole encore, la grande statue
d'*Athéna*[3], à laquelle on a pris l'habitude d'associer, un peu à
l'aventure, le nom d'Endoios[4] : trop connue pour qu'il soit

---

1. Cf. Delbrück, *l. l.*, p. 373.
2. Cf. ci-dessus, p. 291, 316, 389 et 391.
3. N° 625. Cf. *Au mus. de l'Acrop.*, p. 434 sqq. — A la bibliographie donnée
dans Le Bas-Reinach (*Mon. figurés*, pl. 2, 1, p. 51), ajouter : Pawlowski, *op. l.*,
p. 165, fig. 48 ; Perrot, *Hist. de l'art*, VIII, p. 615, fig. 311 ; Lepsius, *op. l.*,
p. 70, n° 21 (marbre des Iles).
4. M. Six (*Rev. arch.*, 1904, I, p. 92 sqq.) a indiqué, en faveur de l'attribution
à Endoios, un argument nouveau, dont voici le résumé : Pausanias (VII, 5, 9),
voyant à Érythrées une statue d'*Athéna* en *fileuse*, la suppose d'Endoios ; c'est
donc qu'il en avait vu ailleurs une pareille qui était certainement d'Endoios,
et celle-là doit être la statue de l'Acropole ; car on a retrouvé sur l'Acropole
quelques plaquettes de terre cuite représentant une *fileuse* assise, dans une
attitude semblable à celle de la statue (cf. *Journ. hell. stud.*, XVII, 1897,
p. 306 sqq.), et ces petits reliefs de terre cuite sont, sans nul doute, des imi-

utile de la décrire, trop usée par le temps pour qu'on ait
plaisir à s'arrêter devant elle, je rappelle seulement le détail
le plus remarquable qui est en elle, à savoir la pose de ses
jambes qui ne sont plus parallèlement alignées, les deux pieds
à plat sur le sol. La jambe droite est ramenée en arrière, le
talon relevé, le bout du pied fléchi, comme si la figure, sortant
de son immobilité, s'apprêtait à quitter son siège et à se mettre
debout pour marcher. A cette indication du mouvement dans
la partie inférieure, s'ajoute, par une correspondance harmonieuse, une légère inclinaison du haut du corps en avant, et une
certaine variété dans la pose des deux bras qui se tendaient à une
hauteur inégale. Ainsi s'introduisent la liberté, l'aisance, la souplesse, et commence à naître le rythme, dans un type statuaire qui,
par définition, semblait condamné à la raideur et à la symétrie
pour bien plus longtemps que les figures debout : ce progrès
n'est pas moins significatif que celui que nous avons signalé
pour la qualité du groupement, dans les *Tyrannoctones*, et,
pour le *chiasmos*, dans la statue d'*Éphèbe* attico-ionienne
n° 692. On le comprendra mieux encore en comparant l'*Athéna*
dite d'Endoios avec un autre marbre qui, au musée de l'Acropole,
est placé justement tout à côté d'elle : c'est la partie inférieure
d'une grande statue de femme assise (*Au musée de l'Acrop.*,
p. 195, fig. 21), que nous avons présentée, au chapitre précédent[1],
comme une des sculptures les plus récentes de la période
antérieure à 480. Admirable par la sûreté, l'élégance et le fini
de l'exécution, il lui manque ce qui fait la nouveauté de sa voisine, à savoir la libre circulation de la vie et l'indication du
mouvement, jusque dans sa pose assise. Aussi l'*Athéna* dite
d'Endoios doit-elle être considérée comme plus récente encore;

---

lations de la grande statue elle-même. — Mais ce dernier fait, qui est capital,
et qui paraît à M. Six non douteux, est, au contraire, des plus contestables.
Il suffit de remarquer, en effet, que la prétendue *fileuse* des plaques de terre
cuite n'est pas du tout certaine, ce nom résultant d'une hypothèse non démon-
trée; qu'elle n'est, d'ailleurs, déterminée par aucun attribut; que rien ne la
désigne donc comme étant une *Athéna*, et que M. Pottier (cf. *Bull. corr. hell.*,
XXI, 1897, p. 497 sqq., pl. XII) y voit avec plus de raison une *Peithô* ou une
Aphrodite; et qu'en tout cas elle n'est pas une reproduction de la statue, qui,
elle, porte l'égide avec le Gorgoneion, et vraisemblablement portait aussi le
casque. Les conclusions que M. Six tirait, pour la date de la statue, du
rapprochement avec les plaquettes de terre cuite, se trouvent naturellement compromises du même coup, sans qu'il soit besoin d'en discuter le
fond.

1. Cf. ci-dessus, p. 396.

et je ne doute pas qu'elle soit, ne fût-ce que pour cette raison[1],
postérieure à 480. Et nous voyons cependant qu'elle est restée,
par le costume et la coiffure, entièrement conforme à l'ancien
type de la *coré* ionienne; malgré l'absence de la tête, qui
nous prive d'un important élément d'appréciation, personne
n'hésitera à croire que son auteur continuait, par delà 480, la
pure tradition attico-ionienne.

A la même tradition se rattachait également l'auteur du
curieux relief en marbre, découvert près d'Athènes[2], qui représente, dans deux cadres égaux juxtaposés, deux figures jumelles
d'*Athéna*, chacune des deux figures debout, casque en
tête, la main droite haut levée sur la lance, le bras gauche
ramenant le bouclier devant la poitrine. Ce n'est là qu'une
petite sculpture votive, d'importance et de qualité médiocres,
dont l'auteur n'était probablement qu'un marbrier du commun;
mais on sait que les ateliers de ces ouvriers secondaires
étaient les satellites, plus ou moins conscients, des ateliers des
maîtres, et que le style de leurs produits reflète donc celui des
œuvres de premier rang. Le relief de la *double Athéna*, dont
la date paraît être plus rapprochée de 460 que de 480, et qui
nous montre pourtant la déesse dans l'attitude, sous le costume,
et avec le sourire d'une *coré* ionienne du viᵉ siècle, apporte
une preuve nouvelle de la persistance, en plein vᵉ siècle, du
style propre à l'âge antérieur.

Mais la différence est que ce style ne règne plus exclusivement; il n'occupe plus que la moitié du champ : à côté de
lui un autre a pris place. Après 480, comme dans la période
500-480, il n'est pas une œuvre de la série attico-ionienne
à laquelle on ne puisse immédiatement opposer une œuvre contemporaine de la série attico-dorienne. Ce que nous avons
fait tout à l'heure pour les statues d'homme, spécialement pour
les deux *Ephèbes* de l'Acropole, si voisins et si peu semblables,
nous pouvons le faire de nouveau, en sens inverse, pour
les figures de femme. Car on a retrouvé sur l'Acropole
même quelques marbres, reliefs et statue, qui sont, en gros,
du même temps que la statue dite d'Endoios et le relief de la

---

1. Sans parler des motifs qu'on peut tirer des circonstances de la découverte : cf. *Au mus. de l'Acrop.*, p. 441.
2. *Mus. nat. d'Athènes*, 82. Cf. Ἐφημ. ἀρχ., 1890, pl. 1, p. 1 sqq. (Mylonas).

double Athéna, et qui s'en distinguent néanmoins autant
qu'il est possible.

Le premier à citer, par ordre d'ancienneté, est le relief des
Charites. Sous le n° 1341 sont réunis, au musée de l'Acropole,
les restes de trois répliques[1] d'un bas-relief, dont l'ensemble
nous est connu par une autre réplique, en excellent état, con-

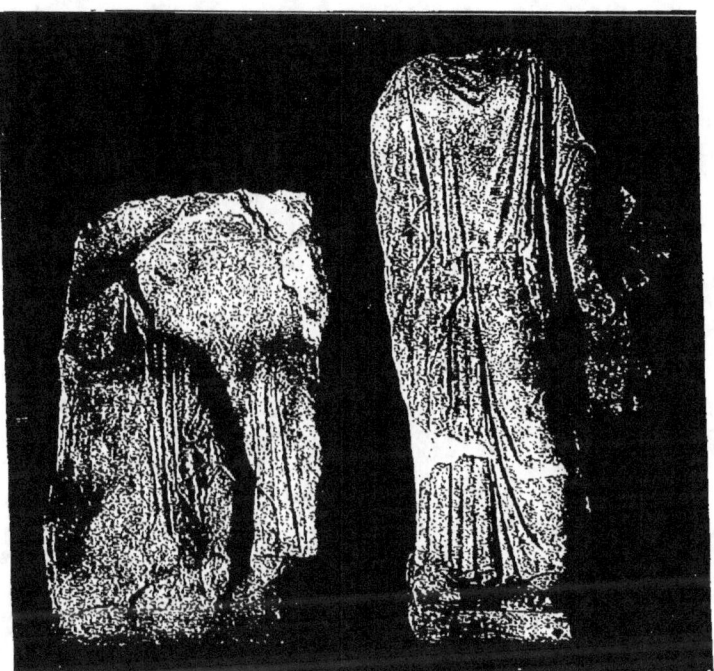

Fig. 40. — Fragments de bas-reliefs : *les Charites*
(Acropole).

servée au Vatican[2]. Les trois *Charites* étaient représentées
passant de droite à gauche (par rapport au spectateur), torse

1. Cf. *Athen. Mittheil.*, III, 1878, p. 181 sqq. (Furtwaengler).
2. Cf. Amelung, *Skulpt. d. Vatican. Mus.*, I, 360, pl. 38 (bibliographie complète); Helbig, *Führer*[2], I, 85; Friederichs-Wolters, *Gipsabgüsse*, 118. — Les
dimensions du relief du Vatican sont, d'après M. Amelung, 1m,43 en hauteur
et 1m,87 en largeur.

et tête de face, se tenant l'une l'autre par la main et s'avançant selon le rythme d'une lente danse solennelle [1]. Une comparaison avec le relief du Vatican permet d'identifier les fragments conservés au musée de l'Acropole. Les deux principaux (*fig.* 40) proviennent de deux répliques différentes : deux fragments d'une première réplique, aujourd'hui rajustés ensemble, nous ont rendu la *Charite* du milieu, presque complète moins la tête (*fig.* 40, à droite); un fragment d'une deuxième réplique nous montre une partie du torse de la *Charite* de gauche, avec une petite partie du torse de la *Charite* du milieu (*fig.* 40, à gauche) [2]. Il est certain que nous n'avons affaire qu'à des copies d'un original perdu ; mais du moins l'identité de ces diverses copies entre elles prouve qu'elles répétaient fidèlement leur commun modèle. Celui-ci se dressait à l'entrée de l'Acropole, à proximité d'un lieu, non déterminé exactement, où l'on rendait un culte aux Charites [3]; et la tradition l'attribuait à Socrate. Or, ce relief, qui doit être daté d'entre 470 et 460 [4], ne peut en aucune façon avoir été exécuté par Socrate, lequel naquit en 470 ou 469. On a pensé que la légende pouvait avoir eu son origine dans la présence d'une dédicace portant le nom de Socratès [5] : l'explication, si elle n'est pas la bonne, n'offre en tout cas aucun inconvénient. Il n'en est pas de même d'une autre [6], d'après quoi il y aurait eu sous le bas-relief une signature d'artiste, avec le nom de Socratès, ce nom étant celui d'un sculpteur thébain contemporain de Pindare [7] ; car cette explication, plus ingénieuse que vraisem-

1. Comparer le relief athénien plus ancien, *Hermès et les Charites* (*Au mus. de l'Acrop.*, p. 443, pl. III). En ce relief, M. Studniczka reconnaît, plutôt que les *Charites*, les *Filles de Kécrops* (cf. *Wien. Jahreshefte*, VI, 1903, p. 181, note 253); mais, abstraction faite du nom, c'est toujours, sous une forme plus grossière, la représentation de la même marche rythmée.

2. Ces deux fragments ont déjà été publiés par MM. Arndt-Amelung, *Einzelaufn.*, 731-732; à la bibliographie donnée là, ajouter : Pawlowski, *op. l.*, p. 290, fig. 104 ; Lepsius, *op. l.*, p. 75, n° 80 (marbre pentélique).

3. Pausanias, I, 22, 8; IX, 35, 3. — Cf. le commentaire d'Hitzig-Blümner, éd. de Pausanias, I, p. 251-253.

4. M. Furtwængler (*Meisterw. gr. Plastik*, p. 37, note 3, et p. 48) le rapporte à 470 environ.

5. Cf. Furtwængler, *Ueber Statuenkopieen*, I, p. 9 (*München. Abhandlungen*, 1896, p. 533); Amelung, *Skulpt. d. Vatican. Mus.*, I, p. 547.

6. Cf. *Berlin. phil. Wochenschrift*, 1893, p. 694 (Studniczka); Furtwængler, *Ueber Statuenkopieen*, I, p. 9; Arndt-Amelung's *Einzelaufn.*, 731-732, p. 28 (Amelung); Hitzig-Blümner, éd. de Pausanias, I, p. 252.

7. Pausanias, IX, 25, 3.

blable[1], aurait pour résultat immédiat de rejeter hors de l'art attique une œuvre qui nous paraît y avoir très légitimement sa place.

L'auteur a voulu, comme il était naturel, varier un peu ses trois personnages par le visage, la coiffure et le costume[2] : variété, d'ailleurs, superficielle et légère, qui n'altère pas l'unité d'esprit et n'aboutit point à un mélange de formes hétérogènes. On remarquera, dans la *Charite* du milieu (*fig.* 40, à droite), que les plis verticaux du péplos entre les jambes se souviennent encore, si je puis dire, des plissements compassés et conventionnels du chitôn ionien ; un reste d'archaïsme, du genre d'archaïsme propre à la période antérieure de l'art attique, persiste donc sur ce costume qui a déjà pourtant la beauté simple et noble de l'âge classique. La ceinture, si elle existe, est passée sous l'*apoptygma*, et, par conséquent, n'est pas visible : on a observé[3] qu'une telle mode était rare à Athènes pour cette époque[4] ; mais cette rareté doit tenir à ce que les œuvres de sculpture sont elles-mêmes très rares alors, et le péplos sans ceinture apparente ne fournit-il pas une transition entre le costume dont nous avons vu un exemple précédemment, dans une statue de *Niké*[5], et le péplos avec ceinture par dessus l'*apoptygma*, tel que nous allons le rencontrer prochainement ? Les têtes des *Charites* évoquent, comme leur costume, l'art sévère des régions doriennes, et M. Arndt[6] a signalé, pour deux d'entre elles, une ressemblance précise avec certaines têtes dont il attribue les originaux à des ar-

1. Je suis frappé du fait que, dans les divers textes relatifs à l'attribution du bas-relief à Socrate (cf. Overbeck, *Schriftq.*, 910 sqq.), cette attribution est toujours présentée comme un *on-dit* : ἐλέγετο, λέγουσιν, φασί, ἔνιοί φασι. Il me paraît presque certain, d'après cela, qu'il n'y avait pas de signature sous le relief. Car autrement, pour que la légende prît naissance, il eût fallu, de toute nécessité, que la signature donnât uniquement le nom de Socratès sans patronymique, puisque celui-ci eût suffi à marquer qu'il ne s'agissait pas de Socrate fils de Sophroniscos ; et, la signature se lisant simplement : Σωκράτης ἐποίησεν, l'attribution à Socrate aurait eu alors un fondement assuré, d'apparence incontestable, et on ne l'aurait pas présentée comme un *on-dit*.

2. Cf. la description détaillée faite par M. Amelung (*l. l.*), d'après le relief du Vatican.

3. Cf. Furtwængler, *Meisterw. gr. Plastik*, p. 37 ; Arndt-Amelung's *Einzel-aufn.*, 731-732, p. 27 (Arndt).

4. Cf. cependant deux petits bronzes de l'Acropole : De Ridder, *Catal.*, nos 785 et 788.

5. Cf. ci-dessus, p. 371. *fig.* 30.

6. Cf. *Glypt. Ny Carlsberg*, p. 52.

tistes de Sicyone. L'auteur inconnu du relief des *Charites* est donc de ceux qui se tournèrent vers l'art de la Grèce occidentale, et, s'il parait avoir suivi de près ses modèles, c'est peut-être que, sculpteur de second ordre [1], il a été davantage un imitateur qu'un créateur. Néanmoins, il suffit, à mon avis, de comparer le costume des deux *Charites* de gauche et du milieu à celui des figures féminines purement péloponnésiennes, antérieures à 450, pour reconnaître que l'austérité du modèle choisi a été tout de même un peu adoucie par un souffle attique d'élégance et de grâce.

Un tel souffle se sent bien plus dans une petite statue représentant *Athéna* (*Au musée de l'Acrop.*, p. 189, fig. 20), à laquelle manque malheureusement la tête [2]. La déesse, debout, immobile, les deux pieds à plat, la jambe droite légèrement fléchie, s'appuyait de son bras droit, haut levé, sur sa lance, tandis que sa main gauche reposait contre la hanche, par dessus le vêtement où les restes des doigts mutilés sont encore visibles. Elle est vêtue d'un chitòn à manches collantes et très courtes, qui débordent à peine de l'épaule sur le haut du bras [3], et d'un péplos à *apoptygma* ; le péplos est ouvert sur le côté droit ; mais une ceinture, passée par dessus l'*apoptygma*, le maintient étroitement contre le corps. Ce péplos est court, fort simple, sans ampleur, et cependant n'a pas l'aspect rude et trop peu féminin que le vêtement nous offre dans maintes figures péloponnésiennes. Sa simplicité n'est pas inélégante, et elle s'accorde très justement avec la pose, simple aussi, naturelle et aisée, du corps. Le trait le plus notable de la figure est ce geste sans façon de la main gauche appuyée sur la hanche : par contraste avec les lignes raides et forcées d'autrefois, il nous avertit que le naturel des attitudes est enfin conquis. Ce n'est pas le sujet qui obligeait l'artiste à un tel geste ; il l'a volontairement choisi ; et, pour avoir seulement l'idée de le choisir, il devait se sentir bien dégagé de toutes

---

1. Le nombre des répliques de son œuvre (cinq connues jusqu'à présent) doit venir surtout de ce qu'on croyait qu'elle était de la main de Socrate.

2. N° 140. Découverte en 1864. Cf. Studniczka, *Beitræge zur altgr. Tracht*, p. 142, fig. 47 ; 'Εφημ. ἀρχ., 1887, pl. VIII, 1-2, p. 148 sqq. (Studniczka) ; Lepsius, *op. l.*, p. 70, n° 24 : marbre des Iles. — M. Petersen (*Rœm. Mittheil.*, XII, 1897, p. 318 sqq.) a fait un curieux rapprochement entre cette statue d'*Athéna* et une peinture de vase.

3. Le même genre de chitòn est porté par la *Niké* de la série attico-dorienne : cf. ci-dessus, p. 371, *fig.* 30.

les contraintes de l'archaïsme. On peut, d'après cela, dater la statue des environs de 460[1]. — A diverses reprises[2] on en a signalé les analogies avec les sculptures d'Olympie, et on a été porté, en conséquence, à y voir une œuvre plus péloponnésienne qu'attique[3] ; mais, au contraire, elle est, ainsi que l'a soutenu M. Furtwængler[4], bien attique d'origine et d'esprit. Seulement il faut ajouter qu'elle laisse, en quelque sorte, entrevoir derrière elle les influences de l'art du Péloponnèse et, plus généralement, de la Grèce occidentale, qui ont agi à Athènes depuis le début du ve siècle et ont modifié gravement le style d'une partie des artistes athéniens. Si cette petite *Athéna*, tout en gardant le souvenir de ces influences-là, peut être dite néanmoins « purement attique », c'est la preuve que l'art attique a fini de s'assimiler les éléments à lui fournis par les produits des ateliers « doriens », comme auparavant ceux qu'il avait reçus des écoles ioniennes.

La même conclusion exactement vaut pour le relief *Athéna au pilier*, que j'ai essayé d'interpréter d'après la légende qui fait de la déesse la mère adoptive d'Érichthonios[5]. Comme la statue précédente, que rappellent de fort près l'aspect du costume et le geste des bras, cette petite œuvre, simple et charmante, est purement attique[6]; et si l'on y aperçoit quelque reflet de l'influence des écoles doriennes[7], c'est uniquement ce que, des caractères propres à ces écoles, la sculpture attique s'était incorporé et avait fait sien, durant la première moitié du ve siècle. Relief et statue constituent deux excellents témoignages du résultat qui se trouvait acquis sur ce point, entre 460 et 450[8].

1. M. Studniczka (Ἐφημ. ἀρχ., 1887, p. 154) indiquait la date de 480, qui est trop ancienne ; M. Furtwængler (*Meisterw. gr. Plastik*, p. 40) dit : 465 environ.
2. En premier lieu M. Wolters, dont l'opinion a été citée et adoptée par M. Winter (*Arch. Jahrbuch*, II, 1887, p. 233, note 53); mais surtout M. Studniczka (*l. l.*, p. 152).
3. « OEuvre d'un artiste qui appartenait ou se rattachait étroitement à l'école péloponnésienne » (Studniczka, *l. l.*, p. 153). C'est aussi l'opinion de M. Græf (*Athen. Mittheil.*, XV, 1890, p. 22, n° 8).
4. Cf. *Arch. Stud. II. Brunn dargebr.*, p. 85; *Meisterw. gr. Plastik*, p. 41.
5. Cf. *Monuments Piot*, III, 1896, pl. I, p. 3 sqq. (H. Lechat) ; Collignon, *Hist. sculpt. gr.*, II, p. 144, fig. 70; *Id., La polychromie dans la sculpt. gr.*, p. 44, pl. III.
6. Cf. Furtwængler, *Meisterw. gr. Plastik*, p. 41.
7. Cf. *Athen. Mittheil.*, XV, 1890, p. 25-26 (Græf).
8. J'avais eu tort, dans ma première publication (*l. l.*, p. 23), de faire des

Enfin, une petite tête de femme, récemment retrouvée par M. Furtwængler [1] dans les réserves du Musée national d'Athènes, ajoute un numéro encore à cette série de documents instructifs. Elle provient d'un relief à forte saillie, probablement d'une sculpture votive, et doit dater de 460 environ. L'arrangement de la chevelure offre certains détails qui ne sont connus par aucun autre exemple : sur le haut du crâne, les cheveux sont simplement peignés; puis, sur le front, au dessous d'un mince cordonnet enserrant la tête à plusieurs tours, courent deux larges bandeaux ondulés, lesquels, arrivés près de l'oreille, laissent retomber verticalement leur extrémité en forme d'une grosse boucle molle, descendant jusque vers le milieu de la joue. Les yeux sont remarquables par l'épaisseur des paupières et par le rapprochement de la paupière supérieure et de l'arcade sourcilière, surtout du côté externe [2]. Il y a entre ce marbre et les têtes des métopes d'Olympie une parenté évidente, mais aussi, comme l'a observé M. Furtwængler [3], des différences significatives : le travail de la tête attique est, d'une façon générale, à la fois plus précis et plus fin, plus élégant, dépouillé de toute rudesse. Quand une main attique imite un type de l'art « dorien », toujours, suivant un secret instinct, elle l'adoucit, sans d'ailleurs l'amollir, et, qu'il s'agisse du costume ou du visage, y introduit, par de légères retouches, un air nouveau, étranger au modèle, bref un reflet de l'esprit attique.

Les œuvres diverses qui viennent d'être examinées jusqu'à présent, outre que leur caractère se laisse déterminer dès l'abord, ont l'avantage de ne pas prêter à de grandes contestations quant à leur date : qu'on les avance ou les recule d'une dizaine d'années, elles demeurent enfermées dans la période 480-450. Il n'en est plus ainsi pour les deux dont il me reste à parler. — La première est une tête d'homme, du Musée natio-

cendre le relief jusqu'au dernier quart du vᵉ siècle. M. Furtwængler (*Meisterw. gr. Plastik.* p. 40) avait indiqué la date 460.

1. Cf 'Εφημ. ἀρχ., 1901, pl. VIII, p. 143 sqq. Marbre pentélique. Hauteur maximum, 0ᵐ,16.

2. Cette retombée de l'arcade sourcilière sur le coin externe de l'œil et cette légère saillie du muscle orbiculaire des paupières ne sont-elles pas la première indication d'un modelé particulier de l'œil, auquel Scopas, plus tard, donnera tant d'importance et dont il fera le trait essentiel de ses têtes?

3. *L. l.*, p. 145.

nal d'Athènes[1], qu'après hésitation je crois pourtant devoir placer ici (*fig.* 41). L'impression qu'elle cause est un peu trouble; et il y a, en effet, une sorte de disparate entre l'aspect de la chevelure et le caractère du visage. Mais cela suffit-il pour qu'on la considère comme une œuvre archaïsante, ou qu'on la

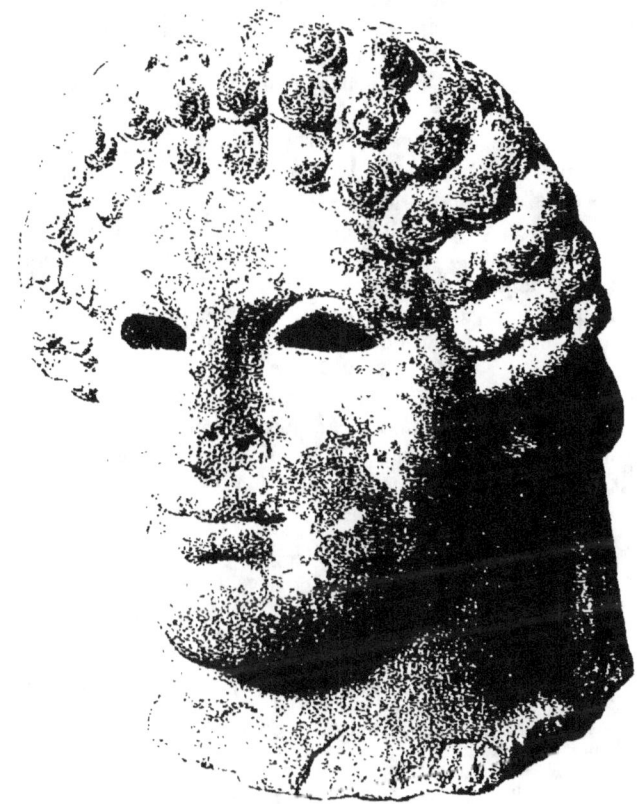

Fig. 41. — Tête d'une statue d'homme
(Athènes. Musée national).

ramène jusqu'après Phidias, à la fin du v° siècle[2]? La chevelure, avec sa luxueuse couronne à triple étage de boucles frisées,

1. N° 65. Cf. Arndt-Amelung's *Einzelaufn.*, 1201-1202 (bibliographie).
2. C'est l'opinion de M. Furtwængler : cf. *Statuenkopieen*, I, p. 13 (*München. Abhandlungen*, 1896, p. 537).

n'est pas différente de celle que nous voyons à la *Charite* du milieu[1], dans le relief des *Charites* rapporté aux années 470-460; nous la retrouvons aussi dans une tête d'homme, de la même époque, au musée de Catane[2]. Pour les traits du visage, je ne crois pas me tromper en y découvrant une notable ressemblance avec ceux de l'*Éphèbe* de l'Acropole qu'on attribue à Critios et Nésiotès[3] : n'est-ce pas la même coupe des joues, presque le même dessin du tour de l'œil et des paupières, et surtout la même forme allongée et lourde du menton? Les éléments principaux qui composent l'ensemble se retrouvent donc dans d'autres œuvres attiques du deuxième quart du vᵉ siècle. Seulement leur réunion ici surprend un peu; et ce qui me paraît le plus surprenant est la forme de la chevelure retombant en longues boucles par derrière et sur les épaules[4] : en sorte que nous voyons, en un temps où les modes simples, voire sévères, s'imposent pour les coiffures comme pour le costume, une chevelure du genre archaïque ionien encadrant un type de visage emprunté à l'art dorien[5]. Cet amalgame, qui n'est pas très heureux, peut tenir simplement à un manque de goût de l'auteur ; et, de fait, la froideur et le peu d'accent de l'exécution semblent bien déceler la main d'un artiste de second ordre.

Tout autre est la *tête Sabouroff*, du musée de Berlin[6] : franche d'accent, vivante et personnelle, au point qu'on la prend d'ordinaire pour un véritable portrait. Je ne crois pas du tout que c'en soit un[7] ; mais il est incontestable qu'elle est propre à faire

---

1. Réplique du Vatican : cf. ci-dessus, p. 463, note 2. — Comparer encore une petite tête de femme, très mutilée, d'origine attique : Arndt-Amelung's *Einzelaufn.*, 1036.

2. Cf. *Rœm. Mittheil.*, XII, 1897, pl. VI, p. 124 sqq. (Petersen); Perrot, *Hist. de l'art*, VIII, p. 499, fig. 256.

3. Cf. ci-dessus, p. 453, *fig.* 38.

4. Cf. Arndt-Amelung's *Einzelaufn.*, 1202 (vue de profil). — Les boucles qui étaient ramenées sur les épaules n'existent plus.

5. Cette anomalie s'expliquerait mieux s'il s'agissait d'une tête de femme : il semble bien pourtant que c'est une tête d'homme.

6. Cf. *Beschreibung ant. Skulpt.*, 308 ; Furtwængler, *Coll. Sabouroff*, I, pl. III-IV ; Arndt-Bruckmann, *Portræts*, pl. 23-24 ; Winter, *Ueber griech. Portrætkunst*, p. 8 ; Pawlowski, *op. l.*, p. 129, fig. 32; *Arch. Jahrbuch*, XIV, 1899, p. 87 sqq. (Græf) ; J. Lange, *Darstellung d. Menschen*, trad. Mann, p. 33, fig. 7; Perrot, *Hist. de l'art*, VIII, p. 645, fig. 330.

7. Cf. les justes observations de J. Lange (*op. l.*, p. 33) ; cf. aussi Græf (*l. l.*), bien que son hypothèse relative à un casque ne me paraisse pas admissible (cf. *Rev. ét. gr.*, XII, 1899, p. 450-451).

illusion, par la vie qui l'anime et, si je puis dire, par la netteté
de sa physionomie. Le crâne est relativement petit, bien arrondi,
comme dans les têtes purement attiques de la première époque [1] ;
les oreilles sont grandes, plates, d'un dessin simplifié, mais
juste et sûr ; la bouche est droite, avec des lèvres serrées ;
l'arcade sourcilière offre une saillie marquée ; les yeux sont restés un peu obliques [2] ; mais les paupières sont déjà épaisses,
avec un bord tendant à se relever, à faire ourlet, aussi bien
l'inférieure que la supérieure, à peu près comme celles de la
tête d'*Harmodios* [3] ; la barbe et la moustache rappellent celles
de la *tête Rampin* [4] ; mais les cheveux courts sont conformes
au nouvel esprit de simplicité qui tend à prédominer dans la
première moitié du ve siècle [5] ; la peau donne l'impression d'être
tendue sur les joues, tant le modelé en est ferme et résolu.
Bien que l'exacte provenance de ce marbre ne soit pas connue,
on ne peut que l'attribuer à l'art attique, puisque c'est seulement à des œuvres attiques, comme le *Moschophore* [6], la *tête
Rampin* [7] et l'*Harmodios* que tel ou tel de ses traits reporte
notre pensée. Quant à sa date, il est certes possible que l'œuvre
soit, selon l'opinion habituelle, antérieure à 480 [8] ; mais les cheveux courts me paraissent fournir un sérieux indice en faveur
d'une époque moins ancienne [9], et je la place donc de préfé-

1. Cf. ci-dessus, p. 155.
2. L'œil droit davantage que l'œil gauche.
3. Cf. *Berlin. Sitzungsb.*, 1892, p. 54 (Conze).
4. Cf. ci-dessus, p. 195. — Les moustaches, sur la *tête Rampin*, n'existaient
qu'en couleur.
5. Pour la manière dont les cheveux et la barbe ont été traités, cf. la minutieuse étude que M. Collignon (*Monuments grecs*, n°ˢ 17-18, 1889-1890,
p. 37 sqq.) a faite de ce procédé, à propos de la petite *tête Fauvel* (cf. ci-dessus, p. 275) et de la *tête Sabouroff* elle-même.
6. Cf. Winter, *Ueber griech. Portrætkunst*, p. 8.
7. Cf. Furtwængler, *Coll. Sabouroff*, notice des pl. III-IV.
8. Mais on ne doit absolument pas, à mon avis, la faire remonter jusqu'au
vi^e siècle.
9. Peu importe la manière dont le travail des cheveux a été exécuté ; l'essentiel est que ces cheveux sont courts comme ceux d'*Harmodios*. Je citerai
bientôt d'autres têtes de la même période qui ont également les cheveux
courts, mais exécutés suivant un procédé différent encore. — C'est au même
temps qu'il faut aussi rapporter, je crois, un fragment de stèle publié par
M. Conze : *Att. Grabreliefs*, 7, pl. VI, 1. Le sujet représenté est un homme
barbu, lançant un javelot. On ne peut pas, tant le morceau est mutilé, en
juger avec assurance : le trait principal à remarquer est que les cheveux et la
barbe sont simplement massés, sans la moindre indication du détail. Ce pro-
cédé-là est exceptionnel dans l'art attique du vi^e siècle (le seul exemple, je
crois, serait la barbe du *Moschophore*) ; il se rencontre, au contraire, assez

rence entre 480 et 470. La *tête Sabouroff* aurait ainsi le rare
intérêt de nous montrer, se prolongeant jusqu'en plein ve siècle,
cet ancien art proprement attique dont les principales productions : frontons en pierre tendre, *Moschophore*, *statue xoanisante*,
grande *coré* d'Anténor, forment une chaîne continue d'un bout
à l'autre du siècle précédent. Nous le reverrions ici une dernière fois, à l'état pur ou presque pur. Ses caractères n'ont pas
disparu, assurément, des œuvres voisines ; mais ils y sont
désormais associés de la façon la plus intime avec des traits
empruntés soit à l'art ionien ou à l'art de la Grèce occidentale ;
et, dans ce savant et heureux mélange, le souvenir des ancêtres
indigènes ne s'impose plus d'abord à l'esprit. Ce souvenir, la
tête Sabouroff le remet au premier plan, et, fort à propos, à la
manière d'un affleurement de roc dans une plaine d'alluvions,
nous rappelle le fonds primitif et solide qui porte tout le
reste.

Les sculptures d'origine sûrement attique, de 480 à 450,
sont peu nombreuses [1], en conséquence de l'état de choses qui
existait à Athènes durant cette période [2] ; du moins dégagent-
elles une conclusion bien nette. Elles prolongent en droite ligne
les deux séries entre lesquelles nous avons vu que se partageait
la production de l'art attique avant 480 ; c'est à dire que les
uns, parmi les sculpteurs d'Athènes, suivent la voie où l'influence
de l'art ionien les a poussés, et les autres recherchent plus
volontiers les exemples récemment venus des ateliers du Pélo-

---

fréquemment dans la première moitié du ve siècle : sur la stèle de Nisyros
(*Rev. arch.*, 1901, II, pl. XV), dans les frontons et métopes d'Olympie, et, en
Attique, dans les quelques têtes qu'on trouvera réunies plus loin.

1. Je répète que j'en citerai quelques autres encore au chapitre suivant ;
mais on verra de reste que celles-là ne changent rien aux conclusions que
j'indique ici. — Pour le dire, en passant, il n'y a aucun supplément utile d'information à attendre des monnaies athéniennes. On sait que, pour leurs types
monétaires, les Athéniens ont été extrèmement conservateurs (cf. Lermann,
Athenatypen auf griech. Münzen, p. 22). La tête d'Athéna, sur leurs monnaies du vi^e siècle, est simplement une tête de *coré* archaïque. Cette tête
prend un aspect un peu différent au ve siècle, et M. Lermann (*op. l.*,
p. 24 sqq.) a démontré, grâce à une certaine découverte faite sur l'Acropole,
que le changement fut postérieur à 480, sans qu'on puisse d'ailleurs préciser
à quel moment il eut lieu dans la période 480-450. En tout cas, le type nouveau offre un reflet des caractères propres à la sculpture attique de cette
période (cf. Lermann, *op. l.*, p. 32 sqq.), mais ne nous apprend rien que nous
ne connaissions déjà d'une façon plus directe et par des œuvres plus importantes.

2. Cf. ci-dessus, p. 435.

ponnèse et d'autres contrées doriennes. Les premiers sont sou-
tenus par une tradition déjà longue; les seconds ont pour eux
l'attrait d'un style nouveau ; et, de plus, un certain état des
mœurs publiques favorise l'influence dorienne, comme un autre
état des mêmes mœurs avait auparavant favorisé l'influence
ionienne [1]. Un goût de simplicité se répand alors, dont les effets
se font sentir surtout dans le costume [2] et la coiffure, et par là
l'austérité des sculptures doriennes cesse d'étonner et de
choquer des yeux attiques. Mais, qu'il penche d'un côté ou de
l'autre, l'art attique est désormais maître de lui-même ; ses
œuvres ne se confondent pas avec celles dont il lui arrive de
s'inspirer ; ce qu'il emprunte, il le remet au moule et le fait
proprement sien. Pendant ces dernières dizaines d'années de
sa croissance, préparatrices de la pleine maturité, il réalise un
double progrès : 1° progrès d'ordre général, le même qui
s'accomplit un peu partout à la fois, parce qu'il résulte du labeur
commun et de l'effort continu de tous vers le mieux, et ce
progrès consiste en un rendu toujours plus juste et plus libre
des formes nues et des draperies, en une aisance accrue du
mouvement, en un sentiment plus pénétrant de la beauté des
poses toutes simples et naturelles, empruntées directement à
la vie ordinaire ; 2° progrès particulier, consistant en une discrète absorption des éléments fournis par le style « dorien »,
d'où résulte, après les acquisitions antérieures dues à l'influence
ionienne, un nouvel élargissement du domaine où s'exerce
désormais l'activité des Attiques. Cependant le fonds ancien
subsiste, et on le voit quelquefois reparaître distinctement ;
l'art attique ne s'est pas fait, selon le vent qui soufflait, d'abord
ionien, puis ionien et dorien à la fois, en cessant d'être attique :
il a seulement usé de l'heureuse faculté qu'il avait en lui [3], de
comprendre, d'assimiler et de s'étendre ; il s'est développé, non
dans un sens déterminé, à l'exclusion des autres, mais, en
quelque sorte, tout autour de son propre centre.

    Ce que nous voyons d'un tel développement après 480, dès
lors qu'on s'abstient d'hypothèses et qu'on se borne aux faits
certains et aux monuments authentiques, est donc la suite immédiate et régulière de ce que nous en avions vu pour les vingt

1. Cf. ci-dessus, p. 214-215.
2. Thucydide, I, 6 : μετρία ἐσθῆτι...
3. Cf. ci-dessus, p. 156 sqq.

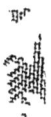

premières années du v° siècle. L'art attique s'est retrouvé, au lendemain de l'invasion perse, ce qu'il était la veille, et il a repris sa marche, dont la direction était déjà tracée auparavant, et qu'un orage momentané ne pouvait pas modifier. — Est-ce à dire que l'année 480 ne marque pas une date dans l'histoire de l'art à Athènes? Assurément si; mais il importe de ne pas se méprendre sur la signification de cette date. L'historien ne pourra jamais négliger des événements dont une première conséquence fut que toutes les œuvres d'art antérieures, à cause du désastre même qui les jeta par terre, nous ont été conservées en séries plus complètes, et mieux précisées quant à l'époque et à l'origine, que les postérieures; dont une autre conséquence fut que la parure artistique d'Athènes, entièrement abolie, dut être refaite entièrement, et put l'être dans des conditions inespérées de grandeur et d'éclat; dont la conséquence principale enfin fut de surexciter toutes les forces, morales et intellectuelles, déjà actives ou encore latentes, de la cité et d'en provoquer le suprême épanouissement. Mais il est clair que, parmi ces conséquences, s'il y en eut d'immédiates, il y en a qui furent plus lointaines. Même une crise profonde, qui ébranle tout un peuple et doit être capitale pour son avenir, n'a point l'effet de transformer hommes et choses du jour au lendemain; elle ne porte tous ses fruits qu'un peu plus tard, quand, à la génération qui a vu s'accomplir l'événement, succède une autre génération qui a grandi sous l'impression de l'événement accompli et dont l'esprit a été modelé par l'influence permanente de ce récent passé. Rien de plus naturel : si efficacement que la terre ait été remuée et retournée, il faut toujours à la moisson nouvelle le temps de germer et de croître. De plus, on sait que, pour les Athéniens, la gloire de Marathon et de Salamine ne cessa d'aller grossissant, par un effet en retour de l'heureuse politique suivie après 479; cette gloire, fort légitime certes, fut un peu illégitimement enflée, et les fils des « Marathonomaques » conçurent du rôle de leurs pères une idée que ceux-ci, bien que portés à se rendre plus que pleine justice, n'en avaient pas eue tout à fait. En sorte que le passé glorieux dont la génération nouvelle prétendait hériter, c'est elle qui, en partie, le forgeait, en ajoutant des rayons à l'authentique auréole. Marathon et Salamine ne furent qu'un point de départ; mais progressivement, à mesure que les conséquences se déroulaient et qu'Athènes voyait grandir ses forces et son renom, elle prenait d'autant plus de fierté d'avoir couru un si grand péril et d'en avoir triomphé[1]. Donc, sur la toile de fond en avant de laquelle se dresse l'Athènes de Périclès, ce n'est pas seulement les ruines et les victoires de 480-479 qui apparaissent à nos yeux : c'est toute la suite de luttes et de succès, remplissant la première moitié du v° siècle, au cours desquels se cristallisa, pour les Athéniens d'abord, pour la postérité aussi, la gloire de Salamine. Nous ne devons pas nous y tromper, et dater de 479 certains effets qui ne pouvaient assurément pas se manifester sitôt, la cause capable de les produire n'existant pas encore tout entière à ce moment-là.

Pour la sculpture particulièrement, comment eût-elle changé soudain de caractère ? Elle n'avait pas fini son temps d'étude; il lui restait du chemin à faire avant d'arriver au terme naturel de son long effort. Pouvait-elle trouver d'un coup l'exacte correction qu'elle cherchait, atteindre à la parfaite aisance et souplesse des mouvements, rejeter d'un simple geste tous les souvenirs d'archaïsme qu'elle portait en soi? De tels progrès ne s'accomplissent point par un accès d'enthousiasme, mais bien plutôt par le travail et le temps. Le travail fut repris en 479, au point où il avait été interrompu en 480; et nous savons même qu'il ne reprit pas avec une activité plus grande, puisque au contraire la période 479-450 fut, si je puis dire, une « morte-saison » relative. C'est pendant ces trente années que l'art attique acheva de se former, compléta et assimila ses nouvelles acquisitions, se rapprocha du point de maturité. En 479, la sculpture n'était pas mûre encore; elle l'était en 450. Et elle l'était devenue, non point par une poussée subite et merveilleuse, mais par une marche régulière, que les événements de 480-479 n'ont en somme ni ralentie, ni précipitée, et dans laquelle ils n'ont fait qu'une apparence de coupure. L'art attique termine sa dernière étape au moment précis où la génération née vers l'époque de Salamine, grandie au milieu d'une atmosphère de fierté patriotique et de noble confiance dans les destinées de la cité, arrive à l'âge actif, au moment aussi où la politique de Périclès va

---

1. Les *Perses* d'Eschyle ne sont pas de 478; ils sont seulement de 472, époque où Athènes pouvait déjà escompter les fruits qu'elle tirerait, non pas directement de son rôle à Salamine, mais de l'effort soutenu par elle depuis, à la tête de la Ligue maritime.

fournir à Athènes les ressources matérielles et les années de
paix également nécessaires pour la digne réparation de ses
désastres. J'estime qu'il faut compter au nombre des plus importants facteurs de la fortune artistique d'Athènes cet admirable concours de circonstances : il est singulièrement heureux
qu'elle n'ait pu, trente ans durant, s'occuper de restaurer sa
beauté et de se parer avec luxe, puisque, si elle eût pu le
faire plus tôt, elle n'aurait eu, ni Périclès pour en inspirer
l'entreprise, ni Phidias pour la diriger, ni, pour l'exécuter,
Ictinos et Alcamène et Mnésiclès...

CHAPITRE V

ÉPANOUISSEMENT DE L'ART ATTIQUE
DANS LA SECONDE MOITIÉ DU V° SIÈCLE.
CONCLUSION

Mais les grands artistes, contemporains de Périclès, qui donnèrent tant d'éclat à la sculpture attique, ont simplement achevé ce que leurs devanciers avaient si bien commencé. Tels que nous les connaissons par le jugement des anciens ou par les œuvres d'eux qui subsistent, ils nous apparaissent sur le prolongement de la route antérieurement tracée, non pas sur des embranchements détachés de cette route par leur initiative personnelle. Leur génie propre est une manifestation particulière du génie athénien parvenu à son zénith; et, de même que la cité a longuement préparé son épanouissement de prospérité et de gloire, de même l'apogée de l'art athénien est le résultat magnifique du travail de plusieurs générations, dont la dernière, la plus heureuse, parce qu'elle est arrivée au meilleur moment et parce que les circonstances historiques et politiques lui firent un sort privilégié, eut d'abord cet immense avantage, d'hériter du capital accumulé par toutes les précédentes. Nous n'avons pas ici à considérer de quelle manière et jusqu'à quel point les plus illustres maîtres du v° siècle ont haussé l'art remis en leurs mains; il importe seulement de montrer qu'ils ne l'ont pas fait dévier, que leur génie ne les a pas poussés hors des traditions de l'école où ils sont nés, qu'ils ont donc, eux aussi, représenté fidèlement l'esprit de cette école, et que leur mérite n'est pas d'avoir apporté un idéal jusque-là inconnu, mais bien d'avoir magistralement réalisé l'idéal ou les diverses sortes d'idéal ébauchées avant eux[1]. Ce sera donner à

1. Exception faite pour Myron. Il est à part, non pas tant à cause de ses origines qu'à cause de la nature de son génie. Il est le premier en date (peut-

notre étude sa juste conclusion, de constater la permanence,
au delà de 450, des deux courants parallèles qui existaient déjà
dans la première moitié du siècle, et de reconnaître, chez les
artistes de l'époque du triomphe, les descendants directs, les
fils et petits-fils des sculpteurs moins fameux et des obscurs
ouvriers qui furent à la peine si longtemps, si bravement, —
et si utilement pour leur descendance!

Phidias (j'entends, par ce nom, évoquer avant tout l'inspirateur vraisemblablement unique et l'exécutant principal des
sculptures du Parthénon), de si haut qu'il domine son art, en
respecte pourtant, peut-on dire, les habitudes et le caractère;
il ne le plie pas violemment, à la façon d'un Michel-Ange, pour
en tirer des moyens d'expression qui ne soient qu'à lui. Il ne
s'isole point, par l'effet d'un tempérament excessif; il est le
premier sur le rang, mais il reste dans le rang. Son œuvre
n'étonne point par la nouveauté des sujets; car les types de
ses statues ne semblent pas s'être beaucoup éloignés de ceux
qu'on avait traités avant lui, et l'on note sur la frise du Parthénon quantité d'attitudes et de mouvements qui ne sont que
des répétitions ou des adaptations de motifs antérieurement
inventés. C'est pourquoi l'on a dit qu'il fut un « génie éminem-
ment conservateur »[1]. Conservateur, en effet, si le mot signifie
que Phidias a librement profité du commun bien déjà acquis et
n'a pas cru que l'originalité consistât à tout renouveler et qu'il
lui fût toujours indispensable de faire autre chose pour faire
mieux. Mais ce n'est pas assez de signaler plus ou moins de
motifs empruntés aux devanciers : l'art de Phidias eût pu être
tout différent de ce qu'il est, ces emprunts-là restant les mêmes.
Il faut le montrer « conservateur » jusque dans le *style*, exact
continuateur de la formule qu'il avait reçue de ses maitres[2], et

être avec Pythagoras de Rhégion) des artistes *personnels*, je veux dire de
ceux qui, au lieu de prendre la suite d'une école, se mettent hors cadre par
la nouveauté originale de leurs créations. Avec lui commence, dans l'histoire
de l'art grec, le rôle des tempéraments individuels; il y a, entre lui et
Phidias ou Polyclète, une différence capitale à ce point de vue. Aussi, dans
un exposé, tel que nous le faisons ici, du développement de *l'école* attique
depuis ses origines jusqu'à son apogée, on n'a pas même à prononcer le nom
de Myron.

1. Cf. *Bull. corr. hell.*, XXI, 1897, p. 509 (Pottier). — Même page, note 1,
M. Pottier a donné une liste assez longue des « rapprochements qu'on peut
faire entre certains personnages de la frise du Parthénon et des œuvres plus
anciennes ».

2. Cf. *Gazette des Beaux-Arts*, 1902, II, p. 469 (S. Reinach).

qui était une des deux grandes formules de la sculpture attique contemporaine.

« Le style d'un artiste s'affirmant surtout dans sa manière de figurer les traits du visage »[1], ceux qui parlent du style de Phidias ont en vue généralement le caractère des têtes dans les métopes et la frise du Parthénon. Or, aucun des traits principaux de ces têtes, ni le dessin particulier de l'œil, ni celui de la bouche, ni la forme du crâne et la verticalité du profil, ni le calme inexpressif de la physionomie, n'est une invention propre de Phidias; et la réunion de ces traits en un ensemble, constituant un type déterminé, n'est pas davantage de lui. Il n'a pas eu à composer ce type : il l'a trouvé tout fait; il lui a seulement donné son achèvement, lui a assuré, en quelque sorte, sa forme définitive. Mais cette forme n'est que la terminaison d'une série, dont les étapes antérieures nous sont aujourd'hui connues : car voici, dans le seul musée de l'Acropole, quelques petits marbres qui suffiront pour nous offrir, en abrégé, la vision exacte de la série entière. Leur place véritable, du moins pour les deux premiers, eût été en des endroits divers des chapitres précédents; je les ai réservés exprès, afin de les présenter ensemble et de mieux faire apparaître, grâce à leur juxtaposition, comment les têtes du Parthénon, exécutées entre 440 et 432, dérivent en droite ligne d'un certain type qui avait commencé d'exister en Attique avant même 480.

Le premier de ces marbres (*fig. 42*) est une petite tête de jeune homme[2], que je crois un peu postérieur à l'invasion perse; car elle me parait reproduire avec plus d'aisance le type nouveau représenté avant cette date par l'*Éphèbe blond* et la *coré d'Euthydicos*, et, en outre, sa chevelure courte et seulement massée marque un progrès décisif de ce goût de simplicité, qui n'était encore qu'à son aube dans le commencement du v° siècle. Ce travail de la chevelure a pour effet de laisser voir, comme à nu, le plan presque carré suivant lequel la tête a été construite : derrière, le crâne tombe quasi droit sur la

1. S. Reinach, *l. l.*, p. 452.
2. N° 644. Hauteur, 0m,115. Cf. *Arch. Jahrbuch*, VIII, 1893, p. 146, figure (Winter); Μνημεῖα τῆς Ἑλλάδος, pl. XXXI, 4, en bas. — Je rappelle (cf. ci-dessus, p. 400, note 6) que M. Winter a proposé d'attribuer cette tête à un groupe, dont on a retrouvé quelques débris, lequel représentait un jeune homme debout à la tête de son cheval. Mais ce groupe serait antérieur à 480; or, il me semble que la tête doit être d'une date plus récente.

nuque, par une sorte de correspondance avec la verticalité du
profil, et, de chaque côté, la joue très aplatie continue exactement la face latérale du crâne. Les yeux montrent un globe
relativement petit sous deux paupières très épaisses ; la bouche
close, sérieuse, repousse un peu les lèvres en dehors : la
physionomie est fixée dans une immobilité grave. M. Winter[1],
très justement, a comparé cette tête de jeune homme, pour
l'esprit de son exécution, à celle de la *coré d'Euthydicos*. —
Vient ensuite (*fig*. 43) une seconde petite tête[2], dont les

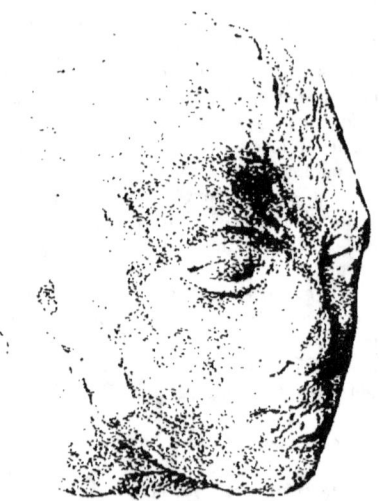

Fig. 42. — Tête d'une statuette de jeune homme
(Acropole).

cheveux aussi étaient simplement massés sur le crâne, mais,
sur le front, étaient figurés par de minces fils de bronze tordus,
de manière à donner l'illusion de mèches légères et frisées[3].

1. *L. l.*, p. 150-151.
2. N° 657. Hauteur, 0ᵐ.125. Cf. *Athen. Mittheil.*, VII, 1882, pl. IX, 1,
p. 193 sqq. (K. Lange); XV, 1890, p. 20, n° 4 (Graef); Μουσεῖα τῆς Ἑλλάδος,
pl. XXXI, 1, en bas; Lepsius, *op. l.*, p. 71, n° 38 : marbre de Paros. La tête
était faite pour être vue de profil à droite; car elle est inachevée sur toute la
partie gauche.
3. On compte 45 petits trous destinés à recevoir ces mèches de bronze;
mais à gauche, les trous et, par conséquent, les mèches, au lieu de se continuer jusqu'à la tempe, s'arrêtent à hauteur du milieu de l'œil, la tête ne

On ne se laissera pas tromper à son apparence grossière, laquelle est due aux mutilations du marbre ; elle est, en réalité, d'un travail large et facile, dénotant une main très sûre. Et je l'estime un peu moins ancienne que la précédente, à cause de quelques modifications survenues dans le dessin de la bouche et de la région des yeux. La bouche (détail important) est entr'ouverte, sans qu'il y ait sourire, d'ailleurs, puisqu'au contraire les lèvres un peu avancées donnent à la physionomie je ne sais quel air chagrin[1]. Quant aux yeux, si on considère la

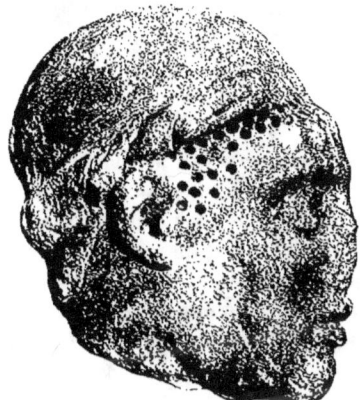

FIG. 43. — Petite tête à frisures en bronze
(Acropole).

forme du globe et l'épais bourrelet des paupières, on n'y trouvera pas de changement ; mais on remarquera que l'arcade

devant pas être vue de ce côté. — Comparer la tête colossale de déesse, peut-être d'*Aphrodite*, qui est à Rome, au Musée des Thermes, ancienne collection Boncompagni-Ludovisi (Helbig, *Führer*², II, 927 ; Brunn-Bruckmann's *Denkmäler*, 223 ; S. Reinach, *Têtes antiques*, pl. 20-21) : elle avait sur le front, outre les boucles frisées sculptées dans le marbre, un supplément de seize petites boucles rajoutées en bronze. — Autres exemples de boucles en métal associées à une chevelure en marbre : petite tête de femme, du musée de l'Acropole, n° 640 (*Au mus. de l'Acrop.*, p. 236, n° 9, fig. 24) ; petite *coré* d'Éleusis (*Mus. nat. d'Athènes*, 24), déjà mentionnée ci-dessus, p. 398, note 1.

1. Ce trait a été justement noté par M. K. Lange (*Athen. Mittheil.*, VII, 1882, p. 208).

sourcilière, devenue plus forte et plus charnue, s'est comme
abaissée, de façon à surplomber l'œil et à mieux l'enchâsser.
— Ces deux traits se retrouvent, avec tous les autres déjà
signalés, dans la troisième tête (*fig.* 44), qui provient d'une
statue d'éphèbe, presque de grandeur naturelle[1] : chevelure
courte et seulement massée ; crâne arrondi en haut, ne fuyant
pas en arrière ; verticalité du profil et joues très aplaties ; épais
bourrelet des paupières sous une arcade sourcilière très rapprochée et surplombante ; bouche entr'ouverte avec lèvres en
dehors ; physionomie neutre, n'exprimant ni joie ni chagrin,
mais à laquelle, par suite d'un certain accent indéfinissable des
coins de la bouche, on est en droit pourtant d'attribuer un air
légèrement maussade. Et les traits que je viens d'énumérer,
nous les voyons ici, non plus hésitants, mal formés ou exagérés,
susceptibles encore de progrès, mais bien achevés, précisés,
définitifs, en exacte conformité avec le vouloir de l'artiste,
absolument maître de son métier, qui les a fait venir sur le
marbre[2].

Il y a entre ces trois têtes une parenté évidente ; elles se
tiennent toutes trois, à intervalles inégaux, sur la ligne droite
que trace le développement régulier du type auquel elles ressortissent. Or, la dernière (*fig.* 44) est déjà tout à fait, peut-on
dire en abrégé, une tête du Parthénon : elle offre une frater-
nelle ressemblance avec les têtes de certains jeunes cavaliers
ou de jeunes dieux, voire d'une déesse comme *Peithô*, dans la
frise de Phidias ; cependant que la première (*fig.* 42) tient de
si près à l'*Éphèbe blond* et à la *coré d'Euthydicos*. Je ne crois
pas qu'on puisse contester l'enchaînement rigoureux qui existe
entre cette série de marbres[3], par quoi il apparaît que le style
de Phidias, en ce qui touche la manière de figurer les traits du
visage, s'est graduellement constitué durant la première moitié

1. N° 699. Cf. Brunn-Bruckmann's *Denkmäler*, 461, *A* ; Lepsius, *op. l.*,
p. 71, n° 39 : marbre de Paros. — C'est cette tête qui avait été jadis replacée
(cf. *Athen. Mittheil.*, V, 1880, pl. 1) sur le torse de la statue d'*Éphèbe* 698
(cf. ci-dessus, p. 453, *fig.* 38), avant que la véritable tête de celle-ci eût
été retrouvée.

2. Cette tête doit être, en effet, postérieure à 450.

3. A propos de la petite tête de notre *fig.* 42, M. Winter (*Arch. Jahrbuch*,
VIII, 1893, p. 150), dans le même passage où il la rapproche de la *coré d'Euthydicos*, évoquait aussi la *Peithô* de la frise du Parthénon. Le rapport entre
la *coré d'Euthydicos* et la tête de *Peithô* avait été pareillement indiqué par
M. Græf (*Athen. Mittheil.*, XV, 1900, p. 36)

du v⁰ siècle et qu'il avait commencé de se former en Attique
(nous savons sous quelles influences) dès la période 500-480.

D'autres enchaînements du même ordre se laissent aperce-

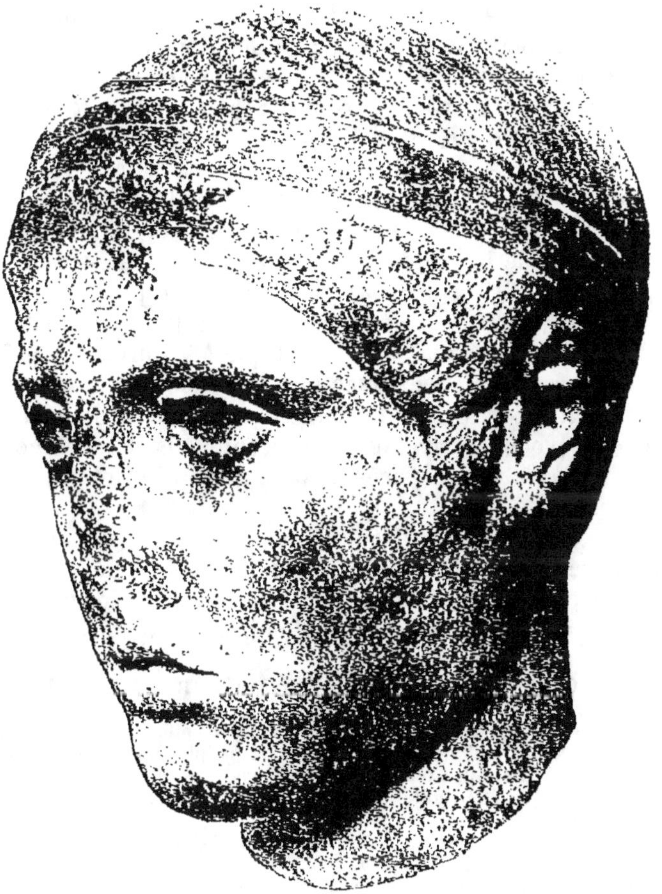

Fig. 44. — Tête d'une statue d'*Éphèbe*
(Acropole).

voir çà et là, plus partiels, il est vrai, jusqu'à ce que de nouvelles découvertes viennent les compléter à l'égal du précédent ;
mais, comme il ne s'agit que de sculptures certainement trouvées en Attique, la rareté relative des sculptures de cette pro-

venance pour les trente années 480-450 rend leur témoignage
d'autant plus probant. — Une tête barbue, un peu plus petite
que nature, recueillie près de l'Acropole et conservée au Musée
national d'Athènes [1], précède et annonce certaines têtes de
Centaures, encore archaïques, des métopes du Parthénon. —
Une petite tête de femme, grossière de travail, qui est aussi au
Musée national d'Athènes [2], a été signalée par M. Arndt comme
marquant une des étapes de la route qu'a suivie l'art attique,
pour aboutir au type de la « *Sapphô* » de Madrid, en laquelle
M. Furtwængler [3] a voulu reconnaître une *Aphrodite* de Phidias [4]. — Pour ce qui est du costume féminin, le péplos que
nous voyons dans la statue d'*Athéna* sans tête et le relief
Athéna au pilier, tous deux découverts sur l'Acropole [5], est le
premier essai, encore simple et un peu sévère, de celui de la
Parthénos ou de la prétendue *Lemnia* [6]. — Et dans la célèbre
tête de Bologne, qui ne nous rend peut-être pas la *Lemnia*,
mais est du moins la copie d'une œuvre attique de la seconde
moitié du ve siècle, quoi d'étonnant que M. Furtwængler [7] ait
relevé des ressemblances avec plusieurs sculptures péloponnésiennes, s'il est vrai que le caractère un peu dédaigneux de
la bouche évoque, à trente ou quarante ans de distance, la
coré d'Euthydicos, elle-même toute pénétrée des influences
doriennes ?

Enfin, depuis que le fronton *de la Gigantomachie* a été
reconstitué, et qu'on a pu se faire une idée exacte de cette
œuvre décorative, ordonnée par les Pisistratides, on a dû
s'avouer [8] que telles des plus hautes qualités admirées dans la

---

1. N° 96. Cf. Friederichs-Wolters, *Gipsabgüsse*, 105 ; Furtwængler, *Coll.
Somzée*, p. 2, figure. — M. Furtwængler a rapproché, fort justement, cette
tête athénienne d'une tête barbue, de l'ancienne collection Somzée (*op. l.*,
pl. 11), copie romaine d'une œuvre grecque archaïque. Mais il me paraît que
l'original d'où dérive cette tête Somzée ne devait pas être daté de « 500 environ » : le dessin de l'œil, notamment de la paupière supérieure, indique une
date plus récente.
2. N° 381. Cf. Arndt-Amelung's *Einzelaufn.*, 1203-1204 (Arndt).
3. *Meisterw. griech. Plastik*, p. 98 sqq.
4. Je rappelle seulement en note, parce que la provenance première n'est
pas certaine, la démonstration (entièrement juste et convaincante, à mon
avis) faite par M. Pottier sur la *tête au cécryphale* du Louvre, œuvre attique
un peu antérieure au Parthénon, et très apparentée à la *Peithô* de la frise :
cf. *Bull. corr. hell.*, XX, 1896, p. 445 sqq., pl. XVII-XVIII.
5. Cf. ci-dessus, p. 466-467.
6. Cf. Furtwængler, *Meisterw. griech. Plastik*, p. 36-37.
7. *Op. l.*, p. 29.
8. Cf. *Athen. Mittheil.*, XXII, 1897, p. 112 (Schrader).

composition des frontons du Parthénon n'étaient pas entièrement nouvelles, et que l'art attique les avait possédées de
bonne heure, les manifestant à l'occasion, selon que le permettait le degré même de son développement. Dès le vi° siècle, il
avait le sentiment de ce genre de beauté grande et noble, qui
naît de la simplicité et du calme des lignes, de la clarté de
l'arrangement, du mesuré des gestes. Si l'on compare, pour
leur caractère monumental, les figures taillées par le sculpteur
inconnu du temple des Pisistratides et celles du fronton oriental du Parthénon, on a l'étonnement de découvrir une parenté
entre ces deux œuvres que sépare un intervalle de quatre-vingts
ans, et dont la première avait péri avant peut-être que les
yeux de Phidias enfant pussent la voir ; en faisant abstraction
des différences qui résultent d'un intervalle de temps si étendu,
à une époque où l'art était au cours de sa croissance, en oubliant
un instant la maîtrise souveraine de Phidias, on est conduit à
reconnaître que, dans la plus récente des deux œuvres, ce
n'est pas un « idéal nouveau » qui se révèle, c'est un « ancien
héritage de l'art indigène » qui persiste [1]. Les traits permanents
qui constituent l' « héritage indigène » précieusement conservé et transmis, nous ne les avons pas constatés une fois
seulement, dans le fronton *de la Gigantomachie*, mais aussi
dans la grande *coré* d'Anténor et, d'une façon générale, dans
ces divers marbres archaïques que nous avons pris soin de
grouper ensemble [2], comme étant ceux où se gardait le mieux
l'esprit particulier de l'école attique, cet esprit qui donne déjà
leur physionomie distincte aux sculptures en pierre tendre de
la primitive époque.

Par ses racines profondes, l'art de Phidias plonge donc et
s'étend jusqu'à ces sculptures (qu'il ne connaissait pourtant
pas, puisqu'elles n'existaient plus) des imagiers athéniens,
purement athéniens, contemporains de Solon ; la bonne sève
du tronc attique monte jusqu'à lui, depuis les origines. Mais il
doit beaucoup aussi à l'influence « dorienne », que certains
ateliers d'Athènes avaient accueillie dès le début du v° siècle.
On a vu tout à l'heure comment le type des têtes du Parthénon
est issu progressivement d'une suite d'essais appartenant à la
série appelée par nous attico-dorienne. C'est l'esprit dorien

1. Expressions de M. Schrader (*l. l.*).
2. Cf. ci-dessus, p. 240 sqq., 258 sqq.

qui perce dans cette partie de la décoration du grand monument national de l'Attique. Car un tel type, qui dissimule à peine, sous l'aisance merveilleuse de la facture, une simplification quasi géométrique et une régularisation quasi architecturale du crâne et de la face, qui substitue à la diversité incessante des individus un modèle uniforme, sans autres variantes que celles qu'impose absolument la différence du sexe ou de l'âge [1], et qui enfin, de ces traits simplifiés et épurés, de ce profil régularisé au fil à plomb, élimine toute expression particulière, tout reflet d'âme, toute ombre passagère de pensée, n'y laisse que la vie seulement, et, semble-t-il, ne permet aux lèvres de rester un peu entr'ouvertes que pour rendre plus aisé le jeu naturel de la respiration animale, — un tel type répond (dans la mesure convenable pour l'Attique) à celui où avaient tendu instinctivement les écoles d'art qui traitèrent l'étude du corps humain selon des principes abstraits, y apportèrent, de préférence à l'imagination, le calcul, la logique, l'esprit de réflexion et le goût de symétrie, eurent souci du général plutôt que du particulier, du collectif plutôt que de l'individuel, et, dans la riche variété d'aptitudes du génie grec, représentèrent ces qualités fortes, sobres, condensées, d'ordre moral plus qu'esthétique, sur lesquelles ensemble nous mettons l'étiquette : « caractère dorien » [2]. Et n'est-ce point là une juste confirmation des témoignages anciens, d'après lesquels Phidias aurait été, au premier ou au deuxième degré [3], élève du maître argien Hagéladas? On peut dire, en donnant au mot le sens que nous avons expliqué par les chapitres précédents, que Phidias fut un Attico-dorien : il n'est pas cela seulement, mais il est cela d'abord.

Tout autre a été le style de Calamis et de Callimaque, puis-

1. Sur la grande uniformité des visages et même des corps, par opposition à la diversité des poses et des gestes dans la frise du Parthénon, cf. J. Lange, *Darstellung d. Menschen*, trad. Mann, p. 153 sqq.

2. M. Boutmy (*Philos. de l'archit. en Grèce*, p. 19 sqq., 27 sqq.) a fait un parallèle du caractère dorien et du caractère ionien, qui est un peu systématique et outré, dans la manière de Taine, mais qui reste vrai, en général, et mérite d'être retenu. — Cf. aussi quelques mots de M. Pottier (*Rev. arch.*, 1904, I, p. 219).

3. Au premier degré, s'il travailla avec Hagéladas ; au deuxième degré, s'il ne connut l'enseignement d'Hagéladas que par l'intermédiaire de son autre maître, Hégias, lui-même élève d'Hagéladas.

qu'un passage connu de Denys d'Halicarnasse [1] l'oppose, τῆς λεπτότητος ἕνεκα καὶ τῆς χάριτος, au grand style sévère et puissant de Polyclète et de Phidias. Indication précieuse, la meilleure et presque la seule que nous possédions pour classer deux artistes, dont les œuvres jusqu'à présent nous échappent. Si je n'ai point parlé de Calamis dans le chapitre consacré aux sculptures attiques postérieures à 480, c'est en raison de notre ignorance à son sujet, puisqu'on n'a encore réussi à lui attribuer, avec une suffisante vraisemblance, aucune des sculptures anonymes de nos musées [2]. Etait-il même un Attique, et la Béotie ne pourrait-elle pas le revendiquer [3]?... Cependant, si mal renseignés que nous soyons, je crois que nous devons le tenir pour un Attique, justement parce qu'il est arrivé aux anciens [4] de lier son nom à celui de Callimaque et de nous montrer en eux deux, par conséquent, les représentants de ten-

1. *Opuscula*, éd. Usener et Radermacher, I, p. 59 : *Isocrate*, chap. 3, 541-542; cf. Overbeck, *Schriftq.*, 531 et 795.
2. On lui a attribué maintes fois l'original de l'*Apollon Choiseul-Gouffier;* mais on a aussi prononcé son nom pour l'*Aurige de Delphes* (cf. *Monuments Piot*, IV, 1897, p. 207); et ce même *Apollon Alexicacos*, d'où dériverait, selon les uns, l'*Apollon Choiseul-Gouffier*, M. Studniczka (*Neue Jahrbücher f. d. kl. Altertum*, V, 1902, p. 681) le retrouve dans l'*Apollon del Tevere*, cependant que M. Petersen (cf. surtout *Röm. Mittheil.*, XV, 1900, p. 142 sqq.), avec l'approbation de M. Furtwængler (*Meisterw. gr. Plastik*, p. 78), reconnaît en cette dernière statue une œuvre de la jeunesse de Phidias. On a encore attribué à Calamis l'*Hestia Giustiniani*, la « *Pénélope* » de Berlin, la *Vénus de l'Esquilin* (cf. le résumé fait par Mme Strong-Sellers, dans la *Strena Helbigiana*, p. 297), tandis que M. Studniczka (*Neue Jahrbücher*, V, 1902, p. 681) chercherait la plus célèbre des statues de femme de cet artiste, sa *Sosandra*, dans la prétendue « *Déméter* » de Cherchel ou de Berlin (cf. Gauckler, *Musée de Cherchel*, pl. V; Kékulé von Stradonitz, 57es *Berlin. Winckelmprogr.*, 1897). Le seul rapprochement d'hypothèses aussi dissemblables, et dont aucune n'a été jusqu'alors obligée de céder le pas à l'autre, est un éloquent témoignage de l'incertitude de nos connaissances sur Calamis. Cf., à ce sujet, les paroles décourageantes, rapportées par M. Græf dans le *Bursian's Jahresbericht*, 1901, III, p. 18 (à l'occasion de l'article de Mme Strong-Sellers dans *Strena Helbigiana*, p. 293 sqq.).
3. M. Studniczka (*Berlin. phil. Wochenschrift*, 1893, p. 694) le tient pour Béotien, à cause de son nom et de la présence de trois de ses œuvres en Béotie (Pausanias, IX, 16, 1; 20, 4; 22, 1). Mais le nom, même s'il est exclusivement béotien, pourrait prouver seulement que la famille de Calamis était originaire de Béotie, et Calamis n'en serait pas moins un Attique, autant et peut-être plus que Myron, par exemple. Quant à l'existence de deux statues de lui à Tanagra et d'une troisième à Thèbes, cela n'a pas lieu d'étonner pour un artiste qui paraît avoir été fort nomade; et cette vie nomade se comprendrait bien (nous avons dit pourquoi, ci-dessus, p. 436) chez un sculpteur attique de la période 480-450.
4. Denys d'Halicarnasse, cité ci-dessus ; Grégoire de Naziance : cf. Overbeck, *Schriftq.*, 532.

dances artistiques pareilles : or, grâce à quelques autres renseignements, nous entrevoyons assez quelles furent ces tendances pour ne pouvoir penser qu'à des ateliers athéniens, dès lors qu'il ne saurait être question de l'Ionie.

Rappelons-nous les deux *corés* de l'Acropole 684 et 674[1], antérieures toutes deux à l'invasion perse : la qualité ravissante du modelé de leur visage, et le charme exquis du léger sourire à peine perceptible, ici plus fin, là plus tendre, qui est le résultat et comme la récompense de ce beau et savant modelé. Puis, supposons un progrès nouveau dans cette même direction, une technique plus habile encore, plus sûre et plus souple, au service d'une recherche d'élégance encore plus délicate et plus subtile : c'est sur un tel prolongement que doit se rencontrer, semble-t-il, cette *Sosandra*[2] de Calamis, dont la beauté avait pour principal attrait un sourire réservé et mystérieux, indéfinissable secret du visage. Et si la *Sosandra* méritait aussi, comme il paraît ressortir d'un autre passage de Lucien[3], l'ancienne épithète homérique καλλίσφυρος, rappelons-nous alors l'admirable exécution des pieds dans plusieurs statues de l'archaïsme attique, et à l'enseignement de quels maîtres certains des sculpteurs d'Athènes avaient dû leur supériorité en ce point[4]. — D'autre part, reportons notre pensée à des œuvres comme le relief *Déesse montant en char*[5], d'un travail si joli, d'une distinction si rare, où la sculpture du marbre, tout en restant légère et flexible à souhait, sait prendre le fini minutieux et l'acuité de la ciselure sur métal. Que de telles qualités, déjà poussées à ce degré éminent, soient cultivées encore pendant une génération par un petit

1. Cf. ci-dessus, p. 388 et 390; *Au mus. de l'Acrop.*, p. 369, fig. 38; p. 279 et 285, pl. I et II.

2. La *Sosandra* était-elle une statue d'Aphrodite? et, puisque, certainement, elle se dressait sur l'Acropole (Lucien, *Portraits*, 4), doit-elle être identifiée avec cette *Aphrodite*, œuvre de Calamis et offrande de Callias, qui existait également sur l'Acropole (Pausanias, I, 23, 2)? Cela est fort probable. Mais la base, destinée à une statue de bronze, qui a été retrouvée sur l'Acropole, avec dédicace au nom de Callias fils d'Hipponicos (*Inscr. attic.*, I, 392; Lolling, *Catal. inscr. Acrop.*, p. 90, n° 164), est-elle bien, comme on l'admet d'habitude, la base de cette *Aphrodite-Sosandra*? M. Studniczka (*Neue Jahrbücher*, V, 1902, p. 681) est d'avis que le nom *Sosandra*, employé par Lucien, devait être tiré de l'inscription dédicatoire elle-même. La base en question, qui mentionne seulement le nom du donateur, se rapporterait, en ce cas, à une autre offrande de Callias et n'aurait nul rapport avec la statue de Calamis.

3. *Dial. des courtisanes*, III, 2.

4. Cf. *Au mus. de l'Acrop.*, p. 194 sqq.

5. Cf. ci-dessus, p. 408 sqq.

lot d'artistes choisis, uniquement soucieux de développer cet idéal d'élégante finesse, sera-t-on surpris qu'ensuite arrive un Callimaque, lequel, résumant et couronnant tous les efforts accomplis, sera sans rival *propter elegantiam et subtilitatem artis marmoreae*[1], un suprême raffiné dont le seul défaut sera de vouloir aller au delà des limites mêmes de son génie : *semper calumniator sui nec finem habentis diligentiae*[2] ?

Deux marbres importants, dont la découverte est récente, me paraissent avoir accru la série des œuvres attiques du ve siècle qui restent en dehors de l'art de Phidias et représentent un esprit nettement différent. C'est d'abord, par ordre d'ancienneté, la *Caryatide de Tralles*, au musée de Constantinople[3], réplique d'un original inconnu qui devait dater des environs de 450. M. Collignon[4] attribue la création originale à « un artiste qui s'inspire de modèles ioniens » : ne serait-ce pas en Attique que cet artiste aurait fait ses études et aurait pris sa juste dose d'ionisme ? Car la tête de la *Caryatide de Tralles*, si on en détaille avec attention les traits du visage, semble bien être une « suite » de la *grande tête à polos*, retrouvée sur l'Acropole d'Athènes[5] ; et la technique particulière, suivant laquelle a été exécutée la longue nappe de la chevelure sur le crâne et par derrière[6], a été également employée, à notre connaissance, pour deux des *corés* attiques[7], dont l'une est la plus remarquable des productions de l'archaïsme athénien, peu avant 480[8]. — L'autre marbre, qui dépasse assurément de beaucoup, en valeur esthétique et en intérêt historique, la *Caryatide de Tralles*, est le groupe des *Danseuses de Delphes*[9]. Il n'est pas trop téméraire d'espérer que, par lui,

1. Vitruve, IV, 1, 10. — Les mots *elegantia*, *subtilitas*, doivent être respectivement la traduction des mots grecs χάρις, λεπτότης.

2. Pline, *N. H.*, XXXIV, 92.

3. Cf. *Monuments Piot*, X, 1903, pl. II-III, p. 13 sqq. (Collignon).

4. *L. l.*, p. 22.

5. Cf. ci-dessus, p. 392 ; *Au mus. de l'Acrop.*, p. 363, fig. 35.

6. M. Collignon (*l. l.*, p. 18) a signalé expressément ce trait; mais il lui a échappé que les *corés* attiques en offraient des exemples.

7. Cf. ci-dessus, p. 396, note 5 (où j'ai cité aussi, à ce sujet, une des *corés* de Délos).

8. Ce devait être un type très voisin de celui de la *Caryatide de Tralles*, qu'offrait cette petite *coré hydrophore* en bronze, antérieure de peu d'années à 480, que les Perses enlevèrent d'Athènes dans leur butin de guerre, et que Thémistocle eut la surprise de revoir à Sardes (Plutarque, *Thémistocle*, 31, 1).

9. Cf. Homolle, *Fouilles de Delphes*, IV, pl. LX-LXII ; *Bull. corr. hell.*, XXI, 1897, p. 603 sqq. (Homolle).

nous sont maintenant rendues les *Danseuses lacédémoniennes* de Callimaque [1]. L'œuvre date, en tout cas, de la seconde moitié du vᵉ siècle, et certains souvenirs superficiels de la facture archaïque s'y mêlent encore à la souple liberté et à la force aisée d'un art entièrement sûr de lui et maître de tous ses moyens. L'attitude de chacune des trois femmes est analogue à celle de la *Caryatide de Tralles :* un des bras, le bras gauche, est abaissé, et la main tenait du bout des doigts le bord des plis flottants du chitòn ; l'autre bras, relevé vers la tête, s'arrondissait en anse. Cette gracieuse envolée du bras, qu'accompagne une légère inclinaison de la tête, et à laquelle correspond aussi l'avancement d'une des jambes, fournit la plus heureuse traduction plastique du rythme mesuré et harmonieux de la danse, dont le mouvement même est indiqué, à son tour, par l'agitation des plis du court vêtement. Celui-ci, très fin, transparent, colle exactement sur le corps ou bien se fronce en rides minces, puis, de chaque côté des jambes et entre les deux jambes, s'amasse et se courbe en petites vagues refoulées par le vent.

Or, malgré la grande différence des sujets, on constate une notable analogie dans le geste opposé des deux bras entre les *Danseuses de Delphes* et cette *Vénus de Fréjus*, dont l'original, parfois attribué, non sans vraisemblance, à Calamis [2], est aujourd'hui, avec plus de raison encore, revendiqué pour Callimaque [3]. L'analogie se poursuit jusque dans le vêtement, dont le caractère essentiel est d'être à la fois collant et plissé, la fine étoffe laissant presque partout transparaître les formes comme si elles étaient nues, mais affirmant aussi son existence contre le corps même par d'habiles froncements et rebroussements, çà et là, de ses plis menus. Un tel rendu de l'étoffe constitue la solution du problème que les Ioniens et, à leur suite, les Attiques avaient posé dès le vIᵉ siècle, dans leurs statues de *corés*, à savoir le problème de la draperie collée sur

1. Les *sallantes Lacaenae*, citées par Pline (*N. H.*, XXXIV, 92), étaient en bronze. Mais il est possible que le groupe de Delphes, en marbre, ait été une copie grecque de l'original, comme l'*Agias* de Delphes était une copie, en marbre, de l'*Agias* en bronze de Pharsale. — M. Homolle (*Bull. corr. hell.*, XXI, 1897, p. 610-611) a rappelé naturellement les *sallantes Lacaenae*, à propos du groupe de Delphes, mais résiste à attribuer celui-ci à Callimaque. M. S. Reinach (*Têtes antiques*, p. 94, fin d'une note de la p. 93) indique d'un mot qu'il croit à la possibilité de cette attribution, mais en faisant du groupe de Delphes une œuvre distincte des *sallantes Lacaenae*.

2. Cf. *50ᵉˢ Berlin. Winckelmprogr.*, p. 118-121 (Winter).

3. Cf. S. Reinach, *Têtes antiques*, p. 90 sqq.

le nu [1]. Celui-là, non plus que les autres, n'a été résolu par un coup de génie, mais grâce à de patients efforts et de lentes conquêtes successives, que nous ne sommes pas capables de suivre en détail, mais dont il nous est permis pourtant d'entrevoir quelque chose. On sait combien le chiton des *corés* archaïques est serré, plaqué sur leurs jambes [2], et que les plis en sont indiqués par des lignes régulièrement espacées, *continues*, tracées soit en creux ou en relief [3]. Mais voici *fig*. 45, un fragment d'une statue de l'Acropole [4], peut-être antérieure encore à 480, bien qu'elle se révèle à certains traits comme une des plus récentes de la série. Le plus remarquable de ces traits est précisément le procédé d'exécution des plis sur la jambe gauche : le chiton y est toujours collant, selon la règle : seulement les plis, au lieu d'être marqués en creux ou en relief par de longues lignes *régulières* et *continues*, y apparaissent sous la forme de lignes courtes,

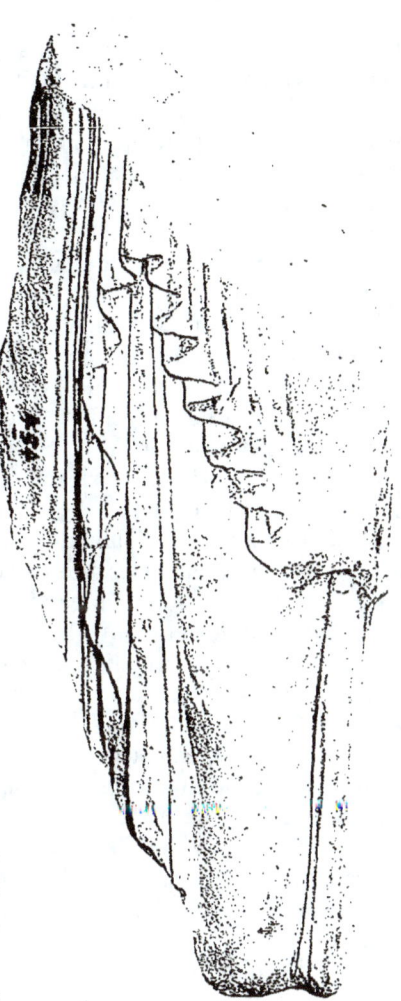

FIG. 45. — Fragment d'une statue de *coré* (Acropole).

1. Cf. ci-dessus, p. 341.
2. Cf. *Au mus. de l'Acrop.*, p. 165-166.
3. Cf. *Au mus. de l'Acrop.*, p. 307-308 ; *Bull. corr. hell.*, XXIV, 1900, p. 593-594 (Homolle).
4. Inédit et non catalogué : le n° 154, tracé sur le marbre, est probablement un numéro d'inventaire. Hauteur, 0m,67. Le fragment se trouvait, en 1902, couché à plat sur le dessus d'une des armoires vitrées, dans la salle du musée où sont exposées les figures du fronton de la *Gigantomachie*.

non parallèles, brusquement arrêtées, qui ne se rejoignent point. La réussite n'est point parfaite, mais il y a là un changement considérable par rapport à l'ancienne convention : ce n'est qu'un premier pas, mais c'en est un décisif vers une reproduction plus réaliste des fins plissements capricieux du vêtement sur la peau. Il suffit maintenant qu'à chacune de ces entailles, plus soigneusement ménagées, soit ajouté un léger rebord en saillie, pour que l'invention nouvelle soit presque complète ; et nous apercevons déjà un significatif progrès en ce sens dans la petite statue d'*Athéna*, qui date de 460 environ [1].

Pareillement, le geste des *Danseuses de Delphes* et de la *Caryatide de Tralles*, tenant d'une de leurs mains abaissée quelques plis de leur vêtement, est la « suite » du geste traditionnel des *corés* archaïques, relevant et tirant en dehors les plis du chiton ; et le geste de la main gauche de la *Vénus de Fréjus* répète le geste fréquent des mêmes *corés*, offrant une fleur ou un oiseau ou un fruit. Sans doute, dans les sculptures de la seconde moitié du vᵉ siècle, ces gestes-là ont gagné beaucoup en vérité et en charme à la fois ; ils se sont assouplis, n'ont plus leur aspect d'obligatoire uniformité, ils ont pris dans certains cas une valeur propre en relation avec le sujet représenté, et à tout le moins ils participent au rythme de la figure : mais, sous une forme nouvelle, modifiée et mûrie, leur origine et leur passé, si je puis dire, ne sont pourtant pas douteux, et il ne faut pas que l'évidente supériorité de l'exécution nous les fasse méconnaître. Comme cet enchaînement nous paraîtrait simple et naturel, si nous avions devant les yeux l'ensemble de la production de la statuaire attique au vᵉ siècle! Car on y verrait que certains artistes ont fait durer les types archaïques et surtout les procédés d'exécution archaïques, bien plus longtemps qu'on n'a coutume de l'admettre; et des rapports qui, dans la pénurie actuelle de nos connaissances, semblent un peu lointains, se révéleraient en réalité beaucoup plus prochains. On a dit[2] que Callimaque avait pratiqué déjà le genre archaïsant; cela lui fut d'autant plus aisé que, de son temps et autour de lui, l'archaïsme n'était pas encore tout à fait mort. En voici une preuve éclatante, et généralement ignorée.

1. Cf. ci-dessus, p. 466; *Au mus. de l'Acrop.*, p. 189, fig. 20.
2. Cf. Furtwængler, *Meisterw. gr. Plastik*, p. 202.

Dans cet Érechtheion, qui fut le dernier des édifices élevés
sur l'Acropole au vᵉ siècle, et pour lequel travailla Callimaque,
les six *corés* ou caryatides, portant l'entablement de la *prostasis* à l'angle sud-ouest, n'ont, semble-t-il, absolument plus
rien d'archaïque. Par le costume, la pose, la physionomie, et
par le caractère de l'exécution plastique, elles sont les sœurs
des jeunes porteuses de coupes et d'œnochoés sur la frise du
Parthénon ; et d'ailleurs elles ne sont venues au monde que
quinze ou vingt ans après celles-ci [1]. Certainement l'artiste,
non connu de nous, à qui on demanda de fournir le modèle de
ces six femmes-colonnes, n'était pas le représentant d'une tradition arriérée, et personne ne s'aviserait de lui adresser un tel
reproche. Cependant, nous pouvons remarquer que la chevelure,
dont une partie est rejetée sur le dos, tandis que deux grosses
tresses sont ramenées sur chaque épaule par devant, est, en
somme, disposée comme celle de la *Caryatide de Tralles*, et
qu'une telle disposition continue exactement la mode de
coiffure habituelle des *corés* ioniennes. On a donné jadis [2] de ces
tresses et de cette masse de cheveux, dans les figures de
l'Érechtheion, une savante et spécieuse explication : il n'y
faut peut-être pas chercher tant de calcul. Car les mêmes
figures nous montrent encore une autre réminiscence de
l'ancien type des *corés*, dans ce geste d'une des mains tirant à
soi et ramenant en larges plis courbes le pan de draperie qui
retombe par derrière (*fig.* 46, 47). Ce ne sont là, sans doute,
que souvenirs involontaires, et l'auteur du modèle ne songeait
certes pas à faire de l'archaïsme ni de l'archaïsant ; mais un
dernier détail fera voir que ces souvenirs du passé n'ont rien de
surprenant, même sous sa main et à cette époque. — Le modèle
commun une fois préparé, il restait à l'exécuter en six exem-

---

1. Un des textes épigraphiques relatifs aux travaux de l'Érechtheion (*Inscr.
attic.*, 1, 322, *a*, l. 83-86), texte daté de l'an 409/408, témoigne qu'à cette date
les « *corés* de la *prostasis* près le Kécropion » étaient déjà en place et étaient
déjà couronnées par l'entablement. Mais il s'agit alors d'une reprise des travaux, qui avaient dû être interrompus vraisemblablement en 413. C'est donc
antérieurement à 413 que les *corés* avaient été exécutées. D'autre part, soit
qu'on admette avec M. Dœrpfeld (cf. ci-dessus, p. 429, note 4) que l'Érechtheion
put être commencé avant la guerre du Péloponnèse, ou qu'on le fasse dater
seulement de 421, après la paix de Nikias, il reste toujours que c'est entre
420 et 413 qu'on y dut travailler le plus. L'exécution des *corés* serait donc
fixée, avec une quasi-certitude, aux environs de 415.

2. Cf. Beulé, *L'Acrop. d'Athènes*, II, p. 281 ; Rayet, *Monuments de l'art
antique*, notice des pl. 40-41, p. 10.

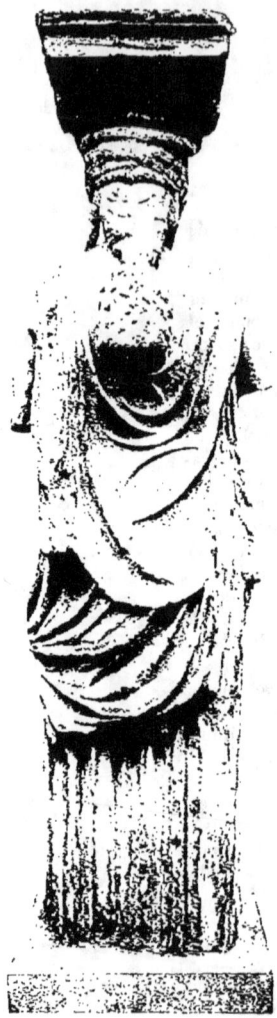

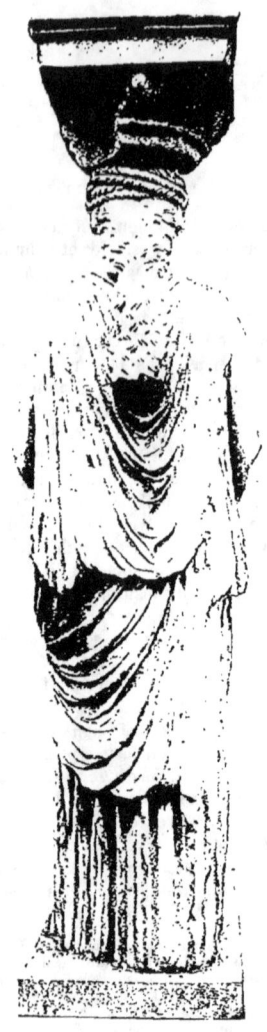

Fig. 46. — Dos d'une des *caryatides*
de l'Erechtheion
(Acropole).

Fig. 47. — Dos d'une des *caryatides*
de l'Erechtheion
(Londres, British Museum).

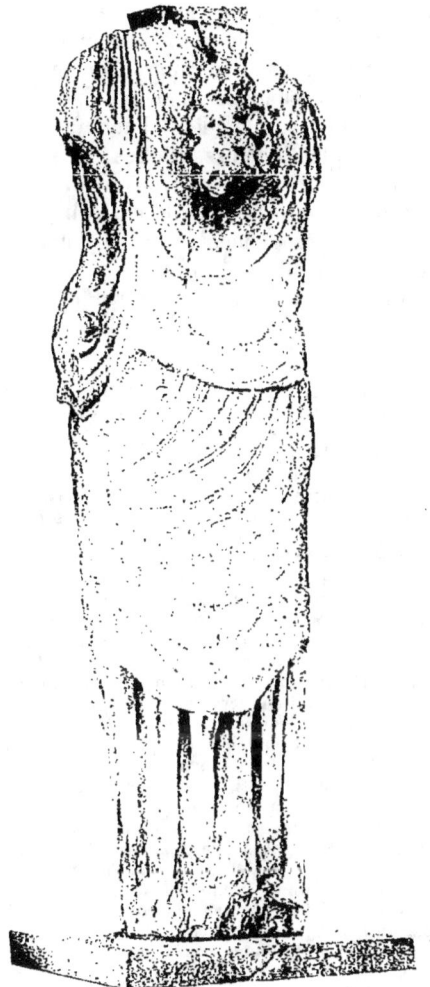

Fig. 48. — Dos d'une des *caryatides* de l'Erechtheion
(Acropole).

plaires, pour lesquels il dut y avoir au moins six exécutants [1].
Les différences de main sont sensibles, il ne faut qu'un peu
d'attention pour les constater ; mais, par devant, elles ne sont
pas très apparentes. Elles le sont beaucoup plus par derrière,
comme on en peut juger par le rapprochement de nos *figures* 46
et 47 [2] : cela vient probablement de ce que l'artiste principal
avait traité le dos de son modèle d'une façon sommaire, n'y
mettant que les indications essentielles, en sorte que, pour le
détail, chacun des exécutants se trouvait davantage livré à lui-
même. Or, l'un d'eux a profité de cette liberté pour faire de
l'archaïque : la *figure* 48 montre le dos d'une caryatide [3] qui,
par devant, est pareille à ses sœurs, et de qui même, par
derrière, la masse tombante de la chevelure et le bas du péplos
demeuré visible sont certainement conformes au modèle géné-

1. Nous savons, par une des inscriptions relatives aux travaux de l'Érechthéion (*Inscr. attic.*, I, 324, *b*, col. 1 ; *c*, col. 1), que la frise sculptée de l'édifice
fut répartie, pour l'exécution, entre un assez grand nombre de sculpteurs. Nous
savons aussi qu'à Épidaure, Timothéos ayant fourni les modèles (τύπους)
pour les frontons du temple d'Asclépios, l'exécution en fut adjugée à cinq
autres artistes (cf. Defrasse-Lechat, *Épidaure*, p. 62-63). Il semble que c'ait
été l'habitude des Grecs anciens, pour les sculptures décoratives d'édifices,
de pratiquer la division du travail, jusqu'à faire de cette division un véritable morcellement, qui ne laisse pas de nous étonner un peu. Mais, pour les
corés de l'Érechtheion, il s'ajoutait un motif d'ordre spécial : elles faisaient
office de colonnes, elles portaient un entablement, et devaient donc être
mises en place toutes, pour que l'entablement pût, à son tour, être posé,
c'est à dire pour que la construction de l'édifice pût être continuée de ce côté.
Il était indispensable, par conséquent, que les six statues fussent exécutées
en même temps, et qu'il y eût ainsi autant d'exécutants que de statues.
2. Les photographies qui ont servi pour les *figures* 46 et 47 ont été prises
d'après les deux moulages qui sont au musée de la Faculté des Lettres de
Lyon. — Je crois utile d'expliquer auxquelles des statues originales ces
figures correspondent. On peut distinguer, dans la « *prostasis des corés* », la
face principale, avec quatre *corés*, et les deux faces latérales, ayant chacune
une seule *coré* (si on ne compte pas une seconde fois la *coré* d'angle). En se
plaçant devant la face principale, le dos tourné au Parthénon, on a donc
devant soi quatre *corés* alignées : la *figure* 46 est le dos de la première à
gauche du spectateur, de la *coré* d'angle, vers l'ouest ; la *figure* 47 est le dos
de la deuxième, placée immédiatement à la gauche de la précédente (c'est
celle qui est aujourd'hui au British Museum, et qui a été remplacée sur
l'Acropole par un moulage en terre cuite).
3. C'est, suivant l'ordre indiqué dans la note précédente, la troisième de la
face principale, celle qui était immédiatement à la gauche de la *coré* aujour-
d'hui conservée à Londres. Les trois dos 46, 47 et 48 se font donc suite sur la
face principale de la *prostasis*, en allant de l'Ouest vers l'Est. — La photographie qui a servi pour cette *figure* 48 a été prise d'après l'original ; l'opération
est malaisée, et la réussite n'en saurait être parfaite. Je remercie mon cama-
rade et ami M. Gustave Mendel de la complaisance avec laquelle il s'est
employé pour moi en cette occasion.

ral, tandis que le reste du vêtement, depuis le cou jusqu'aux
jarrets, est digne d'une statue ionienne du vi° siècle[1]. Sur le
fond lisse du marbre, les plis courent à intervalles réguliers, les
uns tracés en creux, les autres en relief : c'est à dire que
l'auteur a employé simultanément les deux procédés conventionnels jadis usités[2]. En relief ou en creux, ces plis sont, en
quelque sorte, dépourvus de largeur et d'épaisseur ; ils restent
schématiques, n'animent pas l'étoffe. Et il en est ainsi, non pas
seulement de la partie du vêtement que la main gauche tire sur
le côté, mais également de la partie supérieure, retombant du
cou jusqu'aux reins. De plus, conformément à l'usage archaïque,
ce vêtement plaque sur le corps, moule indiscrètement le dos,
le creux des reins, la saillie des hanches, non point sans doute
avec l'excès naïf qui s'étale chez les anciennes *corés*, mais assez
cependant pour rappeler tout de suite à notre mémoire cet
excès d'autrefois. Que l'on compare la *figure* 48 avec la
figure 47 ou 46, il semble que tout un siècle doive séparer ces
statues, lesquelles furent exécutées en même temps[3]. Donc,
vers 415, à l'époque d'Alcibiade, on n'avait pas encore oublié le
type suranné des *corés* chères à l'époque des Pisistratides ; après
Phidias et après le Parthénon, il se trouvait encore à Athènes
des ouvriers pour faire de l'archaïque, non par gageure et par
désir de se singulariser, mais évidemment parce que, ayant
appris leur métier dans des ateliers où la tradition archaïque
persistait, leur main avait gardé vivant le souvenir de cet
enseignement et y revenait d'elle-même, à l'occasion, voire
hors de propos.

Eh bien, pendant que certains praticiens conservaient, jusqu'à la fin du v° siècle, les *procédés* de l'ancienne sculpture
attico-ionienne, de grands artistes, comme Calamis et plus
tard Callimaque, conservaient (ce qui importe davantage) l'*esprit* de cette sculpture, et, justement parce qu'ils étaient de
grands artistes, le conservaient en le développant, en lui faisant produire ses plus belles fleurs. Ce que nous savons

---

1. La différence est telle qu'on doit, semble-t-il, admettre qu'un second praticien s'est substitué au premier pour la partie postérieure. On peut imaginer,
pour expliquer cela, des raisons diverses.
2. Cf. ci-dessus, p. 491 (avec les renvois de la note 3).
3. Si la caryatide reproduite dans la *figure* 48 avait été mutilée et détruite
au point qu'on n'en eût retrouvé que la partie postérieure, comprise entre les
reins et les genoux, quelle date eût-on assignée à un fragment travaillé de
cette façon ?

de la *Sosandra*, ce que nous voyons dans les *Danseuses de
Delphes* et la *Vénus de Fréjus* nous aide à comprendre comment s'est épanoui l'idéal vers lequel les Ioniens s'étaient
d'instinct tournés les premiers, et à la poursuite duquel leur
exemple avait entraîné la majorité des artistes athéniens dans
la seconde moitié du VIe siècle. Cet idéal était d'essence féminine, en quelque sorte, autant que l'idéal « dorien » était d'essence virile : je ne veux pas dire par là que la représentation
de la femme fût son domaine exclusif, mais que ses qualités
principales étaient celles qui rencontrent leur application la
plus naturelle et la plus heureuse dans ce genre de représentation. Car ces qualités sont l'élégance, la finesse et le charme,
charme des gestes, élégance des poses, finesse des silhouettes.
Et s'il arrivait que la finesse tournât à la recherche, l'élégance
à la coquetterie et le charme à l'artifice[1], une séduction toute
féminine résidait encore en ces défauts-là, qui ont aussi leur
beauté. Cette province de l'art attique au Ve siècle a été la
province de la grâce ; c'est de ce côté que l'habileté délicate
de l'exécution fut poussée le plus loin, et qu'ont dû se produire les trouvailles les plus nouvelles en matière d'attitudes,
de rythmes, d'ajustements de la draperie : de l'autre côté,
dominaient des types plus sévères et par conséquent moins
variés, le noble péplos semblait y avoir sa forme fixée une fois
pour toutes, et on dirait que certaines convenances morales y
régissaient jusques aux traits des visages. Le simple rapprochement des *Danseuses de Delphes* et de la *Vénus de Fréjus* avec
les jeunes porteuses d'objets sacrés sur la frise du Parthénon
justifie, par un exemple concret, l'opposition qu'a indiquée
Denys d'Halicarnasse entre l'art de Phidias et celui de Calamis
et Callimaque ensemble. Ces deux-ci (qu'il faut, bien entendu,
considérer, non comme des isolés faisant exception, mais comme
les premiers d'un groupe d'artistes plus ou moins nombreux)
sont des Attico-ioniens, dans le même sens que nous avons
appelé Phidias un Attico-dorien ; ils ont continué à travers le
Ve siècle cette forme de l'art attique, représentée avant 480
par les belles *corés* de l'Acropole 684 et 674[2] et par la grande
Niké 690[3], de la même manière que Phidias a continué l'autre

1. Se rappeler le reproche que les anciens, à tort ou à raison, ont adressé
aux œuvres de Callimaque.
2. Cf. ci-dessus, p. 388 et 390.
3. Cf. ci-dessus, p. 395, *fig.* 31.

forme, représentée avant 480 aussi par la *coré d'Euthydicos*
et la tête d'*Éphèbe blond*. Il existe à cette époque, hors
d'Athènes, un art proprement « dorien », et il existe toujours
un art proprement ionien[1] ; mais Athènes a ce privilège
unique de posséder à la fois un art attico-dorien et un art
attico-ionien.

La distinction que je viens de marquer a pu paraître un peu
systématique et forcée, si l'on a cru que mon intention fût de
couper en deux, par une barrière, l'école attique à l'époque de
Périclès. Mais j'ai hâte moi-même d'abattre cette barrière,
seulement provisoire et destinée à mieux faire constater la
survivance, selon les œuvres examinées, des deux influences
successives, ionienne et dorienne, qui ont contribué à nourrir
l'art attique et dont il a si bien profité. Certains traits, qu'il
faut soumettre à l'analyse parce qu'ils recèlent une part importante de la vérité qu'on cherche, prennent, d'être isolés, une
valeur excessive ; il convient de les ramener à leur plan. Certaines œuvres, qu'on va choisir aux deux extrémités opposées
du champ et qu'on rapproche brusquement, ne peuvent dissimuler qu'elles sont inspirées d'un esprit différent ; mais la
différence était fort atténuée dans la réalité par la présence de
tant d'autres œuvres qui remplissaient tout l'espace intermédiaire. Ce n'est pas mettre en péril l'unité foncière de l'art
attique, si on observe avec complaisance la riche variété de
ses aptitudes, et si on dénombre les éléments de sa richesse.
On voit, sur un beau fragment d'un cratère, conservé au Musée
de la villa du pape Jules à Rome[2], un chœur de jeunes filles,
qui sont vêtues, les unes à l'ionienne, les autres à la dorienne :
sous le chitôn ou le péplos, ce sont toutes des Athéniennes,
elles ne forment pas des groupes distincts suivant la nature de
leur vêtement, elles se donnent toutes la main comme des
sœurs, et la même ronde les entraîne. Pourtant, avons-nous
tort, nous, de trouver que la différence de leur vêtement met

---

1. C'est à l'art proprement ionien de la fin du v⁰ siècle que doivent être
attribuées des sculptures comme celles du « monument des Néréides » et du
monument de Trysa (cf. Furtwængler, *Meisterw. gr. Plastik*, p. 220, note 4), et
comme la belle stèle funéraire de Samos ; *Athen. Mittheil.*, XXV, 1900,
pl. XIII.
2. Cf. Furtwængler-Reichhold, *Griech. Vasenmalerei*, I, pl. XVII-XVIII,
p. 80 sqq.

une différence entre elles, et, parce qu'elles ne s'en aperçoivent
pas, nous est-il défendu aussi de nous en apercevoir ?

Mais il faut maintenant être attentif au travail de fusion qui
s'opéra, dans la seconde moitié du v° siècle, et grâce auquel
l'école attique sembla s'élever au dessus d'elle-même et de
toutes les autres écoles. C'est l'époque où elle déploya sa plus
grande activité et compta le plus grand nombre de ressortissants. Si on considère à la fois l'étendue du travail accompli et
le temps relativement très court qui suffit pour l'accomplir, il
est sûr qu'à aucun moment de son histoire la sculpture athénienne ne fut à pareille fête. Tous les sculpteurs disponibles
coopérèrent : ceux qui étaient sur place furent bien vite ren-
forcés par les « nomades », que le manque de travail dans leur
patrie avant 450 avait engagés à en aller chercher ailleurs [1] ;
et aux Attiques vinrent, sans nul doute, s'adjoindre des étrangers
pour compléter les équipes serrées d'exécutants que nécessitait
la prompte réalisation des entreprises de Périclès. Or, ces
étrangers arrivant de l'Est ou de l'Ouest et même ceux des
Attiques qui avaient fait plus ou moins leur « tour de Grèce »
apportaient avec eux des habitudes de travail et des goûts
qui ne pouvaient pas être identiques. La plupart d'entre eux
n'étaient, il est vrai, que des praticiens, soumis à la direction
des maîtres ; néanmoins, on comprend que cette abondante et
soudaine réunion d'artistes divers, collaborant désormais à une
œuvre commune, dut favoriser singulièrement la conciliation
des tendances opposées, sur un terrain tel que l'offrait l'école
attique, la moins fermée de toutes les écoles, la plus accueillante, la plus *philoxène*. Dans de telles conditions, non seulement les traces de l'influence, soit ionienne ou dorienne, que
nous avons signalées tout à l'heure sous leur aspect le plus
apparent, ont dû se manifester quelquefois à doses très inégales,
selon les œuvres ; mais on devine déjà que plus d'un artiste a
dû, par l'effet du milieu même où il vivait, être porté à les
combiner ensemble et, familier avec l'une et l'autre forme, les
faire servir simultanément à son dessein.

Peut-être Alcamène, que l'admiration des anciens plaçait en
si haut rang, fut-il de ceux qui surent tirer le plus habile parti
d'une telle combinaison. On est autorisé à le supposer, il me
semble, depuis la découverte, faite à Pergame, d'une copie de

1. Cf. ci-dessus, p. 436.

son *Hermès Propylæos* [1] : car le visage de cet *Hermès*, aux
larges traits immobiles, évoque en nous l'idée de l'art de Phidias,
κατὰ τὸ σεμνὸν καὶ μεγαλότεχνον καὶ ἀξιωματικόν [2], cependant que
sa triple couronne de frisures au dessus du front et les longues
boucles de cheveux, ramenées par devant sur les épaules,
reportent l'esprit vers d'anciennes modes ioniennes, dont nous
avions d'ailleurs constaté le maintien à Athènes, dans des
sculptures du deuxième quart du vᵉ siècle [3]. — Un mélange analogue, mais plus savant et plus heureux, opéré avec un tact
parfait, s'aperçoit dans le grand bas-relief d'Éleusis, *Déméter,
Coré et Triptolémos* [4]. Quel que soit l'auteur de cette sculpture,
l'une des plus belles qui existent au monde, à la fois une des
plus nobles et des plus graves et une des plus délicates, on peut
dire qu'il a génialement parcouru, d'un extrême à l'autre, le
large clavier des moyens d'expression qu'il trouvait réunis de
son temps dans son école : le jeune corps vigoureux, solidement
et simplement posé, de *Triptolémos*, son visage sérieux, aussi
sérieux que celui de la déesse qu'il regarde et écoute ; les
cheveux courts de *Déméter*, et son péplos sévère, creusé de
rigides sillons, cela est assez pour nous faire revoir en raccourci,
dans le lointain où sont Sparte, Argos et Olympie, les productions habituelles des ateliers doriens, dont le goût attique n'a
pas manqué cependant d'adoucir l'austérité par un tracé de
contours moins sec, par les plis gracieux d'une draperie servant
de fond au corps de *Triptolémos*, par le chiffonné d'une légère

1. Cf. *Berlin. Sitzungsb.*, 1904, p. 69 sqq., pl. I (Conze) ; *Arch. Anzeiger*, 1904,
p. 76, gravure ; *Arch. Jahrbuch*, XIX, 1904, p. 24 (Lœschcke). — Cette découverte a permis d'identifier un marbre de la collection Warocqué, lequel se
trouve être une seconde copie de l'*Hermès Propylæos* d'Alcamène, légèrement
différente de celle de Pergame en certains détails, et d'un accent plus adouci
dans l'exécution : cf. *Collection Raoul Warocqué : Antiq. égypt., grecques et
romaines*, 2ᵉ série (Mariemont, 1904), n° 142, p. 19-20, 2 gravures. — Je signale
en passant une très frappante ressemblance, pour le dessin et le travail,
entre les longues boucles de cheveux de l'*Hoplitodrome*, dans la stèle attique
de ce nom, et les boucles qui forment le rang supérieur des frisures au
dessus du front de l'*Hermès* : comparer ci-dessus, p. 297, notre *fig.* 25, et la
deuxième des gravures publiées dans *Coll. Warocqué*, II, p. 20.
2. Expressions de Denys d'Halicarnasse, dans le passage déjà cité ci-dessus,
p. 487, note 1.
3. Cf. ci-dessus, p. 469, *fig.* 41.
4. *Mus. nat. d'Athènes*, 126. — M. Graef (*Athen. Mittheil.*, XV, 1890, p. 36 sqq.)
a réclamé ce relief pour l'art béotien ; quant à moi, j'estime que, plus ancien
un peu que les sculptures du Parthénon, il n'est pas moins attique que
celles-ci. Cf. Furtwængler, *Meisterw. gr. Plastik*, p. 679-681.

calyptra sur les épaules de *Déméter* ; et, de l'autre côté, la
divine *Coré* est une fleur vivante du charme le plus rare, avec
son chitôn à menus plis souples, son himation drapé autour de
son corps si librement, avec sa chevelure adorable, son cou
d'un dessin si frais, et l'incomparable beauté de sa poitrine, de
son bras gauche, de cette longue ligne qui descend en courbe
de la nuque à l'extrémité des doigts contre la torche ; elle a la
grâce la plus élégante et la plus fine qu'ont pu rêver jadis les
Ioniens pour les représentations de la femme drapée ; mais la
grâce ici s'accompagne d'une noblesse qui en élimine tout air
de coquetterie et d'apprêt, et elle est aussi naturelle que la
grandeur recueillie de *Déméter* ; cette fois encore, l'artiste a
pratiqué excellemment la maxime Μηδὲν ἄγαν, et son génie,
guidé par un sens exquis de la mesure, lequel suffirait à révéler
en lui un pur Attique, a su composer, avec deux sortes de
qualités qui témoignent chacune d'un esprit différent et viennent
respectivement des deux pôles de l'art grec, un tableau d'une
harmonie égale à sa beauté.

Cette harmonieuse conciliation est plus complète encore dans
les sculptures du Parthénon, où elle va sans effort jusqu'à
une intime pénétration réciproque des éléments contraires.
Nous avons dit plus haut que les têtes, dans les métopes et la
frise, les seules dont on puisse juger aujourd'hui, étaient plus
voisines du type dorien, et que certaines figures de femme
faisaient contraste avec l'idéal ionien ; mais, à l'examen de
l'ensemble, on voit l'équilibre se rétablir : le naturel des attitudes si variées des corps écarte toute idée de calcul et de
système ; la simplicité des draperies n'a, en général, rien
d'austère, non plus que leur grâce rien de cherché ; et, dans
le long déroulement de la frise, l'imagination se révèle aussi
abondante, souple, inépuisable, heureuse de s'exercer, que son
exercice apparaît réglé avec sûreté, méthode, calme raison.
Quant aux figures des frontons, pour ne point reprendre, à
mon tour, le jeu d'épithètes balancées par lesquelles on a tant
de fois essayé de louer dignement leur symétrie et leur
eurythmie, la solidité de leur construction et la succulence de
leur modelé, leur magnificence pareille dans les nus et dans
les draperies, et pour m'en tenir à un seul exemple précis, du
même ordre que ceux qui ont précédé, n'y a-t-il pas, entre la
draperie grave et majestueuse des *Deux Déesses*, à l'aile
gauche du fronton oriental, et le souple vêtement, transparent

et voluptueux, de l'*Aphrodite* dans l'aile droite[1], une opposition analogue à celle que nous constations tout à l'heure chez la *Déméter* et la *Coré* du relief d'Éleusis? Et, que cette opposition soit en juste accord avec le caractère opposé des divins personnages, que la draperie ait été en ce cas un instrument d'expression non moins sensible, probablement même bien plus sensible que la physionomie du visage, et que le sculpteur ait montré par là le sens le plus sûr et le plus délicat dans le maniement du langage plastique, cela est évident et je n'ai d'ailleurs pas à développer ici cet éloge; je veux rappeler seulement que les moyens, dont Phidias a fait ce magistral emploi, lui avaient été préparés par le travail antérieur de l'école, qu'il les a trouvés devant lui, à disposition : mais restait à savoir en user supérieurement; user des deux genres à la fois, chacun en son lieu; réunir en soi, selon la mesure possible, des aptitudes jusque là divergentes; les faire réagir l'une sur l'autre ; tempérer également d'atticisme la tendance ionienne et la tendance dorienne; et bref, ramasser tous les rayons de l'art grec en un centre unique, d'où ils rayonnassent ensemble, avec une splendeur singulière. C'est en quoi paraît avoir consisté le meilleur du génie de Phidias.

Élève d'un maître argien ou d'un maître qui représentait en Attique l'enseignement de l'école argienne, il garda de cette première éducation une empreinte qui ne s'effaça pas (et que nous apercevrions peut-être davantage encore dans ses grandes statues isolées). Mais il était Athénien de naissance, et l'esprit attique vivait en lui, et tout le patrimoine de l'école attique était à lui. De plus, s'étant porté un moment du côté de la peinture, et ayant eu toujours auprès de lui, en son frère Panænos, un peintre de talent, il dut ne rien ignorer des découvertes de cet art aux procédés plus souples, en avance sur la sculpture, et de qui celle-ci pouvait heureusement s'inspirer pour l'ordonnance des compositions à nombreux personnages et pour le détail des attitudes et des gestes ; et ainsi, il fut particulièrement à même de tirer profit de ces peintures de Polygnote et de Micon[2], par lesquelles, une fois encore,

---

1. La prétendue « *Parque* » couchée. Pour ces appellations (*Déméter et Coré*, *Aphrodite*), cf., en dernier lieu, l'étude de M. Studniczka : *Arch. Jahrbuch*, XIX, 1904, p. 2 sqq. et p. 8.
2. Cf. Michaelis, *Von griechischer Malerei* (*Deutsche Rundschau*, mai 1903), p. 217-218.

quelque chose de l'esprit ionien s'introduisait et se fixait en Attique. Enfin, l'amitié dont il était uni avec Périclès ne nous est-elle pas un sûr garant d'une large et haute intelligence, capable de s'associer à la noble ambition patriotique de son ami et d'aider, pour sa part, à la réalisation du dessein qu'avait Périclès de faire d'Athènes « la Grèce de la Grèce »[1]? Sa part, ce fut les monuments de l'Acropole et surtout ce Parthénon, dont on peut dire qu'il fut, sculptures et architecture à la fois, l'œuvre la plus accomplie, non pas de l'architecture dorique seulement[2] et de la sculpture attique seulement, mais bien de l'art grec, comme, dans le même temps, le dialecte attique est celui « en qui se réalise le type le plus achevé de la langue nationale »[3].

Or, s'il est vrai que les plus parfaits et les plus harmonieux des orateurs ou écrivains attiques n'ont pas créé de toutes pièces leur dialecte, et qu'il fut amené progressivement à son point de maturité par le travail collectif des générations qui s'en servaient avant eux, semblablement le Parthénon n'est pas dû au seul Phidias et aux collaborateurs excellents groupés sous sa discipline : c'est le chef-d'œuvre collectif de l'école attique, qui y contribue tout entière, par son présent et par son passé, par les hommes de génie et de talent qu'elle a le bonheur de posséder alors, et par l'effort accumulé de sa longue carrière. Dès l'origine, l'école attique nous a paru animée d'un esprit qui la mettait à égale distance de l'art « dorien » et de l'art ionien[4], et aussi la rendait apte à comprendre et à prendre les qualités distinctes, plus spécialement propres à chacune de ces deux grandes divisions du génie grec[5]. Elle eut donc déjà cet heureux destin, d'être la terre élue où se rejoignirent, se juxtaposèrent les deux formes d'intelligence, les deux directions de pensée, les deux capacités de création artistique, qui étaient également grecques, également nécessaires

---

1. Si le mot n'est pas de Périclès, il répond du moins à ses idées.
2. Cf. H. Lechat, Le temple grec, p. 127.
3. Croiset, Hist. littér. grecque, I, p. 38.
4. M. Pottier (Rev. arch., 1904, 1, p. 219-220) dit de l'art attique : « Entre deux tendances contraires,... [les Ioniens de l'Attique] ont pris position en une sorte de point central. » Et M. Croiset (op. l., III, p. 18) dit de la langue attique : « Ce qu'on remarque tout d'abord en elle, c'est qu'elle est, pour ainsi dire, à égale distance des autres dialectes grecs. » Cf. la citation du même auteur, faite ci-dessus, p. 156, note 1.
5. Cf. ci-dessus, p. 157-158.

au rôle intellectuel de la Grèce, mais restaient d'ordinaire séparées et étaient presque exclusives l'une de l'autre. Et, pour comble de fortune, elle put, un jour, rassembler en une flamme unique les deux flambeaux lentement rapprochés. Cette suprême fortune aurait pu ne pas venir : Périclès la rendit possible, et Phidias en fut l'artisan principal; avec les sculptures du Parthénon, s'achève magnifiquement, mais normalement, la carrière antérieure de l'école attique.

Ainsi, il faut connaître ce qu'a été cette carrière, si on veut connaître ce que représentent au juste, dans l'histoire de l'art grec, les sculptures du Parthénon. Pour expliquer en leur fond ces créations de beauté, il ne suffit pas d'invoquer le génie de Phidias, puisque ce génie, envisagé d'un certain sens, est celui d'un conservateur et continuateur, et que son œuvre, procédant directement de la tradition établie, a été la dernière poussée d'une longue croissance continue. Mais, pour faire le compte de ce que Phidias doit au passé de son école, il faut faire le compte, d'abord, de ce que cette école a dû elle-même aux influences diverses qui ont agi sur elle, les unes ioniennes et les autres doriennes, et on doit donc remonter jusque vers 500, afin d'observer les premiers effets de l'action dorienne et d'en préciser la nature, puis jusque vers 550, afin de constater pareillement en quoi consista l'action ionienne ; puis, il est nécessaire de remonter plus haut encore, afin de saisir dès leur apparition les qualités personnelles de l'art attique et d'apprécier en quelle mesure, de par ses qualités foncières, il pouvait se prêter ou résister aux influences du dehors. De proche en proche, par conséquent, on doit aller jusqu'aux origines mêmes; l'enchaînement est ininterrompu ; toute coupure est arbitraire et constitue une erreur historique.

N'oublions pas — car ces faits matériels ont une sorte de valeur symbolique — que les puissantes fondations, sur lesquelles repose le Parthénon, ont été construites, non pour lui directement, mais pour un temple projeté avant l'invasion perse; et que les remblais entassés contre ces fondations gardaient ensevelis maints débris des sculptures du vie siècle, sculptures en marbre contemporaines des Pisistratides, et sculptures en pierre tendre, plus anciennes, contemporaines peut-être de Solon. Le passé de l'art attique gisait sous le monument nouveau et autour de lui; l'œuvre ignorée et mutilée des devanciers

soutenait secrètement et contribuait à hausser vers le ciel
l'œuvre de leurs successeurs. Et les successeurs, sans doute, ne
songeaient guère à la présence sous leurs pieds de ces ruines
éloquentes, dernier souvenir des morts qui, avant eux, avaient
travaillé à parer l'Acropole : pourtant, c'est l'art de ces morts
qui avait fait leur art à eux les vivants ; et, à leur insu, les
beaux marbres qu'ils taillaient, sur lesquels Phidias répandait
le rayonnement divin de la perfection, n'étaient pas seulement
la gloire des Attiques du présent, ils étaient aussi la juste
récompense posthume du fécond labeur des Attiques d'autrefois.

TABLE DES FIGURES

TABLE DES MATIÈRES

TABLE DES MATIÈRES

TOURS

IMPRIMERIE DESLIS FRÈRES

RUE GAMBETTA, 6

A suivre

BIBLIOTHÈQUE DES ÉCOLES FRANÇAISES D'ATHÈNES ET DE ROME

DEUXIÈME SÉRIE (format grand in-4° raisin, sur deux colonnes), publiée ou analysée d'après les manuscrits originaux du Vatican et de la Bibliothèque nationale. — Le prix de souscription est établi à raison de 60 centimes par chaque feuille de texte et 1 fr. par planche de fac-similé. — Aucun fascicule n'est vendu séparément.

ÉTAT DE LA PUBLICATION AU 1er MARS 1903

OUVRAGES EN COURS DE PUBLICATION

1" LES REGISTRES D'INNOCENT IV (1243-1254), par M. Élie Berger, ancien membre de l'École française de Rome. — L'Académie des Inscriptions et Belles-Lettres a décerné à l'auteur, pour cet ouvrage, le *Premier Prix Gobert* (séance du 1er juin 1888). — *N. B.* Ce grand ouvrage paraît par fascicules de 20 à 25 feuilles. Il se composera de 270 à 300 feuilles environ, formant 4 beaux volumes. — Les tables, formant un volume à part, sont en cours de publication. Prix des trois premiers volumes : 115 fr. 50.

2° LES REGISTRES DE BENOIT XI (1303-1304), par M. Ch. Grandjean, ancien membre de l'École française de Rome. — Cet ouvrage formera un beau volume. Il est publié par fascicules de 15 à 20 feuilles environ. — L'ouvrage complet se composera de 80 à 100 feuilles. — Les quatre premiers fascicules sont en vente. Prix : 43 fr. 80. Le cinquième et dernier fascicule est sous presse.

4° LES REGISTRES DE BONIFACE VIII (1224-1303), par MM. Georges Digard, Maurice Faucon et Antoine Thomas, anciens élèves de l'École des Chartes, membres de l'École française de Rome. — Cet ouvrage formera trois volumes, et sera publié en 260 feuilles de texte environ. — Les trois premiers fasc., le cinquième, le sixième et le septième sont en vente. Le quatrième est sous presse. Prix des six fascicules : 63 fr.

5° LES REGISTRES DE NICOLAS IV (1288-1292), par M. Ernest Langlois, ancien membre de l'École française de Rome. — *N. B.* Cet ouvrage formera environ 120 feuilles, divisées en deux volumes. — Les neuf premiers fascicules sont en vente. Prix : 97 fr. 80. — Le dixième et dernier fascicule, devant contenir l'introduction, l'errata et le titre, est sous presse.

6° LE LIBER CENSUUM DE L'ÉGLISE ROMAINE, texte, introduction et notes, par M. Paul Fabre, ancien membre de l'École française de Rome. — *N. B.* Cet ouvrage formera environ 130 à 150 feuilles, divisées en deux volumes. — Les quatre premiers fascicules ont paru. Prix : 46 fr. 50. — Le cinquième fascicule est en préparation.

9° LES REGISTRES DE GRÉGOIRE IX (1227-1241), par M. L. Auvray, archiviste-paléographe, ancien membre de l'École française de Rome. — Cet ouvrage formera trois volumes et sera publié par livraisons de 15 à 20 feuilles environ. — L'ouvrage complet formera environ 150 à 160 feuilles. — Les sept premiers fascicules, dont cinq forment le tome I complet (48 fr. 60), sont en vente. Prix : 70 fr. 50. — Le huitième fascicule est sous presse.

11° LES REGISTRES DE CLÉMENT IV (1265-1268), par M. Édouard Jordan, ancien membre de l'École française de Rome. — Cet ouvrage formera un volume, et sera publié par fascicules de 15 à 20 feuilles environ. — L'ouvrage complet formera 70 feuilles environ. — Les trois premiers fascicules ont paru. Prix : 25 fr. 80. — Le quatrième fascicule est sous presse.

12° LES REGISTRES DE GRÉGOIRE X ET DE JEAN XXI (1272-1277), par MM. J. Guiraud et L. Cadier, anciens membres de l'École française de Rome. — Les *Registres de Grégoire X et de Jean XXI* (réunis en une seule publication) formeront un beau volume. — Ils seront publiés par fascicules de 15 à 20 feuilles environ. — L'ouvrage entier se composera de 60 feuilles environ. — Les trois premiers fascicules ont paru. Prix : 26 fr. 10. — Le quatrième fascicule est sous presse.

13° LES REGISTRES D'URBAIN IV (1261-1264), par M. J. Guiraud, ancien membre de l'École française de Rome. — Cet ouvrage formera trois volumes dont un est occupé par le Registre dit Caméral. — L'ouvrage complet formera 160 à 180 feuilles environ. — Le *Registre dit Caméral* (tome I complet) a paru. Prix : 15 fr. — Les quatre premiers fascicules du *Registre ordinaire* (tome II complet) et le cinquième fascicule commençant le tome III ont paru. Prix : 46 fr. 80. Prix total : 61 fr. 80. — Sous presse le sixième fascicule du Registre ordinaire. Tome III.

14° LES REGISTRES DE NICOLAS III (1277-1280), par M. Jules Gay, ancien membre de l'École française de Rome. — Cet ouvrage formera un volume et paraîtra en quatre fascicules. — Il formera environ 60 feuilles comprenant, avec les bulles, une introduction, un appendice et les tables. — Le premier fascicule a paru. Prix : 5 fr. 40. — Le deuxième fascicule est sous presse.

15° LES REGISTRES D'ALEXANDRE IV, par MM. Bourel, de la Roncière, de Loye et Coulon, anciens membres de l'École française de Rome. — Les Registres d'*Alexandre IV* formeront deux volumes. — Ils seront publiés par fascicules de 15 à 20 feuilles environ. — L'ouvrage entier se composera de 200 feuilles environ. — Les quatre premiers fascicules ont paru. Prix : 36 fr. 75. — Le cinquième fascicule est sous presse.

16° LES REGISTRES DE MARTIN IV (1281-1285), par les Membres de l'École française de Rome. — Les Registres de *Martin IV* formeront un volume et paraîtront en quatre fascicules. — L'ouvrage formera environ 80 feuilles. — Le premier fascicule a paru. Prix : 48 fr. 50. — Le deuxième fascicule est sous presse.

OUVRAGES TERMINÉS

3° LE LIBER PONTIFICALIS, texte, introduction et commentaires, par Monseigneur L. Duchesne, membre de l'Institut, directeur de l'École française de Rome. 2 beaux vol. in-4° raisin, *avec un plan de l'ancienne Basilique de Saint-Pierre et sept planches en héliogravure* (Épuisé . . 200 fr.

7° LES REGISTRES D'HONORIUS IV (1285-1287), Recueil des bulles de ce pape, publiées ou analysées d'après les manuscrits originaux des archives du Vatican, par M. Maurice Prou. Un beau volume grand in-4° raisin . . . . . . 50 fr.

8° LA NÉCROPOLE DE MYRINA, Fouilles exécutées au nom de l'École française d'Athènes, de 1880 à 1882, par MM. E. Pottier, Salomon Reinach et A. Veyries. Texte et notices par Edm. Pottier et S. Reinach. — Ce magnifique ouvrage forme deux beaux volumes grand in-4°, dont un de texte, et un de 52 planches en héliogravure, tirées sur papier de Chine . . . . 120 fr.
Ouvrage couronné par l'Institut **(Prix Delalande-Guérineau)**.

10° FOUILLES DANS LA NÉCROPOLE DE VULCI, par M. Stéphane Gsell, ancien membre de l'École française de Rome. Un beau volume grand in-4° de 568 pages, avec 101 vignettes dans le texte, une carte et 23 planches . . . . 40 fr.

N. B. — *Les numéros placés en tête des ouvrages ci-dessus énoncés indiquent l'ordre dans lequel ces ouvrages sont publiés dans la collection.*

3ᵉ SÉRIE — Format grand in-4° raisin — XIVᵉ SIÈCLE

LETTRES
DES PAPES D'AVIGNON SE RAPPORTANT A LA FRANCE
Publiées ou analysées d'après les registres du Vatican par les anciens membres de l'École française de Rome.

TABLEAU DE LA PUBLICATION

1° **JEAN XXII (1316-1334)**, M. Coulon, ancien membre de l'École française de Rome, archiviste aux Archives nationales (*Trois fascicules parus*) . . . . 38 fr. 50
— M. Mollat, ancien chapelain de Saint-Louis des Français, à Rome. (*Un fascicule paru*) . . . . 20 fr. 40

2° **BENOIT XII (1334-1342)**, M. Daumet, ancien membre de l'École française de Rome, archiviste aux Archives nationales (*Trois fascicules parus*) . . . . 40 fr. 50
— M. Vidal, ancien chapelain de Saint-Louis des Français, à Rome. (*Deux fascicules parus*) . . . . 38 fr. 10

3° **CLÉMENT VI (1342-1352)**, M. Deprez, membre de l'École française de Rome (*Le premier fascicule est paru*) . . . . 16 fr. 80

4° **INNOCENT VI (1352-1362)**, M. Deprez, membre de l'École française de Rome. (*En prép.*)

5° **URBAIN V (1362-1370)**, M. Lecacheux, anc. membre de l'École française de Rome. (*Le premier fascicule est paru*) . . . . 12 fr.

6° **GRÉGOIRE XI (1370-1378)**, M. Mirot, anc. membre de l'École française de Rome. (*S. presse.*)

Vient de paraître :

ÉCOLE FRANÇAISE D'ATHÈNES

CATALOGUE DES VASES PEINTS
DU
MUSÉE NATIONAL D'ATHÈNES
PAR MM.

MAXIME COLLIGNON	LOUIS COUVE
Membre de l'Institut,	Ancien membre de l'École française d'Athènes
Professeur à la Faculté des lettres	Maître de conférences
de l'Université de Paris.	la Faculté des lettres de l'Université de Nancy.

Un fort volume grand in-4° raisin contenant un texte explicatif accompagné de figures et 52 planches hors texte.
Prix . . . . 25 fr.

Sous presse :   Le quatrième Fascicule
DES

FOUILLES DE DELPHES
Par Th. HOMOLLE
Membre de l'Institut, directeur de l'École française d'Athènes.

Tours, imprimerie Deslis Frères, rue Gambetta, 6.

Reliure serrée

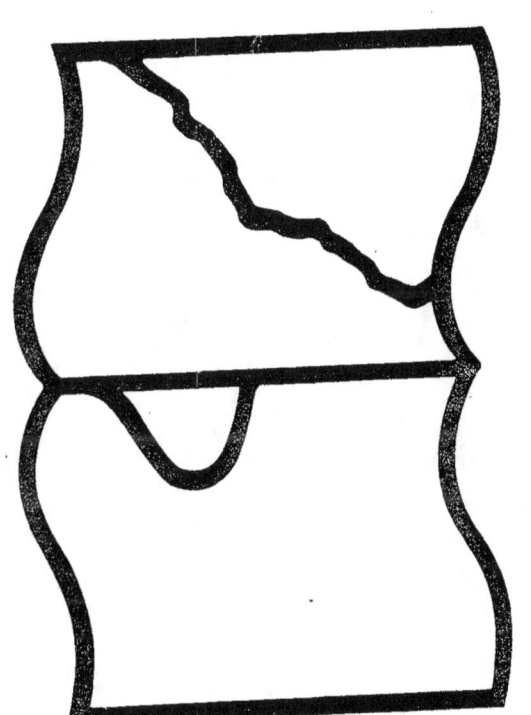

Texte détérioré — reliure défectueuse

NF Z 43-120-11